FOREIGNERS

海上洋人

IN SHANGHAI

百年时光里的碎影

history of the last century

徐茂昌 ◎ 著

上海书店出版社
SHANGHAI BOOKSTORE PUBLISHING HOUSE

序言

毛时安

碎影与碎言

　　关于上海的书，现在是越来越多，车载斗量了。因为上海的国际化，因为上海的现代化，因为上海的机会，因为上海的文化，因为上海的舒适，因为上海的非比寻常的魅力，人们越来越多地开始上海故事的书写，上海历史的叙事。也越来越多地开始从书本的字里行间和生活的饮食起居里，阅读上海。上海是个千面人，它经得起人们一千次一万次的书写阅读。

　　徐茂昌的《海上洋人》从百年时光的粼粼波光里打捞起了一片片"碎影"，或者说是"倒影"，让我们获得了一个阅读理解上海的新的路径。他从和上海有着几乎刻骨铭心记忆和重要人生联系的"洋人"这条线索，解读了上海的前世今生。他们在人生的重要时刻邂逅上海，上海成为他们一生施展自己的重要舞台。我不是上海史专家，但我在帮陈伯海先生主编《上海文化史》的时候，也大体了解过上海开埠后的风云变幻。其中少不了所谓的"洋人"。不管你是爱还是恨，喜欢还是厌恶，肯定还是否定，你都无法回避"洋人"在上海这座城市的存在和曾经发挥过的积极和消极的重要作用。这种存在和作用很难用简单的二元对立的价值判断下结论。他们令我们屈辱，用坚船利炮，把不平等条约和租界强加在一个主权国家的身上，以殖民主义者对财富的疯狂掠夺，富足了自己的母国。但他们同时也让我们看到了不同的文明，使我们有了文化文明互补兼容的可能。"洋人"，在作者的笔下不是一个固化的社群，而是一个相当丰富多彩的社会存在。有以武力为后盾胁迫中国官员签订城下之盟，并且开启了租界大门的英美使节巴富尔、阿礼国、巴夏礼，有强暴蹂躏中国主权者残杀中国同胞者华尔、白奇文、戈登，有在上海发了"洋"财也同时为上海现代工业、金融、房地产增添了传奇一页的大亨巨贾，也有满怀着友好向世界昭示着中国苦难和抗争的新闻记者鲍威尔、斯诺、卡尔·克劳，有让欧美大陆迷上中国文化中国文明的女作家赛珍珠、史沫特莱、项美丽，有在上海把生命献给了人类反法西斯正义事业的情报人员，还有为东西文化交流架设桥梁的一代文化巨匠……他们都在上海这块土地上留下了他们深深的或光荣或耻辱的足迹。也是上海区别于中国其他城市的特别的传奇。说到上海，我们喜欢追溯她遥远的历史，这是人类的寻根意识所致。但真正的上海城市性格和文化气质，依我看和1840年鸦片战争后的开埠有着最为直接不能一言以蔽之的联系。甚至可以这样说，没有书中的这些"洋人"很可能上海就不是今天的上海。就此而言，言说上海，除了主体的上海人、中国人，当然也少不了"洋人"。缺了"洋人"角色的上海近现代史的叙事，多少有些重要的缺憾。

因为自己的阅读和工作，我对《海上洋人》里次第登场亮相的"洋人"虽谈不上熟悉，却也大多有所耳闻。徐茂昌是《解放日报》的资深记者，为写此书，他查阅大量历史资料，确保了历史和人物的真实性。经过他历史学家般的广征博引又兼以文学家的妙笔生花，这些散落在各种典籍里的片言只语变成了丰富完整的传记，让我们看到了他们的人生，他们的个性，他们和昨天上海和今天上海的因果关系。中国有纪传文学的悠久传统，现在西方流行非虚构文学。徐茂昌的笔法，二者兼有，婀娜多姿。这些洋人初来中国来上海，大都孑然一人，怀着一颗冒险的心。然后无所不用其极，在上海打拼出一方天地。这些凌乱的素材，经过作家的精心编织，就像一块镶嵌在历史大墙上的挂毯，充满了旖旎的色彩。在书中，我们看到了阿礼国在上海豪夺土地时与道台吴键彰的权力争斗的波澜起伏、刀光剑影。看到了如今已经灰飞烟灭的哈同花园主人财产被转移到沙逊名下鲜为人知的经过。我很小的时候，每次走过外滩，父亲就会指着和平饭店绿色的尖顶，讲"跷脚沙逊"发迹的民间传闻。这些传闻，在作者的笔下有了准确、完整而且读来愉悦的解答。在上海人眼里的"洋人"大多是高鼻子、蓝眼睛的西方人。作者的视野却别有只眼有趣地纳入了东"洋人"尾崎秀实、中西功，还有一般人很少注意的韩国义士尹奉吉、金九。他们在上海出生入死，乃至视死如归的曲折而壮丽的人生和人生结局，今天读来依然令人心潮澎湃热血沸腾。当然，还有罗素、爱因斯坦、萧伯纳、泰戈尔这些文化巨匠在这座城市留下的永久的声音，播下的总在开着花的科学文化的种子。

我想，《海上洋人》一定是上海人重温乡土历史的一本好读物，也会赢得许多新上海人和对上海有兴趣的中外读者的欢心。

作为一个生于斯长于斯的上海人，我深深地爱着我的上海，我脚下这片曾经苦难深重如今欣欣向荣的土地。每次走过外滩，看着一栋栋大楼顶上五星红旗，在蓝天白云的衬托下迎风招展，我心里都会涌上一股自豪感：我们进入了一个新的时代。我永远不会喜欢殖民时代、殖民主义，哪怕它们被涂脂抹粉非常的"美好"。再"美好"的殖民，也是殖民。何况，它们的"美好"实在是应了时间久远而被想象出来，所用的苦难都被遮蔽了的结果。我只希望一个新的时代，我们和"洋人"有不同于旧时代的平等而和谐的相处。

徐茂昌自谦他的文字是"时光里的碎影"，那么我的粗陋的文字，只是一堆不太匹配的"碎言"。

2016 年 5 月 13 日

（作者为中国文艺评论家协会副主席）

目录

巨商，不一样的人生

笔尖上的四条汉子

文学场：三个女人三台戏

走近神秘人部落

在太极旗下宣誓

客影匆匆，萦系文化港湾

上海的广场上，遍地是洋人。

外滩的上海总会，被人称为"袖珍版的西方世界"。

· 人流，从天边海角涌来

· 东方，谁"发现"了明珠

海 上 洋 人 狂 澜 ： 源 与 流 的 追 溯

跑狗场的赛狗情景。

在咖啡厅里小憩一番。

日寇在上海狂轰滥炸。一些西方人隔岸观
火，如在看战争大片，还高喊着"小日本打
得好"，真乃愚不可及。

1941年12月8日，日军占领公共租界，太阳旗
遮蔽了所有国家的旗帜。租界的末日已来临。

人流，从天边海角涌来

渺茫无边的大海上，一艘形如军舰的大客船在漂泊、远航。漫长的几个月里，船已经走过、停靠过世界的几乎各大口岸，却诡异的是，从未见有人走下船头。这天，客轮刚驶近意大利的里雅斯特港，岸上忽然一阵风啸云涌，黑压压地赶来一群兵士，荷枪实弹布满了码头四周，如临大敌般的紧张、森严。

船被允许停靠码头，却传来禁令，一律不许船上的乘客上岸。

难道，船上有来犯的敌军？并无半点这样的迹象。只有客轮的船长心里明白，岸上的这番异动是为何事。这船来自南美的布宜诺斯艾利斯，装载着从阿根廷扫地出门的两百来号"人间垃圾"。他们被委婉地称为"国际流浪者"，船长则称他们是"没有出生城市的公民，没有祖国的人民，没有护照的旅客"。他们的国籍五花八门，却又都无家可归。两百来人被一番细分，各自都标有如雷贯耳似的尊号——强盗、恶棍、奸细、杀人凶手、造假钞者、贩毒药者……

这是如苍蝇、臭虫一类的货色，谁都不愿意接收。从东到西、由南至北，船驶到哪里都遇到坚壁重障，不给一点供他们渗透穿越的空隙。让船长一次次地感叹：倾销他们，真比登天还难。

于是，客轮只能在大海上四处流窜，茫然无绪地继续漂泊。在里雅斯特港又遭到拒绝，只能再去寻找下一个港口。船正要启碇开拔，忽然流浪者中有人兴冲冲地赶来，向船长报告：一船人可找到着落了。

那人指着码头旁停泊的一艘大邮船，告诉船长，这船将开往中国的上海，船主已答应捎带他们到这座来者不拒的自由港去。只是，需要破费给他们一点酬银。船长一直如被霜打过似的脸上，第一次变得阳光灿烂。只要能清空这批宝货，钱，又算得了什么？

买卖一口敲定。两百来号人就全部转手到大邮船上。那个报信者一向足智多谋，是流浪者们公认的"军师"。"军师"又想出妙计，给同伙们都按上"工程师"、"技师"的名头，被一个个洗白身份。他自己也顶着大公司总经理的头衔，声言由他将带领他们，到中国去从事建设事业。哄得那邮船上的船主眉开眼笑。

这是 1930 年代的头几年，上海，经受开埠后八九十年的历练，早成了四海皆知的国际大都会。当流浪者们坐上邮船、惴惴不安于进入上海可能受到的阻拦时，"军师"却悠闲笃定得很。见多识广的他，早已打听到上海的宽容大度。他安慰他的同伙，让他们一百个放心。他说，上海是一个最自由不过的口岸，任何人都可任意进出，决不会遭受中国方面的麻烦；在外国人坐镇的租界，更不会查问你的身份、来历。"哈哈，上海真要把外来的坏蛋全都驱逐掉，那还能剩下几个白种人？"他得意地说。"上海，你这东方的巴黎，人间的天堂，无家可归者的家庭，冒险家的乐园……"像哼小曲似地，他又喃喃地说着，自己也醺醺然地陶醉其中了。

在上海上岸，一切都很顺畅。两百来人一登上岸，就如鸟兽散似地撒向各处；也更像污水泼入了茫茫大海，稀释得早已闻不出、看不见半点污臭。来到实地后的"军师"，也才发现，上海更有超出他想象的"自由"。踏进上海，不需要任何旁的必要的证明，有一张护照就一切 OK；没有护照也不打紧，这里有兴旺的买卖护照的产业，搞到一张也容易得很。他还窥见了一个更大的奥秘，一切的一切，原来都源于洋人头上的那把保护伞——治外法权，或称领事裁判权。有它的庇荫、呵护，在这块遥远东方的地面上，自然足以让洋人们睥睨一切而无所顾忌。

外滩以西的租界——法租界和公共租界，这片上海县城外昔日的郊野农乡，已成为楼满人喧、货畅物涌的都市腹地。下船后的"军师"驰目远望，满眼尽是栉比鳞次、高耸入云的西洋建筑，新古典式的圆顶和廊柱，在外滩沿江排开的商行、银行、宾馆和俱乐部，还有楼宇里的电梯、空调，街头闪烁的口香糖和香烟霓虹灯广告……空气里，甚至也都能嗅得到约翰牛的倨傲、法兰西的浪漫。让"军师"看呆了的这座城市，在他眼里，不就是一个活脱脱的西方世界、上海的外国或"外国的上海"吗？那"中国的上海"又在哪里，那香烟缭绕的古庙、雕有龙头凤翼的高大建筑物……

有人指点他去看法租界南边的老城厢，或苏州河另一边的闸北。流浪者"军师"一片好奇，从法租界跨出一步之遥，来到被称为"中国城"的老城厢。走进狭狭的铺着石子的街面、弯弯曲曲的弄堂，和两个胖子对面走来都会发生交通阻塞的小路，看着黑发黄脸、神色呆滞的陌生人种，嗅着鱼铺的潮湿气、卖炒栗的焦毛气，让"军师"恍然感到时光倒流，似乎又回到了19世纪那样的年代。

"军师"跄跄地逃出了"中国城"。回到"外国的上海"，当他呼吸着租界为一个外国人提供的自由空气时，他才留意到，这真是一个外国人的世界：英国人、美国人、法国人、德国人、土耳其人、日本人；黄皮肤黑眼睛的人、黄头发绿眼睛的人、黑皮肤厚嘴唇的人；不论是哪个国家的人，这里无不应有尽有。曾经周游过世界、阅人无数的流浪者"军师"，第一次感觉到自己的孤陋寡闻：他还从没见到过一个城市，会几乎囊包全世界各个国度的人，活如一个人种的"大拼盘"和"万花筒"。

"外国的上海"是一片海，来自外国的他，则就是一条鱼。海阔可任凭鱼儿遨游。眼前，已展开了他能拥有的一片自由广袤的天地。

无人记得这个名字：莫里西奥·福里斯科，曾长居上海的一位墨西哥名誉领事。但他采用"爱狄·密勒"的笔名，为这座"迷人而'堕落'的城市"写的一本书却一直流传至今天。有书的传承，虽然几十年过去了，依然能让人们一遍遍地温习这个流浪者的故事。

其实有更多的故事。而且，早已发生在流浪者"军师"的到来之前。

一切的一切，都是从兵燹炮火的震颤中开始的。炮火划破了1842年初夏的宁静。上海，在炮火轰击中陷落了。从江边登陆、从陆路扑来的英军攻下上海县城，扫除了"日不落国"自由通商、阔步横行的一道障碍。一年多以后，巴富尔上尉首任英帝国驻沪领事，来采摘攻城胜利的果实：上海，正式宣告于1843年11月17日开埠。这年年底前，从西方又络绎来了一些人，已到的、新来的连巴富尔在内就有26个人，包括传教士麦都思，麦都思之子、领事馆翻译麦华陀，融和、宝顺、怡和、和记、仁记、义记等洋行的合伙人或大班、经理等。在巴富尔上尉的领衔下，这26个人就成了"海上洋人"的开山鼻祖，也是上海口岸向世界绽放的第一朵礼花。

开埠后，人流与物流一样畅行。头几年来的，几乎都是维多利亚王朝的臣民——英国人。之后不久，美国人、法国人、德国人、俄国人、奥地利人、葡萄牙人、意大利人等等，这些有同样"扩张"基因、"重商"细胞的西方别国人也趁势蜂拥而来，他们被上海土著统称为"西洋人"。"西洋人"之外，以后，"东洋人"、"南洋人"也都来了，他们中有日本人、菲律宾人、马来人、印度人、越南人、朝鲜人等等。"海上洋人"队伍中，人种的纷乱庞杂、斑斓多彩已然一日甚于一日。

西方白种人，在去上海的跑道上，最早抢得先机的是英、美、法三国人。自视优等民族的德意志人，却远远地落在了后面。德意志人素来后知后觉，而且它更有难解的结——中国五口通商、上海闹开埠的时光，日耳曼人仍由二十几个邦国各自为政、如一盘散沙，直至1871年才成为统一的德意志帝国。但也不甘当进军东方的落伍者，不想只拾取别人"饭桌上落下的面包屑"。邦国中最强的普鲁士成为先行者，1861年3月，由一个普鲁士蓝血贵族率队，一个庞大的船队、一支人数众多的普鲁士考察团来到上海，开始了对中国的"破冰之旅"。

如饿汉扑在面包上，几乎想吞下在这里耳闻目击的一切。遍地欧洲化的建筑物、商厦、物品和日常生活之外，这里外来人种之多，更是让他们眼花缭乱。早在流浪者"军师"到来的七十多年前，他们就已有"军师"同样的惊叹。这片惊叹，被随船来的一位牧师柯艾雅，悄悄地包裹在了他的文字的布匹中。

"在外来的看客中，人们能见到各种样子的人……"柯艾雅在5月2日的日记中写道。笔下，便渐次展开了一幅乱花般渐欲迷人眼的图景：这边，东方的主人——欧洲或美国的商人在谈论着茶叶和丝绸，谈论着成千上万两的银子。那儿有几个法国士兵双手插在红裤子的口袋里，叼着烟斗在闲逛。远处有一个黑奴走来，装出一副绅士模样，而当经过欧洲人身边时却又心虚不已。近处还有几个高大的身穿青灰短裙蓝裤子的人，头上缠着白布，满脸黄黑胡子，他们是锡克人，是英—印士兵。还有马来人水手，如同印度人一样都受过欧洲的教育。还看到拜火教徒，是一些有钱商人，穿着打扮也已完全欧洲化了……

毕竟不是为看热闹而来。政府考察员的角色使命，驱使柯艾雅迅速透过这各色人种的背影，去探究人流深处的奥秘。在日记中，他道出了他的探究结论："将这形形色色的人群集合在一起的魔术师是贸易。"所见所闻的一切，便最终全着落于"贸易"这个"王道"上。

柯艾雅的功利心太重了。但他身负考察使命而来，也就不能不这样。而一个只为观光而来的自由旅行者，就会舒放、洒脱许多。这类人中，就有一个偶然闯来的奥地利人海司。1894年，他在周游世界的途中来到上海，当晚，就被邀请去张园庆祝圣乔治日。走进张园，已见成千上万人都沉浸在一片灯海里。他茫然四顾，只能走进一堆人中，去做一个倾听者。他忽然感到惊奇万分，就在这一堆人中，在这样一个有限的空间里，也只是抽一支烟的功夫，却已听到了那么多种的语言在交谈——有英语、德语、法语、意大利语、西班牙语、丹麦语、葡萄牙语等等。这些人混在一起，谈话从一种语言跳到另一种语言，那么轻松随意。在他走遍环球的经历中，还从未在任何一地见过这样的场景。这是地球另一边的中国吗？他不由惊叹着。

翌日清晨，他透过宾馆房间的窗户，眺望黄浦江上，又看到林立的樯桅上飘动着各色各样的旗帜：英国的、奥地利的、比利时的、法国的、丹麦的、西班牙的，其间还有英国预备役海军的蓝旗、白地红球的日本旗、黑白红的德国旗帜。各处房顶上飘扬的各国国旗也在向各国船只致意。他这才明白，这各色声音组成的欧华巴别塔，正是这各色旗帜的延伸，世界，似乎就浓缩在这座城市里。

上海，又似乎是"世界的上海"。

但柯艾雅和海司对于上海，也只是匆匆一瞥，还无法与"老上海"们比试锋芒。在上海呆过25年的美国人卡尔·克劳，是一个老资格的"上海通"、一个资深报人，用他的眼光去观察，对"海上洋人"的势态就看得更透彻、深湛。他竟然选择了一个独特的观察视角——打群架。上海的打架、斗殴，会以国籍划分派别，也像这座城市一样透出世界主义的味儿。

他观察过法租界内的一条小街——朱葆山路。这是一条酒吧街，但更以"血街"的别名而广为人所知。这里有二十四五家酒吧，吸引着来自世界各国的水兵、船员。白天小巷很是安静，一到晚上就变得熙熙攘攘、歌欢舞狂，充斥着醉汉粗鲁的胡言和刺耳的音乐。酒吧间里，经常发生水手之间的争吵、斗殴。最常见的是英美水手间的对打，每次总要让彼此鼻子流血、眼眶发黑，赛似一场重量级的拳击锦标赛。但一有其他国家的水手如德国水手到来，就会组成紧密的攻防同盟，立刻中止斗殴，一待德国闯入者在眼前消失，便又接着再打。在斗殴场里，人们最讨厌的是意大利人和法国人，因为他们都习惯身边带有刀子；哪怕是一场无关紧要的争吵，有意大利人到场，总会给对方留下大量难看的刀伤。日本人喜欢扔啤酒瓶，遇到普通对手，他们还有几分胜算，但碰到爱打棒球的美国海军陆战队员，他们就只有挨打的份了。唯一能摆脱困境的，只有靠纠集一帮人来攻击、对付单个美国人。美国水兵与荷兰水兵则是绝对的死敌。因为几年前一个美国水兵被荷兰水兵杀死，以后在"血街"，只要有这两国水兵相逢，就决计逃脱不了一场血战。所以美、荷两国的舰艇指挥官只得私下商议，将两国水手的上岸时间错开，从此，这两国水兵就不会再享有同时上岸的待遇。

卡尔·克劳感叹，在这个角落的形形色色的洋人，竟然都变成了同一种人："不信上帝"的人，也是声名狼藉的人。

从柯艾雅、海司到卡尔·克劳，对"海上洋人"世界的探秘，其实只截取了冰山的一角。只有一位西方传教士，才提交过一份报告，对上海街景展开了一幅纷繁冗杂的近现代、西方味的"清明上河图"——

在那里，世界各地的人你都看得到，走在南京路上的时候，你会觉得好像在参加世界各族大聚会。路上走的有高高的大胡子俄国人、胖胖的德国佬。没准你一头撞上一个瘦小的日本军官，他显得趾高气扬，认为自己是优秀的大和民族的一员，征服整个欧洲都不在话下。老于世故的中国人坐在西式马车里，精瘦的美国人则乘人力黄包车。摩托车飞驰而过，差点撞到一乘帘子遮得密密实实的轿子，轿中坐的是中国的官太太。一个法国人在上海狭窄的人行道上向人脱帽致敬，帽子正好打在一名穿着精美黄色丝绸外套的印度人脸上。耳中听到的是卷舌头的德语夹杂着伦敦俚语。穿巴黎新款时髦衣衫的人旁边站着近乎半裸的穷苦小工。一对水手踏着双人自行车飞驰而过，两名穿和服、趿拖鞋的日本仕女转身避让，显得有点恼怒。着一身灰袍的和尚手肘碰到了一名大胡子的罗马传教士。出于对祖国的热爱而不是商人那种唯利是图的本性，一位俄国店主店里的商品标价一律用俄文书写，使人看了茫然。对面是一家日本人开的理发店，店主用生硬的英语写了些广告词，保证大家在此理发，价格低廉……

这幅全景图勾画于 1909 年。它给人的直观印象，到一个世纪后才由一班上海史学者加添了数字化的注脚：1942 年是上海洋人人口的高峰点，达 150931 人；最盛时，洋人国籍分布于 58 个国家。他们感叹：这不就是一个袖珍地球村？一个被浓缩了的世界吗？

街景，还只是一个模糊的轮廓，一堆浮光掠影的碎片。走进洋人部落的营帐纵深处，才能看到那么多摇曳多姿，且色彩浓烈的另一番景致。

外滩是洋人世界的源头。还在赤手空拳"创世纪"之时，洋人寻欢作乐的享受伴着外滩洋楼拔节升高的同一节奏，就已开始了。这些年轻而精力过剩的洋人，每天只用 5、6 个小时办公，之外，便将黄浦江边的风景与美味佳肴、与辛辣的威士忌一起打包下肚，便成群结队，一起去散步、跳舞、打猎、跑马。那马是从国外运来的英国纯种马和蒙古马，每天夕阳晚霞下，洋行楼群的背后，在向西延伸的一条田间小路上，一匹匹高头大马驮着金发碧眼的洋小伙、"外滩客"们狂奔疾驰，洒下了一路的嗯哨声和狂笑声。这片东方的土地上飘落着西方骑士的梦想，跑马，也跑出了资本幽灵飞舞的中国第一条马路——南京路。

马背上，升腾起资本主义竞争与赌博精神的气流，率性随意的跑马、遛马，也就升级为人气翻天的赛马和赌马。跑马场造了一座又一座，观赛、赌马的人如潮汹涌。每年春秋两季的三天赛马之日，售出的马票成千上万，租界内从领事馆、银行到海关、商场家家关门，只有赛马场的大门大开着吸进滚滚人流。马蹄声与猜奖摇奖的嘶喊声汇成一片，也盖不住跑马总会大班们的狂笑声——每年，他们最多时可吸进四百多万两银子，该是多好的赚头！

跑马场之外，又兴起跑狗场和回力球场。季节性的赌马变成每周数次的赛狗、随时可行的赌球，赌兴便随着机会的增多而不断升涨。另一种赛马——由猎狐演化而来的"撒纸赛马"也开始流行，扮做狐狸的人在乡间旷野里一路"狂逃"，又一路撒下五色彩纸的纸片，猎狐者骑着蒙古小种马、循着遍洒的纸屑踪迹紧追而去。走在最前者便能穿戴到胜利者的衣装——粉红的上衣和头上的高帽子，还赢得下周的撒纸权。一场追逐游戏，让争强好胜的洋人们感到大大地过瘾。

撒纸赛马含有行猎的成分而非真正的行猎。货真价实的到野外打猎，更是英国人的一大嗜好。在上海的近郊远乡或长江下游的沙洲之地，总有背着猎枪的英国佬出没于沼泽地里、芦苇荡中、江湖之上，为餐桌上的解馋取乐而频频扳动猎枪。这是一种休闲、调养，也有丰满的收获——野鸭、野雉、山鹬、鹌鹑、水鸟、野兔、野狐狸、野猪和狍等等的猎物。带给他们的有口福之外，也有向大自然攫取而满载归来的满足。

这帮外来者，在上海经历了平步青云发财致富的惊人年代和大胆冒险的时代，都深谙打拼能换来的前景。打拼在上海滩，风急浪高、环生险象，体魄的锻锤和心灵的填补于他们是缺一不可的。于是在角力的运动场、在心动魂转的剧场，便有更多洋人憧憧身影的蠕动。玩球类是他们最大的喜好——棒球、板球、网球、保龄球、桌球、高尔夫球、马球、橄榄球、曲棍球，能说得出名称的球，几乎都在上海的洋人圈里滚动。也爱去溜冰、跑步、游泳、划船。每年夏秋之交的划船比赛，河上汽笛狂鸣，长舟竞渡，欢声雷动，煞是一个全城的盛大节日。而洋人的业余戏剧社也同时在遍地开花，演出每个季度都会举行，台下是阔佬、贵妇、绅士抑或洋行职员，一旦粉墨登场、摇身变为剧中人，倒也都很像模像样。没有专业演员，也就人人都是演员，在自娱自乐中释放内心的积郁和紧张。连法租界一位身份显赫的前总董，也放下了身段，美美地上台客串了一票。

客串总是临时的。大班、阔佬最钟情神往的，还是那一家家设施考究、富丽堂皇的总会俱乐部，那才是大鳄强龙们的栖息地。最早建立、也最驰名的是在外滩沿江而筑的上海总会。带有希腊式廊柱、大理石地面的这座豪华建筑，以马提尼酒、杜松子酒、伊丽莎白风格的台球桌远近闻名，100英尺的吧台更是号称"世界最长"而举世称雄。它被喻为"丰富多彩的租界生活的著名中心"、"袖珍版的西方世界"、"上海滩的最著名名利场"和"上海先生们最引以自傲的会集之场所"。洋行大班几乎全在这里享用午餐。那长长的吧台最前端、面向黄浦江的位置，是银行和洋行老板的包座，除非他们邀请，别人是不能沾边的；其后才供票据和金银经纪人、大公司的副经理等挨次就座。身穿白夹克、站成一排的中国侍者，弯着腰、小心翼翼地侍候着他们。

位于迈尔西爱路的法国总会是又一个浮华世界。有人曾着意地对它描绘了一番："金碧辉煌的大厅包裹着一团氤氲之气。灯光照射在一缕缕的烟气上，幻为奇彩，真比锦霞还要好看。一切的人，无论他们是老的还是少的，男的还是女的，都在鲸饮，在狼吞，在畅谈，在哗笑。人间假使是有天堂的话，这里大概就是了。"而同样傲立于外滩，以罗马和平女神冠名、有"琉璃世界"之称的德国总会，在 1920 年前则是外滩的最高建筑，德国侨民便将它视为一种标志："民族意识的丰碑，德国在远东贸易蒸蒸日上的象征"。

人人都在追求着纸醉金迷、浮华时世，炫示着一个西方人的奢靡、富有而无所顾忌、不遗余力。四周是中国人的汪洋大海，总有一种被淹没被吞噬的恐惧，他们要像升出或浮在海面的礁岩、浮标、舟舰，以凸显洋人的显贵之身、高人一等和与众不同。一位来访的西方女士，曾在一位上海洋商皇宫式的住宅里接受皇家式的款待，目睹着一席令人咋舌的饭局：以一盆浓汤和一杯雪利酒开始晚宴，然后呷着香槟吃一两个冷盆；接着是牛羊肉或家禽和熏肉，就着香槟或啤酒；然后是火腿咖喱饭，再然后是布丁、糕点、果冻、奶糊或奶冻，同时饮着香槟；接下来是奶酪和色拉、黄油面包以及一杯葡萄酒；再下面通常是喝着两三杯红葡萄酒或别的葡萄酒时吃桔子、无花果、葡萄干和胡桃，最后以一杯浓咖啡和一支雪茄烟结束这顿吓人的晚宴。那女士惊呼这可是她的"平生第一遭"，为这种东方王侯式的待客之道而惊得目瞪口呆。

不仅富商阔佬在摆阔，不是阔佬，也要装得像阔佬。一个普通的公务员、小商人或洋行职员，也都严守着一个"阔"字：都拥有宽敞的洋房；通常总会在家里雇佣 5 到 7 个家仆；哪怕多花很多钱，也要去欧美或上海洋人的商店购买物品。人人都吃美国罐头食品、澳洲黄油、苏格兰腌鱼、意大利干酪、新西兰或者英国的果子酱、日本的生鱼片。男人的冬装是用英国毛织品缝制的，夏装则用美国夏服呢缝制，而女士们都坚持购买从曼彻斯特或者巴黎进口的印花布。到巴黎式的菜馆吃顿便饭，吃完可不必付现钱，只须在账单上签一个字，月底自会有店家来上门收取。这就是白种人的气派，一切都须显得大方阔绰，所以他们的身边也难得带现钱。口袋里也用不着带火柴，当你拿出烟斗时，自会有"西崽"恭敬地上前替你点火。在摆阔以外，这也是为逃避身处的陌生环境而作的努力：尽一切可能，让周围弥漫本国的感觉和气氛。因而不难理解英国的乡村总会会做出这样匪夷所思的举动：宁愿花多出 10 倍的价格、漂洋过海从英国德文郡运来草皮，也不愿到苏州山区去购买。而两地草皮的质量其实是相差无几的。

交际活动也总是排得满满的。茶会、酒会、餐会、舞会，从两个人的会起，一直到几百几千个人的会止，一个之后又来一个，没完没了、应接不暇。1937年2月《字林西报》的妇女版就写道："天天忙得不亦乐乎，你得匆匆带上假面舞会的道具，参加慈善募捐会，还得挤时间安排一些小型的茶会、鸡尾酒会等。"通常，一直忙到凌晨4点钟才归巢。夜总会的诱惑力更是无法抵御。那里可以买到麻醉药，可以招来披金戴银、腰缠可卡因的女招待。一位美国记者的笔下，特别描述过那里一个长相平平的红发女郎，说她到凌晨4点时，便变得最为美艳迷人，"她在光洁的台面上跳着大腿舞，将香槟酒瓶抱在裸露的酥胸前，光泽动人的红发垂向粉红色的脚趾甲……观众无不为之倾倒"。1930年代的一本导游指南囊括了上海霓虹灯下的"狂欢"的全景："赛狗和歌舞场，回力球场和卡巴莱餐馆，正式的茶点和晚餐舞会和歌舞场，成熟的国际化的法国总会和歌舞场。""成千上百的歌舞场！高礼帽和低脖子；燕尾服和短裤；醉醺醺、狼吞虎咽的清教徒。美酒、女人和歌曲。狂欢！"在上海咖啡馆、金鹰酒吧、丽都酒吧、威尼西亚咖啡、爱都、巴黎咖啡馆等这些欢乐胜地，人们"不分昼夜地混乱地跳舞、饮酒和寻欢作乐"。爵士乐和高级笑话充满了上海漫长的气霭蒙蒙的黑夜。北美的作家们也高兴地提供"一种看上去是上海、感受上去是上海和闻起来是上海的合成物"。这个城市是需要用最华丽的散文来抒写的。

摆阔炫富的举动，有时不免显得很夸张。一个德国人就曾出演过滑稽的街头一幕：他高高端坐在锃亮阔绰的马车上，车前由4个马夫骑马开道，车后又有2个马夫骑马压阵，前呼后拥地一路转悠招摇，活像清王朝的总督、巡抚大人出巡，引得路人潮水般地涌来观看。这是个德国肉商，人称"德国屠夫"，他的富足可由他家的豪宅，家中的大型马厩、一大群马匹和一大帮马夫证明无误，但似乎还怕人不知他家底的厚实，便想出了壮观出游、昭告天下的这一奇招。有些人纵使在家里，也不愿放下一直端着的架子。一个洋女人的手帕掉在地上，俯身即可拾起，却还得不停地拉铃唤来管家，让他叫仆人捡起来给她。一个十几岁的小洋女希拉里的经历，证明大人的富贵病也已传染给了小孩。她曾悄悄告诉过别人，她在家里，每天都由佣人帮她穿衣服；在一个冬天里，她躺在床上突然尿急，因为怕冷不愿离开热被窝，就打铃唤叫奶妈："我要撒尿了，快来，先把便器给我坐坐暖。"娇贵得像皇宫里的小公主。其实在母国，她们也就是个普通平民，上海滩的黄金窟、温柔乡却养娇、乖坏了这班洋女子。回国以后，她们已再也无法适应。从上海回国的一个英国女子，当她面对眼前没有仆人、自己理床、自己做饭的生活，顿时手足无措，只活到四十多岁便郁郁不乐地去世了。

"在上海住惯以后，到随便什么地方都住不下去了。"一个洋女子写信给定居布鲁塞尔的她的姊姊，感叹说。

这是一种到处豪饮狂欢的文化，几乎人人的生活中，都保有一种超出需要和财力的奢侈标准。而豪饮、奢侈是要付出代价的，不少人就从狂欢的巅峰跌入了破产的深渊。债台高筑的一些人，于是扔下拖欠裁缝铺、制鞋匠、俱乐部、酒吧、咖啡馆、夜总会、高级餐馆的大笔账单，只得变为"胜利逃亡者"，从此从上海消失了。

上海，对于早期来到的洋人，却并非人间的天堂、乐土。

几家烟村农户，数重阡陌，一片泥滩，兼有沟汊、坟茔、荒草。上海县城北面，这块不知能有几许含金量、前途未卜的土地，并不是让人一见倾心的地方。最初的闯入者中，没有几个是正牌的投资者，倒是涌来了许多西方出产的无赖、流氓、恶棍，"欧洲各国的渣滓"，横行霸道的冒险家。亡命天涯、铤而走险原本就是他们的天性，上海只是供他们打家劫舍的暂栖之地。即使做正经生意的商人，也只想赶快赚钱、赶快离开。一个小有名气的英商，就曾经直白地宣称，难道还指望我长期流徙在这种不健康的环境里吗？

但上海却终究成为了一个传奇。像魔法师点石成金一般，弹指一挥间，就变出了一座繁华之都，被人形容仿佛是"从荒漠中突然涌现出来"似的。一个英国领事不由为之感叹："在拓殖和贸易史的编年史上，从未看到有比这更加惊人的情况。"一个美国记者也为之惊叫："发展得比悉尼或旧金山更为迅速；发展之快，有如肿瘤。"

激变成长中的上海，也改变了许多洋人的眼光，上海，已是一座为他们提供梦想之所的城市。许多人于是改变了主意，不想再离开上海了。

在这块土地上，也早就不再一味疯狂地榨取、索要，而想到了为构造一座世界级城市的作为。于是，惯用蜡烛、煤油灯照明的上海，在南京路点亮了第一盏煤气灯。电灯、电话、煤气、自来水，西方世界每有现代文明果实的坠落，都在第一时间落到了上海。煤气公司、自来水房之规模，在世界上都能屈指可数；最早的电厂，仅晚建于英国第一家电厂一年时间，而与美国的第一家电厂在同一年比肩而生；被称为"德律风"的电话，在苏格兰人贝尔正式发明的第二年就进入了上海。在溪涧和芦草丛中，辟出了一条条宽阔整洁，配有路灯、排水阴沟的马路，星罗棋布般罗织在租界境内。开埠后的外滩的首批建筑，仅有一二层楼、结构简单的正方形平顶房，以后几乎在一夜间经历着不同建筑艺术风格的拔节，从殖民地式、西方复古主义到现代建筑运动，一座座巍峨富丽的宫殿式建筑随之拔地而起。

上海，就仿佛是西方都市的翻版，一个被缩小了的西方世界。

因为已看清了这座城市的前景，洋人们要长住下去，甚至是永久的居住。上海不再是他乡、客栈，而已成为赖以安身立命、长久生息的家园。爱家、恋家的洋人们，于是企望把西方的一切好东西都能搬到上海，将家园建得像人间伊甸园，好从此过上天堂般的日子。在潜意识中，上海已完全是洋人的地盘；他们也暂时忘却了自己的国籍，而骄傲地自称"上海滩人"、"老上海人"，那些显赫的大班则被唤作"上海先生"。

对自己的家园爱之心切，便要时时警惕地捍卫着家园，而排拒一切园外异类的"入侵"。于是历史又在重现，一种封闭后出现了另一种封闭——曾经标榜着"自由"、"平等"的洋人们，用炮舰和商品打开了中国的闭关自守的大门，于今，占用了别人的地盘，却又将自己包裹起来，而筑起无形而又坚实的围墙，将从前的主人、如今的异类排斥在外。于是，一切出现的反常都不难理解：外滩公园只向洋人开放，华人享有与狗同样的待遇——不得入内；上海总会每天迎进成群的洋人，却严守一道规矩——不让一个中国人踏进门槛；走进百货商店的洋人"精英"，甚至苛刻地提出不能由中国职员为他效劳。当高喊"开放"已实现了目的，"开放"的纸牌也就渐渐褪色，直至变得一文不值。

其实从来都是这样的。因为他们从来的宗旨，就是要建立白种人统治的王国。一切在他们眼中视为低贱的非白种人，就只能享有奴仆的待遇。当他们来到北美新大陆，来到澳洲、来到印度，都毫无例外地奉行着这一信条。在中国，算是非常客气的了——我们只不过要一个"外国人的上海"，只是一座城市而已。

不像在北美、在印度或者香港，都由一个国度来独占一地；在上海，他们想奉行"白种人乃是一个整体"的概念，填平各个母国之间的鸿沟，而建立起一个不同国度白种人的命运共同体。这就意味着，上海将成为白种人共同的家园和王国。这也即是弥漫于这个可与古老欧洲媲美，且更加生气勃勃、更有国际性的城区上空，被他们所引以为豪的"上海精神"。

蜜月期倒确乎延续了很久。从最初的英、法、美三国，到陆续而来的比利时、丹麦、意大利、荷兰、挪威、葡萄牙等等，有19个国家都在上海建立了领事馆。各家除管好自己的事情外，彼此间一直相安无事。好像有一面不属于任何国家，或属于一个太上国家的国旗飘扬在上海的上空，呵护着、维系着白种人的共同边界。

1900年9月，一个新世纪之初，象征着这种"大团结"、"大一统"的一幕在上海演示。这是在八国联军攻下北京之后，联军统帅、也是德国陆军参谋总长的瓦德西南下上海，手持德皇所赐的符节，威武地在黄浦江边登了岸。一天后，他在跑马厅举行了一次大阅兵。西方众多国家、租界上海商团、英法殖民地的炮兵、骑兵、步兵，和瓦德西的部下、来自莱茵河边的七千条顿勇士从他眼前威风凛凛地走过，杀气腾腾地喊着口号，让他，也让许多人看到了白种人此刻显示出的空前团结。在精利的枪炮、威武的多国兵士面前，"上海先生"们心里也很是快慰，以为在20世纪的开初，就显示了一个好兆头。在尽管由"黄祸"汪洋大海包围着的上海，洋人的好日子，也不愁没有牢靠的保证了。

但高潮已到极点，低潮也将距之不远。一场大检阅刚在上海散场，1914年就爆发了欧战，西方世界分裂为敌对的两个阵营，坚牢的铁板崩裂了。在上海的白种人联合阵线也开始摇摇欲坠。美国记者鲍威尔在他事后的回忆录中，就曾提及这场"冷战"最初的情形：中午时分，去午餐的英国商人和德国商人"在外滩道路上碰面"，相互"根本不点头致意，都高昂着头颅走向自己的俱乐部"。"餐桌上的主要话题自然是战争。每个俱乐部都挂着一幅大的战争形势图，但是双方的箭头指向恰好相反"。

这还并不是最后的结果。"上海先生"们面前摆着更棘手的现实：工部局里有德国籍的董事，各种俱乐部里也都有德国籍的会员，对既然已是敌国成员的这些人，又该如何处置？战事在一天天吃紧，自然已不容犹豫。德国人被无情地踢出了工部局董事会和所有外国俱乐部；推及其余，德华银行被勒令关门，5 艘德国轮船和 3 艘奥国轮船都被没收，德国人办的同济工科大学校也被迫停闭，最后，所有德、奥侨民也都被驱逐出境。那面太上国家的国旗，顷刻间被捅出了一个大大的破洞。

战争爆发后，上海租界也有 500 名英国青年回国去从军，许多人被征调走上前线，不久，一大半人都被战死在沙场。上海的英国大班们听到消息，都大为伤痛，也为之很是恼火：英、美两国人一直情同手足，这次，为什么却只有英国人去拼命杀敌，美国人则安然不动？上海白人阵线的核心部位，也因此骤然出现了裂缝。直至美国在欧战的最后一刻派兵参战，才抚平了英国人的心头之痛。但结下的芥蒂、落下的伤痕，终究已无法磨平。

尽管如此，在上海滩，也依然回响着他们的共同声音：要保住那面太上国的国旗，保住上海的白人联合阵线。对于海上洋人而言，无论何时何境这都是他们的护身铁甲，绝不能让它得而复失。因为他们一直心悬着莫名的恐惧感，害怕这个人间的伊甸园、白种人的安居之所，有一天终会被人夺走。"掠夺者"自然是这块土地的原主人；在这片汹涌人海中，他们深信，只有靠白种人联合的力量才能自卫。因而，在这面太上国旗下，他们总在警惕地盯视着中国人。他们的心头之患，也始终是中国人而非别人。

因此当中国人挨打时，他们会疯狂地发出欢呼。

1932 年爆发"一·二八"事变，当日本军队的战争喧嚣扫荡上海时，就有一些白人聚在一旁在喝彩叫好。那晚，纽约时报记者哈雷特·阿班来到四川北路，就看到一群群欧美男女，在嘻嘻哈哈地观看着这场"战争大片"，边看，边隔空向日本兵发出欢呼："小日本打得好啊，不知天高地厚的中国人，就该教训教训他们！""有日本人出来教训这帮中国人，我们白人就省事了。"让阿班除了直斥同胞的"胡扯乱猜"外，却也一脸地无奈。因为白种人思维的"一根筋"和"偏执症"，是很难治愈的，除非让他遭逢彻底碰壁、鸡飞蛋打时。

1937 年再次爆发中日淞沪之战。租界的洋人们又一次隔岸观火。站在屋顶、高楼和平台上的洋人男女，观注着这个"充满血腥的烽火之夜"，像观看焰火晚会似的那般出神入迷。战事发生在租界外的华界上，他们可以完全置身事外，边看边在说笑，幸灾乐祸，无关痛痒。中国人的地盘，即使被炸成一片废墟、乱坑，也只当是一场好戏中的一个画面而已。没有愤怒和同情，而只有感官受到的莫名刺激。

天真的、"一根筋"的洋人却不知道，自己也正处在末日的前夜。他们不懂得，吃人魔鬼的天性会啃噬一切人，而不分中国人还是白种人。那个"黑色星期六"的晚上之后，南京路变成了一个"恶劣的停尸房"，街上的墙垣、广告牌和栅栏都抹上了人肉的碎屑。英国大使被日本飞机上的机关枪射中；美国战舰"帕奈"号被炮弹击中；南京路上在轰炸中死亡的人群中，也出现了租界的高官要人。就连依然有洋人欢歌狂舞的歌舞厅，也无法逃脱炸弹轰然而至的灭顶之声。

这时有人才稍稍地醒悟，日本人的攻击，也是对他们洋人自身地位的攻击。当日本人翅翼渐丰时，就不再玩帝国势力均衡的游戏了，他们要独占中国而不容任何人与它分享。

还不仅仅如此，洋人们早先侵占的地盘——租界，也已被小日本视为可吞噬的猎物。1941 年 12 月 8 日，日军偷袭珍珠港，太平洋战争爆发；同一天的凌晨4 时，在寒冷冬日的上海，从日本军舰突然发出的炮弹击沉黄浦江上的英国军舰，也逼使一艘美舰挂起了白旗。10 时许，来势凶猛的日军，冲过外白渡桥和苏州河上的各道桥梁，分路开进了公共租界。第二天，公共租界变成了英美人的集中营。八千多名英国人和美国人陆续被关押起来。让这些过惯花天酒地、纸醉金迷的天堂般生活的英美人，从此认识了饥饿、寒冷、疾病和侮辱。

租界被葬送的末日到了。租界洋人近一个世纪的上海梦，也到此彻底终结。在上海，这也是一个他们所蒙受着羞辱潦倒时代的开始。

而终结这一切的，却正是被他们欢呼喝彩过的小日本，而非中国人。

偏执的洋人，"一根筋"的洋人，这时，他们的脑洞也许才幡然开窍吧。

所谓百年基业，原只是沙滩上的城堡，终究于一日间被倾覆倒塌了。

最后，中国的上海，终究还是回到了中国人的手中。

马车上的西洋女人

舞场里的白俄舞女

跑马场的赛马情景

东方，谁"发现"了明珠

　　上海在"上海"之外，一直飘绕着她的许多别名："上洋"、"海上"、"沪渎"、"申江"等等。其实她更该有一个更恰当的称号——"东方之子"。因为她的躯壳和魂魄一直都属于东方，无论是前世抑或今生，在中国还是世界。

　　"到东方去"，成为西方人的一个梦，而被他们一直苦盼、执迷着。在由传闻、想象、欲望铺织成的梦境中，东方早已发酵成他们心中的一片乐土或一方宝地，无从企及的那里，似乎遍地都流淌着财富、宝石、黄金，如天堂般的耀眼迷人。几个世纪过去，当无数西方航海家、探险者历经无尽的追逐、窥探后，终于"发现"了东土古老的中国。西方人普遍地罹患上了"迷恋中国"的热症，然而，上海却还默默地不被人所知。

　　一个"灰姑娘"，或一颗被泥沙掩埋的珍珠被发现或认识，显然还需要时间的积淀。

　　最早在16世纪末，有洋人也偶然地会提起"上海"。来中国最早的西方传教士、意大利人利玛窦，在他的《中国札记》中，就已写到"一个不很重要的城市"上海。他描述说，城的四周有两英里长的城墙，城外看起来与其说是农村，不如说是一座花园大城市，有塔和农村小屋，农田一望无际；上海城里人都非常活跃，头脑聪明，出过许多名噪一时的学者文人和大官；上海的气候温和，这里的人因而要比别处的中国人寿命更长些。

　　驻留中国28年、曾遍游华夏各地的利玛窦，在肇庆、韶州、广州、南昌、南京、杭州直至北京，都留下过他勤勉的足迹，却从未到过上海。在他笔下的上海，给人以很不错的印象，却也仅止于此。对上海只是"知道"而并没有"发现"——她已经拥有的或深藏未露的巨大价值。

　　利玛窦对上海的全部知识，其实都来自另一位意大利传教士郭居静。这是第一个出现在上海的西方传教士，来到上海，就成为明朝大学士、上海人徐光启的座上宾，被安顿在县城南门外徐家的双园住下。在徐光启的住宅旁，还为他建造了一间小教堂。郭居静在上海传教三年，不出两年就已取得斐然的成绩：让两百多人受洗而成为了虔诚的信徒。

二十多年后的 1637 年，又一位意大利传教士、虬髯深目的潘国光来到上海，以后一直呆了 28 年。在徐光启儿孙们的支持下，他的传教事业也进行得风生水起。到 1655 年，单松江府的城镇乡村就建立起 66 所教堂，发展了 5 万多教徒；在上海建有两座大教堂，发展了 4 万教徒；甚至他还亲自登上长江口的崇明岛，在一个名叫新开河的小镇上开设了岛上第一个会口。整个上海这一带，就被他整成了一个天主教在中国传播的重镇。

不仅有郭居静、潘国光。之外还有十来个传教士，明末清初也曾活跃在上海一带。在上海，他们都留下了上帝的"圣音"与"圣迹"，却同样都没有"发现"什么。也许这不能怪罪于他们的失职，去"发现"上海，原本就不是他们——这些连接天庭与尘世的上帝圣徒的使命。

即便在上海开埠后，依然有人在唱衰她的前景。格拉维埃尔，一个法兰西国的海军少校，指挥着轻巡洋舰"巴荣奈斯"号来到 1843 年后的上海，当他望着黄浦江左岸这片农业三角洲时，却产生了忧郁的联想："我们丝毫不能想象还有比这块巨大的冲积平原更平坦更乏味的地方"。他说，"在这里，河流的水经常涌出曲折的河道。……农作物丰茂却没有树木，田野肥沃却毫无起伏，在农夫眼中这是最可靠的收获保证，而对诗人的灵魂却不能激发任何灵感。"

法国少校的逆向"发现"，只能证明眼睛能看到的"真实"，有时也会有多么的不真实。

西方人因为"热恋"中国，而期望自由踏入这片土地，自然不单单是来为上帝"传情"的。在受重商主义支配、被征服世界雄心所驱使的西方人眼里，中国之所以"可爱"，就赖仗于她拥有的物产、财富和市场。17 世纪晚期，从英伦三岛驶出的商船，继葡萄牙、西班牙和荷兰的商船之后也开进了中国的领海。这时康熙皇朝已颁令开放海禁，东南沿海的广州便成为英国商船入泊的海口。但这是极有限度的开放，外商在广州还不能自由贸易，而只容许在一个逼仄的空间范围内进行，并且只能在特设的商馆区内居住，禁止走进广州的任何商业街道。附加的限制性规定也有很多，诸如不准"番妇"、"番女"随船到广州，外商不得雇用华籍仆役，洋人不得乘轿，不得在江中划船取乐等等。一向高傲自负的英国商人，越来越不满这种在"镀金的鸟笼"里扑腾的日子，便筹划着想冲出藩篱，到广州以北、就近丝茶产地去另辟通商口岸。然而，一次次北上的努力都化为泡影，终于使他们明白，单单靠英国商人的一己之力，将无法改变英商的在华地位，也无法另辟通商口岸。于是，他们向英政府发出了求援的呼号。

英国政府理所当然伸出了援手，不过这已是多年后的 1787 年，亦即乾隆五十二年。这年英政府首次派遣加茨喀特出使中国，企图为英商争得通商的便利。但很是不幸，这位大使在奔赴中国途中，经过葡属东印度爪哇附近的 Banka 海峡时便一病不起，留下了出师未捷的遗憾。

5 年后，英国政府又派出驻印度前马德拉斯总督马戛尔尼勋爵来到中国。在承德避暑山庄朝见乾隆皇帝时，马戛尔尼提出了增辟直隶天津、浙江宁波为通商口岸，在北京城内设立货栈，在舟山和广东省城各划出一处供英商居住、收存货物等六点要求。乾隆皇帝认为这是"越例干渎"，故回以"断不准行"，关门送客。这次出使如使团的一名随员后来形容的："我们如同乞丐一般地进入北京，如同囚犯一般地居住在那里，如同贼寇一般地离开那里。"

1816 年，由阿美士德勋爵领衔，英国政府第三次派出的使团又到了中国。他们负有的使命是：确定东印度公司在华的权利，安定广州贸易；英商得自由地与当地商人贸易，中国官员不得干涉；取得驻使北京和开通广州以北口岸等等。但清廷这时正为英兵侵犯澳门而气愤难消，来得真不巧，嘉庆皇帝连见面的机会都不给他们。一行人只停留了 10 个小时，就灰溜溜地被赶出了北京。

三次派员出使中国，英国人始终直奔着一个主题：在广州以北增辟新的通商口岸。三个大使的公文包里都藏有一份有待开放的城市名单，隐约传出的就有天津、宁波、舟山等等，却始终没见有"上海"两字。直至此时，上海还仍是一座被忽略的城市，压根就没有进入英国官方和英商的视野。

许多年以后，英国人兰宁和库龄想撰写一部《上海史》，翻开尘封的历史案卷，搜寻到一个无人注意过的小人物——毕谷。历史的隙缝中，跳出了一条被掩藏已久的逸闻：乾隆二十一年即 1756 年，英国东印度公司正要派人赴广州以北的江浙等地，去寻觅新的通商口岸，公司职员毕谷提交了一份简短报告，第一次提到了一个陌生地名——上海。报告认为，这是一个很有希望的商港；为了大英帝国的商业利益应当进取上海，把它作为与华北通商的枢纽。

在东印度公司，弗里德利奇·毕谷担任过货物监理，后来又升任大班一级的主任职位。他先后管理着奥古斯塔号和玛丽号两条商船，专门到中国去收购茶叶，曾为东印度公司的茶叶部赚得盆满钵满。后来公司从广州北上另觅出路，毕谷也到过浙江的宁波等地，接触从上海去的中国商人。频繁的接触中，他不断听到有关上海的种种传闻，脑海里便缀合出一幅"上海很有希望"的图景。但他自己却从未到过上海。

也许，毕谷正是第一个注意到上海的西方人。当英帝国派遣要员一次次奔逐在去北京的路上时，小人物毕谷的目光，却已经投向还无人关注的上海。不过也只是"注意"而还谈不上"发现"。

毕谷的报告也许过于简单，就被扔在一边，等于沦为了一叠废纸。一心想在广州之外觅获一个理想商港的西方人，由此与上海擦肩而过，竟然没有丝毫的交合。

许多年过去，费尽心机的英国人仍无法打通北上的商路，于是贼胆蓬起，使出了非法走私的"撒手锏"。走私的路线经过打探、勘测，早已被精心布设——一艘艘走私船悄悄驶出舟山群岛，直趋钱塘江口，然后驶往嵊泗列岛西北端、靠近上海港的一个小岛——小羊山。从这里避开中国海关的干涉，将走私物品从海上贩运到对岸。

郭士立画像

在这些走私者中间，鹤立鸡群似地出现了一个能人狠将，他显得十分的活跃、亢奋，也特别的机灵、乖巧，这个走私团伙实际就由他一手掌控着。不过令人意外的是，他却又是个道貌岸然的传教士；这个来自普鲁士的布道者，也有个地道的中国名字——"郭士立"。

就从在小羊山进行走私活动肇始，使"郭士立"这个名字，与近代上海结下了缠夹不清许久的恩怨。

这个普鲁士人，作为一个传教士一路走来，起初也平淡无奇。他就读于荷兰鹿特丹神学院，毕业后就成为一名基督教路德会牧师，被荷兰布道会派往东方荷属殖民地去传教。先是在爪哇岛的首都巴达维亚，后来又到过新加坡、马六甲、暹罗等地。在东南亚地区，他结识了许多流落当地的华侨，听到许多有关中国的轶闻，使他眼界大开，不由升腾起到大中华帝国去传教的宏愿。在清王朝严禁传教的森严壁垒前，他的愿望只能成一时空想，但执着的宗教狂热却驱令他决不轻言放弃。为有朝一日能如愿圆梦，他开始煞费苦心地准备着：四下向当地华人拜师学中文，凭赖

穿汉服、说汉语的郭士立。

他的语言天赋，将中国官话讲得滚瓜烂熟，也娴熟地学会了讲广东、福建方言；他的本名中，"卡尔"的译音近似中文的"郭"字，便顺势给自己取了个中国名字——"郭士立"，还想出个以表达对中国仰慕的笔名"爱汉者"；借着一个"郭"姓，他又在南洋"认祖归宗"，加入了福建同安郭氏宗亲会，以取得中国人的认可；还穿着福建人的衣服、按福建人的习俗戴上头巾，厮混在华人中间，已"很像一个中国人"而使人难辨真假。

有这一切铺垫，才使他走出了圆梦的第一步——踏进中国国门。1831年，他混在郭氏的省亲队伍里，大摇大摆地"像一个中国人"一样来到广州。安顿下来后，就一边在英国东印度公司担任华语翻译，一边穿着当地人的服装，常穿村走户地去传教布道。许多人已忘掉了他的"番鬼"身份，都习惯地一口一个"郭先生"的称呼他。

这位"郭先生"踏上中国土地时，其实已经改换了门庭，脱离荷兰布道会而转入了伦敦传教会。荷兰，这个昔日的海上霸主已然失势沦落，而"日不落帝国"却正气牛冲天，郭士立凭着他的机灵，自然懂得如何去抉择。他决意吃英国人的饭、跟着英国人干，甚至他还深谋远虑地讨了个英国种的老婆。

他的机灵还不仅崭露于宗教领域。他是个跨界高手，因而他并不死板地恪守教会的清规戒律，跨出宗教界，他也一样能干出许多事。在小羊山搞走私，正是

他很得意的一次跨界操演。

在走私的整盘棋中，他只是个幕前操刀者。幕后的决策人、老板，则是刚被他傍上的一棵大树，英国大鸦片商威廉·查顿。自然，走私船上装载的不会是日用品之类的商品，而是更抢手值钱的鸦片毒品。

鸦片商都有一副好眼力。威廉·查顿在纠集一帮海盗和走私贩干走私鸦片勾当时，凭他商人的直觉，已经看出上海对于他的价值——最起码，向中国腹地走私鸦片，这可是个最佳聚散地。他也一眼相中了能成为他好伙计的郭士立。他能说中国话、能厮混于中国人中间，而且脑袋瓜子又特别灵，再复杂的局面他都能应付自如，这就具有旁的洋人都无法替代的优势。查顿就以最优厚的待遇雇用他，让他帮助偷运鸦片。于是，由一个传教士的一手操持下，满载鸦片的飞剪船频繁不断地开到走私基地小羊山，源源不绝将烟土偷运到上海。查顿也提供大量经费，给了郭士立慷慨的回报，让他在小羊山的"赴山佣工、贸易者"中间去发展他的信徒。信徒们出自走私王国，能想象出会是何等货色，郭士立在他的《世纪布道》一书中，也不打自招地承认：在他的周围"有五百至六百名教徒"，而这些教徒却"大部分是恶棍"。岛上还建立起灯塔和电报中转站，显示了事业规模的壮大。在英国人菲利浦绘制的著名的《历史地图集》中，这个钱塘江口的小羊山，也就毫不遮掩地被标为"郭士立岛"。

传教士、走私贩、"中国通"，令人眼花缭乱的身份麇集于郭士立一身。而在这繁复的多重角色之外，将他推上人生荣耀最高点的，却是另一个更让人想象不到的角色——侦探谍报高手。相中这个谍场"千里马"的"伯乐"，是他的新主子、英国东印度公司的老板。东印度公司要探明在中国向北发展的路径，就派遣郭士立担此重任，让他到中国沿海去进行侦察。1831年6月，他携带着圣经、药品、航海图和测绘仪器，从曼谷搭乘一艘贩运鸦片的"顺利"号货船来到中国，沿着从海南岛、厦门、定海、宁波、上海到天津的海路，去搜集沿途航海路线、港口水域情报，探明各停泊口岸的民间风俗和经济状况。该得到的情报都得到了；让他更兴奋异常的是，原本在小羊山只能隔岸相望的上海，终于让他能亲临实地，在短暂的一番逗留中一探虚实。当年10月走完全程、回到澳门后，他交出了一篇航运报告，报告中已出现他从实地得来的自信满满的判断：上海是"南京和整个江苏省的贸易中心，是中国国内贸易的主要商业城市"。报告一下吊足了东印度公司和那些鸦片商人的胃口，上海，也第一次成了他们嘴上念叨几声、心中掂量一番的名字。

在走私团和谍报场、从贩鸦片到探情报的成功，使郭士立赢得了背后主子的欢心。他博得了赞誉，也赚回了丰厚的酬报，他与他的主子们一样高兴。但他的不守本分、吃里扒外和恶形恶状，在他的主场宗教圈里，却只能收获恶名和白眼。美国同行、著名传教士裨治文谈起他，便带着不无讥讽的语调说："如果我没有判断错误的话，人们一直过高地估计了他的才能和努力。""幸好世界上有这样一种人存在；也幸好，这样的人为数不多。"与他同时代的一位英国历史学家，在一部记述旁人事迹的传记中也连带着对他作过一番评述：郭士立是个"易怒、猜疑心重、长得皮包骨头"的传教士；"人们对郭士立的评价有很多中伤之辞，不过有些地方也未必是危言耸听。他徒有其表的举止和装作什么都懂的样子让人难以忍受，人们开始称他为'骗子'。他还总是摆出一副天才的架势，那些最了解他的人却最不喜欢他。……要认清他需要花很多时间。……"

聪明如郭士立，也许早知道他的恶名已在同行中远走，但他一定更深晓"有收获就必有付出"的至理，在得失毁誉的权衡中，他只能作出他视为最值得、性价比最高的选择。他不会让旁人来左右他的抉择。

郭士立就是郭士立，他依然走在心有旁骛的跨界之路上。中国沿海之行之后，他更紧紧地傍靠着那棵大树——东印度公司下属广州分行的大班马治平。这位野心勃勃的大班，将郭士立的沿海侦探报告一通细览后，脸上挂满了笑颜，内心却仍感到不甚踏实。因为隔行如隔山，一个手捧《圣经》的传教士，眼光再深湛、犀利，也无法替代商人满足生意经的视角。他还需要更细致严格的商业考证。

于是，马治平又果断作出决策，派员再次北上探路，去搜寻更深入详尽的商业情报。这次，他让自己麾下的高级职员、经商神手林德赛充当第一主角，担任此行的带队长官，而让郭士立随行当他的二把手，且兼任向导、翻译和医生。

依然驾船从海上一路北去。但出发前就已经确定：这次的远航作业重点，将是考察扬子江尽头的上海。

他们乘坐的是一艘英国"阿美士德"号大型帆船。船载重 506 吨，乍看去是商船，也很像一艘战船和间谍船。说是商船吧，全船满载的七十多个人中间，却不乏驾船、测量、水文、绘图等各类专门人才，船上的枪炮装备既先进也很完备，全然与人们常识中的商船不同。而且，沿途总有一些人什么事不干，就忙着测量河道、河湾，绘制航海地图。但船舱内确实装载着各色细布、羽纱、棉纱等，靠岸后散发的传单中，也明明白白写着"我远商来到此地，带有本国之货物，欲做买卖而已"，似乎是商船无疑。就在这虚实交杂、真假难辨的一片混沌中，他们很老练地掩盖了此行的真实目的。

从澳门发船，"阿美士德"号一路经过南澳岛、厦门、福州和宁波，在 1832 年 6 月 19 日那天驶入了长江口。一船人的目光，此时都已聚焦在北纬 31 度 14 分、东经 121 度 29 分的坐标点上——这就是经纬线上上海的刻度。20 日凌晨，船已悄无声息地出现在离吴淞口仅数里之遥的海面上。他们将"阿美士德"号停泊在吴淞口外，改乘着小艇，如幽灵一般地驶向黄浦江。吴淞炮台守军发现了这艘来路不明的船只，便连发十几炮，作为警告兼带阻击。小艇上的人却毫不理睬，只管往前开，清军也就懒得深究，听任着他们逍遥法外地远驶而去。

小艇沿着黄浦江上一路往纵深驶去，满眼可见江面上桅樯如林、密密麻麻的无数沙船，岸边码头上重重叠叠、堆积如山的各类货物，使这满船的洋鬼子们都一阵欢呼雀跃。这情景，对于郭士立来说已并不陌生，但他依然被深深震撼了。回头兴奋不已地对林德赛说："我们是要全面考察一下这个亚细亚的巨大商业中心——上海。"似乎在内心，他早已为这座城市定了性。

同样兴奋不已的林德赛，出于商人的本能，更急切地想走进这块宝地。

下午 4 点，船行至上海县城的大东门外，一行人就选在天后宫旁边登陆，在黄昏薄暮中走进了熙熙攘攘的县城。在城东商业区，扑面而来便是一幅"百肆喧闹，万物充牣"的画卷，花衣街、豆石街、咸瓜街、咸鱼弄、油坊街……种种奇特的街名外，竟然又闪出一条洋行街，专门出售南洋帮进口的洋货。这让这帮初来的洋人，心头不禁又一阵灼热。

第二天再次进城。在百姓乱哄哄的围观、尾随下，林德赛、郭士立一行大摇大摆地直奔道台衙门。他们刚刚到达，道署的大门却戛然一声，被匆忙关闭了，敲了好多遍也无人理睬。这班洋人被惹得火急，便狠命地用肩膀去撞门，叫嚷着要见管事的官儿。这时，又一阵嘎嘎声才响起，衙役从里边推开那扇沉重的大门，放进了这群不速之客。

跨进放着道台宝座的宽敞厅堂，等了一会，才见上海知县怒冲冲地走出来。一见面，便劈头对林德赛几人一顿训斥，责怪他们竟擅自闯入县城，好大的胆子。"你们必须回广州去！你们不能在此贸易！"知县厉声喝道。

林德赛也不示弱，说他有一份呈文要面呈道台，你快把道台叫来。威严端坐的知县，这时火气已稍稍降下几分，却瞥见林德赛不经他允可，也已一屁股坐下了，不由两眼一阵冒火，铁板着脸往外拂袖而去。不一会又进门来，传令林德赛速回天后宫，道台将在那里接见他们。

在天后宫，为坐着还是站着呈接呈文，又唇枪舌剑地争执了一通。好不容易进入了接收呈文的环节，却又一阵争吵，原来道台让属下誊写好呈文后，就把原件交还给林德赛，林德赛却死活不愿接受，声言原件必须由中国官员收下。一场"拉锯战"来回五六次后，道台才拿走了原件。

当晚，林德赛一行就在天后宫住下。第二天回到"阿美士德"号船上，还未落定，一位清朝官员就已尾随而来，奉命送还呈文原件和道台的批文。批文写在一张折叠过的纸上，没盖任何公章，内容经郭士立翻译，也知无礼得很，说什么"查该夷船向无在上海贸易之例，未便违例据情上转。合行驳饬，原呈掷还"，还要他们"即速开船"、"毋得迁延"。中国官话讲得烂熟的郭士立，知道"掷还"两字所含的轻蔑之意，一顿解释，也让林德赛气不从一处出。他铁板着脸，再次将呈文原件送还，还气哼哼地说，他们不走了，道台不作主，他们就去找两江总督。还让那官员捎话给道台，他将以感恩回报善意，以愤恨回击侮辱。

道台、知县自认为理总归在自己一边。两国通商，是须经皇上钦准的大事，皇上既然已同意你们在广州经商，怎么可擅闯中国内地？为维护国家尊严，就不能让你们洋人胡来！

不过，也只是嘴上有几分威严，内心却脆弱得很。当林德赛、郭士立他们吵闹着要见两江总督、态度一变强硬，道台、知县们便都一个个萎软了下来。随后，就又是用盛宴软榻款待，又是在一旁说尽好话。一帮水师武官还不顾脸面，索性双膝下跪，匍匐在林德赛一行人脚下，捣蒜似地央求他们快快离开上海。以为摆出这副可怜相，洋人们一时心软，也就会乖乖走了。

想得很美，可洋人们仍强横到底，压根就没有走的意思。见终是奈何他们不得，官员们也就一哄而散，索性都撒手不管了。

戏还没有开幕，只是前奏而已。但这番与官员们的一阵纠缠，却使林德赛们得到了意外的收获：近距离考察了一次清朝官场。"屈从招致蛮横，而不服成命或轻蔑之只会使之变得谦恭，以及得到他们的友好承认"；"不恐吓那个衰弱和可鄙的政府，而采取商议的办法，将得不到任何结果"。——他们得出了这一结论，惊喜于有这样的对手。看透清朝官吏的昏庸无能、软弱可欺，他们自然知道了对付这班庸官的最有效之法。这便是轻蔑之、恐吓之。这无愧是一个伟大的"发现"；以后，这一出自他们的首创，也就成了来华西方人屡试不爽的"行动准则"——哪一次不都是这样地轻蔑之、又恐吓之？

林德赛、郭士立他们争得了"自由"，便索性甩开官员们，凭自己的兴致去满世界转悠。跑遍县城的码头、街市，到过几十里外的吴淞镇及其周边地区，还踏上孤悬于长江之口的崇明岛；军备、物产、贸易、庙宇、民俗，包罗万象、里里外外地看个遍，什么都不愿错过。刺探各类情报之外，每到一处，又趁机亲近一下围观看热闹的民众，向他们散发随船携带的《大英国人事略说》一类的小册子，借以推销他们的"伟大帝国"。

每日每时，几乎都处在兴奋之中。而最大的兴奋点，还是在浩荡奔流的黄浦江上。接连有7天时间，林德赛、郭士立的视线，几乎全被江上川流不息的沙船所吸引。工于算计的林德赛，每天用心清点从吴淞口经黄浦江驶入上海的船只，7天下来，统计出100至400吨不等的运输船足足超过400艘，不由大感吃惊。仔细观察、辨认，发现多数船只是来自天津、东北装载面粉、大豆的北方四桅沙船，来自福建的商船每天也有30至40艘，其中不少来自台湾、广东、东印度群岛、交趾和暹罗。林德赛不敢相信却又不能不相信，上海，原来已是世界上的主要港口之一。

放开视野，从江上的商船又转向远处的河泊和江岸。他们发现，自吴淞口循黄浦江进入县城的水道十分适宜于航行，沿江两侧，河渠纵横交错，土地精耕细作，与荷兰几乎有异曲同工之妙。在县城南部的港区，有宽敞的码头和巨大的货栈占据江岸，泊岸的水深足以使帆船停靠并沿码头卸货。码头上货物卸装上下，昼夜不绝，人马喧闹，舟车如织。城外的江面有近半里宽，中心航道水深 36 至 48 英尺。更何况，不远处还有那条通向中国最富庶的大腹地的"黄金水道"——扬子江。

啊哈，这简直是一个天赐良港！

这是一个天大的发现。航行结束后，林德赛在向东印度公司递交的航行报告中，就以难以抑制兴奋的笔调写道：

> "上海事实上已成为长江的入海口和东亚主要的商业中心，它的国内贸易远在广州之上……吴淞江起于长江口的太湖，然后穿越运河，如此便与长江、黄河以及北京沟通。……现在中国人毛织品的消费量还是多么地微不足道，3 亿 6 千万人口中，呢绒的总消费不过 801 万码，平均 450 人还未及一码。难道不可以大胆地推测假想一下，随着交往的更为自由和扩大，消费量可能是现在的 4 倍，一定时候甚至增长到 10 倍……"。"外国人特别是英国人如能获准在此自由贸易，所获利益将难以估量"。

郭士立更是感叹："这样大的商业活动区域，这么多年却一直被人忽视，太令人奇怪了。"

每次从吴淞镇外上岸，从沿路遇见的许多土著人身上，他们又有新的发现：上海市民对洋人的友好和热情，远胜过广州的百姓。见到洋人，这里不会有人扔石子、吐唾沫、扮鬼脸，目光中有几分好奇外，更多的却是诚挚和友好。越江来到崇明岛那天，他们感受到的好客的热度，更超出预料。多数面色红润、精力充沛的当地人，见到这帮蓝眼睛、高鼻梁的洋鬼子，一点也没有敌意或见外，都像招呼远客一样地欢迎他们。郭士立尤其感动，人群中有个十几岁的小男孩，似乎想送一件东西给他，但翻遍身上的口袋，也搜不出什么，就从自己头上取下一个精巧的雕花竹梳，腼腆地上前递给他。多可爱的小男孩！洋人们返回船上时，又熙熙攘攘地涌来几百人给他们送行。不少人的手里，拿着当地出产的杏子、鱼和蔬菜，请他们无论如何收下。"下次一定要再来哟！"船已开拔，岸上还有人在挥手呼唤着。

民风淳朴，也是商业环境良好的一种标志。上海在林德赛、郭士立的心目中，又留下了一个"良港"的好印象。在事后的航行报告中，林德赛专门对此发出了一通议论："这就是中国人从他们官员的影响和成规下解脱出来之后的真正特性，这也就是那些官员们借口要保护我们免受其暴力侵害的人们。"

但他们的观察却未必准确。因为这帮洋人不曾想到，这一切都只是缘于上海百姓的不明真相——善良的他们，以为洋人也一样都有菩萨心肠，一样地善良。他们不像羊城广州的百姓，有过与洋人的长久接触和摩擦，已看透这帮"番鬼"的德行。但事情会发生变化。只要善良、热情一旦受到亵渎，林德赛们自然也会领教到上海人的憎恨和抗击。

善良，会变得容易轻信。初见洋人的上海百姓，确乎也太天真烂漫了。林德赛、郭士立其实远非他们想象的那般慈善。

号称是商人、为通商贸易而来的林德赛、郭士立一行，忽然又大大咧咧地踏进了吴淞口的军事要塞。在国防重地、最需要严格保密的地方，怎么会放进这帮形迹可疑的洋鬼子？说来，让人胆寒也又可笑：林德赛、郭士立他们，竟是提督一片热情请来的客人。那天提督要在吴淞检阅江岸两侧的军队，忽然心血来潮，拉扯着他们一起到现场旁观。为该不该坐下交谈、收不收下呈文之类的繁文缛节，曾不惜处处设防、寸步不让，对事关国家安全的军事防务却全当作儿戏，这班清朝官员也真迂腐得可以。

请来旁观不算，提督还听任他们满地乱跑，去察看兵丁武器装备和炮台阵地。对于林德赛、郭士立，拱手送来这样的机会，真是求之不得。他们不费吹灰之力，就看到了想看到的一切：清军根本不懂得炮台工事的技术；火药的质量低劣，炮的保养和使用都极坏，点火口太宽，制造得不合比例；有些炮对炮手们要比对他们瞄准的敌方更加危及性命。而在兵营里，弓挂在墙上，箭存放在对岸，大部分人只有一把刀和一面藤牌。刀是最坏的一种，实际上不过一片铁片，火炮大部分也是很脏的，而且上面几乎全生锈了……

从吴淞口军事要塞归来，郭士立急不可耐地翻开本子，在日记中狂喜地记下了这一切："炮台是一座极为巨大的结构……可是最蹩脚的军队也能攻破它。……

弹药火药质量低劣不说，炮的保养和使用也都极坏，我确信有些炮对炮手们要比对他们所瞄准的敌方更加危及性命。"

他不无得意地写道："如果我们是以敌人的身份到这里来，整个军队的抵抗不会超过半小时。"断言"最蹩脚的军队也能攻破吴淞口炮台"。

用炮火、暴力征服世界，对于已屡试不殆的英国人，原本就并非什么新玩意儿。他们向世界每迈进一步，几乎都留下过枪弹下的血腥。打开中国大门，他们也绝不会放弃这一手绝招。

林德赛、郭士立的上海之行，看到上海如此落后、松懈的军事防务，也让他们的战争征服欲不由急遽地膨胀起来。郭士立的日记中，就喧嚷着这样的一片叫嚣："不恐吓那个衰弱和可鄙的政府，而采取商议的办法通商，将会得不到任何结果。"那份后来交给东印度公司和英国政府的商业考察报告，也成了一份军事布防情报，他们在报告中竭力鼓吹对中国、对上海发动战争，用大炮轰开古老中国的大门。林德赛还写信给首相巴麦斯顿，敦促英国政府"直接用武力对过去的损失取得补偿，对将来取得保障"。他宣称：征服中国"只要一支小小的海军舰队，就万事皆足了"。

在上海呆了 18 天，当他们张篷离港时，船上已满载着他们所希望得到的一切。

这一次，他们才真正"发现"了上海。

这一年年底，意犹未尽的郭士立，乘着美国飞剪船"气精"号又一次来到上海，一住十来天，一边继续为查顿贩卖鸦片，一边用他的眼光又对上海搜索了一遍。他已经预料到，上海终将是西方人手中的猎物。他要为这一天的到来进行准备。

以后郭士立定居于广州，在第二年即 1833 年夏创办了一份中文刊物——《东西洋考每月统计传》。他知道征服者的武器除了枪炮，还有文字。在创办这份刊物时，他预言"用文字扩充上帝的事业"也将是一场战争："我们现在作这个试验，是在把天朝带进世界文明各国联盟的一切努力失败之后，他们是否会在智力的炮弹前让步，给知识以胜利的棕榈枝。……我们必定是胜利者，而被征服者遇到的只能是共同的雀跃与欢乐。"传播知识，也无非是为了征服世界，是一种同样尖利的武器。

几年后，他傍上了一棵更大的大树——英国全权公使璞查鼎。在"阿美士德"号上海之行的10年后，郭士立终于等到了他向往已久的一天。这年6月，璞查鼎率领侵华英军侵入长江吴淞口外、分水陆两路进犯上海时，他是一步不拉的追随者。英军能长驱直入、一路畅行，就有郭士立"不可磨灭"的功绩——沿途的航道和路径是他10年前已测绘清楚的，一路上的首席向导，又是他这个闻名于世的"上海通"。他把向导的角色当得很成功，理所当然，他受到了璞查鼎公使和英军官兵们的赞赏和喝彩。之后他又跻身于英方的三大翻译之列，活跃在中英《南京条约》的谈判席中，那份《南京条约》的中文草稿就出自他的手笔。

不要低估了"长得皮包骨头"的郭士立。他不单是上海的"发现者"，在东家英国人的眼里，他更为帝国杀开血路、功绩累累的"开拓者"。

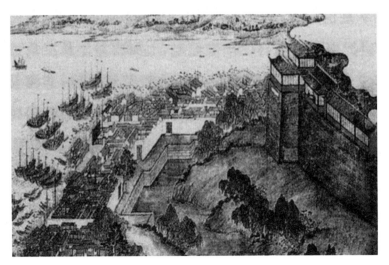

1843年开埠前，上海全县已有50万人，县城外的黄浦江上帆樯林立，货运繁忙。

豪 强 ， 在 洋 场 西 风 初 起 时

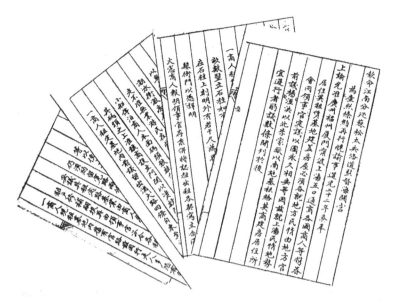

《上海土地章程》剪影。

上海道署，也即道台衙门，巴富尔与宫慕久的第一次交锋就在这里进行。

巴富尔：开埠初演，荒郊就是舞台

"商品不能跨过国界，军队就会跨过国界"。——可怜的中国，已然逃脱不了这道魔咒。

军队出动了。上海行将沦陷。郭士立的十年翘首苦盼，也就等着这一天。

这是 1842 年。鸦片战争打响后的第三年。英国远征军气势如虹，从中国的南端发难，接连攻陷广州、厦门和浙江沿海的定海、镇海、宁波、乍浦，之后，在 6 月 16 日趁势向长江口的吴淞发起猛攻。一场激战从清晨打响，近 30 艘船舰、几千英兵和几百门大炮的火力一齐压向吴淞炮台，吴淞口瞬时炮火连天，血肉横飞。中国守军终不敌英军而惨败，守军将领、江南提督陈化成也壮烈阵亡。三天后的 6 月 19 日，四千英军又兵分水陆两路进逼上海。无险可守的上海县城一触即溃。英军蜂拥闯入城内，放手抢掠了四五天，好端端的一座城市瞬时便乱套了：百姓的房门被打开，箱柜被翻乱，金银财物遭劫，奇珍异宝被掠。人都已四处逃散，县城成了一座空城。城内变得满目疮痍，一片破败。

攻下上海，就打开了长江沿线的门户。6 月 22 日，远征军最高统帅璞查鼎爵士到达上海，匆匆检视了一下他的辉煌战果，就下令继续北上，向沿江最大城市南京进发。翌日，上海的英军敲定攻城的最后一笔入账——逼迫上海交纳 30 万元"赎城费"后，便全线撤兵，呼啸着一路往北而去。沿江城市，随之也被一座座扫平。8 月 29 日，在重兵围困下的南京城内，走出了一群面如土色的清朝官员，登上停在江面的"皋华丽"号战舰，被璞查鼎拉着一起出演战争的一场压轴戏：如在审判书上签字画押一般，战战兢兢的清朝官员，万般无奈地在《南京条约》上盖下章、签下了名。璞查鼎也大笔一挥，铁铸一般地将大名落定在条约文本上。

璞查鼎的同僚、一个英国军官似早有预见，二十多年前就曾发出过"豪言"："如果我们要和中国订立一个条

巴富尔的靠山璞鼎查。

豪强，在洋场西风初起时

约，这个条约必须是在刺刀尖下，依照我们的命令写下来，并要在大炮的瞄准下才发生效力的。"这一刻，"豪言"全都应验了。

自打那一天起，中国第一次被打开了 5 个通商口岸，上海榜上有名。

这场战争中笑在最后，且笑得最欢畅淋漓的，就该是这位璞查鼎爵士。1841年 8 月 9 日，被英政府委以重任的他，担当起了英国在华唯一特命全权公使、驻华商务总监督和香港首任总督。他被首相巴麦斯顿所特别垂青，就因为这位首相手下的心腹、猛将精通于东方事务，干事强硬有力，也能对上司、对帝国悉心听命、忠贞不贰。11 岁加入英国海军，14 岁到印度服役，之后经历近 40 年在印度的军政生涯，都证明了璞查鼎对帝国的忠诚和海外殖民的成功，也以"极端狡猾"、"极尽纵横捭阖之能事"而名满英国政坛。在这场奉行巴麦斯顿的旨意，"先揍它一顿，然后再做解释"而悍然发动的鸦片战争中，因为嫌前期的全权代表义律太过软弱、揍得还不狠，便在中途换马而推出了璞查鼎。打了两年多的鸦片战争，后期有一年零两个月都由璞查鼎全权指挥，最终在他手上取得了战争全胜，不负重望。为有这样的结果，英国朝野一片欢呼雀跃，璞查鼎也自负得意得很。

历史创造的机遇，使璞鼎查扮演了强行踢开中国大门的角色。

条约上签字的墨迹未干，兴奋过头的璞查鼎，就急着想去检阅这一路的战利品——就近的两个通商口岸。他乘坐"女王"号去了宁波，在那里连呆了 8 天，据他身边的年轻随员巴夏礼给他姐姐的信中披露，这次宁波之行"过得很开心"，"度过了非常快乐的时光"。而更让璞查鼎挂怀的，还是长江口的那座城市上海。随他北上同行的幕僚郭士立、巴夏礼总是在他耳边鼓噪不休，说中国的港口上海最重要，上海必须先开放，他岂能充耳不闻！去宁波之前，10 月 9 日，璞查鼎就已率领一班高鼻子官员，乘坐"皋华丽"号从南京趾高气扬地到了上海。

他要亲手为这个通商口岸筹划未来，趁便，也来收取早前已答应给的那笔"赎城费"。

一行十二人，前呼后拥、春风得意而来。城里的百姓已吃够英军的苦头，都还心有余悸，只能悄悄地传开："外国赤佬来了！"上海的一班官员则在道台衙门早已设下丰盛的筵席，从道台到知县，一个个谦卑有加地守伺在门口，迎候着这帮胜利者的到来。

呆了三天，耍尽威风、酒足饭饱之后，璞查鼎也不失新主人的度量，回报了一席上海如何开放的宏论。

他还未想得很远，但一个"澳门模式"的参照方案，却早已在他脑海里晃悠。就像1557年葡萄牙殖民者侵占澳门后所做的一样，在上海，首先要找到一块可供英国人居留的地方。他给上海的官员们说，一个新的时代，就将从这里开始。

这正是进入上海后，这位胜利者要做的头等要务。当避开上海的官员、进行内部聚会时，他就向随行的巴富尔交托了这件事。

巴富尔以一个帝国军人的干练，雷厉风行地完成了他的使命。这个一直被隐没在同僚中间、毫不起眼的上尉军官，从接受这个差使的一刻起，就似乎注定要脱颖而出。眼前的这一件事、这一个时刻，对他、也同样对上海，都是将要时来运转、带来幡然巨变的契机。事后，他曾津津乐道地这样回忆：

> "当我们沿扬子江下驶，访问上海时，璞查鼎爵士指示我，要我到上海城附近各处视察一番，并为设置居留地这个目的，选择一个合适的地点。为此，我曾会同当时上海的中国当局，指定了上海县城以北及以东一块地皮作为居留地，因为在这里居住的中国人很少，而且有一种自然的疆界，还有一条约3600英尺的江岸，商船在这里的江面上停泊，既方便又安全，沿江向内地航行，又有广大的乡村。"

在上海县城的东北边逛了一圈，一个看似极寻常的举动，却使他的命运轨迹出现了突然的转向。他的名字，也就此将注定被载入史册。

乔治·巴富尔，这个苏格兰人、几代军人的后代，曾是印度马德拉斯陆战队上尉参谋。这年他刚满34岁，正年盛气壮。他的过往经历，酷似璞查鼎年轻时的翻版：14岁就当兵服役，同样从印度的英军营地走来。印度为英国海外殖民扩张书写了最辉煌一页，以后大凡向中国派去的外交、军事人员，多半是这些到

豪强，在洋场西风初起时

印度兜过一圈、镀过金的人，巴富尔也因此大大占了便宜。从这位来自孟加拉湾畔的上尉参谋身上，璞查鼎也似乎看到了青年时代自己的影子，更是对他刮目相看。战事的烟火刚散去，就将他调往上海，充当英国驻上海的第一任领事。

走马上任的巴富尔是从广州乘"威克森"号船出发的，行至舟山，再转乘"麦都萨"号，于1843年11月8日到达上海。入夜，船靠泊在十六铺大关码头，却没有人来迎接。漆黑的夜幕下，只有点点渔火忽明忽暗地闪烁漂浮在黄浦江上。如若不见这点亮光，这帮洋人也就整个被吞没在了黑夜之中。

当晚，就在船上过夜。一伙人包括巴富尔和随行人员——翻译麦华陀、医生兼助手海尔、文书斯特拉钦。好在船上备足了罐头、洋酒之类，够他们能喝到天明。

9日，上海的道台宫慕久一早醒来，就得到英国新领事已到上海的消息。他不敢怠慢，赶忙打发轿夫扛着几乘破旧的轿子去码头迎接，自己就在衙门等着。

宫慕久的正式官衔，应是"分巡苏松太兵备道"，俗称上海道台。《南京条约》签订后，上海已出现对洋人不可逆转的开放势头，洋人到来，上海就将变成一个敏感的"雷区"，需要有胆识、会应对的官员来坐镇。宫慕久来自云南边陲，原本只是一个籍籍无名的小官吏，从未办理过外交，但因为办事沉稳、能识大体而被朝廷看中，被推到了与洋人打交道的风口浪尖上。这时，他上任才刚刚3个月。

洋人已闯到了家门口，不能不让他格外小心行事。到任前他就已知道，他的前任颜以燠是如何摔跟斗的——与英人交涉通商时，只因一不小心而遭到指控，说他出的告示"含糊不明"、"措词未协"而丢了乌纱帽。有前车之覆的教训，他自然不能再"含糊不明"。但心里却仍是一片混沌懵懂：向洋人开放，怎么开放？怎么让朝廷满意，又不会开罪洋人？开放，最终又会带来什么结果？心里着实没一点底，只能走一步、看一步行事。

正在沉吟、盘算间，洋人们已咋咋呼呼地闯进了衙门。三言两语一番介绍自己后，巴富尔便硬邦邦地提出：领事馆就要在城内落脚，请道台赶紧给安排个地方。巴富尔以为，这要求再简单不过了，凭道台这点权力，还不是拈手就来的事？！不料却被宫慕久软软地挡了回来。宫道台叹着苦经说：县城的城区面积不足 2 平方公里，却居住着三十多万人口，已经人满为患、拥挤得不行。没法子啊！还是请你们到城外另找住处吧。

城里人多是实情，但这话也大半是托词。在宫慕久的内心，想的却是：朝廷一向忌讳华人与洋人杂居，我能违背朝廷旨意吗？让洋人住进城内，势必会带来异国之俗，败坏大清国的民风，还不知会闹出点什么事端来。再说，让洋人混杂在城内，对他们监视也就难啰。不可！切切不可！

宫慕久的推脱，让巴富尔很生气。他很不满宫慕久的回答，又不知怎么辩驳才好。他的翻译麦华陀却是个"中国通"，在一旁早已看透了宫慕久的心思，往巴富尔耳边一阵咕噜，惹得新领事顿时火势直冒。他以帝国军人的命令口气正告说，领事馆必须设在城内，这是唯一选择，没什么好商量的。又把话说死，城内若没有空房子，他们就宁愿去城里庙宇的庭院中搭个帐篷来居住、办公。总之，是决不会离开城里半步的。

宫慕久却依然一脸谦卑，连连地赔着笑脸。当晚宫道台还在海关设下丰盛的宴席，为巴富尔一行接风洗尘。第二天又率领大小官员登上"麦都萨"号船，进行礼节性的回访，使各项礼数悉尽到位。但一说到在城内落脚的事，却就是不给松口。他暗下思忖，城内的住房确是十屋九满，紧张得很，我不给你张罗安顿，看你能到哪里去找房子？

稳操胜券的他，所以一点都不着急，只等着洋人们乖乖地服软。

但宫道台却意外地失算了。

这天巴富尔一行在街上溜达，看着满街熙熙攘攘、挤得水泄不通的人流，对在城内找空房已不抱希望。正垂头丧气地走着，突然，对面走来一个衣冠楚楚、商人模样的中年男子，上前鞠躬施礼后搭讪说，不是要找空房子吗？来找我吧，我自有办法。那人自称姓姚，大名叫姚书平。后来证实是个在上海经商的广东人，在生意场上很吃得开。

姚某的到来，喜从天降。前一息还满脸乌云的巴富尔，这时已笑逐颜开，转身就让姓姚的商人带路，一行人兴冲冲地便赶去看房。

一所陈设挺华丽的巨宅，共有 52 间房间，间间窗明几净。穿街走巷来到县城东门和西门之间的城墙附近，出现在巴富尔眼前的所谓空房子，原来竟是这么大一个地方，建领事馆已绰绰有余了。屋子不仅宽敞明亮，还配有精美家具，又处在城内的主干道上，一群人都齐声称道好。租金一年400元，不便宜也不算怎么昂贵。巴富尔便与姚平书当场签订租约，拍板成交。

这时方知，这房子正是姚书平自己的宅第。

"我已在上海城内租到一所房屋，地段适中，每年租金400元，如果做好设立领事馆的准备，我打算明天就搬进去。"当天巴富尔就给璞查鼎写信，报告这一喜讯。其实他知道，在城内还是城外落脚并不重要，重要的是，砸开天朝大门的《南京条约》，从纸上的条款真正变成了事实。"日不落"帝国的远东扩张事业，这下又可迈出了一大步。

他的办事效率极高，11月14日就向已浪迹上海的所有英国人——英商和传教士共25人发出告示，通告英国领事馆已正式开馆运营，并告知了领馆的地址。3天后的11月17日，又颇为自负地宣布，上海在这一天正式开埠通商。几乎同一时间，他把宫慕久甩在一边，又自作主张宣布了一道"领事通令"：从吴淞江（今苏州河）口到洋泾浜（今延安东路）的黄浦江的江面，即日起划为洋船的停泊区。一下被弄得手足无措的宫慕久，只得赶紧奏报朝廷，默认了已生米煮成熟饭的这一事实。这一天，距离巴富尔一行在上海登陆上岸仅有一个星期。

一座中国城市的通商开埠，竟要劳驾一个从万里迢迢而来的洋人来宣布、主持，而不是中国人，这给中国人会带来何种感受？那位宫道台，那天也不知他在想些什么，又能做些什么。

在姚氏宅邸没住下多久，巴富尔就已感觉不爽了。仆人们很不懂规矩，时常随意出入他们的房间，咿咿呀呀地哼着山歌，探头探脑看他们吃什么、怎么吃的，弄得他们一点食欲都没有。精明过头的姚姓商人，竟然又把他们当成了展品，卖票供外人来参观，像看猴子戏似的看洋人怎么吃饭、喝水、穿衣。甚至盛传，洋人天生没有膝盖骨，腿不能弯曲、人不会下跪，就有人满怀着好奇去伸手摸巴富尔他们的膝盖。巴富尔被惹得发毛，几次都像赶鸭子似的，将他们轰出了屋门。

让他更反感的是，那姓姚的商人又贪得无厌，提出将英国在沪对华交易交给他一手包办，说他一定能让洋人满意，英国人因此可以完全省心。巴富尔一口回绝了他。知道他有这样的私心，越发不想在这里呆下去。

3个月后，巴富尔就在大东门西姚家弄又觅得了一处院落。这院落名为"敦春堂"，坐北朝南有4幢二层楼房、上下52间房，院内还有厕所和水井，可比原来的姚宅理想得多。

而且依然是在城内，不偏离既定的"不离开城内半步"的准则。

但虽然身在城内，巴富尔对这里的街市、景观、人流，似乎并不抱多大兴趣。他的目光和视线早已飞出城外，按捺不住地瞄向了北门外沿黄浦江向北延伸的那片荒野之地。这就是预备供英国人居留的地方，是他和璞查鼎一起定下的。那一刻，在他眼前展现的，又是一块什么样的土地？在后来许多写家的笔下，这块地就是一片"荒烟蔓草"之地，似乎只有泥滩、沟汊、荒田、芦荡。但时至21世纪，巴富尔的同胞、一位英国学者却发出了质疑，称这一带被说成是一片沼泽，一片"荒芜的湿地"和泥滩，不过是"租界的宣传家和传奇小说作家很久以来都维持着一个神话"。他说："事实上，那时这里已经有了很多中国人的房屋，并且很多地方是开垦的农田。但是新社区需要一个创世记般的神话，一个有利的谎言；它应该是这座城市从泥滩蜕变为迷人的外滩的一幅幻景，完全脱胎于外国的进取心。"

在巴富尔同时代的人、1846年来上海的英国传教士慕维廉的笔下，这个地块"乃一营垒，半就荒圮，四周有沟围绕"，"沿浦之地，多旧式船厂、木行，其后面皆稻田、棉花田，更稍远处有一小村落"。

一个葡萄牙学者在20世纪初写就的一本晚清上海史中，则又有这样的描述：这个地块"大多数为耕地所覆盖，并被几条小浜所分割，一座静谧的村庄掩映在浓荫的树丛中，农舍错落有致地分布着，周围到处是隆起的草皮块"。"沿着江滩是一条已经荒弃的古纤道，一群纤夫曾喊着欢快的号子，拖曳着由满载贡品的沙船组成的船队在江面上掠过。"在"未来外滩所在的城郊翠绿田园"里，渔民在撒网，船夫在忙碌地冲洗他的舢板，"这些田园里长着水稻、玉米和棉花"。

也许，从巴富尔眼里看去，这一带并不如后来所渲染、所想象的那么荒凉。对荒凉的渲染，不排除租界宣传家有制造"一个创世记般的神话"的动机。但那里也确有荒凉的一面。那主要是在濒临黄浦江的那片泥滩上。由于地势低，这里每临黄浦江涨潮，便成了一片汪洋泽国。退潮后，滩地就被数寸深的淤泥所覆盖，穿着皮靴走过时，双脚不时地会深陷于泥淖中，用力拔起来，皮靴却已不在脚上。泥滩的高处被人辟为墓地，低洼处则港汊纵横，芦草丛生，成了事实上的泥沼地。而从如今的四川路往西，便是一片草木青葱的田园、村落了。

无需过度渲染它的荒凉，但这片土地，也决然谈不上如何繁盛喧热。所以，上海的道台、知县对洋人这样的选择，还是感到疑惑不解：这不算是什么上好的地段，洋人为何却独独看中在这里居留？

其实全在于眼光的不同。面对着同一块土地，大清官员看到的是当下，巴富尔却已看到了长远。一直征战于征服世界前沿的巴富尔，他的眼光，自然也浸染着世界性的见识。越过这片荒滩纤道，吸引他的是东边毗邻的黄浦江和不远处的扬子江。这里可通往拥有近 2 亿人口的整个长江流域，那是人类最密集而富庶的地方，也是世界最大的市场之一，从这片泥滩沿江辐射，大英帝国的商品不就可像洪水般地涌翻这个大市场？而且上海的水系又远通北京、苏杭，前景就更广阔了。他不禁踌躇满志地预言说："我们的政策是彻底支配这条大江。这样，我们在那里就能强迫中国政府接受公平和适度的条件，而这些条件我们也许只是为了稳定我们的商务关系才创造的。"他还扬言，至少一个世纪以内，英国的命运显然是在中国的这条大江之滨。

往更远的方向看，上海处在大洋与大陆的交界处、东方与西方的接合部，从这里又可伸展出一条国际远洋航线。上海，就有望成为中国通往世界各国的起点和终点。

来自军营的巴富尔，也用军人眼光估量过这片泥滩：东面恰好是宜于海军船舰游弋的宽阔黄浦江，英国人投资的房产，可处在英国舰队的火炮射程之内，就有了安全保障。而且这一带左挽右揽两条最大的水道——黄浦江和吴淞江，占住此地，也就扼住了上海的咽喉。巴富尔瞧着他的海军地图，心中很得意地说："一切未开化的民族，必将屈服于我们那较高的文明之前。"

甚至他也已经想到，这片滩地一旦将积水排除，把浜塘填平，其地产价值也就显露无遗。那可是一本万利的收益。

沉浸在对这片土地远景构想中的巴富尔，愈想愈兴奋、激动，便急不可待地去拜会宫慕久。他向宫道台声言，他将代表大英帝国，永久买断黄浦江边的这整片土地，然后再分租转让给英国侨民。一直强横武断的领事，这时的语气和脸色，难得的竟也变得柔和了。

　　宫慕久，却没有给出让他满意的回答。

　　不是他不愿意办，因为出卖土地，已超出了他的权力极限。"普天之下，莫非王土"，像他，一个区区四品官，还能胆大妄为去叫板大清律法，敢私自卖土地给外国人？宫道台只能软软地回绝了他。又说，以前订的《南京条约》和《虎门条约》中，也均无这样的条款呀！条约上说是租赁土地，你就租下这块地吧。

　　宫道台给一个台阶，既是让巴富尔顺坡而下，也透出了提醒的意味：我们可不能做违背条约的事！

　　再怎么强横，巴富尔也不能突破条约的底线。于是答应用租赁的形式，拿下这片土地。他已不能一等再等了。暂栖县城内的那帮英国同胞，都不愿与中国的土老帽们混居在一起，早就叫嚷着"这鬼地方，一点安全保障都没有"，死催活逼地要他快到城外去划定居留地。答应租地而不是买地后，急着要办的，是定下这块地四周的边界。磕磕绊绊进行的一次次谈判，进展得并不顺利。巴富尔也就不等谈判结束，自作主张、匆匆地定下东到黄浦江、北至吴淞江、南临洋泾浜、西面到延伸至乡村的一块荒地为界址，如风卷残云似地来一次"圈地运动"。

　　可圈下这些地皮却并不容易。沿岸土地的主人，世代居住在这一带，都不愿拱手让出自己的繁衍生息之地；对这些陌生的西方"闯入者"，他们更没有好感可言。一场"圈地运动"，于是变成了一次次拉锯战。如琼记洋行已看中一块土地，它的主人、一个老年妇人听说洋人要毁坏她的家园、圈走她脚下的这块地皮，就宁死也不肯搬出去。宫慕久亲自出马去劝说，都被她一顿痛骂，吐了他一脸唾沫，还大声叫嚷着"决不将地皮卖给洋鬼子"。有利银行看中的一块地，是在被河浜沟汊四面围绕的一个小沙洲上，土地的主人为拒绝洋人的逼租，竟想出了独出心裁的一招——将河浜上的桥改成吊桥，不让洋人踏上这小沙洲。这样来来回回地一直周旋了很久。

豪强，在洋场西风初起时

也有的是想卖个好价钱，也死死地顶着，不愿轻易让出土地。

可女皇麾下的这个原陆战队上尉，却也寸步不让，既然已经出战，即便靠强攻硬打也非拿下阵地不可。他先将宫慕久逼到阵前，要他拿出强硬手段来。宫道台被逼得没法，只好将一个抬高地价的人先关进监牢，再逼他让出他的那块土地来。巴富尔已看中李家场的一块地皮，想在此建造新的英国领事馆，则采取了另一套战术。早先，这块地上建有李氏家族的私人船坞，那李家是名门望族、有钱有势，靠吓唬几下、硬打硬撞是攻不下来的。巴富尔就改换打一场迂回战，派人一次次地去死磕软磨，再用"万能的金元"一阵轰击，让李家终于乖乖让出了这块土地。

一边圈地一边在继续谈判。讨价还价，忽软忽硬，争争吵吵，一晃过去了两年。两年结出的成果，就是陆陆续续议定的23项条款。旷日持久的谈判桌上，宫慕久将租地而不是买地的原则能坚持下来，似乎成功地扳回了一局，但实质的赢家却依然是巴富尔。因为最终的结果，英方除了无权买卖土地之外，和买断几乎别无两样：所谓土地租赁，明面上并未说是"永租"，而条款中却已规定，不允许中国业主再行退租，租地时不问行情、一次性定价，以后更不准业主再加添租价。这就变成了事实上的"永租原则"。巴富尔则干脆把话挑明：只要每年支付固定数额的租金，在这里，"租赁土地就是永租"。

一场"圈地运动"之后，中国人已被彻底剔除在局外。条款规定，界内的土地不得租给中国人，也不得再建房租给华商，而只准租给外国人；中国人除祭扫期之外，不得随意在界内活动。它只向中国人之外的各国侨民开放，供他们"租地建房，租赁居住，租栈储货，或暂行借住"，而中国人已不再拥有一丝权利。

宫慕久苦争了两年，最终却全线溃败，他代表的中国人一方，实质什么也没有捞到。

这土地，就等于是英国人的了。

以后领事和道台又划定了这块土地四边的界址：南至洋泾浜，即今天的延安东路；北至李家场，即今天的北京东路；东至黄浦江；一年后又确定西边至界路，即今天的河南中路。总面积共830亩，每亩的年租金为1500文。

这23项条款刚出台时，品相很粗疏直白，仅有光秃秃的条款文字，连个标题都没有。到后来才定下统一的名称——《上海土地章程》。最初章程公布时，也没有引起多大震动。1845 年 11 月 29 日，在县城城门口的墙上，宫慕久以道台名义贴出了一份告示，宣布允准英国商人在上海县域内租地、建屋、筑路，这 23 款《土地章程》也一并"开列于后"。这份足以载入史册、撼动后世的布告，贴出后却只像一阵轻风似的悄然拂过，意外地不起一点波澜。引来的注意，还不如城门口判决犯人的一纸公告呢。

但对于巴富尔，却够他激动好一阵了。他被大英帝国赋予开辟远东、拓出一片新世界的使命，这一切，就将在这块土地上实现。他也知道，这世上还没有遇见过这样的好事：一个国家，会允许外国领事划出一大片完全超出其实际需求的土地，来作为该国侨民的居留地，还宣称对它拥有专属的管辖权。在上海，他做到了，不由得意了好一阵。

未来让世界震惊、被史书所浓墨绘写的上海外国租界，就在这草草的几张纸上将宣告"横空出世"。巴富尔就是这世纪巨婴的催产师。

巨婴"出生"后，又将怎样迈出她的第一步，也让巴富尔绞尽了脑汁。虽然，这块土地上所有的权力——土地的专用权，土地、市政、商业、外侨的管理权，界内的治安权等等，都被他以帝国的名义抓入了手中，但放眼看开去，仍不免被几分忧虑所困扰。

这偌大一片土地，哪有那么多英国同胞来居留、来铺满它？他不能不想到一种可怕的结果：长时间这里一直空空荡荡，市态疲软，人气萧条。如果是这样，那他还依然谈不上已完成使命，自己的前程也将是黯淡的。因而他开始一个新的构想，让这块土地彰显出国际化的范儿，变成既由英国人主宰，又不限于英国人居住的外国人的公共居留地。那样才会人气高涨，有可能迅速地繁荣起来。而如果那样，这块居留地的管理将关联别的国家，就不能只由他，一个英国领事来一人擅权独断——起码，表面上也得装出不是这样的。

那又该怎样呢？

难题，在无意间被破解了。那时，外侨中不幸死了几个人。死去的是几个靠港船只上的水手，而非租界侨民，但既是洋人一员，就要让他们死得有尊严。他叮嘱手下，去找个像样的墓地吧，总不能草草地一埋了事。那墓地建在哪里好呢？底下人问他，他也不知所措。事情变得很棘手，靠他一个人难以决断，他就唤来十来个已经租地的外侨，在领事馆开了一次会。一阵商量的结果，会上就选举成立了一个公墓管理委员会，由三人组成，巴富尔领衔；还决定在江海关后面购置 10 亩半地，辟出一个外侨的公共墓地，也即后来被上海人俗称的"老坟山"。一次会议，事情就很顺当地了结了。

这是上海开埠后的第一次外侨租地人会议。以后每逢处理这类事务，巴富尔就照旧使出这一招，每次总能迎刃而解。渐渐地，让他品咂出了租地人会议的妙用——事情既能容易办妥，又让人觉得领事并不专断而留下好感，自己却不落痕迹地依然掌控自如。几全其美，岂不是个绝妙之法。

这就是以后英租界一直被沿用的自治制度管理模式的滥觞。而它的第一副模板，就出于巴富尔的手笔，他无愧于被称为这一自治制度的第一人。无意插柳，却使他走出了租界管理的一大步。

外侨居留地是洋人世界，对洋人外侨的控制，包括英国人和其他外国人，他都已摸出一套运用自如的路数——如绵里藏针一般，可以营造出一个模糊地带，可以进行得不动声色。而这个弹丸之地，毕竟是在中国的土地上，他知道对付自己的天敌——中国人，要唬住、镇倒他们，就只有像狮虎一般地凶狠。对中国人，不能有半点含糊。

他果然出手了。最先领教他这番"狠"劲的，就是与他博弈、交锋的老对手——道台宫慕久。

开埠第二年的 8 月，一天松江府和上海县的官员抓捕了一个姓姚的犯人。那人是上海本地人，抓他，自然属于中国人的"家务"事而无关洋务，不会被洋人直至巴富尔所留意。但他的翻译麦华陀却眼明心细，提醒他这事可不能不管。原来，在鸦片战争英军的炮火打到上海时，麦华陀是远征军的翻译之一，而那姓姚的就当他助手，鞍前马后地跟着他一起做翻译的差事，是英国人的"有功之臣"。而且他又是基督教徒，是跟洋人走的中国人，无异也就是咱们的同类。欺负他，不就是欺负咱英国人吗？

巴富尔一听言之有理。当晚 8 点，就让麦华陀去大闹道台衙门，责令道台必须在 1 小时内将姚某释放，否则他巴富尔领事就登舰走人。造成的一切后果，都由道台负责。宫慕久听了也很生气，英国佬的手伸得这么长，竟管到中国人的家里来了！但又不敢得罪巴富尔，没办法，就放人吧！为了还想为自己、也为朝廷保一点面子，就拖到第二天早上6点钟才将姚某开释。

巴大人可被气坏了。说定1小时后放人，竟然拖了10个小时，不是对大英帝国的挑衅是什么？巴富尔马上照会宫慕久：人放了，事情还没完呢，松江府和上海县的官员还必须作出书面道歉。见没有动静，就又去连连催促。到晚上9点，等来了一份已修改过、抹去姚某罪名的原抓捕公文，却没有道歉的话。巴富尔怎能容忍这般轻慢无礼，午夜时又怒不可遏地发出照会正告宫道台，他已经忍无可忍，马上就将关闭领事馆。黎明时分又发出第三份照会即最后通牒，再次正告宫慕久，他已收起国旗，中午12点他将乘英国兵船"威森克"号驶往舟山，到时就与上海道台彻底拗断关系。

无路可退的宫慕久，只好紧急草拟道歉文书，火速送到了巴富尔手里。一场无端酿制的风波，在填满上尉领事的肠胃之后，才算就此平息。

被折腾得一夜未眠的宫慕久，送出道歉文书时却已瘫软在太师椅上，话都说不出口了。

对巴富尔，他算彻底领教了他的厉害。

变得越来越厉害的巴富尔，办事越来越无所顾忌，想法也花样百出。许多想办的事都已定当后，他又想到要将代表大英帝国尊严的领事馆换个样儿，堂堂帝国领事，总不能一直窝在肮脏、嘈杂的破县城里！

他看中了一块风水宝地，就在苏州河与黄浦江交汇处的李家场一带。这里曾筑有淞沪清军的第二炮台，鸦片战争在上海打围城之战时，英军在这儿遭到过清兵的拼死抵抗，也在这儿攻破了清军的最后防线。后来，这里成了一个被废弃的兵营。地势好、又有这段光荣的征战经历，使巴富尔愈发增加了更多遐想——将新领事馆建在这里，给大英帝国、也给自己，一定会带来更多的好运和红利。于是大度地花去1.7万银两购下这片方圆126亩的土地。领馆的公款还不够支出，他又自掏腰包垫付了400银元。

他在洋洋得意间，却不料已贸然踩上了红线。因为英国早就定下法规，驻外领事机构一律只准租地办公，而绝不允许购地自造楼所。他触犯了律法，其后

豪强，在洋场西风初起时

果，自然逃不脱英国外交部的一顿训斥。一条直挂云帆的船，忽然间就遇到了触礁、搁浅。

这时他的后台老板璞鼎查又被召回了英国，被原东印度公司广州大班约翰·德庇时所替而代之。没有了后台和失去保护伞的巴富尔，好运也已走到了尽头。1846 年 8 月，德庇时将自己派系的阿礼国调来担任驻上海领事，他只得无奈地让出宝座，落寞地回到了英国。

但临走前，他还是得到了些许安慰，与他一起早期而来上海的洋人们，还记念着他的开山之功，赞颂他"像一位手艺高超的营造师，为当今世界上最大的都市之一奠定了基础"。回国后他也混得不赖，凭着在上海积累的资本，以少将军衔和爵士身份被选为英国进步党的议会代表，从一个小小上尉，而终于平步青云踏入了伦敦上流社会。

新领事馆建馆的事，后来就由新任领事阿礼国接手完成，于 1849 年 7 月 21 日正式迁入新址。雄踞于外滩苏州河与黄浦江交汇处的这一巍巍建筑，从这时起，就成了早期英租界的心脏和象征物。但这已无关乎这位前帝国领事了。

外滩苏州河边的英国领事馆。巴富尔是它的奠基者，却也因它而丢了官。

阿礼国：霜刀雪剑下的豪夺

阿礼国从八闽大地顺流北上，继巴富尔之后，坐上了上海领事的宝座。他与巴富尔同龄、同是军人出身，之前在福州时，也一样是首任英国领事。不同的是，37岁的阿礼国在军队原是军医而不是指挥官，也不像巴富尔，以及派往中国的多数英国官员那样，有过在印度出生入死的光荣史。他的光荣印记来自西班牙——曾经作为战地军医，奔赴激烈的西班牙战争，给自己的胸部、手部和身上留下了累累伤痕，同时收获了被军队授予的六七顶西班牙爵士帽的奖赏。因为伤痛一直难以愈合，不得不从战场退了下来。

但他自恃永远是帝国的军人，来到远东的中国、从军医改做外交官，无异进入了帝国开辟的另一个战场。

与南闽福州相比，扬子江口的上海滩如果比作战场，格局自然更大，更是他纵马放缰的驰骋之地。

但落入一班同胞眼中的他，却成了另一种风景，都说他压根不像个军人，也不像是外交官。一位美国记者说起刚到上海时的阿礼国，就形容他很像一个诗人："他那留得很长的黑发直遮到耳朵半边，眼眶很大，露出一种富于幻想的神色，在外表上看起来，真很像诗人拜伦的样子"。

随阿礼国一起到上海赴任的年轻翻译巴夏礼，在福州时便是他的贴身随员，巴夏礼在那时的日记中写到，阿礼国又高又瘦，"言行举止都十分绅士"。在福州时，巴夏礼曾持续发高烧12天。"在这段时间里，我得到了阿礼国先生无微不至的照顾。在神的保佑和阿礼国先生的时刻关怀下，我恢复得很快。……阿礼国先生的恩情，我永远也报答不清。"大病初愈后他这样写道。

医生的儿子、自己也当过医生的阿礼国，似

画家笔下的英国驻沪领事阿礼国，有人形容他很像诗人拜伦。

豪强，在洋场西风初起时

乎软化了他军人出身而被赋予的刚强勇武的一面。但这样的仁慈、挚爱，只能给他的高贵同胞分享，而断不会让低劣的中国人体验一二，更别说是他的中国对手。

在上海，自巴富尔离开后不久，宫慕久也已提升为江苏按察使。上海这时已由咸龄坐镇道署，成为了新领事阿礼国的新对手。咸龄这位原满人内务府成员、皇宫四等侍卫，在鸦片战争中英签订《虎门条约》《南京条约》谈判时，都是中方阵营的一员，是谈判桌前的亲历者。在朝廷眼里，他便是一个很有经验的"夷务专家"。来到上海后，他当过候补道台，宫慕久走后，才理所当然从"候补"变成了正牌。

咸龄在当候补道台时，也曾和巴富尔打过交道，领教过这个洋鬼子的霹雳功夫。眼下换了个阿礼国，又不知会是怎样的脚色？初次与阿礼国照面，他看到眼前的洋大人一副文人书生的模样，感觉还不算难伺候，不禁暗喜：说不定，与新领事还真能好好地合作一把。

哈哈！——他不由笑出声来：本大人自有洪福啊！

只可惜他笑得太早，也想得太美了。

没过多久，一场噩梦惊起，才让他猛觉到自己的天真、可笑。

噩梦始于距上海县城 90 里外的青浦。1848 年 3 月 8 日，伦敦会的三个传教士——麦都思、雒魏林和慕维廉同驾着一条舢板船，去青浦传教、旅行。进城来到当地的城隍庙前，只见赶来烧香供烛的人络绎不绝，庙堂内外，乱哄哄地挤满了虔诚的香客，使三个传教士不由一阵亢奋。救赎愚昧不化的中国人，眼前不正是个好机会。于是兴冲冲地一起走进人群，去散发宣扬基督救世之类教义的小册子。

乱纷纷中，一个衣衫不整的男子，也挤到人群前来索讨小册子。雒魏林刚想递过去，发现他不像是香客，就将手缩了回去，拒绝递给他。这人硬是要讨，雒魏林坚持不给，无休止的争执使雒魏林越发恼怒，便抡起手杖将那人的手打开。麦都思闻声赶来，也举起手杖朝那人的头上猛击了一下，把他赶跑了。

那人刚跑开，不料一会儿又回来了。来时已不是单身一人，而是密匝匝的一大群人。足有四十多个壮男硕汉，由那人引领着挥动撑篙、锄头、棍棒、铁链，似怒涛涌滚般地追赶而来。

这些人都是山东籍的漕运水手，在这之前，朝廷将漕粮由运河运输到北京改为海运到天津后，他们已统统被开革，成了无业游民。窝着一肚火的这帮水手，又被洋鬼子一顿奚落、欺凌，更是怒火冲天，嚷着非要讨还公道不可。三个洋人见大祸临头，撒腿就逃，还是逃不过一阵毒打。幸亏青浦衙门的差役及时赶来，将他们救走，不然恐小命都将难保。

消息传到英国领事馆，柔弱书生似的阿礼国，霍然露出了一副金刚怒目，让人猛吃了一惊。第二天他就狮吼般地向道台发出抗议，要求从速严惩凶手。咸龄早先参与过《虎门条约》的谈判，知道条约规定外国人不可"妄到乡间任意游行"；上海开埠初期也有约定，洋人外出"以一日往返，不得在外过夜"。三个传教士远至90里外的青浦去传教，不是当日往还，已明显违反条约规定，而且又是先用手杖打了人家，怎么也得担几分责任。他想说清这番道理，谅阿礼国领事也不会为难自己。

于是给阿礼国复函照实相告。照顾到洋人的面子，他又写信给当事人麦都思等人，询问伤痕是否已平复、还需什么帮助等等，轻言软语地抚慰了一番。

一连两天，均寂然无声。咸龄暗思，也许风波已经过去了。

他没看清，眼前的悄寂并非真正的平静。飓风正在平静中孕育、集结，在蓄势待发。

两天后，果然如连发排炮，阿礼国突然发出了猛攻。3月11日，一纸公函发到道台衙门，抗议咸龄违规写信安抚麦都思他们，说这一举动严重违反了外交惯例，更是对大英帝国领事的侮辱。12日，阿礼国再次发函给咸龄，责令他迅速捉拿"青浦教案"的肇事者，并威胁说："拖延或踌躇对中英友好关系都是不利的。"咸龄还没回过神来，3月13日，阿礼国又怒冲冲地闯进道台衙门，当堂一阵咆哮，限令道台48小时内必须捉到为首的凶犯。同一天阿礼国又发出布告，命令上海的所有英国船只停止缴纳关税；发函正告咸龄，在肇事凶手得到严惩之前，任何中国的漕运船只都不得离开上海口岸。

咸龄被阿礼国的一阵"排炮"轰得晕头转向。更弄不懂，洋领事为何突然变得这般凶暴。

豪强，在洋场西风初起时

因为他太不懂阿礼国的心思。

阿礼国要的就是这样的效果。他已经给德庇时大使写信说得很明白："冒犯者免于惩罚，地方政府获得胜利，我们将在可怜的政策夹缝下生存"。——"非法闯入者"要在这块土地上取得"合法"地位、立稳脚跟，成为它的真正统御者，必须得显出自己的威严厉害，把中国人彻底镇住。他候准这个机会，就是存心要将事情闹大、闹到极点。非如此就不能为英国人立威，也无法挫灭中国人的气焰。

至于道理嘛，英国高层早已有言在先："对待中国政府……先打一个耳光，然后再讲道理。"他也无非是在忠实执行着这道训令。

事态的发展，每一步全在他的指掌之间。口舌笔墨的"排炮"之后，他又将事态升级，把真正的炮口对准了咸龄。仗着英国军舰"奇尔特"号正停泊在黄浦江上，3月14日，阿礼国就已串通英国舰队司令毕德曼，让他的"奇尔特"号升火启动，作出与清军对抗的架势为他助威。咸龄果然被吓得魂不附身，第二天急忙赶往领事馆去解释、赔不是。阿礼国却眼皮也不抬一下，说什么已都没有用。见已经没有退路，咸龄一走出领事馆，就急不可待派手下火速赶往青浦，会同地方官去擒拿"凶犯"。当晚又慌忙发函给阿礼国，极力表白了一番自己的诚意。

可一切都已晚矣。毕德曼派出的"奇尔特"号十炮座单桅舰，已将吴淞江面封死，满载贡米、准备北运的中国漕粮船都已无法出航。咸龄下令要船队离港，刚要启行，"奇尔特"号轰地发出一颗炮弹，吓得竟没有一条船再敢移位。英国的另一艘"爱司匹格"号兵舰也已开来，瞬息间喧腾的上海港就将成为死港。

这可好比天塌地陷的大事。851艘漕粮船、一百多万石粮食都将滞留在黄浦江上，所有英国商船都要停付关税，咸龄怎么担得起这样的后果。一下慌得不知如何是好。

紧接着传来的一个消息，更让他心惊肉跳：阿礼国派出的副领事罗伯逊已乘着"爱司匹格"号前往南京，向两江总督李星沅去告他的黑状。这不明摆着将他往死里打！

阿礼国只有一个目的，将事态闹得越大越好，还会顾及咸龄的感受？

又急又慌的咸龄，赶紧催促青浦方面加快办，听说已捉到两个"凶犯"，就急忙把消息函告阿礼国。阿礼国命令他速速将主犯带来上海、接受惩罚，他丝毫不敢怠慢，像是阿礼国的听差、跑腿的一般，忙回应一定去照办。

谁知忙乱中抓错了人。于是又奔回青浦，捉来整整 10 个"凶犯"，押解至县衙门供麦都思们指认。不知凭什么，最终就认定了两个为首分子。各打一百大板后，一个被判永远充军，一个被判充军 3 年。其他人也都以"殴打和抢夺财物罪"，被关在笼子里进行"枷号示众"。

那 10 个水手，其实都是冤死鬼，事后得知所谓"为首分子"的两个水手，那天其实只是在场参与起哄而已，另外 8 个人更都是无辜者。但大人们已全然顾不得这些了。让洋人满意、让朝廷感受太平盛世就是最高纲领，几个区区草民，冤就让他冤了吧，不然又能怎样？

风浪止息了，清廷官员们退堂回府时，依然惴惴不安，不敢抬眼直视这位雷神爷般的领事。都不会留意，阿礼国也在抹着额头的冷汗、轻吐着气。他们都不会想到，这原是洋大人的一场豪赌，摆出似压来千军万马、雷霆万钧的阵势，只是他放出的一股烟幕弹。实际是只纸扎的老虎，内里虚空得很。

黄浦江上有几艘英国的兵船，都中看而不中用。那"奇尔特"号是艘单桅舰艇，看似威风吓人，实际也微不足道。阿礼国找英舰司令毕德曼帮忙，他也只答应升火启动做做样子来吓吓中国人，而并不真愿动武。事后毕德曼供认，当时上海县城几英里外驻有上万名中国水手、50 艘清军兵船，如果一起出动，靠区区一艘"奇尔特"号，怎么封锁得了长江口。若真要两军交火，英军则必输无疑。

风险和危机还不仅在江海之上。阿礼国和他太太随领事馆一起，都居住在县城内，而城内那时驻有数千名中国兵，滞留着成群结队被开革的中国水手，全家正身陷重围。中国人真要群起而反抗，他们会有什么好果子吃？

人在香港、已看清这种势态的英国公使，一开始就告诫阿礼国，不要引火烧着了自己，弄得不可收场。他的部下和同僚，暗暗地都为他捏着一把冷汗。

阿礼国却将自己的官位作赌注，冒险地掷下了这一把骰子。他的勇武和胆魄，让上海的外国人都为之惊叹；曾经责备过他的上司，这时也换成了加倍的赞赏。

他终究赢了。而且赢得出奇的漂亮——借着一个由头，一番左冲右突、闪转腾挪，不仅树起了洋人的威势，更是为打击中国人的气焰开了许多先例：首开拒付关税、封锁海口的先例；首开派兵舰进入内河、要挟封疆大臣的先例；首开惩办地方官员的先例；也首开任意处罚人民的先例。

比之前任巴富尔，他才是真正的"上海王"。

倒霉的是那位"夷务专家"、上海道台咸龄。在受够阿礼国的欺凌之后，却又要饱尝朝廷的冷酷：因为在办理"青浦教案"中"原欠紧速"，立马被摘走了道台的顶戴。这场电闪雷鸣般的外交战争中，他成了输得最惨的一个。

一个"青浦教案"，在阿礼国的上海领事岁月中，仅是个小小的插曲。也或者说，是他出笼大动作前的一番铺垫、过渡而已。他的正事、大事都还在后头。

这个善于洞察大势、抓捏时机的政坛高手看得很清楚，"青浦教案"一仗，靠近于讹诈、恐吓的手段，换来了英国人的帝国气势大涨，如江流奔湍、大潮狂泻，这时任什么力量都将无法抵挡它。趁势高歌猛进去攻城略地，这正是大好时机。

一个恢宏的计划，已在他脑海里盘萦了很久。一来上海，他就觉得前任巴富尔的开局太小，嫌他划定的租界地盘过于逼仄。这时他丝毫不必遮遮盖盖，直截了当和盘托出了他的"大胃王"的胃口：英租界要大大扩容，向西要从界路（今河南中路）扩展到泥城浜（今西藏中路），向北要从李家场推进到苏州河。经他在地图上一阵比画，原来820亩面积的英租界一下增加了2000亩，整整翻了两番多。他笑笑，这还是初步计划，以后的事就待以后再说！

早在他的预料之中。不费多少口舌，新上任的上海道台全都答应了。1848年11月27日，双方正式订立协定，阿礼国版的英租界火热出炉。

继咸龄之后的新道台麟桂，据称也是个"夷务专家"。有咸龄之前滑铁卢的遭遇，他更不敢对洋人有半点怠慢，如履薄冰，愈加步步小心。为了讨好洋人，索性言听计从、一软到底。阿礼国要扩展租界，他亦步亦趋地去——照办。法国人、美国人吵着要分一杯羹，他也一样厚待之——让在上海只有"一个店主和几个传教士"的法国人，获得了一块两百多英亩的独立"租借地"，让美国人也得到了一块位于虹口的土地。人人有份，皆大欢喜。

聪明人麟桂擅长八面玲珑、四处讨好。在洋人面前，活脱是只小绵羊，到朝廷那边却又像一头愤怒的公牛，大骂洋人如何狡诈、野蛮、不开化，一脸嫉恶如仇。为炫示他这个"夷务专家"的高明，还主动上奏皇帝，提出应让广东人垄断条约口岸的所有行政职务，"广东经验"要推广至所有条约口岸，"使五口声气相通"。

这番"高见"不料却触怒了朝廷，落得被革职、降级的下场。道台宝座只坐了 2 年多的麟桂，便灰溜溜地离开了上海。空出的道台之位，就落到了一个办"夷务"的真正行家、老资格的吴健彰手里。

吴健彰倒是真正的广东人，原本是广州十三行之一同顺行的行商，1842 年来上海后，就一直当美国旗昌洋行的买办。他整天与洋人厮混在一起，能说一口并不顺溜的英国话，怎么说也是个"准洋鬼子"。后来靠捐纳 50 万两白银，又得来一个江南候补道的官衔，成为官场商场路路通的人。他自信在中国官场里，没有谁能比他更熟悉洋人，更善与洋人打交道。他还不懂洋人的心思吗？哪怕是强横出格的阿礼国，还不知道他有几斤几两？！

而另一边，在这个意气风发的英国领事眼里，上海道台走马灯似的轮换，不过是一场场闹剧而已。任凭怎么换，谁也别想跳出他的手掌心。历经了几个回合的交锋，他已有战必胜券在握的足够自信。

似乎，领事与新道台的对峙、交战已在瞬息之间。

然而事出意外，吴健彰刚走马上任，给他制造麻烦的却不是洋人，反倒是他的同胞老乡。

道台衙门前忽然刀翻旗舞、杀声震天，如怒潮狂奔的人流，瞬时在雷鸣般的呐喊声中冲入了衙门。还没弄清事由的吴健彰，一眨眼就被五花大绑地变成了俘虏、囚犯。这是 1853 年的 9 月 7 日，上海小刀会揭竿而起。短短两三天，起义军就占领了整个县城。当吴健彰被押解至城西广东会馆时，他才弄清，小刀会的大头领，竟是与他同期来上海、同是广东香山人的刘丽川，起义军中一大半也都是广东人。

起义军蜂拥而上，用乱刀砍死了上海知县袁祖德，却给道台吴健彰留下了一命。几天后，美国洋行来人又帮他从城墙上偷偷爬下，逃到了城外。吴道台只以为自己福大命大，却不知这都是刘丽川念老乡之情对他的网开一面。

逃出城外的吴健彰，对小刀会已恨之入骨，趁朝廷调兵反击时，也带着被他重新聚集的当地兵勇开始疯狂报复。

但小刀会已安下铁打的营盘，县城怎么攻也攻不下来。又气又急的吴健彰想到了"救星"洋人。他被洋人搭救逃过了一劫，也想靠洋人来助他报一箭之仇。

洋人阵线，领军者就是阿礼国，回答他的却只是冷冷的"中立"两字。"在清政府与中国人民刻下所进行的斗争中，所有英国当局均须保持严格中立。"阿礼国这样警告他的下属，也用同样的话回告吴道台——在清政府与起义军之间，洋人决不选边站。后来发布通告，阿礼国把话挑得更明："毫无疑问，本租界必须不受侵略，也就是必须防止两方面的任何武装部队冲入租界。"

洋人只关心洋人的事。

吴健彰不禁大失所望。

阿礼国这时已搬进黄浦江、苏州河交汇处的英国新领馆。新领馆虽然离县城有几里之远，它的新主人却对县城的风云变幻了如指掌，乱局中每有一丝机会，都不会放过。而在局势不明朗时，"中立"是一种可进可退的最好策略。打着"中立"的幌子，却悄悄地将扩展帝国利益的布局又迈进了一大步——中国官民两边的部队，无论谁进入租界，他都斥之为"侵略"，那意思就很明白，租界之内已不再是中国的领土，而是我大英帝国的疆域了。

他在不动声色中，巧妙地偷换了概念。但忙于相互厮杀的中国人，却谁都没有留意或察觉他话中设下的陷阱。没有人会纠正他的这番谬论、这样的荒唐逻辑，谬论和荒唐似乎就成了既成的事实。而这，也只是他为实施另一个宏大计划而试探性地放出的一个气球。

租界地盘扩张至原租界的三倍、达2820亩之后，他就开始盘算着这个新计划——要将这块偌大的土地变成摆脱中国政府约束的洋人世界，变成洋人一统天下、中国版图之外的"独立自治国"，变成唯有洋人可享受的世外桃源。

高喊"不受侵略"、"保持中立"，就使他顺势而下，将局势切换到建立"独立自治国"必需走的一步——建立独立武装上。

趁着战乱，他要迅速抓起一支租界武装。

原先租界就有护卫洋人的军队，包括英法驻军和黄浦江上的外国兵船。但在阿礼国看来，从外面派来、流动性极强的部队总靠不住，租界非得有自己的武装不可。小刀会与清军此时正开打得一片酣热，从拂晓到黄昏，县城那边传来隆隆不绝的炮声和阵阵厮杀声，从北门射出的子弹还不时会落在福州路、河南路一带，搅得租界里人心惶惶。阿礼国知道这就是最好的动员令，就说动美、法领事，联合召开了一次英租界居民全体会议，将成立租界地方义勇军的事提到大家面前。他用极富煽动性的语气鼓动说：眼前只有两条路可走，要么建立租界自己的武装来保卫租界，要么降下领事馆国旗，让外侨自己选择离开还是留在租界。而这样，继续留在租界就得自担风险。

火一下被点燃起来。没有人愿让领事馆降下国旗，也谁都不愿让自己独自担起风险。

如他所愿，一支300人的上海义勇队迅速组建成立，兵员均是自愿应征的外侨。义勇队分马队、步兵两支队伍，装备有性能很好的来复枪，前印度孟加拉第二联队长特郎逊被推举担任队长。与之同时，在租界四周设立栅栏，修筑防御工事，开挖一条连接洋泾浜、吴淞江、泥城浜的壕沟，构筑起一道租界自己的"国防线"。300人的义勇队就屯兵在"边境线"洋泾浜一带，进行所谓的"自卫"。这支队伍以后一直保存下来，演变成了上海租界史上著名的"万国商团"。

中国土地上、上海的黄浦江畔，一支洋人武装、租界的"国防军"，就在中国人的眼皮底下悄然崛起了。而中国人却都毫不知情，也无人留意。

而一场反"侵略"的"自卫"战，也随之已在泥城浜打响。

泥城浜即为如今的西藏中路一带，是一条南北向、宽仅六七米的小河浜。那时以泥城浜为界，浜东是英租界洋人新辟的花园和跑马厅，浜西有几处村落、一片旷野，清军的大本营"北营"营盘就设在沿浜一带。这边洋人在嬉戏游乐，那边却站着持枪架炮、虎视眈眈的清兵，让阿礼国看着如鲠在喉，一直候机会想把他们轰走。

蛮横的洋人与无礼的清兵在一起，决不会成为好"邻居"，大大小小的争吵、摩擦一直不断。在1854年4月3日这一天，摩擦终于引爆为一场激战。那天午后，倍利洋行的英国商人史密斯陪女友散步，来到跑马厅附近，不知怎么与一些闲荡的清兵争吵起来。史密斯拔拳打了一个清兵，清兵们便挥着刀子、长矛一哄而上，死命地追打史密斯。一个美国人将他救出重围，一起向东逃跑，清兵们在后边仍紧追不舍。逃到外国坟山附近（今宁波路六合路一带）他们才遇到救星——几个英国水兵在一个坟墩场边掩护他们，向清兵发起了反击。

一场枪战打响，一直持续了半个小时。

被枪声惊动的阿礼国一阵振奋，冲上第一线，像一个下级军官一样，带领着"义勇队"和一帮英国水兵赶去助战。清兵被赶跑了，英美军队又向泥城浜对岸的清军营盘连发四炮，还放火烧了一座观音堂的卡房。阿礼国赞许地看着眼前发生的这一幕。

枪声已停息，但对于阿礼国，由他隐设的一场闹局却才刚开始。

事发当日，清军当局自知理亏，就由吴健彰出面发信给阿礼国，代表清军统帅、江苏按察史吉尔杭阿表示道歉，声言将对肇事祸首严惩不贷。但与咸龄几年前的遭遇一样，道歉信被阿礼国弹了回去。在阿礼国写就的戏剧脚本上，这是注定要走的一步，吴健彰即便写上再多的道歉信也都已徒劳。

当晚，灯火锃亮的外滩英国领事馆里，阿礼国将美、法领事和英舰"恩康脱"号、美舰"卜茨茅资"号的舰长，以及英美义勇队队长等召集到一起，紧急商讨对策。第二天，阿礼国代表洋人阵线，向吉尔杭阿发出哀的美敦书，限令下午3点前清军必须将泥城浜附近的军营向西南后撤二三华里，否则就将动用武力。

吉尔杭阿没有照单全收。他还想保持一点国家的尊严，给阿礼国回复称："官兵驻扎之处乃中国土地，亦毋庸迁移。"再说他麾下有万人之众，似乎也不必惧怕仅有几百人的洋人军队。

这样的回应，正是阿礼国希望看到的结果。他早已布下了兵力准备武力进攻，就等着一个出兵进犯的理由。

下午4时正，阿礼国一声令下，约由380人组成的英美联军迅速冲上"前线"、发起进攻，榴弹炮、铜炮一齐开火，瞬息间就将清军的三座营盘打成了一片废墟。两军一交战，城里的小刀会也趁势从西门出击、杀向清军，不到两小时，打得清军溃不成军，只得向苏州河方向退去。这一战，清军光战死的就有三百多人，以惨败告终。

吉尔杭阿只好举手求饶。第二天便派吴健彰登门拜访阿礼国，将一切条件都答应下来。阿礼国脸上，露出了让人难以捉摸的笑意。"泥城之战"的目的达到了。他的目的就是要让中国人拎拎清楚，大英帝国的租界是不可冒犯、不许"侵略"的，谁要冒犯、"侵略"，就尝尝咱炮火的厉害。

而且，他的租界武装也就变成合法的了。谁还会质疑，这是违背条约的非法行为？

他又一次给中国人定下了规矩。

吴健彰"夷务专家"的自信，几乎已降到了零点。本想靠洋人之力来镇慑小刀会，不料闹出个"泥城之战"，反倒让自己成了洋人的靶子、猎物，好不狼狈。但懊丧中，因为"泥城之战"带来的转机，使他又赚得了几分欣慰——叩头认输、陪过笑脸之后，洋人倒也已经松口，答应一起来围剿小刀会。

但他还没有看透洋人的心思。因而，注定他还不会高兴得很久。

吴健彰的心头之患，除了小刀会之外，就是怎么来恢复海关征税。上海开埠后，进港的外国商船一年年增多，上海海关已成为朝廷的最大金库，关税少一笔都不行。如若失去关税收入，更将震惊朝廷，天塌地倾，吴健彰就别指望再戴这顶乌纱帽了。

而现实正是有这样的危险。

上海的江海关署，早先就设在县城的小东门。1843 年开埠后，江海关署又在洋泾浜北、租界之内设立一个盘验所，称为江海北关，负责对外国的船只征税。小刀会占领县城的第二天，起义军冲进小东门的海关，将它砸了个稀巴烂。阿礼国得知消息，调来海军陆战队立即占领了租界内的海关盘验所，美其名曰防止小刀会捣乱。那时县城正昏天黑地地一片混乱，谁也没留神海关出现的变故。

吴健彰重出江湖，才骇然发现，海关，早已不是先前的海关了。

阿礼国一直在紧盯着海关这块肥肉，占领海关盘验所后，隔天就召来美、法两国的领事，一起密谋如何将它吞下、分食了。三巨头心照不宣，都声称海关行政已经瘫痪，外商就可不必向海关缴纳关税。又一起急忙撺弄出 6 条"船舶结关

豪强，在洋场西风初起时

临时规则"，宣布外商所交关税，都将由各家领事馆代收。阿礼国称眼下非常时期，这是对海关的"保护"。但再愚笨的人，也都一眼能看透他的用心何在。

阿礼国的心思，已全在实施建立租界"独立自治国"的计划上，而财政是一"国"之命脉，更让他费尽脑汁。现在机会来了，他自然不会有半点手软。

洋人不交关税，使朝廷乱了阵脚。从1850年起，连续多年为镇压太平天国"长毛"造反，朝廷的军费支出如哗哗流水，不停地巨额支出，就需不断地有人为它"造血"、"输血"，上海海关就是朝廷的最大"血库"。如今断了财源，朝廷能不惊愕、震怒？道光皇帝立即下旨，一定得收到关税。

这可急坏了道台大人。复职后的第一时间，他就发函通报各国领事，重申他还将兼任海关监督的官衔，各国商人应赶快向他补交以前的欠款。他查看了各国的税费账册，英国的10艘商船已欠下一万五千两税款，数目特别巨大。没办法，就先从英国人头上开刀。聪明老到的吴道台预料洋大人不会理睬他，就要了点小手腕，申明如领事对此不予理会，本官就将从中国商人身上取回全部税金。他的意思很明白，对中国商人加税，势必迫使中国商人压低进货价格，到头来受损失的还是你外商。你们看着办吧！

但这点小伎俩，怎么难得住这位洋大人。阿礼国见道台既如此无礼，索性拉破脸皮，以冰冷的一声声"不"字，截断了他的后路。

要向英国商人征税吗？——不！既然上海海关已不存在，中国政府已无保护外商的能力，就绝无再让外商缴税的理由。

要索讨过去几个月英国领事代征的税款吗？——不！这些税款要用来作支付英国战舰维持贸易的费用，自然，这钱就不能交给你上海道台。

要用给华商加税来压外商吗？——那就请吴道台掂下分量吧。"如阁下果然采取上述手段，则我国政府必在其他方面实行报复，在当前严重情况下，势将对贵国利益大有损害。"话，已说得很不客气了。

一脸冰霜的阿礼国还在步步进逼，丝毫不给吴健彰一点喘气的空隙。就连被他们抢占的租界江海北关场地，他也不愿归还。理由足够充分，北关地处租界内，租界在清廷与小刀会交战之际需严守中立，把北关交还给官府，不就违背了"中立"原则。一顿狡辩式的抢白，使伶牙俐齿的吴健彰，竟连一句话也说不出口。

海关的一半在小刀会手中，一半被英国人霸占而不肯归还，恢复海关，却连个落脚地都没有了。陆地处处碰壁，只好从水上找出路，于是吴健彰想出了别出心裁的一招——把海关搬到黄浦江上去。他从广东调来他的两艘商船"羚羊"号和"羊神"号，停泊在陆家嘴江面、众多外国商船之间，成为他的"临时水上海关"。不料两天后羚羊号发生爆炸，死伤了十几个人，让阿礼国又找到了干涉的理由。他出面声言，这两艘船会成为可能引起麻烦的危险之物，就派出英国炮舰，将它们驱逐到了苏州河里。

从黄浦江到苏州河，不管停泊何处，"水上海关"依然收不到税。吴健彰又只好将海关重归陆地——在苏州河北岸租用一所房屋，设立临时海关；在浦江上游的闵行镇和苏州河旁的白鹤渚设下两个关卡，用来征收输往上海的丝茶出口货物税。然而依然白忙一场：临时海关全不被外商放在眼里，满载货物的一艘艘商船照常大摇大摆地随意出入、逍遥自在。陆地设立关卡，也不被阿礼国所容，又被他串通了法、美领事进行百般刁难，逼得他最终又只好一撤了之。

重建海关之梦一次次地被击碎。路一条条都被堵塞了。大清国的海关，居然在大清国的土地上没有立锥之地。吴健彰百思不解，这洋大人究竟想干什么？

阿礼国终于亮出"牌底"，给他指出了唯一的一条路，就是由英、美、法三个条约签订国与清政府合作，共同来掌控海关。他还很大度地许诺说，如果这样，你们不仅可收到关税，半年来由他代管的关税——八十八万两银子也可一并归还中国政府。这样，不就可一了百了！

吴健彰终于大彻大悟，几番折腾的背后竟是如此居心——把海关的主权拱送给你洋人，将中国的海关交由洋人来作主。

小刀会久攻不下，"泥城之战"又输得灰头土脸，清廷向洋人靠拢，已是别无选择的选择。已到收网时机，阿礼国脸色和悦地回应说，不是要让我们征讨小刀会吗？可以的。但原来的条约有规定，中国内部出现纷争，外国人只能严守中立；既然让我们出兵，就先得修改条约。他特别挑明说，尤其要改有关海关方面的条约。

清廷已被逼到墙角，洋人要什么就只能答应什么。当吴健彰受命再次与阿礼国会面时，两边都已不再脸红耳赤、推推搡搡，而赛如一家人，亲热友好地一起来斟酌商议对条约的修改。然后，选在 1854 年 6 月 29 日，由英、美、法三国领事与吴健彰一起签订了《上海海关征税规则》。按照规则组建的一个四人"税务管理委员会"应势而生，一名中方代表之外，英、美、法三国各占据一席位子，美其名曰中国海关引进的"外邦人才"，"授以权柄，以行使其职权"。而这三人，其实都是英、美、法三国驻上海的副领事。

7 月 12 日，三位管委会大员大摇大摆地走进上海海关，成为大清的"公务员"来上班了。中国的海关，也就不言而喻地变身为三国领事馆的一个附属机构。

理由是什么、形式如何已并不重要，重要的是，上海的海关大权，终于落到了洋人手中。笑到最后的，依然是这位大英国的威权领事——阿礼国。更让人击掌兴叹的是，有这次深谋远虑的"夺关"豪举后，英国人对中国海关的统治竟延续了半个多世纪——初期有威妥玛、李泰国，之后，另一个英国人赫德又创下在中国海关总税务司宝椅上一坐 48 年的奇迹，而阿礼国，正是一手打造了这张宝椅的能工巧匠。

阿礼国像一部威力无比的巨型推土机，轰隆隆地往前推进着，铲平了大清国遗留下的残砖朽木、陈屋陋舍和一切旧物。这位帝国领事，按照他早已打好的图纸，要在一片平畴上建树起一座金光闪亮的西方式都市，一个西方人的"理想国"。

洋人们称他所做的，都是"丰碑式的工作"。他既是设计师，也是执行者；他设计和推进的每一步，几乎都按照他的意愿、雄心和想象而幻变成丰饶的现实。丰碑眼看就将建成，即待"最后一公里"的冲刺。

1854 年 7 月 11 日，寻常而又非凡的日子。县城那边，依然震荡着炮火的喧嚣、交战的厮杀呐喊声，外滩苏州河畔的英国领事馆里，却已是一片雀跃、欢腾。丰碑已从图纸变为现实。这一天，阿礼国携手美、法领事马辉和爱棠，在他的官邸里召开租界租地人会议，一起采摘已经成熟的果实，宣告丰碑的落成。

他是会议的灵魂和头号主角。在他的一手主持下，会议全票通过了租界洋人的生存法典——《上海英美法租界租地章程》。法典由阿礼国费尽心机一手设计制成。它脱胎于1845年的土地章程，但适用范围已从英侨而扩展至租界各国侨民；条款的内容上，更夯实了"全体外人社会获得自治的权利"和"为市政目的而征税的权力"。阿礼国解释说，这部新章程的制订，其意义不亚于制订一种新的法律；它的出台，将更有力地"保障外人社会本身的安全和幸福"。

新章程的最大"闪光点"，对于阿礼国也是最得意的一笔，是租界"工部局"的诞生。这是租界由侨民自主产生、全权管辖租界事务的市政机关。会场里的所有人，都为租界有自己的执政机关而放声欢呼。随之在一片欢潮热浪中，又推举产生了7人组成的工部局首届董事会。

阿礼国的雄心和魄力，不由让他的同胞们惊叹欢叫。你看，咱们的领事先生有多牛，制订、宣布这个租界法典新租地章程，居然完全抛开了土地的主人，事前可不透一点风、不打一声招呼；当他走完"最后一公里"，原本的条约，也就被碾成齑粉而随空飘散而去，租界只是外国侨民的居留地、租界土地主权仍归于中国政府这样的原条约规定，转瞬间就被一笔勾销了。

只有阿礼国，才会这样傲若无人地敢去触碰高压线、挑战一个国家的权威，而依然能摧枯拉朽、一往无前。

这一屋子的洋人，其实都非常明白，纵然这是个弱肉强食的世界，依照英美法三国的法律和国际法，也都不容许在中国土地上"自行保护其人民（侨民）"，更无权"占据中国任何部分领土"而成立行政机关、召集军队保护。但好勇斗狠的阿礼国，就敢于藐视一切而独行其是。他以一言九鼎的豪气宣布："自卫的责任却是首要的自然律之一。""按照自卫的天然公例，外国人为保证自己的安全，可置任何法律于不顾。"还有谁、凭什么理由能阻挡他那双所向披靡的铁靴？

强横的他却并不鲁莽，在不合法的大前提下，也在努力披上一件合法的外衣。故而他又宣布，租地人会议就相当于立法机构，作为行政机构的"工部局"，就将在这个立法机构的同意和授权下运转。工部局的权力是由租地人合法赋予的。

这完全是一个独立国家的构架和运行模式，阿礼国就用这样的模式勾勒了他的行政蓝图。以此为起点，上海的租界就不再属于中国的上海，而成为一个由洋人拥有立法、司法、行政三权的独立政治体系，一个世上没有先例的市政区，一个完全由西方人掌控的"独立自治国"。

尽管连美国人也私下承认，这样推出《租地章程》是卑鄙的，连英国政府都感到阿礼国做得过分了。但阿礼国的逻辑和意志却战胜了一切，现实就在他铺设的轨道上全速运行。

这一章程，以后差不多制约了上海的命运近一个世纪之久。

万事俱成，似乎在上海的领事生涯中，他应当没有任何遗憾了。其实也不。在他几乎实现所有的意愿之外，唯有一件事，却也只能顺从着大势而作出妥协。这就是租界对华人的接纳。

按照他的本意，租界应是一个纯粹的洋人世界，绝不容许中国人去染指。但小刀会起义，使得数以千计的难民潮水般地涌入了租界。洋泾浜两岸，一夜之间出现了成行的单层小木屋，蜂拥着从县城、从其他地方涌来的中国人。在广东路、福州路一带，八百多幢木板简屋也平地而起，华人自搭的茅棚、外侨临时搭建的木屋比比皆是。1853 年还只有 500 人的英美租界，到 1855 年已一下骤增至20000 多人，华人占据了压倒多数。

阿礼国对眼前的乱象发出了惊呼："华洋杂居是引起永久危险的根源"。他决不容忍租界出现这样的"哗变"，1855 年 1 月，他断然下令"将讨厌的本地人赶出租界，拆除有碍观瞻的难民寓所"。一片擅自占据的地区被铲平，居民全被驱散，几千名无家可归的中国人被抛掷在寒冬的街头。驱逐行动激起了中国人的不满和反抗，也出现了使阿礼国意料不及的事态——他的行动，也遭到了外国商人们的反对。

因为从这片乱象中，外商们已看到了无穷的商机——大批华人入居租界，可以给外商带来赚钱致富的捷径。不少外商争相转入专营、兼营房地产的生意场，连昔日靠贩卖鸦片起家的老沙逊、怡和、仁记等洋行，也都以巨资投入了房地产。在暴利的诱惑下，没人愿听取英国领事的警告。

一个英国地产商找到阿礼国，用一席直露的"肺腑之言"来给他洗脑：你身充大英帝国的领事，自然应当以国家长远利益为重，这是你的事情。但我的事情是抓紧时间发财，把土地租给中国人和建筑房屋租给他们，以获取 30%—40% 的利益。我们采用一切方法和手段，都是为着发财，愈快愈多愈好。

一向执拗的阿礼国，终究拗不过人的趋利天性和金钱的力量。他终于看清，"中国人进入租界已是大势所趋，任何想阻止的努力只是在浪费时间"；承认在这种情况下，坚持"纯粹的外国租界"的理想，看来只能是"痴人说梦"。

只有这一次，他违背了自己的意愿，无奈地听任中国人如潮水般地涌进租界。而这无奈的一撒手，却为这座城市的发展竖起了一座里程碑。上海华洋杂处的城市格局，就此一直延续了近一个世纪。

无论是他的坚守还是退让，都让这个新国度的主人们欣喜若狂。狂喜一直延续到阿礼国载誉离去——颁布"上海宪法"、成立"工部局"后不久，构建"国中之国"有功的阿礼国便告别担任 9 年领事的上海，升任首任驻日本总领事。为感激这位"上海公共租界的创造者"，上海的全体英国侨民联名向他送上感谢信，同城的法、美侨民闻讯也一起联署。以后阿礼国一直官运亨通，又相继升任驻日本全权公使和驻华全权公使，重回中国之时，年过五旬的阿礼国又被英王授予爵士勋位。他在西方人中获得了一个无人可与匹敌的最高评价——"造成远东之英国势力的祖师"。

而阿礼国的对手兼同伙，这位"夷务专家"吴道台，却只有向隅而泣的份。当他一觉醒来，才发现上海已成为四个国家的三座城市。可一切都已晚矣。他被加上"养贼"、"通夷"的罪名而被朝廷革职，差一点被放逐到了新疆边远的不毛之地。

吴道台的懊丧、中国人的愤懑，都只能在历史的旷野上无力地飘荡。

巴夏礼：铜像，原是铁血铸成的

　　1846 年 10 月，阿礼国从巴富尔手里接过上海领事的权杖时，在他身旁，还站着他的助手和翻译巴夏礼。这是一个只有 18 岁、来自英国中部的年轻人。领事馆内的这次会面，匆匆而过，并未引起人们的异常注目。直到过去了好多年后，才有人猛然发现：在远东，为大英帝国呕心沥血打下了一片江山的三大元勋，竟然有过一次这样非同寻常的聚会。三大巨头——巴富尔、阿礼国和巴夏礼，1846 年在上海早就碰头了。在声名鹊起的上海，他们都为建立一个"独立自治国"而培土奠基，因而也都留下了显赫功名。

　　从欧内斯特·霍塞——写过上海租界史的一位美国记者的眼里看来，三个人中，又以巴夏礼最有势力。在他死后，上海外滩在 1890 年竖起了一座他的高大铜像，每日接受着过往同胞们的顶礼膜拜。而他的两位前辈却远没有这样的福分。

　　这自然都是后话。在 1846 年，哈里·史密斯·巴夏礼还只是个出道未久、默默无闻的小公务员。

　　小哈里 13 岁就到了中国。这是他在人生低潮时的一次远航。在他四五岁时，他的父母相继离世，他就和两个姐姐一起投奔从海军退役的叔父，不料几年后，三个孤儿唯一可依傍的支柱——这位退役海军叔叔也突然病逝了。这时，已在中国澳门结婚定居的一位嫡亲表姑母伸出了援手，先是把他的两位姐姐接到中国，不久，巴夏礼也乘船从朴次茅斯出发来到了澳门。在澳门充斥着警报声的环境中，13 岁的英国男孩开始学习中文，不到一年竟然已能说出一口结结巴巴的中国话。

　　14 岁的巴夏礼，来到香港加入英国人马儒翰的事务所，同时跟随他学习中文。无心插柳跨出的这一步，却让他一脚踩到了云端里。原来马儒翰正是英国全权大使

巴夏礼

璞鼎查的中文秘书，因为这层关系，一个小男孩居然很轻易地结识了至高无上的大人物，原本的万里之遥顿在咫尺之间。

这已是 1842 年，正是英国人在这个东方帝国真正闯关破阵的一年。璞鼎查率领英国远征军从香港发兵北上，一路征伐到长江流域，顿时南京江面上战云密布，几十艘战舰、几十门大炮摆开随时开战的阵势，威逼清廷最终签下屈辱难言的《南京条约》。几个月的攻城略地，在这支远征强伐的队列里，从没少过这个 14 岁男孩的身影。在硝烟弥漫的战地上，他一会被叫去抄写公文，一会又上岸为补足物资储备而奔走，瘦长单薄的男孩不时穿越在炮弹的爆炸声和强烈灼眼的火光中，身边到处是房屋的瓦砾和横七竖八的尸体。然而，年少的巴夏礼却很会享受这一切。他在他的战地日记中写道："我们个个精神振奋。每个人都盼望着这一战斗时刻快点到来，这样我们就可以一展雄风，同时我对自己作为即将迎接战斗的一员而深感自豪。"

璞鼎查开始注意到这个军中的小男孩，赞许地称唤："他是我的男孩"。当采摘战争的胜利果实时，璞鼎查也破例让这个还是编外人员的男孩，登上"皋华丽"号巡洋舰，旁观两国高官的一次次会晤、谈判。在挤满显赫要员的甲板上，马儒翰按照璞鼎查的旨意，还将巴夏礼非常正式地介绍给清廷大臣耆英，使这位大清国重臣一阵惊异：一个未脱稚气、金发蓝眼的洋小子，究是何方神圣？在这个外国小男孩面前，他没有表现出应有的恭敬。他怎么能预见到，这男孩会是未来大清国的磨难煞星？

远征到达了终点和高潮。8 月 29 日，在"皋华丽"号的船舱里，璞鼎查与清廷大臣耆英、伊布里一起签订中英《南京条约》。这个金发碧眼的瘦长男孩，这一刻也大模大样地跻身于高官显贵们中间，出现在这一历史性的非凡场景中。有人干脆将他称为"站在璞鼎查身边的那个男孩"。"条约签订后，中国的黄色旗和英国国旗在船的后桅升起，同时有 21 发皇家礼炮升空。一些满人去看，但是他们很快就吓得退了回来。"他在这天的日记中，记下了一个英国男孩对这一历史时刻的见证，不由自主流露出的自豪与蔑视，全然交织在这一字一行之间。

中华古国的辽阔山河，眼看就将俯伏在盎格鲁·撒克逊人的脚下，这使少年巴夏礼一直为之兴奋不已。几个月的北上征战，他已经一路领略了这片河山的神奇与妩媚：从"一个美丽的小地方"厦门鼓浪屿到"覆盖着青葱翠绿的树木，美得惊人"的舟山群岛，从"一泓清泉从身边流过，略带诗情画意，树丛里住着鹿儿和野鸡"的香港到"金色屋顶在闪闪发光"的镇江金山，再到"四周的墙绘满了各种图案，每一层都有一个很大的镀金佛像"的南京瓷塔，沿途的美景一一出现在他的战地日记中，与硝烟、炮火、鲜血、死尸一起交织成了一幅幅奇谲怪诞的画面。一个冷酷的入侵者，却又是个热情的鉴赏家，一边在撕裂、踩躏着这块土地，一边却又沉迷于这块土地的风光美景，这个 14 岁的英国少年确是气度超凡。

而让他更钟情的，似乎还是毗邻长江口的那座城市——上海。

远征军在围攻南京之前，先攻下了吴淞和上海，他也随行而至。他是从舟山群岛转乘"普如托"号舰船，于 6 月 22 日上午到达上海的，船在上海靠岸时，眼前的景象一下就把他征服了。他在当天的日记中赞叹说："上海是一座美丽的城市，坐落在富饶的土地上。树木很多，又高又大。""上海也是座富裕的城市，有很多值钱的宝藏。""说实话，我还从未见过如此迷宫一般的中国城市。"这座美丽而富裕的城市，让他如此兴奋，更出于一个胜利者的自豪："她现在已经归我们所有，只是作着微弱的反抗"。

当晚，他让一个当地的年轻人陪他去岸边观光。那人跟着他，一路战战兢兢，眼里满是恐惧、惊慌的神色，似乎害怕被这月黑之夜吞吃了似的。巴夏礼看着觉得可笑，便奚落他是个胆小鬼，那人的辩解前言不搭后语，更引得他一阵大笑，这笑声使年轻人顿时愈加惊慌失措。巴夏礼第一次尝到了征服者捉弄被征服者的乐趣，一阵满足感油然而生。他喜欢这样的感觉。

第一次到上海，逗留的时间很短促，但上海不会从他的生命中消失。他与这座城市，似乎由命运之神早就牵起难以割舍的纽带。

他的亲友、他的上司，几乎都有"上海情结"。他的表姑母将他们姐弟三人接到了中国，而他们的表姑父不是别人，正是那个乘着英国帆船"阿美士德"号、与林德赛一起最早到达上海刺探市情的"中国通"郭士立，璞鼎查率兵进攻上海，郭一路相随，熟门熟路地为远征军充当向导，立下了汗马功劳。巴夏礼的两个姐姐第一次坐船来中国时，同船乘客中有个来自利物浦的年轻传教士、外科医生雒维林，大姐凯瑟琳与雒维林在航行中初次结识，便坠入爱河，三年后结为伉俪，雒维林成为了巴夏礼的大姐夫。雒维林也是个"上海通"，1843年年底就已来到上海传教行医，曾亲历巴富尔主持的上海开埠仪式，也卷进了"青浦教案"的是非漩涡。1844年他一手建立了上海第一家西医医院——中国医院，也就是现今仁济医院的前身。他在上海的行医生涯一直持续到1857年。

《南京条约》正式签订后，巴夏礼到达的另一个人生驿站是舟山群岛。表姑父郭士立被璞鼎查任命为舟山的地方官，巴夏礼就当他的日常秘书，同时在这个表姑父的指导下学习中文。以后他又转辗澳门、广州，于1844年6月来到厦门，为新来的英国领事担当翻译官。命运总割不断他与上海的连系，他的上司、这位驻厦门领事，原来就是日后在上海滩威震一方的阿礼国。

仅仅隔了两年，1846年10月，阿礼国就被提升为驻上海领事，巴夏礼作为他的代理翻译官也随行而去。从上海上岸，再一次踏上这片曾给他留下过"美丽"、"富裕"第一印象的土地，一种回家的感觉骤然而生。

在开埠已有三年的上海，刚刚划定边界的英租界正在兴起，100多个英国人已在这一带安顿落户，已经建立起的邮政业务使上海与英国本土的联系变得十分便捷，各种信函、各类书籍、期刊，可以从英国非常准时地发送而来。巴夏礼一到上海，就走进了一个英伦风味十足、知识气息满满的社交圈，恍然置身于一个英式大家庭。更让他舒心惬意的是，早在两年之前，他的两个姐姐凯瑟琳和伊莎贝拉就已在这里安家，大姐夫雒维林开办的西医医院已走上正轨，每天有成群结队的人纷至沓来，十分红火。只要愿意，他随时可以见到自己唯有的两个亲人，一起小聚一番，家的感觉便更是浓得化不开。

领事馆还是巴富尔留下的那个老馆，依然在县城内，巴夏礼的寓所就在领馆附近。他一人住着两栋房子，从未有过如此的奢侈享受。闲余时分，他经常在住地周边进行体育锻炼，有时也环绕着县城宽阔的城墙进行短途运动，还喜欢到西面的田野上、果园里，河边的树林中去散步、闲逛，悠然自在得很。

在野外散步时的他，也总习惯瞥一眼毗邻县城、正在盎然生发的英国租界地。这是他的心仪之地。他其实并没有闲着。

阿礼国把心思全放在租界上，为建立起一个"模范租界"而整天忙碌不停。

道路建设，海滩控制，租界扩张，及至租界制度建设、社区管理等等，千头万绪的事等着他，似乎总也干不完。巴夏礼和副领事罗伯逊就成为他的左臂右膀，合着阿礼国同样的节奏忙碌着。一年后，约有30栋英国人的房子在黄浦江边拔地而起，外滩先前的中国式房屋都被改建成西式大厦，24家商行开始运营，教堂、宾馆、花园、赛马场、俱乐部和公墓也纷纷建立起来，空白一片的租界，渐渐变成了初显轮廓的一座西方式都市。

让巴夏礼最感得意的一件事，是由他在江海交汇处，一手建立起了海上灯塔。由于开埠后世界各地的商船蜂拥而至，上海已成为远东最热门的港口之一。阿礼国眼明手疾，立即发布《上海港埠章程》，将黄浦江航道的引水权控制在自己手中。但在上海的大门口，商船的通行又出现了阻绊：由于航路不熟又无人领航，商船进入黄浦江前的长江江面上，总是频繁出事，洋商们一片呼声高涨，要求建立海上灯塔。阿礼国就将这项工程交给巴夏礼和罗伯逊去监管完成。他们全力投入，将这事干得很漂亮，很快，有海上灯塔的指引，进出上海港的货流便都能畅行无碍。船舶公司和商行的一片赞誉声传来，巴夏礼顿时涌起了一种少有的成就感。

似乎一切都很顺利。曾到过广州、澳门，也辗转厦门、福州，与这些同样的港口城市比较，他感到上海是一座最平和、最友好的城市。连阿礼国也感叹说，这里的人们"异乎寻常地友好"，"他们都愿意与外国人共享自由，而不会喋喋不休地抱怨"。

然而，平地而起的一场风波，打碎了他们的安逸自在。几十里外的青浦突然传出一个消息：三个英国传教士挨揍了，他们遭到一群中国水手的围攻、追袭，情势十分危急。阿礼国闻讯，顿时大为震怒。消息如晴天霹雳般地传来，更是让巴夏礼惊恐不安，因为三个传教士中就有他的大姐夫雒维林，担忧他不知会吃多少苦头，又伤得如何。

第二天，三个传教士由青浦衙役护送下，安然回到了上海。三个人虽然受到一点皮肉之苦，但都无甚大碍，巴夏礼这才放下心来。他知道雒维林三人的青浦之行已违背了条约规定，与水手发生冲突时，又是他们先动的手，总是有点理亏，现在能平安归来，而且上海道台也已表示道歉，一场风波大可以一过了之。

然而超乎他的想象，这才是风波的开始，后面愈演愈烈的事态，已经不能用简单的"风波"两字来形容，更赛如排山倒海似的一场飓风和海啸。老谋深算的阿礼国，一手导演了一场连轴闹剧：一会儿发出公函，提出严正抗议，一会闯入道台衙门，责令限时限刻捉到"凶犯"。"凶犯"捉到了还不罢休，又命令上海的所有英国船只停止缴纳关税，还调来英国军舰封锁吴淞江面，不许北运的中国漕粮船出航。与上海道台争闹还不算，又派出副领事罗伯逊与巴夏礼一起乘着"爱司匹格"号急往南京，向两江总督李星沅施加压力，"希望立刻看到正义的裁决"。接连几天，领事馆的全部工作，几乎都集中在一件事上——清算"青浦教案"的影响。

　　阿礼国的这一出出变幻无穷的招式，让巴夏礼看得眼花缭乱，也在他的急剧挥舞的指挥棒下，走得踉踉跄跄。

　　为一次偶然发生的冲突，有必要如此大动干戈吗？巴夏礼隐隐地有些疑惑。但他是阿礼国的忠实追随者，不理解也会卖力地跟着干。他没有少花力气。在这次与道台密集的交涉中，无论写告示、发公函还是两边官员面谈，都由巴夏礼担当翻译，阿礼国无论走到哪里，身边总少不了他的身影。去南京面见两江总督，成为整场大戏的高潮，当巴夏礼乘船沿长江溯流而上时，自然想起了 4 年前同样的航程，但当年他只是个旁观者，而今天却已是戏中人，在戏中，把一个虽非排名头号、却也是至为重要的角色演绎得十分精到。凭他软硬兼施的一番口舌，最终逼迫两江总督李星沅完全满足英方的要求，同意派出署江苏臬司倪良耀——一个品级较高的官员，前往上海专办此案。南京之行的头号主角、副领事罗伯逊事后在述职报告中不由大加赞叹："我很高兴在这段旅程中巴夏礼先生提供的良好服务。他的敬业、热情和机智给我留下了深刻的印象。得益于他的帮助，一切问题都得以圆满解决。……主要的功劳应该属于巴夏礼先生。"

　　跟着阿礼国走完这一程，巴夏礼也从不理解到豁然开窍，真正读懂了阿礼国在"青浦事件"上处心积虑所做的一切意味着什么。既然是殖民者，来到别国的土地上要树立自己的权威，就没什么道理好讲，依靠的唯有强权。用铁拳来应对中国人的怒火——阿礼国在"青浦教案"中全面实行的这一方针，事后证明获得了巨大的成功。巴夏礼开始知道，在应付中国官员的时候不能有丝毫的犹豫和怜恼。他已经了解了他们的性情，知道什么时候应该以牙还牙。"在中国获取尊敬的唯一方式是下命令"——这是他在这几天里得出的一个结论，也是他以后一直奉行的信条。

13 岁来到中国的巴夏礼，几乎没有进过几天学校，他所受到的真正的教育是从炮舰、全权大使的会议室以及炮火、战场开始的。在阿礼国身边，他很高兴又找到了一个良师。

3 年后，巴夏礼又被调往厦门作领事馆翻译。人离开了上海，内心却再也无法抹去对这座城市的惦念，也从未割断过与它的联系。因为上海就活似他的"大后方"：他的两个姐姐的家还在那里，去英国度假归来重返厦门前，他乘船先到了上海，与姐夫雒维林一家团聚了几个星期，然后才赶去赴任。他的表姑母郭士立夫人不幸生病去世了，巴夏礼除了表示痛悼外，还将她的两个女儿、也即他的两位表妹接到上海安顿下来，拨给一笔生活费，让她们在上海能过上衣食无忧的日子。

上海是家，也更是一所学校，让巴夏礼记住了阿礼国教他的铁拳哲学。1856 年 6 月以后，在拒绝"蛮夷"入城的广州，这套哲学就有了用武之地。这一月巴夏礼开始就任驻广州领事，几个月之后广州发生"亚罗"号事件，点燃了中英之间的一场新的战火，史书上便称此为"第二次鸦片战争"。而之所以有"亚罗"号事件，应该都归功于这位新来的巴夏礼领事。

英国人最早到达的广州，却也是一座最难征服的城市。广州的城墙一直像冰山似地矗立在英国人面前，广州人面对"蛮夷"、"番鬼"，如火光闪射的目光中更是充满着仇恨和敌意。巴夏礼认定，挥起铁拳是对待这座城市的唯一选择。机会不期而遇，10 月初，一艘走私鸦片的中国船"亚罗"号在广州黄埔停泊，广东水师上船搜查海盗，捕走了船上的 12 名中国水手。这纯粹是中国的内政，原本无需英国人去操心、插足。但一心想要闹出点事来的巴夏礼，早就学会了恩师阿礼国惯用的一招：找个什么借口，无端地制造出一场风波来。他打听到这船早先曾在香港登记注册过，尽管早已过期无效，却让他找到了一条缝隙，随之无限放大，气壮理直地断言这是条英国船，上船捕人便是侵犯了英国主权。觉得这一

"侵犯"的力度还嫌不够，他又调动想象力，虚构出一个骇人的情节：广东水师上船捕人时，野蛮地扯落了英国国旗。于是将调门拔高，怒喝这更是对大英帝国的侮辱；又发出强硬照会，迫令两广总督叶名琛在 24 小时内立即释放全部人犯，并且必须向英国道歉和赔偿。

经不住这番威逼，叶名琛只好妥协退让，将这 12 个嫌犯全部送交巴夏礼。但巴夏礼根本不在意送不送这帮嫌犯，他只是想找到一个借口而已，人送来了，便继续找个借口，说叶名琛将船员秘密送回领事馆，违背了把船员公开送回船上的约定，故而拒绝接收这些船员。叶名琛送去的信件他也不屑拆开，朝一旁一扔了之。

这往外一扔的声音，如游丝般微弱，却是一场战事打响的信号弹。原来在广州城外，英军早已排兵布阵，只等待找到能成为战争借口的事端，"亚罗"号事件来得正当其时。不管叶名琛如何解释、争辩，战火已经点燃，10 月 23 日，英国海军向广州城悍然发起了进攻。巴夏礼兴奋地给他的同僚写信描述说："在 23 日和 24 日，西马縻各厘司令在没有遭到多少反抗的情况下拆除了广州周边的一些要塞，27 日和 28 日，他向叶钦差的官邸开火，29 日突破了城墙。11 月 3 日、4 日、5 日，他向另一所总督的官邸和满人将军的住处开火，6 日，我们占领了另一个要塞，烧毁了一些军用舢板。12 日和 13 日，虎门炮台被我们攻取并将面临被拆除的命运。……"

战争更让他感喟："我们的胜利将建立在人民的恐惧中，只有让他们感到害怕，他们才会让步，否则我们的在华利益就无法得到保障。"这应是对阿礼国"铁拳"哲学的另一种解读，而比之阿礼国的"铁拳"哲学，"恐惧"理论似乎更高出一筹。他用他的"恐惧"行动，为他在同胞中撑起了一个"铁汉"、"强人"的形象，也给中国人带来了更强烈的恐怖感。中国人送给他一个"铁头狐狸"的绰号，"巴夏礼"三个字在中国人眼里，也就成了洋鬼子用铁血手段对付中国人、维护帝国利益的一个代名词。

英国人都在津津乐道地谈论着巴夏礼，夸赞他在中国人面前的毫不妥协、从不屈服，他为保卫自己国家尊严、荣誉而显出的强悍和坚定。但他的强悍和坚定、他的"恐惧"理论的实施，也必将付出惨重的代价。英军第一次攻陷广州后，12 月 14 日这天，志得意满的他去了一次香港，就在当晚，广州百姓点燃的一把大火，将英国人的住宅区和英国商馆烧得几近一片废墟，领事馆的一个助手也被倒下的墙壁当场砸死。两天后，又一把火将巴夏礼在广州拥有的一切都烧毁了。广州第二次陷落后，人民的反抗越加白热化，几次在路边伏击巴夏礼，甚至公开悬赏以 3 万元买下他的人头。一次巴夏礼随英军进入东莞境内，突然遭到当地乡勇和村民的伏击，数百名英国兵当场被歼，巴夏礼也狼狈地被摔下马背，差一点被民军活捉。

"恐惧"没有将人民吓倒。而一次次险遇，似乎也没有挫灭这位"恐惧"理论制造者的斗志。无家可归的他，在他夫人眼里却依然"那样精神饱满，充满活力"。

但他终究经历了一次被活捉的遭遇。不过不在广州，而已是离北京城几十里外的通州。

英军的终极目标，并不是只攻下广州，它的"醉翁之意"是要清王朝答应修改以前签订的各项条约——《南京条约》《黄埔条约》直至《望厦条约》，答应给他们更多的特权——开放中国的内地和沿海城市、允准英舰自由航行长江、让鸦片贸易合法化、改订税则、准许外国公使常驻北京等等。否则，广州的今天也就是北京的明天，战火将一直延烧到你皇城脚下。

清政府的冥顽不化，激怒了要当这片土地主人的西洋人。1858 年 5 月，英法联军沿海北上，攻下大沽、天津，逼使清廷与英、法、美、俄四国各自签订了《天津条约》。然而条约的墨汁未干，战争又打响了。撤走不久的英国舰队又出动二十多艘战舰、炮艇，再度向大沽炮台发起袭击。却出乎英军意料，这次炮台守军的抵抗异常顽强，经过一昼夜的激战，英军被击沉、击伤十多艘舰艇，一千多英兵死伤近一半，大败而归。消息传到伦敦，顿时激起一片喧嚣声，要"实行大规模报复"的声音响彻朝野。1860 年 7 月，英法联军的二万多兵马、二百多艘舰艇再次抵达大沽口外，强兵突进攻下大沽炮台，继而又攻陷天津。对敌双方再次回到了谈判桌前。

巴夏礼听到了前线发出的召唤，而召唤之声却是从上海传出的。上海这时已升格为英国在华的政治中枢和后方基地，北方之战的许多决策，几乎都出自这座已被英国人驯化了的城市。7月6日，在广州遥望北方战火纷飞的巴夏礼接到一个邮件，英军统帅额尔金从上海发信，邀约他火速赶往北方前线。巴夏礼接到信后，急忙打点行囊，出发去北方。他知道，他又将在一出大戏中扮演重要角色了。

到达大连湾、赶上联军的舰队之后，巴夏礼便变身为一个联军军官，置身于二万兵马之中。联军发起进攻不设防的北塘、包抄大沽炮台、攻占天津，他都是现场亲历者和积极的推手。部队往北推进，离目标北京城越来越近，而离开优裕的领事生活却已越来越远。在北塘一带，除了杂草和水，周围什么都没有。在一片泥地上行走，他穿的靴子浸透了湿泥，脱下来发现脚已经很肿，满是水泡，靴子再也没办法穿上去。晚上，就在一片满是沙子的干地上找一块毯子就地露营。一次为弄点水喝走进一个镇子，镇里的街道上一片泥泞，人行走时膝盖几乎都陷入土中。在大沽，他以外交官身份去见清廷官员，靠着双膝，在泥地中艰难地跋涉了3公里，还不时面对着清兵手中来复枪黑洞洞的枪口，危险随时会降临。但他写信给他的夫人说："我还是很振奋"，"希望外交能和刀剑一样有力，发挥积极的作用"。在攻占天津前，为了搜集足够多的情报，他白天在马背上过了8个小时，回到宿营地给额尔金勋爵撰写报告，又干了一个晚上，非常之疲累，却也非常之亢奋。一位随军牧师夸赞他："没有人像巴夏礼那样适合处理中国事务。他就像英国牛头犬一样真诚勇敢……"

由于英法联军漫天要价，天津的谈判没有谈成，联军便发兵向通州进逼，摆足阵势要直捣北京皇城。清政府慌忙派出怡亲王载垣、兵部尚书穆荫赶往通州，在一所寺庙里面见英法联军代表巴夏礼，答应了他们提出的全部条件。经受过上海的教诲、广州的历练之后，巴夏礼对中国人的打压有了更多砝码，手中的"铁拳"也能挥舞得更加精到。他见清廷已没有招架的力量，就又给谈判的条件加码，声言英、法公使赴京与清廷换约时，必须各带一千名卫队过去。载垣忍气吞声地答应了下来。巴夏礼还不罢休，又提出了更苛刻的两个条件：一是英、法代表到北京后要面见咸丰皇帝，而且须不按中国礼仪向皇帝跪拜；二是中国须立即撤除北京周围的防御设施。载垣、穆荫听了，脸色顿时一阵刷白。这岂不是将他们逼到了悬崖边上。

不等载垣、穆荫他们作出答复，联军已经向通州附近的张家湾和通往北京的咽喉要道、距北京仅八里路的八里桥发起进攻，巴夏礼接到联军带去的口信，便带领卫队匆匆离开通州。这里已成险地，他知道再不走肯定凶多吉少。

但也已经迟了。清军的一队骑兵飞奔而来，堵住了他们的去路，一群拿着火绳枪的清兵又将他们团团包围起来，押解他们返回营地，去见清军统帅僧格林沁亲王。僧格林沁抓捕巴夏礼的目的，显然是要将巴夏礼作为筹码，逼使英法联军停止进攻北京。但巴夏礼拒绝合作，被僧格林沁斥之为"顽固不化"。于是巴夏礼一行便被捆绑起来，推进囚车押送去北京。在监狱戴着镣铐、经受拷问度过十几天之后，北京城外响起了隆隆不绝的炮声，英法联军开始向京城发动进攻。这时，咸丰皇帝已经带着后妃、大臣逃奔热河行宫，留守北京的恭亲王奕䜣急于要与联军议和，便在 10 月 8 日下令释放巴夏礼一行。

进城后，额尔金便疯狂地下令火烧圆明园。大火延烧了三天，烟云笼罩整个北京城，一座举世罕见的名园顿时化成一片焦土。

"我们当然要对他们进行惩罚。"巴夏礼在给妻子的信中兴奋地写道："看来除了毁坏城市里的宫殿，我们没有其他的选择。既然圆明园是我们的同胞受难的地方，我认为毁掉它是非常合适的。……圆明园注定要灭亡。"

圆明园燃起的熊熊大火，使他扬眉吐气，通体舒畅。

1860 年 7 月英法联军开启的北方之战，4 月初，其实就已在上海进行密室策划。巴夏礼，也正是战争的幕后谋划者之一。

这年 3 月底，巴夏礼从香港乘着蒸汽船到了上海。在广州承受巨大压力的他，很想换个地方释放一下自己，最终选择了去上海。一踏上上海的土地，心情就异常地舒畅。"我们现在进入了完全不同的气候环境。香港天气温暖，湿气太重，让人觉得不舒服，上海则不一样，房间里还装了壁炉。让人开心的变化！你一定能理解我呼吸着新鲜空气时的愉悦心情。谢天谢地，我获得了开始新生活的机会。"一到上海，他就给远在英国的妻子写信，在广州经受的压抑、忧烦顿时一扫而尽。

他看到，上海的变化太大了。新的英国领事馆已经巍然矗立；外滩加宽了 20

英尺，显得更加开阔爽朗；曾经被中国式建筑覆盖的外国人居住区，已经都被西洋式房屋所替代，完全变了样，而没有被推倒的房屋也都重新改造过了……看着这座他越来越中意的城市，他满怀憧憬，开始规划如何与他的妻子在这里共度以后的美妙时光。他打算租两套房子，每年租金的预算分别在300英镑和400英镑，屋内的布置需极尽奢华之能事。他还为妻子安排了各种各样的消遣方式。在给妻子的信中，他为以后一家人在上海的生活描绘了一幅美妙无比的图景，使他的妻子也兴奋得难以自制。

但他又必须回到现实中来。现实的境况是，战争又将开始。去年英军在大沽惨败，使他痛惜万分，也因此对某些英军首脑的软弱和摇摆大为不满，他为之痛心彻肺地呼吁说："我们需要一支强大的力量，需要具有果断的执行能力的指挥官，他必须充满活力，具有勇敢和智慧的品格。"英军首脑和英国的高官们眼下正集结在上海，等待和准备又一次大规模的北征，强硬派巴夏礼决不会置身事外。原本悠闲的假日旅行完全被打乱了。他又一次变成了连轴转的"工作狂人"，成为一场战争打响前运筹帷幄的要员之一。

"在我们能给敌人以有力一击之前，最好不要轻举妄动。我们的军力应该集中在对付僧格林沁和傲慢的蒙古人身上，而不是一些不堪一击的从事贸易活动的舢板上。"他向那些将军和高官们献计说。他的中心观点如铁石般的坚定，那就是：只有一个选择，通过武力来强迫中国人"顺从我们的旨意"。

将军和高官们为他的精明和勇气而深深叹服，7月额尔金在上海对他的召唤，也正是这些将官们的共同心声：北方前线，断不可少了巴夏礼这样的智者和勇士。

7月之后，在从大沽、通州到北京的征战之路上，他果然再次彰显了他的机谋、勇武和强悍。战火、泥泞、牢狱，将他锻造成了一个令人生畏的"铁胆英雄"。他征服了清廷满朝官员，也征服了他的西方同胞。

超乎他的期望的荣誉和地位，也像潮水般地向他涌来——在中国南征北战中的过人表现，使他从一大批老牌官员中脱颖而出，被誉为英国领事中最优秀的一位。1862年5月，34岁的他被授予爵士称号，得到了连老上司阿礼国那时都未获取的殊荣。之后好事不断，1864年3月又春风得意地回到上海，登上了他老上

豪强，在洋场西风初起时

司当年的显赫位子——驻沪领事。

巴夏礼成了黄浦江苏州河转角处那座豪楼华宇——英国领事馆的新主人。在那张领事专用的座椅上落定，原本的欣喜竟忽然消散得无影无踪。坐进这座办公室，每天有很多信件要回，有许多公函要写，刑事的、民事的种种案件要他来听审，各种各样的杂事、形形色色的人会找到他、挤迫他，忙乱了一天竟不知在忙些什么。这就是领事要过的日子：是繁杂琐碎的，也是平淡稳定的。可是从最初在南方当上领事的那一刻起，从广州到北京，他已经习惯游走于风口浪尖，过惯烈火烹油、雷鸣电闪般的生活——讨论军机大事，担任将军和高官们的翻译，参与战役和轰炸行动，不是在谈判桌前唇枪舌剑，就是在战火硝烟中奔逐游弋。他这时才醒悟到，之前，他几乎没有沉浸于过真正的领事的角色中。回到真正的领事日程中，他感觉已经很难适应。他已经不能非常平和地对待一件事情。而一个领事，需要的正是这种平和的气态，而非激烈的行动。

这次刚到上海不久，就遇上江南的雨季。他写信告诉他的亲友，这里总是阴雨绵绵，每条街上都积着几乎快没到膝盖的泥，如果不穿上靴子，根本别想在路上行走。他就在这座泥泞的城市里穿梭，心情非常郁闷。其实，使他感到郁闷的真正原因，是因为当上海再次出现在他面前时，竟然已不复当年的繁荣。他知道，这是与太平军交战旷日持久种下的恶果：城市的人口锐减，租界内许多人都离开了，只剩下一排排空空荡荡的房子；贸易也很不景气，通常一年丝绸的贸易量总维持在7万到9万捆，这年却只有1.5万捆。新领事在政坛高歌猛进之时，他脚下的上海，却正处在经济的低落期。

但巴夏礼很快调整了心态，收敛起斗士、战将的锋芒，将一身的热望投付于朝九晚五、杂乱如麻的领事生活中去。

他很明白他如今身处的位置。成为领事后的巴夏礼，一路逶迤的从政轨迹就是沿着中国海岸线往北蜿蜒延伸，这是一条漫长的曲线，而广州、北京、上海正是这曲线上的三个关节点。他把广州、北京视为敌方的两大堡垒，需要不顾一切地去轰击、去攻破；现下落足在曲线中间的上海，就不能像在广州、北京那样干了。因为上海早已掌控在西方人的手中，已经是自己的辖地和营盘。对自己的地盘，需要的便应该是呵护与扶持。

在给亲友的信中，他曾无奈地谈到广州："所有住在这里的人，都不可能感觉这里像我们的家。"而一次与额尔金同船去上海时，他却情不自禁地在信中感叹："感觉好像回到了家里一样"。

上海是西方人的营垒，更是西方人的家园。——他在上海的行动，便循着这样的一条思路蜿蜒地展开。

所以，当租界工部局只想着增加税收、想使赌场合法化时，他坚决地投了反对票。他说，赌场使租界地一片乌烟瘴气，这对租界没有好处，赌场不仅不该合法化，而应当严加取缔才对。"我们必须保证在上海的任何地方都打击赌场，不管它是本地人还是外国人在经营。"在一次租界所有领事参加的会议上，在对待赌场问题上，他又一次展露了他的铁腕手段。他特别提醒他的同僚们，如果让赌场遍地开花，租界地就将像伦敦的阿尔萨提亚一样，变成恶徒聚集的地方。结果是，租界地变成生性顽劣之辈的天下，富有的和值得尊重的人对租界就会避之不及，这难道是你们想要得到的结果吗？经过一番力争，他提出的决议得到全票通过，根据决议，一个月内必须关闭所有赌博场所。就连很不情愿的法国人，虽然满肚子不快、背后咕哝不休，也只得照着他说的去办。

而租界的外患，更像一道重重的阴影笼罩着，在他的心头挥之不去。

1864 年春天他重返上海时，太平天国战争已进入尾声，在英国上校戈登率领的"常胜军"和清廷淮军的合力围剿下，太平军连遭重创，它的苏南根据地已经陷入绝境。原本风声鹤唳的上海已解除战争警报，局势正在走向安稳。但巴夏礼的一颗心还不能全放下。从 14 岁出道起，一直穿越在炮火硝烟中，他知道只要敌人还存在，战争就随时还会威胁这座城市。这时一个消息传来，戈登在常州、丹阳被攻克后，准备解散这支与起义军作战的主力——外籍军团"常胜军"，让巴夏礼不由一阵惊慌。他很倚重这支由自己同胞指挥的军队，将它视为保护上海的核心力量，而一朝"常胜军"被解散，由谁来保卫上海？

自到上海以后，巴夏礼的日程中除了工作还是工作，每一天都被领事馆的公事挤得满满的。但在无休止的忙乱中，他的另外一根神经却总是紧绷着——上海的安全，总是第一重要的。到上海后他也几乎没交过什么新朋友，唯一的例外，就是这位英军上校戈登，经常互通信函，坦诚相谈，使两人的交情日益浓密。因为在巴夏礼眼里，抓住戈登，也就抓住了这支"常胜军"，也就使租界有了一道安全屏障。

现在突然听说要解散"常胜军"，不啻如五雷轰顶。他急忙写信给戈登提醒说，这支武装力量的组成，最初就是为了保卫上海及其周边 30 英里的安全，让你戈登负责这支力量，就是为这个目的。只要任何起义军的手里还有武器，保护上海的目的就没有最终达到，这支力量就应当继续存在。

他给统率清军的李鸿章也发去一信，因为他知道李鸿章也有同样的意思，要解散"常胜军"。他在信中正告说，当初建立这支部队，是由中英双方签订了协定确定下来的，现在要解散"常胜军"，就等于取消当初的协定，那也必须经过双方同意才成。

给两边发去的信，都碰了钉子。戈登一心想回国，这时已无心再打理这支队伍。李鸿章也毫无通融的余地。这位淮军统帅与戈登一直矛盾不断，而且他更怕养虎为患，一直像贼一样地提防着"常胜军"，巴不得早一天将它裁撤了事。接到巴夏礼的信函后，李鸿章不客气地回信将他批驳了一通。

"铁头狐狸"是姓铁的，碰几个钉子，压根就挫败不了他。因为他执着于一点，要保卫上海，不能没有一支武装力量。既然写信落空了，他就不惜委屈自己，只身赶往苏州的清军驻地去找李鸿章，唾沫横飞地进行了一番游说。会谈的结果，天平开始向他倾斜。李鸿章已被他说动，同意由英方给中国部队建立一个担负管理责任的军营即指导营，使他们成为一个有纪律的实体，能担负起保卫上海的重任。巴夏礼又提议，在这之前先要成立一个指导委员会，由英国军官来当教官，进行欧洲式的军事训练。李鸿章也勉强同意了。戈登虽然急着想回国，也答应参加这个委员会，尽他最后的一分力。巴夏礼的执着，使他又扳回了一局。

指导营设在松江境内的凤凰山。巴夏礼一直在心中挂念着，到 1865 年元旦假期时，便专门到凤凰山去察看指导营的训练情况。顺便他又赶往 6 英里外的松江县城，去视察了那支由 5000 人组成、担负保卫上海重任的中国军队。

返回上海时，他又忽然发现，从松江营地到上海竟没有一条像样的路，不禁担忧起来：一旦上海遇到危难，这支军队怎么能保证很快赶来解危？于是修改军备计划，又添入一笔：必须在营地与上海港之间建一条畅达的公路，来缩短军队到达上海的时间。

对他忽然又冒出的这一主意，李鸿章不置可否，将皮球踢给了松江的提督。巴夏礼就带着随从，骑马行走了几十英里路赶往提督行辕。到达时，衙门的大门紧闭着，等待许久也不见有开门的迹象。提督其实已经得到他来访的禀报，只是知道洋人难缠而故意回避他，这才称病不出。巴夏礼只好用要赖来对付——不愿见我嘛，没关系，我可以一直等下去，等到提督病好了来接待我。提督被逼得没法，一会便把他叫进一个房间，但却阴沉着脸，将他斥责了一通。巴夏礼懒得向他解释什么，冷笑了一声说，你竟然如此怠慢一个女王陛下的官员，我现在要你必须给我道歉。一声回击，使提督猛然惊醒，于是强装着笑脸向巴夏礼连声道歉，还招待了一顿丰盛的午餐。修路的事，自然满口地答应了下来。

几乎在同一时间，他的另一个计划也在实施。

"现在是时候采取两个措施了，即成立裁判法庭和成立 3000 人的军营。"巴夏礼在信中给妻子袒露心思说。他称"这些都是大事情"，"我的时间主要花在这上面"。在租界成立裁判法庭，就其重要性而言，似乎还应排在建指导营之前。

因为巴夏礼到上海不久，就面对着租界内华人"人口爆炸"带来的烦恼。近十年前，阿礼国"开闸放水"、准许华人进入租界后，租界里的华人人口一直在暴增。太平军围城以来，中国人又像潮水般地逃往租界，人多事杂，一个大林子里什么鸟儿都会有，租界的社会秩序就成了严重问题。巴夏礼说的"成立裁判法庭"就由此而起。

从巴夏礼看来，如果说太平军的威胁是外患，租界社会秩序的问题则无疑就是内忧。无论是内是外，都不可有半点疏漏。

租界内的社会治安由洋人说了算，早由洋人做出了规矩。但他们也遇到了棘手的难题：华人在租界内犯事，由谁来制裁？条约规定，租界内华人犯事，理应交给道台衙门来处理。但小刀会起义爆发后，清朝官府忙于交战都来不及，哪还管得了这些事，于是就被领事们接手过去，使洋人的领事裁判权一直延伸到了华人头上。小刀会风潮过去后，这些被外国领事僭占的权力正渐渐在移交给中国官府。但有些洋人却咬定"中国的法律是可憎的"，迟迟不肯交权。在洋泾浜北岸，被工部局拘捕的界内华人依然先解往领署，被领事预审一番后，才送往地方官府。在洋泾浜南岸的法租界，则干脆建立了"警务法庭"，对华人案件每天都在领署开庭审理。

初始，巴夏礼也很赞同由领事来包办一切。他在给英国驻京公使的报告中写道：华人案件送到中国地方官府后，诉讼往往徒有虚名，"在许多案件中，罪犯稍事拘留即行释放，而且复回租界，窃盗犯罪如故"。按他的副领事所说，"这种司法方法显然是不能令人满意的"。

外国领事包揽华人案件，毕竟已违背条约规定，明显越权了。领事们都想给它披上一件合法的外衣。一次上海领事团会议上，许多领事提出应在公共租界设立违警法庭，专门处理界内华人违警案件。一片赞同声旋即响彻会场，议案几乎就将被全票通过，却独有一人投了否决票——就是他，巴夏礼爵士，刚上任的英国驻沪新领事。

众人顿时一片愕然。

巴夏礼与他们的思考，原来并不在一个层面上。经过一番深思熟虑，巴夏礼否决了自己最初的想法，也就否决了领事们的这番起哄。

巴夏礼知道，这番起哄已违背北京公使团的意图，首先就不会得到公使团的认可。而违反条约规定，最终又对谁有利呢？洋人可以为所欲为，不把这种违约行为当一回事，由此图一时痛快，但他们没有想到也会自食其果：洋人可以违背条约，当中国人腰杆硬了，也可以以牙还牙、不按条约行事，那时洋人还凭什么去指责他。巴夏礼认为，他的否决票并不显示软弱，反倒是一种强硬的表现——早先签订的不平等条约就是不能违背，也不可轻易改变。

而他思考的聚焦点，则一直没有游离于他的初衷：如何呵护、维持好洋人的家园。他是很现实的，只要怎么有利于自己，就可以怎么干。他看到租界内有海量的中国人，如果大小案件都让领事来办，领事哪能忙得过来？这不是自找麻烦吗？他给妻子的信中不止一次地感叹说，"领事裁判的负担"变得"日趋沉重"，真希望"将每两个星期一次的开庭压缩成每月一次"，但他又深知"要做到这一点真的很难"。

他对妻子坦言说："只有通过引入一个改良的、与众不同的系统才能解决问题，但是目前我还没有听到任何可行的提案。我想我需要来酝酿这样一个提案……”

他开始想到，应当让中国的官员也负起他们的责任。不这样做，恐怕只会增加麻烦，犯事的人会更加猖獗，而受害最大的总是租界洋人。

几个月后，亮出了他深思熟虑后作出的提案：在租界内设立一个独立的中国官署，以华洋会审的形式来处理华人案件。华人的案件如不涉及洋人利益，就由这个官署的中国官员独自审处，如有涉及，就必须由外国领事陪审。1864 年 5 月 1 日，由巴夏礼一手设计的这个法庭在英国领署正式开庭，法庭取名为"洋泾浜北首理事衙门"。这也就是后来在公共租界一直沿用的"会审公廨"的雏形。

他的这一发明，玄妙之处全在"会审"两字上。名义上，会审公廨的主审是中国官员，洋人只是陪审而已，由中国人去管中国人的事，完全符合条约的规定。但中国人的主审是有前提的。他给妻子的信中道破了此中的奥秘："如果陪审认为不公正或太过严厉，他们可以提出抗议，然后向北京提出上诉，刑罚将被暂时搁置。"——堂皇的法庭上，主宰者最终还是洋人，只是很巧妙地被掩藏在了中国人的自我陶醉中。

妙哉巴大人！他果真不负"铁头狐狸"的英名——如铁一般的强硬，也如狐狸一样的狡黠。

这就不奇怪，为什么他会格外被帝国的高层所垂青和厚爱。在上海初露头角仅一年多，幸运之星就又照临到他头上。一纸调令飞来，他紧步老上司阿礼国的后尘，跨海赶赴与上海一水之遥的东瀛岛国，接任英帝国驻日公使与领事要职，在日本，以后一直呆了 18 年。后来又紧随前脚离开的阿礼国，转往北京接任驻中国特命全权公使。为英帝国劳累了一生，荣耀也总不离他的身边。

曾经竖立在外滩的巴夏礼铜像。

但盛极之时，衰亡也将即起，命运是如此无情却又如此公平。

1885 年 3 月 21 日，巴夏礼被一场疟疾发热病夺去了生命。当已在上海结婚成家的大女儿赶往京城，见到的已是一具僵冷的尸体。她扶柩乘船抵达上海，上海的洋人们便放下一切，为这位"保障英国在远东利益的能手"举行了追思仪式。"一个伟大的英国人"——他们都这样称道他们的这位同胞。

5 年后，上海外滩竖立起巴夏礼的一座铜像。对于上海的洋人，这既是怀念、也是祈求——镇慑中国人，还得有求于这个铁血领事的亡灵。

金能亨：云翻雨覆终有头

1845 年初夏的上海，出现了几张美国人的陌生面孔。他们乘着"垣鱼"号而来，下船后却没了方向——开埠一年多，上海还没有美国人名下的居留地，一行人只能寄人篱下，去当英国领事馆门下的房客。这些上帝福音的传播者，走遍上海，慧眼独具地看中了英租界之外、苏州河北岸的虹口一带。于是成帮结伙地跑去布道传教、兴建教堂、创办小学，渐渐地辟出了一片属于自己的天地，一个东方的"新大陆"。

这一行人中，有美国传教士文惠廉夫妇、格拉翰夫妇，还有琼司夫人、玛士夫人等，他们通常被赋予的称呼，就是到达上海的首批美国人。

其实他们的同胞之中，已有到得更早的人。上海正式开埠前一年——1842年，一个美国年轻小伙名叫金能亨的，就已经踏上了樯桅林立的黄浦滩。那年他只有 19 岁。也许只因为年轻，又处在无足轻重的职位上，人们有意无意地忽略了他的存在。

是金子总会发光的——这是一句因用滥而已失去了亮度的哲理箴言，但用在金能亨身上，却依然恰如其分。

时间与事实，会渐渐改变人们的习见。

初到上海时，金能亨在显赫的旗昌洋行，只是当当跑腿、打打杂的一个小伙计。但生性聪明的他，因脑子活络，人灵敏，有超强的交际活动能力，没过多久，就在洋人圈里博得了好名声。1846 年是他的初露头角之日，那时他刚到上海三四年。这年 12 月的一天，英租界内全体租地外侨聚集在礼查饭店里，开会商讨租界内兴建道路的事，议案通过后，都同意成立一个"道路码头委员会"来全权负责此事。委员会只设三个委员，全体租地人挑来拣去，都看中了这个才 23岁的美国嫩小伙，而且一致推举他为三人委员会的头儿。理由只有一个：他人很能干。年轻人能干，就让他多担着点！

好像欲待升空的火箭，一经点火发力就将喷薄直上，势不可挡。金能亨不仅在旗昌洋行扶摇直上，从一个小伙计升至洋行合伙人和洋行大班，而且成为1854年租界"土地章程"、也即号称"上海宪法"的三个起草人之一；在租界官场里，从美国驻沪副领事、工部局首任董事兼司库直至工部局总董，一直官运亨通而活得滋润又风光。在上海租界像肿瘤一样飞胀的每一个重要关头，几乎都会看到他动若脱兔般的身影。

而且，他一直扮演着一个高调激进、大树招风的角色。

领教他凌厉激扬脾性的，最先却不是别人，恰恰是租界的霸主英国当局。

美利坚人在上海，是依傍英国人的势力尾随而来的，一来就急于自成一统，却一直不很顺当。连最初的美国领事馆，也只能设在英租界内的旧纤道（今九江路）一侧，在别人的屋檐下栖身。直至1848年，才有了虹口的美租界。但陆续而来的美国人，却都看好苏州河南的英租界而不愿去虹口的美租界落脚，这无疑给美国当局出了一道难题：按照1845年《上海土地章程》的规定，美国人若要在英租界内租地，就必须得到英国领馆的许可，而真要照章办理，堂堂美利坚人岂不被矮化、被贬值而成了"二等公民"？无论如何，他们都咽不下这口气。

1784年，当第一艘美轮"中国皇后"号驶入中国，新生的美利坚就已经为东方古国的地大物博而神摇心动。从那时到今，又历经建国后的70年寒暑，越来越强大的美利坚已有足够吞噬万物的胃袋，在瓜分这个东方古国的列强搏战中，早已不甘当一个普通庸常的角色。

1843年5月，美国政府就已给驻华公使顾盛发出训令：上海等几个港口对英国商业开放，美国应全力争取获得与英国同等的权力。租地要得到英领馆许可，不明摆着不让美国享受与英国同等的权力，恼怒、抗争，自然是免不了的。

抗争，最初还只着眼在道义之争上，譬如挂一面美国国旗之类。1846年旗昌洋行落户外滩，它的大班吴利国成为美国驻上海第一任代理领事，就将领事馆设在旗昌洋行，堂而皇之地升起了美国国旗。英国领事阿礼国闻讯大为恼怒，立即厉声抗议，上海道也急忙给《上海土地章程》增补一条规定——英租界内不得悬挂他国国旗。然而吴利国毫不理睬，依然我行我素。后来正式到任的驻沪领事祁理蕴走得更远，连英租界内他的住宅屋顶也挂了美国国旗。干出这些"出格"的举动，无非是想昭告世人，不许轻视美利坚，不许污没这个巨日初升的世界大国。让我们当"二房东"手下的"房客"，绝对没门！

不满足于这类象征性的抗争，祁理蕴也想干点有实利可图的事，就跑去与上海道台交涉，要他在租地问题上去掉这条荒唐的规定。但他并没有得逞，尽管他已费尽了心机。

吴利国、祁理蕴，似乎都只是扮演了夯土打地基的角色，大厦之隆起，还得等待着一个更强势角儿的登场。

他就是金能亨。

1852年，已是旗昌洋行合伙人、沪行经理人之一的金能亨，出任美国驻沪副领事。虽然是个副职，却掌握着领馆的实际权力。走马上任后他办的头件事，就是向道台吴健彰继续交涉，谋取租地平等的地位。当过旗昌洋行买办、也是旗昌洋行七大华人股东之一的吴健彰，与金能亨也算是一条船上的哥们，但在租地问题上却依然把门关得死死的，对金能亨也不给一点面子。

金能亨被惹急了，就断然下了狠心，不再与他磨牙纠缠。这年3月，金能亨并不噜苏鼓捣什么，就掷给吴健彰3张美国人在英租界的租地地契，要他直接钤印发还。吴道台依然故我，重复他已用得烂熟无比的"金科玉律"：按照地皮章程，必须经英国领事馆许可等等。他坚持不能盖这个章，要不，他呛声说，你就自己找英国领事说去！

金能亨不容他多说什么，霎时把脸拉下了。

地皮章程的这种规定，根本就是非法的！——金能亨声色俱厉地嚷道。他逼着吴健彰回答：办还是不办？就给你24小时的时间，24小时之内必须将地契钤印发还，不然你等着……

24小时过去了，道台衙门里仍没有动静。金能亨立即兑现他的警告，给吴健彰发出最后通牒：

"本领正式通知贵道台：今后不复与贵道台往来，本领认为中美间在此地之依约行为，已经停止。在贵道承认所争论之权利以前，敝国船只不复缴纳任何出入口税。本领当即请敝国驻广州专员即派战舰来此。未到以前，敝国侨民当组织军力以自卫，盖认中国政府已无可望其保护也。"

宣布断绝交往，拒绝缴纳关税，调集军舰来吓唬中国人等等，这类活儿在金能亨干来得心应手。究其实，这都是英国人的发明，几年前巴富尔对宫慕久、阿礼国对咸龄，都曾亮出这一手而无往不胜。乍看去明争暗斗的英美之间，对待中国人的手段，却也出奇的这般如出一辙。

被威吓的吴健彰其实也明白，他只是一个看热闹的人，这事要不要办、怎么办，对他而言根本无关宏旨。既然金能亨要耍横，就给他一个方便吧，反正闹起来也是你们两家的事。第二天他就将三张地契钤印后送还。金能亨拿到地契，就意味着以往的禁令已被突破了，便立即通告上海的美国侨民，宣布自此开始，美侨在沪租地就将由美国领事与道台直接会商决定，不容别国干涉。

扳回了面子，与老东家英国终于平起平坐了。别人办不到的事，金能亨办到了，他更让他的同胞们刮眼相看。

而吴健彰却绝对没有料到，意料中的闹剧并没有发生。咄咄逼人的金能亨，将锋芒直指租界英国当局，却并没有遭来英国人的恼怒，那个铁板一样强硬的英国领事阿礼国，反而执礼恭敬地致函金能亨，表现出一副极愿消除壁障、握手言欢的谦恭姿态。吴健彰忽然醒悟，之前一步不让地坚持章程原则，竟是多么愚蠢。他不由后悔得肠子都青了。

英美之间由来已久的恩恩怨怨、扑朔迷离的分分合合，局外人吴健彰哪能看得分明。后悔，吃亏，也将不会只停留于这一次。

一年之后，看似针芒相对的这两个洋大人，竟然合谋算计到了吴大人头上。

这是在 1853 年 9 月，小刀会起义之后。命悬一线的吴健彰如丧家之犬，那些天里正惶惶不可终日，不想背后又被狠命地戳上一刀——几乎在同一时间，金能亨和阿礼国都发出布告，声言英美商人可不必向中国海关缴税，应缴的关税，就该交给本国的领事馆。搬出的理由很简单，上海海关已被起义军捣毁，海关行政已陷于瘫痪，外商就没有遵守海关规章、缴纳关税的义务。布告一出，外商们轰然而散，弄得清朝海关几个月都颗粒无收，流失的关税不计其数，光英国的 10 艘商船，合计就有一万五千两税款没交。

这年 10 月，吴健彰重新捡起道台的乌纱帽，就又开始征收关税，急着想补回之前的损失。阿礼国却翻着白眼，依然不理不睬。金能亨也许顾念旗昌洋行同僚的旧情，倒一口答应吴健彰，他会让美国商人向海关缴税。但很快却又变卦了。因为他已发现事有不妙：那些英国商人向英国领事纳税，其他国家的商人自由走私，到末了只有美国商人向海关纳税，不独独让美国人吃亏了？惯于长袖善舞的金能亨，决不会做亏本的生意，便赶紧见风调头。这一转，却比阿礼国走得更远——他通告美国侨民，既然其他国家的船只不付关税，美国船只今后也毋需向中国海关纳税。他不说是否要向美国领馆缴税，就明摆着已网开一面，可以不用缴税。顿时让美国商人们欢呼雀跃，庆幸走进了"纳税人的天堂"。

而几头碰壁的吴健彰，就只该下"地狱"、滚油锅了。

吴健彰弄不清英美之间变幻不定的关系，而局中人金能亨心里却很明白，变正是为了不变——今天弹眼落睛地翻脸，明日也可两情依依地牵手，喜怒哀乐可以无常，全看对伟大的美利坚是否有益。商人出身的他，对利益更有高度的敏感度。只要能让美国有最大的得益，必要时，即便屈身于英国人之下也有何不可。

变幻不定、分分合合的拉锯战中，他几乎都站在得利者的制高点上。

那位圣公会主教文惠廉，其实早将英美人的明争暗斗看在眼里，他在暗中一直打虹口的主意，也包含有化解争斗的意图。他知道，英美人虽然连着一条裤裆，却同床异梦、各有所求，与其合在一起不舒服，倒不如分灶吃饭。后来他果然心想事成，在虹口建起了美租界。在他为"分灶"而奔走的背后，金能亨也是铁杆的助推者之一。

可美租界的前景却不妙。想筑巢引凤却未见凤凰飞来，自己倒成了一根鸡肋。它缺乏足够的吸引力，无论美国人或其他西方人，都还留恋着南岸的英租界。几年下来，美租界的业绩寥寥可数，无非就是圣公会的几处房产、一个船坞、几个码头和几家供水手娱乐的酒食处所。界内的道路狭小破败，像样一点的唯有一条百老汇路，而一当黄浦江涨潮就会水没金山，大半条马路都会淹没在水里。因为管理的缺失，这片土地上也一直混乱不宁，渐渐地竟变成了外国歹徒的乐土，隔三岔五地会爆出几起抢劫、绑架、杀人事件。租界内仅有的 6 名巡捕，即便疲于奔命也根本管不了；他们抓住了罪犯也很无奈，因为美租界内还没有一所监狱能拘押他们。

更有让美国人寒心的是，英美法三国租界共同的行政机构工部局，几乎全力倾注在英、法租界上，虹口一带，常常成为被他们遗忘的角落。美租界活脱脱成了"租界中的辛黛莱拉"——外国童话中的灰姑娘。

为美租界建立的惊喜，很快在一片萧条、一派漠视中化为乌有。看着落得灰头土脸的美租界，金能亨感到浑身不舒服，一直在寻思着拯救"灰姑娘"的对策。他是商人，随机应变是他与生俱有的本能。变是必须的，既然"分"不利于美国的利益，何尝不可以再一次"合"。

1860年太平军兵临城下。一片乱局中，他更感到了改变租界分割局面的紧迫性。

这年5月，面对太平军的凌厉攻势，英法当局摆出一副"中立"的架势，拒绝了上海官绅"派兵助剿"的请求。但为了自保，终究按捺不住，也开始在上海排兵布防。英法联军的大部队这时已开拔北上，留驻上海的尚有1200人，便兵分两路，由法军300人防守县城的东门和北门，英军900人防守英租界以及县城的西门和南门。布防都在苏州河以南，北岸的虹口却又一次被"遗忘"了。整个美租界内，竟没有一兵一卒守卫，让金能亨又气又无奈。

1862年太平军再次进犯上海时，金能亨已不再只是个埋怨者，力主靠自己的力量，行动起来。他与美租界内的传教士、商人们一通商量，决意自己组织民兵来防卫。在圣公会主教文惠廉虹口的家里，这一天人声鼎沸，乱纷纷地挤满了一屋子人，来的都是美租界的侨民。这是一群洋人平民自发举行的一次军事防卫会议，旗昌洋行的大班、又兼任上海租界防务委员会委员的金能亨，顺理成章成了他们的"顶梁柱"，由他主导着这次会议。经由他的提议，会上决定成立由文惠廉等5人组成的"虹口防务委员会"，次日，又建立了有33名侨民报名参加的一支巡逻队。在苏州河北岸，他们像模像样地当起保卫美租界的一道屏障。

可仅有这二三十个武装起来的平民，来防卫偌大一个虹口，也只具象征意义而已，真要遇到太平军进犯，无异于以卵击石。他们仔细估算过，要在整个虹口租界设防，起码得有两百来名正规军。美租界无兵可派，到头来还得靠英法联军的支援。于是去找英国驻华海军司令何伯，向他提出求助。何伯一脸笑容可掬，连说他"非常同情"，还亲自跑去实地认真地勘察了一圈，答应先调派几个哨兵来驻守虹口通往江湾的道路。然而人一走，也就再没有了下文。

在一片愤慨、不满的气浪中，美侨们再次集会。会场内如炸破锅一般，愤怒的气焰几乎掀开了屋顶。带着抗争、施压的意味，"虹口防务委员会"的几个委员都扔下刚戴上不久的官帽，宣布全体辞职。主持会议的金能亨，以这些困顿中的侨民的代言人身份走向台前，为这个悲壮的举动定调说：委员会辞职，是因为他们遇到了无法克服的困难，而这些困难之所以发生，是因为租界当局把苏州河这边和那边租界的防务截然分开了，看成了互不相关的事情。

他又提议说，辞职是一种以退为进的策略，就不能一辞了事。辞职前的防务委员们，还需尽一份最后的职责，以虹口防务委员会的名义马上发函，再次呼吁租界防务委员会和何伯担负起虹口美租界的防务。

一片赞同声响彻会场。满屋的美国佬，情绪顿时高涨起来。

一片嘈嘈切切的乱流中，似有一声潮鸣蓬起，金能亨又掷下了铿锵有声的一句话："苏州河两边的利益是一致的，因此应该把租界视作一个整体。"

也许，他的话有人听懂了，有人还在懵懂中。知道还不到最后成熟的时机，话只能说到这个份上。不能说透，就姑且埋下一个伏笔、营造一点声势。

当别人只是就防务谈防务时，金能亨借防务问题说事，分明已开始做租界由"分"而"合"的文章。最后点出的话，也就成了最关键的一句话。

苏州河北岸的呼声雷动，已不能让南岸租界的权贵们再熟视无睹。最终他们答应，北岸虹口地区的防卫责任，也将由上海租界防务委员会承担起来。

闯过了一道"防卫"的关隘，与"合并"的目标就已近在咫尺。最好的时机到了。金能亨趁热打铁，在英国领事面前把话挑明，公开提出要将英美租界合并起来，建立起一个国际租界。

面对金能亨的"得寸进尺"，英国人的目光中显然忧喜参半。他们处在矛盾与纠结中，一面让他们不由担心，为维持苏州河北岸的这块租界地，一定花费很多，势必会增加自己的负担；一面为美国人能甘居于自己之下，而又暗暗高兴，毕竟在英国人眼里，一直是以租界领袖的身份自居的。

终究抵挡不住满足"领袖欲"的诱惑，英国人敞开了接纳美国人的胸怀。

1862 年 3 月 31 日，上海英租界举行租地人年会，正式通过了议案，同意将虹口的美国侨民居留区并入英租界。1863 年 9 月 21 日，两租界正式宣布合并，取名为"洋泾浜北首外国租界"，又称"英美租界"。到 1870 年 6 月 3 日，工部局又决定改称"公共租界"。

靠上英国势力这棵大树，使美国人走出了发展的瓶颈，开始有一片旷野沃土可让自己暗滋渐长，急速地膨胀崛起。英国人为"吞并"美租界而洋洋自得，却只有金能亨心明如镜：这番合并，究竟是谁才是真正的赢家？

心比天高的金能亨并未停下脚步，他还想走得更远。英美租界的合并，只是他心中的半途驿站而已。

他的抱负，就是让心中萦绕已久的"上海梦"，成为可见的现实。

在上海的西方人中，有不少是匆匆来去的投机客，如果说也有什么梦想之类的话，无非是愈多愈快地吸金捞钱。1860 年至 1864 年是上海惊恐慌乱、危难重重的 4 年，却意外地为投机商们创造了一个"黄金岁月"。由于太平军在江浙、上海一带战事不断，上海周边和江浙一带的居民为躲避战乱如潮水般地涌入租界，租界内的人口迅速膨胀，促成了一股疯狂的洋人地产投机潮。几乎所有的白种人都卷入了这股热潮，一大片一大片土地上，外国投机商人仓促间造起简陋的棚屋，数百万的洋钱就从这片泥滩里边榨了出来。几乎所有参与地产投机的洋人都"由此捞到一大笔金光闪烁的横财"，让人不禁感叹："上海泡在黄金里……"

投机客只为赚钱而来，赚足了也就会转身而去，才不管你这座城市日后的好坏如何。一个汇票捎客出身的美国商人史密斯，正是靠在南京路建造大批木板房出租，成为了上海房地产商暴发户第一人。他冲着英国领事阿礼国说过的一番"体己话"，便是投机客赤裸裸的"夫子自道"——我所关心的，是如何不失丝毫时机，去发财致富。"我希望至多在两三年内发一笔横财就离开此地，日后上海要是被火烧了或是被水淹了，对我有什么关系？""我们的职业是赚钱，尽多尽快地赚钱——为了这个目的，只要法律允许，一切方式和方法都是好的。"以后当他的腰包撑满后，果然从上海倏然而去，他的去踪始终成了一个谜。

一样的商人，却有不一样的眼光与心襟。金能亨不是史密斯，他不屑于自私地"捞一票就走人"。当过美国驻沪副领事、工部局首任董事，又担任着上海租界防务委员会委员，亦商亦官的经历使他除了与史密斯一样爱财如命之外，更关注国家（自然是他的母国）直至全体西方人的命运。站在西方人向东方扩张、主宰整个世界的山巅高岗上，他看到了上海长远的且为别处所无法替代的价值。所以他也关注上海这座城市的命运。他希望上海能成为西方人稳固而久远的领地与家园。

这就是他的"上海梦"。将英美租界合并，只是梦境中的一角。

梦中会有激情，激情会催发激烈的行动。金能亨，这个向来清醒理智的生意人兼政客，却也会如醉汉般地情绪失控。听听激情行动前的他，和一班商业寡头一起发布了怎样的高论：

"中国人具有普通人的肌肉和体魄，但是他们除能辨别银洋的叮当之声外，仅仅具备儿童的智能罢了"。——他们如此嗷嗷地宣称。

"我们只能把他们当做儿童看待，因而必须保护受大法院监护的未成年人，经办他们的事务，管理他们的资财。这是强加在我们身上的一种严肃而神圣的信托"。——又是何等自豪地袒怀他们的使命。

"我们是希望在中国取得实际利益的，而这种利益又应该同我们在对叛军作战中取得的胜利相适应。……必须要求清政府给予我们更多的特权。"——齐声高喊着而久久不息。

按捺不住内心的沸腾，行动已经箭在弦上。1862 年 6 月 20 日，离美租界被英租界接纳不到三个月，也是李秀成的太平军撤兵上海的第三天，金能亨就撮合了一帮外侨头领，上书租界工部局，要求将上海改为"自由市"。他们描画了一幅契合他们理想的美妙绝伦的图景：上海县城以及它的郊外，应当独立于中国版图之外，置于英、美、法、俄四国的保护之下。在这片土地上，应当由中外产业所有人推举产生一个强力政府，对税收、法治、行政、市政建设等统揽负责，使上海成为"中国第一城市"。没有明说却让人看得很分明，在将租界扩充至整个县城后，就可以建一个西方人统治的"上海共和国"。

西方人的喉舌《北华捷报》喜出望外，抓住"自由市"的话题展开了一场激辩，煞是热闹了很久。众声喧哗中，爆发出拥趸们的阵阵欢呼声，使金能亨们欣喜若狂，以为已看到了"自由市"一片曙光的升起。但美梦却只是一枕黄粱，将梦捣碎的，恰恰是他们各自的政府上峰。英国驻沪领事麦华陀给他们回话说："此建议之计划，租地人不能合法采用。"英国公使卜鲁斯给麦华陀发出训令，更强调"英商在上海租住之地，仍属中国之地"，"英商将上海所住之地作为英国之界，实是无谓"。美国公使蒲安臣还推动北京公使团，专门开会讨论上海租界问题，作出了"租界当局的权力必须由各国公使直接商之于中国政府"的决断，决不许上海的外侨胡搞一气。

上边的人毕竟冷静老到得多。他们并非不想把整个上海都攫为己有。只是他们知道，挡着一块遮羞布，远高明于赤裸裸的抢夺；吃东西也要一口一口地吃，囫囵吞枣地一口吞下，不免会撑坏肚子。公开宣称把上海变成西方人的"自由市"，就意味着撕毁原有的条约，由战争达到的经济扩张变为赤裸裸的政治侵略。让金能亨他们这样一搅和，在中国已到手的利益，弄不好也是会得而复失的。这些绝顶精明的政客谁愿冒这般风险。

为梦想而战的努力，似乎一举落空了。但金能亨们决计用不着沮丧，在另一头，"上海梦"似乎在不经意间已变为了现实。之前，洋人已在租界建立了拥有行政、征税甚至立法等权力的洋人行政机构公董局、工部局，在以后的岁月，又在租界成立了类似西方议会的纳税人会议，设立了洋人拥有司法权的会审公廨，租界正一步步变为大清王朝权力难以鞭及的"国中之国"。这与金能亨鼓吹爆炒的"自由市"，又有多大的本质差别？

做就做了，还需吵吵嚷嚷地明说吗？

在纵横捭阖的政治舞台上，金能亨之流的功力，终究还欠少了一点火候。

碰壁遇挫后的金能亨，却不改初心，依然萦怀倾心于这座城市的命运。不能公然变为自己的"领土"，就倾力为洋人们建一座美好"家园"吧——他退一步想，并将此视为一件平生的快事。他更是行动者，从自己做起，醉心地去经营他的家室。1852年时，一个日本人曾走进过他在上海的栖居地，眼前寓所之外的院落里，就是一座花木扶疏、景色怡人的花园，寓所房屋附有宽大的露台，露台下面建有精美的柱廊，所有的窗户还都制备了防止阳光直射的百叶窗板。一座多么美轮美奂的豪宅，让那日本人为之赞叹了半天。

他对"家园"的讲究，也一直扩大延伸至这整座城市。在他身兼道路码头委员会成员那会，外滩一带还一片杂乱无章——货物就近堆在马路上，码头就造在房子前面的滩地上，杂物都乱糟糟地堆积在院子里。他看着浑身不舒服，一心想候机会改变这一切。

1868年3月，他被推举为工部局总董。成为租界最高长官的他，从这时起，就开始将愿望付诸实施，用建立洋人"家园"的标尺，来审视、筹划上海的市政布局。关切的目光，尤其落在了作为上海的眼睛、门面和象征物的外滩。

黄浦江西岸，这片总长2000英尺的沿江地带，原是苏州河口泥沙淤积形成的浅滩。上海开埠后，这一带的江边逐渐建立起十几座驳船码头，码头后面是沿江纤道，隔着纤道则错落有致地排列着一幢幢两层楼洋行建筑。外滩一边是个港区，江上桅樯林立，江边港务繁忙，一边也已经在架设灯杆、安装路灯，辟有人行道、种上行道树，成为外侨社区的一部分，也是洋人们黄昏时分散步休闲的唯一去处。但对外滩，一直既无明确的定位，也无完整的规划，像野生植物似地任其野蛮生长。

一次接连收到的两封公函，使金能亨不由陷入了沉思。一封来自英国驻沪领事温思达，代表的是洋人大班的心声。大班们一直垂涎着这块宝地，都想从这里每一寸土地上榨出更多油水，换取滚滚而来、叮当作响的金钱。因而温思达在信函中提出，繁忙的港务已使江岸道路遭到很大损坏，希望建造新的沿江大道和浮码头，使外滩租地人"总的利益"和"临江土地的特权"得到满足。

一封是上海道台的来函，针对黄浦公园的地皮问题提出，"任何外国商人都不得为了赢利的目的来租用或出让该处地皮或在该地皮上建造房屋"。实际对沿江滩地的归属权提出了质疑。

金能亨对道台的信，毫不犹豫地作出了强硬反应，决不允许在这一带有一个潜在的中国管辖区存在，就是一道管辖线也不行。对温思达的信，却不能一口回绝，但也不愿附和大班们制造的这片喧嚣声。他要为全体侨民着想，他知道要建立洋人的美丽"家园"，外滩是不可缺少的一块。因而他只能实施缓兵之计，回信肯定来信的建议中"包含一些有价值的萌芽"，但并不马上同意建新的沿江大道和浮码头。

1869 年 12 月，已卸去工部局总董一职的金能亨，前往日本考察而去了横滨。不久从上海传来消息，在他刚离开没几天，原副总董、继他之后担任代理总董的亚当士就开始改弦更张，放出口风，说为了顺应"一些可能会得到好处的人"的舆论，准备对从洋泾浜至黄浦花园的浦江西岸进行某些必要的手术，将外滩"这块愉快的散步场地""作为停靠船只的码头之用"。

　　这就意味着，外滩将变成纯粹的商业港区，侨民们休闲散步的身影从此将成为一道消失了的风景线。

　　金能亨感到很震惊，也更是忧思重重。

　　他决不愿让商业法则侵蚀了外滩的一片好风景。亚当士的行径已表明事态严重，他已不能等待合适时机、再委缓地提醒他的同僚，而必须立即去放声疾呼。

　　一封挟雷带电的急信从横滨发出，飞落在亚当士的办公桌上。

　　信写得很长，占满 A4 纸幅面的整整 4 页信笺。信中的语词罕见的激烈，那些沿江有产业的洋行大班，被他毫不留情地鞭挞为"贪婪成性"，称他们"将房子建造至沿街，连一寸土地空隙都不留"，把外滩的腹地"变成了糟糕的地方"。甚至宁可引火烧身，将自己从事的产业——航运业也狠狠数落了一通，称航运业"并不是商业的主要因素，它仅仅是其低等的附属行业之一，有点类似于驮马和载重马车"。又历数航运业的"罪状"，说它的出现"带来了噪音和尘埃，吓跑了交易所、银行等机构，取而代之的是利物浦和纽约堆放粗加工产品的堆栈，整个街道满天灰尘，乌烟瘴气"。而"交易所、银行、账房才是掌握商业的神经中枢"，让它们出现在外滩才是最合适的。

　　他这样毫不容情的抨击，正是为了维系外滩的一片风景。信中，他不吝笔墨赞美外滩是"上海唯一的风景点"，是"上海的眼睛和心脏"，动情地说："外滩是居民在黄昏漫步时能从黄浦江中吸取清新空气的唯一场所，亦是租界内具有开阔景色的唯一地方。随着岁月的流逝，外滩将变得更加美丽。"

　　他也尽力想表明，这不是他一个人的心声："我确信，没有人会为失去外滩而不深感遗憾的，如果大家都知道外滩这块愉快的散步场地即将失去，那么拟议中的计划也就根本得不到任何人的支持。"

　　"所有居民都应团结一心来保持住外滩。"金能亨呼吁说。

保住了外滩的一片风景，金能亨是应该被记上一功的。

　　他终于和盘托出他对外滩前途竟日持久的思考：外滩，应该还给生活在这里的外侨，应该辟为一个属于所有侨民的公共休闲场所，应该让它恒久地留下黄昏时众人悠然漫步的身影。

　　这封长信，显然打动了工部局的决策者们。外滩终究保住了——没有像利物浦和纽约那样变成货运堆场，被嘈杂的噪音和满天灰尘所吞没。1870 年代的外滩开始展现崭新的风貌，成为上海城市景观的首选标志而渐次出现在摄影图片、油画风景画之中，绽放出迷人的光芒，直至延续到百年后的今天。

　　保住了外滩的一片风景，金能亨是应该被记上一功的，不管他原本究竟是出于何种动机。

　　他终究是个商人。领事、总董，只是临时客串的角色而已。装着满脑子的发财计划，在铺满货币与商品的跑道上形色匆匆地不停行走，这才是金能亨的本来面目。而且，他的商业跑道一直通向了迢迢水路——正是舳舻千里、追波逐流的航运业，成就了他商旅生涯的最灿亮一页。

　　上海是一座水城，从洋泾浜、苏州河、黄浦江、扬子江直至浩瀚无边的大东海，或濒临一侧，或穿越而过，由狭至宽、由小而大地呈现着梯度上升的态势，展现出这座城市的灵动和广袤的辐射力。在中国的几大口岸城市中，洋人特别青睐上海，正是因为看到了她的深远价值：以长江口的上海为基点，可以依托长江及内河航运开发广阔的内陆市场，将整个中国与欧洲的市场衔接连通、融为一体，构建起一幅洋洋洒洒的经济蓝图。

金能亨的眼光更毒辣，比他的同行更早看清了长江"黄金水道"的航运价值。曾经从长江口出发，沿江向西进行过多次实地考察，使他对长江沿岸的物产、商品及商品流向和流量等都能了如指掌，对长江航运资源的"家底"也摸得一清二楚。因而在写给旗昌洋行高层的考察报告中，他可以了然于胸地描绘说："长江各处河床都很深，但比较迂回曲折。在吴淞镇江之间的开阔地区……只有吃水很浅的船只，才有可能在夜间通过这一地段，其他地段则航行较易。"凡是"能在密西西比河航行的船只，在长江的全部航道中，几乎都可以通行无阻"。打从 1856 年之后，他就一直在试图说动旗昌洋行的最高决策者，敦促他们"赶上时代潮流"，赶紧放弃传统的代理贸易业务，下决心自己装运货物、自己组建轮运公司来发展长江航运。

早在许多洋商之前，在长江水域，他已有过弄潮试水的经历。

这是一次虎口夺食的危险经历。因为这时太平天国已定都南京，西迄安庆、芜湖，东至镇江、江阴的长江黄金水道，都已控制在起义军手中，江面上连一只水鸟都飞不过去，更不要说船只想随意出入于长江水道。

于是，江面上变得一片沉寂，几乎看不到一艘航运的船只。

其后果也很快显现：上海十六铺一带的仓库堆栈里，来自英国等地的布匹、呢绒已堆积如山，另一头，江南各埠码头上的生丝、茶叶也越积越多，货满为患，商家都在叫苦不迭。

旗昌洋行大楼正对着外滩和黄浦江，金能亨站在大楼窗口望着空空荡荡的江面，却一脸喜色，因为从眼前因战乱带来的萧条中，他已经看到了绝妙的商机，就看有没有胆量一试。

他决定冒险一搏。于是联络了几个上海的"土著朋友"，一起凑集 45000 两银子买下来自美国旧金山的一艘"惊异"号轮船，跑了一趟汉口。去时装满一船棉布、呢绒以及大米和糖，返程又带回满满一船的蚕丝和茶叶，一个来回就净赚了 1 万多两白银。有了第一次的成功，胆气更足，就将他自己名下的那艘"威廉麦特"号商船从广州驶来上海，也用来投入长江航运，几个来回，同样赚了好大的一笔钱。

太平军控制长江水道，其实并没有想象的那么可怕。他几次跑长江航运，一路上竟然波澜不惊、平安无事。

他已经有了长远的打算，所以这次跑长江得利后，就将赚来的钱大多分给了一起担风险的"土著朋友"——那几个上海轮船商。他事后承认，这样做，"目的是引诱他们在更加宏伟的计划上投资"。

这时又传来好消息，他的军界朋友告诉他，美国驻东印度舰队司令司百龄率领"哈特福德"号军舰，刚刚完成对长江沿线的远征，正返回上海。司百龄在南京已与太平军首脑谈定，今后只要是悬挂美国国旗、持有美国护照的船只，都可以毫无障碍地通过长江水道，太平军决不阻拦。有这样的保证，金能亨认定时机已成熟，可以成立一家专门跑长江水道的航运公司了。

但这个"更加宏伟的计划"，是很难凭一己之力去实施的，于是想到了东家

黄浦江畔的金利源码头。1862 年 3 月 27 日，金能亨创建的旗昌轮船公司就在这里宣告诞生。

旗昌洋行。他向旗昌洋行的决策人罗伯特·本奈特·福士正式提议，由旗昌洋行赶在其他洋行之前"首先进入现场"，自己组建轮船公司。福士不置可否，让他去找香港分公司经理小德拉诺，但几次发信给小德拉诺，得到的却都是轻蔑的回绝。金能亨一气之下，便跑回美国去结婚度蜜月了。

1861 年再度回到上海时，金能亨已拿定主意，撇开老东家，自己来筹建公司。

经过摇唇鼓舌的一番游说，他已经筹措到 100 万两银子。有了这笔钱，就在外滩 9 号为公司新建起一幢 3 层楼房，购下 5 艘轮船用于往来上海、武汉之间，还从郁氏家族手中买下十六铺的金利源码头，作为公司专用的货运码头。1862 年 3 月 27 日，上海郊外正弥漫着硝烟战火，时断时续地隐隐传来清军、英法联军与太平军交战的枪炮声。在市内黄浦江畔的金利源码头上，在香槟酒扑鼻的香味和金能亨与股东、宾客们的频频"干杯"声中，旗昌轮船公司却我行我素地宣告开业了。

在这个逆势而起的新公司中，金利亨投入了 15 万两银子，这钱是他卖掉了 50 年代购置的两块土地换来的；旗昌洋行的高层已渐生悔意，也给新公司注入了极有限的 6 万两资金；而公司最大的股东，意外地却是本土的中国商人。

他目光远视，一番长久的苦心，这时终于修得了正果。

原来他多年前就已埋下了伏笔。当别的洋商还在对本土商人颐指气使、不屑一顾时，他却早已看到了华商必然兴盛、崛起的大势，特别慷慨大度地对待华商。为了拉近与华商、华人的距离，他费尽心思学会了讲中国话，还说得一口流利的上海话。旗昌洋行有好多中国买办，几乎都成了他的贴心朋友，协调与他们的关系一直是他的"首要大事"，对他们，甚至不惜"采取一切让步的办法"。

因为他知道，这也是一种投资。他们将是自己的储蓄罐，更是一片可待开掘、取用的无尽宝藏。

当他筹建旗昌轮船公司时，也正是打开这个储蓄罐、掘开这座宝藏的时候。这些买办出身的"中国老朋友"，都为不知将钱投向哪里而感到苦恼。金能亨描绘了一番建轮船公司的锦绣前程、种种好处，正投其所好地拨散了他们心上的愁云，拓展了他们的投资出路，说得他们不由心里都痒痒的。于是，无一例外地都成了旗昌轮船公司的投资人。旗昌轮船公司的开办资本中，70%以上就来自这些华商股东。

他实施的"利益共享，风险共担"的经营模式，也很受这些中国股东的拥戴。这就是一种股份制的做法，19世纪后半期刚开始在欧洲流行。他仿效这种做法，将筹得的100万两银两拆分为股，每股1000两，每个出资者作为公司的股东、按照自己出资的数量分得相应的股份，以后就可以按比例分得公司的红利。而且公司的一切重大事务，不像传统洋行企业只由一两个大班说了算，而是由股东大会集体讨论决定。不久公司股票有了市价，可以在专做股票生意的西人掮客那里进行买卖，这又给投资者带来了极大的机动性。华商股东们都感到，把钱投在旗昌轮船公司靠得住也有奔头，因此都放心得下。

金能亨也一如既往地对华商关怀有加，而且特别注意中国人的人情世故。公司的一位中国大股东不幸病逝了，他下令全公司所有轮船都悬半旗致哀，金利源仓栈歇业一天。随后他又派出公司的几个洋商去这个股东的宅邸，以中国礼制吊丧，让这个股东一家人都感动得涕泪横流。

心血，自然不会白费，那些"中国朋友"都已铁了心跟着他，愿意一起去迎斗风浪、去翻江倒海。公司每到资金紧缺时，都是这些华商股东慷慨地捧出真金白银，不断为公司输血补液，让旗昌轮船总能岿然不倒。公司的股东中，也有英国轮船商和其他洋行的代表，同是洋人的他们可不买金能亨的账，在股东大会上时常发难，弄得金能亨他们下不了台。而每当这时，又是这些中国船商，总会以大股东的身份挺身而出，为金能亨保驾撑腰，稳住了局面。

终于，从上海诞生的中国第一家专业轮船公司旗昌轮船，也从上海驶出5艘超千吨级货轮，开始劈风斩浪，成为了滚滚长江巨流上的一道独有的风光。

因为是第一家，旗昌轮船就是长江水道上的独行侠，因举世无双而独占风流。仅仅4年之后，旗昌轮船就已经从5艘扩展为18艘，100万两白银的资本金也已翻了一倍，而达到了200万两。

但商家的逐利本性，都注定这座长江水上金矿不会被一家独占，不多几时，宝顺、琼记、怡和、广隆、同孚等洋行都投向了长江航运。一舟横行变成百舸争流，滔滔长江不再是谁家的单门独院，宣告了旗昌轮船随心所欲年代的终止。但金能亨并不惧怕这场大江上的"战争"，因为有雄厚的资本优势，他自信通过降低运费、打"价格战"，可以将对手们淘汰出局。1863 年底，他将从汉口至上海的运费下降到每吨 2 两银子，一批二流洋行果然不堪忍受，纷纷败下阵去。即便同样颇有实力的琼记洋行，也渐渐支撑不住，不得不退出长江航运。

他的这一手，被对手们称为"卡脖子的竞争"。在卡住别人脖子的时候，旗昌自己其实也已伤痕累累，比它实力更强的宝顺洋行趁势以同样的手段进行反击，继续降价 50%，企图以此一举掐死旗昌。在这样的危急关头，金能亨的"中国朋友"又一次出手相救，给旗昌注入巨额资金，帮助他再一次打败了对手。

旗昌轮船夺回了长江航运的霸主宝座，使它在长江上赢得了一直延续 15 年的"黄金岁月"。到最鼎盛时的 1872 年，旗昌轮船已经将长江轮运总量的 75% 和沪津、沪甬航线轮运总量的 61% 揽入自己名下，公司资本达到三百三十多万两，拥有大小轮船 25 艘，无可争议地被称为"东亚最大的一支商业船队"。这 15 年，在长江航运史以至中国的航运史上，就被称做"旗昌时代"。

但用又恨又嫉妒的目光乜视着旗昌的对手们，都不甘心失败，明里暗里都想摸清它强大实力背后的奥秘。一番摸查，使他们恍然大悟，一向不入他们法眼的华商，竟然就是造就金能亨战无不胜的最大砝码。探得了秘密，就不再是秘密，老对手英商太古轮船公司如法炮制，仿效旗昌公司利用华资的做法，也将中国的轮船公司拉入了自己的战船阵营。多年后事态便出现了逆转，在太古公司，英国佬开始"和中国佬打得火热"，"外国职工甚至和那里的每一个中国脏鬼谈笑风生"。看着这翻转的一幕，旗昌轮船的经理心里酸溜溜的，说不出是一种什么滋味。

事态的逆转一再延续，直至出现在旗昌轮船的大宅门内。它的大股东、那些金能亨的"中国朋友"们，渐渐发现了一个惊天秘密：被他们一向笃信无疑的金能亨和那一帮美国佬，原来却并不可信。利用华商的信赖而掌控了公司大权之后，他们其实一直背着华商盟友、变着法儿为自己牟掠私利。

钱大多是华商投的，权却落入了只投资 6 万两银子的旗昌洋行手里，这就是金能亨在神鬼不知间变的戏法。一步步地，旗昌洋行攫取了从经营权、用人权、财务权到购置轮船设备的全部大权，几乎成了股东的太上皇，而大股东华商反倒沦为了需事事服从旗昌洋行意志的表决机器。于是，公司作重大决策时就能把华商撇在一边，由他们进行"暗箱操作"，最终肥了他们一帮美国佬，而生生地把华商当成了挨宰的羔羊。公司内的美国商人几乎个个都发了大财，最多的一个美商竟积资达 300 万美金，肥得直冒油。

那些美国佬还不断抽提公司的资金，一次又一次地，任凭他们用来投资美国国内企业或购买美国政府的债券，还把公司近百万两的巨额公积金转存至美国，使公司的血一点点地滴漏、大剂量地外流。

还有更让人寒心的。当金能亨与中国人联手与英商展开竞争时，一封由金能亨执笔的信却悄然飞入英商手中："英国人和美国人之间没有斗争。……假如在中国的轮船运输事业中有什么斗争的话，无论过去或现在，都不是在不同的外国人之间，而是在外国人与中国人之间。一旦由于我们之间的竞争，使对外贸易的大权落在中国人之手，我们的安全还有什么保障！"

从头到尾，这不就变成了一场骗局。

对这一切，这些"中国朋友"最初都还蒙在鼓里，被山姆大叔出卖了也浑然不觉。他们不知道，本土的中国人在洋大班金能亨的眼里，终究是外族、异类，原先貌似恳切地结交"中国朋友"，不过是为了"利用华资"发他自己的财。"利用华资"就是利用而已，所谓交"中国朋友"，也就是为膨胀自己的腰包、借梯登云的一种策略而已。当你已被榨干了被利用的价值，遭到抛弃也就是理所当然的。这就是他心目中的商场法则，他会承认他有什么错吗？

事情走到这一步，正是按照他的逻辑走来的必然结局。

然而，狂欢后的萧索与落寞，也正等待着金能亨。他没有想到的是，旗昌轮船由兴盛而走向衰落，也正是从这时开始的。而他的"中国朋友"却终于幡然醒悟了，他们开始走出"洋保姆"的怀抱，迈上华商自立、自强之路，去开创"使洋人不得专利于中国"的新格局。华商中驶出的企业"航母"——中资轮船公司招商局，气势如虹地发起与旗昌轮船的正面竞争，将早已被过度竞价、中饱私囊而掏空了的旗昌轮船逼入一条不归之路。1877 年，曾经的长江航运霸主旗昌轮船，万般无奈下只得以 220 万两银子的价格，把自己卖给了竞争对手轮船招商局。

这时，金能亨早已离开旗昌公司。但造成这样的结局，他却决然脱不了干系。

成也萧何，败也萧何——正合了中国的这句老话。

所以，有人对他下过这样的评断：金能亨的历史价值，恐怕已不仅限于在中国首创一家股份制的轮船公司，还在于他的旗昌是第一个输给中国人的洋资公司。

法 兰 西 ： 晚 来 的 二 重 奏

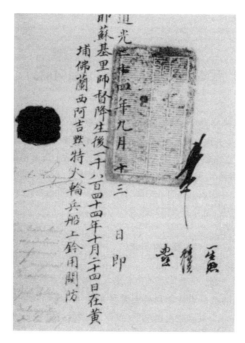

1844年签订的《中法条约》。条约规定：对法国商人开放上海口岸。

上海县城的城墙和护城河。敏体尼憧憬向往的"帝国大厦"，就将与此比邻而起。

敏体尼：荒宅升起帝国旗

追风逐浪驶往上海的敏体尼，一颗心似乎一直像火在烧，如箭在飞，8 个月的旅程仿佛过了一个世纪一般。最初从勒阿弗尔启程时，他搭乘的是一艘双桅船"迪盖–特鲁安"号，嫌航速太慢，途经新加坡时就改乘英国快船"加勒比"号，希望能快些再快些到达目的地。到达中国境内、去上海前，他原本应该先到澳门上岸，与在那儿的顶头上司、法国第一任驻华公使陆英男爵会面，从男爵手里接受去上海任职的委任状。但他不愿为这样的交接再浪费时间，于是跳过了澳门，索性直驶上海。

1848 年 1 月 25 日，敏体尼和他的家人——母亲、妻子、两个女儿以及旅途中雇的一个佣人到达上海，落脚在英租界的一家旅馆里。这家英租界唯一的旅馆，设施考究，伙食精美，接待得也很是殷勤妥帖，可住了不到两天，他就如坐针毡似地已感到浑身不安，一心想离开那里。因为那还不是他最终要抵达落脚的地方。

第三天，敏体尼就找到当地的法国籍主教赵方济，两人一阵合计，闪电式地作出了决定，在洋泾浜和县城之间一块属于教会的地皮上租下一所房屋。这里将成为他的最终落脚点，也是未来法兰西领地的"首府"。这所有三幢小楼的住宅，被他称为是"四面通风的小房子"，不仅房子很小，而且早已破旧不堪。主教半真半假地吓唬他说，这些冬不御寒、夏不避热的房间，既挡不住风雨，台风季节黄浦江潮汛来时还会遭到水淹，在这里住下，可要准备着吃点苦头哦！

从旅途开始的几个月里，一直脸色铁板的敏体尼，却第一次露出了宽慰的一笑。他心情很好地给公使写信说："房屋很小……但我置身其中，就如人在法国。"因为他知道这是一种象征和标帜。哪怕仅是一间陋室、一地破烂，拥有它，也就意味着大法兰西在这个东方古国已抢占了一块高地。作为法国驻上海第一任领事，他也迈出了履行职责的实质性一步。

就在这一幢"不舒适"、"潮湿且有损健康"，雇工人花了两个月才补完破漏的"破房子"里，随着他的入住，屋子上方便骄傲地飘扬起法兰西帝国的三色旗。

一颗焦灼的心，稍稍地平静下来。赴任途中的这一路心焦火燎，透射出的正是一个后来者害怕落后的焦灼心态。因为是后来者，一种担忧只能啃骨头、吃别人残羹剩饭的恐慌感一直在纠结着他。法国在中国的命运难道就如此不堪？他感到很不安，也决不甘心。

这不是他一个人的焦灼和恐慌。从1815年拿破仑帝国轰然垮坍后，昔日欧洲大陆的征服者就已经失去睥睨一切的威风。以后经历的30年退缩时期，使法国一直被笼罩在失败者的阴影里。而它的头号宿敌大英帝国，却已经替代了它往日扮演的角色，正如日中天，显得豪气万丈。依旧缅怀着拿破仑时代荣光的法国人不甘落后，却还是落后了。在被拿破仑称为"睡狮"的中国，当1840年英国挑起鸦片战争时，法国派出的5艘军舰停驶在南中国海面，只充当了一个窥探者的角色。1842年签订的《南京条约》使英国人满载而归，而直到两年之后的1844年，法国才派使团尾随而去，签订了中法《黄埔条约》。1843年英国人登陆上海，宣布这个港口城市对外开埠，1845年上海的英租界訇然问世，到1848年，在英租界的外滩一带，各式各样宫殿般的欧式建筑"从荒漠中突然涌现出来"，一座英国式的城市像变魔术般地已矗立起来，而这时，法国的首任领事才刚刚踏上这片土地，还狼狈地蜗居在一所"肮脏的破房子"里。

因落后而焦虑，也因落后而更想奋追突进。就在这所潮湿、肮脏的"破房子"里，敏体尼开始筹划打一场扭转乾坤的攻坚战，为万里之外的神圣法兰西获取丰厚的远东利益和国家荣誉。

他并不缺少一个战斗者的胆略和勇气，也不乏运筹战局的指挥才能。因为他本来就是一个从火海血地走出的军人。20年代，当爱琴海上希腊人为自由而战、驾着小船冲向土耳其军舰时，不到二十岁的他就曾奔赴希腊前线，成为"希腊独立运动支持者"第一军团的一员。他作战勇敢，从一名战士很快跃升为中尉，1830年又当上著名军事首领法布维埃将军的副官，以后随将军进入了法国海军部。曾担任过驻雅典公使的刺萼尼，对这个奔突于希腊前线的老战士青睐有加，把他又从海军部调入了外交部；当1844年刺萼尼率领法国使团前往中国谈判、签订黄埔条约时，又让他随团担任三等随员和主事，成为法国在远东赢下关键一棋的见证人。

那次，在珠江口的"阿基米德"号上签下黄埔条约后，剌萼尼又乘船北上，一路游历舟山群岛、普陀山、宁波，最终到达了上海。在这次短暂的海上观光中，剌萼尼像老对手英国人一样"发现"了上海。他在写给外交部长基佐的信中，对上海大大地夸耀了一番，认为它的优势远在另三个新开放城市——福州、厦门、宁波之上。一路随行的敏体尼也第一次见识了上海，却不会想到，几年后他还将重回这座城市，亲手将一纸条文敲实变现。

敏体尼原是一个骑士式的人物，一介起起武夫，外交之道的门外汉，却偏偏被剌萼尼推上了上海首任领事的席位。这看似不伦不类的安置，却饱含着一个西方战略家的深邃谋略。因为从剌萼尼到法国政府，都明了这不是一次平等的交往或盟友的携手，而是一次强者对弱者的征服和豪夺。在这里，更需要的并非外交家的圆熟手腕、儒雅风度，而是攻城略地的威慑力和战斗精神。敏体尼无疑是最合适的。

那所"破房子"经过两个月时间的整修，已正式成为法国领事馆，也同样是敏体尼的宅邸。这位老兵很快就进入了战斗状态。望着窗外弯弯曲曲的泥泞小路、稀稀落落的破旧民房和一些坟墩、树丛，他已经认定，那就将是他要发起进攻的目标、未来的占领区。

在"襟江带海"、河网密集的上海，洋泾浜只是一条极普通、不太起眼的小河浜，它从如今的延安东路外滩由东向西蜿蜒流淌，直至今延安东路西藏路，总长度不过 1600 米左右。洋人租界在洋泾浜两岸的兴起，却使它骤然声名鹊起，直至伴随着"洋泾浜英语"的声浪一直流传至海外。1848 年敏体尼到达这里时，洋泾浜的声名还处于将起未起之时。河浜的北边已是英租界一片楼起人喧的洋场，而洋泾浜南面到县城外的护城河中间，有一块狭长的、方圆约 900 多亩的土地，那时却还一片荒芜，由一间间低矮的茅屋、一个个潦草堆就的坟墩和不计其数的污水沟诉说着它的荒凉和败落。可敏体尼选中的就是这块土地，仿佛睡梦中都会出现，这里将在他的指点、挥斥下，开辟出一片属于法兰西帝国的疆土。

洋泾浜，英租界与法租界的界河，敏体尼一直为萧索的法租界难比英租界之繁荣而伤透脑筋。

他的眼光果然不错，因为这里三面都是水路，便于船只航行，对运转货物十分有利；这里又靠近当时依旧是商业中心的县城——洋人口中所称的"中国城"，对发展贸易极有好处。可让他感到尴尬的是，占有这块土地的理由是，法国人要与中国人通商，需要有一块居留地，但在他初到上海时，除了一些传教士之外，仅有的几个法国人都已集合于他的屋檐下了——他的家小、佣人，领事馆的翻译和职员，他们中间既无商人也没有一个真正的侨民，该怎么启齿向上海道台索要地盘？

时机还未到，就只能等待。在等待的同时，他也一点没有闲着。

最初几个月，他就在传教士身上找到了用武之地。自1842年7月，法国耶稣会的两个传教士南格禄和艾芳济登陆上海后，陆陆续续地，就有不少他们的同伴接踵而来。在敏体尼到来之前，他们已动手兴建董家渡大堂，同一年，又在徐家汇买下土地，准备另外再建一座教堂。随着《黄埔条约》的签订，教士们在上海的境遇已大有改善，但总不及他们所期望的那样，因而对中国衙门仍心怀怨意，不时还会闹出点纠纷。但对于敏体尼，这些怨艾、纠葛，却正好填补了他履职日程的空白，于是他执剑挺身地当起了他们的"保护神"，带着一股作战的热烈劲头"杀"向衙门官府，让中国官府吓得发抖，乖乖地就范。他对传教士"保护"的半径，甚至一直伸展到上海郊区和周边的江苏、浙江。

他并不是一个虔诚的教徒，为传教士奔走的碌碌身影更多是种表象，他的心却不在传教士身上。他心中深藏着、念叨着的是法兰西这个名字，他认为的最高贵、最强盛、最美丽的国家。然而现实却令他十分沮丧，这个名字在中国广州以北几乎还无人知晓，因而他必须加倍卖力，要将这个名字像霹雳一样打在中国人头上。他自豪地给公使写信说："这里所有的传教士都是未来法国取得优势和胜利的工具"，"并非是宗教感情使我在言行上偏袒他们……而是正义感，自尊心，对国家的荣誉感促使我这样做；这是国家的利益"。

他写道："在这个国家里，我认为必须把自己看作是一个守在前哨的士兵。"

一出过场戏很快过去，一个法国商人的到来，使他看到为法兰西开辟疆土的一道曙光已近在眼前。这个名叫多米尼克·雷米的年轻商人来自法国贝藏松地区，已在广州呆了6年，经营着小规模的钟表业和酒及酒精饮料。像一些英国商人一样，他从上海看到了自己更好的前程，1848年7月便从广州转辗而来。

雷米是第一个期望在上海安家的法国商人。雷米的到来，使敏体尼有了足够·的底气，开始憧憬着"0"的突破带来的无限可能性，想象着在"1"后面将排开由无数个"0"组成长龙的壮观情景。

8月6日，一纸署名"大法兰西国领事敏体尼"的照会送达道台衙门。他抬出法中和平通商条约第二十二款规定，指定"洋泾浜南岸，从城关开始可一直延展至将来需要的地点为止"为法国租界，要求道台阁下"速即发令，以免拖延此事"，因为他特别点出"夏末乃是最宜于建屋之时"，而夏末已"即将来临"。照会发出，就像战场指挥官已下达完命令，只待战士们开始行动。他在领馆内静候回音，志在必得，以为事情很快就将有很好的结果。

也许注定要让他经受更多的磨难。因为从军营、战地走来的这位大法兰西国领事，远不知晓官场、商场的水深浪险。现实将会告诉他，仅仅抱有兵士的勇气是远不够的。

第一道关就卡在道台那里。那时的上海道台吴健彰，是一个官商通吃、长袖善舞的非等闲人物，在广州经商、在上海从政的经历，使他早就练熟了一套对付"洋鬼子"的窍门。接到敏体尼的照会，他看着就已经来气：来了一个商人，就要圈一大片地，倘使每个来通商的国家都这么做，岂不将上海给分光都还不够？于是装聋作哑，硬是拖着不办。被催得急了就一推了事：请贵国到英租界去租地吧，那里的空地还多了去呢。并特别提醒"贵领事应先征得英国领事的同意"，言之切切，让你找不到一点瑕疵。

敏体尼却意识到，他被这个老狐狸作弄了。他气得浑身发抖，恨不能一枪就把吴道台崩了。他像挥动剑一样地抓起手中的笔，一纸信函中挟着连珠炮般的声声责问投向吴道台：

"您根本没有诚意实行天朝的条约明文规定，给予大法兰西国以神圣权利的条文，此事后果应由阁下个人负责……"

"您对我，大法国的代表，竟然提议给一块属于英租界的地皮。我大而强的法国是按条约规定向天子租地，并非向大英国租地。……且这并非私人之间的事，乃是一个大国要求一项权利，您应该满足它的要求。"

"根据权利、正义和公理，我重新向您提出要求……我等待您的迅速回答，不然，我就不得不进行申诉了。再者，我时刻都在盼望法国公使来到……我想他会和我一样感受到您对大法国的无礼。"

打出的一发发炮弹，足以显出火力之猛，只可惜都落在了空山旷地上。因为吴健彰刚被朝廷解职，信送到衙门，他已经挂冠而去，炮声只能远远地响起在他的身后。

但敏体尼还是幸运的，新任道台麟桂是个"亲洋派"官吏，竟然很爽快地答应了设立法国租界的要求。以后，虽然仍麻烦不断，但已经不是官府的原因，而来自这些土地的原主人。

法国商人雷米看中的那块地约有十二亩，分属于十二户居民。这些土地的原主人报出的地价是贵了些，但那也情有可原，买卖本来就是两相情愿的事，卖主谁不想卖出个好价钱。讨价还价的谈判一直延续到 12 月，依然没有个结果。敏体尼强作绅士几个月，满腔的烈火已经积压很久，终于按捺不住，无所顾忌地露出了法国大兵的蛮横脸色。

对新道台麟桂原本留下的好印象，一下已减削得所剩无几，赞扬渐渐变成了埋怨和斥责。他给麟桂写信，仿若下最后通牒，语气坚决地要求新道台赶快下死令，迫使这些百姓出卖地皮，对抗命者则要严加惩办。他尤其不满意麟桂首鼠两端、犹豫不决的作派，责问说，你完全有权力下这样的命令，既然中国天子都已经答应了的事，你还怕什么？直言下令还嫌不够，他又举出以前的道台宫慕久的例子说，宫道台就很好地运用过这个权力，他为要买一块土地，就先把抬高地价的人关进牢里，然后再谈交易。他要麟桂向宫慕久看齐，赶快"给我一份关于租界问题的告示，并下令房地产主按我所定的公道价格把地卖给雷米"。

麟桂不敢怠慢了洋领事，从拖沓、迟疑一下变得十分地果断利落。新道台与领事的译员哥士者一起讨论却议而不决的告示草案，经敏体尼的一声霹雳，急速有了正式文本；对违命不从的房地产主，也施加了应施加的压力，有了能让敏体尼点头认可的结果。

经过逐句讨论、修改又修改的那份道台告示，使法国租界的版图更显清晰，这是使敏体尼最为高兴的。告示明确将"南至城河，北至洋泾浜，西至关帝庙诸家桥，东至广东潮州会馆沿河至洋泾浜东角"定为大法兰西国租界的四围，还申明"倘若地方不够，日后再议别地；若需另划新地，亦当会商议定"，留下了继续扩张的无限空间。有了出生证明，也有了自己的宪章，法租界终可以昂然问世了。敏体尼一直铁板着的脸上，灿然露出了笑容。

雷米公司的地块上也竖起了第一根标桩，敏体尼上尉终于松了一口气。

笑容刚从脸上闪过，新的麻烦却又来了。而且更加难以对付。

对道台、官府，对不听使唤的房地产主，敏体尼惯用龙骑兵式的高压强硬手段，将照会、信函当做刀剑、枪炮，逼出一个个如其所愿的结果。在他们面前，他已习惯于摆出一副居高临下、声色俱厉的姿态，俨然是统治者而不是外交官。上海一份法文报纸的主笔便给予他这样的描述："他总是以主人的身份讲话，争论，命令，威胁，很少考虑自己与之打交道的是一位有权势的官员还是一帮强盗。"以致据与他同时代的人说，有些人曾为此责备过他，因为他的强悍使他们感到害怕。但"他是绝不会后退的"——依然是这位法文报纸的主笔，给他下了这样的断语。

"在中国，必须敢作敢为，才有力量。"——他自己的话，也为他的行动作了注脚。

然而，对中国人可以如此，而在中国人之外呢？尤其是当麻烦来自一个美国人，而且是一个敢于在英租界升出美国国旗、对英国人也不买账的美国人时，敏体尼、大法兰西国的领事，他还仍会"敢作敢为"吗？

这个美国人，就是美国驻沪领事祁理蕴。几乎在法租界告示贴出后的第一时间，祁理蕴就气哼哼地打上门来。祁理蕴抗议说，洋泾浜南边的那块土地，是"保留"给美国侨民的，早在 1846 年 7 月就已经答应给他的前任领事了。他又宣称，不能容忍把一块块土地置于任何一国专辖权之下的制度。一番逻辑严密的推断更无懈可击：假设中国有五十个领事，每个领事都获得一块像英国领事获得的那样大的租界，若是在广州、厦门、福州和宁波都照这样办，我们能找到这么多地皮吗？这种外国领事的专辖特权多么荒谬，它必然产生极坏的结果。

满口都是中国人想说而不敢说的话，难道，祁理蕴成了中国人的辩护士？这种借力打力的策略，这种自打耳光的伪善嘴脸，早让敏体尼一眼看透了。心里在冷笑：批驳我荒谬的时候，你美国人不也正忙着圈地，急着想建美国租界吗？

但面对祁理蕴，居高临下的恫吓显然已失效。不能高人一头，也决意在同一拳击平台上迎接对手，对于旗鼓相当的角逐，敏体尼同样不缺勇气和斗志。他首先诘问祁理蕴：你并非不知道我大法国与中国当局举行的租界谈判，为什么一直等到木已成舟才来提抗议？进一步他又声言，在一个道德高尚的人还不多的侨居地，唯一有效的办法就是各自建立租界。他的依据就是上海滩活生生的现状：走私、声名狼藉的小酒馆、逃兵、窝赃者、盗贼，这些来自世界各国的下三烂货，随时随地都会弄出点事情来，要由领事进行干涉。由此他推断出一个被他认为无可指摘的结论：没有租界，就没有管辖权，就不可能予以镇压，这样的上海就会成为"一个充满了争吵和纠纷的、令人无法忍受的藏污纳垢之地"。难道要让上海变成这样的污垢之地？

在俘获的猎物前，一场为分赃不均而引起的争吵，是很难用什么"公理"来作出裁决的。两人的理由都很堂皇，两人的思维却都很混乱，吵了许久都没什么结果。但敏体尼是个卫冕者而不是挑战者，双方争夺的猎物在他手里，显然形势对他有利。为了使手中的胜券能加重砝码，他还渴望得到他上司的支持，于是把美国领事的抗议书和自己的回复函，各备一份副本给在澳门的公使陆英男爵送去，还报告了他在交涉过程中的种种行状。他满心希望自己的百般努力，能得到这位公使阁下的首肯和赞许，而且他揣度也一定会这样。

"旧情"难忘，居然还像一个立功心切的战士，梦想着得到满身披挂的勋章、绶带。但他已经是外交官，而不再是当年的军爷。同样是外交官的陆英男爵，是个四平八稳、"不爱多事"的人，两个月前他曾到过上海观光，同意让敏体尼全权处理建立租界的事，也似乎赞同过他采用的策略。但随后一件件挟风带电、烟熏火燎的报告传到澳门，使他不耐烦了。好斗，逞勇，冒失，总置身在飓风狂潮的前沿，那都是被外交官职业所忌讳的，敏体尼却偏偏喜好这一口。男爵公使不能不腾出手给他上一堂外交常识的必修课。于是，敏体尼从澳门得到的回馈，便只有讥讽、训斥、不满，期望的赞许成了泡影。

公使回信带来的挫伤感，远比与美国领事的艰难较量更使他难受。需要一盆炉火、一片暖阳，希望得到支持、理解、鼓舞的时候，等来的却是无情的风刀霜剑，这使他彻底地失望了。他也感到委屈，困惑，还在挣扎着向远在澳门的男爵呼告："当时您让我全权处理这件事，我以您的名义办理了，这有什么错呢？……"

亏了是个军人，即便遭上司训斥、讥讽，他也决计不会轻易倒下。他并没有消沉，也没有撒手不干。发一通牢骚、将怨气宣泄之后，就又奔东奔西、忙前忙后，难得有时间空闲。因为建法租界还刚开了个头，雷米买土地、办公司还有许多事未了，一件接着一件，事情总是做不完。美国领事那边的搅局，如一阵雷阵雨哄闹一番后，似乎渐渐地开始变得声息低微，也再掀不起大浪了。

但烦心的事还在向他袭来。原指望一番辛苦圈下地盘建起法租界后，法国商人就会像潮水般地涌来，齐聚于他隆重升起的三色旗下，迅即展现出人丁兴旺、贸易繁盛的景象。然而很使他失望，到1850年初他来上海已有两年时，洋泾浜南岸的法租界内依然门庭冷落、人迹稀少。除了他带来的五、六个人，商人仍只有雷米和他手下两名职员——比代和爱棠，另一个法国侨民阿鲁内竟然还住在英租界内。望着洋泾浜另一边的英租界内洋行云集、商务繁忙的情景，他不由得连声长叹。

总不能在领事馆守株待兔，坐等商人们的到来。对于敏体尼，愿望就是行动。为了吸引法国商业机构和商人来中国经商，他开始进行大量的商业调查，将调查所得的情况——中国的织物、中国的渔业、瓷器业和某几个省份的商业业态等等，写成了一份份报告，还把搜集到的蚕、鸟类、树木、植物的标本寄回国内。甚至越陷越深，竟让自己扮演起一个商人的角色，四处奔走去兜售法国商品。一次去浙江绍兴，经他的一番摇唇鼓舌，说服当地的中国天主教徒按照法国带来的样品，一举定购了三万零几百匹法国布；远在满洲里的中国商人听信他的推销，也向他提出订购一批法国工业品……他简直被这些客串所得的成功，高兴得跳起来：在中国，法国货是有市场的，同胞们，为什么不快些来啊！

然而，再次让他失望了。

他用热情奔放的语言向公使报告了这些成绩，答复却是一盆冷水："我很佩服您的胆量，但不同意这种行为……"因为，一个领事是不应该参与商业交易的。

他寄回国内的报告，被躺在文件夹里，没有人去认真看一眼；对他搜集寄回去的标本，也没有人感兴趣，多半仍旧滞留在海关；在他怀着一片热心曾去多方联络的法国国内商会里，竟然根本不知道他这个人。终于有鲁昂和亚眠的几家企业准备与中国做生意了，但敏体尼事先竟一无所知，还是从报上得到的消息。整个过程中，没有人向他了解情况，也没有人想到征求他的意见。

从失望到生气，终至大发雷霆。他以最大的愤慨给公使写了一封长信："我到这里之后，忠于自己的诺言，以最大的热诚投身于这些最艰巨、最令人厌烦的贸易工作。经过热忱的工作和坚持机不懈的努力，终于排除了各种阻碍，获得了几乎不可能获得的结果……得到了中国商人向远在六千里外的法国制造商提出的大量订货。公使先生，您劝我等待，让这个我花了很大力气才鼓起来的热情再冷下去，我还要等待什么呢？"

对于积郁于内心深处的声音，也不再掩饰了。他给公使写道，"我完全没有料到会遭受这么大的打击，您使我感到很痛苦"。"我原以为在一个没有任何法国贸易，也没有人去开创这个事业的国家里，我有责任努力开创这个事业"，（面对现在这样的结果）"我的内心已经深受挫伤，心灰意懒，这最后的打击把我完全压垮了……"

因为灰心，他甚至承认他"已经痛切地悔恨自己走的这条路"，埋怨"我所有的伙伴都已是将级军官"，而他还在尉级军官的阶别上停留不前。一向以战士自拥的他，更加缅怀他的军人生涯，"我看出，我的剑可能比我的笔对我更有用……"

为这一边的事正郁愤难平，另一边却又出了令人气愤的事。1851 年夏季，一份上海的码头治安和海关税收条例正式公布了，在上面签字的有上海道台和各国领事，但居然出现严重"疏忽"，偏偏漏掉了敏体尼——他习惯自称的大法兰西国领事的签字。而且条例中有一条规定，进外滩黄浦江的运输船只，只限于停靠在英租界前的河面，即洋泾浜以北河段，这就无端地剥夺了洋泾浜以南法租界前停靠船只的权利。这不是公然对大法国的无礼和凌辱是什么？

其实他内心也明白，法国人对来上海经商的冷漠，带来法租界被洋人圈普遍的漠视，这是必然而然会落下的后果。要怪，也只能怪法国人自己了。

把心中的怒火向两端喷发完后，便感到从未有过的疲惫。敏体尼这时已不像个斗士，而更像一个心力交瘁的球员，一心想到了退出赛场。他想请假回国休息，法国外交部也已在 1853 年年初发出公函，批准他回国。但这时忽然传来太平军已夺取九江、安庆，正在进攻江苏省府南京的消息，战火眼看要烧到上海边上，使他不得不推迟归期，留下来安排对付太平军的防卫措施。

一直拖延了近半年，他才给上司写信说："……我和我家眷的健康状况已使我非离开上海不可"。于是在 6 月初乘上法国海防舰"喀西义"号，心情复杂地挥别已经呆了 5 年的上海。

爱棠：在乱局夹缝中独行

敏体尼走后，爱棠成了他在领事馆的替身——代理领事。选择爱棠，是一个自然天成的结果。当初法商雷米入驻洋泾浜南岸这片法兰西飞地时，爱棠是他手下最早的雇员之一，年轻人气质不凡，初次晤面就让敏体尼刮目相看，以后朝夕相处，更让敏体尼觉得栖身雷米的利名钟表行，不免太委屈他了。没多久，就动念要将爱棠揽入自己的帐下。在给外交部长写的举荐信中，敏体尼不惜笔墨地称誉他有"杰出的才能和高度审慎的作风"，"是个谨慎小心而又干劲十足的工作人员"，甚至拍着胸脯担保说："我胆敢向您断言，完全可以把馆务托付给他……"

不久，由总统路易-拿破仑·波拿巴在1850年8月29日签署的两个法令同时到达上海，同一时刻，敏体尼被正式任命为法兰西国驻上海领事，爱棠被任命为新领事馆一等主事。

敏体尼最初的直觉是准确的，一个小小钟表行，不应该是爱棠的最终归宿。事实上，出生在一个房地产主家庭的爱棠，在巴黎完全可以过衣食无忧的生活，但他一心想在更广阔的天空中翱翔，1843年，就只身闯荡到了远东。他曾经旅居新加坡，到过菲律宾；在新加坡失掉了他的第一个妻子，在菲律宾马尼拉却收获了一个法领馆临时雇员的职位。这时开始，他的人生坐标就已经锁定在外交官生涯上，一心想越过临时雇员这道坎，当上领事馆的主事。但外交部只给了他一个彬彬有礼的回答，让他等待"出现适当的机会"。他不愿为这个虚幻的"机会"去遥遥无期地等待，就辗转来到上海，在刚开办的雷米洋行里找到了一个薪俸微薄的职务。一个志在云端的人，能甘心当个洋行的小伙计？商人雷米浑然不觉这个身边的瑰宝，敏体尼却看到了暂时蛰伏着的一头雄狮或猛虎。也正是他，为这头蛰伏困守的猛兽打开了栏门。

1853年6月1日，爱棠从敏体尼手中接过了领事馆的钥匙。他开始兴冲冲地登堂履职，第一次以领事的目光去扫视将由他管辖的领地。一圈环视，却早就兴味全消，凄凉之感不由如寒风似地向他袭来。

法租界公董局（位于今金陵东路）。爱棠以设立公董局为标志，宣告独立于英美租界的法租界正式问世。

法租界的早期景象。

敏体尼全家走了五六口人，法租界更显得人丁稀少。除了附近小教堂的几个传教士之外，剩下的只有五六个法国人，领事馆职员也只有一个代理译员。再环顾租界的地盘，划定界线虽然已有 4 年，却至今仍未能摆脱往日的荒凉、破落。近千亩土地上真正由法国人占用的，只有江南教会和法商雷米的地皮。教会的这块地上有一些田地、园圃和几所房子，显得有点生气，但四周也多是大片的荒地，堆放着浮厝和尸骨，还有无数曲曲弯弯、污秽不堪、一年到头都是泥泞的小路通向四面人口密集的贫民区。从法国人占用的地块走向更远处，便尽是一些泥墙茅顶的破房子、屋后有竹篱笆围着的小园子，园子后面就是荒地、坟茔、树桩、乱树丛和臭水浜……

唯一让他咂出点领事感觉的，是他刚住进的新居。敏体尼走后，他就从雷米家搬到了敏体尼住过 5 年的那座房子。虽然已经过整修，那房子仍显得极其简陋、寒碜，但它已经成为法国人占领上海的一个标志。在这里，敏体尼曾接待宴请过法国、英国和美国的公使，接见过前来正式拜会的清朝官员，作为新上任的代理领事，住进这里，也就意味着拥有一国领事权力的开始。

权力不是供人赏玩的，爱棠知道，他坐上了代理领事的位子，就将背负起改变这种荒芜景象的责任。但比权力更有力量的却是时势，时势强过人，有再大的权力也无法左右它。

风云剧变，只在一夜间耳。9 月 8 日一清早，爱棠就被一个惊天的消息所惊醒：昨晚县城被一帮叛乱党占领了！知县袁祖德已被杀死，道台吴健彰也被关押，县城六个城门都遭到封锁，不知此刻城内闹得如何天翻地覆了。

这就是平地而起的小刀会起义。3 月太平军在南京"闹事"，消息尽管骇人，终究离上海还远着呢；而现在的闹腾就发生在眼皮底下，法租界又与县城近在咫尺，不由使这位新领事心惊肉跳。一整天他几乎不眨一眼，只是在注视着县城内的动静。消息纷传乱走，都不知真假。半夜里突然有人传言，说雷米的住宅可能将遭到抢劫，他便急匆匆地摸黑赶去报信，还派了两个法国同胞去守候雷米家。不一会，由一个英国舰长带领的一队海军陆战队赶来，使他更放宽了心。但那个英国舰长却开始感到不安，因为爱棠提出，晚上他将不离一步地守卫领事馆，在如此混乱多事的黑夜，守在这里岂不危险重重？舰长坚决劝他离开，不由分说硬把他带到了英军营房里。离开了领事馆，心绪不宁的爱棠一晚上都无法入眠，一次次派人去领事馆察看动静，生怕出一点什么意外。

小刀会控制了局面，城内出现了短暂的平静。法国区里虽然会不时穿越而过一些头缠红布、手拿武器的起义兵，但他们尚能善待洋人，并没有带来骚扰。只是当清兵开始围攻县城时，这里也就不再太平。清军接连几天都在炮轰县城，炮声隆隆的经久不息，不断有炮弹头落到教堂的周围、法国领事馆的花园里和雷米地产上。清军特别爱夜间攻城，离城墙只有四百步路的法国领事馆总会成为射击的目标，很少有一夜，领事馆薄薄的围墙、四周的树木和领馆的大门不被流弹打得砰砰作响。清军攻不下城，就放火焚烧城关地区的民房，从东门到法租界南端的一大片土地，瞬时就在熊熊烈火中沦为焦土。

爱棠的运气不佳，刚坐上法兰西领事的这把交椅，就碰上了这一片乱局。他虽然缺少敏体尼那样的豪情胜概，但一样有颗法兰西人的雄心，总盘算着要在最短的时间内，让洋泾浜南岸改观换样。可是给小刀会一闹腾，计划已全被打破，除了提心吊胆地守着这个烂摊子，还能干什么。

但总要干点什么，不能让自己——一个堂堂大法国的领事，变得像个稻草人。

到这年 12 月，清军的攻城之战依然毫无进展，城内还是起义军的天下。一天清晨，教会的两个中国教徒刚走近董家渡大堂，就被驻守小东门的小刀会岗哨扣留了下来。这么大清早潜入县城前，形迹太可疑，小刀会哨兵怀疑他们是清军的奸细，就把他们押进城里，上刑严加逼供。消息传到教堂，传教士火速派人进城去要人。因为这一阵法国军舰"科尔贝尔"号正停泊在黄浦江上，有军队撑腰，传教士便无所顾忌地放出狠话：如若不马上放人，就让你们尝尝法国海军炮火的厉害。小刀会不愿与洋人交恶，很快就将这两个教徒放了。

这件事却让爱棠看到了机会：显摆法兰西领事威严该是时候了。他马上呛声发话，事情不能就这样草草了事。随即向小刀会首领发出最后通牒：对那几个扣押、虐待教徒的官兵必须严加惩处，限令于 12 月 26 日中午，一定要将他们押到领事馆旗杆下受笞五十，不然就炮轰县城。这份通牒的抄件也同时出现在英美领事阿礼国和金能亨的桌上，并附言提醒他们"预防您国侨民进城时可能遇到危险"。这显然是为张扬事态而采用的一个小小伎俩。不单如此，回头爱棠又写信给"科尔贝尔"号的舰长，悄悄地要他设法呼应这次行动，给予他"一切可能增加实效的声势"，加重对小刀会的施压。

小刀会不想惹怒洋人，26日这一天，大头领刘丽川就让小东门那个兵头带着几个徒手的士兵，来到领事馆道歉受罚。他还给爱棠带去一封信，言词恳切地说，他已经对为首分子严厉惩办过了，到你领事大人这儿，还请多多宽恕他们。爱棠很满意有这样的结果。想达到的目的已经达到，他也乐得做一回好人，告诉为首的兵头说，既然你能立即伏罪，也就饶了你一次。说罢，将那个兵头带到旗杆前面，让他在"科尔贝尔"号的驻防士兵面前跪下，叩了九个头，作一次象征性的惩罚，以此宣告了法国领事惩恶扬威的胜利。

头一回找到了当领事的感觉。有了第一次，就想有第二、第三次……爱棠希望能将这种感觉不断地延续下去。但一个月后当"科尔贝尔"号启碇开往澳门，法租界失去了保卫者，领事的宝座就又开始处在摇晃之中。1854年2月间，法租界的西边部战事变得异常激烈，被地雷炸开缺口的北面城墙处，有两千清军如狂潮般涌来企图冲进城去，城内的小刀会顽强抵抗，牢牢守住缺口不放，还冲出城外占领了清军的营房，捣毁了清军的防御干事，以胜利者的姿态安然回城。几天后，清军又夺回了刚陷落的据点，小刀会也不示弱，很快又向那个据点发起进攻，于是，洋泾浜南面的乱坟墩和树丛中间便一直枪声不绝，硝烟四散，让爱棠再次变成了惊弓之鸟。

爱棠痛恨小刀会的起义者，也憎恶清朝的政府军，甚至恨清军更甚于小刀会。因为道台吴健彰从小刀会俘虏营里逃出去又卷土重来后，便以百倍的疯狂向小刀会发起反击，恨不能将他们一个个千刀万剐地消灭光。但心狠手辣的道台却又颟顸无能，交战半年多，竟接二连三地吃败仗。又气又急的吴道台寻溯失败之源，归结为他的军事位置不佳，而他认定的最佳位置，便是这块毗邻县城最近的"法国地皮"。于是，竟然斗胆向法国人开刀了。

3月17日，爱棠接到吴道台发出的一纸通告，顿时气得嗦嗦发抖。通告敦促爱棠速将领事馆撤离法租界，迁至英租界去；要雷米让出自己的房子和仓库，把他的钟表行也迁往英租界；还要求拆毁洋泾浜上的那座石桥。道台特别点明说，这座石桥的存在，将助长被困城内的叛乱军补充给养，将来清军收复县城时，叛乱军也会从这座石桥上逃走。有这座桥，就会让叛军多一条生路，所以非拆毁不可。

一向以懂洋人、亲洋人出名的吴道台，为何一下对法国人翻脸至此？爱棠还未摸透这位政客兼商人的老辣精到，他不惜冲撞法国人，自有一番盘算。因为吴道台早已洞若观火，上海滩洋人中数英国人势力最强，也数美国人与他的关系最铁，只需笼络住这两家，得罪一下法国人也无伤大雅。一来，在上海的法国人只有区区几人，势单力薄，根本不被他放在眼里；二来法国的军舰都已远驶他国，在上海已没有法国的一兵一卒，也就用不着有何顾忌。

爱棠受到了从未有过的屈辱，顿时怒火冲天，立即搬出 1844 年的条约回击吴道台。法国租界地是不可侵犯的；法国国旗的尊严不容许他放弃自己的岗位；法国抱持"中立"原则，也决不偏袒冲突的任何一方——爱棠以无可辩驳的理由，凛然捍卫自己的权利。对于洋泾浜上的这座石桥，他更是视为法租界的命根所在——法租界需要得到洋泾浜北岸英国军队的庇护，而一旦石桥被拆，两个租界的连系便被割断，法租界就将变成任人宰割的孤岛，还有什么安全可言。

势单力薄的爱棠，需要有同盟军站到他一边，于是想到了对岸的英美人，一心想把他们也拉入这场争端，当他的后盾。他给英国领事阿礼国写信，得到的回应让他一阵心宽。这位正在徐家汇乡下养病的英国领事通知爱棠说，他会告诉吴道台，即使拆毁了洋泾浜石桥，道台也不会得到任何好处，因为他——英国领事，将反对道台在那里架设大炮或布置其他军事设施。

同样的信件，也发给了美国领事马辉，美国佬的回信却有点阴阳怪气。他重提美法两家争夺法租界这块地皮的旧事，余怒未消地说，除非将这块地皮转让给大家，否则一切都免谈。

爱棠被气坏了。同样是西方人，在这骨节眼上就该同舟共济、合力对付中国人，你美国佬还斤斤计较地算老账、打横炮，不显得太自私！于是回信不客气地数落了他一通。马辉自知理亏，给爱棠回了封信，说不清是真心还是假意地作了一番道歉。

爱棠的气还未消尽，麻烦事又接踵而至：忽然，英国人那边也变卦了。一日，英国副领事威妥玛和一位英国舰长上门来见爱棠，向他重提拆桥的事。把话说得很明白，拆了这座桥，洋泾浜北边租界就可与县城城关隔离开来，与清军、小刀会之间的战事撇开干系，拆桥对英国方面是绝对有益的。"我们还是希望把桥拆掉。"英国副领事说。

遭受迎头一棒的爱棠，一时找不出更多辩解的理由，只能泛泛地说，保留这座桥对法租界、英租界的安全同样是有益的。话说出了口，却连自己都觉得苍白无力。他心里其实很明白，他要保这座桥就是为了保法租界，而英国人考虑自己的利益，拆桥的理由显然是充足的。

"你们不是派兵来守护过雷米的住宅，说过要监守这条通道，现在这样做，你们不是违背诺言了吗？"爱棠只得抛掉脸面，以一个求援者和被保护人的身份说。"要不是相信你们会给予援助，我们的'科尔贝尔'号军舰也不会离开上海的！"

弱者的哀鸣，换来的只是强者的嗤笑。威妥玛和那位舰长回答他说，英国当局从未有过这样的承诺。说罢两人便告退了，留下爱棠一个人怔怔地发呆。他还不甘心，4月初，一听说阿礼国已从徐家汇回到领事馆，第二天就跑去拜访他。领事曾一口答应过给他支持，总不会转眼就食言吧！不料阿礼国也以一声"拆桥有充分的理由"回答他，话音完全变了调。碰了一鼻子灰的爱棠，只得怏怏而归。

他总算看透了，没有自己的军舰、军队在上海驻守，不仅对中国人没有震慑力，在西方伙伴的眼里也将变得微不足道。西方伙伴眼前的举动让他明白，一当需要维护他们自己的利益时，抛弃你、牺牲你就是举手之间的事。

这样的被牺牲不是第一次，也不会是最后一次。7月间，爱棠又遭受了一次被牺牲的尴尬和痛楚。

那时，西方国家还没有撕破所谓"中立"的旗子，但小刀会一日不撤出县城，租界，尤其是法租界也就一日不得安宁。法国的"科尔贝尔"号军舰这时已经重回上海，爱棠自恃已有军队的撑腰，一心要让小刀会撤离县城。似乎英美两家也赞同此意。然而当英美法三家的舰长到城内与小刀会首领面谈时，英美两家却拿出了一份早已准备好的声明，那声明上只字不提撤兵之事，反而向叛军重申"中立"立场，同时提出要小刀会发布告示，禁止下属兵士持械穿越租界，违者给予严惩。突然冒出这样一份法方事先浑然不知的声明，使爱棠感到浑身不自在。但他能做的，也就是发一通牢骚而已。

事情却还没有完。当小刀会的告示交到租界当局时，爱棠发现了让它更不愿看到的情形——告示通篇只说禁止小刀会属下持械行经"洋泾浜的北边"，也就是英租界一带，而只字不提洋泾浜南边即法租界的领地。爱棠顿时狂叫："法租界所在的洋泾浜南边完全被撇开了，这不明明是让我们蒙受损害和耻辱吗？"

他给"科尔贝尔"号的舰长鲍德安写信说："通告中根本不提我们的地界，好像上海没有法国人的产业，没有法国领事馆，也没有法国兵防守似的。……这分明有损于我们的利益，是对我们的蔑视"。

而就是这份告示，却已经被英方点头认可了。

气愤难消的爱棠，跑去向英军的赐德龄将军提出抗议，赐德龄却只是淡淡地回答，他倾向于同意这份通告，因为这个通告一定程度上已满足了他的意愿。

爱棠不愿退让，坚决要求把法租界包括在共同防御区内，同样禁止中国人持械进入。赐德龄不想让事情闹得太僵，便答应与小刀会交涉，设法对通告作一点修改。

满心等待着事情会出现转机，等来的结果却一如交涉前一样，公开发布的通告上依旧只字不提"洋泾浜北边"。爱棠彻底失望了。

正是这些日子，英美法三国租界正在密谋修改《土地章程》，准备将法租界与英租界合并建立统一的市政机构。爱棠不明白为何偏偏这个时候，英国当局竟只顾自己的利益，轻率地把法租界撇在一边。这不正是暴露了"英国当局蔑视我国权益和尊严的令人痛心的、随随便便的态度"吗——爱棠愤怒地说。愤怒之后，更是感到寒心。法国领事内心对英法租界的合并，开始播下了怀疑的种子。

敏体尼又回来了，这是在他离开上海 4 年之后，1857 年 6 月。法租界回归原状，他依旧当他的原职驻沪领事，爱棠也像以往一样，仍在他手下当主事。

不过，这次敏体尼回上海，没有逗留多长时间。他与法国公使馆的关系似乎在日渐疏离，远不如从前那般融洽，他夫人的健康状况也一天不如一天，使他一直情绪很低落。两年之后——1859 年 5 月，他又接到调任驻广州领事的上级命令，感觉这是对他职权地位上的一种贬黜，更感到老大不快。他拒绝去广州履职，没有得到上峰的同意，倔强的敏体尼便索性给公使发去辞职信，声明他已决定回法国去，从此脱离官场。一个月后便收拾行囊，匆匆踏上归途。临行前他交给爱棠一份公函，恳请这位老伙计再次代理领事一职，将他未竟的事业继续下去。回国途中，在马耳他和马赛之间的茫茫海面上，敏体尼夫人溘然去世，给这位法兰西的海外赤子留下了无尽遗憾和悲伤。

第二个轮回开始，爱棠已没有第一次履职时的那股新鲜劲，那样的喜悦兴奋。

他已尝够了一个法国领事所承受的窝囊和艰辛。

如病魔般缠身、使他继续苦受煎熬的，依然是与英租界合并引起的磕磕碰碰。

阿礼国是事情起始的源头。1853 年 7 月，正是小刀会骚乱时期，这个英国领事却突然提出要将英法租界合并，由英美法三国建立租界统一的市政机构。毫无思想准备的爱棠，脑子里一片纷乱，不知如何是好。含辛茹苦建立起来的法国地盘，眼睁睁地看着将被湮没在英国人主宰的租界内，法兰西的尊严和荣耀何在？从内心说，他压根儿不愿放弃法租界的独立。但现实又如此严峻，黄浦江上那时没有一艘法国军舰，拒绝与英美联合，把自己排除在英国军队提供的防卫力量之外，这对于法租界无异于是一种自杀。

踌躇不决的爱棠，左思右想，只好把球踢给自己的上司、法国公使布尔布隆。公使接受了这个协定，但留下一言，协定最终还需经法皇陛下政府的批准。公使毕竟老辣，他为以后法方的行事打入了一根可进可退的楔子。

1854 年 7 月 11 日，英、美、法三国领事和租地人召开会议，投票通过了修改后的《土地章程》，并且选举出工部局的 7 人董事会，对英法租界实行统一管理。

就在这时，发生了小刀会告示的风波，大为恼火的爱棠，对租界合并的疑窦也勃然而起。正面提出抗议无效，消极敷衍就成了唯一武器。协定签订后不久，工部局向法租界发来公函，索取征收法侨地产税所需的各种资料，爱棠却故意拖延不给。他致函工部局总董说，你们的军事当局既然把法租界排除在交战双方不得侵犯的防线之外，法国侨民的利益就不用你们操心了，我们自己会照顾。1855年3月，工部局邀请三国领事开会，爱棠也推辞不去参加，还写信给英美领事，直言"这个权力机构是不合法的，它的行动带有危险性"。在地产交易问题上，他要求法租界的租地人务必办好行政手续，但避而不谈地产的管辖权限问题。法租界内需要建设公用事业工程，他也不去求助工部局，工程的资金能垫付的就自己垫付，不能垫付的由租界内的租地人分摊，或宁愿请中国官府资助。

三国签约的市政章程依然被大家堂皇地供奉着，但只有英美领事在照章执行，在爱棠眼里，却只当是一张废纸，看都不看上一眼。"因为我没有公布过任何正式或非正式的法令，承认这个章程对我和我国侨民的权力。"他振振有词地说。

几乎从协定签订之日起，爱棠与英美领事、与所谓的三国联合机构工部局，一直保持着若即若离、似近却远的关系。法租界实际一直游离于公共租界之外，在独立运转、我行我素。英美领事虽然怨言不绝，但随之而起的英法远征军进攻北京、太平军打响上海之战，吸引了众人的注意力，枪口一致对外的默契暂时消散了洋人内部的纷争，也无人再顾及爱棠的"分裂"行为。

但无暇顾及不等于不再顾及，欠下的账迟早总要算的。在爱棠代理领事的第二任期内，他已无法逃脱这场纷争的最后摊牌。

这已是1860年之后，局势由紧张纷乱而渐渐趋于平稳，英租界工部局和英美两国领事便又将矛头一齐指向爱棠，反对法租界独立的声浪哗然又起。他们一再催促爱棠在法租界执行已修改的《土地章程》，甚至勒令爱棠在地皮章程上签字；见爱棠纹丝不动，又一直闹到法国公使布尔布隆那里。到1862年年初，英美当局更急于要让爱棠皈依就范，因为他们已开始实施一个宏大的计划——扩大工部局的权力，将上海租界建成独立于中国主权、由洋人支配一切的"国中之国"。为之，3月底，租地人会议已决定将虹口的"美租界"并入英租界。而如果法租界依然独立在外，这个计划的涵盖面和权威性都将打上折扣。

这盘大棋局，需要填上法租界这枚棋子。

然而，催逼、施压却加剧了法方的反弹，被逼到了墙角边的法国人，索性孤注一掷。"我们坦率地提出收回租界权利的时机已经到了。"布尔布隆给爱棠写信说。公使原来埋下的伏笔，这时成了最有力的武器，他当即授意爱棠，可以向英美领事和工部局宣布，合并法租界的"地皮章程"没有得到法国皇帝陛下的批准，所以，"地皮章程"中有关法租界的部分也就不再有存在必要。

这最后摊牌时刻的到来，使挣扎在争议的旋涡中已很久的爱棠兴奋异常。但他没有立即宣布这项决定，因为他认定，实质性的行动更胜于语言的表白。他先在暗中筹建像英租界工部局一样的市政机构——公董局，当一切就绪后，便于4月初贴出领事馆布告，向法租界居民宣布公董局成立；4月29日又公布一道领事法令，宣布"特设立公董局董事会，由董事5人组成，受全权委托，处理并掌管租界内之一切事务"。不言自明地宣示法租界正式独立，也意味着与英美租界的公开决裂。

5月13日，他致函给英国领事麦华陀，向他通报了建立法租界公董局的事。被合并妙计破产而搅得心躁意乱的麦华陀，只得礼节性地回了一封信，无奈地表示"同意您的意见"，一面又不无怨意地数落说："说到这个措施是否恰当，恕我不能同意您的意见了，因为它完全违背了条约国同意的上海'地皮章程'……"

又"同意"又说"不同意"，这样语无伦次的回复只能博得爱棠轻蔑一笑。他称麦华陀的不满言辞是一个"温和的抗议"，就当一阵微风吹过，才不会心起涟漪呢。

洋泾浜南岸，正在一天天好起来。

转机的出现是在小刀会被剿灭以后。

像小媳妇一样度日如年的爱棠，终于等到了吐气扬眉之日。至1854年8月，黄浦江上不单有"科尔贝尔"号军舰驻守，一艘"贞德"号战舰载着舰队司令辣厄尔上将率领的四百多法国兵，也啸然而至，一下改变了战场局势。阵势威雄的法国人便撕下"中立"的面具，开始力挺清军，向县城、向小刀会的营地发起重炮猛轰。继而英美方也派兵参加了征剿。翌年1、2月，遭受合围猛击的小刀会走向英雄末路——大头领刘丽川在混战中被打死，五百多被俘起义兵被挂在城墙上枭首示众，轰轰烈烈的小刀会起义就此惨然覆灭。

2月18日一大早，当城墙上飘扬起清军旗帜的时候，爱棠也带着一队法国兵、打着法国三色旗攻进城内，这感觉一定美妙异常。

硝烟渐渐散去。当法租界重回爱棠的视野时，却早已面目全非。经过起义军、清军和辣厄尔旗下法国兵的轮番洗劫，洋泾浜南岸如被飓风扫荡过一般，已变得满目疮痍。地面上已经几乎看不到一所房子，触目可见的尽是纵横交叉、杂乱无章的壕沟、土墙和土工事，而且在修筑围城工事时，土地都已被一次次开挖翻捣过，显得一片狼藉。

爱棠没有愁容，却只有笑意。眼前的一幕使他得到了意想不到的收获。因为在这片荒芜之地上，原本布满了坟墩、尸骨甏和殡仪馆，尽见密集、杂乱的房屋，这成了法租界建设遇到的一大难题：迁移这些棺木、尸骸必须支付大笔迁葬费，殡仪馆内停放的棺木，也须经过许多交涉、花大把的钱才能让他们移到别处，而要拆迁这些房屋，更要经历无休止的扯皮。现在一场战争，将这一切扫荡以尽，全用不着爱棠费心了。

让爱棠需要费心的，就是在法兰西的旗帜下，如何将这片废墟变成乐土。为之他果真费尽了心思。先是修路筑路，动员舰队的士兵在黄浦江边修筑了一条马路，成为日后法租界外滩的雏形；在洋泾浜沿岸也修筑了马路，整平路面，铺上石子，这样即使在雨天也能通行；同时还新筑了许多横马路。一些残余的坟墓也被清除、铲平了。排水工程也上马了。法租界内再也没有曲曲弯弯的小路，而开始新辟出一条条街道，路边还挺阔气地装上煤油路灯，使夜晚漆黑一团的洋泾浜南岸有了亮色。为了将英美租界外滩与以后的法国码头连接起来，在洋泾浜东端还修造了外洋泾浜桥，一桥飞架南北，使独立不羁的法租界消除了被孤立封闭的困顿。

租界人气的突然高涨，更使爱棠狂喜不已。战事平息后，像得了传染病一般，上海突然掀起一股地产投机热，瞬间让冷落的法租界成了香饽饽。爱棠在第一时间给公使报告说："法租界长期以来不被注意的地皮突然变得身价百倍，所有出卖的地皮都被争相购买，一眨眼就从一个人手里转到了另一个人手里……"他在报告中，也不由为国人、为自己夸耀一番："我们法国人已经获得了土地这个财富，现在我可以说不是法国人缺少土地，而是土地缺少法国人。"

然而，兴奋的潮水一朝消退，忧虑也接踵而起。这忧虑正来自他说的"土地缺少法国人"。这场"传染病"来得如此猛烈，几乎所有外国人都被传染上了，独有法国人却依然不为所动。他向使馆诉说了这番尴尬：两个月前，因为领事馆"经济拮据"，所以"我催促我国侨民"申请地皮，却鲜有人响应，现在，"一寸地皮也买不到了"。

一边，别国的人如过江之鲫纷纷涌入法租界，一边法国人却漫不经心、姗姗来迟，这让大法国领事感到大为憋屈。法租界，可是为法国人开辟的呀！

麻烦迟早会来临。1861 年 5 月当他接到外交部长的来信时，便感到头皮一阵发麻——麻烦果然来了！

部长告诉他，法国皇家邮船公司已经取得印度支那邮务的特许权，他们的主要航线需经过上海，所以要求为他们提供一块三十亩左右的地皮。拿下这块土地，邮船公司就将在此建造办公室、码头、栈房和邮务营业上所需的各种房屋。拿着部长的信，像拿着一块滚烫的烙铁，使爱棠叫苦不迭。地皮早已被抢购一空，一亩一分都没有了，哪里还能拿出三十亩来？

部长也知道他有难处，便给他指点迷津说，必要时可以暂停一切新的地皮买卖，甚至可以取消已与外国人成交、但还没有得到中国官府批准的地皮买卖。正在巴黎的敏体尼也隔空传话，提出同样的动议。但爱棠心里却如明镜似地敞亮，取消这样一笔交易，就意味着一个法国领事将威信扫地，他才不愿背上不讲信义、无端违约的黑锅。也只有从绝境中去继续寻觅生路。突然，他想起了一个地方——吴淞口的一块一千八百多米的地皮。这里原先为法国海军所有，但海军圈下了地皮却没有使用，至今还空着。就将它转让给皇家邮船公司！

要得罪人，也只能得罪自己人了。

他这番安顿，不料却惹得部长一阵恼火，回函训斥说，吴淞的这块地面积太小了，而且远离黄浦江边的繁华地段，怎么也不符合邮船公司的要求。部长点明要爱棠拿到董家渡黄浦江边的两公顷地皮，还特别指出，这是唯一适合于邮船公司停靠船只的地方。

可部长的美愿，只能落空了。董家渡黄浦江边的黄金地段炙手可热，还会等你蜗步踯行的法国人来拿？但爱棠知道事情的严重性，不拿出一个好地段，这一关肯定是没法过的。

爱棠急得团团转，只恨自己不是个魔术师，凭空能变出一块好地来。

万分焦急中如一道闪电划过，一个念头突然跳出脑际。濒临黄浦江、自小东门至法租界界线有一块地，那是比董家渡更优越、更值钱的地皮，一定让部长和邮船公司都会满意。只可惜那块地还不归于法租界。眼下唯一的办法，就是将法租界的边界扩展开去，强行拿下这块地皮。

爱棠没有想到，不经意间的这个举动，却使他提早踩入了领事生涯的深水区——扩展租界地。就像英美人一样，法国人在上海的雄心决不仅止于眼前的这点"领土"，将租界的边界往前推进是迟早的事。只是，提上日程原本还遥遥不知何期，却在眼下无路可走的困境中被他歪打正着，一步走出了千里外。

其难度自然更甚于向外国人口中夺粮。上海的道台已声名狼藉，不能指望他来办妥这件事，于是只得向布尔布隆求助，由法国公使说动朝廷的实权人物恭亲王，从上端层层下压。难题很快被破解，上海道台没多久便奉命贴出布告，强令地保和地主将这块地出租给法国人。

邮船公司的地皮问题一朝解决，也促成了法租界的第一次扩展——"法租界南面界线一直延伸到小东门直通黄浦江之小河沿"，靠近黄浦江的边界延伸了六百五十米，租界面积已扩大到五十九公顷。

走出山重水复而一朝进入顺境，好事就会连绵而来。原本像一张破网似的法租界，经爱棠这位代理领事一针一线地补缀、编织，开始渐渐地改观变样了。到1861年，法租界开始耸立起第一座公共建筑——洋泾浜天主堂。约在1862年中期，上海的法国人已经达到一百多人，这还不包括与这一人数差不多的法国传教士。法国商人尽管姗姗来迟，也终究络绎而至，到60年代，巴黎贴现银行分行、利名钟表行、比索内洋行等9家法国商行都已入驻法租界，经营着出口丝绸、进口巴黎化妆品和酒类等。区内也有8家瑞士和德国洋行，另外还有一些经营咖啡馆或出租带家具公寓的小商人，商业气氛已渐渐变浓。1863年初，在洋泾浜沿岸马路又设立了法国邮政局，使法租界连线遥远的法国国内，从此便可以一脉相通。

幸福也又一次向他降临：1861年他与来自塞纳河畔的维埃尔小姐步入婚礼的殿堂，收获了平生的第二次爱情。爱巢就建在领事馆的一端。在上海，又有了家的温馨与甜蜜。

收获了爱情的甜果和事业成功的喜悦，大法国领事一定是个快乐的人吧！常人都会这样推想。然而谁如果细心留意，会察觉他眉宇间隐隐流露的忧郁。其实他内心一直都很郁闷。在上海法国领事馆，他已经拥有十几年的工作履历，两次行使领事职权，却始终无法抹去刺目的"代理"两字。一直无法解开的心结，给他带来了无尽的苦恼。

很少有人能读懂他的内心，只有他自己。而他也很难猜透眼前的这道谜——上升的阻力究竟来自外交部还是驻华公使？他似乎感觉到，公使对他已不像几年前那样信任，两人间的关系变得越来越疏远。否则，在他的第二任期，敏体尼已明白无误不会再回到上海，为何依然遥遥无期地让他给别人当替身？

无处诉说。能诉说的，只有一位老同学莱塞普斯。远在巴黎的莱塞普斯，正担任着外交部领事司司长，是他们这些外派领事的直接管辖者。爱棠给莱塞普斯写了一封信，一向出言谨慎、举止稳重的他，在信中却变成了一头暴跳的狮子："……我不知道自己将在这个临时位置上待多久，这是偶然的事件把我抛落在这里的。你自己，虽然手里掌握着决定领事命运的票箱，然而对于等待着我的未来和明天，肯定也未必心中有数。我将始终以把自己残留的躯体和生命贡献给我的国家而感到幸福，但是，如果我最后的效劳要在漠不关心中消灭掉的话，我承认，我情愿休息不干！"

沉默的火山，终到了爆发的一天。

不久，事态出现了转机。是这封信打动了外交部，还是驻华公使的信任一直没有改变、怀疑只是出于爱棠的臆想，这已经无法寻获答案。总之，他的苦熬苦等，终于迎来了从名字前抹去"代理"两字的一天。只是已不在上海，而是在北方的天津。

1863 年 3 月初，新任法国驻天津领事爱棠整装北上，匆匆离开了上海。

他无声无息地走了。

上海那么多的外文报纸，几乎都没有提到他的离去。好像他似乎没有来过一样，也就无所谓是否离去。

洋 枪 啸 鸣 于 乱 世

洋枪队后来改名"常胜军"。图为"常胜军"出征前的留影。

华尔：凋落空中的"不死鸟"

中国有无数城市，却只有她——上海，能获取一副这样的"桂冠"："冒险家的乐园"。

"上海，这华洋杂处的大都会，这政出多头的大城市，这纸醉金迷的冶游场，这遍地黄金的好地方，正是冒险家的乐园。"

"大家到上海去啊，那里鱼多水又浑，正可以去大大地摸一下子。"

一本西方人写的书中，曾不无揶揄地这样说道。上海，甚至被它抬举为"世界冒险家王国的首都"。

炮制这段上海名言的时间，已是20世纪的二三十年代，而洋人冒险家在上海龙争虎斗的新闻，却远在很早前就已纷纷传扬。

1860年4月，一个西方超级冒险家闯入了上海。

这是一个未满30岁的美国流浪汉。他来自马萨诸塞州的塞勒姆，一座地处北大西洋西岸的海港城市。这里历来是海上贸易的集散地，也总有海盗出没、横行，带着从海船上劫掠所得的赃物躲进这座避风港。他在这里出生、长大，从小被这般水土滋养。出身于船主和水手世家的他，血脉中也"接受了比常人更多的咸水"。年少时，他就常在父亲的"活泼号"单桅帆船上嬉戏，11岁那年，已争得驾驶这只船的权力。15岁时他试图进入西点军事学校，却未能如愿；与一个同学一起逃离学校，准备沿铁路线步行前往对墨西哥作战的前线，也没有成功。几个月后就踏上"汉弥尔顿"号飞剪船，开始了第一次海上冒险历程。

这个"塞勒姆冒险家"，在"汉弥尔顿"号

洋枪队的大头目华尔。

135

洋枪啸鸣于乱世

上很快就崭露头角：一天船在太平洋上疾驶，他去追逐一只从甲板上飞向浪尖的花蝴蝶，竟不顾一切地凌空扑去，一头栽入了大海之中，吓得全船人都失声惊叫。升为大副后，变得像个船头暴君，不听从他指挥的人，都逃脱不了被他一顿毒打。有个年龄、块头都大他一倍的船员顶撞了他几句，就被他连头搭脑浸入冰冷刺骨的海水中，狠狠折磨了一通。

自然，"汉弥尔顿"号他已无法呆下去。

以后的传闻，更像万花筒中纷现的斑驳奇象：在纽约做过船舶掮客，在旧金山加入过采金者的行列，又去印度做过贸易生意；曾抢劫过邮车，参与过诱拐、贩运"猪仔"的勾当，也有过当强盗的重大嫌疑，成为美国政府通缉的流窜犯。他更醉心于在枪林弹雨、硝烟炮火中讨生活——曾远赴南美，参加加里波第的军事起义，又在尼加拉瓜替号称"海盗之王"的职业劫掠兵头目威廉·沃克训练组织雇佣军，梦想在墨西哥和尼加拉瓜建立一个美国人为王的国度。沃克手下的人形容这位"塞勒姆冒险家"："头长得非常结实，手脚短小，肌肉坚硬似铁，动作总是灵敏而果断"，"似乎在永无休止地活动着，一刻不停地在甲板上奔忙"。离开沃克之后，他又做过土地和废旧金属的投机商、得克萨斯别动队队员和墨西哥军队的教官，还作为法国陆军中尉参加过克里米亚战争。二十来岁还是初步人生的年龄，他却早已经历了别人也许几辈子才能经历的事，足迹已遍及世界的许多地方。

弗雷德里克·唐森特·华尔——这个美国流浪汉的名字与他的行踪一样，飘散在五洋四洲，却又会在瞬息间消逝无踪。而在中国上海，他的冒险事业却一下被推向峰巅，也从此在历史的夹缝中锁定了他的大名。

他在很小时就已知道中国。因为在他家乡塞勒姆的克劳宁希尔码头上，常年停泊着东印度公司的大商船和远航归来的快艇，附近的许多仓库里，总会堆满来自中国的丝、茶和加尔各答的棉纱、爪哇的香料。中国和印度带着无限的神秘感，早就深印在塞勒姆年轻人的心里，撩拨着他们去东方古国闯一闯的念头。华尔也一样，他曾经栖身的"汉弥尔顿"号飞剪船，就是一艘从纽约远航至香港、广州的鸦片船。那年他 16 岁，第一次踏上了中国的土地。

他更不会对上海感到陌生，1860 年之前，他至少有过 3 次登陆上海的经历：

1851 年 4 月底至 1852 年的年初，他随一艘远洋三桅船从旧金山来到上海，在停泊于黄浦江下游的一艘鸦片趸船上充当过船副；1853 年，浪迹沪上的他参加过小刀会与清军之间的战斗；1857 年，他又在上海清廷官方的"羚羊号"上当过差。这一年也即 1860 年，曾闯荡四海却依然两手空空的他第四次登陆上海滩，还带来了他的弟弟亨利·华尔。热衷于经商的弟弟，到上海不久就开办了一家华尔公司，华尔却一心想博取更大的前程，先是为黄浦江上往来行驶的外国汽轮担任引水员，继而成了一群外国浪人的头目。凭着他曾经远航世界的资历，不久，又在一艘中国缉盗船、美国造炮艇"孔夫子"号上谋得了大副一职，开始继续他的冒险生涯。

"不要提起我过去是个怎样的人，只要说我现在是个什么人。"在他生命在世的最后一年，他这样意味深长地说。

1860 年，上海的多事之秋。"长毛来了"的惊叫声呼天抢地，霎时传遍黄浦江沿岸。市内的商店纷纷关门歇业，通往郊野的大路小径上人流如织，一群群扶老携幼向乡下逃去，黄浦江上满江都是一只只挤满难民的舢板、小船，摇摇晃晃地正向远方驶去。

太平军要攻打上海的风声越来越紧。5 月头上，忠王李秀成率领的太平军已横扫清军大营，连克常州、无锡、苏州、嘉兴等江南名城，凌厉的剑芒很快直指濒临长江口的上海县城。到初夏时分，太平军南踞松江、西进青浦、北围嘉定，已占据上海十几里半径范围内的所有重要城镇。战乱将至，百姓唯一能选择的只有出逃。

平头小民并不深晓太平军打来的是非曲直，他们只盼望着"太平"而惧怕一个"军"字。战争，总是伴随着惊慌和苦难。无助的百姓，也总是战争最大的遭殃者。

其实远比百姓更惊慌的，也许还是城里的富贵人家。上海县城的头号人物，坐上上海道台宝座不到一年、屁股还没有焐热的吴煦首当其冲。这位吴大人最初是钱塘县的一个钱粮师爷，靠捐纳进入官场，滚打摸爬三十年才混上朝廷二品顶戴，成为了上海滩今日权势最显赫的大人物。他也是一个巨富官员，据一位英国记者爆料，这位"中国最富有的官员之一"名下财产有 100 万英镑，上海的英文报纸《北华捷报》也称他为"家道富有，腰缠万贯"。太平军打进城来，他拥有的一切都将危如累卵，怎不叫他丢了魂似地慌乱不迭。

吴煦的密友、上海商会会长杨坊，患着同样的心病。他早年从浙东乡下来上海闯天下，当过怡和洋行的买办，成为泰记银号老板，又花钱刚捐了个候补道的官衔，在上海滩可算是仅次于吴煦的二号人物。花团锦簇般的一切，难道眼睁睁地看着被战火吞没？

心慌意乱，却又无计可施。

忽然一天，泰记银号走进一个一头厚密黑发垂肩的年轻洋人，杨坊细细一番打量：不过 20 出头的年纪，身材稍嫌瘦小，却显得刚勇、结实，一双深褐色的眼珠和宽大的下巴中透出几分老成，浑身则散发出一股似豪强似武士的剽悍气息。两人一通交谈，杨坊便从惊疑转为狂喜——日夜盼救星，救星原来正从天而降。

这人就是那艘"孔夫子"号上新来的大副、美国人华尔。

一席话，说到了杨坊心里。这位"孔夫子"号大副献计说，只要官府愿意慷慨解囊，他就可以用最短的时间招募、训练出一支外国人武装。并信誓旦旦地保证，一定能将太平军打垮，力保上海滩和大人们的平安。

在"孔夫子"号上混了不到一个月，华尔就已感到浑身不自在。他不甘于被困锁在江流河道、船头甲板上，一直寻机想上岸搅腾一番，打出自己的一方天地。动乱时世给百姓带来的灾祸和惊恐，却是亡命之徒耳中最动听的福音。太平军兵临上海使百姓骚动、官衙惊慌、外侨焦灼，却让华尔看到了他的出头之日。一番费尽脑汁的苦思，使他想出了这出妙招：用一支洋人武装的代价来改变自己的命运。

踏进官府衙门，他两眼摸黑，几乎鬼都不认识一个，但这条"孔夫子"号却能成为他上岸的跳板。原来这"孔夫子"号属上海银钱业协会所有，他们购美制炮艇、雇洋人水手，是用来震慑、防范长江下游四处出没劫掠钱商的强盗，泰记银号老板杨坊正是这条船的主人之一。他看准杨坊是成就他梦想的关键，就托"孔夫子"号的舰长高夫给他穿针引线，一来二回就拉上了这层关系。

杨坊拉扯着华尔，直奔大东门的道台衙门，去拜见吴煦，道台大人顿时如释重负，笑得两眼只留下一条缝。他早就在打洋鬼子的主意，盘算让租界洋人出兵当他的"保护神"，眼下这年轻勇武的美国人不请自来，不啻是天兵天将下凡搭救他了。华尔、杨坊、吴煦——一个由官、商、兵怪异结合的三角关系，一个由中国人出钱、外国人卖命形成奇异组合的军事同盟，就在这一时油然纠合成一团。

　　只是，久经世事的老江湖吴煦还不免心存疑意，不知这年轻洋鬼子是否真有这般能耐，能即刻拉出一支洋人武装，打败凶猛如魔鬼的长毛军。疑惑写在他的脸上，早被华尔一眼已察觉出来。他心中只是暗笑，并不忙着解释，回去后就以事实来证明自己：6月初得到吴煦、杨坊的授权，不出半个月时间，一支三百来人的洋枪队便已经啸聚申城，像模像样地等待着开赴前线。

　　这对于华尔，其实并不是一件难事。因为他早已摸清了上海滩洋人的"家底"。上海开埠虽然不到 20 年，却早有各国洋人摩肩接踵地蜂拥而来。到 1860年这一年，仅是欧美两洲侨居上海的外国人就已达三千多人，更不用说，还有更多的洋人包括各国驻军和数量超过常住人口的世界各地水手、流浪汉，以及每天停泊在黄浦江上的三百多艘外轮装运来沪的外籍游民。在这样一个人种大拼盘中，有华尔可以取之不尽的兵源，他知道，只需有金钱魔杖指点，拉一支洋人武装还不是小菜一碟。

　　果然登高一呼，应者如云。各国商船上的水手、英法美军舰上的逃兵、落魄的洋人流浪汉纷纷应声而来，组成了这支 300 人的洋枪队、一个大拼盘。按照人种的等级，一些欧美军人被封为军官，为数众多的东南亚水手则充当士兵，其中就有约 100 名菲律宾水手。华尔和他的同胞、一样热衷于冒险的北卡罗来纳州人亨利·白齐文担当洋枪队的正副统领。兵员到位后，就被拉到上海西面十几里外一个村庄——广富林的训练营里，开始整训备战，进入军人角色。

　　匆忙凑合的这支队伍，一眼看去也真不堪观瞻，队伍中不乏兵痞、酒鬼、码头流氓，装束也各不一样，从破烂的便衣、穿旧了的水兵服到一身齐整、洁白的海军军装，五花八门的什么都有，被人掩嘴偷笑，这不是活脱脱一个赴乡村巡回演出的马戏团吗？华尔对自己的穿戴，也颇费了一番心思：穿上一件深蓝色高领紧身长褂，黑裤，白衬衫，戴一顶平顶便帽，还将头颈里的黑色宽领带打成蝴蝶形松结。手中不拿武器，却总是握着一根短藤杖，风度翩然，却又有几分滑稽相——以后每上战场指挥作战，手里也从不离开这根藤杖。

匆匆建成，又匆匆出战。洋枪队的上阵第一仗，就去攻打距上海30英里的松江府。一群乌合之众遭遇身经百战、严阵以待的太平军，结果早已在意料之中——被太平军猛烈炮火的一阵痛击，不堪一击的洋枪队便溃败四散，一仗下来，足有九十多人被击毙，一百多人受伤，狼狈得够可以。

舆论顿时哗然：什么洋枪队，是豆腐做的吗？怎么如此经不起打？

吴煦、杨坊也一片黯然。但还是答应再给他一个机会。

铩羽而归的华尔一声不吭，只管闷着头猛抽雪茄。但华尔与生俱有的禀性，注定他是绝不轻易服输的。有过多少年闯荡四海经历的他，早已尝尽失败、蒙羞的滋味，也早就习惯于山穷水尽后的从头再起。松江之战失败后，他已看出太平军勇武威猛，敢打也善战，不是随便好对付的，于是下狠心对这支烂水手、穷兵痞的队伍进行一番整肃。他开掉了一批烂兵废物，招募进一帮以不怕死著称的菲律宾浪人和争勇斗狠的纳维亚水手，将队伍也一下扩充至五、六百人，还聘来几个正宗的英、法、美海军军官当教官训练他们。同时更新装备，在各国武器贩子云集的上海，从良莠不齐的武器堆里专挑最先进的武器来装备洋枪队，比如美制夏普后膛步枪、德制德莱塞撞针步枪和美制寇尔特左轮手枪等等，还购置了十几门重炮和桶装炸药、臭瓦罐、弯刀，以及攀登城墙的云梯、渡过堑壕的便筏等。他给部下订立的纪律也更苛刻、严厉，新兵稍有点过错就会受体罚或监禁，行为特别出格的，甚至毫不留情被押上刑场枪决。

刚整训好队伍，出头的机会说来就来。7月中旬传来一份密报，驻守松江的太平军主力已向上海开拔，松江城内只有一些老弱伤残兵员和家眷在留守，正空虚得很。于是迅速调集队伍，连夜率兵去偷袭松江府，数百绿营清军也一起配合助阵。在浓雾和夜色的掩护下，洋枪队以几十门大炮猛轰城门，将一桶桶炸药堆放在内城河前引爆，一个晚上强攻，便夺下了这座有长达四英里城墙的大城。留守的太平军被逼弃城，纷纷逃往金山。夺下松江后，华尔就在城中孔庙附近建立起洋枪队的大本营，又在城外挖壕筑垒、设兵布防，准备长期驻守松江城。他庆幸有上帝保佑，让他在这里可以建一个小小独立王国，远离租界当局干涉，又不受清廷辖制，他华尔就可号令一方、随心所为。

松江之战给华尔挽回了面子，洋枪队的声望，一下从谷底飙升至峰巅。传到上海城内，甚至被描画成"五百洋兵打败十万太平军"，说得比神话还神。事情被不断夸大，传得越来越离奇。道台大人也大为兴奋，按照原先订立的契约，一下赏给了华尔3万两银子。"英雄"凯旋，吸引许多人前来投奔洋枪队，队伍又一下扩大了好几倍，变得更是兵强马壮、炙手可热。

但神话并没有延续。因为表面的风光，仍难以掩盖这支队伍的虚弱，缺乏训练、军纪涣散的洋枪队，其实根本不是李秀成太平军的对手。尽管经过了几次整训，洋枪队却仍然常常是醉醺醺的，而且永远是秩序混乱的。偶或打几个胜仗，也无非就靠突然袭击和手中有西方武器的这点优势。所以华尔打仗，没能力硬拼而只能靠巧取，总是先夺取一个没有防备的城门，制造大规模的混乱，然后趁敌人惊慌失措、尚未组织起防御时，从另一个城门将他们赶出去，向来就如此。

因而，在短暂幸运之后的厄运不断，也就不足为怪。7月底攻打青浦一战，洋枪队有大队清兵配合、二百多艘哨船助阵，但面对太平军的万人劲旅、坚垒固堡，却只能被打得灰头土脸，片刻间队伍就已经折损过半。激烈交战中，华尔也被一粒子弹击中左下颚又从右颊穿出，鲜血直注、疼痛难熬。仗，没法再打下去，只得带着残部狼狈地逃回兵营。

这之后，又对青浦组织发动了几次进攻，都一次次地被太平军打退。乘胜发起反攻的太平军将松江城团团围住，洋枪队反倒成了瓮中之鳖，顿时军心大乱。围城内的统帅华尔，也已乱了方寸，不仅为战局的成败，更是为他自己身上的伤势——中弹的脸颊上，伤势一天天在恶化，倘若不尽快出城去医治，或许小命都将难保。

一个月淡星稀的夜晚，他开始悄然行动了。趁夜深围兵松懈之时，两个美国军官蹑手蹑脚地扶拥着华尔来到城头上，抓着绳子沿城墙缒下，一起偷偷溜出了城外。出城后，他们又躲过太平军的巡逻队，将华尔送上一只顺流而下的舢板，一直漂流至上海，才松下一口气。到上海后，一边在医院治枪伤、一边又患上疟疾的华尔，一直高烧不退，话都说不动人更动弹不得，接连几个月都辗转缠绵于病床上。"英雄"忽然成了病夫，平日的威风豪气已倏然不再。

在这之后，华尔如人间蒸发一般，不知去了哪里——有说在一个美国人家里养伤，有说已回美国去了，甚至也有人说他已经病死。没有华尔的洋枪队，也就只能作鸟兽散。直至大半年后的 1861 年 4 月，华尔才又重新出现，回到松江再度招兵买马，组织了一支被称为"上海洋人团"的新的洋枪队。由大约 80 名洋人组成的这支队伍，成员中包括有英国人、美国人、丹麦人、挪威人等。他不会轻易退出江湖，还想靠这支队伍和这一点本钱，图谋东山再起。

但他还没有走出"霉"雨季节。当他走出病房时，厄运再次降临，等待着他的却是铁窗班房。

这班房是属于租界英国当局的。

英国人对华尔的嫉恨，已深埋很久。在华尔攻下松江回沪出尽风头那时，英国驻上海公使卜鲁斯，以及来自香港的海军中将何伯就已浑身不自在。一支全由洋人组成的武装，怎么可由中国人来掌控、为中国人效力？这本就已犯了大忌，现在又大举扩军、大肆宣扬，神气十足，使英国当局的愤懑和不安更是横增百倍。在对待太平军问题上，英国那时还在玩"严格中立"的游戏，不愿被洋枪队一阵搅扰而过早激怒太平军。而洋枪队不识好歹，偏又招徕、收留了不少英国舰队的逃兵，更超出了英国人能容忍的底线。而且若让美国佬华尔一旦在上海坐大，助长美国人的嚣张气焰，就将削弱英国在上海一方独大的优势，这也绝对是英国当局不愿看到的结果。

这时，洋人的最大喉舌《北华捷报》，也在抱怨华尔部下"无视一切法律"的劫掠行径。就连美国领事，都在百般阻止美国人加入中国军队。卜鲁斯、何伯看出让洋枪队彻底消失的时机已到，就联名致信吴煦的上司——江苏巡抚兼通商大臣薛焕，逼迫清政府将洋枪队赶快解散了事。

官司一直打到朝廷，朝廷也顾忌洋人掌控清朝的军队，颁令对洋枪队不予认可，应尽快遣散。但耗心破财已付出这么多的吴煦、杨坊，仍不甘心让这一切付之东流，只想着设法蒙混过去。他们先采用"障眼法"，宣称这些外国雇佣兵只是"为剿灭海盗而雇的"，继而又写信给外国领事，"瞒天过海"地宣布海盗已被消灭，雇佣的外国人"现已全部解雇了"。暗中却继续资助洋枪队，拼命为华尔鼓气，一个劲地怂恿他们打更大规模的仗。他们想得很美：将太平军打败、生米煮成了熟饭，还容有谁再说个不字？

但欺瞒总有露馅的一朝。洋枪队还在四处活动的消息，很快已传入英国当局的耳朵里，气得英国佬牙根发痒。华尔走出医院不久，1861 年 5 月，英国军方就愤然发出缉捕令，勒令要将他抓捕然后打入深牢。华尔只得东躲西藏，如惊弓之鸟般整天惶惶不安。

抓捕华尔，英方还是费了很大的劲，因为华尔一直有清朝官方为他打掩护、当他的保护伞。每次，一旦英国炮舰靠近华尔躲藏的地方，清军哨兵就会立即给他暗通消息，让他赶快溜走；还故意提供了许多假情报、放出假消息，将英军的搜索队引得团团转，两手空空地白忙一场。

但何伯已布下天罗地网，华尔终究难逃一劫。功劳最终归于英国海军"紧急"号船长海尔，是他带人抓住了华尔。人一被抓获，就给华尔扣上破坏美国对中国内战所宣布的中立立场、非法引诱招募英国逃兵等种种罪名，将他押到美国领事馆受审，准备处以重刑。弄得华尔的"娘家人"美国领事十分棘手，尴尬、难堪之极。

走上领事裁判公堂的华尔，依然昂着头不愿屈服。一会他说自己是美国人，一会又改口说是墨西哥人，故意设置审判的障碍，拖延时间，想等待吴煦、杨坊他们来给他解围。他果然等来了杨坊派出的手下。公堂上，杨坊手下当堂宣读了盖有江苏巡抚官印的公文，声称，华尔早已要求放弃原美国国籍而加入中国国籍，现在已奏明皇上批准，并由两江总督转来朝廷军机处谕令。华尔心领神会，一下气壮如牛地呼应说，我已是大清帝国的臣民，可以不受美国法律的约束；赶快放我走，你们不应该也没资格审判我。

形势急转直下。临时法庭上一片愕然。明知这是临时做的手脚，是偷梁换柱的把戏，但朝廷的谕令白纸黑字摆在面前，不承认也得承认。被事态的突然逆转弄得目瞪口呆的英国代表，只得接受眼前的事实，将审判停下。华尔大摇大摆地走出了领馆。

吴煦他们毕竟老辣，早就预料会出现这样的结果，因而已早早准备了这套应对之策。

但美领馆门口，也早就守候着一队虎视眈眈的英国士兵，华尔一走出美领馆，英国兵便蜂拥而上，再次将他逮住。不容分说，给他戴上了镣铐，推推搡搡地押往停泊在南京路口外滩江面上的英军旗舰"切萨斯比克"号。

魔高一尺，道高一丈，堂堂英军海国中将何伯，能轻易被糊弄的吗？你要玩计谋手段，他索性使出一手硬招，让华尔不知所措，连杨坊的手下也束手无策，只能眼睁睁地看着华尔被押走了。

华尔又变成了阶下囚，等候着最终的裁决。

但他是依然不会屈服的。船头甲板上，他又在进行一场斗智斗勇的博弈。华尔暗中联络岸上的同伙，已密谋策划了一个铤而走险的计划。一天夜深月阑，风急浪涌，"切萨斯比克"号上突然响起一声呼叫："有人落水了！"忽见一个黑影从舱房窗口飞闪而出，纵身跃入了滔滔江水中。这黑影就是"囚徒"华尔。这位资深水手早已练就一身泅渡好本领，踏波驾浪，很顺利地登上前来接应的舢板，然后从浦东上岸直奔松江大本营。挣脱捆绑的苍龙，还想继续呼风唤雨呢。

一息是刀光剑影，一息又会光风霁月，政治天空的变幻莫测，其实就与自然界一样。

千变万化，都基于一个根源——利益而已。当利益发生冲突，各方就会舍身拼斗；而如果利益一致，就又会同舟共寝、沆瀣一气。

英国人不愿轻易惹怒太平军，不是胆怯也并非对"长毛"留情，而自有他们的盘算。1860 年 7 月华尔发兵攻打松江太平军营地之时，在北方的大沽口和天津卫，发动第二次鸦片战争的英法联军正与清军打得不可开交，偏偏这时，在英国势力的老巢上海，突然冒出一支为清廷拼杀冲刺的外国武装，叫英国人怎么不百般恼火。这年 10 月，英法联军打败清军从北京得胜回朝，就想着如何巩固、扩大战果，更不希望上海这个根据地、大后方、最大的开放口岸变成中国一场内战火併的战场。翌年 2 月，英国当局就派出驻华海军司令何伯和代理驻沪领事巴夏礼乘军舰从上海出发，沿长江西上到达南京，与太平天国进行了 5 天谈判。英国以重申"中立"立场的筹码，换取了太平军不进入上海周围 100 里以内地区的保证。

何伯、巴夏礼保持"中立"的话音未落，华尔却又在一次次偷袭太平军营地，不断地挑起战事，在何伯眼里，这岂不是存心给大英帝国捣乱？

忍无可忍，何伯不得不拿华尔开刀。

但时势的瞬息万变，常常出人意料。华尔跳江逃脱后没隔多久，又登上了"切萨斯比克"号军舰。昨日的阶下囚，忽然变成了座上宾。

因为此时何伯已改变了主意。南京会谈之后的太平军，已越来越不能被何伯所容忍：太平军信奉宣扬的"拜上帝教"，在何伯看来纯粹是对上帝的亵渎；太平军公然反对贩卖鸦片，也是对西方人在华权益的蔑视与挑战；太平军答应不进攻上海原有设定的期限，只到1861年年底为止，这让何伯意识到战争的危机根本没有消除，用"中立"之类的甜言蜜语稳住太平军终将变成徒劳，兵戎相见是迟早的事。他开始看到了华尔的"激进"对于西方人的价值。

华尔带着他的两名心腹，春风得意地登上船头，劈面就见何伯司令满脸笑容地正向他迎来。看司令的脸色，华尔知道好机会又将降临，就很得体地送上一份见面礼——保证不再收纳在役英军官兵，今后的洋枪队将以中国兵勇为主力，也将是英法联军的忠诚同盟。趁一团火热之时，他又不失时机地向何伯提出，让英军在装备上支持洋枪队。心情大好的何伯一口答应下来，还勉励华尔只管去"放手大干"，英法联军一定做他的强大后盾。

从仇家变成同盟，蜜月期就从船头开始。但一场突变，却又打破了刚刚缔结的友谊。船头会面后不久，万里外的大西洋上传出消息，英、美两国已反目成仇。导火索是一个"特伦特"号事件——美国南北战争的一个小插曲。美国北方政府一次派出战舰飞驶巴哈马海峡，拦截英国的皇家邮轮"特伦特"号，武力扣押了船上的两位南方代表。消息传开，被激怒的英国人迅疾组织八千人精锐部队，准备向美国开战，而美国也一样沉浸在战争的狂热中。大西洋上空战云密布，战争一触即发。已经与世界息息相通的上海，世界一阵风，便起三尺浪，黄浦滩上霎时也一片风声鹤唳。据传，英国何伯将军已拟定计划，准备在上海没收所有美商财产，逮捕、监禁所有的美国侨民。美国佬华尔，也已发誓与何伯决一死战，准备炸毁黄浦江上的"切萨斯比克"号，袭击停泊在上海港的英国商船。

洋枪啸鸣于乱世

1848 年，英国下院的会议上，曾飘荡着何伯的前辈帕默斯顿勋爵的一番话：没有永远的盟友，也没有永远的敌人，只有永远的利益。

这话，在黄浦滩头又得到了证实。

好在有惊无险。美国总统林肯最终宣布放弃战争，向英国政府表达歉意，同时释放了这两个南方代表。一场风波瞬息消散。

箭拔弩张的华尔与何伯又化敌为友，再度携起手来。刚中断了的蜜月期又将继续。

按照原先对何伯作出的承诺，华尔开始重组洋枪队。他将队里的兵员尽数改换成华人，外籍军事人员只充任军官、教练和示范兵。这些中国兵都经过他亲手严格选拔，选拔中他特别严守一条底线，决不让一个鸦片鬼混入军营——在鸦片趸船上混迹过的华尔，深知鸦片会带来的严重后果。选拔面试时，他会先直愣愣地盯住对方，一会又冷不防地对他一顿猛打猛踢，只有经受得住这番冷酷考验、吓不退的人，才有希望被最终录用。继而设立"教练局"，对选入军营的中国兵进行全套西式训练，连发布军令也都用的是英语，为此还专门开班从最简单的口语教起。随后又第一次采用美国联邦军军号，还缝制了洋枪队特有的军旗，在一块很大的长方形布上缀一个中文"华"字，用它来显示军威、凝聚军心。

为了迷惑太平军，让他们相信自己的对手是欧洲部队，还让这些中国兵都穿上欧式军服和皮靴。衣服式样四季变换，夏天穿白颜色军服、镶红绦子的短上衣和裤子；冬天的军服有蓝色或绿色的，镶有红或绿的绦子和肩章，根据兵种而各不相同；炮兵的裤子则在两侧镶有一条宽阔的红滚边。穿着这样杂色半欧式军服的中国兵，从此也就有了一个共同的雅号——"假洋鬼子"。

多年行伍生涯，使华尔早已摸透对士兵的驾驭之道。在训练场上，作为最高指挥官的他脸色铁板，一丝不苟，毫不留情，但当训练一结束，他又会慷慨大方地搬出一箱箱香槟酒，让兵士们开怀畅饮，毫无约束地放浪一番。他给兵士们开出的薪饷竟高出清兵 5 倍，有这样的高薪酬当强心针，他不愁兵士们不为他卖命。

到 1862 年，洋枪队的领饷官兵已扩充至六千五百余名，加上辅助人员已超过 12000 名。队伍大大扩充，主力包括一个来复枪团、五个步兵团、几个狙击兵连，同时麾下既有内河舰队、运输船队，又有工兵队、兵工厂和军事医院。武器装备也大有改观，配备了37门每门常备500发炮弹的各种火炮，来复枪能发射当时世界上最先进的尖圆子弹，还增添了野战桥、野战炮架、铁甲汽轮等供作战用的机动设备。加上何伯已经答应让华尔从香港英国皇家兵工厂采购的野战炮、新式来复枪和五千支短枪等，这样的装备实力，在中国军队内已无人可与之比肩。

中国境内，由此有了一支独一无二的华人洋枪队。有人估价说，华尔洋枪队的战斗力已相当于欧美正规军的一个混成旅，无疑是"那时全中国最强大的"军队。

整个1861年的夏天，华尔都在松江城内组织、训练这支华人洋枪队。洋枪队的军营散布在城内城隍庙、罗神殿等处，每天，美国联邦军的军号声和兵士冲杀的呐喊声从各处传出，威壮肃然，令人胆寒。

华尔的洋枪队像一只"不死鸟"，又从声名狼藉的"洋人团"灰烬中飞了起来。

1862年元旦刚过，"长毛军"再度屯兵压境，笼罩上海的风声鹤唳又一次成为华尔的福音，而且这一次更显得高亢、嘹亮。

因为，华尔的老对头英法当局，这时不再遮遮掩掩地打"中立"的幌子，而已经凶相毕露、杀机四起。1月12日，在英国领事馆召开的上海中外会防会议上，英国领事、英国驻华海军司令、英租界义勇军司令、法国驻沪领事和上海道台等一起议定了7条《防剿事宜》，决定设立"洋泾浜保卫会所"，誓与进犯上海的太平军决一死战。洋枪队毫无争议地成为了打击太平军的先锋。

上海道台自作主张作出的"借师助剿"之计，也开始取得朝廷的合法认可，华尔从清军中的"私生子"一下变成了朝廷的宠儿，顿时气焰熏天。而且，清廷两宫还谕令两江总督曾国藩，飞催曾国荃督带老湘勇八千人火速援救上海，使华尔更是胆气大壮。

英法联军、华尔洋枪队、大清朝廷和地方官上海道台，原本同床异梦、相互羁绊抵牾的各方，这时已结成了臭味相投、铁板一块的"神圣同盟"。

李秀成率领的忠王大军，却一如往日一样地来势勇猛。一支先头部队先是轻取租界对岸的浦东，继而又在浦东洋泾镇陈家港伏击前来偷袭高桥的松江府海防民团，打得松江民团损兵折将达一千人、大败而归。随后太平军浩浩荡荡进至吴淞，迅速形成对上海的合围之势。然而老天不帮忙，忽然而至的一场大雪从腊月一直下到新春，港湾、河浜、道路都被冰雪覆盖，太平军的后援受困不前，合围计划也随之落空。各路太平军被斩断联络、失去照应，只能各自分散行动，正好给了洋枪队和清军各个击破的机会。在松江城北5里外的迎祺浜，华尔洋枪队和大队清军合力阻击一支踏着泥泞冒雪前进、疲惫不堪的太平军，3000人的队伍被打得七零八散，死伤无数，残部只得往天马山和辰山逃逸。两天之后，在天马山附近，从杭州前来增援的太平军大队人马又落入华尔布下的火力网中，近万人的队伍及七百余号船只顿现溃散之态，大量船只被击沉在河道中，乘船的太平军兵士大半被淹死在冰水里。再度出山的洋枪队，接连重创太平军，顿时士气大振。

　　一边是兵败后的哀怨消沉，一边是得胜后的欢呼报捷，这是每场大战、恶战后的恒定一幕。这一阵的欢呼声，似乎总属于华尔的洋枪队。对洋枪队一向冷眼相视的朝廷，也被它的战绩撩拨得脑门发热，于是一纸圣旨飞传上海，将洋枪队钦定为"常胜军"。"洋枪队"进入了升级换代的新时期。

　　顶着"常胜军"光环的华尔，愈加气势如虹，在硝烟战火中不断累积着"常胜"的资本。

　　2月21日的高桥之战，是中外会防会议后的第一次会防之战，华尔更想在联军面前炫耀一番自己。当天凌晨，由他率领的560名"常胜军"与五百多名英法联军分乘9艘炮船、轮船，趁着尚未散去的夜色掩护直驶高桥天灯港口。高桥是太平军东线的大本营，在这里驻军一个月中，太平军又招收了当地几千新兵，正打算在2月24日这天从浦东东线、嘉定北线发起对上海的总攻击，不料这时突遭袭击，一时懵然不知所措，瞬息便有几十人当场战死。打头阵的"常胜军"趁势直扑高桥镇太平军指挥部，太平军猛然反应过来急起反击，一场恶仗顿时打得昏天黑地，华尔的副手美国人白齐文也在战乱中被砍伤左臂，鲜血直流。战斗从上午8时一直打到下午2时半，太平军终究抵挡不住联军7门新式大炮的狂轰猛炸，只得放弃高桥大本营。总攻上海的计划也就化为泡影。

　　联军、清军、"常胜军"三军联合作战，每每由"常胜军"打头阵而出尽风头。3月初三军联合进攻奉贤肖塘镇，仅鏖战一个小时，就将太平军打得阵亡达千人、被俘300人，逼使太平军只得退往南桥。春夏之交攻打周浦的太平军七宝营垒，与慕王谭绍光部四千余人展开激战，结果太平军战死600人、被俘300人，大败而散。随后进攻嘉定，华尔又率部1500人打先锋，一战告终，守城太平军数百人葬身炮火中，只得弃城而逃。从4月底开始，"常胜军"配合英法联军接连攻下南翔、嘉定、青浦、南桥、柘林、奉贤等地，将上海周边大大小小十几个城镇尽收于囊中，一时气焰高涨至极，"常胜军"的名号也被叫得愈加响亮。

虽然联军、"常胜军"都付出了惨重的代价：英国海军司令何伯被枪弹打伤；法国提督、五星上将卜鲁德被击毙于南桥镇西；"常胜军"副首领法尔思德被太平军生擒；联军、"常胜军"不断有兵士丧命沙场……但中外会防钢箍铁桶般的强大阻击，加上天京告急、洪秀全严诏忠王大军回师救援，使李秀成终究功亏一篑，三次攻打上海都未能如愿，只得与上海城擦肩而过。

胜利者的一方，华尔成了最显赫的功臣，也是收益最丰厚的大赢家。

踩踏着太平军战士的尸骨、血污和亡灵，华尔也得到了他所想要得到的一切——

1862年3月，在炮火声中迎来了他的人生大喜。迎娶的新娘，即是杨坊的女儿杨彰美。婚礼采用中国礼仪，新郎官华尔骑着高头大马、身穿清朝官服走进外滩苏州河边的礼查饭店，在跳舞厅内拜天地、揭盖头，煞是热闹了一番。婚礼上中外来宾云集，连上海道台、各国领事、各路买办大班也络绎前来贺喜、捧场，空前盛况轰动了上海滩。抱得美人归之外，华尔也抱得了岳父大人给爱女的豪华嫁妆——法租界内的一座漂亮洋房。

官运也随桃花运同来。"常胜军"的屡战屡胜，使江苏巡抚薛焕格外高看华尔，经向皇上奏请批准，华尔很快就被授予四品顶戴花翎、副将衔，戴上蓝顶子官帽，穿起胸前绣着老虎的官服，俨然是一员朝廷重将。

当初一贫如洗的流浪汉、穷瘪三，如今俨然富如大亨阔佬，过上了纸醉金迷的生活。在法租界的"华公馆"洋楼里，由成群的马尼拉亲兵护卫，有众多仆役、女佣服侍，能悠然地品尝香甜葡萄酒，使他恍然如在梦中。给亲友的信中他不由感叹说，有好长时间他都不敢相信这竟是真的。

数不尽的金钱、财宝也在哗哗地流入他的囊中。一位美国记者曾估算，华尔领衔"常胜军"作战，光攻城得到的赏银一项就达十三万之巨。每次战斗结束，经他的纵容，部下都会大肆抢掠，劫得的金银、珠宝、锦缎、皮货也会最先落入他的手中。武夫华尔也是生意人，戎马生涯之余，他与那位气味相投的岳丈、泰记老板杨坊还合伙经商，一边伙同其他商号一起做投机买卖，一边翁婿俩联名购置了两艘美制军舰、包租了几条炮艇，借战争需要船只，租船给政府大发"战争财"。一次给弟弟亨利·华尔的信中，他就自我"招供"说，光一条"马丁·怀特"号"航行河上，像大家所讲的那样飞快地赚钱"，"每月为我净赚4000到5000两白银"。亨利·华尔给官衙充当"购买代理商"采购"战争物资"，也捞取了不少油水。

一个冒险家的成功所得，也许莫过于此，华尔无疑创造了又一个"上海奇迹"。然而世事难料，祸福相伏，登临高山之巅，往前一步即是万丈深渊，这样的简单常识却总是被人生得意者所忽略或漠视，因而只能等着收拾苦果。华尔也逃不出这个"人生陷阱"。

光鲜灿亮的背后，早有云霾暗涌的征兆。5月底6月初在松江、青浦的接连受挫，就使"常胜军"的不败神话受到了嘲弄。那时李秀成调集数万精锐部队第三次进攻上海，从天京出发后，太平军一路扫平太仓至嘉定一线的清军几十座营盘，继而又攻下嘉定、青浦，长驱直入上海外围的法华镇、徐家汇、老闸桥附近，直逼上海县城和租界。太平军攻势凌厉，"常胜军"却屡战屡败。先是华尔的大本营松江遭到围困，李秀成亲自督军攻占城外土山高地、修筑炮台，形成居高临下之势，又占领通往上海的要隘泗泾，切断华尔的退路，并搭设云梯攀登城墙，在近战中杀死杀伤大批"常胜军"兵士，使华尔困守城内一筹莫展。要不是何伯率一队英国水兵及时赶到，还不知华尔最终的下场会如何。继而青浦县城又被攻破，遭到重创的"常胜军"只得弃城而逃，1500人的守军只逃出三百来人，华尔的副手、守将法尔思德也在这次活活成了太平军的俘虏。

华尔并未意识到前路的诡异，还在"常胜"的光环下洋洋自得。

走向深渊，却是在上海之外。

1862 年 4 月，新任江苏巡抚李鸿章衔朝廷之命，率领淮军子弟兵到达上海。6 月底，李秀成的太平军撤离上海，战争警报解除，租界的洋人大佬们尽可以缓一口气。但李鸿章却不能歇息，因为他负有的使命不仅是保卫上海，还要将太平军彻底剿灭。上海战事一旦平息，他就又马不停蹄杀向李秀成的老巢苏州。为在战争中控制南下水路，华尔的"常胜军"被派往邻省浙江，与北上的李鸿章逆向而行，去肃清通商口岸宁波周围的太平军。

宁波城刚经历过一场腥风血雨。9 月 18 日，华尔乘坐英国军舰"恩康脱"号到达宁波时，才知道太平军不敌英法舰队的大炮轰击，已撤往几十里外的余姚，于是华尔的船又向余姚驶去。在余姚，经历了一场死伤惨重的混战后，"常胜军"又开拔东进，筹划次日的慈溪之战。

华尔依然乘船而去，但已经将来时的船更换了。因为从余姚通向慈溪的运河水位太低，无法容大型军舰通行，华尔只好换乘一艘吃水较浅的船——小炮舰"孔夫子"号。这无意间造成的小小改变，却似又暗合着什么。华尔初至上海，这艘"孔夫子"号就是他的第一个驿站，在船上虽然并无惊天作为，但他以后的飞黄腾达，却正是从"孔夫子"号船长引见杨坊开始的。因而可以说，"孔夫子"号是他幸运生涯的起点。现在重登"孔夫子号"，在船头的前方，不知命运之神又将给他带来什么。

第二天清晨，秋雨连绵，天色一片昏暗，不远处被掩映在浓雾之中的慈溪城，正弥漫着虚无缥缈的诡秘气息。这诡秘的浓雾，对于走向慈溪之战的华尔，不知又将暗示着什么。

炮声轰然而起，攻城战役开始，华尔指挥着"常胜军"兵勇冒着硝烟向西门冲去。一如往常的战斗那样，只见他手里挥动藤杖，口中衔着雪茄，依然是那样从容自信。队伍正快速逼近护城河，突然华尔停住了脚步，不再往前走动。

对面射出的一颗子弹击中了他的腹部，顿时鲜血直流。随之颓然倒下了。

在一片慌乱中，他被送往停泊在宁波附近一艘"勇敢"号军舰上急救。处在昏迷中的华尔，也许受本能的支配，总在念念叨叨地数说着他拥有的巨额财产。告诉身边的人，他在泰记银号里存着多少多少银两，嘱咐他们以后该如何如何安排。

顷刻间他已经意识到，他用冒险生涯出生入死披心沥血挣来的再多的金钱、财宝，都已经不属于他了。

一文不名来到上海的他，所有积攒的财富都取之于中国，但他并不愿意把这一切留给中国人，尽管他娶了中国人做老婆，也一直在为中国人打中国人。他的头脑既是迷糊也是清醒的，所以在他留下的遗嘱中，除了要将这些财富分给自己的美国亲族外，特别叮咛要捐献给美国政府1万两银子。这1万两银子，为他博得了在故国的声誉："无论自我流放、外国服役，还是充满惊涛骇浪的生活，都无法熄灭这位共和国的海外赤子心中燃烧的爱国热情。"美国驻华公使蒲安臣给总统写信时，对华尔这样评价说。但他却忘记或故意忽略了一个细节：这个美国的"海外赤子"，曾经也是美国政府下令通缉的流窜犯。

一天后，华尔死在"勇敢"号军舰上，尸体仍由炮艇"孔夫子"号运回松江。曾经的"不死鸟"，却被一粒子弹终结了飞翔的历程。

华尔的墓地选在松江城内孔庙附近的玉皇阁北。念他镇压太平军有功，上海衙门为他举行了隆重的葬礼。多年后，又为华尔建造了松江祠堂，也很隆重地举办供奉典礼热闹了一番。但祠堂很快变得冷清衰败，以后几十年便一直是乞丐的栖身之所。时过境迁，曾经在上海滩名噪一时的华尔早已被人遗忘，那墓地、那祠堂则都已成为一片废墟。毫无悬念，一生经历如此的他，也就只能得到这样的结果。

白齐文："龙旗兵"后代梦碎一地

华尔的溘然死去，却激活、唤醒了许多人的酣梦。在华尔时代一向默然以对的外交使节们，突然兴致异常，都在关切由谁来填补华尔的空缺。法国人一心想取而代之，俄国人凭借它的海军优势也想插一足，英国的驻华陆军司令士迪佛立则直白地放话给中国朝廷：就上海防务必须采取什么步骤，"我们是最好的判断者"。而当然的继承者美国人当然不肯相让，美国人的位子就应当由美国人来继承。

"常胜军"军营内的争权斗争，也一样暗潮汹涌。原华尔下面的两个副手白齐文和法尔思德，都为自己能替代华尔而奔走忙乎着。此时白齐文正率领3000士兵驻守在松江，法尔思德则在浙江指挥着约1500人的军队。白齐文原本是"常胜军"的二把手和创始人之一，华尔去世，他认为由他继承接班是理所当然、不容怀疑的，华尔死去后还不到一周，他就已当仁不让地揽下了"常胜军"的帅印，兴冲冲地写信告诉美国驻上海领事："我有幸通知您由于陆军少将华尔去世，这支屯于松江、宁波的清军已移交给我，我将作为高级军官在本省当局指挥下行动。"但同样是美国人、副统领的法尔思德却并不买他的账，暗中正在给他设羁绊、埋暗坑。

一个说不上怎么复杂、一纸任命书就能了结的问题，因为牵动列强各方在华瓜分"蛋糕"的多少，你争我抢、明争暗斗，就变得乱麻一般地难分难解。

既然"常胜军"原本就是中国军队，也许最简单的办法，是由中国的指挥官来统率"常胜军"。李鸿章和吴煦、杨坊何尝不这样想过。但"常胜军"里这些桀骜不驯的外国军爷，不是由同样的外国人去管制、驯服他，那还不撑翻了天，只能打消这一念头。剩下的就唯有一个办法，哪国的人来掌管"常胜军"都可以，但有先决条件，必须像华尔一样对清王朝忠

白齐文

洋枪啸鸣于乱世

诚和值得信赖。"忠诚"是看不见摸不着、很虚幻的东西，于是又立出让人能肉眼可见的标准：像华尔那样讨中国老婆，成为中国臣民。

如此度量候选者，够格的就只剩下了一人——白齐文。因为只有他已讨了中国老婆，也已弃美国国籍不顾而加入了中国籍；而且他的忠诚也已屡经考验，因为血战沙场、替清王朝讨伐"长毛军"立下过汗马功劳，与华尔一样被朝廷授予过四品顶戴花翎。

于是，亨利·安德雷斯·白齐文无可争辩地成了"常胜军"的新统领。

当上"常胜军"的大头领，让白齐文不由一阵狂喜。这个心气甚高的美国人，自少年时代起就怀揣一个梦想，要在地球东方由自己之手创建一个辉煌帝国。到了东方古国的东部城市上海，使他感到梦想正在从远空中降落着地；如今在威震一方的"常胜军"里，自己一步登天从副统领爬到正统领，更让他觉得梦想离现实又迈进了一步。

白齐文的梦想，原是由他父辈的足迹延伸而来的。他出生在北卡罗纳来州新伯恩城，是个北美洲大陆上的南方小子，身上却流淌着法兰西人的"高贵"血液。在法国拿破仑时代，他的父亲曾是一名勇武的"龙骑兵"骑士，当过拿破仑·波拿巴皇帝的亲兵兼信使，长年追随着拿破仑皇帝的铁蹄踏遍欧亚大陆。后来拿破仑滑铁卢兵败一蹶不起，皇帝的亲兵们便哄然而散、各奔东西，在法国无处立足的白齐文父亲就流亡到了美国，而从此默默无闻于这个南方城市里。

遥望父辈过去的铁血历程，白齐文的幼小心灵里就已埋下找回家族荣耀的种子。长大后，身不由己地当过邮务员，做过报纸的记者、编辑，美国南北战争前夕，却因为愚蠢地写了一篇捍卫奴隶制的文章而被开除，于是像华尔一样，当上了一个"国际流浪者"而漂泊四海。把他的足迹留在了美国西部，留在了澳大利亚、印度等国家，也像华尔一样参加过克里米亚战争，最后到了中国上海才安顿下来。身为法兰西"龙骑兵"的后裔、"欧洲之王"拿破仑部下的余脉，与水手世家出身的华尔相比，他有更迫切的建奇功立巨业的愿望，也有更大的霸权野心。

到了上海，正遇到华尔招兵买马组建洋枪队。他成了洋枪队的创始者之一，在华尔麾下找到了自己在异乡的栖身之所，也一脚踏上了他的实现梦想之旅。在洋枪队，他是大头领华尔的第一副手，华尔十分赏识这位法国血统的"美国兄弟"——他在战场上总是奋勇当先、敢杀敢拼，即便腹部被一粒子弹穿透、头部多处受伤，也依然带领部下直往前冲，不退却一步。自然，大清朝廷也不吝啬对他的奖赏。

当下，成为身居"常胜军"塔尖的大头领，遥望着梦想触手可及、功名一世遂成的前程，自然更如开足马力似的浑身是劲。刚一上任，他就率领"常胜军"的 1900 名兵士、携着 8 门大炮，与清军和英法联军一起奋力合围太平军，重新攻占了嘉定；随后又与李鸿章的淮军从上海和松江分兵出发进军青浦，在白鹤港、三江口一带大败太平军。青浦的这一仗打得尤其惨烈，战斗一直持续好几个小时，最终太平军经不住白齐文部炮火的猛烈轰击而大败——慕王身受重伤，听王不幸溺毙，慕王的儿子也被乱枪击毙，无数军官喋血阵亡，两百多座太平军营盘被一毁而尽，其只剩 1 万人的残部只得仓皇败退昆山。对太平军的这次毁灭性打击，使清军和"常胜军"大长威风，都得意、兴奋了好久。刚走马上任、一出手便建下如此奇功，更是让白齐文笑翻了天。他暗自揣想，清军、联军一定都看到了这"常胜军"新统领的非凡之能，朝廷对他的赏赐，也肯定不会少的啰！

但他只懂冲杀攻退而不懂得官场的法则，也不了然他的上峰李鸿章如深海般难测的心思。李鸿章似乎是他命中的克星、灾星，遇上李鸿章，意味着厄运就将一步步降临到他的头上，然而大大咧咧、自鸣得意的他却还浑然不觉。

李鸿章，这个道光进士、翰林院编修，如今的淮军首领、江苏巡抚，也朝朝暮暮都想着要建功立业。但与白齐文虚幻的帝国梦不同，他更务实，更看重实际到手的每一分利益。1862 年，他从曾国藩的幕府走上前台，受命组建淮军，带兵赶赴上海与太平军交战，给了他一个改变命运、直上青云的机会。他自然格外珍惜这一机会，要利用一切能利用之物为自己的"一将功成"服务，也倍加小心地排除一切对自己建功升迁不利的障碍物。

"常胜军"归于他统辖，自然要好好地利用。一开始，他看到白齐文一身勇武、性格爽烈且头脑也不怎么复杂，以为可以在自己麾下成为放心遣使的一员猛将，因而对他总是曲意笼络厚待。但不消多久便发觉，这法国种的美国佬是一匹难以驯服驾驭的烈马，留下他，弄不好就是一个祸害。于是处处看着不顺眼，一直寻机想把他逐出"常胜军"的队伍。

青浦一战告捷，白齐文正翘首等待着领功受赏。不料等来的却是如冷雨浇背一般的寒心——功劳竟都归了清将程学启和淮军将官，根本就没他白齐文的份，气得他话都说不出声。

这是李鸿章存心要压一压白齐文的气焰而下的一出狠招。不仅不给白齐文记功，背地里他还给朝廷上奏，称白齐文"肆横"、"跋扈"、"狂悖"、"难以指挥"，为赶走他罗织了一大堆罪名。李鸿章又找到英国驻华陆军司令士迪佛立，央求他下令把白齐文调走，换英国军官来替代他。士迪佛立两手一摊：我可无权答应你的要求。让李鸿章碰了个软软的钉子。

李鸿章是不会轻易罢休的，但也并不急在一时。要整倒、整垮白齐文这愣头青有的是机会，不过迟早而已，因而也就不在乎有几次失手。

机会说来就来了。这一年年底曾国藩率兵攻打太平军老巢、天朝之都南京，因城内空虚，攻陷它原本已是手到擒来的事，不料被各路太平军强兵回援而打乱了阵脚。危急之下，曾国藩急忙命李鸿章派兵去堵截援军。李鸿章心知肚明，赶援南京城的都是太平军的精锐之师，这一去难免有一场恶战硬仗要打，就将这个难剃的头一下丢给白齐文，让他好好担着。于是急令他"赶雇轮船，整备枪械"，"驰赴金陵援剿"。

将白齐文放在火上烤，不烧死他也让他生不如死，没个好日子过，正是李鸿章想要看到的结局。可白齐文再粗笨也早已看透李鸿章的用心，于是就用横蛮对付阴招，借口他正在生病而拒绝出兵，随之又从上海赶回"常胜军"的大本营松江，将城门紧闭，浑然摆出一副置身事外、油盐不进的蛮霸相。

而且，他还有更充足的理由拒绝出兵——"常胜军"已有两个月未发军饷了，囊中空空的士兵们都已嗷嗷叫。没钱，还怎么能到南京去打仗？

"常胜军"的军饷一向是由杨坊的泰记银号拨付的，不知是李鸿章存心扣克饷银刁难白齐文，还是杨坊的银号确乎已亏空拿不出钱来支付，"常胜军"确是好久没发军饷了。士兵们的不满也是事实，由于军饷久拖不给，士兵们早就哄聚在一起，吵嚷着要讨回公道，甚至扬言要捣毁军营、将军官们斩首，差一点没闹出兵变来，连白齐文也像坐在火山上似地感到不安——这些如狼似虎的兵爷是招惹不起的。这天"常胜军"举行阅兵式，白齐文为稳定军心，便当众拍着胸脯保证，两天内一定发出拖欠的军饷。第二天他就带了十几个老兵赶往上海，去向老东家杨坊索讨饷银。

这已是1863年的一月头上。前些时，他就已到过杨坊的泰记银号讨过钱，钱没有讨到，反遭受了杨坊的一顿抢白，拥兵自重、不服调度、触犯王法，罪名被列了一大堆，斥问他还有什么脸面来伸手讨钱？碰了一鼻子灰的白齐文，只得愤愤而归。这次，他铁了心要将钱讨到手。那杨坊依然一副前时的做派，既不给钱，又要将他训斥一顿，可白齐文却已不再有前时的耐心，原本火爆的脾性更变得像火山一样地轰然迸发，瞬时在杨公馆内发作到了极点。

他原是武夫而非君子，光粗口暴牙地吵骂一通是不解恨的。于是一时性起，挥拳将杨坊怒打了一顿，打得杨坊鼻子、头部、胸膛上都伤痕累累、鲜血淋漓，嘴里也大口吐血不止，狼狈不堪。打完，又从杨公馆里抢走了原本就是"常胜军"饷银的四万二千银两，兴高采烈地得胜回朝——乘着停泊在黄浦江上的那艘租来的轮船，顺流直下往松江驶去。

"常胜军"在兵营里欢呼雀跃，巡抚衙门和淮军营帐中却是怒火冲天。大怒之中的李鸿章，一转念间又不禁顿感大喜，为整垮白齐文，他正苦于想不出一个一剑断喉、一了百了的绝招，这下正是天遂人愿，机会不请自来。当下便以"劫饷殴官、不遵调度"的罪名，宣布撤去白齐文"常胜军"统领之职；这还不算，撤职之外还要重重治罪，于是又发出通缉令，悬赏5万银两缉捕钦犯白齐文——赏银比"常胜军"拿到的军饷还多。

白齐文全然没料到李鸿章会这样出手狠毒。他被革职的消息是由士迪佛立私下通报得来的，这时他正在松江军营里忙着，因为手中有了军饷，就理直气壮地想着手整顿一番军纪，不能让前番这样的聚众闹事再次发生。没想到厄运在瞬间已拥逼而来，如云卷风狂似地要将他吞噬、摧垮掉。

冒险家的禀性使他依然强横不驯。而且他有千种理由、万般藉口为自己辩护：打人固然是错了，我可以向杨大人赔礼道歉，但拖发军饷、动摇军心在前，首先是官府做得不对；我是奉旨统带"常胜军"，革留与否都应当听命皇帝的御旨，而不是由你李鸿章说了就算，在皇帝未下旨前，我仍然是"常胜军"统领的事实是无法改变的。更使他牛气十足的是，他背后还有洋大人撑他的腰，才不怕你这个出道才几天的李鸿章。

洋大人果然是他的"保护神"，也果然及时出手了。

李鸿章刚下达通缉令，他派出的缉捕队就已悄悄潜往松江，准备神不知鬼不觉地秘密抓捕白齐文。不料缉捕队刚到松江，早有士迪佛立派出的一艘军舰已停泊在江边，清兵眼睁睁地看着白齐文傲气十足地走上英国军舰，一个个咬牙切齿却又奈何他不得。英国海军传话给李鸿章部下，白齐文早先一笔代买军火的账目还未算清，我们先将他扣留了。扔下瞪着傻眼的清兵，便驾船劈波踏浪而去。

以为天衣无缝的布局瞬间便遭破产，气得李鸿章差一点昏厥过去。他拿洋人没办法，但依然不死心，亡羊补牢，急忙派重兵将陆路通道、江边码头团团把守住，严密监视，不让白齐文趁机逃离上海。

但这番算计又一次落空。次日一早，从黄浦江上的雾霭中驶出一艘洋轮，诡秘地靠近扣押白齐文的军舰，霎时洋轮上走出十几个全副武装的外国水手，冲上军舰、打开舱门，护送着白齐文登上了那条轮船。不一会，船就从码头开拔向吴淞口方向驶去，看得岸上的清兵目瞪口呆，好半晌都没有回过神来。

清兵们没有看到的是，这船驶出长江口、进入东海，就径直向北方驶去，目标是皇帝的所在地和各国公使的集结地北京。

白齐文把翻盘的希望全寄托在这次北京之行上。一番游走、申诉，果真打动了驻北京的英美公使，一边倒地认定白齐文是清政府阴谋和嫉妒的受害者，深表同情之外，还大动肝火地痛斥了李鸿章的处事不公。英国公使卜鲁斯情绪激动，直接闯到总理衙门面见朝廷实权人物恭亲王，为白齐文大大辩白了一番；美国公使蒲安臣则声言白齐文是美国人，作为美国公使他有权行使治外法权，不准李鸿章按中国法律惩治白齐文。经不住这一番火力凶猛的左右夹攻，恭亲王只得下令恢复白齐文的原职，并传令由李鸿章来全权操办此事。

事情出现了一百八十度的逆转。白齐文满心欢悦，以一个胜利者的姿态兴冲冲地回到上海，悠闲笃定地只等着李大人给他官复原职。但巡抚衙门里一直悄无声息，等待了很久，也没有一点给他复职的动静。当他心急火燎地要去问个究竟时，却一切都已经晚了。

"常胜军"的帅印已经两次易手。先是由英国皇家海军陆战队奥伦上尉挂帅，但上任首战就被太平军打得落花流水，以死伤五百多人的惨败宣告了他官运的终结——他指挥的第一战也即是最后一战。奥伦之后，又出英国皇家工兵少校戈登接掌帅印，白齐文在为自己的复职四处奔走、鸣冤叫屈时，戈登却已经稳稳地坐定了"常胜军"统领的位子。李鸿章还特别奏请皇上，授给戈登四品顶戴花翎和清军总兵之职，用抬高戈登的身价、稳固他的地位来死命打压白齐文。

白齐文太不知官场这汪水的深浅，以为有洋大人的撑腰、恭亲王的指令，就可以万事大吉。他根本不去想也不会想到，恭亲王的下令给他复职其实只是演一场戏而已。李鸿章与恭亲王早就串通在一起，暗下设局，一个充好人一个则拖着不办，唱一出双簧戏来敷衍糊弄外国公使。当底牌翻开时，生米早已煮成熟饭，白齐文再跳蹦也已经无力回天了。

事情更为微妙的是，一直为他充当辩护士的英国公使和英国驻华陆军司令，这时也倏然改换了脸色。"常胜军"一直由美国的流荡汉把持着，早已让英国人感到浑身不舒坦，过去一直隐忍不发，只是因碍于英政府有规定在先，不许英国军官在清军中服役。而这年一月初，正巧在白齐文为复职四处奔走时，英政府颁布的新规定已由"不许"改为"准许"，英国人的腰杆一下变硬，就接连将奥伦和戈登推到了台前。将白齐文丢在一边，也就全在情理之中。李鸿章也看准了英美之间出现的这点缝隙，就极力怂恿英方派人来掌管"常胜军"，让英国人来截断白齐文的后路。白齐文背后的靠山，霎时就像冰山消融而化为乌有。

最后的希望都已破灭，却还想挣扎、硬撑。白齐文退一步提出要求，如果不能给自己复职，也希望能获得经济补偿；又拉起一帮"常胜军"的旧部，让他们去起哄、吵闹，抗议、耍泼，给官方施加来自兵营第一线的压力。但都被李鸿章弹压了回去，一切都已是徒劳。

穷途末路的白齐文，已经彻底没戏可唱了。北美洲的老虎已奄奄一息，再无啸嗷之声，李鸿章也可安逸省心了。但对于洋人种种，李鸿章知道得还很有限，他不免小瞧了这个被拿破仑皇帝幽魂附体的"法国佬"。即便至死，他还是会绝地反击、会硬扛到底的。

果不其然，不久传出的一个消息，使李鸿章如遭电击雷轰一般的震惊：白齐文反水投敌了！

白齐文横下了心，一甩手、一跺脚，于 7 月初带着几个心腹、秘从从上海偷偷赶到苏州，投奔到了他原本的死敌——太平天国慕王谭绍光麾下。摇身一变，洋枪队头领成了太平天国的"洋兄弟"，连他的中文名字也改成了"白聚文"。当月下旬，他又悄悄潜回上海，招纳他的旧部一百来人陆续叛逃到苏州。8 月他再次返沪，说动清军小炮船"高桥号"船长和几个船员，在青浦将"高桥号"小炮船抢夺到手，又购置大量军火，一起驾船驶回苏州城投入太平军怀抱。颇有大将风度的慕王不念旧恶，宽容大度地接纳了他，并且对他信任有加，挑选了一千多兵员放心地交给他去训练。不久，他来到天京谒见忠王李秀成，也如功臣、如至亲一般地受到了款待。在天京的几天，不仅高规格地住进天王府，过了一把当天国之王的瘾，临别，忠王还隆重地设礼相送，使白齐文晕乎乎地感到十分受用，说不尽的感激。

被激怒、气坏的该是李鸿章了。在大骂一通"大逆不道"、"天理不容"、"流氓"、"奸贼"之后，巡抚大人立即大发虎威，去四处张贴捉拿白齐文的告示："有将白齐文擒斩者，赏银三千两。"还到处设立关卡，严密防备这逆贼窜入上海来捣乱。驻沪的英美领事颇为不爽地警告他，赏银三千两捉拿一个美国人，这已经在挑战双边条约规定的底线了，但已气昏了头的李大人不管不顾，仍一意孤行。他回话洋人："白齐文为中国之官，自应照中国法律办理"，这难道还有错吗？

人在苏州的白齐文，自然听不到上海那边泼天盖地的痛骂声，而如果传入他的耳朵，也一定会让他笑歪嘴巴。与白齐文说"理"论"道"、辩白是非赛如鸡同鸭讲般的荒唐。他为他的军功状、帝国梦而来，投奔"常胜军"只是为他的圆梦找一张阶梯、一个塔台而已，与所谓的道义、公理浑身沾不上边。拆掉了"常胜军"这张阶梯，他自然要去另外寻一张。在他眼里太平军也并非什么道义、公理的化身，与"常胜军"一样，也无非是他脚下的一张梯子罢了。

他是一个没有什么信仰的人，或者说，只有一个信仰，实现他的野心，就是他年少时就向往的建一个东方帝国。

踏上了太平军这架梯子，不多前还是"过街老鼠"的他又变成了一头猛虎。他俨然以一个将军的身份向李秀成主动请缨，要忠王把由他训练的一千兵士都交给他统率，由他独立指挥，杀奔前线去与清军决一雌雄。他也以全局眼光审时度势，建议忠王，在太平军失势的情况下不妨作一次战略调整，放弃苏州、天京，而集中兵力全力北攻。这样做，他认为也许还有扭转局势的希望。

忠王微微一笑告诉他，你有你的职责，在这里就是继续带好你手下的那一百洋兵。回应的话到此即止，既没答应给他独立指挥权，也未让这一千兵士归他统辖。但听了他关于战略调整的一番建议，李秀成似乎眼前一亮，连连点头称许"有道理"，还拿到苏州军事会议上作了一番专门讨论。会上的将官们豁然开朗，都认可这是有助太平天国挽回局势的一个正确战略。

但"苏州共识"最终变成了一席空谈，让白齐文白欢喜了一场。因为最高领袖、天王洪秀全一口拒绝了南撤北攻的战略，他还昏暝不醒，以为太平天国是"铁统江山"、天京依然也永远会固若金汤呢。

自己发出的声音都变成风吹烟散，白齐文感到浑身不快，情绪一下低落了好多。在战场上，他和他的洋人分队也屡屡碰壁受挫。一次他自告奋勇去上海洽谈购置军火，却差一点被清军逮住，只得两手空空地逃回苏州，让慕王大失所望。10月1日他率领"高桥"号和2条临时改装的炮船，配合慕王的地面大军向苏州东南1.5英里外的宝带桥进发，却遭到戈登"常胜军"的猛烈还击，招架不住而只得匆匆退兵。随后去偷袭戈登部的营垒，不仅失败而归，一枚火箭弹还击中他的坐骑，差一点送了他的老命。10月12日准备打一场扭转局势的关键一仗，在他率领洋人分队正要向大桥角的戈登部队发动进攻时，"高桥"号锅炉房突然发生爆炸，"高桥"号甲板上满载弹药的一艘小艇也同时轰然炸开，顿时炮船上一片血肉横飞，惨不忍睹。接连几次遭遇战场失利后，这支一百多人的洋人分队已只剩下四十来人，且伤病交加，几乎丧失了战斗力。太平军对他的期望和信任也已到了可以忍受的临界点。几重围逼，让白齐文更感到心灰意懒。

两军交战中，他与眼前的敌酋戈登却由一条热线相牵着，一直在私底下暗通款曲。仗只管打，两人的密会也一直在进行。白齐文料定风雨飘摇中的太平军已很难翻盘回生，自然不想一条死路走到黑，但心中炽燃的梦想之火却依然没有泯灭。不知是天真是糊涂抑或变得神志不清，异想天开的他，在密会时居然提出了一个天方夜谭般的奇想——将他的洋人分队与戈登的"常胜军"合成一体，建成一支讨伐大军，一起先将苏州攻下，再挥师北上直捣北京清王朝，然后创建一个由他俩统治的东方帝国。管他什么太平天国、什么清王朝，统统要让他们跪拜在自己脚下。这番近乎梦呓般的狂言、胡言听得戈登目瞪口呆，只觉得他已彻底疯了。戈登怫然而去，白齐文却还在做他的白日梦，与几个心腹私下密谋策划，还想在下次密会时将戈登挟持，强逼他就范。

梦依然一片虚幻，现实却是残酷的。太平军对他已不再信任，也不抱任何希望，连军饷也不发给洋人分队了。残部所剩的四十来人，在伤病折磨中都吵着要离队散伙。他自己的梦还没有做完，身体却早已经被拖垮——多时累积的伤病一下发作，已让他只能与病榻做伴，在惊惊之中再无平日里的威风豪气。

在太平军眼里，这帮洋兵已是可有可无的鸡肋，既然都想着要离开，也就仁至义尽地给他们发盘缠、路凭，准备船只，将他们送归了原路。白齐文也已支撑不住，提出要去上海治病。慕王一口答应，而且相待一如当初，用自己的轿子和卫队将他护送到前线两军相交处，还给戈登修书一封，请他将白齐文平安送到上海。感念太平军对自己的关切，一回到上海，白齐文就在《北华捷报》上刊发文章表白他的心迹，称自己"直到此刻为止，仍然没有丝毫背叛太平天国的意念"。这事自然瞒不过李鸿章，从这位巡抚大人看来，这美国佬还贼心不死，千万不能放过他！

李鸿章还想对送上门来的白齐文穷追不舍，只是碍于有戈登和美国领事罩着他，终究奈何他不得。但上海也已经不容白齐文长住久留。他在《北华捷报》上刊登的文章，让美国驻沪领事看到了一个危险的信号；不久一伙外国亡命之徒在上海抢劫"萤火虫"号汽船，白齐文又受到牵连，被中国当局逮捕后移交到了美国领事馆。领事大为光火，怕这个"麻烦制造者"在上海继续招惹是非，急忙将他送到日本横滨去治病，警告他不许再回中国。但禀性难移的白齐文，又怎么会甘心被人摆布，按别人的指点去走完他的一生？

"性格决定命运"的说法，也许并不适用于每个人，但却是对白齐文人生的最好刻画。如中国人所说的如一头牛犟到底，他的不安分和不服输，几乎已到了钻心透骨、无人可及的地步，他的命运也只能沿着这条性格脉络无可挽回地走下去。在日本，病刚有好转，他就已心神不宁，一意想重回上海。他曾两次潜回上海，又两次被美国领事强送回日本，但仍然镇不住他的一颗躁动的心。1864年春上，他又出现在横滨通往上海的轮船上，只因在上海有当局的严密防范，无法入境，才改从浙江的宁波港登陆上岸。一到宁波，天京被围告急的消息传来，似风催火燎似地激起他满身斗志，于是又像之前组建太平军洋人分队一样，火速招募队伍、租雇船只，想率兵杀到天京去为太平军解围。只是人还未动身，就有消息如一阵寒风吹来，天京已经被清军攻陷了。去也是白去，这才不得不歇手作罢。

天京已经陷落，天王已然病逝，忠王李秀成也已落入敌手，太平天国明摆着离最后的消亡之日已不远，白齐文却劳心费力地仍为支撑太平天国的残局而奔走。不知这究竟出于何种心态：是行动的惯性？是坚守信念？还是仅仅为了仗义而伸出援手？用从前的白齐文来解释他现在的行动，几乎都无法让人理出头绪。事实只是，他不相信曾闹得天下大乱、威震中国的太平天国，就会这样一夕消亡。果然在翌年春天被他打探到一个消息，福建漳州驻有太平天国的余部、侍王李世贤的部队，那里仍有反清活动。白齐文被一线微弱的希望之火所点燃，又急不可待地投奔而去。

但与太平天国的命运一样，他脚下的路已走到了尽头。赶往漳州的路上，他还不知自己的行踪已经暴露，刚走到距漳州咫尺之遥的厦门附近，厦门海关派出的官兵，早已守株待兔似地在等着他自投罗网。

人一到，马上就被一举擒获。随后又将他押送至福州，铁铐一声关进了牢狱。

人在苏州的李鸿章，听到这个消息顿时高兴得发狂。高兴过后，忽然想到白齐文还在"贼匪未平"、"距海口甚近"的闽中，心思缜密的李大人怕夜长梦多、旁生意外，就催促福州方速将白齐文押解到苏州去。朝廷和洋人当局都知道了这一消息，在等候李大人的最后裁决，不料突发变故，等来的却是李鸿章的一纸奏报：1865年6月25日，押送白齐文的船行至浙江兰溪县汇头滩时突然遇到大风浪，白齐文连同他的翻译、一个英国同伴和押解他的中国官兵均"舟覆溺毙"，被吞没于狂风巨浪之中。

还没作出裁决，人就已死了。

惯于兴风作浪、麻烦缠身、是非不断的白齐文，这下可以彻底安分了。

但事情既完又没有完，事后，白齐文之死是因"天道"而殁还是由"人事"所造，却一直成为一桩悬案而引来无休止的争议。李鸿章的奏报中称："虽中国未申治罪之权，而该犯穷凶极恶，致伏冥诛，足见天道之不爽"。但一些洋人和报界舆论却不相信这套辩词，都把矛头直指李鸿章，认为事情全部过程都是李鸿章设下的阴谋：这个白齐文的死对头怕白齐文最后总会被交给洋人处置，终究不会受到严惩，因而设计在押解途中抢前将他灭掉，以此彻底消除他的心头之患。

结论也始终没有结果，因为"阴谋论"也仅仅只是猜测、臆断而已，谁也无法拿出十足的证据来证实它。也许，只能成为永远无解的历史之谜了。因为无解，也给人们提供了无限的想象空间。

戈登：破产的军事"传教士"

　　松江城内，散落在城隍庙、罗神殿各处的"常胜军"营地，霎时疾风般地传开了一个消息：大清朝廷派新的头领来了！

　　新头领名叫戈登，英国人。一个三十来岁的工兵少校军官。身材略显瘦削的戈登少校，嘴边蓄着英王乔治式的翘胡子，两只浅蓝色眼睛总在不停地转动，矜持中含有几分威严、豪横；来自盛产绅士国度的他，比起他的两位前任——自由放荡、满身痞子气的美国佬华尔、白齐文，也迥然多出了几分绅士的气度。

　　但在这支怪胎式的军队里，官兵们却并不稀罕什么绅士之类。第一次面对面的交集，戈登就已看到向他投来的目光一片错乱纷杂，其中交织着怀疑、轻蔑和冷淡，直至寒气逼人的敌意；尤其是军官团中占绝对优势的那帮美国人，目光更像支支毒箭射向他，似乎一次简单的欢迎仪式，正演变为一场冷战的开始。

　　戈登并不感到有丝毫惊讶。他早就明白自己这时的处境。这是一支由美国人华尔创建、被同是美国人的白齐文带过的队伍，这些不成体统的浪荡兵还沉湎于此前跟随华尔的日子，还在怒气冲冲地吵闹着要白齐文归队——被李鸿章撤了官职的白齐文，这时为重回"常胜军"统领的宝座正在四处奔忙着。他在这时走马上任，等于自己作践往枪口上撞，明知是绝无好果子吃的。但以他的英国少校军官的显阔身份，有中英这两大帝国当他背后的靠山，足以让他傲然貌视华尔、白齐文这些半吊子军人，更睥睨眼前的这些下三烂兵士。

　　不像华尔、白齐文，只是半路出家当过几天兵，大半的经历都是在社会上厮混、浪荡；他却是一个彻头彻尾的军人，骨子里都浸透了军人的气焰。从一生下来戈登就置身于一个数代军人的家庭，当将军的父亲，是英国皇家炮兵部队的显赫人物。他在还未成年的 15 岁那年，就已进入皇家军事学院当上士官生，

"常胜军"后期的大头目查尔斯·戈登。

洋枪啸鸣于乱世

军校一毕业加入皇家工兵部队，19岁时已是少尉军官。随后又加入英国远征军参加克里米亚战争，到过乌克兰，也到过俄罗斯与土耳其边界，以后一直远征到中国。与生以来他就没离开过军队的怀抱，论军人品质的纯正性几乎无人可及。而在他眼里的华尔、白齐文，说他们是军人，他觉得简直是对他——一个正统军人的极大讽刺。

他更感到豪气万丈的是，不像这两个美国豪强，充其量都只是清朝的雇佣兵而已，加入清军、组织洋枪队，纯粹是他们与命运抓阄豪赌的私人行为；而他，却是由国家派出的堂堂帝国军人，是代表大英帝国远征世界而来的。1860年他被派遣来到中国，就投身与大清王朝作战的第二次鸦片战争。当年9月抵达天津，没赶上大沽、张家湾和八里桥等几次重大战役，却赶上了火烧圆明园的收官之战，圆明园一片冲天火光中就有他烧杀劫掠的身影。

圆明园的火光熄灭，他被遣派长驻天津。1862年5月，他又跟随英国驻华陆军司令士迪佛立转战上海，调转枪口，帮着清王朝与太平军开战。不久当"常胜军"的头领白齐文被撤职查办，好运开始降临到他头上。为了挤兑美国人，李鸿章要求英军派人来指挥洋枪队，陆军司令就推出了他的心腹部下，也是他的一位姻亲，查尔斯·乔治·戈登。士迪佛立是戈登的嫂兄，这项任命不免被人诟病有明显的裙带之嫌，但对戈登的任命也是得到驻华公使卜鲁斯首肯的，它的合法性也就可不容置疑。

一样是当"常胜军"的统领，他的背景、身价、气场，都不是华尔和白齐文可同日而语的。

一到上海，满耳已被灌足了"常胜军"的"威名"。他领教过"常胜军"的"神勇"，也见过已传得神乎其神的华尔。那是战场上的一次不期而遇，是在他刚到上海时的8月底。一个凉爽的阴天，他率领他的皇家工兵队会同几个英军步兵连，从老闸桥秘密出发赶往静安寺，借着猛烈炮火的掩护去偷袭太平军营地。他率领工兵们走在前头，风卷残云般拆下附近村庄一些民宅的房柱门窗，快速在河浜上修复架设起两座木桥，供英军步兵过河去袭击敌营。太平军猝不及防，处处被动。到翌日清晨，才见华尔带领他的洋枪队匆匆来到静安寺，这时，威胁租界的太平军已早被赶走。几天后的《北华捷报》上，报道了这两位租界保卫者在战斗中会师的消息，他看了报纸不由暗笑一声，被传为神奇之师的洋枪队、"常胜军"，顿时被他看矮了一截。

这一刻，前来接手"常胜军"的戈登，蓄着翘胡子的嘴角边不由浮起了一丝冷笑。他心中已有盘算，既然由自己来掌控这支队伍，就须好好地整肃一番，将他们从华尔、白齐文的阴影下"解放"出来。在他的统领下，"常胜军"就该是真正的常胜军而不容徒有虚名。

但他的一套看起来很美的整肃计划，却已没时间去实施了。从他上任到第一次出征作战，只留给他一周时间的间隙。之后便无休止地被裹挟在一仗接一仗的战事中：收复福山，解救常熟，进军太仓，攻打昆山，直至攻占太平军的第二首都——苏州。从战场到战场，成为他的全部生活内容，从头至尾都让他扮演着一个前线军人的角色，而不容他像华尔、白齐文一样，军旅之外还拥有那么多曲折、跌宕的冒险经历。

他也心无旁骛地只沉浸于治军、打仗。一个纯正的军人，也希望他带的是一支纯正的军队。但一仗一仗打下来，经历了一次次摩擦、冲突之后，对这支队伍他却已越来越感到失望。军官团里，有数量过半的人被他斥之为无赖，打仗没本事，捣乱却是一个个精明得很；他下达的命令，常常会遭到心怀不满的士兵们的抵制，他宣布的纪律、制度也受到部下不加掩饰的蔑视，几乎都成一纸空文。为了加强对这支队伍的管控，他招纳、补充了不少英国军官，但因此又引出他们与美国军官之间的不断摩擦，且越演越烈，让他头疼不已。而且，不断地有人逃亡，有人搞兵变，更让他为这支队伍可能失控而感到担忧。

戈登统领"常胜军"，就像驾驭一匹桀骜不驯的烈马，伴随每一次对敌作战的同时，与这匹烈马的搏斗也从未间断过。但纵然如此，在战场上他还是保持着一次次胜利的纪录。这多亏了他是一个出色的战术家，比他的前任能远为充分地运用西方的技术、战术；工兵出身的他，对研究、利用地形地势又特别在行，弥补了队伍松懈、涣散的不足。另一方面，军队的不可靠，就使汽艇和大炮的作用变得更为重要，而这装备上的两大法器，正是"常胜军"能压倒太平军的绝对优势所在。

"常胜军"原本的装备就不错，已经拥有的数量不菲的埃菲尔德来复枪和托

白齐文的克星、也是戈登的磨难煞星李鸿章。

尔毛瑟枪，都是当日世界上的最先进武器。戈登上任后，靠老东家英国政府的援助，又增添了五十多门新式火炮，其中就有 4 门发射 32 磅炮弹的攻城加农炮和 3 门发射 24 磅炮弹的榴弹炮，12 门舰炮，18 门用于攻城的 12 磅榴弹炮，14 门迫击炮，3 个火箭筒，所有枪炮都有专用的舰队运送。兵船配备上，有一支为炮兵运输防弹盾的小型舰队、4 艘明轮推进的浅水炮舰，这些炮舰在舰首、舰尾分别安装有 32 磅重和 12 磅重的回旋炮架，舰身四周装备着有孔的防弹盾，任何一艘都足以对付 3000 名太平军兵士。其中的"海生"号是一艘具有两栖作战能力的舰艇，即使水深小于它的吃水深度时，依然能用它强有力的明轮在水道的泥床上行驶。另外的两艘攻城船和 50 艘帆船，可以飞快地行驶停泊在任何位置，以措手不及的速度截获太平军。凭借这些舰艇和炮火的威力，"常胜军"足以在中国战场上睥睨任何一支军队。对"常胜军"的兵爷们一贯嗤之以鼻、讥其为"战守实未可靠"的李鸿章，说起戈登手中的这些兵船、火炮，却也总是翘着拇指赞不绝口，羡慕得几乎掉口水。

有一点却和华尔一样，在前线临阵指挥的戈登，手中也几乎从不携带任何武器，而只是挥舞一根藤制的手杖——人称"胜利的指挥棒"。如此超然洒脱，貌若无惧于天下，却并不能证明他有如何出众的胆气，说白了，就因为他的背后有威力无穷的新式火炮和铁甲舰艇。

他能让"常胜军"聊以不负虚名、屡创"常胜"纪录，也正是仰仗了这些装备和武器。

1863 年 3 月底，戈登指挥开打他接任"常胜军"统领后的第一仗——收复被太平军重新占领的福山。他带着一个团的兵力和 4 门 12 磅的榴弹炮、1 门 32 磅的攻城炮直逼濒临长江口的福山，靠着这些重武器，用连续不断地猛烈炮轰压制了太平军的火力，阻止了蜂拥而上的增援部队，将太平军赶出了福山。

同年 5 月，淮军在太仓战败，李鸿章急忙让戈登赶去救援。在太仓守城的太平军有一万多人，兼带有几支外国预备队，并不好轻易对付。戈登还是用大炮打头阵：率兵一到太仓南面外围，就让炮弹像雨点般地齐射过去，太平军招架不住，只得丢弃阵地，纷纷逃窜。随后，是让战船与大炮一起发威的时候了。西门的堡垒是攻城的最大障碍，戈登就将部队隐蔽在船舱里，将战船开到通往城西的河面上，到达 500 到 600 码射程之内时，大炮在防弹盾的掩护下一齐猛轰，发挥了最大的杀伤力。战船越驶越近，火力越来越猛，太仓的外围防御很快就被彻底摧毁。但守城的太平军也极其顽强，他们从城垛上射出炮弹、扔出火药包，击沉了"常胜军"的一艘艘舰艇，击退了"常胜军"的一次次进攻。戈登无计可施，只得再度发挥大炮的威力，以榴弹炮进行 4 个小时不间断的狂轰滥炸，终于将太平军的防御工事彻底摧毁，然后又与残余的太平军进行了一番激烈的肉搏战，才苦苦攻下太仓城。因为有坚船利炮的优势，一战告终，太平军阵亡 2000 人，竟是"常胜军"的 10 倍。

攻下太仓又去打昆山。5 月 28 日清晨，野炮团、步兵团会同官兵向太平军阵地两翼包抄过去，用铅充填的 18 磅炮弹一阵猛轰猛射，逼得太平军只得弃阵撤逃。昆山四周都被水道包围，利用这一地形特点，戈登又指挥了一场水上战斗。30 日拂晓，海上巨无霸"海生"号为运载第四炮团和野战炮的船队护航，与无数白色帆船出现在城东南的河面上，以压倒一切的威势赢得了关键一仗。为了切断太平军溃逃的退路，戈登又乘着"海生"号率军迂回西南，沿河追击，在十几码的距离内以密集的霰弹猛烈轰击，使太平军再受重创，被打得几乎溃不成军。返回途中，又遇到沿着小路匆忙逃跑的太平军，"海生"号呜呜的汽笛声如可怕的怪物在向他们嚎叫，使他们顿时乱作一团。这时大炮又向挤在一起的人群发射榴霰弹和葡萄弹，沿路顿时尸横遍野，血流成河。

昆山一仗的胜利，使太平天国占据的江南重镇苏州失去了最后一道屏障，离最后的沦陷已为期不远了。

但胜利并没有带来更多欢欣。戈登心里，更多的是像野草一样滋生的忧虑。因为与一次次胜仗相背离的是，"常胜军"队伍却一天比一天散乱无序。这支已扩编到约 4000 人的"常胜军"中，130 名各级指挥官全是不同国籍的外国人，军士则都来自中国本土。这些军官中，有半数以上是华尔、白齐文带来的美国人，他们根本不会与戈登一条心，明里暗里总在给他使绊子、出难题。而那些为钱而战的雇佣兵，则是只知拿军饷卖命，平日自由散漫惯了，全不把组织纪律放在眼里。在松江营地，他定下的禁酒新章程竟然被看作儿戏，照常有人喝得酒气冲天。即使严令抢劫会处以死刑，也总是禁止不了，抢劫的事依然屡屡发生。平日一些士兵一待没轮到值勤，就私自脱去军服，穿着一身中国人的便装去出门晃悠，一群一伙地靠坐在茶馆里，懒洋洋地喝茶聊天，有时还各自忙自己的私活。军营不像军营，倒好像是一个小酒馆、休养所、杂货铺，戈登看着这番情景，两眼不由得直冒火星。但即便他动辄光火也没有用，只能暗中将华尔、白齐文痛骂一通——他们种下了祸根，却要由他来收拾恶果。

戈登刚上任时，就已雄心万丈地想全面引进英国制度，把"常胜军"建成有"良好素质"、能"出色服役"的队伍，将中国兵整训成世上最好的兵。他希望在他的手下，有一支不一样的"常胜军"。如今他已不再存有这样的奢望，只想下狠心整肃一番军风军纪，让军队起码像一支军队。但纵然如此，付出的努力却还是一次次地碰壁，甚而还几次酿成了兵变风暴。

一场意想不到的骚乱，出现在占领太仓之后的几天。那时，他已将部队拉回松江搞整编。在华尔时期每攻下一个太平军占领的城市，"常胜军"兵士都能领到1.5万至2万英镑的赏钱，并且进城后还可以肆无忌惮地洗劫一通。整编时，戈登宣布要改变这些老皇历，这一改，官兵们等于硬生生地被切断了财路，不满声顿时山呼海啸般地传遍军营。几个军官还带头起哄闹事，以辞职不干来要挟戈登。队伍第二天就要开拔去攻打昆山，已不容戈登去从容地面对，只好一咬牙接受了他们的辞职要求。不料，见闹不出什么名堂，那几个军官又改口愿上前线了。

风波看似已经平息了，但这只是火山暂时的冷却。戈登明白，早晚还会出现轰然喷发的一天。

昆山，就成了这座烈焰冲天的火山。

事情发生在这年6月，"常胜军"攻下昆山之后。队伍进城后，戈登下达一道命令，要将原在松江的"常胜军"营地迁移至昆山。这样做，戈登自有他的一番谋算。因为昆山原是太平军最重要的大本营，也是苏州重镇的最后一道屏障，在这里安营扎寨，显然比在松江更有利于进攻苏州。而在内心深处，他却有更深沉的考虑，因为他发现松江已成为华尔时代"常胜军"的一个符号，一种寄托，是将老"常胜军"兵士勾了魂魄的地方。他必须铲除华尔、白齐文给这支部队留下的痕迹。他想到的唯一的办法，就是切断"常胜军"以往同松江的联系，把兵士们放到一个"华尔和白齐文的不良传统无法起作用的地方"。他选择了昆山。

但他却打错了算盘。他压根没料到，"常胜军"官兵与松江建立起的血肉联系已深入骨髓，远远超乎他的想象。他的迁营命令一下达，不满的怒火便哄然而起。炮兵团带头发难，公然策动叛乱，其他队伍也都在蠢蠢欲动，局面眼看就将难以收拾。已被逼到墙角、无路可退的戈登只得用铁腕治军，枪决了一个带头闹事的陆军下士。但风波并未平息，随着惩罚兵变的一声枪响，军营里迅即掀起了一股大逃亡的狂潮，部队半数以上都当了逃兵，使"常胜军"一下减少了大半兵力。

给戈登雪上加霜的是，不久又传出白齐文叛逃投靠太平军的消息，使"常胜军"营地又一阵骚动。队伍中都在纷纷传说，白齐文已被太平军封"王"，如今正统辖着2万人的大军在苏州受训，很快就会反攻过来。消息一传开，"常胜军"的军营内顿时乱成了一锅粥。又有一些人趁乱逃离军营，去投奔了太平军。原本迅速攻占苏州的希望也随之落空了。

一直处在战场杀戮前线的"常胜军"，本来就有很多伤亡，这时又如潮水般地出现大批逃兵，兵力严重亏空，还怎么能保持"常胜"？万般焦虑的戈登，想出了一个最简易也很无奈的办法：将俘虏过来的太平军战士补充进"常胜军"。5月初太仓之战一结束，清点队伍，损兵达6%，戈登就一下招收过七百多名俘虏兵。这次昆山事变后，更是慌不择路、饥不择食，又一下收编了2000名太平军战俘，使已经七零八落的"常胜军"又勉强撑起了门面。

与太平军交战的战场上，就这样出现了黑色幽默般的滑稽一幕：白齐文带领前"常胜军"战士在阻击"常胜军"，戈登率领着太平军战俘在攻打太平军，敌我界线已变得像雾中看花一般地模糊不清。

戈登其实说不上是一个绅士。还是年少时代，就已让人看出他禀性的底色——是一个性格暴躁、任性，容易冲动和桀骜不驯的人。进入乌尔威治的皇家陆军军官学校时，他还是个士官生，因为时常搞一些恶作剧，做一些不为校规所容的事，就曾差一点被校方开除。一次因为他的蛮横无礼，激怒了一位教官，那教官指斥他"永远不会成为好军官"，戈登便一把撕下肩章猛掷到那教官身上，狂暴得像一头被激怒的狮子。后来又因为殴打一个学员，被校方勒令停学6个月，以至比常人多花费了一个学期后，他才被军校准许毕业。

人总是个多面体，如果总是那么任性、粗野，蛮不讲理，戈登也就不会成为后来的戈登。让人讶异无比的是，这个曾经的蛮汉，竟然又是一个极为虔诚的基督徒，在弹啸烟飞、戎马倥偬间他依然不放下他所痴迷的神学著作。对上帝的顶礼膜拜、笃信不疑，也远超于一般的教士。在与他姐姐的通信中，他曾清晰而又执着地表达说：上帝掌握世事发展的方向，一切的结果都由上帝安排。我们只需像一匹俯首帖耳的马，让上帝来决定我们向何处去。

冥冥中有上帝的指点迷津，他也就不再是一头迷途的羔羊。

穿清朝官服的戈登。

于是，一身戎装的戈登来到中国战场、跨入上海的军界时，便声称他是为传教而来的。不过，不同于那些穿着黑袍、穿乡入巷传播福音的传教士；一个为他量身定制的专属名称——"军事传教士"，才是对他的最确切称呼。他将自己的职业视为执行上帝意志的手段，一心所想，就如传播福音一样将西方军事理念、规则传播到中国，改造中国的军队。

代表大英帝国走进中国军营，他的上峰就不仅是士迪佛立、卜鲁斯他们，还有中国的军方首脑。在中国军队里，他的直接统辖者就是淮军首领、江苏巡抚李鸿章。出两淮河水养肥的满清李大人，会接受这个从泰晤士河畔走出的英国军事传教士吗？

曾几乎时，有过一段热络的蜜月期。因为一心要挤压叛逆的白齐文，李鸿章带着偏心蓄意要将戈登捧上天，在他上任没多久，就急不可待上奏朝廷给他加官晋爵，授予他总兵的头衔。初次见到戈登的李鸿章，也确乎眼前曾为之一亮，在日记中大加赞誉说："英酋戈登翩然来此，此人英姿飒爽，向所未见，且颇驯谨，了无跋扈恶态，不特韬略娴习，抑且质直明达。"第一眼中的戈登，居然近乎一个完人，好得不能再好了。

李抚台会如此耸然动容，其实全因为他少见多怪。在此之前，他能见到的西方人也就是华尔、白齐文几个，几乎都带有满身痞气，面目狰狞，一个绅士模样的西洋人这时落入他眼里，不免会有惊为天人的感慨。以至巡抚大人竟不无夸张地赞叹说，戈登少校的言谈举止，比他所见过的西洋人强过百倍。

但好物易碎，蜜月短暂。时间的潮水会冲刷、剥落想象的金粉，还原一个人的真实面目。渐渐地，李鸿章开始看出了戈登的种种缺点：心高气傲，脾气暴躁，做事爱认死理而不知变通。尤其是当"常胜军"被拖欠军饷后，戈登三天两头跑去向他催讨，搅得他心烦意乱。其实李的手上也很拮据，连他的贴心子弟兵淮军都已经捉襟见肘，哪还有钱来接济"常胜军"。拿不到军饷，火冒三丈的戈登就愤然撕下脸皮，当着众人面指责李鸿章和淮军将领营私舞弊，把"常胜军"的军费侵吞、截流了。绅士一下变成了暴汉。李大人对戈登的印象也一下从云端跌落到了谷底。

还算庆幸的是，网没有破、鱼也没有死。当抛开军中兵戎相见的腾腾杀气，回归当事者的另一面——一个英国绅士和一个中国君子时，两人就又和好如初了。虽然心中的芥蒂是难免的，但总还能相安无事。

但这并不长久。从距离遥远的地球两边走来，让一个西方军事传教士与一个东方军事权术家相遇，不免因缺失共同语言和相近理念而难合一炉，冲突就终将难免。

冲突，引发了一场轩然大波。就在攻进苏州城以后。

苏州城不是好攻下的。进攻的枪声、炮声、喊杀声，震天辟地地响了一次又一次，苏州的敌军城堡却依然坚挺不动。一次戈登带兵夜袭东城营垒，眼看就将得手，却突然被一阵密集的子弹所阻挡，随即着一道由滑膛枪和霰弹炮组成的密集的火网将城守护得牢牢的，根本攻不进去。守军主将、慕王谭绍光带着卫兵冲杀在战场最前列，更是让士气大振。戈登的大炮尽管打了近三个小时，将敌军营垒前的泥土掀得八丈高，却仍然无法撼动苏州城，"常胜军"的队伍却白白伤亡了一百六十多人。戈登只好下令撤兵回营。

强攻不行就只有智取，这一点戈登与李鸿章都想到了一起。

这时城内的太平军，其实也已人心浮动，上下已乱作了一团。天京已经告危，苏州城被攻破，还不是迟早的事。几天前戈登曾给慕王写过一封劝降信，正告他这是最后的机会，劝他赶快坐下来谈判受降。见过这封信的几个太平军头目不由怦然心动，聚在一起，喊喊促促地议论不如投降了事。但慕王却一口回绝，他表白说，他对太平天国的忠心赤胆将至死不变，一意要坚守到底。

那几个"主降派"头目，在城中都权大势强。他们中的"四王"——纳王郜永宽、康王汪安钧、宁王周文嘉、比王伍贵文和"四大天将"——张大洲、汪花班、汪有为、范起发，控制着苏州城内四分之三兵力和六个城门中的四个，执掌的兵权实力远大于慕王谭绍光。慕王名义上是城内的主帅，但后期太平军实行分权制，将领们各人都握有独立的指挥权，这个主帅就变得有名无实。眼见太平天国大势已去，这几个头目都不想做天国的殉葬品，一心想投降清军谋出路。谭绍光的"顽冥不化"，截断了他们的后路，被他们恨得咬牙切齿。有几次当慕王的部队受到攻击、情势十分危急时，纳王他们却都笼着手在一旁当看客，不愿出一兵一卒相助，慕王几次要求增援，他们就是硬挺着按兵不动。慕王打退戈登部队偷袭的第二日，他们还偷偷地聚在一起，密谋在戈登他们再打来时，乘慕王出城应战，将他和他的部队关在城门外了事。一心想乘机夺权，由他们来一手控制全城。

城内的底细，被戈登派出的奸细打探得一清二楚。戈登不由喜出望外，急忙向李鸿章进言，诱降纳王一伙，就可轻松拿下苏州城。李鸿章全盘采纳他的建议，而且他还有更得意的一着，原来他手下主将程学启就是太平军的降将，程的副将郑国魁与郜永宽他们也都是老熟人，劝降郜永宽他们便容易得很。

11 月 28 日，两边进行第一次正面接触。一个神秘人物偷偷溜出城内，悄悄地潜入了清军大营。他就是郜永宽派出的谈判代表、康王汪安钧。戈登和程学启一起接受了对方抛来的绣球。

几天后，苏州城外、阳澄湖边，最后的谈判在芦花飞絮的纷扬中偷偷进行。郜永宽亲自出马与戈登、程学启会面，密商投降协议，一个带着血腥的阴谋就在萧萧秋风和声声浪笑中布设定夺：郜永宽答应寻机谋杀谭绍光，取下他的首级后，立即开城向清军投降。戈登、程学启给四王、四将则抛出了可观的诱饵，包括保证他们及其部下的性命、赏赐郜永宽二品武职、原副将以上军官都将封赏一定官职等等。

纳王对谈判的结果很满意，但一颗心却仍悬着。他害怕事成后清军翻脸不认账，沉吟了一会后，提出要有人为他们一伙的身家性命做担保。相比清军中的这帮老对手，他更相信从西方异邦来的洋人戈登，戈登一口答应下来，以担保人的身份郑重地作了证词。双方还以中国的古老方式折箭为誓，相约不日起事。

谭绍光却一直被蒙在鼓里，全然不知他已经被出卖，一把罪恶之剑已闪着寒光高悬在他的头顶。12 月 4 日，在慕王府举行的军事会议上，为是"战"、是"降"引发了一场激烈争论。正闹得天翻地覆时，康王汪安钧趁谭绍光不备，突然抽出一柄短剑、闪电一般飞快地往他头颈上砍去，将他砍倒在座前的桌上。其他同伙也跳将起来，似狼如虎地猛扑上去，狠命割下了谭绍光的首级。

苏州的城门訇然大开。涌入城内的清军洋洋得意，朝着扯起白旗的太平军发出了阵阵嗤笑。没办法，胜利者自有这样的权利。

戈登这位攻克苏州的功臣，也一样露出了胜利后的笑容。但巡抚大人却发来一纸命令，让他带领"常胜军"速去驻守昆山。后来李鸿章解释说，这是为了让戈登不牵涉进是非漩涡，是为他的声誉着想。但戈登却隐隐品咂出一股卸磨杀驴的味道。

戈登没有走，因为他还要向李鸿章索要"常胜军"的军饷。此外，他也想再见一见郜永宽他们，作为他们的担保人，他觉得他有保护投降者的义务。在通往清军兵营的路上，戈登见到了一路兴冲冲走来的郜永宽和众位降将，知道他们一切均好，也就使他放下了心。以后的事，李鸿章不让他掺和，他也很识相地避开了。

他不会想到，就在他的眼皮底下，会发生后面血腥惊天的一幕——

当晚，李鸿章已布置城外的淮军，在苏州四门外设下了埋伏。次日上午，李鸿章来到城内传令召见太平军八位降将，声言要给他们分封官爵。八位降将顿时心花怒放，兴奋得合不拢嘴。走进清军兵营，桌上早已摆好香喷喷的美酒佳肴，一席诱人的盛宴正等待着他们享用。李鸿章笑眯眯地举杯给他们祝酒，酒还未饮，降将们便都已有三分醉意，晕乎乎地忘乎了一切。

他们都毫无觉察，大帐两侧帷幕后早已密藏着几十个刀斧手。李鸿章借故先走一步后，酒宴仍在继续，酒酣耳热、醉眼朦忪之际，只见从门外一阵风地走进八个赳赳武士，手中各捧着清军的顶戴官服，说是给将军们更衣换戴来了。降将们喜滋滋地忙着宽衣解带，间不容发间，八个武士忽然一下翻脸，挥刀一齐向他们砍去，八颗人头便霎时滚落在地。

这原是一桌断头酒，八降将酒未喝完，头却都已断了。

几乎在同一时间，已放下武器，被羁押在宝带桥、虎丘、陆墓淮军营盘的近三万名太平军将士，也都遭到清军疯狂的杀戮，或被刀砍，或被枪击、活埋，没有一人能活下来。腥风血雨顿时撒遍苏州城外。

戈登却什么都不知道。等他知道这一切，已是第二天早晨，他闻讯火急赶到行刑现场，眼前只看到六具已被开膛破肚、砍下脑袋的尸体。悲愤交加的他，不由将郜永宽的首级一手抱起，当场痛哭不止。眼前的这一幕使他痛不欲生，更把他气疯了。他是担保人，说出的话就要兑现，李鸿章这样背着他杀戮已投降的官兵，不是拿他当猴耍吗？他信誓旦旦作出保证，自己受骗又骗了这些降将，最终不是由自己之手害得他们丢掉了性命？！自己的人格受到污辱，大英帝国军官的颜面又往哪里放？

暴怒的狮子又一次发飙了。先是找到程学启，责问他为什么要如此狠下毒手，程支支吾吾地想掩塞过去，惹得戈登怒火直冒。不再与他噜苏什么，提起一杆枪、带上十几个洋卫兵便四处去寻找李鸿章，要向他清算这笔血泪账，还嚷着要一枪将他崩了。

李鸿章早已躲了起来，几天都不见影子。戈登愤然留下一纸最后通牒，责骂李是一个背信弃义、卑鄙无耻的小人，坚持要李鸿章辞职谢罪。他威胁说，如若不然，他就率领"常胜军"攻打淮军，将以前所攻占的城池统统交还给太平军。

依然不见李鸿章。苏州这个伤心地戈登已不想久留，几天后就乘汽船返回了昆山。对这几个惨遭杀戮的降将，他一直心怀内疚，回到昆山后，就在城郊建起一座归云堂，来祭奠被屠杀的八降将和近三万太平军将士，还出钱雇请了道士大摆水陆道场，虔心超度这些死难者的亡灵。

回到昆山的戈登仍沉浸在恨潮怒浪中。他心绪难平，一意要与李鸿章血拼到底。他知道靠一人独斗孤掌难鸣，就想到了身后的靠山、英国公使卜鲁斯，于是急忙给卜鲁斯发去一信，敦请英国当局务必伸张正义，给李鸿章一个应有的惩罚：赶下台，或者将他处死。

还未等来卜鲁斯的回信，却开门迎进了一位不速之客。他的英国军方上司、刚接任驻华陆军司令的伯朗将军匆匆从上海赶来。伯朗的昆山之行，不单是为安抚愤怒难平的戈登，更猴急一般地想点燃上任后的第一把火——与戈登一起密商，趁眼下正一片乱局之际，从李鸿章手中夺回"常胜军"的兵权。戈登一听便已明白他的意思：李鸿章的角色，以后就可由他伯朗来担当了。

一番话说到了戈登的心里，他自然高举双手赞同。回到上海的伯朗，也果然如在昆山时商定的那样，雷霆霹雳般地开始向李鸿章发起攻势，指责他的背信弃义有伤英国军人的尊严，要他必须"备文认错"。李鸿章却根本不买账，理直气壮地反击说："此中国军政，与外国无干，不能为汝认错"。因碰壁而被激怒的伯朗，一气之下便发出一声命令："中止对清帝国事业的一切主动的帮助"。摆开了要与李鸿章大干一场的架势。

在戈登一直翘盼、关注的上海那边，不久，又有好消息向他传来：随着事态的进一步激化，上海的外国领事馆也介入了这场风波。一些领事已跳到前台，代表列强和所有外籍侨民签署了一项决议，严厉谴责李鸿章"杀降"是对人类本性的彻底背叛，甚至警告说，不处理好此事，西方列强将会从前线撤回正在助剿的洋兵洋将，不再帮助清政府。

属于戈登的喜讯，必是李鸿章的噩耗。已陷入四面楚歌重围的李鸿章，如何

洋枪啸鸣于乱世

解套突围，已成了眼面前一盘棘手难下的棋。而一旁的观棋者戈登，这时却正偷着幸灾乐祸。

无人知道李鸿章的内心活动，不知他杀降的真正动机是什么，但他的不认错、不屈服，却是基于他认为的充足理由而作出的。当洋人们一边倒地向他发出口头讨伐时，为了平息舆论，也为了回敬各种道听途说和煽风点火式的报道，他特别出示了一份措辞精妙的声明。在他的声明中，降将们被列举的种种不轨行为，都成为了他们贼心不死的佐证：归顺朝廷就理应剃去长发，但他们却不听，仍留着长毛；纳王的脸色仍那样凶狠残暴，证明他内心对归降的不服；他们不仅拒绝解散部队，还坚持让部队继续驻防苏州，而且要让他的亲信继续掌控军中要职，不证明还想积蓄力量图谋反叛吗？李鸿章说他如不断然杀降，其"狼子野心，恐其难制"，苏州就可能再次沉浸在血泊之中。所以，非杀不可，杀之有理。

而杀降之事，惹得洋人们如此大动肝火，却让李抚台即便搔破头皮也仍懵懂不解。杀降不历来就有嘛，即便杀错了，被杀的不过是些敌营中的人，用得着这样兴师问罪吗？何况杀的是中国国内叛军，杀他们是对是错，也应该按中国的道德标准来评判，与你们外国人又有何干？他只能归结于：洋人都是怪人。且让他们兴妖作怪吧！

学富五车、满腹经纶的李鸿章李大人，可谓目光如炬，万物皆备于胸中，却不知慧眼金睛中也有诸多盲点——他不知道崇尚生命的尊严、笃信契约精神，是西方人共同价值观的基石，这一年首创红十字会的国际会议在瑞士召开，会上就有不能"杀降"、"杀俘"甚至不能"虐俘"的议题。不管西方人说了是否真能做到，公开倡导这样的观念，就意味着人类历史的一大进步。按这样的观念看李大人所为，自然疑问百出：能将生命本身的尊严看得一钱不值，视之如草芥吗？因为"恐其难制"，就可以将数万人的生命化为灰烬吗？而且事先许下的诺言，怎么可以转眼就不认账，说变就变？戈登一心想当军事传教士，他到中国来"传道"的"教义"中，原本就包含着这样的章节、段落，却还未开堂启讲，就这样被一场风波搅黄了。

不懂西方理念的李鸿章却懂得驭人之道，面对洋丘八气势汹汹的发难，他有足够的智谋将其化解于无。一番自我辩护之后，他又请出戈登的朋友——朝廷新任命的海关总税司、英国人赫德和"常胜军"军医马格里，让他们前往戈登军营去做调停工作，先将他的肝火压下去。为对付戈登的上司卜鲁斯和伯朗，他就在各国间的竞争中找空子，让他们幡然省悟到，如果英国因杀降事件而拒绝进一步援助清朝，那么就会有法国或另一个国家来掌握常胜军的大权。果然难题摆到了卜鲁斯面前，在给英政府内阁的信中他显得一片无奈："我们若撤回军官就是对这个政府做出了不友好的举动，而我们又不能阻止别国人受雇。"李鸿章设下的局，他不接受也得接受。

解铃还待系铃人。关键还在戈登。为了更能消除他的怨气和敌意，把他拉回自己的怀抱，李鸿章上奏朝廷同意，给戈登重重地奖赏——保荐他为总兵官，封提督，领二品武官衔，赐穿黄马褂、带孔雀翎，仿照西方式样给他制作了一枚特大的纯金奖章，还赏赐他一万两白银。一时转不过脸来的戈登，作出了拒绝的姿态，在皇帝诏令的背面写道："由于攻占苏州后发生的情况"，他"不能接受任何标志皇帝陛下赏赐的东西"。其实这也只是半推半就而已。经由赫德一番劝说后，他就收下了黄马褂、花翎和勋章，因为这些都是荣誉的象征，他渴望这些荣誉。但他仍不愿接受清军总兵的任命，因为他要保持英国军官的尊严；而一万两白银，原封不动地被他退回了，因为他想撇清与华尔、白齐文这些贪财之徒的关系，"希望显示出我们（外国人）不都是被贪心驱使的"。

戈登似乎接受了李鸿章的自我辩解，满腹怨气也已一阵风地消散殆尽，挂在他嘴边的李鸿章，从"卑鄙无耻的小人"又变成了"有头脑的军事家"、"最睿智的满清官员"。转弯变化如此之快、如此之大幅度，让不知有多少人大跌眼镜。对戈登古怪多变的性格，唯有熟知他的人才不以为怪——"他对每个问题几乎都有鲜明的看法，但他的观点却极少在两天之间保持一致。"有人这样形容他。这也就是对他这番行径的最好注脚。

形势变化太快，也逼得赖在昆山不听令、不出兵的戈登再也坐不住了。他想寻找台阶重返战场，而且已显得猴急火燎。因为曾经一边倒地向他发出声援的《北华捷报》、《香港日报》等洋人报刊，这时已用警告的口吻提醒他，如再不出兵，江浙一带匪患不除，"对下一季度的丝绸收获极为不利"，英商的利益就将大受损失。同时也将严酷的现实摆在他面前：假如英国政府拒绝给予清政府进一步

洋枪啸鸣于乱世

的援助，法国人无疑会大喜过望，他们就会取而代之。

急于上阵，还有一个他说不出口的理由：没有他和"常胜军"出兵的日子里，清军对太平军作战的战场上一直频传捷报，已收复了江浙一带许多重镇，"常胜军"是否有存在必要都已是个问题。为了保全自己的脸面，也为了再次证明自己，戈登就必须尽快出现在战场上。

这时，出于实际所需的种种考虑，早已压倒了道义上的纷争。

于是，按兵不动近两个月后，戈登又突然重返战场，再度在李抚台的旗幡和指挥棒下冲杀上阵。而且他事先既未与北京的卜鲁斯、也未与当时在香港的伯朗将军商议，就独自作出了决定，弄得还在对李鸿章揪住不放、继续打压的他的英国上司如一脚踩空，跌入了一片污泥烂塘中，被动之至，也尴尬极了。

几番较量，英国人不认输也得认输。李鸿章赢了。

输了的不仅有英国当局，也有戈登他自己。不敌那位军事权术家的老谋深算，他的军事传教士的角色早已变形走样，搬出的西方教义几乎已成为一堆废纸。

在这场因为杀降而引出的争斗中，他只能铩羽而归的根由，就是在中国仅仅需要雇佣军的时期，他却希望做比雇佣军更多的事。他更不知道，李鸿章是没有耐心来琢磨、吞纳他这套西方教义的。李抚台不是改革家，而只是大清帝国的一个"裱糊匠"——正如他自己说的那样。

有胜仗，有败仗。复出后的戈登，在战场上一直不温不火。1864年4月的常州之战，更让"常胜军"大失颜面，尽管用重炮一次次狂轰滥炸，搬出重兵发起好多次强攻，却一直没能拿下突破口，自己反而屡受重创，仅是军官的伤亡就多达近30人。这次战场受挫使戈登不得不放下身段，向李鸿章提议，随后的攻城战中可以将他的军队放在后面，而将淮军推到前沿阵地去。一直好强的戈登，只能接受现实的无情，一脸无奈地承认了"常胜军"的衰落和淮军的崛起。对"常胜军"一向不给好脸的李鸿章，一直看重的只是它的大炮和汽船，这时他更觉得"常胜军"已可有可无，便毫不留情将它从"正兵"贬为"奇兵"，只给它一个跑龙套的角色。早就好靠边站了——也许这才是他真正的潜台词。

常州还是攻下来了。但这是属于李鸿章的子弟兵淮军的胜利，"常胜军"可沾不上多少光。常州一战的结束，也意味着是"常胜军"的收官和谢幕之日，因为在战场上它已变得可有可无，也因为上海的英国当局对它已彻底失去了兴趣。常州之战刚结束，伯朗将军就向英国政府提出要解散"常胜军"，而出驻沪英军来承担上海的防务。李鸿章更是"眼明手辣"——如曾国藩对他称许的那样，趁机想一了百了，彻底摘掉他眼中的这颗"磨难星"。

最后的一幕原可以顺利地落下，不料又泛起了一阵小小波澜。李鸿章刚宣布解散"常胜军"，英国方面却又不乐意了，接到消息的驻沪领事巴夏礼即刻发出一纸照会，措辞强硬地责问说："常胜军"的解散事关中英两国，怎么可由单方面作出宣布？李鸿章无权一人作出决定，一定须得到英国公使的同意。一顿抢白，使李鸿章一时感到语塞，他太急于想解散"常胜军"，竟在仓促间忘了应该走的流程。但他不愿因为一次杯水风波，让这件事被搅黄，他想出一个最佳的补救办法：把"常胜军"的总头领戈登顶到前头去。他派出的说客很快找到戈登，点透了其中的利害关系："常胜军"已经名声扫地，何苦再守着这副烂摊子不放。你若继续留在这里，将大大有损于你的英名啊！要面子的戈登，最看重他的名声和荣誉，一席话果然打中了他的软肋和要害处。他才不愿为了别人的利益而毁了自己，不必多说，马上解散"常胜军"，一散了事。

1864年6月1日，英国下院也正巧发来命令：英国军官必须从中国军队中撤出。这命令却已经来迟了，在这之前的几天，"常胜军"就已经从常州撤回昆山，就地宣布遣散。中国的土地上，从此不复再有"常胜军"。

没有了"常胜军"的日子，戈登就又回归他原来的英国军人身份。作为一名英国军事顾问，他来到正在围攻天国首都南京的湘军部队里，还想继续兜售他的一套西洋战法。但没人认真地听取他的建议，曾国荃的湘军用挖地道的土办法，照样将太平军的首都攻了下来。"传道"的努力又一次落空。

李鸿章也没闲着，倒是他，还能想到他又爱又恨的戈登中校的一点"长技"。因为在"常胜军"解散后，上海租界的洋人们都在为上海及周边的防卫空缺而忧心忡忡，李鸿章为打消他们的担忧，就在青浦附近的凤凰山设立训练营，组建一支专职保卫上海的"中国正规军"。他把戈登召去，让他在凤凰山麓站好最后一班岗——在新营地训练约近千人的中国军队。戈登很珍惜这最后的机会，好歹，

洋枪啸鸣于乱世

能有一个供他"传道"的讲坛,在这片东方古土上多少也能撒播一些西方兵法战术的种子。

　　一个月后,归家心切的戈登告别凤凰山,也告别他护佑过的上海滩,踏上了返回英帝国的旅途。据说,他随身携带的行李物品价值不菲,尤为让人惊羡的是其中上千件从苏沪战区弄来的文物珍宝。但无人知悉,这中间是否也有他取自圆明园的宝物。

巨 商 ， 不 一 样 的 人 生

爱俪园一角。

1925年建成的外滩沙逊大厦。

哈同：在大海波涛中捕鱼

看到上海的第一眼，哈同不免有些失望。眼前，这就是名震天下的上海吗？

船从香港驶来，进入一片混浊的黄浦江后，两岸扑入眼帘的尽是一片平畴，一些零散、沉寂的村落，坐船半天了，才看到岸上有炊烟飘绕、人影晃动。驶近外滩，从苏州河口的外摆渡桥附近开始，看到有一幢幢三四层的楼房傲视着四周的一片矮屋，那楼屋，也不像预想中那么高大、伟岸。闻名海外的江海关，只是一幢假三层的木结构洋房，孤零零地兀立在黄浦滩三马路口，显得风味索然。

眼前情景，与传说和想象中的"东方巴黎"，差得太远了。

哈同从未到过巴黎，并不知道巴黎是什么样子，所谓"东方巴黎"，只是听传说而已。传说来自他生活的印度孟买。这些年里，在孟买街头，他总会看到一些衣着特别光鲜的犹太同胞，神气活现地从他身边走过，一打听才知道，他们都从中国的上海淘金回来，都发了大财了。

上海就代表了金钱、财富和幸运。他也想去上海。

在失望中踏上上海的这一年，是1873年，犹太人欧司·爱·哈同刚刚二十出头。他是为改变自己的命运而来的。

因为他很穷。本来，他家也不算太穷酸落魄。当哈同在土耳其统治下的巴格达出生时，他父亲正在巴格达沙逊洋行当一名小职员，后来洋行总部迁往印度孟买，他全家也迁到了孟买。父亲依然在沙逊洋行供职，靠小职员的一点薪水，全家尚能维持生计。到孟买后不久，不料父亲突然病死，全家因一棵大树的倒下而一下跌入了贫困深渊。那年哈同才5岁。

犹太巨商欧司·爱·哈同。

巨商，不一样的人生

"我小时候很苦，经常拾破烂，捡煤渣，找瓜皮烂菜。"在哈同多年后的回忆中，他如实道出了当年的辛酸。

刚满20岁时，操劳一生的母亲又撒手西归，更是把他逼上了绝路。孟买，已经很难有他的容身之地，开杂货铺的舅舅为他的前程操心，便指给他两条出路：到香港或者上海去碰碰运气。因为那两地都有他舅舅的熟人，而且都在沙逊洋行谋职。21岁的哈同于是登上一艘小火轮，先去了香港，干了几个月杂工的活；觉得没啥奔头，便又从香港转道到了上海。

1873年的上海，已经开埠30年，活脱脱是个西洋风味十足的"大码头"了。外滩大道当时被称作"洋子路"，路上车来人往，十分热闹。面向黄浦江的一边，已矗立起二十多幢似城堡、似宫殿般的西式高楼，由北往南数过去，有英国领事馆、怡和洋行、大英轮船公司、沙逊洋行、颠地洋行、太古洋行、汇丰银行、海关、美商旗昌洋行、东洋银行等等，隐约已显露出日后成为上海滩地标的"万国建筑"的轮廓。

但初到上海的哈同，还是感到了失望。因为从孟买到香港一路所传扬的上海，被说得天堂一般的神乎其神，当直面真实的上海，与想象骤然出现了落差。而且1873年的上海，毕竟还处在都市化的前期，不能指望它完全像纽约、巴黎一样的繁华富丽。

哈同没有想到，这正是他的幸运。因为上海的不完美，才给他造就了日后大展身手的空间，上海的发展，也成就了他的发展。若在一个已经如日中天、发展已达极致的大都市，像他这样一贫如洗、两手空空的穷小子，还能有什么盼头？

自然他不会想得那么远。当他在外滩寻寻觅觅地找到坐落在怡和、仁记两个洋行之间的沙逊洋行时，心里只是在忐忑不安地想着，这里的沙逊洋行，是否真能收下他。在香港混了一圈，口袋里已剩下不多几个钱，身边只拎着一只装有一条毡毯、几件换洗衣服的帆布提包，他只想能有个地方让他安顿下来，好干活挣钱。除此，还能有什么别的奢望？

幸好，经舅舅的熟人介绍，老沙逊洋行的大班将他收留了下来。他没有正正规规地上过学，也不懂洋行业务、不会说中国话，唯一的资本就是年轻、人老实。大班就看上他这一点，给他安排了一个"司阍"的职位。"司"的含义是"管理"，"阊"是"门"的意思，"司阊"即是给"看门人"戴的一顶高帽子。哈同感到很称心，好歹总算有份工作了。再说，他除了看门岗之外，又能干什么？

常有人说，犹太人是一个"钱的民族"，金钱是犹太人的第二上帝。从整个民族来说，犹太人因为在反犹排犹的基督教社会没有权力和地位，就只能用钱去换取生存。穷困如此的哈同，对钱的渴望自然更甚于常人。他当看门人，每月能拿到 5 两白银的薪水，吃饭已不成问题，但他又岂能满足于这点吃饭的钱。

竟然，毫不起眼、毫无油水可捞的看门房的活，也让他找到了"商机"。

老沙逊洋行，当时已把贩卖鸦片烟土作为主业，每天总有不少上门批货的烟土商挤在门口，等着拿到烟土。"司阊"哈同问明来意后，都会一一放行。后来不知是否受到谁"雁过拔毛"的点拨还是自己灵光一闪，从某一天开始他却换了花样——在门房间的窗台上置放一本登记簿，除了直接找大班的，来客都必须逐一登记。然后让他们在门房外的长条凳上耐心坐等着，待里边走出一个再放进一个。

这样一变，无形中他就获得了一种权力，想早进门的人便需打通他的关节。有人等得不耐烦了，就偷偷塞给他一块银元，央求他"法外开恩"，早点放他进去。自然，塞钱的人都会得到他的额外照顾。时间一长，烟土商们都看出了其中的窍门，都争着塞钱给他，有人还不止只给一块银元。回去一盘点，他每天捞到的外快足有一二十块之多，顿觉这买卖还真不错。

而且，经他这么一"改革"，办公室内原本涌满烟土商、乱哄哄的局面也变得井然有序，让大班看了分外高兴。对他，也格外地赏识了。

犹太人不相信一夜暴富的神话，他们相信，财富是靠积攒起来的。在当看门人的一年中，哈同一面靠拼命多干活来挣钱，没有一样工作是他所不愿干的，也没有一种报酬因为太微薄而听任它流失，加班能赚取额外的钱，他就总是第一个报名；一面则节省每一个铜板，只花不得不花的钱。

这一年里，哈同把他的薪水、奖金和私下捞取的外快一合计，总收入竟有三千多银元，剔去十分有限的开销，已积蓄了两千多银元。他躲进屋里，一遍遍摩挲着手中的银元，偷偷地笑得合不拢嘴。凭犹太人的天性，随后他又转动脑子，寻思怎么用钱来再生钱。他不喜欢把钱存入银行或钱庄，因为利息太低。思

巨商，不一样的人生

来想去，觉得最合算的还是放高利贷，于是 10 元、20 元甚至 3 元、5 元地借贷给急需用钱的邻居或熟人。通常借期为半个月，月息至少 5 分，到期不还便利上加利。靠这个，每月又增加了一笔收入，原来瘪荡荡的口袋，一下鼓胀了起来。

有了钱，便买下一幢半旧的弄堂房子，雇了一个女佣，建立起最早的"哈同公馆"。原来的穷"瘪三"，像模像样地过起了小康生活。

一年后，他从门房间跃入写字间，成为一名业务管事。大鸦片商沙逊这时已兼营一些房地产，看到哈同勤快乖巧，便又提升他为地产科领班，由他去负责收讨房租。同时还被任命为行务员，能参加大班亲自召集的行务会议，俨然是洋行的高级职员了。

十年后，久经上海滩的商海历练，哈同已成为一个炉火纯青的商人。商人，却又有政治眼，从风云变幻的政局中觅取商机，更是他独到的一身本领。

1884 年，一场中法战争殃及上海滩。时局混乱、人心惶然之际，哈同却从危机的烟雾中看到了商机的光影。

中法战争的战火，点燃于法军对越南的入侵之战。攻下越南、取得对它的"保护权"后的法国人野心膨胀，又陈兵中越边境，企图逼使中国就范。中法交火后，奋起反击的清朝军队转战镇南关、谅山一带，打得法国军队弃甲曳兵，溃不成军，法国茹费利的战争内阁也不得不宣布倒台。消息传到上海，租界内的洋人如临末日，一片恐慌。两个租界内一时都出现了洋人出逃的风潮，乱纷纷地或迁往香港或逃回了本国。住户的纷纷离去，使房地产价码一落千丈，可苦了靠房地产谋财赚钱的洋行，一股抛售房产的风潮随之席地而起。

怡和洋行先行一步，把一部分地产抵押给汇丰和花旗银行，一部分低价出售；仁记、太古、泰和、会德丰等洋行也纷纷跟进，几乎卖光法租界内的所有地产，将公共租界内的地产则半数抛出。老沙逊洋行也已支持不住。严峻的形势摆在面前：它的总收入有百分之六十来自地产和房租，如果将房地产廉价变卖，洋行便有破产之虞；如果守着不动，一旦中国人趁势收回租界，就全都打水漂了。那大班急得如热锅上的蚂蚁，左右都为难，不知如何是好。

洋行里压倒多数的声音，主张把地产卖了，马上"撤离上海"。在香港的老沙逊也催促上海的老沙逊洋行赶快收摊，退出乱局后再作打算。但用冷眼旁观着这副乱象的哈同，却发出了另一种声音。

可以相信，眼下的这种混乱局面是不会长久的。——哈同向大班进言说，混乱迟早总会过去，上海也总会回到往日的好光景。你看看上海开埠 40 多年来的情形，中国政府对待外国人，哪一次不是以退让而告终的？再说，中国人有胆量收回法租界，也不至于有胆量收回大英帝国的地盘。

他出了个逆势勇进的主意：不仅不要从上海撤离，反应趁眼下的地价狂跌，大量地收进地皮；一旦形势好转，地价势必会上涨，就可以大赚一笔。他引用犹太人的一句俗话说："海燕在大海翻起波涛时捕鱼最多"，现在，这不正是捕鱼的好时节？

显示哈同独到见解的这番话，让一旁的人听了都点头称是，不能不赞叹他的高明。高明则高明矣，但外人所不知的是，他内心却也有另外的算计：为自己的"钱途"考虑，他也非如此一搏不可。因为他也为自己担忧：如果老沙逊洋行像怡和洋行那样，将地产抵押、抛售，他这个地产部管事还能管什么？在洋行内还有何地位可言？洋行从上海撤走，他一个小职员又能去哪里？还有更说不出口的原因：他平日借公济私，也悄悄盘下了许多地皮，加上自己积蓄的几万两银子又都放了高利贷，甩手一走，一切全都变为乌有，那自己岂不又被打回原点——一个垃圾瘪三而已！

所以他要做的，只能拔高"不能走"的调门。他不能走，也同样不能让沙逊洋行走。

这一番说理，果然打动了大班。老沙逊不仅不从上海撤离，反而按哈同的主意，悄悄地买进了许多别的洋行卖出的土地。

烟过云散，事态的发展果真应了哈同的预估。中国人虽然打了胜仗，慈禧太后和清廷却依然不敢招惹法国人，急着与法国停战媾和，还严令前线军队弃城后退。最终又签订了《中法新约》，允许法国在云南、广西通商，也让法国取得了在中国修筑铁路的特权。胜利者，最终却成了败得最惨的输家。

上海又回到了往日的"好光景"。原本惶惶不可终日的洋人，又威风八面地回来了。这一折腾，让老沙逊凭空发了 500 万两银子的横财，大大地捞了一把。它才是最大的赢家。

老沙逊的大班庆幸听了哈同的话，当初没有走，否则，哪会有这样的好事！

可是，哈同却要掉头走了。1886 年，他断然从老沙逊洋行出走，去投奔到了新沙逊的门下。

因为风波之后的结局，使他感到很郁闷。靠哈同的指点，老沙逊赚得盆满钵满，给他的回报却只有区区一千两赏银，事后也没半点给他升迁的迹象。心灰意冷的他，为老沙逊干活已提不起半点精神。这给竞争对手找到了空子，早有挖墙脚打算的新沙逊洋行，趁机向他伸出了橄榄枝，许诺以多出一倍以上的薪水聘他当大班协理。这样的诱惑，"金钱至上"的犹太人哈同能不为之动心吗？

南京路河南路口，一幢低调而又显目地矗立着的大楼里，这天，闪进了哈同胖乎乎的身影。这不是电光的倏然一闪，也不是一颗流星的偶然划过，这身影将和这大楼融会于一体而朝朝暮暮地出现。因为他不是来作客、来访友的，他就是这幢大楼的主人。

哈同，要自己开洋行、当大班了。

这是 1901 年的某一天。一个新世纪的开始之日，哈同也迈入了人生命运的新纪元。

对哈同来说，这是人生的一次跨越，也是彻底的解脱——终于跳出沙逊家族的法掌，开始畅心如意地做一回自己。

他和他的父辈，已经当惯了沙逊王朝的臣民，一直在老小沙逊们构筑的殿堂前俯伏着卑微地过日子。从 1873 年到上海后，他在老沙逊洋行干了 13 年，跳槽到新沙逊洋行后又干了 14 年，将自己的最好年华都献给了沙逊家族。虽然他的财富、他的荣耀甚至一切都来自于沙逊洋行的庇荫，但他获得得再多，也改变不了他与沙逊们之间的君臣、主仆关系。

公平地说，新沙逊待他也不薄。到新沙逊洋行后，比之过去，职位、身价都已大为看涨。而且为笼络这个商业奇才，新沙逊还与他合办了一家专营鸦片买卖的洋药公司，沙逊方面负责出资从印度进货，哈同负责"跑街"——到上海各鸦片铺进行销售，赚到的钱按比例分成。也算当起了半个老板，小日子过得更滋润。

就在这些年里，哈同又讨了一个"福大、命大、造化大"的老婆罗迦陵。人都说这个新夫人有"帮夫运"的命相，有新夫人的保驾，哈同似乎果真一路交上了好运。婚后未满一年，他就沾上官运，在法租界坐上了公董局董事的宝椅，以后一连当了整整 10 年。到 1897 年，他又被公共租界视为"奇货"，推举为工部局董事，聘为租界法院的陪审员，"地皮虫"一下身价百倍地成了租界"头面人物"。这个董事他也连当了 4 年，直到 1901 年，他自立门户后才脱身。

此时的哈同，名下也已有数百万资产和几百亩地皮，俨然是租界内的一个洋大亨了。

昔日的小媳妇熬成婆，自然已不甘寄人篱下。

1899 年发生的一件事，也成为他从新沙逊出走的导火索。那一年租界当局向西扩展越界筑路，哈同趁机挪用新沙逊洋行的资金，低价为自己购进了大量土地，建造了一批里弄房屋。事情不巧被败露，觉得已无颜去见老东家，他就索性彻底掐断与新沙逊的连系，开始单飞独行。

他的单飞，最初却一点都不引人注意。

哈同洋行，未来的地产大鳄，几乎是在悄然无息中出世的。没有酒会宴席，没有盛大庆典，也没有赶来捧场道喜的红男绿女，将一块小号的铜牌往大楼外墙上一挂，便悄悄地营业、开工了。

从常人看来，上海滩的洋人大班中，他实在称得上是个"奇葩"、"怪胎"。别的洋行门口，都守卫着威风笔挺的巡捕，显得高贵而威严，他没有；别人挂的铜牌都大大的，极有气派，他却硬是比别人做得小一号。别的洋行，都用办公室的豪华阔气来显示自己的实力，他那里，却就是个简陋的大写字间，摆着几张普通的松木写字台、几把椅子。屋内不铺地毯、不挂窗帘，地板也不上漆，外人看来简直寒酸得很。他自己的办公室内连取暖设备都没有，一到寒冬腊月，就总要身裹着大衣办公。聘用来的职员，清一色的都是中国人，连打杂和跑腿的在内都没有几个人，人数之少，在各洋行中都前所未见。

一位美国记者曾前去造访他，后来在他的著述中形容说："他的办公室没有什么东西能使人想到宽敞舒适。"又说，"在美国任何一个家具商店，你都不可能找到与他的办公室完全相同的桌子"，因为，没有一家商店，"会让这么廉价的办公桌进入店内"。

南京路河南路口,他先前曾买下一块地皮,哈同洋行的行址就安设于此,号称"哈同大楼"。选址在这里,也使人很不解。因为在那时,外滩一带才是公共租界内的"黄金地段",外滩沿南京路向西延伸,市面渐次变淡,到南京路河南路口,已是繁华落尽的闹市边缘,很萧索、冷清了。

商人都是"热带动物",都有趋热怕冷的本性,偏偏哈同却甘于与冰冷为伍。这一切与时尚悖逆的举动,似乎映照出哈同的刻意低调,其实却不是。这映照出的正是犹太人的智慧和狡黠,即是务实和远见。洋行设施简陋,是因为他不想为装潢门面而大事铺张,手头的钱需要用来投资,让钱再生出更多钱。而将他的洋行设在繁华地段的尾巴末梢上,也有他洞明世事的深意——将这里作为起点,正孕育着他想沿南京路向西拓展地产业的雄心宏愿。

他的牌理和棋路,都是按实际需要和先见之明而设计的。

因为,他早已盯住了南京路沿线的地产。

还在新沙逊洋行时,他四处察视,已洞悉沿南京路一带地皮的潜质。那时他买进了许多地皮,几乎都在南京路沿线,而且又大多位于河南路以西还一片冷落的地段。近三十年在上海的阅世经验,使他看清了这座城市如日出东方般的发展潜力。城市越发展,地产就越是值钱,上海房价和地价不断上涨之势将不可遏止。而且他很清楚,发展就意味着扩张,今天冷落的地方,明天就会变成热地,而具有升值潜力、但今日相对冷落的地段,地价相对较低,早早买下,一当炒热后就会有丰厚无比的回报。

一次深谋远虑的"押宝",被他果然成功押中了。河南路以西的南京路,从浙江路到西藏路这一段,不出他的预料,后来逐渐成为繁华闹市、十里洋场的中心。名扬上海滩的南京路"四大公司"中,南京路南侧浙江路口的永安公司、南京路北侧的新新公司这两家,都建在哈同早已买下的地块上,成为他经久不衰的"摇钱树"。

炒热南京路地皮后,他往后的棋路同样是怪怪的。从始至末,他都守住一道铁规,将在南京路周边买下的地块作为"摇钱树",只购入、不出售。在这些地块上,他要么造好商铺或住房后出租,要么就"租地造房"——将土地有期限地租给别人，让租地人出资建屋，租地期满后，则将土地和全部建筑设施无条件归还给他。这后一招更让人直呼"辣手"、"厉害"。1916年，香港巨商郭乐、郭泉兄弟筹划在先施公司对面建造永安大楼，这块地皮正属于哈同所有。郭氏兄弟提出买断这块地，被哈同连声回绝："只出租、不出售"的规矩决不能破。把话说尽都没有用，郭氏兄弟只好听哈同的，按他之意订立了一份"租地造房"协议：租期30年，租期内永安公司须代哈同支付地价税，并向哈同支付年租5万两银子；永安公司必须用15万两银子营造公司大楼，并保证定期维修，哈同拥有对营造和维修实行监督的权力；合同期满后，所有地产、房产及房内全部设施无条件归哈同所有。如果永安公司继续租用，就必须重新订立合同。

这块地皮共8亩5分多一点，是当初哈同花1.8万两银子买下的。在此之前，他以年租6000两银子曾出租给一个姓朱的商人，只用三年就已收回了成本。如今租给永安公司，每年又可净得5万两银子，出租30年，堆起来是一座多高的金山银山！而且，将租期定为30年，还深藏着哈同的另一番生财之道。哈同早就打听过，质量和结构优良的建筑物，一般至少可使用50年，那就是说，30年期满收回后，他还可以用上20年，如果再出租，又是一笔多么令人惊叹的巨财！

果然，30年后，郭氏兄弟想续租这块地皮，又出了150万美金才把自己造的房子连地皮"买"了回来。不过，这时哈同夫妇早已过世，这笔等于白捡来的巨款，只能让他的义子乔治·哈同享用了。

南京路贵州路口的新新公司，让哈同得利更多。只有5亩多的这块地，比永安公司的那块地小许多，但每年租金却上涨到了8万两银子，足足比永安公司多付3万两。

哈同在南京路山东路口的一块地皮，后来被大陆银行的两位老板看中，以租期32年、年租金20万两租下，新建了一家大陆商场。但大陆商场太不走运，刚建成便遇到"一·二八"事变爆发，以后又遭受1937年"八一三"淞沪之战的冲击，连年亏损、每况愈下。商场已无法办下去，只得提前24年将土地退还，大陆商场大楼则廉价折让给哈同的遗孀罗迦陵——价值一百八十多万元的大楼，折让时只卖77万元，让哈同的遗孀捡了个大便宜。

巨商，不一样的人生

哈同目光所及的，其实并不止于泥城桥，即今日的西藏路。他看中的南京路沿线，实际要越过西藏路一直往西延伸，直至静安寺一带，也就是今天的南京西路，那时称"静安寺路"。原先划定的公共租界，往西即到泥城桥为止，再往西的静安寺路还不属租界范围，因而这一带一直是荒僻冷落之地。但租界当局不甘画地为牢，不停地在扩展地盘。1900年工部局制定新的"越界筑路"计划，声言要在西区筑路30英里，哈同开办洋行，正赶上租界向西扩界的高潮初起时。眼看静安寺路就将划入租界界内而变成热土，哈同别说有多高兴了。

原来他早已埋下了"伏笔"——在自办洋行之前几年，他已经在静安寺以东、涌泉浜旁边的罗家村圈下一大片土地，面积约有三百多亩。这块地有一部分是被弃用的德国军营，原先是给德军安扎营盘和操练用的，军营之外则还有许多坟地。如此荒蛮之地，自然谈不上有何商业价值可言，因而哈同买下它时只花去很少的钱。那时许多人对他的"捡破烂"行为，还感到不可理喻。几年后这块地被划入租界，一夜间身价百倍，这才使许多人彻底服了。

哈同，又一次"押宝"成功了。

哈同的"好眼力"，也多半靠着他的听觉灵敏。他是工部局的董事，当董事可不是只为了追求表面的光鲜，也不愿白白地空忙一场。购地皮之前，他从董事会内其实早已探得了"内部消息"——"越界筑路"还将"越"至静安寺一带。

吞下静安寺以东这片地产之后，哈同便成了静安寺路西区的地产霸主。其实也不仅是西区的一霸。哈同亲自跑了一趟两个租界的土地局，仔细核查过各家洋行拥有地产的数据，回家关在房里，划算了半夜，高兴得跳起来。哈同洋行开办了5年，单在南京路的地产就有十二块，而沙逊家已只剩下了三块。排下来，哈同的地产总数不仅已超过老东家沙逊，而且已经排为上海滩地产的第一大户！

哈同推醒妻子，让睡梦中的罗迦陵一起分享这一从天而降的喜讯。两人乐得一晚上都无法入眠。

秉承"钱生钱"生财秘诀的哈同，按其本意，罗家村的这三百多亩土地当然要变成"摇钱树"，继续去赚更多的钱。但如夫人却拨打着另外的算盘。与只知赚钱、不知享福的哈同不一样，这位"福大、命大"的罗迦陵却忒懂得享受。有了这样一大片土地，她就想在这块地上建一座私家花园，让全家从此过神仙般的日子；而罗家村原本就是她的出生地，在这里建花园，也好成就她一桩光宗耀祖的大事。

对夫人一向言听计从的哈同，尽管犹豫了半天，最终还是答应了。

这个浩繁的工程，由从镇江金山寺请来的乌目山僧作总设计师，1902 年春季正式动工兴建。1904 年春夏间，在百亩之广的土地上，一座既有池塘假山、亭台楼阁又有富丽堂皇的西方式别墅，五步一楼、十步一阁的私家大花园圆满落成。哈同一家喜笑颜开地从自来水桥北堍（今河滨大厦处）的公馆搬到了这里，开始过帝王般的豪奢生活。花园取名为"爱俪园"——哈同全名叫欧司·爱·哈同，罗迦陵原名俪蕤，从夫妻俩的姓名中各取一字而成。这名字也是乌目山僧的"杰作"。可上海人都爱称它为"哈同花园"。

欲海无边。这天堂般的日子才过了没多久，罗迦陵又嫌花园不够气派，1905年春夏之交又在附近圈地一百亩，开始进行扩建。至 1909 年秋季完工，整个爱俪园前后花了七八年才建成，耗费银子六七十万两，总面积已达到 300 亩。爱俪园建成后，有人数点园内景致，眉飞色舞地称叹有"楼八十、台十二、阁十六、亭四十八"，还有"十大院落、九条马路、七乘桥、四小榭，大小树木"，真是"八千有奇，洋洋大观"。有人讨好哈同，夸张地夸赞爱俪园胜过《红楼梦》中的大观园，爱俪园"海上大观园"的美名也就传遍上海滩，传扬了很久。

在南京路这片哈同的梦想之地上，被他自东向西沿线一步步地开拓、推进，终于从不毛之地上走出了一条黄金大道。梦已然不再虚幻、缥缈，而一点点变成了触手可及的现实：数不胜数的钱财，取之不竭的物质享受，神仙般的天上人间生活。沿南京路西进之途终端处的爱俪园，也就成为了他发迹生涯巅峰期的一大象征。

可哈同是个劳碌命，似乎天生只为赚钱而活着。一边，罗迦陵在爱俪园挥金如土，正有滋有味地过着她贵夫人的豪奢生活，另一边，哈同却仍满脑子想着发更多的财，不放过哪怕一点小小的机会。据说他起居、饮食都很随意，早上用餐，几片面包、一杯牛奶就可打发过去，在家用午餐和晚餐，也不过一菜一汤，塞饱肚皮了事。他的心思都已放在了琢磨如何赚钱上。

一对夫妇，似乎有了心照不宣的分工：老婆花钱，老公赚钱。

爱俪园建成后，哈同到园外散步，竟有了新的发现：花园以西，还有许多荒芜的空地。他的眼睛里不由又一阵发光，这岂不是又一棵"摇钱树"？赶紧以低价收购下这些荒地，建造了一百多幢石库门房子，取名为"民厚里"。但地段毕竟偏僻，交通又不便，即使狠狠心放低租金，仍有许多房子租不出去。爱琢磨的他灵机一动，向外抛出诱饵，放话可低价租住外，租民厚里的房子还可免去几个月的租金。贪小便宜的人到处皆有，这一来，果然租房的人多了起来。再一琢磨，见爱俪园西边有一条狭窄的小马路，车马都无法通行，他就大方地无偿捐给工部局，让他们去拓宽这条马路。工部局果真将马路拓宽，为回报他的一片善心，还将这条路取名为"哈同路"（今铜仁路）。这个一毛不拔的"守财奴"，这次难得地慷慨行善，其实仍不过是寻求另一种赚钱的门径：将周边环境改善了，使这里出行方便了，就可以吸引更多的人来租房。他算过这笔账，得利者最终还是他自己。

建"海上大观园"、过世外桃源般的生活，毕竟耗费太多，哈同就近在荒地上建造"民厚里"，也算是给自己的一点补偿。否则，他内心的失落，怎么也是无法平抑的。唯有看到账面上有天文数字的钱，他的心里才会踏实。

眼皮在卜卜地乱跳，心里一阵阵发慌。一种不祥的预兆袭来，把哈同搅得整日都心神不宁。

不安，来自浓墨泼写的一个大字——"福"。

醒目开眼的一个"福"字，被配上昂贵的金框，正悬挂在爱俪园"迎旭楼"大厅正中，平常一直被哈同和罗迦陵奉为镇园之宝。夫妇俩走过这里，瞧着这件金光熠熠、贵气冲天的墨宝，眼角眉梢间都会掩不住洋洋的得意之色。外人见了，也都附声赞叹不绝。

这"福"字可来历非凡。原来它是清宫当今隆裕太后的御笔，是罗迦陵去天津见老福晋时给她的赏赐。罗迦陵富而思贵，一心想搭上与皇室的关系，那次她专程北上，先去天津与隆裕太后的母亲老福晋会面，然后想转往北京，去拜见执掌宫中大权的隆裕太后。一直被光绪冷落的隆裕皇后，自慈禧和光绪先后丧命、溥仪继位当上皇帝后，便升级成为皇太后。但那几天太后心情不好，没有召见罗迦陵，只是写了一个"福"字托人送给了她。那女人自然感激涕零，老福晋又认下她作干女儿，让她更高兴得发狂——老福晋的干女儿，也就是皇太后的干姐妹，哈哈，俺不就是皇亲国戚了吗？

夫人去天津见老福晋，哈同没有同行。他要忙着赚钱，洋行里的一大堆事，让他怎么放得下？夫人去天津，他其实更感到心痛，那带去的这么多礼品，有镶嵌钻石和宝石的手镯、戒指、挂饰，装有新式弹簧、能报时的金表，还有前几年刚进口的新玩意儿——嵌有红绿宝石、装潢特别的留声机，会按时跑出几个娃娃敲钟报时的自鸣钟等等，这都是新奇贵重的东西，要花去多少钱啊！

罗迦陵北上南归，带回皇太后的御笔，又与皇家攀上了亲戚关系，这才使哈同的心绪平复下来。因为他扳指掐算过，这也许是一笔只盈不亏的好买卖。

每次从"迎旭楼"的大厅走过，他也总要将那"福"字细细地看上几眼，才觉得不亏了自己。别说一字值千金，那一个字，可花了他整整几十万两银子换来的呀！

罗迦陵去天津，正是1910年的三四月间，中国，正处在千年之大变局的前夜。这位大班夫人，却浑然不知时局的动荡：她与老福晋吃着满汉全席、眉飞色舞谈笑时，几十里外的京城正发生革命党人埋设地雷、行刺摄政王载沣事件，闹得沸沸扬扬，南方革命党人图谋"造反"的消息也不断传入宫内，正搅得隆裕太后寝食难安。罗迦陵只关心太后见不见她、自己能挣来多大面子，不知世道的惊天大变就将在眼前发生。

回到上海后，一脸的灿烂才停留没多久，罗迦陵就已知道大事不妙。先是在1911年10月10日，革命党人推翻清王朝的武昌起义轰然爆发，继而湖南、江西、山西、陕西、云南各省也纷纷起事，普天之下乱象蜂起。上海滩也风云骤变，一会从闸北传来消息，起义者已占领闸北巡警总局；一会从西门外传来说，革命军聚集数千人在斜桥西园举行誓师大会，已宣布上海反清独立；一会又到处听到传说，革命党人组织百人敢死队在攻打江南制造局，还向上海县城发起猛攻，县知事衙门、道台衙门都被攻克了，县老爷和道台大人也都不知去向了。

11月3日有报纸报道："城内各官逃避无踪，城墙各处均悬白旗"。这一天上

巨商，不一样的人生

海正式宣布光复，成为革命党人的天下。

才过去一年多时间，在罗迦陵眼前，一座金碧辉煌的摩天大厦，忽喇喇就这样轰然倒塌了！

精于算计的哈同，也知道这回大大失算了。他懊悔让夫人去见老福晋，一趟天津跑走了几万两银子不说，还招来不知是福是祸的麻烦。真如中国人俗话说的：羊肉没吃到，反惹了一身膻味。

爱俪园大厅内，那金光闪耀的一个"福"字，也让他越发感到惊心刺眼。

中国政局的每一次动荡，与哈同的休戚相关，更甚于租界洋场里别的大班。因为他与别的大班不同，别人或在本国、或在香港都已拥着一座金山才来上海的，而他却是一贫如洗来到上海，赤手空拳打出的一片天下；别人大多是隆鼻碧眼的正宗白种人，自视高人一等，眼里根本瞧不起中国人，而他虽然改入了英国籍，却改不了一张黄种人的脸，也改不了他的犹太血统；更与别人不同，他还讨了一个中国老婆，家里还供着中国人所信奉的佛像。他心里比谁都明白，他的所有财富都来之于中国，他的全部根基都在中国，他不能不更关注中国人所关注的事。

好在他已备有可抵上半个政客的身段，一次次出没政治烟波里，早已积下"稳坐钓鱼船"的一套高明算计。

"商人不要参加什么会、什么党、什么政界。政治有兴衰，会党有胜负，他们一旦失败，你也就跟着完蛋！"哈同这样教诲手下，传授他的真经。而且还有一番更堪一用的高论："我们不要卷进风浪里去，可要做浪涛掀天中的海燕，它捕的鱼最多！"

他有他的行事"原则"，他的"原则"就是没什么原则，而只要让自己能获利就行。身边出现剑拔弩张的敌对双方，不问是非、好坏如何，哪一方都不能得罪，到哪里都只栽花而不种刺。而最终，让花都开遍自己的家园。

他果然成了高级花匠。

就说那个皇室的近族瑞澄吧，他担任苏松太道台时，就与哈同交成了铁杆朋友，公家的田赋税款被他吞没后，曾作为私蓄全都存到了哈同洋行里。这次武昌起义爆发，瑞澄刚升任为湖广总督，却被楚望台的一声枪响吓破了胆，急忙化装成商人，带着几十万两公款、携全家老小溜出了武昌，逃之夭夭。清廷得知消息，立即下令对他通缉，但忙乱了好久，却一直不知他的下落。其实他早已逃到了上海，就躲藏在哈同的爱俪园内。

哈同窝藏被清廷通缉的瑞澂时，也正是他与清宫的太后、太后之母打得火热之日。瑞澂逃窜而来，他不仅专门摆酒压惊，还拨出宽敞的房子供他全家长住，依然待若上宾。而瑞澂也从行箧里取出一叠银票约65万两，交给哈同作为他的安家费用。很凑巧的是，那时哈同夫妇正邀请隆裕太后的母亲老福晋南下一游，就住在爱俪园。老福晋始终蒙在鼓里，不知朝廷钦犯瑞澂几天前还是这里的贵客，只是因为她的到来，临时搬到外面去住了。

王朝倒台、革命党崛起而使他惊魂未定的一刻，很快有惊无险地化为坦途。因为一边当清宫的"皇亲国戚"时，一边也不妨碍他与革命党人的"私通"。武昌起义过后不久，在1911年12月25日的那天上午，一支车队鱼贯般驶入了爱俪园。从车上走下一群贵客，一个个衣装笔挺、器宇轩昂，为首的一人由众人簇拥着款款而行，显得更是气度不凡。原来这就是一群革命党人，为首的即是革命党头号领袖孙中山。他风尘仆仆从欧洲经香港刚来到上海，一下船，就由同盟会的一干人接到了这里——哈同的私家花园爱俪园。

不由看出，他与推翻清王朝的革命党人，关系也非同一般。

原来，通过"革命和尚"黄宗仰即乌目山僧的牵线，哈同与孙中山他们也早已挂上了关系。

这天中午，哈同夫妇在爱俪园盛情设下午宴，为孙中山洗尘，傍晚孙中山又被接到爱俪园参加招待晚宴。翌日中午，哈同在"海上大观园"再一次宴请了这位革命领袖。1912年1月1日，孙中山将赶往南京就任中华民国临时大总统，去掀开历史的划时代一页，他就是在这天清晨，从哈同花园发车启行，前往北火车站而转去南京的。临行前，哈同送上3万大洋给孙中山，让大元帅深深感到了他对革命的一片热心。

孙中山以后几起几落，依然都承受着老哈同的恩泽。那年他卸下临时大总统职务，人一回到上海，不去别处就入住在哈同爱俪园的侍秋吟馆。1917年，孙中山南下广州去组织护法军政府，哈同一边在爱俪园设宴为他饯行，一边还送上五大麻袋钞票，作为他南下护法的经费；以后又借给孙中山 30 万元，来缓解护法海军的燃眉之急。1920 年春，慷慨的哈同又从银行提取 50 万元，借给孙中山作革命经费。

一副对革命的拳拳之心，真可感天动地。哈同，不俨然是个革命的忠实拥趸！

其实哈同就是哈同，革命与不革命都与他无关。他只知道，这中国土地上的每一方势力，都可能是他的"银行储蓄"，日后的资源、宝藏。管他姓张姓李、是人是鬼，他都一样报以一脸的"赤诚"。

后来袁世凯篡权，一步步走上了封建独裁者之路。等到孙中山一觉醒来，举国内已都是袁大头的天下。上海，这时也已落入北洋军阀的铁掌之中，袁的手下杨善德、卢永祥陆续当上上海护军使，用铁腕把控着上海这块宝地。当北洋军阀分裂后，杨、卢之流又都改投段祺瑞门下，成为了皖系的干将。孙中山南下护法，就是要向执政北洋政府的段祺瑞发出宣战。

哈同却轻松化解了这一江漩涡中的是是非非。为南下护法的孙中山刚祝过酒、送过钱，转身他就与革命军的死敌杨善德、卢永祥打得火热。先后是袁大头、段执政手下的这两员虎将，来上海后，就都成了他的座上宾。当上上海护军使的杨善德，时常乘坐小汽车喜气洋洋地到爱俪园来"串门"，哈同每次总会设家宴招待，一起畅饮欢谈，也借着这酒席谈成一笔笔交易。杨的老婆还将宝贝儿子过继给哈同夫妇，长期寄养在哈同花园内。杨信赖哈同，又把他搜刮所得的大部分存款都存放在哈同那里。卢永祥之后也担任护军使，一样与哈同称兄道弟，过往甚密。每年他将靠贩卖鸦片得来的几百万两白银，大多托付给哈同，让他在租界内购置地产、房屋，还托哈同洋行经管收租。不用说，哈同从中捞到的"油水"也不少。之后卢永祥走了，来了个同样是皖系军阀的何丰林，与哈同更是不分彼此，大方得竟然将一大叠空白的委任状作为"礼物"送给哈同，供他随意填写。据说在爱俪园之内，于是稍稍体面一点的管家，都挂上"淞沪护军使署少校咨议"之类的头衔，风光得意了很久。

乱世中国一片混沌，时局的变幻有如变魔术，庙堂高台之上，则走马灯一般你方唱罢我登场，让人直看得眼花缭乱。哈同却任凭风浪起，一直笃定的很。他恪守着一个放之四海而皆准的真谛：看见菩萨便拜总是不错的。况且乱有乱的好处，在这片掀天大浪中，他这只海燕就可以捕到更多的鱼。

果然是这样。

多年前哈同夫妇游览杭州，看中西湖的湖光山色，萌生出在西湖边上造一座别墅的念头，却一直未能如愿。后来杨善德从上海护军使升任为浙江督军，便一路开绿灯，让哈同在西湖的平湖秋月旁强占了一大片土地，建造起又一座大观园式的行宫——罗苑。往日的投资，终在此时得到了回报。而杨善德存放在他家里的几十两银子，在杨去世后，也就名正言顺进入了哈同的腰包。

哈同也把菩萨拜到了外地，安徽、山东、四川、湖南、广东等地的军阀，几乎都与哈同有紧密来往。而大菩萨都在京城，他更是不忘去一一烧香叩头。得到的"投资回报"，就是让他收获了一大堆勋章：冯国璋当大总统时，收到1枚"四等嘉禾章"；徐世昌当大总统时，给他颁发1枚"三等文虎章"、2枚"二等嘉禾章"、1枚"三等嘉禾章"和1枚"慈惠章"；黎元洪当大总统时，颁发给他1枚"二等文虎章"、3枚"慈惠章"，后来又颁发给他1枚"一等大绶嘉禾章"，还聘他为大总统府高级顾问；在后来的大总统曹锟那里，他又得到了1枚"一等大绶嘉禾章"和1个"勋一位"、2个"勋二位"。从1917年至1924年，短短的8年间，哈同的胸前已缀满从北洋军阀政府赢得的12枚奖章和3个勋位，一时荣耀满身。

上海租界内，洋人大班固然都不可一世，却又有谁，能像老哈同那般风光？

但风光满足了虚荣，却也带来说不尽的怨悔和无奈。最无奈的一次，也是他最得意的一次，那次，大总统曹锟亲自给他授勋，荣耀到达了顶点。

以5000元一票收买议员、贿选当上总统的曹锟，"登基"后不久，就写信邀请哈同进京，声言要给他授勋。曹锟未当总统时，哈同曾支援过这个直系军阀约值50万元的枪支弹药，这次授勋，猜想一定是对他的一种回谢。1924年8月，夫妇俩便带了十几个随从，乘一节蓝钢车厢兴冲冲地去了。

果然是一片隆情盛意。一下北京火车站，守候已久的曹锟总统府军乐队便一阵吹吹打打，像迎候国家元首一样地迎接他们。第二天上午，哈同夫妇坐着车头悬有彩球、两旁踏脚板上站着护兵的总统府专车，威风凛凛驶进新华门，沿中

巨商，不一样的人生

南海驶到怀仁堂门前。下车后，就被恭候在大门口的总统府人接进客厅，献茶问安，招待备至。授勋开始时，一位军帽上竖着一支白色羽毛的军官打开手中的锦盒，向哈同夫妇宣读了授勋令，满脸堆笑的曹锟又亲自给哈同脖子上挂上一枚勋章——一等大绶嘉禾章。这可是北洋政府给文官和外国使节的最高勋章。

哈同受宠若惊，一直沉浸在极度的兴奋中。兴奋的高潮还没过，就又坐进了午宴摆满珍馐佳肴的筵席。曹锟却话题一转，一迭声地叹起苦经，哈同才明白了曹锟的"醉翁之意"。

他再也兴奋不起来。

唉，每支军队都来催饷款，电话一趟趟地打来，都像催命鬼，迟一两天都不行；几所大学都很穷啊，都抢着向我讨薪水；好端端的国库啊，都被前几位总统淘空了，国会也有两个月没发经费了……曹锟扳着手指，长叹不住："难当啊！当总统真难啊！"

靠行贿当上总统的曹锟，也是索贿的高手。哈同已心如明镜，知道套在自己脖子上的勋章，实是一根铁索链，想挣也挣不断了。当下便知趣地掏出一张50万两银票，权当再一次投资。

懊悔，还不在被捞去50万两银子。今天做个人情，他心知日后还总有回报。可2个月后，冯玉祥发动北京政变，一转眼曹锟就被赶下了台，威风八面的总统成了阶下囚。消息传来，哈同才真正被当头一棒——50万两银子，一个水花不起就打水漂了。这，这叫什么事啊！

回视往日之路，哈同才省悟到人算不如天算，自己的如意算盘，可打得并不如意。时局变得太快了，从京城到上海租界的周围，他费尽心机，一个个菩萨都拜过来，却不消多久，一个个菩萨被捣成烂泥，投资下去的钱，也一次次地打水漂。没有比这更糟糕的买卖了！

北京之行更让他懊悔不迭的是，自己一个近80岁的老人，经不住旅途的一路劳顿，越来越体力不支。他在北京时有点腹泻，回到上海后病情非但没有好转，反而变成了痢疾，发起烧来几天起不了床。从此变得虚弱不堪，一直未能从腹泻中完全恢复过来。

1930年夏天以后，腹泻复发的哈同，头昏、体软，又几天卧床不起。无论找来了多少中西名医、吃下了多少贵重的药物都无济于事。

1931年6月19日晚，哈同走到了自己的人生末日，时年83岁。

哈同死后的葬礼隆重之极，被人称为"旷世未有，天下一奇"。遗体安葬以后，又举行了长达百日的治葬，前来做道场的不仅有来自清凉寺、宝华寺的49名和尚，专门从北京雍和宫请来的30名喇嘛，还有来自江西龙虎山的30名全真道士；"烧库"时，纸扎的祭品足足占了一亩地，焚烧时火光冲天，持续了很长时间，以致住在近郊的人们还以为爱俪园着火被烧了。

然而再隆重的葬礼，也无非向世人传出一个信息：哈同死了。仅此而已。

从此，上海滩不再有哈同，留下的只是关于一个犹太巨商的纷纭传说。

应当为哈同死后的余波续上一笔。

哈同死后，按照他生前遗嘱，遗产就由他的夫人罗迦陵继承。上海的英国总领事经过核算，哈同的遗产共有一亿七千万元，据英国遗产税法，需缴一千七百万元遗产税。罗迦陵哪有这么多现钱来缴纳？没办法，只好拿出市中心最好的十六处房地产，向美商"中国营业公司"抵押借了一千八百万元，然后用来缴税。"中国营业公司"其实也没有这么一大笔钱，就将这十六处房地产又转押给英商"中和地产公司"，借来钱付给罗迦陵。

这原来是在事先设好的一个圈套，罗迦陵却全然不知。原来中和公司是个空头公司，是与南京官僚资本勾结后，专为承接哈同这笔地产而设立的。而该公司的实际持有人和信托人，却都是哈同的老东家——新沙逊洋行。

哈同摆脱了新沙逊洋行，费尽心机去单飞独行，才有了以后飞黄腾达的几十年。没料到，哈同一命呜呼后，他的一部分财产却依然落到了新沙逊的手中。兜了一人圈，竟是这样的结果，九泉下的哈同还能安心吗？

沙逊：海市蜃楼上的狂欢

巧合是一种生活的调料，总会不期而遇。哈同与沙逊在上海的一死一"生"，凑巧出现在几乎同一个时刻——其间隔，仅有一个月而已。

83 岁的哈同，抛下积攒一世的万贯家财，是在 1931 年 6 月 19 日晚离开人世的；同一年 7 月，50 岁的维克多·沙逊，却将新沙逊引领走上了新生之路——把它的几乎全部家当都转移到黄浦江畔，向大上海全线进军。

新的跑道已经铺开，上海就将是他的全新的起跑点。

同样引起了轰动。这一对犹太巨商，一个死得轰轰烈烈，以一个"旷世未有、天下一奇"的葬礼，轰动了整个上海滩；一个"生"得惊天动地，以高调进军上海，震惊了许多城市、国家以至整个世界。

风起于邻国的孟买。一场惊天变故将起，维克多·沙逊先透出一点风，把消息捅给了印度《泰晤士报》的总编辑。在孟买他的办公室里，他告诉这位匆匆赶来的总编辑，他将要永远离开印度，改住到中国去了。随他而去的，自然还有新沙逊洋行的几乎全部资产。据 1935 年 1 月美国《财富》杂志透露，他从孟买向上海转移的资产约有 600 万两白银，相当于 8500 万元现金。也有人说，有 3 亿元之多。

消息像电流伴着霹雷，立刻传遍了全世界。

为之一惊的先是孟买人。一个多世纪了，孟买人已习惯有头上庇荫的这棵大树，有这道不变的财富风景。它的撤走，城市的经济将失去一道浓荫和屏障，谁会不为之痛惜。

英国人也震惊。几乎众口一词地认定，这个英籍巨富向上海转移财产，是为了逃脱一次大战后英国实施的高额所得税。在英国人眼里，这就是抛弃一条将沉的船而去寻求安稳的乐土，是一种大逆不道的背弃行为。

震惊的风潮，也几乎遍及全世界。英、美、法、德、意各国的报纸，都用大字标题刊载了这一消息。因为沙逊不仅是声望卓著的印度大富翁，也以他的行事奇特而闻名于世界金融界。在当世财界，他的一举一动都受人关注，何况是如此大的举动。

知道会有种种非议、责难，也就不能不作一番自我辩白。沙逊告诉《印度时报》的记者，他离开印度，是"因为面临与管理费用更低的印度公司的激烈竞争"，也因为"印度的排外偏见"。他说他已看清，对一个外国人来说，在印度"未来的机会将是较少的"。私下里与朋友交底，则吐露了他的另一个担忧：印度自治党领导下的印度，也将遇到大量的国内麻烦，"这里的政治情状使我暂时不能作大规模的进取"。

因此，他说："我希望到中国去另干一番大事业"。

因为过于敏感，他避而不谈逃避高额税收的问题。但可以想象他的"内心独白"。当他猛然发现，大战以后英国的所得税将割取他收入的一半时，他岂愿伸出脖子来任人宰割。他要为自己家族的巨额财富寻找"保值"的"避风港"，物色新的生发之地。

他找到了上海，就将去那里"作大规模进取"、"另干一番大事业"。

不是心血来潮作出的决断。这个夙愿，其实蓄积于他的心头，已经很久了。这也不是他一个人的冲动，在沙逊家族，其实已有几代人都在仰望着这座黄金城市。

一直可以追溯到维克多的曾祖父大卫·沙逊。他是沙逊商业王朝的第一代首领，1832 年初在孟买的一幢简屋陋舍创立了沙逊洋行。初始，这不过是个不起眼的小作坊，但第二年好运却不招自来。这一年，英国取消东印度公司对鸦片的垄断经营权，鸦片生意被打开护栏和坚壁，让小商人沙逊也获得了机会。于是沙逊洋行赶早杀入这一领域，在孟买一带收购鸦片，悄悄地销往中国。发迹，就由此而始。

不久他有了新的发现。1843 年，大卫·沙逊一次偶然去邮政局取邮件，看到他的竞争对手、一个英商收到了一大叠从中国发来的信件。他觉得很好奇，向四处打听，突然如跳出井底一般发现了更广阔的天地：英国和中国间的贸易已进行得一片火热，刚开埠的上海，就是中英间的一个最大贸易集散地。嗅出了来自远方诱惑的大卫·沙逊，第二年就派遣次子、维克多的祖父伊莱亚斯·沙逊去中国周游考察。儿子证实了外界的传言，上海，果真是一座最有发展前途的城市。老沙逊也就不再迟疑，于1850年派出伊莱亚斯去抢滩上海、创办了沙逊洋行分部。也在挥手之间，揭开了近代犹太人移居上海的最初一幕。

这一年——1850年，上海滩仅有的3名犹太人，就都名列于"大卫·沙逊父子公司"的帐下。撒在沃土上的种子，很快生长出一片浓荫绿野。上海的沙逊洋行风生水起，成了沙逊家族商业布局中的第二大中心。

发现者伊莱亚斯，也就是最初的操盘手，以后他就多年盘踞在上海滩，掌控着家族在整个中国市场的买卖。在他之后，他的兄长阿尔伯特、弟弟S.D.和所罗门也曾长期在上海驻守，一家子人亲历、见证了十里洋场从无到有、从一片泥滩到繁华闹市的历史。

家族产业，总要经历一道难过的坎。当大家长大卫·沙逊去世后，家族发生了崩裂，伊莱亚斯不服兄长阿尔伯特执掌家族大权，于1867年秋另立山头，成立了新公司"E.D. 沙逊公司"。于是出现了新老沙逊洋行的分野。伊莱亚斯是经营高手，也比他的兄长更有雄心和胆略，他的新沙逊洋行的商业网络，很快漫延遍布于海湾各港口、巴格达、上海和伦敦。到1870年，新沙逊已控制印度的70%鸦片产量，不但压过老沙逊，也取代怡和洋行而成为了鸦片贸易商的头号种子。

上海总是伊莱亚斯的心头最爱，以后他就派他的长子雅各布去那儿坐镇。1880年伊莱亚斯突然病逝后，雅各布全面接掌了新沙逊公司。当多年后雅各布考虑身后的香火如何绵延接续时，为由谁来接班感到了为难。他的三个弟弟都不被他看好：最小的那位只知吃喝玩乐，另两个则显得很平庸，从来只是政策的执行者而非决策者，都很难担当重任。雅各布没有子女，只能将目光投向他弟弟的儿辈们，而在这班大多资质平平的后生晚辈中，挑来拣去，也只有一人能入他的法眼，这就是他唯一看好的后辈——他的侄子维克多·沙逊。

虽然维克多常传出拈花惹草的风流韵事，雅各布却并不计较。他认定沙逊家族的第四代中，唯一有希望能接班的就是他了。

1906年，25岁、才是一个毛头小伙的维克多，就被雅各布提拔为新沙逊洋行的董事。

1916 年底雅各布爵士突然去世，维克多的父亲爱德华·伊莱亚斯接掌新沙逊洋行的人权，但他注定只是个过渡性人物。1924 年年底，一直受病魔困扰的爱德华·伊莱亚斯溘然去世，就将权棒交给了维克多。

新沙逊洋行，从此就进入了维克多时代。

与孟买众多的富家子弟大相径庭，维克多这风流小子闯入商界时，就已挟着一身英伦风味。因为他早期的经历，都深深刻印着英帝国的印记：曾在英国哈罗公学接受贵族教育；毕业于英国名牌大学剑桥，获得过历史文学士一等荣誉学位；毕业后又在英国皇家海军飞行中队服役，当一个战斗机上的空中观察员。世人都知维克多·沙逊是个瘸子，因腿瘸，而在上海博得了"跷脚沙逊"的雅称。这"跷脚"的来由，便是在军队服役时一次防空训练造成的后果：飞机由于出现故障而遭坠毁，虽然让他幸运逃过了一劫，但双下肢已全被摔断，一条大腿严重摔伤，从此便成为了瘸子——右腿永远比左腿短一点。

以后当辗转黄浦江畔、被万千上海人注目的时候，他已经是"跷脚沙逊"。却很少有人知道，没有"跷脚"的维克多·沙逊，早已在上海出没厮混过。那时他刚从大学毕业，告别伦敦去孟买和上海接受商业训练。孟买是他从小就熟悉的城市，但与孟买相比，他却更喜欢五光十色的上海租界，这儿的一切似乎更使他兴奋不已。他在上海养成了收藏翡翠和象牙制品的爱好。他是猎纸赛马总会的常客，不仅去那儿观赛马、品美食，还常在那儿的自娱歌咏会上放喉一曲，演唱从剑桥大学学会的几首歌。他也经常出现在租界各种派对上，深邃大眼、黧黑脸膛、风度翩翩如印度王子的他，自然是交际场上的一颗新星，尤受众多洋妞的青睐。

1923 年起，从开始协助父亲管理新沙逊到正式接班后，维克多去上海走得更勤了，每年总有两三个月时间在上海度过。尽管在孟买，他要度过一年中的大部分时间，但他越来越觉得，上海比孟买更像是他真正的家。

更使他惊喜的是他发现，上海几乎是一个无税口岸。这里不仅税种少，税率也低，公共租界只征房捐和土地捐，其他一切商业活动都可以免税，这与印度殖民当局不但征重税、而且动辄加税的情景简直有天壤之别。另外，租界内物价之

巨商，不一样的人生

低廉也让他惊叹，完税后的威士忌只有 2 先令一瓶，精制的马尼拉雪茄每 100 支只有 1 英镑，除了上海，哪里会有这等好事？

上海给他留下的印象太深刻了。最终，他毫不犹豫地选择全线挺进上海，从上海继续出发。

一个周末之夜。一部接一部小汽车冒着滚滚烟尘，如飞蛾扑火一般朝着灯火璀璨的伊甸园别墅驶去。大不列颠的舰队司令、驻沪防空司令、谍报处主任、总领事、乔治五世陛下的在沪其他高级文武职人员，以及各色社会名流等等，这些车上的乘客，一个个都非等闲之辈。这时都身穿漂亮华丽的晚礼服，兴冲冲地前去赶赴当晚的夜舞会。

这伊甸园别墅坐落在沪西虹桥路西端，是一座典型的英国乡村别墅。这一带原先的乡野之地，却早已变成了洋人逍遥玩乐的天堂。发源的时间约在 1910 年前后。那时，上海西方人在这里建造了一个高尔夫球场，球场建起了，为图打球、游玩方便，公共租界当局就又慷慨出资，从徐家汇通向高尔夫球场筑起一条道路，上海版图上，从此就有了虹桥路——因道路经过当时的虹桥镇而得此命名。随后，虹桥路两侧又造起一座座洋楼别墅，成为了洋人富商以及中国达官富绅们的后花园。

伊甸园别墅的主人，便是维克多·沙逊；不远处在虹桥路程家桥附近，还有属于他的另外一座"沙逊别墅"，因靠近罗别根路（今哈密路）而又被称为"罗别根花园"。移师上海之后，他平素起居都在外滩最豪华的沙逊大厦华懋饭店 10 楼，但每逢周末，则经常来这儿度假：在空地上遛马，到邻近高尔夫球场打球，也时常在这儿举办酒会、舞会，大宴宾客，欢天喜地地热闹到天色微明。

这一晚，也一样的喧阗、浓烈。一樽樽鸡尾酒川流不息从里边向外送出，一张极长极长的桌子上堆满甜的咸的、干的湿的各种各样食品，大大小小的杯子满盛着五颜六色的酒水。别墅的厅堂中，人们拥聚在一起尽情享用着，砰砰的碰杯声、咕咕的喝酒声响成一片，喝得有人身子摇晃，有人烂醉如泥。晚会进入高潮，是在维克多·沙逊从人丛中出现时。留着小胡子、戴着单边眼镜的沙逊一瘸一拐地向人们走来，五六个香艳的女子一下就将他包围起来，像一群蜜蜂，盯住了这块香蜜不肯放嘴。沙逊顿时绽开笑颜，美滋滋地享受着这种被众星拱月的感觉。

这样的晚会，每隔一段时间，维克多就会举办一次。但好事未必能得到好报。洋人中就有人一边不放过每次晚会，每来必大快朵颐，一边却又会嘲讽说："他的请客，嘿嘿，只是要名气而已。"你若是第一次来作客，有人更会喋喋不休地告诉你："这个跛脚沙逊啊，每隔一些时间，觉得人家对他的名字有点生疏、淡漠了，他的秘书就发出近千份帖子，请全上海的有名人物，来他的别墅或大饭店叙上一叙。酒菜鼓起了人们的兴致，他的名字又可以被大家传诵了。"

对这番不咸不淡的风凉话，全可以听而不闻，但沙逊是一个追求无尽享乐、生活近于糜烂之大富翁的一副形象，却确乎早已定格在人们眼中。提起沙逊，人们总会说："他是上海最有钱的人。他拥有旅馆、大厦、公司、银行和一切值钱的东西。他有数不清的钱。"

从社交王子沙逊，使人不由联想起同是犹太巨商的哈同，都还记得他生前的做派：行事谨慎低调，生活刻板而单一，除赚钱之外，他几乎没一点业余爱好，也不懂得怎么去玩乐、享受，连逛马路也都在算计着怎样赚钱。而维克多·沙逊却截然相反，他正是以个性张扬和会玩、会享乐而遐迩闻名的。

他住在外滩华懋饭店顶层，一人独享着好几间值得夸耀的起居室。起居室里，有一间特别带有两只浴缸的浴室，他从不避嫌地告诉别人，他喜欢与人同床共寝，但他从不喜欢与人共用一个浴缸。他有自己的"维拉"号游艇，经常载着友人、特别是他喜欢的女人一起驾船在河上航行，或在游艇上举办招待会，甚至兴致盎然地乘着游艇去打鸭子。他是赛马总会包厢内的常客，对赛马的痴迷，曾耗费了他无数的金钱和时间。作为赛马迷，他在马霍路（今黄陂路）有他自己的马厩，为了赛马，还在洋行内专辟出一个办公室，雇佣一个犹太职员专职管理赛马账务，每逢跑马厅赛马，就用这些马去争夺头奖。同时，他也曾经是游泳高手、拳击场上的斗士，网球和高尔夫球也打得很好，还喜欢跳舞、戏剧。摄影更是他的一大嗜好，尤其热衷于为漂亮女人拍摄裸体照。

沙逊喜欢举办假面舞会，而且，在舞会上总会搞得人头晕目眩。一次他要求来宾穿着从睡衣到燕尾服的各色服装，打扮得像遭遇"海难"时那样。到9点

沙逊一出现在社交场合，一些香艳的女子就像一群蜜蜂，盯住了这块香蜜不肯放嘴。

钟，这些上海滩的上流人士在众目睽睽之下，穿着内衣睡裤列队上场，有的甚至光着身子，有的包着浴巾、头上还滴着水，饭厅里顿时一阵轰动。1935 年 1 月举办的一次马戏舞会上，维克多爵士亲自登场，身穿猩红袍子、头戴着高帽，打扮成一副马戏主持人模样。几个夫人、小姐同样花样百出，有的化装成文身女郎，有的穿着秋千演员的服装、骑着自行车，有的身上包着光滑的外衣，像个海豹上台表演。两个西洋男子还偷偷把一头驴弄进饭店装货的电梯，到顶楼时，毛驴走出电梯，站在舞厅的地板上便对着一对对舞伴大声嘶叫，当沙逊大吼着要他们"快把它拉走"时，毛驴却跷起尾巴，拉了一泡屎。

每次出现这样精彩的瞬间，维克多·沙逊都会按下快门，为他的影集又增添一张精彩的照片。事后看着这些丑态百出的画面，他一定为他的斩获而得意洋洋。

别说是哈同，即便几代豪门的沙逊家族中，这样行迹放荡的子弟也很稀有。

除了一个人——大卫·伊莱亚斯，维克多最小的叔叔。这个花花公子，20 岁时就已在上海获得了赛马迷和浪荡子的恶名。他加入公共租界的万国商团、猎狐赛马总会和某个共济会分会，在上海分行的运行遇到困难时，却仍然热衷于赛马。其貌不扬的他却风流成性，经常给比他相貌堂皇的男人戴上绿帽子。回伦敦后也整天混迹于赛马场和舞厅酒肆，挥霍着属于他名下的那份资产。几乎每晚他都会与一帮红男绿女去俱乐部厮混，酒足饭饱后又呼拥着回到房间里疯狂跳舞，常常一直跳到天明方休。

沙逊家族的人都向他投去冷冷的目光，他的长兄雅各布更为这个不争气的弟弟伤透了心，直斥他是"害群之马"。然而维克多却很欣赏这位小叔叔，成为他唯一的知音和追随者。

许多时候，维克多的行止都带着他叔叔大卫·伊莱亚斯的烙印。因为亲近过多，他越发像是这位叔叔的翻版。在剑桥大学读书时，他像小叔叔一样迷上了跳舞，舞姿几乎与他一样优美。羡慕小叔叔的女人缘，也开始与舞会上结识的每一个漂亮姑娘调情。在狂热的大学生聚会上，他总是一个带头起哄者。25 岁当上新沙逊洋行董事、手头更宽绰之后，当即买下一对赛马来作为庆贺自己荣升的礼物。公司上班时间，他却会身穿一件驾车兜风用的外套，用帽子遮住一只眼睛，开着一辆发出刺耳噪声的汽车四处乱闯。有时又穿戴着大礼帽、大礼服，目空一切的眼睛饰戴有一副单片眼镜，手臂上挽着一个歌舞团美女招摇而去。

父亲感到无奈，只有叹息。他越来越不看好这个儿子。

可老沙逊显然看走了眼，这是一颗被沙砾泥尘所蒙掩的钻石，而绝非是一摊烂泥巴。儿子的另一面——他在事业上的优良潜质，只因为他表面的放荡不羁而被遮蔽了。

只有一个人真正懂得维克多，这就是他的大伯父雅各布。这位新沙逊洋行的掌门人一直认为，后辈中将来最有出息的便是维克多。后来的事实也证实了他的预言。1920 年维克多从伦敦来到孟买，帮助父亲打理新沙逊洋行，很快就显示出一个管理者的足智多谋、能干和有主见。他能够应付公司高级职员对他的任何质疑。他对数字的记忆能力特别强，能够轻松地记住资产负债表上的关键数字。在作出决定之前，他会耐心地听取别人的意见，但一当他下定了决心，就很少能改变他的决断。在孟买接管总部业务的几个月后，已经很少有人再会挑战他的权威。虽然他像他那位小叔叔一样玩世不恭，但与他有本质不同的是，他同时遗传了沙逊家族的商业基因，他是个能独撑大局、敢有作为的人。

他到上海来了，带来了他的风流放荡，也同时带来了他商业上的精明和大胆。

1931 年，维克多·沙逊全身心进入了上海。而在这之前不久，在上海其实他就已大名鼎鼎——一座沙逊大厦的"横空出世"，为他赢得了空前未有的盛名，几乎已被尽人皆知。"跷脚沙逊"在上海滩的风头，一时盖过了所有洋人大亨。

而之前他在上海的名声，还只局限在工商界、社交圈内，寻常普通的上海人，都还不知有这个犹太大亨的存在。

给他带来暴利和盛名的沙逊大厦，就建在南京路外滩北端的转角处。大厦临黄浦江一面高达 13 层，后面包括夹楼高 10 层，外墙除第九层及顶层用泰山石面砖外，其余都用花岗石砌筑，是外滩第一座用花岗石做外墙饰面的建筑。屋顶为金字塔形，高插云霄，十分壮丽雄伟。这是第一次在上海出现的摩天大楼，又矗立在上海第一等的地段，想不让人注目都不行。它为维克多·沙逊竖起了一座功绩碑，更成为了代表租界十里洋场奢华、摩登的一大标志。

其实，这座大厦最早的奠基者，还是维克多的祖父伊莱亚斯·沙逊。这片土地，以及土地上的房屋、建筑物以至各种附属物，本来都是美商琼记洋行的产业，被称为"何德产业"。1877 年琼记洋行由于资金链断裂，只得宣布破产，"何德产业"被伊莱亚斯·沙逊趁机以 8 万两银子买下。买下后，这位新沙逊洋行的创始人就将沿仁记路（今滇池路）的一幢红砖墙三层楼西式楼房作为自己的办公楼，其余沿南京路和外滩的房屋全部出租。昔日的"鸦片大王"，也就从此时开始涉足房地产经营。

接掌新沙逊洋行后，维克多·沙逊每年有两三个月在上海驻守，便寻思着怎么做大在上海的产业。最大的兴奋点，就在房地产上，而因为呆得久了，他对上海的房地产已发现了它致命的先天不足：投资方向都过于偏向普通里弄房屋。就说房地产大王哈同，那些遍布于大半条南京路上的房产，几乎都是里弄房子，最能拿出手的，也就几幢没几层楼高的商用楼。新沙逊在上海也有 30 来处房产，也大多是普通里弄房屋，到他接收时都已经很陈旧了。

因保守而导致停滞不前，这样的现状，显然已大不合时宜。

走过了 20 世纪的头两个十年，上海的富人已越来越富，都企盼着过更奢华的生活，享有更高级的社交场所。此时的上海，正处在一个浮华盛世前夜的躁动中。而且，上海以她的神奇传说而蜚声于全球，前来销魂作乐的国外游客也如过江之鲫，越来越多。现实需要有更多可与西方媲美的高楼大厦，更多带有电梯、空调等现代设施的高级公寓、豪华饭店和娱乐场所，但上海还没有。谛听着这股新消费潮流的拍岸声响，维克多·沙逊已看清他的事业扩展的突破口在哪里。

——去建造上海第一幢 10 层以上的摩天大厦。

不论他是否有过仔细算计，事实已表露出这个妙策一石数鸟的功用：第一幢摩天大厦，必然会带来最大的轰动效应，大大提高新沙逊洋行在上海的知名度和影响力；因为是"第一幢"，可抬高大厦的身价和周边的地价，从而获取更高的效益；而且，上海的土地捐是按房屋的占地面积征收的，并不问房屋有多少层，这样层次越高，按房屋面积缴纳的土地捐也就越少，自己的得利也越多。

沙逊大厦就建在南京路外滩当初"何德产业"的所在地，1926 年 4 月开始拆除旧屋，1929 年 9 月 5 日全部落成。据说，沙逊原本想将大厦建得与纽约的摩天大楼一样高，但苦于无法克服外滩地质的施工困难而不得不降低高度。但大厦的豪华程度，却不亚于纽约的大厦，其豪华气派，尤其表现在大厦四至九楼的华懋饭店上。饭店从客房、餐厅、酒吧到舞厅一应俱全，一等客房由卧室、会客室、餐室、浴室、衣帽间、放箱间及两套卫生间组成，分别采用德国、印度、西班牙、日本、法国、意大利、美国和中国 9 个国家的装饰风格和家具摆设，浴室内有大理石浴缸、银质水龙头和净化水，以迎合各国旅客的不同口味。华懋饭店的餐厅和"马与猎犬"酒吧很快就成了上海上流社会的集结地点，舞厅内有世界一流的酒店歌舞表演艺术家演出，有亭亭玉立的中国姑娘和外国美女翩翩起舞，让无数入场者陶醉入迷，乐而忘返。来自世界各地的客人只要腰包内有钱，都以入住华懋饭店为自己身价的标志。中国的富豪、权贵也经常出入这座顶级大饭店，甚至还长包了房间。

就在开始动工建造沙逊大厦的同时，沙逊又成立了华懋地产公司。他认定房地产业需要"往高处走"，因而他要建更多的摩天大楼。在霞飞路与蒲石路（今长乐路）之间一块土地上，他投资 330 万元建成 13 层楼高的纯英国式公寓大楼华懋公寓；几年后在华懋公寓以南不远处，又以 395 万元建造起主楼高 18 层的格林文纳公寓（又称"峻岭公寓"和"高纳公寓"）；在福州路和江西路的十字路口，拔地而起的 14 层高汉弥尔登大厦（今福州大楼）和同样是 14 层高的都城大楼（今新城饭店）均由他出资建造，与西南侧的建设大厦三足鼎立，在马路转角呈凹面扇形，形成大都市摩天楼群的独特氛围。1935 年，在苏州河北岸、江西北路与河南北路之间又建成 10 层高的河滨大楼，为他的房地产"向高处走"战略写下了最后一笔。

维克多·沙逊"向高处走"，使上海房地产业"高"潮迭起，而最强的"高"手却始终是他沙逊。上海的房产统计表上显示，1949 年之前全市共建有 28 幢 10 层以上的高楼，而新沙逊洋行一家就占了其中的 6 幢、居五分之一多而遥遥领先。

除华懋地产外，新沙逊旗下还有东方地产、上海地产、徐家汇地产、黄浦地产、三新地产、中和产业等，以及与房地产相关的金融、投资公司和众多与建房造屋直接有关的公司。新沙逊洋行风头最盛时，在其旗下的房地产占地达 678 亩，房屋面积达 54 万平方米，有房屋近 2000 幢，包括公寓、花园、洋房、里弄、市房，分布在全市各个地方共近百处。房地产业之外，他还有一个名目繁多、盘根错节的产业网——经营进出口业务，大到军火、建材，小到食糖、芝麻，只要有利可图没有他不进口的；设立金融机构，控制巨额资金，操纵金融市场，进行金融垄断活动；通过收购股票的方式控制中国公共汽车公司、上海英商电车公司。他还把手伸得更长，其商业帝国的版图中涉及纺织、食品、建筑、交通、金融等 13 个行业，几乎囊括了上海市民的衣食住行和日常生活。

到 1936 年，新沙逊洋行就已与怡和、太古、英美烟草公司并列，成为在华的外国四大垄断集团之一。1940 年前后，新沙逊洋行的总资产约值法币 50 亿元，这与他当初从孟买带来的 8500 万元相比，该翻了多少倍啊！

他一定庆幸自己当初作出的决断。上海成就了他复兴家族荣耀的梦想。上海是他真正的福地。

维克多曾经放眼望见的"上海风景"，是纸醉金迷、欢歌狂舞、风花雪月，是财富堆积的山，金钱流淌的海。但也许，那也只是海市蜃楼罢了。他没有预料到，海，也会有狂涛怒作的一天。

新沙逊洋行总部搬到上海后，才过去半年，就让他看到了上海的另一番"风景"。1932 年 1 月 28 日，深夜，密集的枪炮声骤然而起，上海的夜晚不再宁静，也搅乱了华懋饭店酒吧内正入酣浓的欢宴。

"一·二八"事变爆发了！由 3200 人组成的日本海军陆战队进攻淞沪铁路防线，在天通庵车站遇到中国十九路军的顽强抵抗，两军激战不止，枪炮声一夜没有停息。维克多强作镇静地端起酒杯，劝慰客人们继续用宴，内心却不由一片慌乱。

战争的炮火，是否将毁了他的全部家业？战火一天天蔓延，担忧也一天天增多。一天，中国军队在邻近华懋饭店的黄浦江上引爆一颗水雷，巨大的爆炸声摇撼着这座摩天大厦，使沙逊产生了大楼行将倒塌的幻觉。他巡视了一遍，庆幸大楼没受到损伤，只是有几块弹片撒落在大厦门前的马路上。心情转好，便回到了惯常的游戏心态。他想旁观一下战事的实况，像惯常一样拿起照相机，一瘸一拐地走到大厦外去拍照。不料一声枪响，一颗子弹突然掠过他的头顶，击毁了沙逊大厦底层一家银行的窗户，也让他吓出了一身冷汗。

原来是一场误会，远处的一个中国士兵，还以为他是敌方的狙击手呢。

战争还在继续。那些日子，他独自蜷缩在大厦自己的办公室内，度日如年地熬过了一个个不眠之夜。他开始后悔自己的孟浪，竟然不计后果，几乎将整个新沙逊洋行都搬到了这座城市；他更感到害怕：难道一个如此辉煌的商业帝国，就因为自己的一个决策而毁了一切吗？

事态的发展还好，没有想象的那么坏，战事没持续多久，中日双方的谈判桌上便出现了一纸《淞沪停战协定》。上海又缓过气来，且一反常态出现了更繁华于往日的市面，维克多·沙逊也回到了大班生涯的恒常轨道。"一·二八"之后，他在租界的房地产几乎升值了 2 倍，旅馆、办公楼和公寓楼全都供不应求，一切后悔、担忧便随之烟消云散。

直至日本人再一次发动毁灭性的淞沪之战，在这之间，上海一直处在一个莺歌燕舞的浮华时代，新沙逊洋行也开始进入如日中天的鼎盛期。

他也许渐渐忘却了"一·二八"的枪炮声，开始沉浸在日进斗银的欢悦中。然而，在给他带来无尽财富和荣耀的上海，依然让他饱受由种种挫折感带来的困扰。

因为他是犹太人。

这是不可变换的血种。尽管他已加入英国国籍，且继承了他父亲的爵士头衔，变得十分英国贵族化；尽管他的巨大财富使他拥有特殊名望，在国际上广受欢迎。在上海"正宗"的英国佬眼里，他依然也永远是一个不入流品的"异类"、"野种"。英国人蔑视他，还因为他不愿履行一个英国公民的应尽义务，刻意逃避英国的所得税。所以，英国人的一些圈子他是进不去的。一些上海先生们不肯与他平等相处，总爱居高临下地俯视着他，甚至一边分享他的好客，一边却在背后肆意嘲弄他。当他出现在一个酒吧时，一些年轻人甚至会放肆地轰他走："滚回巴格达去！滚回巴格达去！"

另外一些人不喜欢他，是因为他赚钱太多了。欧内斯特·霍塞在《出卖上海滩》中曾这样写道："他的钱财太多了，他会用千奇百怪的新方法来花费这笔钱。他在上海之末日的六年之前，以一个陌生人的地位来到上海，但他竟能运用新的方法，从新的途径赚他的大钱。除了大毁灭之外，没有什么东西能够阻碍他。上海先生们对于这位爵士之所以不很乐意者，其原因大概就在这一点吧。"

因为嫉妒他在商业上的成功，有关新沙逊洋行和他的流言蜚语也开始漫天飞舞。尤为离奇、出格的一种说法，是说新沙逊为嫖妓的人"一条龙"服务——这些人乘着公共汽车前去妓院寻欢，这公共汽车是新沙逊旗下的，妓院的房屋是向新沙逊租借的，而新沙逊也从妓院出售的每一杯啤酒中分享利润，因为这种啤酒也是新沙逊下属公司出产的。传言的编造痕迹过重，自然只能博人一笑而已，但对新沙逊的形象却造成了致命的伤害。

这个商界强人的内心深处，不免会藏有几分自卑。为他被英国人视作异类的犹太人身份，也为他已经不可改变的瘸腿——别看他瘸着腿能大模大样地向人们走去，其实被瘸腿造成的精神创伤，一直像影子一样地伴随着他。当初他父亲因接连中风、不得不依靠轮椅度日的情景，曾深深地刺痛了他，使他为这一情景也将重现于自己身上而感到恐惧。因为瘸腿，舞不能跳了，马不能骑了，而舞会、赛马偏偏是他生活中的维他命，是绝不可缺少的，这就常常使他像一只折断了翅膀的鹰，再怎么神气也已打了折扣。而且，身上当年留下的伤痛还常常会发作，这时的他，就会变得急躁易怒、唐突无礼。

自卑常常会被掩藏起来，表露在外的却是孤傲、乖张和骄横。在上海，他隔三岔五地在自己的别墅和大饭店大宴宾客，耽溺于宾客如云、欢声如潮的热闹场景，其实正是这种心态的外露。说他的请客"只是要名气而已"，也许是对的，他确实需要靠名气的巨大声浪来掩饰他内心的孤寂和挫折感。正是在这些宴席、派对上，他常常会作出一些近似恶作剧的举动：一次派对上，他把一瓶薄荷味奶酪倒在一个英国著名来访者的西装背部；一次举办化装舞会，应邀的客人穿得像马戏团的动物出现在舞会上，维克多爵士穿着马戏团领班的服装隆重入场，使全场哄笑成一团。他下意识做着的这一切，正是他因为自卑而激起的一种反弹，是他对蔑视他、辱骂他的人报复的一种武器。失态，不经意间泄露了他的这些内心秘密。

在上海，有几个流传很广的有关"跷脚沙逊"的传说，几乎都在诉说着他的这种傲慢与乖张。一个传说与百乐门舞厅有关。百乐门自 1933 年建成后，吸引了许多玩客和名流，维克多·沙逊也是它的常客。百乐门首创签单制度，有身价的熟客可以签单消费，在获得签单资格的客人名单中一向就有维克多·沙逊。可是一次他却碰了壁，一个不认识他的服务生不买他的账，硬是不给他签单，还嘟嘟囔囔地说："你要是真是沙逊，何不自己去开一家跳舞厅，省得来这里被人轧进轧出。"傲慢的沙逊碰到了更傲慢的服务生，怎么也咽不下这口气。后来他果真在静安寺路上建造了一座舞厅，因为完全按照美国仙乐舞厅的图纸建造，所以也叫仙乐舞厅，又称仙乐斯舞厅。初期，仙乐舞厅并不对外营业，而只供维克多·沙逊私人招待朋友所用，一直等他玩腻了之后，才正式对外营业。正式营业之后的仙乐斯很快红遍了上海滩，成为与百乐门、大都会等齐名的著名舞厅。

沙逊大厦与毗邻的中国银行大楼，构成了有关沙逊的又一个传说。中国银行是国民党政府的国家银行，1934 年开始建造时，原想建成当时远东最高的 34 层银行大厦。如果建成 34 层的银行大楼，近在咫尺、只有 13 层高的沙逊大厦显然将黯然失色，沙逊的脸面还往哪儿挂？于是作出了强烈反应，急不可待地出面

巨商，不一样的人生

横加干涉，声称这里是公共租界，在沙逊大厦旁边建造高楼不能超出沙逊大厦的高度。租界当局也紧密配合沙逊，借故不给银行发放施工执照。中国银行在无奈之下，只得与沙逊打起一场官司。而当年清王朝的遗产《中英天津条约》中有一条规定，凡涉及英国公民的诉讼，中国法院无权裁决。官司就一直打到伦敦。结果毫无悬念地判决中国银行败诉，理由是中国人的设计和建造能力不足，会影响周围建筑的地基云云。后来建成的中国银行大楼，果真比原定的 34 层少了一半，而且确实比隔壁的沙逊大厦矮了 60 厘米。

在洋人圈里抬不起头，让中国人受气却绰绰有余。因为对手是中国人，他终于挽回了面子，大大地出了一口恶气。

但终究是传说而已，谁都不知其真实性究有几分。但纵然这是民间的艺术创造，也不能不惊叹民间艺术家的洞察力，这两个传说，不正是活灵活现勾出了维克多·沙逊由自卑而骄横的内心世界。

这就是内心矛盾的维克多·沙逊。

内心为种种挫折感而饱受的折磨，外人是很难知晓的。人们看到的维克多·沙逊，一直势似破竹地转战于商场，总在扮演着春风得意的商战大赢家角色。但春风得意的他，终究还是迎来了几近灭顶之灾的大挫折。

因为，1937 年，上海遭遇了一场史无前例的劫难。

这一年"八一三"的炮火远猛于 6 年前的"一·二八"。日本人这次蓄意要实现征服中国的野心，海陆空全面疯狂出动，已经不会轻易罢休。虽然淞沪之战的战场在闸北一带的华界内，英美人管辖下的公共租界暂时置身战火之外，但也已经不再太平。8 月 14 日下午，两架中国飞机轰炸黄浦江上的日军旗舰，不小心将炸弹扔在外滩一带，一颗擦过沙逊大厦对面汇中饭店的屋顶，饭店片刻便变成一片火海，另一颗擦过沙逊大厦的一侧，击破沙逊大厦门口的天篷，被震碎的橱窗玻璃顿时撒满一地。炸弹在南京路上轰然爆炸，当场有数百个行人被炸死，到黄昏时，几百具尸体像形状奇特的沙袋一样被堆在南京路上，惨不忍睹。

那一刻，维克多·沙逊正在孟买，直到这年秋季他才回到上海。回来让他看到的上海，已经以苏州河为界，被割裂成了冰火不容的两重天：一边依然硝烟弥漫，炮火连天，一边，市面的繁荣景象却更胜于往日。因为苏州河南岸的外国租界，因它的中立地位而暂时免于兵燹之灾，成为战火蔓延下的苏浙沪三地唯一的一块安宁之地。大量涌入前来避难的江浙地主豪绅，加上末日恐慌造成的心理变态，使租界内出现了"及时行乐"、疯狂消费的狂潮，舞厅影院人满为患，茶楼酒肆顾客盈门，各种商店也无不生意盎然。新沙逊洋行的主要业务似乎毫发无损，洋行房地产部门照常挤满客户，每天都有一拨拨人前来打听公寓住宅、办公楼、商铺和仓库的价格。

华懋饭店的晚间派对也在继续进行，维克多·沙逊打开玫瑰香槟酒，与宾客们频频干杯，一如往常似地轻松潇洒。而在内心，其实早已波涛翻滚。因为他看得很清楚，战争可能会毁掉属于他的一切，上海已然不是他曾经拥有的伊甸园。为了使自己的资金能安全着落，他悄悄地把数百万美元汇到了香港银行。1938年3月起，他突然从上海消失了。原来他正飞在空中、漂在海上——从香港飞到墨西哥城，接着经过巴拿马到达智利、秘鲁和阿根廷，再经由西印度群岛和佛罗里达飞往纽约，他开始一次西半球之行，去发现、寻找新的吸引他的投资地点。

太平洋战争爆发后，公共租界也被日军侵占了，局势已越来越险恶。维克多·沙逊在沙逊大厦10楼的豪华寓所，也曾一度被日本海军所占有。但看到沙逊在上海的地位和影响力，日本人还想拉拢他而不便扯破脸皮，而沙逊的脸色却已越来越难看。他并不买日本人的账，时不时地会发表一些非议日本人的激烈言论，不止一次惹怒了日本当局。

华懋饭店一天走进一个日本官员，一副阴阳怪气的样子，显然居心不良。他转弯抹角地向维克多·沙逊发出威胁说，中国变成大日本帝国的天下，原来的钞票会变得一文不值，你的新沙逊帝国大厦不就将倒塌、崩溃了？言下之意，你不跟我们走，你可神气不了几天啦！

维克多却淡淡地回答："这不关我的事，我已经负债累累了。"日本官员瞧着他，满怀狐疑，不解"负债累累"为何意。维克多擦了擦他的单片眼镜，笃悠悠地戴上后解释说："你必定明白，当强盗正在抢劫隔壁邻居时，一个人把钱藏在家里是毫无意义的。"这话已带有明显的挑衅性，使日本官员十分恼怒。而维克多·沙逊能有底气说出这番话，是因为他的大部分资金已撤离上海，不怕日本人对他发难了。

巨商，不一样的人生

当然，他也深知日本人心狠手辣，会用子弹对付拒绝合作的人。1941年1月，在赛马总会俱乐部的一次纳税人会议上，怡和洋行经理、租界公部局总董威廉·恺自威就遭到日本人的枪击，被连开4枪后身受重伤。这次枪击案后，维克多·沙逊的处境也变得越来越危险。他怀疑自己的电话被窃听，开始把手枪放在身旁，以便"击退闯入者"。这年春天，在部下的坚决劝说下，他最终作出决断，逃出上海飞往旧金山。

在他离开上海一年多后，珍珠港事件爆发，英美等国成了日本的交战"敌国"，公共租界便彻底沦为日本人的天下。大量"敌产"被没收，大批"敌侨"被押入集中营，幸亏维克多·沙逊已早早离开上海，侥幸逃脱了集中营的牢狱之灾。但他手下留守上海的几位高管，却没有这么幸运，都被日军拘押在虹口北四川路上的大桥大楼里，尝尽了失去自由的滋味。

该赚的钱已经赚够了，对上海他已不再留恋。一次西半球的旅行，使他确定了下一步的投资计划：将未来的战略重心转移到美国去。他很明白，上海迟早会回到中国人手中，即使日本的太阳旗被降下的一天到来后，上海的外国租界也不再是洋人的天堂。所以在战后，他从伦敦飞到上海，只作稍稍的停留。他走进华懋饭店，发现日本人已经把店内的锅炉和暖水管拆得七零八落，美国人搬了进来，魏德迈将军占据了他的套房。但眼前的这一切，仿佛都已经与他无关。几天后，他就飞往他来时的孟买。从此再也没到过上海。

1945年9月，他在孟买邂逅一位中国中央社的记者，一席交谈，总绕不开上海这个话题。他带着几分难舍的情愫说：上海，东方的巴黎，应该还要发展下去，并且要扩展到吴淞附近。但他也承认，他在中国开展大规模业务的日子，已成过去了。他告诉这位中国记者，上海的将来，"就在你们年轻人和年轻知识分子身上，今后外国人只能从旁协助"，"企业要由中国人而不是由外国人来经营了"。

他的眼光一直是很准的。

这也算是这位犹太巨商，对中国、对上海的最后的告别辞吧！

笔 尖 上 的 四 条 汉 子

1936 年，斯诺拍摄的毛泽东头戴八
角帽的照片首先在《密勒氏评论报》
刊登。

鲍威尔：他的前沿，就在悬崖边上

礼查饭店就像一艘巨型船舰，骄傲地"停泊"在苏州河北岸、与黄浦江的交汇处。这是一座因船而生的饭店。一个美国船长早先创办了这家饭店，以后，这里的每一任饭店经理，几乎都来自于海浪之巅。饭店长长的走廊，被油漆得像客轮上通向睡舱的通道，一间间客房也像客轮睡舱一样地被分隔开："头等舱"、"二等舱"、"统舱"……

约翰·本杰明·鲍威尔刚从船上下来，自己拎着手提箱，由雇来的一个苦力为他肩扛着洋铁皮衣物箱，从虹口码头徒步走向礼查饭店。仿佛，正从一条船登上另一条船。

这是 1917 年 2 月初的一天，正下着雨，天色灰暗迷茫。站在饭店门前的鲍威尔，也感到一头雾水。他不知这条"船"会载着他驶向哪里；在刚踏上的这片陌生而动荡的土地上，也不知自己会扮演什么样的角色。

漂洋过海地远道而来，鲍威尔只是为了一件事：创办一份报纸。这位密苏里大学新闻学院的首届毕业生，毕业后回到了家乡汉尼拔尔，曾在一家《信使报》做过报纸推销员、广告经理和新闻编辑，后来又回母校的新闻学院执教，度过了讲台前的匆匆几年。迄今为止，这清汤寡水似平淡的履历，却暗藏着新闻界的一次惊世巨变——他的母校密苏里大学新闻学院，是世界上的第一所新闻学院，意味着在此之前，世上还没有一个记者、编辑是真正科班出身的。鲍威尔恰好是它的第一批毕业生，也就意味着，他——一个正走在上海街头的美国年轻人，乃是世界上科班出身记者、编辑的"第一滴血"。

许多路人擦肩而过，不会留意这个蓝眼

约翰·本杰明·鲍威尔

笔尖上的四条汉子

珠、高个儿的年轻洋人，更不会关注他有着怎样的奇特身世。他也不感到自己有什么特别。之前几十年，一直有外国人在中国办报、办刊物，难道他的到来，会含有什么特殊的异乎寻常的意义？一脑子空白的他，显然不会想到这些。

追念前尘，早在19世纪的二三十年代，在广州、港澳一带，就有一些传教士热衷于"文字播道"，创办了《东西洋考每月统计传》、《中国丛报》等报刊。之后不久，"在华自由商人的喉舌"——《广州纪事报》、《华人差报与广州钞报》和《广州周报》，也在南中国陆续登台，兴盛一时，它们身后站着的正是显赫一时的怡和、旗昌、宝顺等英美大鸦片商。传教士＋商人，就是那时报刊的主宰者。这是一道"漂亮"的加法算术题，正如有人所形容的："贸易和圣经是一个同盟，跟在他们后面的便是帝国的旗帜"，报纸，也就是他们攻克这个东方古国的精神武器。

在重商主义的上海，必然会让商人最早登上报业舞台。譬如上海最早的外文报纸、1850年创刊的《北华捷报》，它的创办人、来自爱德华王子岛的亨利·奚安门，就是一个英国拍卖商；由《北华捷报》延伸而来、声名远播的《字林西报》，曾经的掌门人之一R.W.李德尔是一家电灯公司老板，而且还担任过租界的工部局主席；1880年接掌《字林西报》的亨利·莫里斯也是一名成功的商人。商人办报，无法不嵌上深深的商业烙印，正如《北华捷报》所坦言宣示的："上海注定会成为中国和世界各国之间的永久贸易中心。我辈编辑最艰巨的任务就是尽自己的微薄之力促成这一宏伟目标的实现。"上海最初的报纸，都逃不脱效命于商业这个必然的宿命。

但在一个急剧变化的时代，报业也不会止足不前。鲍威尔们走出密苏里新闻学院的校门时，就预示着一场巨变的开启：在传教士办报、商人办报之后，新闻专业人士办报的第三次浪潮开始涌动。在上海，随着鲍威尔走来的脚步声，这片潮声也已经隐隐地响起。

但鲍威尔不会意识到这一切，他只是快步走进礼查饭店，急切地想见到在这里下榻的一位长者。他是托马斯·富兰克林·费尔法克斯·密勒先生，正是办这份报纸的真正策动者、创始人；也正是他，将越洋电报拍到密苏里大学新闻学院，让学校贡献一位科班出身的人给他当助手，院长沃特·威廉就推荐了鲍威尔。由此才成就了他的这次上海之行。

一个刚过 30，一个年近半百，近乎两代人的鲍威尔和密勒，就在饭店大厅里第一次相见。好多年后，鲍威尔还记得第一次见面时密勒给他留下的印象："那人身材单薄，体重 125 磅左右，但穿着异常考究，我不由突发奇想，他怎么能够在坐下来的时候，不弄皱他那套笔挺的西服呢！"一身西装笔挺、整洁考究的密勒，没给他说一声办报的事，就带着他往正在吃午茶的人群里走去，在那里与一帮人一边喝着鸡尾酒、威士忌，一边海阔天空地闲聊着。当晚，由船长经理安排，他就在饭店后楼的一间"统舱"里入住。

走入正题已经是一夜之后。在密勒住的饭店套房里，这位老报人给鲍威尔透了底——有关他自己，和他将要办的报纸。密勒说他也是密苏里州人，与鲍威尔一样毕业于密苏里大学，不过他读的是冶金采矿专业，因为酷爱新闻事业，毕业后他丢开所读的专业去当了记者。加盟《纽约先驱报》后，他成了一名驻外战地记者，1900 年跟随八国联军来到了中国。最终他却成了向联军公开叫板的人，在报上怒斥联军在中国"把战争拉回到了'中世纪'"，"给未来一代留下了一个污点"。对联军暴行的憎恶，也加深了他对中国的同情，于是他就留在了中国。

上海的洋人圈里，都熟知他一向抱有激进的反殖民主义观点。1911 年他一手创办《大陆报》后，更是毫不掩饰地将激进之火点燃在报纸上——将几位中国的社会名流安排进报社董事局，想方设法将中国报道推向头版头条，誓言让《大陆报》像大型纽约报纸报道美国新闻一样聚焦中国新闻。报纸办得很成功，发行量火箭式地上升，很快超过了英国人的老牌《字林西报》。但因此被《字林西报》视为死敌，想尽一切办法要将它压扁挤垮。胜利者是《字林西报》，密勒才风光四五年时间，就被迫辞去了《大陆报》总编一职，报纸也转让给了别人。但他仍不死心，决意从头再起办一份更具专业特色的、美国人的报纸，也就是他正在筹备中的《密勒氏评论报》。鲍威尔也正是奔着这份报纸而来。

短暂的接触，密勒已掂量出这位年轻校友的能量，毫不迟疑地将办报的重担交给了鲍威尔。他只买了一些字模和白报纸，余下的一切就都让鲍威尔去办。初来乍到的鲍威尔两眼摸黑，一个个疑问都不知去何处寻找答案。他尤其想知道，报纸出刊后应该刊载些什么。把疑问扔给了老板密勒，正直挺挺地躺在椅子上的密勒，却充满怒气地忽然吼叫着说："他妈的！我们高兴登什么就登什么！"让鲍威尔着实大吃了一惊。

办报，想登什么就登什么，这怎么可以呢？密勒的说法与他接受的专业理论相去太远。脑海里，瞬时翻腾起密苏里新闻学院订立的"记者信条"：我坚信新闻专业主义；公众的报刊就是公众的委托；所有从业者都是受公众的委托，担负起全部的责任；凡是对"公共服务"稍有懈怠者，即是对此种委托之背叛……——这是世界上的第一个"记者信条"，还是院长沃特·威廉亲手制订的。它已经深深镌印于密苏里新闻人的心底而不可动摇，鲍威尔也正是它的严格信奉者。

他总想牢牢地守住他的专业门槛，让"公共服务"的报业功能像一轮朝日一样，高悬于他的心灵的天空。

可公众并不都是报纸的读者，英文《密勒氏评论报》的读者又在哪儿？报纸尚在怀胎之中，鲍威尔就已经泅游于茫茫人海中，去寻求自己的知音。他自叹"这是一项艰巨的工作"。在他的报纸读者分布图上，第一版块显然是在上海的英美人，他作过统计，大约有8000至10000人。很快他又发现，上海就好像是整个世界的缩影，外国人除了英美人之外，还有来自法国、德国、荷兰、葡萄牙、俄国和斯堪的纳维亚的各色洋人，以及大量的东方犹太人。这些外国人大多能阅读英文，对正在蒸蒸日上崛起的美国也抱有很大兴趣，一份美国报纸的诞生，正在他们的期盼之中。他脸上一下展开了笑意：嗬嗬，那又是几千个人啊！

从这座城市的深处，他又发现了一片尚未开采、储量丰富的矿区，那就是一代年轻的中国知识分子。他们是有别于他们的前辈、由新学和新知识喂养长大的一代；他们懂一点英文或正在学习英语，对英语读物的新鲜感正有增无减；他们渴望眼前能打开一扇大门，去更多地认识、了解外部世界；他们的分布面极广，从外国人或中国人办的贸易公司、工厂、银行、报社到大学或学院、政府机构，在社会上层的每个角落，几乎都有他们的身影。一个多大的潜在读者群啊！更大的发现，于是带来了更大的惊喜。《密勒氏评论报》的订户中，以后果然有一大批这样的中国知识青年，《密勒氏评论报》一时风靡于他们中间，甚至成为了一些人的"第二教科书"。

他是这片富矿的最早发现者。在他之前的那些老牌洋人报业大佬，因为自己的高傲、自负，不把"劣等民族"放在眼里，是决计不会想到这片金矿的，尽管之后又是如何的垂涎不已。一双被专业的清泉洗拭过的亮眼，远胜于被偏见和金钱所遮蔽、已浑浊不清的双目。

发现者总处在发现的欢悦中。新发现还在延续着。报纸开办不久时，迎来一位自己找上门的英国人订户，他是一艘不定期货轮的船长，每隔五六个月才来上海一次。以后他每次到报馆，就将已积存了半年的一大捆报纸带回船上。之后当航行在茫茫海上时，就由这些报纸每天陪伴着他，让他能不时触摸到岸上的人间烟火、世态风景，度过寂寞枯燥的半年。老船长的出现，让鲍威尔又豁然扩大了视野。跳出上海去极目远望，使他看到了更广袤的一片天地——驻守在中国内地边关或行踪不定的洋人们。这就是扎根于穷乡僻壤的传教士，沿海地区进出口公司的土特产收购员，外国烟草公司和石油公司派驻内陆小城的代理商，或驻扎在边境地区的海关官员，他们远离喧嚣的都市，处在信息闭塞的小城和边陲，对报纸的饥渴感更甚于都市中人。虽然撒落在各地，有如沙土一样零散、细微，但积在一起，聚沙成塔，就又将是个洋洋可观的订户群。

善于发现，赢得了发行成功的回报。当上海的一些洋人报纸，已开办许多年还徘徊在几百份的销量时，举步之初的《密勒氏评论报》，却已一下收回了一千多份订单回执，且大多数都附有支票。

1917年6月9日，《密勒氏评论报》创刊的第一天，鲍威尔的眼前已展现出一个成功的开端。

在一个陌生的异国他乡办报纸，他还须补上一课，熟悉这片国土、这座城市和这里的人们。

几乎是从一张白纸开始的。启程到中国之前，他翻遍大学图书馆的藏书，海底捞针一样地总算找到了两本书：《中国人的性格》和《中国农村生活》。书的作者都是一个名叫明恩溥的美国传教士。对中国毫无印象的鲍威尔，读过书后仍笼罩在云里雾里，古老的中国，对于他依然是一个不解之谜，也更像一个无法靠近的梦。

笔尖上的四条汉子

到上海后不久，一次亲见明恩溥博士、聆听他的一席演说后，才使他如梦初醒。这位在中国传教已有五十多年的"中国通"，用一句话举重若轻地结束他的演说："中国正站在悬崖边上"。见台下霎时愁云笼罩，明恩溥又风趣地补充说："事实上，从我五十多年前来中国时起，这个国家就一直站在悬崖边上。"台下的人都被逗笑了，一团云霾也就随风飞散。

但这席话、这个"悬崖边上"的影子，一直在他的心里翻腾着，再也无法散去。他似乎已隐隐感觉到，走进他视野里的中国，会将是一副怎样的面目。

这是一个动荡、混乱的年代；这也是地球上政局最动荡的地区。——站在1917年时间界石上的鲍威尔，无论往后看抑或往前看都是如此。在"帝制梦"破碎、袁世凯一命呜呼一年后，北京政府高层的内斗已闹得不可开交：一会总统黎元洪发令将总理段祺瑞免职，一会段又策动解散国会、驱逐黎元洪；没有兵权的黎转而向张勋督军寻求支持，张又抬出已被废黜的"儿皇帝"溥仪，演出一场滑稽可笑的复辟闹剧。当北方一片纷乱时，南方平地一声雷，又冒出一个孙中山的护法军政府，于是，军阀混战，南北对峙，兔起鹘落，天下大乱。而另一边，中国已被绑上"一战"的战车，正式向德奥宣战，日本又乘机从德国人手中攫取青岛，控制全山东，再度逼迫中国接受其蛮横无理的"二十一条"。在上海，一支神秘的舰队出现在吴淞口外，随后，鲍威尔看到了一群群白俄流亡者如潮水般涌来，相对宁静的上海也不再安宁……

一直身处动荡漩涡中的鲍威尔，时时涌起"站在悬崖边上"的同感。到历经沧桑后的30年代，他终于也从自己的胸腔发出了一声感慨：中国人正"生活在火山口上"。——与明恩溥相近的感受、不同的表达，已渗入了他自身的经验和感悟。

动荡、混乱，也使一切都显得扑朔迷离。一个新闻记者的责任，就是要为公众拨散迷雾、解开疑团，去揭出事实的真相。不像那些慷慨激越、狂放不羁的美利坚同行，鲍威尔平日更像一个一丝不苟的绅士。在《密勒氏评论报》的编辑室里，人们总看到他戴一副圆形珐琅架眼镜，穿一身三件套深色西服，嘴上总爱叼着烟斗，说话不紧不慢、沉稳老成，一看就是个受过名牌大学熏陶、涵养有素的职业报人。但转眼间，他又会身手矫捷、风风火火地奔逐出没于新闻现场——唇枪舌剑的会议桌前，门庭森严的将军府上，刚被飞机轰炸过，还有尸体横陈的铁路枕木旁，甚至在采访途中狼狈地沦为土匪的俘虏，被押解着穿过高高的石岭和深深的峡谷，跌跌撞撞地蹚过大水和泥泞，不停地走了几个小时……即便一年后他接任主编，5 年后接盘整个报社、兼任主编和发行人后，他也从未卸下一线记者的职责，总会出现在新闻发生的最前沿。

因为密苏里大学已教会他怎么做——探知事件的真相，就必须迈开双脚到新闻现场、到生活的第一线去。

许多独家新闻就是这样得来的。

一次他去北京，刚在旅馆住下，就有人来叩门求访，原来是他往日的中国学生董显光。董是英文《北京日报》的编辑，自然消息灵通，一坐下就忧心如焚地谈起日本强迫签订"二十一条"铸成的严峻形势。真是太气人了——董显光气愤地说，小日本一直要中国接受"二十一条"的第五款，妄想霸占我们的华北和满洲。前两年因为受到国际国内的强烈抗议，暂时收敛了一下，现在恶狠狠地又打上门来了。董显光告诉鲍威尔，就在这天下午，日本公使加藤突然跑到中国外交部，怒冲冲地拍着桌子威胁陆徵祥部长说，必须立即接受"二十一条"第五款，不然日本就出兵攻打中国。还警告陆徵祥部长，不得将此事宣扬出去，否则你们会知道有什么后果。真是嚣张得不得了！

这消息，是由外交部的一位秘书亲口透露的，董显光转述当时的情形，越说越激动。鲍威尔也霎时被激起一股义愤，忽然闪过一个念头：不放过这条新闻！将事情放在阳光下，用舆论的力量来击败日本人。顾不得旅途的劳累，就立即进入了工作状态，将这件事的全过程很快写成一份简报，翌日一清早和董显光又赶到美国公使馆，取得公使的支持。一回旅馆，他立刻把急速写就的新闻稿发回上海，让《密勒氏评论报》在第一时间发布了这条消息。

他又通知报社将稿件复抄一份，送给同在上海的朋友卡尔·克劳。克劳是上海刚成立的美国公共宣传委员会的负责人，由克劳把消息发回华盛顿，可以立即遍传全美国。

虽然不足以将日本的阴谋击碎，这一阵舆论轰炸，也够让小日本喝一壶了。

就从这时起，他已经隐隐预感到，日本人的野心会无限膨胀，中国终将陷入无边的苦海中。在他之后的感觉中，也总有一个鬼魅的阴魂在游荡、飞舞着。

尽管对日本人早有恶感，却并不影响他笔下新闻的客观性。他决不将义愤充斥于他的报道。因为他一直牢记着密苏里新闻学院老院长定下的规则：将观点与事实分开，记者的职责是将事实告之于众。

在他的脚板底下，在他奔波不息的身影中，正渐次展开一件件新闻事件的真相。

1931 年，当"九·一八"事变爆发、举世哗然时，鲍威尔却并不感到意外，他知道这是迟早的事。他的职责，是要从众声喧哗、真假莫辨中还原事变的本来面目。于是，他赶到了事变的发生地沈阳。

面对一群寻求事实真相的外国记者，日军发言人唾沫横飞地辩解说，挑起战争的是中国人，因为中国军队先炸毁了沈阳郊外的一段日本铁路，日本军队才被迫还击的。说完，又领着记者们来到"罪恶的现场"，让他们看倒卧在铁路旁的三具中国士兵的尸体。那军方发言人说，这几个士兵是在逃跑时被击毙的，细心的鲍威尔却一眼看出了事情的蹊跷：士兵倒卧的地方，竟然没有一滴血迹，不明摆着是一个事后摆设的"现场"。

孤证还缺乏说服力，有力的结论要由证据链来坐实。在沈阳街头，鲍威尔寻觅着事变留下的蛛丝马迹。在一家日本人开办的照相馆内，许多怪异的照片吸住了他的目光。照片上都是一些身穿平民服装的日本人，却又都肩扛步枪、佩戴着臂章，这意味着什么？询问一个西方商人，才知道了真相：早在"九·一八"事变前几天，这些身穿平民服装的所谓日本"游客"，就已在沈阳街头出现。趁中国军队毫无防备时，日军早已让这些士兵伪装成平民潜入沈阳，一等战争信号打出，就立即占领所有的战略要地。

继续探询中，日军严密防守的一个广场，又引起了他的注意。那广场被修建得像一座粮仓，正巧他有一位美国朋友就住在附近，那朋友告诉他，日军占领沈阳后的第二天，就发现很多碎屑从这座"粮仓"中飞出，大炮的猛烈轰击，还将那片波纹铁皮屋顶震得飞上了天。由朋友引路，两人一起到实地勘察了一番，才弄清这"粮仓"是什么玩意儿：竟是日军早就构筑的榴弹炮群工事，构筑时，就已将大炮的炮口都对准了沈阳兵工厂。再一次证实，日军进攻沈阳是早有预谋、早已作好准备的。

桩桩件件事实俱在，还容得有什么怀疑?

事实就是阳光，谎言的冰山被融化了。鲍威尔从东北发回的内幕报道，使日本军方一如被剥光了衣服当庭示众，气恼却又无奈。纵然是谎言、骗局高手，也无法抹去这铁一般的事实，哪怕事后如何猴急地去抵赖或销毁罪证。他们真是这样做的，在鲍威尔的报道刊出后仅仅几个小时，日本人就蜂拥出动，搜查沈阳大街上的所有照相馆，没收那些日本便衣军人的照片。但几张最露骨显目的照片，早已被鲍威尔公之于报端，事后的搜查就只是掩耳盗铃而已。将日本军方刺痛得不轻的，还有鲍威尔的另一篇报道：在东北某地，日军毁灭一整个村庄，一下屠杀了3000名中国平民。日方急忙申辩反驳，声称报道"失实"——那儿并没有什么屠杀，"只有300个中国人被枪毙"。乱了方寸，说谎话竟也说漏了嘴——就说不是3000人，无辜地杀害300个平民就不是屠杀? 鲍威尔感到气愤之外，更觉得可笑。

高兴的是，他看到了事实的力量。对付谎言与骗局，这正是最有力的武器。

公共租界与法租界之间，当初洋泾浜的原地，蜿蜒延伸着一条呈S形的爱多亚路，《密勒氏评论报》就设在这条街的4号、1918年所建的丹麦大北电报公司新大楼里。报社在6楼，年轻的埃德加·斯诺第一次上门，就看到这里的与众不同：除了报社常见的杂乱之外，书桌上、饭桌上和椅子上到处都堆着书，一个四面玻璃的组装式书橱里，更是将书塞得满满的，摇摇晃晃地一直堆码到天花板。这是主编鲍威尔的私人藏书室，据说在中国，这是堪称最好的私人藏书室之一。

毗邻外滩黄浦江的大北电报新大楼，好像又一座巨型舰船，由鲍威尔和密勒一起把舵的《密勒氏评论报》，就艰难而又昂扬地行进在这狂潮骇浪中。

鲍威尔是在办报一年后，由助理编辑升任主编的。这份每周一期、每期有40至60页的英文报纸，给他办得风生水起，发行量已跳跃升至4000至5000份。生性低调的鲍威尔谈起这份"密报"、他的亲生儿，却也会不无矜色地说道，大名鼎鼎的美国《新闻周刊》、《读者文摘》和《时代周刊》，那时都还在十月怀胎，没有出世呢!

老板密勒很欣赏这位年轻人，两人的合作也似乎天衣无缝。但两人的个性、做派却几无一点相像的。做过多年战地记者的托马斯·密勒，走南闯北，阅历深广，而鲍威尔来上海之前，却从未有过海外经历，在新闻圈里，也只与美国中西部的报纸打过交道。密勒在人前总显得趾高气扬，说话粗鲁，脾气很暴躁，鲍威尔却待人温雅、真诚，很有亲和力。密勒穿戴时髦，生活讲究，是个极爱享受的人，而农场家庭出身的鲍威尔却仍保有着乡野遗风，朴实、节俭、随意，连惯常叼在嘴边的烟斗，也还是用玉米棒子芯做的。有许多年他甚至都不坐黄包车，用他的话说，因为不忍心坐由人类拉着跑的车；以后每次坐了，也总要多付一点钱给车夫，以使他自己的内心获得平静。

　　但在面对这个苦难深重的东方古国时，两人却出奇的一致：都由最初的同情而渐化为一片深沉的爱意，因之也都憎恶列强对中国的奴役、欺凌，更痛恨日寇的暴虐无道。这就是他们共同拥有的定海神针，有了它，其他一切都只是浮云。

　　他们也是同乡、校友：来自同一片土地——大文豪马克·吐温的故乡密苏里州；出于同一所学校——哥伦比亚城的密苏里大学。当年密苏里州的一位议员在美国国会演说时说："花言巧语和强词夺理都不能说服我。我是密苏里人，你必须秀给我看。"于是"拿出证据、眼见为实"就成了这个州的别称；之后，又作为密苏里新闻人的共同价值观，被熔铸在新闻学院的"记者信条"中——"记者应该只写他内心认为真实的东西"。由共同的思想纽带相连，就使一切差异都变得微乎其微。

　　"密苏里"一词还有另一层含义，即为印第安语中的"浑浊的水"或"划大独木舟的人"。"独木舟"从美国的密苏里河划来了，让密勒和鲍威尔都始料未及的是，这些"独木舟"有朝一日竟集结起一支偌大的船队，势壮气豪地开到了上海、中国乃至整个远东地区。

　　正是鲍威尔他们，在无意间开领了这派风气。因为鲍威尔他们的到来，上海报业被带进了新闻专业主义的一片蓝海，也继而催生出一种"裙带效应"——从"美国记者的摇篮"密大新闻学院走出的学子，紧步他们的后尘，纷纷前往上海或行走于中国和远东。历经数年的积聚后，鲍威尔才猛然发现，在中国，从上海滩到其他城市，竟然已有那么多来自密苏里大学的新闻学子。在他和密勒之外，就有早他之前已来上海、办过《大陆报》和《大美晚报》的卡尔·克劳；有驻上海或北京等地的许多记者，如美联社的莫里斯、哈瑞斯、巴布、怀特，合众国际社的克林，《纽约时报》的米索威滋，《纽约先锋论坛报》的科内，也有密大的首位新闻学硕士、一直以自由记者身份为多家报纸工作的武道；在《密勒氏评论报》，也有担任过助理编辑的埃德加·斯诺，当过主笔的柏德逊，等等。当然，他也不会漏了艾格尼丝·史沫特莱和哈恩·艾米莉（中文名为项美丽），这两位名声响遍上海滩和中国的女作家、女记者。她们不是密大学子，却也都来自他们的故乡密苏里州。

鲍威尔经过细细统计，列出了一份在中国的密苏里新闻学院毕业生名单：从1910 年至 30 年代，竟然已经有 43 人之多。也不知从哪时起，他们就有了一个共同的称号——"密苏里新闻帮"；在用词夸张的美国人口中，又不无戏谑地称之为"密苏里新闻团伙"、"密苏里黑手党"。他们来到中国，大多数也都是《密勒氏评论报》的撰稿人。一份《密勒氏评论报》就成了这帮密苏里新闻学子的实验基地，成了"密苏里帮"络绎不绝进入中国的驿站和通道。密勒和鲍威尔，则当之无愧成为了他们的"带头大哥"。

密勒是很有雄心的，一心想把"新闻专业主义"的大旗扛到底。但有好几年，他却一直呆在美国，都由鲍威尔一手撑持着《密勒氏评论报》；返回中国后又"移情别恋"，把兴趣都转移到了政治事务上，先后担当起"凡尔赛和约"中国代表团顾问和蒋介石政府的顾问，在 1922 年那一年，他连在《密勒氏评论报》的股份也转手卖给了鲍威尔。

密勒几次抽身淡出新闻界，这扛起"新闻专业主义"旗帜的责任，也就自然落到了鲍威尔的肩上。

1928 年 7 月，也是一个下雨天，一个名叫埃德加·斯诺的美国年轻人叩门而入，递上了沃特·威廉院长的推荐信。这情景使鲍威尔恍生时光倒流之感，10 多年前他曾经历的一幕，与今天何其相似乃尔！而且，来的又是一个密苏里人，也同样是密苏里新闻学院的学子。向来一脸严肃的鲍威尔难得地展颜一笑，紧随着又是一个紧紧的拥抱，欢迎又一个同乡、校友的到来。"密苏里帮"的牛栏里又将添入新犊，他高兴，是从心底里发出的。

笔尖上的四条汉子

斯诺为实施他的环游世界计划而来到中国，上海原只是他途中的一站，计划只停留六个星期。鲍威尔却把他留下了，这一挽留，竟全然改变了斯诺的人生航线，在中国一直停留了13年。

也出乎所有人的意料，因为后来有《红星照耀中国》一书的横空出世，斯诺为"密苏里帮"在中国竖起了一座辉煌的里程碑；他自己也成为了"密苏里帮"的集大成者，名望之高超越了任何一位"密苏里帮"的同伴，包括他的几个前辈——无论沃特·威廉、托马斯·密勒、卡尔·克劳还是鲍威尔。

有贵人相助，是斯诺的成功秘笈之一。他遇到过的许多贵人中，那个总出现在他的光环背后、挥之不去的身影，无疑就是鲍威尔。

他很赏识这个年轻人，在新闻的天地乾坤中，总会苦心辟出一片大草原，让这匹马驹去快意驰骋。但如岩石般沉稳的鲍威尔，迎来的却是一团火。才二十三四岁的斯诺，年少气盛，愤世嫉俗，做事很容易"出格"、"跑调"。那次鲍威尔去满洲北部采访、去苏联访问，临时离开几个月，就委托斯诺担当代理主编。就在这些日子里，斯诺却闯下了一场"大祸"：在报社租借的大北电报大楼里，他瞧见一些英国人公然用恶言秽语谩骂污辱中国人，顿时气愤难平，就在《密勒氏评论报》上刊发社论，对此狠批痛斥了一通。文章刊出，一下乱了套，英国人的喉舌《字林西报》接连发文，声言要将斯诺"赶出上海"；租界的警察头子把他说成是"危险的煽动分子"，已在暗中盯上了他；鲍威尔刚回到报社，就接到大楼英国老板不再续签合约的通牒，报社立马被一脚踢出了大楼。鲍威尔只得另择新址，将报社搬到了爱多亚路上一幢几乎没有窗户的楼房里。像小孩做错了事、正在等待发落的斯诺，却得到了意外的回报：对他的卤莽行径，老板不但连"一句温和的责备也没有说"，竟然还赞誉有加，说他做了他应该做的好事。

几年后，斯诺已离开上海去北京定居，那玉米棒子芯烟斗里的烟火，也时常还在他的身后缭绕。1935年这年，北京大学生为"抗日救亡"，掀起了被斯诺称为"又一次五四运动"的"一二·九"风暴。运动的"煽火"者中就有斯诺夫妇，最初的酝酿、策划，就是在军机处八号他们的寓所里进行的。这些日子，上海的鲍威尔、北京的斯诺也千里一线，始终在遥相呼应。《密勒氏评论报》连珠炮般刊发了许多"一二·九"报道：北京之外，上海学生拥入北站阻止火车通行；武汉学生给南京政府的最后通牒；华南学生坚决声明反对日寇侵略华北……12月16日，北京学生举行第二次示威游行，斯诺夫妇意外地发现了鲍威尔的身影，他也正游弋于怒潮汹涌般的8000人队伍中。对重大新闻事件，他总会亲临第一线，这几天他也特地赶来北京，一头扎进了游行队伍中进行现场采访。在斯诺夫人海伦后来的回忆中，还清晰地记起那天的情景："我站在鲍威尔身边，正对他进行宣传，这时他瞧见了燕京大学最漂亮的、穿着皮茄克的女学生，他一面拍照一面说：好了，这是我最理想的革命家。"

1936年10月，斯诺又跋涉千里投入风沙飞扬的茫茫大西北，"提着脑袋"去探测像谜一样神秘的"红色禁地"。信奉"眼见为实"真谛的斯诺，携带着照相机、小摄影机、胶卷、笔记本和常用药品、生活用品，以一个密苏里新闻人的执着、顽强，踏上了西方人无人走过的这程冒险之旅。他用去近4个月时间，发现了一块神奇的"红色新大陆"，找到了一个"民族的灵魂"，也博得了一个宏亮的称号——"发现红色中国的哥伦布"。

10月下旬回到北京，斯诺开始整理素材，准备撰写那本后来震惊世界的《红星照耀中国》，却被美联社发出的一条电讯打乱了部署。这是一条耸人听闻的消息，说斯诺落入了"赤匪"手中，已经被捕并且已被处决，这显然是他的美国同行轻信国民党谣言的产物。为了揭穿谣言，他必须腾出手来，将他的探险果实提前公之于众。

第一个向他伸出援手的，正是另一个密苏里人。11月5日，斯诺把他与"红色中国"领袖毛泽东谈话的文稿寄给了《密勒氏评论报》，主编鲍威尔接到稿件，就以最快的速度发稿、排版，在11月14日和21日分两期、以10页篇幅全文刊登，还配发了毛泽东头戴缀有五角星的红军八角帽大幅照片——那正是斯诺在红区实地拍摄的。

这是报界第一次披露毛泽东的长篇谈话；长久以来一直被妖魔化的共产党红军，也第一次以主角身份、正面形象走进了公众的视野。报纸一出刊，引起的冲击波远胜过一枚枚炸弹所爆发的威力。

当然也有争议，因为精彩出众、感人超常，使一些人反而怀疑起它的真实性。面对善意的或恶意的种种质疑，斯诺的回答只是一句话——"我是一个密苏

笔尖上的四条汉子

里人"。这已足以胜过千言万语。因为说"我是一个密苏里人",就意味着尊重事实、用证据说话,是一种无可怀疑的信誉保证。这已经是一句被广泛认同的美国谚语,也是密苏里新闻人身怀的圭臬、神器,走遍天下都不会改变的准则。

曾经手持沃特·威廉的推荐信、来到上海闯世界的鲍威尔和斯诺,都遵循老院长的启示和教诲,坚守着这条新闻红线。

身在中国的他们,也时时遥念着他们的老院长。

可惜,沃特·威廉已经去世,就在 1935 年 7 月,斯诺去陕北苏区探秘的前一年。鲍威尔常常遗憾老院长走得太早,没能看到他门下高足创下的新闻业奇迹。他劳碌、奔忙一辈子,不就是期待着新闻业这满园的硕果?

沃特·威廉本身就是个奇迹。他从一个小报学徒工一路走来,成为了世界"新闻学之父"、世界报业大会会长。他曾一手创建全球第一个新闻学院,订立世界上第一份"记者信条",也第一个将新闻推上了专业主义的高地。没有人不承认他是个划时代的人物。在上海,也曾经留下他 5 次前来访问、考察的身影,有好多次,鲍威尔都陪伴在他的身边。虽然老院长每次都来去匆匆,却留下了久远难灭的影响:在上海,催生了中国也是亚洲第一个新闻学系——圣约翰大学报学系,走进约大报学系讲台、播撒现代新闻学种子的,正是几个"密苏里帮"人。在上海另一所沪江大学,则引动许多沪江学子奔赴密苏里大学,去西天取得真经,然后带回了原汁原味的"密苏里精神"。中国报业,也渐渐地开始融入世界报业发展的大潮……

回眺老院长留下的足迹,鲍威尔感觉,他似在读一本没有写成文字的大书。老院长走了,他垦殖、播种过的田园还要有人去守望,去深耕与拓展。鲍威尔想到了他自己,也想到了一起来自密苏里州的那帮同伴。

鲍威尔知道"守望"的艰难。守望,尤其是坚守,是要付出莫大代价的:名誉、生计、安全,直至鲜活蹦跳的一条性命。但也许"密苏里精神"给予了他力量,他从未退却、动摇过。

出乎他意料,最先气哼哼地打上门来的,却是几个同样头顶着星条旗的同胞。

那是 1927 年 3 月，北伐军向长江流域长驱直入，已逼近长江口的上海。惧怕"扬子江上的赤色波浪"说来就来，上海洋人的神经都紧张到了极点。慌乱之间，由几个土地投机商领头的一帮美国"强汉"趁机起哄寻事，叫嚣要列强出兵，联手打退中国军队。恰好在这时，《密勒氏评论报》刊登了记者发自华盛顿的报道，说柯立芝总统已公开发话，美国不会出兵干涉。这可一下捅了马蜂窝，《密勒氏评论报》顷刻遭到万炮齐轰，"强汉"们硬说这消息"肯定不可靠"、是"共产党唆使"写的假新闻云云，逼迫鲍威尔立即将消息收回。

鲍威尔一声苦笑，像给小学生开蒙似地解释说，新闻就是报道事实，我们只对事实负责。说是假消息，就拿出你们的证据来。"强汉"们却依旧纠缠不休，没完没了。这时，驻美国的记者又发来专电，再次证实了这一消息，美国驻沪总领事也证明这正是政府的意图。风波照理就可止息，不料"强汉"们的狂热却毫无减退，叫嚷政府表态"不出兵"，就是被《密勒氏评论报》"煽动"的结果，硬要鲍威尔"负起不可推卸的责任"。还不愿罢休，又在他们操纵的美国商会里撬动权力杠杆，宣布将鲍威尔开除出商会，吵着嚷着还要他辞去总编辑职务。

一篇小小报道，竟引出一场如此荒诞闹剧，让鲍威尔不由感叹坚持新闻原则的艰难。但他毫不退让，在"强汉"们围攻他的现场回击说，《密勒氏评论报》的编辑方针决不改变，所谓辞职的决议也决不接受！——说完便傲然走出商会会场，依旧走他自己的路。

回头看，这还只是杯水风波。真正将鲍威尔推入绝路险境的，还是那帮打着太阳旗却最害怕见到太阳的怪物。他的报道一次次将他们拉到阳光下曝晒，早就使他们受够、恨透了。

鲍威尔的名字，已出现在日本军方的黑名单上。他要去苏联远东地区采访、从满洲过境，当他去申请赴"满洲国"的旅行签证时，日本领事就将名列黑名单上的他一脚踢出了门外。因为这个"黑名单"，还平白无故连累了他的一个美国同行。那人从中苏边境满洲里入境，却突然遭到日军的扣押，作为"嫌疑犯"被羁押了将近 48 个小时，他随身携带的每一页文稿、每一英寸新闻胶卷都遭到日方一丝不漏的检查、审看。直至日本警官拿出一份"备忘录"，呵斥他在《密勒氏评论报》上刊登文章、揭露日军在满洲胡作非为时，才使他从懵懂中醒悟过来：他名叫邦尼·鲍威尔，日本人却把他误认是约翰·鲍威尔，犯了张冠李戴的错误。等到放行时，邦尼拍摄的影片都已被弄得一塌糊涂了。

这还是 1935 年的"行情"。两年后亦即 1937 年，上海人口中的"东洋赤佬"吞下东北、华北后，胃口变得更大，将战火一直延烧到了长江流域。这一年"八一三"之后，上海便霎时变成了一片火海。新闻记者的良知，不允许鲍威尔熟视无睹这样的"大新闻"，8 月 21 日，《密勒氏评论报》以最快速度出刊的"战时专版"，便成为了一面让魔鬼现身、也让抗魔斗士耀世的宝镜。几个月之后，鲍威尔又一手策划出版了《中国的抗战——日本侵华大事记》一书。有人评价说，这上、下两册书呈现的是新闻记者的笔法、历史学家的眼光——让仇恨与怒火都凝结在无可辩驳、铁一般的事实中，包括一份份敌我双方的文献，一件件从现场跃入纸上的事实，一幅幅实录于战场上、战火中的照片。在当下是一种鼓动，而在几十年、几百年之后，这就都将是真实历史的一部分。

熟识他的人都能一眼看出，这依然是"拿出证据、眼见为实"的密苏里人气派。可对于坏事做绝的人，事实被揭穿却是最可怕的。以揭示事实为职业使命的记者，无可逃遁地成了日寇眼中的"头号敌人"，不仅手中的饭碗，就连生命都将悬于一线。

1940 年初的一个冬夜，鲍威尔亲眼目睹了鲜血淋漓的一幕：法租界一个马路交叉口附近，一根电灯杆下，正躺着一颗孤零零的头颅。借着灯光的照射清晰可见，被砍断的颈项中，血仍在流淌，头颅额头上还有汗珠，显然是刚被砍下不久。灯杆上张贴的一纸"警告诸位编辑"的布告告明，这是申报馆的一名汪姓记者，因为撰写报道反日、反汪伪政府，就被毙命于"76 号"残酷的屠刀下。被砍下头颅，是为了恐吓他的同行。

日军的气焰一天比一天嚣张，新闻记者被砍下头颅的危险，也一天天在加剧。鲍威尔几乎每天都着感受着这种威胁。一天晚上他在办公室里加班，忽然听到一阵爆炸声传来，震得屋子都东摇西歪。原来附近的中文《华美晚报》被扔进一枚炸弹，几个报童和报社工人都当场被炸死了。几天后他又听说，歹徒从《申报》馆的窗户里扔进 6 枚手榴弹，炸死、炸伤了好多人。《大美晚报》报馆前的台阶上也发生过几次爆炸，一位编辑还在南京路被人从背后开枪杀死。《大陆报》中文部的印刷所遭到几个武装歹徒的袭击，歹徒与巡捕发生火拼时，也夺走了几个过路人和一名巡捕的生命。

最初，在枪弹中倒下的都是中国记者。因为日本与英美还未到最后摊牌的时候，西方记者能侥幸躲过暗杀的子弹。但这已经不会长久，到1941年7月，一团团黑云渐次笼罩外国报刊，"黑名单"也开始从秘密到公开而逐步升级。日伪的喉舌《中华日报》，一天赫然登出了一份在沪新闻记者的"黑名单"，"榜上有名"的包括7名外国记者和8名中国记者。鲍威尔庆幸自己的"威名显赫"，竟然被特别款待排列在西方记者的头一名；而在中国记者中，名列第一的《大陆报》总编吴嘉棠，竟也是密苏里大学新闻学院的学子、自己的校友，他为"密苏里帮"得到这样的"荣誉"而不禁笑颜顿开——这足可以告慰于老院长，你的学生，都没有给你丢脸！

公开"黑名单"，还只是山雨欲来的前奏。真正的险风恶雨很快就将袭来。

这天下午，鲍威尔出门就遇到凶险。他一个人步行去福州路上的美国总会，刚走出没几步路，肩背上冷不防被一件硬物重重击中，回头去看，那东西外面裹着报纸，被弹到墙上后正沿着人行道呼噜噜地滚去。捡起来一看，不由吓了一跳，原来是一个木柄手榴弹，已将引爆线拉出了一半，要不是没有拉足，刹那间他就将被炸得粉身碎骨。

这显然是一个信号，日伪暗杀的魔影所到之处，外国记者也已不再是例外。

为对付日伪的暗杀和袭击，工部局捕房为各家报馆布置了警卫，还为鲍威尔雇了一个手持毛瑟枪的山东大汉做保镖。为了安全，办公室的大门也被装上了钢板，《字林西报》一位编辑形容他看到的情景说，想进入鲍威尔的办公室，"就好像要进入一座堡垒一样"。但覆巢之下岂有完卵，再厚的钢板也已抵挡不住了。

太平洋战争爆发的1941年年末，上海"孤岛"随之沦陷，耀武扬威的太阳旗插满了租界地界。日本处在最后的疯狂中，对付欧美国家已不必遮遮掩掩，对新闻界的打击，也不再只是扔几个手榴弹、暗杀偷袭几个人，而是要全面查封所有反日的报纸、电台，把整个城市都"密封"起来。

在黑夜吞没白昼之前的最后时刻，鲍威尔还想进行最后的奋力一搏。12月6日，只剩下几个小时，日军就将攻入公共租界，抢在这一刻之前，他要组织力量将印好的最后一期《密勒氏评论报》运出上海。他终于长舒了一口气，当强盗破门而入时，他的报纸已经在发往广大未占领区的途中了。

逃脱敌魔的抓捕，这也是可以利用的最后一刻。"黑名单"上的7名外国记者，这时已有6个人都从上海撤离了，剩下的已只有鲍威尔一人。要撤离还来得及。他却没有走，因为他还要赶去完成一件神秘而又重要的任务。

除报业之外，日本人也已经控制了上海的整个通讯业，但他们并不知道，上海还有一个由美国几家大报集团联合组建的无线电通讯社，可以用秘密电台向各报发送新闻。更很少有人知道，兼任秘密电台台长的正是鲍威尔。这时，敌人还没有发现这个秘密电台通往马尼拉和旧金山的线路，在已被"密封"的整个城市中，就留下了硕果仅存的一个"缺口"。为了让世界知道真相，鲍威尔必须坚守到最后一刻。12月7日上午10时，在日本人发现、没收这个电台之前，他已成功地完成了任务，上海被日本占领的消息迅速通过电波发播到国外各大报纸，传遍了全世界。

但因为最后的坚守，他也将付出惨重的代价。12月20日凌晨，如狼似虎的日本宪兵闯进了他在都城饭店的房间。房间遭到洗劫，他被押上停在大楼外的一辆汽车。汽车穿过四川路桥，开进苏州河北岸、与上海邮政总局仅隔两条街道的"大桥大楼"的院子里，这大楼底层已用木栅栏分隔开，早就改造成一座阴森可怖的监狱。

鲍威尔被硬推进一间上了双重锁的牢房，开始了他长达两年的铁牢生涯。

这是一间约有18英尺长、12英尺宽的牢房，可供二十多人在地板上排成队坐着。但鲍威尔进去时，里边已关押着四十多个人，人挤着人，哪还有让人坐的地方。刚进去时，有好几个晚上，都只能站着熬过又饿又冷的漫漫长夜。

牢房里虱子横行，老鼠在走廊里猖狂地窜来窜去，还会从隔墙木板洞里探出脑袋，拉扯他的头发。牢门中间一个6英寸见方的洞，是用来递送食物的，送进来的米饭活像石头一样又硬又冷，根本嚼不下口。但有谁如稍稍有点不满，看守的拳头就会从洞口猛揍过来，有的还被看守拖到门外走廊里，用木棍被打得半死。没有挨揍，也并不好过，那牢房角落里的一只粗糙木桶，便是供犯人们用来拉屎拉尿的马桶，敞开放着，使牢房里整日臭气熏天，令人气都透不过来。

进入牢房后整整两个月时间，鲍威尔都在不停地接受审讯，他的陈诉被记在大张的文稿纸上，堆积起来已有足足六大本。审讯之外，他又和其他囚犯一样，经常被强迫盘腿坐在自己脚上，按照"日本式"的坐姿"闭门思过"，一坐就是七八个小时，以至于好几天后都不能走路。

吃牢饭，营养严重不良；盘腿长坐，妨碍了人体血液循环；晚上睡觉还不准穿鞋，必须赤脚躺在冰冷的地板上，一夜过后两只脚常常被冻成青紫色。——人不是钢铁、岩石，怎么经得住这样的种种折磨、摧残？鲍威尔先是得了严重的手指感染症，手指比正常情况肿出了两倍。祈求近两个星期，才获准被带到医务室医治。不久，他的两只脚，特别是脚跟的骨头如遭受针刺一般，开始感到疼痛难受，而且疼痛感一天天地剧烈起来。不止他一人，许多人都为脚疼而大叫起来。

翌年2月26日，因为受到间谍指控、要接受军事法庭的审判，鲍威尔与其他几个外国人又被押出"大桥大楼"，转移到江湾那边的监狱里。他自信代表着社会的正义和良知，就不怕那些颠倒黑白、胡说八道的审讯。但难受的是，脚痛病已变得更加严重了。脚肿得比平时粗出两倍，还转成了青紫色，已根本无法穿上鞋子，踩在地上便锥心般地疼痛。在魔鬼和强盗的监狱里，就别指望能嗅到半点人道的气味。看守们像煞没事似地看着他疼痛叫唤，却一直不给他看病。

鲍威尔已虚弱得说不出话来。他已经不抱任何希望，准备迎接死神来结束自己的痛苦。但日本人还要留着这个战利品，不愿让他死去，这时才草草地将他送进了医院。

医生都是西方人，有英国人的外科大夫，有法国人的护士长，他们都想尽办法，要让他坚强地站起来。但这时已错过了最好的治疗时间。进医院时，他的脚由于"干"坏疽已经肿了一倍，整只脚也几乎都已发黑。谁也无力回天了。

最终，为了切除脚的坏死组织，他的双脚的前半部分被割除，只留下了两只脚桩。他将永远是一个下肢残疾的人。

终究留下了生命。但依然前途未卜。一天有人带进一份《大美晚报》，登载在头版的一条新闻披露，一些英美人将被判重刑，鲍威尔也在其中。而这时又有消息传来，美国与日本将交换平民，其中也包括新闻记者，名单中就有鲍威尔。他感到茫然，究竟信谁的好？

终究感到绝望了。因为从投敌的西方人报纸上，从日本鬼子的电台里，都重复着一个消息，日本方面不允许鲍威尔被交换。他已经不抱活着回国的希望，甚至已在算计着如何从医院的楼上跳到街上去，以一死来作最后的抗争。

在纷纭传说中苦受煎熬的鲍威尔，眼前忽然出现了峰回路转的变局。他终于证实了他将被遣返回国的消息。事后他才知道，美国国务院下决心要保他回国，用拘押一名日本银行家来威胁日方，才逼使日方答应将鲍威尔放行。

不幸中之大幸。死神已远去，一条垂危的生命被保住了。

1942 年夏天，鲍威尔被担架抬上了"康脱孚第号"邮轮。告别曾生死与共 25 年、曾留下终生事业最好篇章的上海，他百感交集地踏上了归国的航程。

身躯已经病残，生命却还在放光。余生中，一直还在与魔鬼交战——疾病缠身，抗击病魔就成为他每天的功课；敌魔犹存，他的控诉、讨伐就不会停止。直至日寇投降后，在 1946 年夏天的远东国际军事法庭上，他还登台以自己的亲身经历出面作证，给敌魔以最后一击。

"密苏里帮"的故事也还在延续。他的儿子小鲍威尔在上海出生、在上海成婚，1945 年当罪恶的太阳旗在中国被撕落之时，他又回到了上海。这时，小鲍威尔刚从父子俩共同的母校——密苏里大学新闻学院毕业，受父亲之命，重返上海继承"密苏里新闻帮"的衣钵，重新点燃《密勒氏评论报》已被熄灭的火焰。此后在上海，《密勒氏评论报》又继续呼风唤雨了 8 年时间，成为与新中国共命运的唯一一份英文报纸。

鲍威尔的"密苏里情结"也至死不变。1947 年 2 月，在华盛顿的密苏里大学校友举行一次聚会，鲍威尔坐着轮椅赴会，走上讲台发表了激动人心的一席演讲。说完，竟不幸猝然倒下，在校友们的注视下走完了一生。时年仅 59 岁。

斯诺：生命之舟初航的博弈

"亚洲女皇"号一靠近黄浦江边码头，埃德加·斯诺就在雨色迷蒙中匆匆下船，被裹挟淹没在这座喧嚣、纷攘的都市里。船是从大海那边、从日本驶来的。这天是 1928 年 7 月 6 日、星期五，一个如许平常、平淡的日子。这座城市里的人，谁也不会对它留意，却一定让斯诺深深记住了。因为这一天，正是他一生中改变命运走向的关键之日。

从这一刻起，他的生命之舟就已经驶入恒定的航道上。

这天走出的这一步，使他的足迹竟自此长留于这个国度，绵绵延拔而至长长的 13 年时光，13 年后离去了又三度归来；他的一生心血，孵化出 11 本厚厚的著作，竟然有 9 本都献给了这个国家——中国；梦中，再也离不开这个巨龙的身影，心中早已认定"我应该是中国的一部分"。一生终了、告别人世之际，他还念念不忘叮嘱家人，他的骨灰，要将一半埋在中国。

他笔下展现的中国，几乎都是"世界独家新闻"。在世界上，他博得了"中国问题的权威解释者"的美誉。他的勤勉的同行，甚至都不无嫉妒地形容他："中国，实际上已成为他垄断的专利品了"。

这一切，都是从上海开始的。

上海最初落入他的视野，是在他的大学时代。1925 年秋天，埃德加·斯诺考入密苏里大学新闻学院。一次在校园漫步，当走到学院的活动中心"内夫堂"前面时，他忽然被门前一个刻有子午线的纪念碑一下吸引了。这是新闻班一些毕业生献给学校的一件礼物，碑上标有学校距离许多外国城市的英里数：莫斯科—5273，德里—7730，上海—7136……这一刻，上海就已然悄悄走进了他的心里。

那个刻有子午线的纪念碑，那碑上标着的那些外国城市，一下点燃了他内心潜藏已久、喷薄欲发的火焰。从幼时开始，读着密苏里老乡马克·吐温的《汤姆·索耶历险记》《哈克贝里·费恩历险记》长大，像书中人物一样漂流、冒险就成为他的最大心愿。那座纪念碑直通他的少年心境，使他常常驻足凝望，神摇魂荡，久久地不舍离开。渐渐地，那纪念碑对他的吸引远超过了上课，如花的校园也已盛不下一颗躁动的心。于是，仅仅读了一年书，他就逃出校园去开始独闯世界。

"我所喜爱的生活，现时的幸福就是一个。那就是旅行！！冒险！体验！""许多城市的名字总是出现在我的脑海之中，使我无法集中精力：'加尔各答！'然后是'巴勒斯坦！'；'上海！'；一个声音小声说：'巴格达！'；'麦加！'；和'遥远的大马士革！'"

"在阳光灿烂的大海的另一边，有一个古老的神殿在向我招手，我想去弄弄清楚。"

给父母留下一封短信，又用25美元买了一架柯达旧照相机后，23岁的斯诺就踏上了一艘开往远东的轮船。他计划出国做一年冒险旅行，上海是他到达的第一站。到达上海，已是漂泊远洋的5个月之后。

他找到的临时住地在四川路上，是一所美国海军青年会。在暂住地放下行囊，他就摸索着赶赴不远处爱多亚路上的大北电报大楼，去拜见他的校友和同乡、《密勒氏评论报》主编鲍威尔。

在斯诺的旅行日程表上，他在中国将只停留6个星期。满心欢喜迎接他到来的鲍威尔，刚见面就劝说他留下来，跟他一起在上海办《密勒氏评论报》，斯诺踌躇了半天，终究没有松口。鲍威尔说，那好，你就在上海呆满6个星期再走吧。那时，鲍威尔正准备出刊一期《新中国》特刊，就让斯诺为特刊帮忙采写稿件。

对于斯诺，这无疑是一道难题：他对中国还一无所知，怎么写报道"新中国"的稿件？过去他只听说父亲家族中有人到过中国，那还是18世纪末，那人据说还担任过美国驻广州的商务领事；他也只朦胧地记得，在他七八岁时他家附近有一家小洗衣店，老板是个留着长辫子、斜着一只眼睛的华人，他和小伙伴们常常淘气地追着那华人大喊"猪尾巴！猪尾巴！"然后一下撒腿跑开了。对于中国能知道的，仅此而已，实际等于什么都不知道。但鲍威尔对他却很有信心，回答他说：没什么难的，上海不就是中国嘛！又意味深长地说，说不定，呆满6个星期后，你会改变你的想法的。

他实在太不了解中国。好在鲍威尔的藏书室里堆满了书，他可以像一个饿汉一样地狂饮暴餐，从书海中去探测这巨潮阔水的深浅，感到"越是阅读，就越是倾心而沉溺其中"。此外，就只能用他熟悉的美国来推断这个陌生的国家。他发现，中国和美国竟然在同一个纬度上，气候都差不多；与美国类比，大概北京就是华盛顿，上海就是纽约了。而且和美国一样，他感觉"至少有一种看起来很有希望的精神"，可以把中国"从泥淖之中解救出来"。朦胧的语言中，道出了一种朦胧的感觉。

但疑问也接踵而来。就在他乘着"亚洲女皇"号驶进黄浦江时，远远地就看到江面上横七竖八地被灰色或白色的一片船舰所拥堵，靠近细看，才知停泊着的大多是美、英、法、意、日等国的军舰和各种轮船，而军舰上面的大炮却一律朝西，对准着岸上的中国地界。一个国家最先进最繁华的港口，竟然被外国人耀武扬威地控制着，这不是太奇怪了！

刚刚踏入一个未知世界的他并不知道，在中国的西方人握有至高无上的特权，这就是治外法权；更弄不清为何在这块土地上，西方人俨然像是主人，而中国人反倒成了奴仆、下人一样。只是，渴望冒险，也追求公平、正义，这都是他幼时就在心里埋下的种子。在23岁这一年，种子已该是发芽抽穗的时候了。对世间不平的事，他无法不发出他的狮吼般的声音。

不平的事，常常就在身边出现。《密勒氏评论报》设在大北电报大楼的6楼，斯诺每天都要乘电梯上下楼。像往常一样，一天他和一个中国人刚走进电梯，后面跟过来一个英国人，竟然对着中国人粗声呵斥说："滚出去！这里是你好乘的吗？"那中国人一阵愕然，斯诺也感到十分惊奇。英国人气狠狠地指着贴在电梯口一侧墙上的告示，告示写得很明白，那电梯是专供外国人乘用的。

你们怎么可以这样做？斯诺不快地说，那不是太不公平了！英国人也直觉奇怪，在上海这座城市，举凡西方人开办的俱乐部、公园、大楼，都是这样做的，这美国佬连这点常识难道都不懂？便轻蔑而又傲慢地说，这是我们英国人的大楼，这有什么错？这种劣等民族，还想和西方人享受一样的待遇吗？这话一下激怒了斯诺，他厉声正告英国人：你们搞种族歧视，是不能令人容忍的。别忘了，这是在中国人的土地上，你们英国人别太猖狂了！

激起一场舌战的电梯里，顿时烟火弥漫。理屈词穷的英国人，甩出他手中的撒手锏：你说我们错，你们美国人也好不到哪里去。在上海，你们美国人不也这样做的吗？

斯诺一时语塞，满腔的怒气，不知往哪里喷泻才好。

走进办公室，余怒未消的斯诺，不由自主走到了打字机前，把他的不满、愤怒，都融注在一片如密雨般急促的嗒嗒的打字声里。

他很快写就一篇社论《中国人"请"走后门》，向英国人傲慢的殖民心态发起讨伐："那些采取侮辱中国人荒唐的做法的外国人，仍然在继续他们前辈的衣钵，正是这些人在九十年前在中国建立起白人的特权地位。"社论刊登在 1929 年 11 月 9 日的《密勒氏评论报》上。报纸一出，顿时掀起轩然大波，英国人立即发起反击，在他们的报纸上抨击斯诺是"哗众取宠"、"全然置事实于不顾"，叫嚷要将斯诺"撵到乡下去"，还找借口将《密勒氏评论报》赶出了这座英国人的大楼。

来自密苏里河边的斯诺，就像"密苏里的骡子"一样执拗，更何况他自信真理在自己一边，又有主编鲍威尔的支持，才一点不畏惧英国人的威胁和恐吓。在紧接着的一期《密勒氏评论报》上，他又发起回击说，刊登这篇社论是"试图运用这把解剖刀去主持正义，这是公正的。我们攻击的目标是偏狭观念的各种表现，因为它是与公正相对立的"。在社论中他还正告那些持有偏狭观念的人，这是在中国的土地上，中国人和美国人英国人一样，在这个世界上都是平等的。

这场争辩，很难说最终的胜负属于谁，但一个结果却让斯诺感到高兴，英国人终究迫于压力，撤销了这个侮辱性规定。

但在电梯口，那英国人最后的话，却一直响在他耳边而挥之不去。"美国人不也是这样做的吗？"——这难道果真是事实？开始留意起周围的美国同胞，使他一下成了泄气的皮球，又像被冷水浸泡一般地打着寒颤。真是被英国佬说中了，一些美国人一样腐败伪善地在依靠治外法权生活，而来到上海的国会议员们，还说上海是美国在中国影响的辉煌象征呢。他批评英国人偏狭，自己却决不偏狭。他向《美国信使》月刊投去一篇题为《上海的美国人》的文章，痛斥了自己同胞享有的种种治外法权，笔力所及，几乎横扫在上海的所有各类同胞——行政管理机构的要员、俱乐部和社团的会员、基督教徒、基督教青年会等等，在笔下毫不留情地揭露了他们的腐败和虚伪。他说，这里没有人真正关心中美之间的相互了解，来到中国的外国人只知道忙着拼命挣钱。商人卖货，传教士兜售《圣经》；来冒险的、混饭吃的、寻求刺激的，各色人等纷至沓来，就因为在这里发财很容易，日子过得更舒服，"热闹、嘈杂、光怪陆离的租界生活其实是最丑陋不堪的"。还将矛头直指公共租界的美国总办，批评他公然"反对撤回美国海军陆战队和水兵，反对废除治外法权"；他甚至列出了"专为外国侨民开的"那些妓院的地址；租界的行政管理机构也被他直斥为"最封建的"、"现今世界上残存的最狭隘的寡头政治集团之一"。

这不亚于一场突如其来的地震，从昏眩、惊悚中醒来的洋人们群起反击，都想一举将他撵到乡下去。但谁也推翻不了他列举的事实。密苏里人对用事实说话的偏爱，使他文章中的事实材料之详尽、精准都无懈可击，嚷着要撵走他的人都不知如何对他下手。

在上海的逗留，已远远超出了原定的 6 个星期。原本他不想留下来，现在却赶他都不走了。尽管在嘴上他还是一直说不久就将离开，却一直似有什么东西在牵绊着他，使他总是在延宕他的离去之日。他也许自己都没有意识到，因为他已渐渐进入了一个角色——中国舞台上一个洋人圈里的"叛逆者"，一个中国人的同盟者和辩护士。种种迹象都在表明他已准备长住下去：他新做了一身亚麻布衣服，以适应上海的湿热天气；将住地搬出基督教青年会，而与通用汽车的一位广告经理合伙，住进了西摩路的一套小公寓房间。人们看到他变得更精力充沛了：棕色眼睛上的两道眉毛更加浓密；皮肤和肌肉紧绷绷的，显得结实而富有活力；红色的卷发变成了棕色，有时还在头顶把它们分开，并且向后梳理得光溜溜的。在这片土地上和这座城市里，他似乎活得很有滋味，活得神采飞扬。

而这种滋味、这份神采，并不源于这座城市的繁华、丰盛，而恰恰因为这座城市所展现的另一面——它的丑恶和肮脏、污秽。

从个性而言，他不是那种说话声音尖锐刺耳、爱发脾气的人，也不像同时代的一些左翼记者是在与对立面的斗争中成长的。他从年轻时起，就在平静地走他自己的路。但大上海光鲜繁华背后的肮脏丑恶，使他已不能平静下来。早在是一个中学生的时候，他曾在自己的一张照片背后写下过一句警句："要紧的是自尊"。自尊，不仅对自己而言，对别人也一样。他要为人的尊严而去奋争，去伸张正义，而且一投入进去便欲罢不能。他已陷进去了，或者说被缠住了。

所以，就在走与留之间，一直在纠结、挣扎着。

在爱多亚路上的大北电报大楼，安放下属于他的一张桌子后，斯诺就卷入了总也忙不完的报业事务中。他的忙碌，最初还不是为跑新闻、写报道，而是为攸关报社生计的广告经营。这几乎是为他量身定做的活，因为在密苏里大学新闻学院，他原本就是学的广告专业，还加入过全国广告专业大学生联谊会；一年后离开密大来到纽约，他找到的第一份工作，也是进入一家华尔街金融机构的广告公司——斯科维尔兄弟公司，担任它的业务员。早期的他，对广告专业的熟习，或许还稍胜于新闻写作。

因为政治主张的不同，鲍威尔得罪了上海滩的许多洋人老板，也因此拗断了许多广告的来路。鲍威尔知道斯诺有经营广告之长，就每月开出 180 美元工资，让他担任《密勒氏评论报》的广告经理助理。一张新面孔的出现，多少减弱了洋老板们的成见；加上凭着他已有的广告经营经验，靠半是真言、半是忽悠的一番游说，洋老板们的广告竟然又纷纷回返《密勒氏评论报》了。他上任的头几个月，报社的广告量比原先一举增加了一倍，每期都能达到 20 页。一次他去国民政府首都南京，凭他的一番嘴上功夫，还从国家注册局得到了一份为期 12 个月的广告合同。

在这同时，他也与鲍威尔他们一起，倾注近三个月的心血，编撰了一本近200 页的《新中国》特刊。鲍威尔不愿埋没这个年轻写手的文才，又让他挂上一个助理编辑的头衔，给他许多采写报道的机会。不久鲍威尔前往东北和苏联采访"中东路事件"，又让斯诺当了好几个月的代理主编。这几个月凭借他不辱使命的出色工作，更加博得了鲍威尔的赏识，从苏联一回来，鲍威尔就正式提升斯诺为报社的副主编。

斯诺一生辉煌所系的记者生涯，也正是起始于此时。鲍威尔给了他机会，把

在《密勒氏评论报》当主编助理时的斯诺。

1929年，斯诺在上海与小朋友们在一起。

笔尖上的四条汉子

他从一个身份暧昧的漫游者纳入了记者的轨道。他到过南京采访，与显赫一时的蒋介石握过手，也会见过宋子文、王正廷、孙科等民国政府实权人物；到一场惨案刚过的济南城去采访，目睹日本军队扣押几十辆机车、几百节货车和客车，制造铁路全线瘫痪，使他领略了日本式的帝国主义暴虐；又从上海出发，沿铁路线进行过一次长达4个月的长途旅行采访，足迹一直远至内蒙古和东北中朝边界，旅行采访中，他饱览了中国的山山水水，也看尽了这片广袤大地上的丰裕与贫瘠、壮观与惨象。

眼前所见，一边是国土辽阔、河山壮丽、民风淳朴，对中国"一种很有希望的精神"的朦胧感觉，在他的记者行脚下、锐眼中变得越发地清晰、实在。另一边，又是前所未见、骇人听闻的贫穷和苦难：手臂细如小树枝、肚皮鼓胀如球的全裸小孩，乳房干瘪如纸袋、人瘦得想腊鸭一样的年轻妇女；北方旱灾、南方水灾之后的农村，到处可见"垂死的人就坐在或躺在自己家门口的台阶上，快要失去知觉"；沿途树皮也已被剥落殆尽，正在枯死，"一切生长中的东西，好像给新爆发的火山灰一扫而光一样"。

希望的火焰在一边升腾中也在一边被销蚀。把中国"从泥淖之中解救出来"的朦胧向往，随着日渐变得清晰、实在，反而在他脑海里涌动起无数个疑问。希望与失望，他不知哪个更多更重一些。他努力去寻找证据，试图证明中国人完全有能力走上解放之路，答案却显得很苍白、飘渺。

中国很快进入了"最危险的时候"。两场中日之战，就在上海的街垒、楼屋和河浜间展开，中国人已"被逼着发出最后的吼声"。斯诺萦盘脑际的疑问，也就渐渐消解于随之而起的炮火硝烟中。

这已是1932年1月28日，午夜，天空一片漆黑。喧嚣、激荡了一天的上海街头，像往常一样人迹已很稀少，显得空寂、寥落。这时分，大多数人都已归巢休眠，斯诺却像野猫子一样毫无睡意，背上相机、神色凝重地披衣出门了。在夜色中，他正驾车急促地赶往苏州河北岸的闸北一带。

午夜的寂静中，正隐伏着一个血腥惨烈时刻的到来。但几乎整个城市都还蒙在鼓里，斯诺却是少数知情者之一。一个日本记者向他悄悄透露：日军都已进入攻击地带，当晚12时就将向中国驻军发起进攻。这时，离开战争打响的时间，已所剩无几。

　　刚过 11 点，他赶到了北火车站。在那里，依然熙熙攘攘地挤满了等候乘车的人群，谁都不知大祸就将临头。斯诺急忙找到车站的运输部经理，向他发出警告：赶快行动，日军就要打来了！半信半疑的经理终于被他说服，在战前转移了车辆，疏散了人群。

　　在车站，斯诺又找到驻守在这里的一位宪兵团团长，团长也浑然不知战争的威胁已迫在眉睫。白天上海市长已经接受了日本的全部要求，谈得好好的，怎么又突然会动武？

　　团长还没有回过神来，远处，日本人的步枪、机枪声已骤然响起，不一会枪声呼呼大作，火光霎时映红了城市北边的夜空。

　　几个月前刚去过东北的斯诺，曾使他痛心地看到，南京政府由于采取"不抵抗主义"步步退让，已经白白葬送了东北丰饶的白山黑水。在上海，他也已听闻中国政府再次妥协退让，答应了日军提出的全部要求，并且已经命令中国军队全部撤出上海地界。"不抵抗"的一幕又将在上海重现，看来，又一场令人耻辱的悲剧已不可避免，斯诺的心不由被蒙上一层阴影和寒霜。

　　夜幕中，远处一个身影的闪动，忽然使他一阵振奋。这是一个中国士兵，他机灵地跪伏下来，爬进一所房子的门后就开始开枪还击。仿佛在黑暗中看到了一点亮光，这亮光又从一点扩展到一团、一片——有越来越多的中国士兵在奋力还击。原本准备撤走的十九路军，这时已毅然冲破"不抵抗"的禁令，全线发起抵抗还击。斯诺感到了身上血液流速的加快，通体有一种力量在肃然升腾。

　　目睹完战争的第一幕之后，斯诺就在黑夜中倚墙而行、摸索着赶回租界的住地。当晚彻夜不眠地投入工作，为"一・二八事变"写下了第一篇目击报道："上海街道今夜被血染红"。这篇专电很快以头版通栏出现在《芝加哥每日新闻》和纽约《太阳报》上，成为向世界揭示这场战事的第一篇新闻报道。

　　第二天中午，他目睹了日本人以平民为目标的空袭。这是 30 年代在上海出现的第一次大轰炸，当天晚上，斯诺又从这座还在燃烧的城市报道说："鲜红的火柱冲破无月、无星的夜空，在狂乱和死亡之中摇曳着可怕的光"。在他一年后出版的第一部著作《远东前线》中，他继续写道："我的脑际里印着一片恐怖和残杀的景象……我看到成百个无辜百姓的痛苦、损失和死亡。他们无端被屠杀，事先什么都不知道。"

他要揭露日军的残暴、凶狠，但他更想让世界知道中国军队在如何顽强抵抗，中国人是如何不屈不挠的。因为正是从这些扣动扳机、奋力还击的身影中，他看到了中国的希望。

从市区出发疾行十几公里路，他匆匆赶到了郊外小镇真如。这里是十九路军指挥部的所在地，日本人已疯狂地向这里投下了600磅炸弹，到处是火海烟潮、弹坑残垣。一路走去，头上还有日军的飞机在呼啸盘旋。强敌当前，这支中国军队还能坚守下去吗？一路走，一路也在忐忑。

他是第一个到达那里的外国人。走进十九路军指挥部——真如的一间简陋的小茅屋里，一个高大个子、脸孔黝黑瘦削而神色刚毅的将军出现在眼前，他就是十九路军军长蔡廷锴。蔡将军挥动着那双有力而细长的大手回答他：这是我们自己的领土，为什么要撤退？我们跟东北张学良的部队不一样，我们不打算请国际联盟来拯救我们，我们要自己来打这个仗！

"我们决不放弃每一寸领土"——蔡将军如对天发誓似地保证说。

这不是将军一个人的声音。指挥部的窗外，从远处、近处正此起彼落传来各种命令声和口号声，显得高亢肃然，一支支队伍也正列队整齐、步伐铿锵地向前线开发，仿佛正回应着蔡将军的誓言。走出指挥部，四处都可见隆起的坟堆里构筑的机枪阵地。不远处的田野里，中国士兵和农民们在一起挖战壕，仲冬季节，寒风凛冽，衣衫单薄的士兵们却干得满头冒汗、热气腾腾，甚至还有人穿着短裤在干活。

这情景，也看得斯诺遍身直冒着热气。

急着赶回去撰写当日报道的斯诺，回程路上为了躲避日军的盘查，在暗夜中摸黑走走停停，跋涉了3个小时。途中有一刻他就在日方阵地的一块墓碑后面蹲伏着，却意外地遇到了险情：一个中国狙击手将他误认是鬼子兵，朝他开了一枪，将他的帽子打出一个弹洞，惊得他一身冷汗直冒。回过神来，他又不禁感到了一阵欣喜。"这个积极自卫的中国兵真是英雄"——事后他在报道中写到这次经历时，还掩饰不住内心的兴奋。

将近五个星期的时间，斯诺一直穿梭在战场上，接连不断地写出头版报道。他的内心交织着愤怒和亢奋，而亢奋渐渐地变成了他内心的主旋律。在前线的奔走，使他对英勇的十九路军肃然起敬——这支不到 5000 人、除了步枪和机关枪几乎什么都没有的中国军队，面对由 6500 人日本海军陆战队和几十架轰炸机，数不尽的坦克、装甲车、大炮以及东方最好的舰队组成的凶猛火力的进攻，竟然能坚持抵抗了 34 天，在每一个阵地和每一条街道与日军对垒，牺牲过半仍顽强不屈。在火线后面，他又看到，商人捐献物资、食品和衣物，童子军在穿越火线、传递消息，市民们在抵制日货，打击日本的经济贸易，民众自发的抗日组织和抵制运动形成了另一个战场。

"中国终于被一种力量震醒了。"斯诺在他的笔下写道。虽然战争以中国的失败而告终，但斯诺却看到了战争的另一面："对中国人来说，这次军事上的失利乃是一种惊人的精神上的胜利。……上海之战使得许多中国青年相信，如果在爱国斗争中团结起来，中国就是不可战胜的。"

斯诺也比过去更加确信，中国的问题是由其政治领导造成的，而不是人民。

5 年后，1937 年 8 月 13 日，上海又爆发了第二次中日之战。战争一待打响，就有数不尽的中外记者蜂拥而至，已经乔迁至北京、正在辗转各地采访的斯诺也决然回到了上海。他去得较晚，是时已是 10 月初，刚踏上上海的土地，就遇到中国军队向日军发起反击。他从上海发出的第一篇报道就像报捷似地写道："在前不久的一次空袭中，日本人至少向上海投掷了 60 吨炸弹。今晚，中国的两个飞行中队从我头上飞过，去回敬日本人的空袭。我站在码头上，周围弹片横飞，离我不远的一扇门被一块弹片击中了。"

一天，他和一位美国军官一起去中国战区一方采访，正遇到一队日本飞机呼啸着俯冲而来，扔下一枚枚炸弹，炸得不远处的一片树丛霎时燃起熊熊火焰。突然，燃烧的树丛中钻出一个头戴钢盔的年轻中国士兵，一走出火堆，便拾起地上的步枪，朝天空一阵猛射，嘴里高声喊着："狗日的，来啊！来打啊！"战士满脸淌着鲜血，青筋直冒，怒火冲天。他告诉面前的两个美国人，他们一起的十八个战士，就剩下了他一个人，其他人都在日军的大轰炸中牺牲了。

"这里就你一个人了，怎么办？"斯诺问他。那士兵拉大了嗓门说："怎么

笔尖上的四条汉子

办？打啊，继续打，打死那狗日的小日本！"

斯诺和美国军官的心不禁一阵颤动。

战斗中，中国军队打得很艰难，但既有失利，也有成功。11 月初，斯诺还在他的一篇报道中语调乐观地写道："日本人失去了一次取得速胜的机会。现在这场战斗已进入了缓慢的堑壕战和狂轰滥炸阶段。这个阶段很可能会持续一段时间。"

斯诺的乐观，寄予着他对中国必胜的向往，但战争的残酷性却远超出他的想象。就在他发出这篇报道的 4 天后，战争以中方失败而告终。他在此后的一篇报道中语调沉重地写道："今日凌晨 1 点，这个持续了 88 天，使中方伤亡 125000人的战役，由中国指挥官降下了帷幕。"

前一天的白天，离中国战区仅 50 英尺之外，斯诺和一群摄影师站在法租界里一个摇摇欲坠的阳台上，亲眼目睹了"淞沪之战"最后一战的场景。午后，他又和几个西方同伴——美国驻上海武官埃文斯·卡尔逊少校、伦敦《泰晤士报》的麦克唐纳和伦敦《每日电讯》报记者斯蒂芬斯，在徐家汇一起爬上一家法国发电厂的水塔平台上观战、拍照。突然，河边的日军堡垒里一阵火舌喷吐，机枪嗒嗒嗒地向水塔扫射过来，惊得他们慌忙退避到一堵矮墙后面。走出矮墙时，突然发现水塔上正淌着血，卡尔逊眼尖，已快步登上塔顶，不一会和几个法国人抬着一个满身是血的人走来，就近一看，那血人竟是伦敦《每日电讯》报的斯蒂芬斯。他的头部被打穿，已经死了。

斯蒂芬斯之死，使斯诺和卡尔逊感到十分沉痛。当晚，斯诺打开一个星期前宋庆龄送给他的一瓶"拿破仑"牌白兰地酒，与卡尔逊一起祭奠勇敢的史蒂芬斯——这场战役中唯一牺牲的记者。围绕着史蒂芬斯之死，他们进行了一场小小的争论：这样的结果，是否意味着是上海、也是中日战争的完结？与几年前一样，又一个疑问摆在斯诺面前，但他却早有了答案。他一点没有气馁。怎么会完结呢？他语气肯定地说，战争的暂时失利不等于中国就此完结。中国是不会完结的。因为他已经走过中国许多地方，看到在战争的巨大威胁面前，整个中国都已经动员起来了。从历史到现实、从边疆到腹地、从中央到地方，他都已经看清这个国家潜藏着的深厚强大的力量，这个力量将是不可战胜的。

在这之前，他就已经作出过历史性的预见："根据力学原理，历史的洪水必须找到排泄口，它是不能被强制倒流到发生洪水前的渠道上去的"。对于日本侵略者的最后命运，使他想起玛丽·雪莱小说中的一个科学怪人弗兰斯坦的结局——亲手制造了一个怪物而毁灭了自己。他断言说："帝国主义所哺育的巨大灾祸，像科学怪人弗兰斯坦一样，终于冲了出来摧毁帝国主义，像洪水般滚滚向前，一发不可收拾。"

他也不再只是个观察者和记录者。"现在，中国的事业也就是我的事业了"，他向西方同伴们宣称说。

为把中国"从泥淖之中解救出来"，他也寻思着为中国做点什么。

他的小小办公室就在上海市中心一座大楼的顶层，他从窗口眺望出去，看到的都是战争留下的惨不忍睹的情景。这个昔日拥有中国70%工业生产能力的大城市，现在却瘫痪在一片尸骨瓦砾之中。全市约有80万名工人失业，50万人露宿街头，难民营中每天总会拖出几十具尸体。斯诺和好友路易·艾黎——公共租界工部局的工厂督察、一个久居上海的新西兰人，在街上行走时常会看到这样的惨景。两个热心人无力回天，能做的，也就只是扔几个馒头给饱受饥饿之苦的中国人。

几个馒头的作用，犹如在千里旱土上飘几片雨花，丝毫改变不了经济崩溃下的民众生活。得想个法子，建立一种新型的生产贸易方式，来挽救战时的中国经济。斯诺和艾黎几乎每天都在念叨着这个话题。他们从一阵阵的"头脑风暴"中终于开辟出一条思路：在大后方建立战时工业生产合作社，将难民和失业劳工组织动员起来，一起开发后方资源，进行生产自救。斯诺给它取了个名字——"工合"运动。他们又叫来几个同样的热心人，在静安寺路斯诺夫妇的寓所里举行了第一次正式讨论会，会后斯诺就动手埋头撰写一本小册子——《人民的反击——中国工业合作社的经历》，还和艾黎一起自己掏腰包进行印刷。几个月后，邀来更多的人，在上海锦江饭店又一起讨论制订了"中国工业合作促进会"计划草案，之后，两人又将计划草案交给《密勒氏评论报》印成小册子，在上海广为散发。然后又奔走于各国大使馆、国民政府和共产党的解放区，进行四处游说。

这场发源于上海的生产自救运动很快蔓延全国，一直扩散到海外：1938年底就有英美各界人士捐助了几百万美元；1940年，连美国的"第一夫人"埃莉诺·罗斯福也成为了"工合"运动的铁杆拥趸，还一手组建了"工合"委员会美国分会。在中国未沦陷区的游击根据地和大后方，"工合"获得了惊人的发展：截至1940年10月，全国16个省区建立了两千三百多个小工厂、工场和矿场，其中有制糖、印刷、炼油、化工、面粉、玻璃、电器、药品、被服、枪械、弹药等小工厂，有铁矿、煤矿等矿物的开采场。这条为中国军民抗战建立起的"生命线"，使沿海大工业陷于瘫痪的中国又开始泛起了经济活力。

斯诺的角色转换，使一些西方人感到很新奇也很感动。第一个被斯诺游说的英国驻华大使克拉克·卡尔笑着说："嗯，年轻人，上次我见到你时，你是一位新闻记者，现在听说你成了工业家了？"斯诺同样笑着，将一份"工合"计划递给大使。大使也愉快地加入了这支"工业家"的队伍。

他在《密勒氏评论报》呆了近两年时间。1930年3月22日，斯诺的名字最后一次在《密勒氏评论报》的报头上出现，这天以后，他便辞别"密报"而开始单飞。但他没有返回美国的家，而是加入了美国新闻界的海外机构——"报联社"，担当它的驻远东游历记者。他之后的落脚点仍在上海，但可以云游各地，自由自在地进行采访、写作，为纽约《太阳报》、《芝加哥每日新闻》等五十多家报纸提供新闻。这样的机会正符合他一贯的意愿——当一个冒险家和旅行者，满世界地去漫游探险。

出来已几年，他不是没动过回家的念头。但这时从美国传来消息，他的母亲因腹膜炎意外去世，回家已不再是一件迫切的事。而不想离开中国，在被中国深深吸引之外，更因为他已经萌生出一个"走向纵深"计划——从社会学的角度、用历史学家的眼光来观察分析中国社会，去寻找中国社会变化的"健康的骚动"之源。当一个跑新闻的记者，他喜欢，因而不会放弃，但已经不再使他满足。

祸福相倚。在上海得罪过许多人的斯诺，也不止一次与贵人相遇，贵人中排名第一位的就是鲍威尔，他的密苏里老乡和校友。关于中国，在他最初这张白纸上留下的几笔，几乎都是鲍威尔思想的复制：一样同情、爱戴中国，憎恶西方的殖民政策，更痛恨日本人丧心病狂的侵略暴行；也一样渴望有一股改变中国的力量崛起，都寄希望于国民党的南京政府，认为在中国，唯有他们能掌握国家的命运。

他们一起编撰的近200页厚的《新中国》特刊，在1928年10月10日的辛亥革命纪念日出版了，这无疑是一篇献给国民政府的赞美诗。鲍威尔让斯诺沿铁路线进行长途旅行采访，则是想给赞美诗再加一个续篇——褒扬国民党的治理有方，让中国人从"富于浪漫色彩的铁路"中看到美好的明天。斯诺为此也有过激动和感奋。当铁路沿线的报道发表后，他写信告诉母亲，国民政府的孙科送给他一张带有签名的照片，他为此感到自豪；首次游历南京时，他感叹"中国的伟大事业正在形成未来的核心"，盛赞中国变化的速度之快是"其他国家的历史上无法比拟的"。即使当他听说蒋介石曾与声名狼藉的青帮结成联盟、在1927年对共产党人进行血腥清洗时，他也还未走出一片玫瑰色的想象之中，带着善意和好心辩解说，蒋介石的行为，或许是谋求法律和秩序的一个步骤吧。

然而，激动和感奋只是昙花一现，而内心的困惑和疑问却随着他记者的脚步越迈越远，像野草疯长一般，也越来越多地困扰着他。

他去华南一带采访，仅仅是一次短暂的停留，就已让他听够看足了种种黑幕：受贿、贪污，非法没收老百姓的财产，不经审讯就实行监禁和执行死刑，以无端的罪名镇压工会组织等等，国民党官老爷们的劣迹一抓就是一大把。在鼓吹要"建成模范政府和现代化城市"的广州，他惊诧于当地的一大"奇观"——官员、商人、银行家和歹徒竟勾结在一起，以不正当的"包税制"手法搜刮民脂民膏，"官员们甚至在粪便上都贪污"。顿时使他感到"毛骨悚然"。

在内蒙古的萨拉齐，他看到贫穷和饥饿已使全镇一半人死去，死去的人被随便掩埋在浅沟里，因为已很难找到人有力气去挖坑。他也看到了高利贷者和投机商人的趁火打劫，看到地方军阀、官僚政客任意扣留救济物资，最终的后果是官逼民反、饥荒和起义并发。这难道就是国民党政府的业绩和效能？一片惨象、乱象面前他不由发出一声声追问。

当长江流域发生特大水灾时，斯诺赶往汪洋恣肆的实地采访，看到几百万中国人在面临灭顶之灾，却看不到政府人员的身影。在《中国的洪水始末记》的报道中，他不由愤慨地写道："蒋介石宁可耗费资财去同共产党打仗，却不援救洪水的牺牲者们。"

"一·二八"事变爆发，十九路军在独自英勇奋战，普通百姓都在群情激奋，而南京政府却死抱住"不抵抗"主义不放，什么也不做。蒋介石带着政府官员逃到洛阳去了，使斯诺讽刺性地想起1860年的一幕：当英法联军兵临城下时，咸丰皇帝逃往热河了，感叹两者何其相似。"要是蒋增兵，中国本来可能会长期守住防线，但蒋介石想结束这场战争，他害怕日本人的威胁。"斯诺在报道中写道，"不幸的是，当需要保卫国家的时候，南京政府却把最能打仗的军队和大批新式武器投入内战之中。"

在那些日子里，刚辞去职务的原国民政府外交部长陈友仁告诉斯诺，他曾经劝说蒋介石不要对日本的威胁作出让步，认为这样做，将会破坏正热情高涨的人民运动。但蒋介石却不屑一顾地说："人民算个屁，我们只要揪着他们的耳朵，我们怎么说他们就怎么做。"气得陈友仁愤然挂冠而去。斯诺听了，也顿时一阵无语。

残酷冰冷的现实，打碎了斯诺玫瑰色的想象。他在困惑中寻找答案，却不知答案在哪里。

一向追求更多民主、自由的密苏里人斯诺，面对着中国一盘散沙、一片破败危难的现实，已渐渐萌生出对强有力领导人的向往。他在一封家信中吐露说，中国"需要一个十字军从军骑士，一个中流砥柱，一个能够领导他的人民摆脱恶臭和腐朽、不幸和苦难以及国家痛苦的注重实际的理想主义者，一个能使她以现在正因之而衰败的腐败、贪婪和愚昧种种罪恶的渊薮中解放出来的人"。

这样的"骑士"和"理想主义者"在哪里？他曾经以为就在国民党人中间。那位权势显赫的蒋总司令，虽然被他视为"能力平庸"的"独裁者"，但舍此还有谁能替代他？

但太多的事实使他不寒而栗。偶像被打碎，幻想已全部破灭了。

他渐渐地明白，能"从泥淖之中"解救中国的，只能是另外一些中国人。答案，也只能在他们中间。

他很幸运遇到了宋庆龄，他称她是"中国的乔治·华盛顿夫人"。这是1931年秋叶飘零的一天，斯诺如约踏进静安寺路上的一家巧克力商店。他迟到了，宋

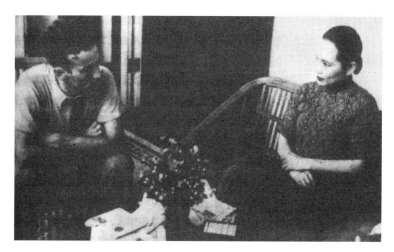

20 世纪 30 年代，斯诺与宋庆龄在上海。

庆龄却早就等候在那里。两人一起喝茶、吃西餐，用英语对话交谈，十分投机地谈了很久。二十五六岁的斯诺，在年长他十来岁的宋庆龄面前就像小弟弟，深深感受着一个大姐姐给予他的温暖和关切。

第一次会面，是两人友谊长存的开端。几天后，当斯诺叩开莫里哀路 29 号那幢素雅的两层小楼的大门时，两人已成为似已相识相知很久的朋友。宋庆龄敞开心扉，告诉了他想知道的一切。

"在国民党统治下，税收已变成了掠夺，"她告诉斯诺。"学校数量减少，文盲实际上增多了。'帝制'以来，教育已下降到无以复加的地步了。饥荒遍布，重建国家的工作简直还没有开始……"

她充满愤慨地说："6 年已经过去，一个哪怕是简单的人权议案还没有产生，甚至也没有任何形式的宪法。"她由眼前的政治黑暗，不由联想起创立这个政党的她的丈夫孙中山先生："如果孙先生还活着的话，他宁愿和国民党脱离关系，也不会让他的名字用来当做封建军阀统治的象征。"

斯诺好奇地想知道，她是否也是一个基督徒。话题的提起似乎勾起了她的不快，她说，她虽然出生于基督徒之家、受过洗礼、还是个威斯莱卫理会教徒，但传教士已认为她不是基督教徒了，因为她不再去教堂做礼拜。而教会却认为蒋介石是基督教徒。"正是信奉基督教的委员长把我们最优秀的青年活埋了。"孙夫人讲到这里，抑制不住内心的悲愤，不由决绝地说："只要蒋介石是国民党政府的独裁者，我就决不参加到这个政府里去；同样，如果他是基督教徒，我就不信教了。"

在宋府客厅里，进行过许多次这样的交谈。没有居高临下的豪言宏论、旁征博引，而只是谈家常似地浅言慢语，娓娓说来，却给了斯诺深深的启悟。他感到他正在渐渐地走出迷雾，也从黑暗、污浊中看到了被遮蔽的光辉。这片光辉的结晶体，就是面前的孙夫人，她用行动证明着她的坚强、她的无私：不去首都居住一栋漂亮的宅邸，而宁可蜷守于孙中山留给她的朴素住宅里；坚拒国民党中执委员的丰厚薪水，而只靠丈夫的抚恤金维持生活；不惜牺牲家庭关系、遭受监视盯梢，为营救身陷囹圄的革命者和进步人士而奔走呼号。在"一·二八"的战火中，又是她，冒着枪林弹雨去看望十九路军的伤兵，身穿护士服给重伤兵喂饭喂热汤，用温柔的手去轻抚伤兵血迹斑斑的年轻额头，鼓舞前线的士气……他不由感叹说："通过她，我体验到了中国最美好的思想和感情。"也不禁使他郁结的心境为之释然："多亏我结识了宋庆龄，使我领悟到：中国有能力从根本上改革他们的国家"。

走近宋庆龄，也会自然地走近另一个人，一个同样"让人信赖和感动"的中国人——鲁迅。宋庆龄与鲁迅是两条贯通交汇的河流，就像踏进苏州河就总会见到黄浦江一样。

1930 年，斯诺的耳边就已经回荡着"鲁迅"这个名字。他开始读鲁迅的小说，渐渐地被吸引——不仅是文学的力量，更是因为小说展示出中国社会的缩影，让他看到了"中国的心脏和头脑"、甚至能"窥见它的灵魂"。一个念头在强烈地撞击着他，他想把鲁迅的小说译成英文，让世界看到一个"活的中国"。不谙中文的他，找到了一个极好的搭档——精通英文、因经常为《密勒氏评论报》撰稿而与他相熟的青年作家姚克。他们是同龄人，姚克年长斯诺 6 个月，也是鲁迅的忠实拥趸。

1931 年，两人的翻译工程就已开始启动。而与鲁迅始终未谋一面的斯诺，在译笔的推进中又开始躁动着一个心愿——想亲眼见一见鲁迅。宋庆龄帮他实现了这个愿望。1933 年 2 月 21 日晚上，与鲁迅第一次见面，一双"以其炽灼而感人"，

"机警、亲切、炯炯有神的眼睛"就立刻抓住了斯诺。"这双眼睛似乎能洞察你的肺腑……"事后，斯诺这样刻骨铭心地写道。

见面自然谈文学，但又超出文学。

谈到了摧毁清王朝以后民国的现实，鲁迅说："民国以前，人民是奴隶。民国以后，我们变成了前奴隶的奴隶了。"

谈到由斯诺挑起的话题——阿Q目前的"下落"："既然国民党已进行了第二次革命，难道现在阿Q依然跟以前一样多吗？"鲁迅大笑道："更糟了，他们现在管理着国家哩。"

话题也从中国扩展至世界崛起的其他大国。"你认为俄国的政府形式更加适合中国吗？"斯诺问道。"没有疑问，我们可以向苏联学习。"鲁迅回答说："此外，我们也可以向美国学习。但是，对中国来说，只能够有一种革命——中国的革命。我们也要向我们的历史学习。"

第一次会面，鲁迅已经喜欢上这个来自美国的文学愤青，几年后，他更是罕有地赞扬说，斯诺"之爱中国，远胜于有些同胞"。因而他愿意袒开心扉，给斯诺一些坦率的忠告："要思索，要研究社会经济问题。到千千万万毫无生气的村庄去走一走，先拜访那些将军，再看看他们的受害者。擦亮眼睛，保持清醒的头脑，观察当前实际存在的事物。要为创造一个文明的社会工作。但是要永远思考和研究。"

这是与宋府客厅风味不同的一次交谈。鲁迅没有说及更多中国的内幕、中国的种种见闻轶事，只是在随意流吐的话语中不时闪烁出思想、哲理逻辑的火星和光波，但，也许这正是斯诺所更迫切需要的。晦暗的心，似乎一下被照得透亮了。眼前这个瘦弱矮小、身高只有1.5米多一点的小老头，也骤然变得"相当魁伟"，俨然"一个精神上的巨人"，而他自己，也好像一下变成了站在万米高山上的俯瞰者和远望者，进入了宛然一新的境界。这次谈话后不久，新婚后的斯诺夫妇从上海移居到了北京，虽然远隔千里，与鲁迅却依然息息相通，联系的纽带更多是来自信函往来和姚克的传话。他的生命中已离不开鲁迅。他无数次地在笔下、在嘴边谈到鲁迅，无比感慨地说："他是那些为数不多的使自己成为整个民族历史组成部分的作家之一。他生活于中国革命之中，毕生的经历

　　　　　　　　　　　　　笔尖上的四条汉子

就是描述那个伟大而又激烈的运动的一部史诗。""他是他所处时代的代表。"被催发的激情也催发他写出《鲁迅评传》，使他成为第一个为鲁迅写传的人。1944年秋天，当他作为西方战地记者、穿着军装来到刚被盟军解放的巴黎时，恰巧遇到了阔别多年的中国老朋友、《大公报》欧洲战场记者肖乾，共同的话题居然也是鲁迅。斯诺向密友倾吐了他的肺腑之言："鲁迅是教我懂得中国的一把钥匙。"

那次谈话后，译书的事一直在进行，燕京大学的几个左翼学生萧乾、杨刚等也加入了这个翻译团队。根据鲁迅的提议，除了鲁迅的小说，也翻译了柔石、茅盾、丁玲、巴金、沈从文、郁达夫、郭沫若等14位当代作家的17篇佳作，然后合集出版，将书名定为《活的中国》。从1931年开始动笔翻译，一直经历着时世的动荡、居所的变换和记者生涯的匆忙、杂乱，却都不能使他放下手中的译笔。到1936年岁末书由英国伦敦的乔治·哈拉普公司正式出版，一番心血已凝结成了整整5个春夏的时间链。

书写成了，翻开书的封面，人们既愕然又会心地在扉页上看到了他写的献辞："献给 S·C·L（宋庆龄）：她的坚贞不屈、勇敢忠诚和崇高的精神，是'活的中国'的卓越而光辉的象征。"

这两个使他真正懂得中国、看到中国希望的中国人——宋庆龄和鲁迅，在他心中怎么也不愿丢下一个。而且，被他们的人格、思想所吸引，也必然加快了他"向左转"的步伐。就像苏州河、黄浦江合流后北去，势不可遏地汇入长江、大海，斯诺也顺流而下，要去追赶远方一片奔腾浩瀚的海洋。

心中，开始萌动着一个更大的愿望，想走进黄土飞扬的中国西北角，去亲眼看一看"红星照耀的中国"。

1936年4月的月末，京沪线上飞速闪动着斯诺的身影，抵达上海，从北火车站一下车，他就急如星火地赶往莫里哀路，又一次叩开了宋府的大门。他想去陕北的共产党苏区采访，却苦于没有门路，这次上海之行是专程来向宋庆龄求助的。客厅里响起了宋庆龄爽朗的笑声。这正是太巧了——宋庆龄快慰地告诉斯诺，共产党的领袖毛泽东给她来信，正要她推荐一名外国记者和一名外国医生去苏区采访考察。这名记者，就是你了！宋庆龄说，同去的医生是一位年轻的医学博士马海姆，也是美国人。当时说定，一两个月后，斯诺从北京出发，马海姆自上海启程，到郑州换乘火车时汇合。宋庆龄说，你放心地回北京吧，到时会有人通知你，一路上也都会有人接应你们。

可他没有马上回北京，因为他也挂念着已阔别多时的鲁迅，而且怀里还揣着一张写满 23 个问题的单子，要求教于鲁迅。4 月 26 日，姚克陪着他去鲁迅家，很不巧鲁迅全家都去影院看电影了，两人扑了个空。5 月 3 日他们同去参加一个三十多人的文学社聚会，才终于遇见鲁迅，几天后，斯诺与姚克便如约一起来到北四川路底的大陆新村，与鲁迅进行了一次长谈。

谈话都是围绕着那张问题单子进行的。那张列有 23 个大问题、还包括三十多个小问题的单子，原来出自他的夫人海伦之手，她要为斯诺选编的《活的中国》写一篇题为《现代中国文学运动》的长篇论文，有太多的问题需要由鲁迅来解疑释怀。不经意间，一席长谈成为了对 1917 年以来中国新文学运动的一次检阅和反省，也成为了鲁迅同西方学者之间纵横捭阖论述中国左翼文学队伍的一次前所未有的长时间谈话。斯诺满载而归，后人则意外地得到了一笔极为珍贵的文学遗产——因为仅仅几个月后，1936 年 10 月 19 日，鲁迅就已溘然离开了人世。

自上海返回北京一个月后，从宋庆龄、鲁迅那里储足了能量和活力的斯诺，开始踏上西去探险的历程。这是他所到达的人生和事业的最高点，一部《红星照耀中国》为他博获了一世的英名。这同样也是他的思想跃入巅峰的时刻——在中国的西北角，他看到了一个前所未见的新天地、新世界，一个真正的"新中国"已亦远亦近、既朦胧又清朗地闪现在他的眼前。

上海，也最早展示了他在陕北采撷到的果实——在他的《红星照耀中国》还没有成书之前，《密勒氏评论报》就已刊登了他第一篇进入公众视野的陕北采访报道：《毛泽东访问记》。

依然是在上海，1937 年由伦敦戈兰茨公司出版的《红星照耀中国》，第一次变成了中文版的《西行漫记》。发起者是著名的左翼文化人胡愈之。在战火弥漫的上海，为救亡运动奔走的胡愈之每天都来到国际饭店楼顶层，召集外国记者举行茶话会，发布抗战消息。正是那时，他结识了正在上海为采访战事而奔走的斯诺，也读到了出版社寄给斯诺的《红星照耀中国》样书。他很快聚拢了几个与他一样的左翼文化人，以最快速度将书译成中文，又在战争的废墟上排除难以想象的种种困难，仅用一个月时间就印出了1000本书。为避开日寇的耳目和逃过国民党的图书检查，他们给中译本另取了一个隐晦的书名——《西行漫记》，还杜撰了一个出版社名称——"复社"。

正在上海的斯诺，也加入了这支队伍，为他们排解翻译中的难题，为这本中文版还写了序言。

一切都在秘密中进行。于无声处正孕育着一声惊雷。书一待走进书店，如惊雷响彻长空，顿时轰动了上海，初版《西行漫记》一销而空，随之再版了四次仍不能纾解读者的饥渴。在抗日根据地，在国统区，直至在香港、东南亚华侨居住区，拿不到正版书，便纷纷进行翻印、重印，数不清有多少中国人成为《西行漫记》的"书迷"，也数不清有多少年轻人被《西行漫记》所感召，循着斯诺走过的路线涌往那片黄土地，投入抗日救国的大潮。

这一切，都发轫于上海。

上海，无愧是悬浮在他头顶上、命运中的另一颗星。

卡尔·克劳：三棱镜下的变幻人生

　　在上海，"密苏里帮"的风生水起，是在20世纪二三十年代，源起却可追溯到之前的十几年。托马斯·密勒最先到来，继而赫伯特·卡尔·克劳也尾随而至。卡尔·克劳到上海是在1911年7月，从时间上看，都早于"密苏里帮"的几个风云人物——比之鲍威尔早来足有五六年，比斯诺更是早了17个年头。"老资格的上海通"——以后有人送给他这样的称呼，正是对他作出了丝毫不带夸张意味的认可。

　　28岁的卡尔·克劳，漂洋过海来到这个陌生的国家和这座陌生的城市，一直处在恍惚懵懂的状态之中。他也是被密勒"拉夫"拉来的。这位《纽约先驱论坛报》的驻远东记者，忽然动念要在上海办一份英文晨报《大陆报》，随即就向母校密苏里大学招兵募将。他看中卡尔·克劳，是因为这个后辈校友虽年轻，却已经到过好几家报纸，有过许多年的新闻历练，招他来，不仅容易沟通，更是一来就能开工干活。密勒自然早就盘算过这笔再没有更合算的账。

　　懵懵懂懂地来了，就想走近去看清这座城市。刚到上海的第二天，卡尔·克劳就一个人漫步走到租界外的上海县城、他所称的"中国城"去闲逛。这完全是在他平生经验之外的见闻：在没有英文标牌、不见一个白种人面孔的街道上，一眼望去，尽是他从未见过、脸容举止都十分怪异的人。街道狭窄，人流拥挤。满街都是怪声怪气的叫卖声和听不懂说什么的交谈声。一家家店铺门前，坐着许多赤裸着上身、敞着肚子的小商人，在抗衡这七月天的炎热，空气中还飘来一阵阵樟木和烧热的花生油的奇怪气味，让人呛鼻难闻。路上到处是人，人，人挤着人，似乎都蜂拥般地朝他涌来，感觉自己就像一座孤岛，正被汹涌的潮水包围着、漫淹着……

　　卡尔·克劳在上海的日子，就在梦游般的恍惚茫然中开始了。孤独和恐惧感使他产生了悔意，几乎就想掉头就走，离开这座城市，把一本未打开的书的开头变成结尾。但他终究没有走开。因为他终究领悟到，人生的奇妙就在未来之日的

"不可知"。在这之初他怎么能料到,就在这座陌生城市里,他竟然会一连呆了25个年头;他更意想不到,终生当记者、当报人的初愿会被拦腰截断,在记者、报人之外又当了文职官员,当了摇唇鼓舌的广告商。人生已然不再是单面镜,而成了一面折射不同色光的三棱镜。

在四川路126弄11号,从《大陆报》第一天试刊起,卡尔·克劳就占据着首席编辑的宝椅。1911年8月20日,《大陆报》出试刊号,9天后就正式出刊。一开始,他被总编辑密勒指定编城市版,特别负责报道外交事务,后来又让他负责拼每天的头版。他开始过夜猫子般的生活,每晚10点上班,一直干到第二天凌晨2点。这种晨昏颠倒的夜班编辑生活,他之前在美国办报时就已经适应,只是上海的夏天特别闷热,在没有空调、没有一丝风的办公室里一边看稿子、划版样一边浑身冒汗,却让他感到十分的难熬不爽。

但因为喜欢办报纸、当记者,闷热的夜晚再难熬,他也不以为苦。喜欢办报、当记者,似乎是他与生俱有的禀赋。在老家密苏里州佩里县海兰镇,一个无忧少年的平静生活在他16岁时被打破了。当乡村教师的父亲,在这一年突然去世,家中长子的他只得辍学去自谋生计。16岁那年起,他就靠着当印刷学徒工来糊口过日子,因印刷与文字的不解之缘,使他渐渐爱上了以文字为业的生活。三年后,竟然问人借钱,动念办起了一份周报。23岁时,在明尼苏达一所学院刚读完一年的他,就转学到密苏里大学,改读新闻专业课。那时,他口袋里仅剩7美元钱,只能靠课余打工来维系生计——当过《哥伦比亚密苏里人报》的印刷工、记者和本地新闻编辑,也当过《芝加哥论坛报》、《圣路易邮报》、《圣路易共和国报》和《堪萨斯城明星报》的通讯员,耗力在新闻实战上远多于学新闻课业。被生活所迫,一年后他就放弃学业而走进社会,比他的同学早一步投入新闻事业。先是成为《哥伦比亚密苏里人报》的合伙人,继而又当了《沃斯堡明星电讯报》编辑。当他离开故土、前往中国时,当地报纸报道了他的这一行踪。这时,他已在报界得到很高的评价,被称为"不仅是美国西南地区最有才华和最知名的记者之一,而且也是最受欢迎的记者之一"。

虽然短暂地读过大学新闻专业,但卡尔·克劳能拥有一个知名记者的荣誉,几乎全是靠实践打磨而获得的。后来有人因此评论说，与密勒精准的学者理性气质、与鲍威尔新闻专业主义的追求相比，克劳的报道更偏重个人感受。这是他一直在办报第一线滚打摸爬被赋予的特质，在"密苏里帮"内，这也是一片独有的风景。

但是要办一份严肃而带有业界标杆性的报纸，却容不得有过多的"个人感受"。在《大陆报》当夜班编辑、尤其是头版编辑时，他总是小心翼翼地行事，提心吊胆地就怕出差错。但偏偏差错会循踪而来。一天晚上他交版收工后，如往常一样，习惯最后看一遍头版校样，然后才上床睡觉。读着一篇文章时，忽然感到有点不对劲，里边有段话显得怪怪的，顿时警觉起来。急忙把原稿拿来细细查对，不由惊出了一身冷汗。原来，他写过一张便条给另一位编辑，上面随手写有一段对总编和一位业务经理不满的文字，那编辑不介意，将便条随手往他办公桌上一扔，而遇到一位敬业的男仆，却将它放入了原稿文件夹内，排字工人便一字不漏地排入稿子里。要不是最后查看一遍，这段"怪话"就会出现在第二天的报纸上，那将多么令人尴尬而又可怕。事后回想，他依然感到不寒而栗。

小心只是一种被动的防御，还不是进取。在英国人一霸天下的上海外文报界，能留给别人的生存空间已很逼仄，《大陆报》想在重重铁幕下脱颖而出，不能仅凭小心而不去进取。密勒和克劳自然不是那种谨小慎微、小打小闹的人。前辈密勒惯有的狂放且不说，就是小字辈卡尔·克劳，表面的温顺、随和也掩不住骨子里的桀骜放肆。之前在《哥伦比亚密苏里人报》和《沃斯堡明星电讯报》当编辑时，他就因锄强扶弱而声名鹊起，被人称为反对大地主和城市阔佬的急先锋。这种胆略、豪气，自然也会一泻千里地在上海泄发。他和密勒都有心要闯出一番新天地。新生的《大陆报》，果然让人耳目一新：1911 年的上海读者，早已看惯头版充斥广告的英式报纸，《大陆报》却"扭转乾坤"，让重大新闻报道占据了头版，而让广告都"奉命"往后方"撤退"；英式报纸千篇一律地报道英格兰或大英帝国，鲜有关于中国的报道，《大陆报》却破天荒大登特登中国新闻，还让中国新闻赫然出现在报纸头版。很像是天空变了颜色——蓝天白云替代了满天灰霾。

头版的改革，也带来了新闻需求量大增而"供不应求"的困顿。不像国外新

笔尖上的四条汉子

闻，会有大量来自通讯社的电讯稿涌往报社，中国的本地新闻只能自己去采写，因而编辑部常常会为"等米下锅"而焦虑。当深夜一线记者的新闻报道稿迟迟不来时，因等候已久而心急如火的克劳和密勒都不禁怀疑，这样的改革是否还能坚持下去。

卡尔·克劳有时真想由自己出手，去当一回一线记者、亲手采写新闻。

这种激情一直在蛰伏着，有时会本能地勃然而起。

一日当天刚蒙蒙亮时，睡下没多久的他，突然被一阵枪声吵醒。侧耳细听，他似乎能辨别出哪一阵是机关枪的哒哒声，哪些又是步枪射击的声音，而交战地好像就离他所住的旅馆不远。他猜测着怎么会有这场激战——是黑道帮派之间的喋血冲突吗？这时小巷内会躺有多少具被击毙者的尸体？又有多少无辜的路人被流弹击中，在呼叫求救？一条大新闻就在眼鼻底下发生，使他顿时兴奋异常，早已将睡意驱散殆尽。他迅速穿上衣服，带上相机匆匆出门，往传来枪声的地方走去。循声走到外白渡桥时，才发现这场所谓"战斗"就在桥下的苏州河上发生，不过，这不是战斗，而是船民为驱邪求平安而点响了一串串鞭炮，每天清晨，船民们都习惯进行这样的作业。

新闻没有抓到，却让他增进了一点见识，懊丧之余的他也可聊以自慰：这一大清早，也总算没白忙乎。

天下乱世，总是以枪声为其标志。他终于听到了真正的枪声。不过已经不在上海，而在沿长江溯流而上千里之外的武昌城内。

武昌城内，一场清兵的暴乱突然而起。时在 1911 年 10 月 10 日。那天发生的这一切以后写入历史，这一枪就被定论为划破千年帝制沉沉黑夜、为清王朝统治敲响的丧钟，是改变中国历史进程的一声巨响。但在事发当时，谁能弄得清是怎么回事。密勒和卡尔·克劳纠结了半天，也不知将这一事件定义为"大规模骚乱"好，还是称之为"革命"好。因为以往也常有暴乱发生，但都被朝廷镇压下去，很快就变得像没事似的一样。所以这一阵外文报刊都集体失声，谁都不愿蹚这场浑水，就怕事情平息后给人留下笑柄。

但密勒和克劳还是辨出了这枪声的异样，隐隐约约地感觉，这绝非一场简单的暴乱。卡尔·克劳腿勤喜动，征得密勒同意后，就乘着汽轮沿长江北上去汉口，一番实地考察求访，不费多少劲就探明了这场兵变的真相——这是一场真正的革命。以后中国人就称之为"辛亥革命"。

当《大陆报》将武昌起义、辛亥革命的爆炸性新闻揭之报端时，其他的外文报刊还蒙在鼓里呢。一步抢前，能步步主动，辛亥革命全过程的新闻，诸如革命的爆发、清政府的倒台一直到孙中山的崛起，每一步几乎都被《大陆报》抢在最前头。而这每一步，也几乎都覆合着卡尔·克劳匆匆奔走的脚印。1912年1月1日，聚集于南京城内的革命党人，为孙中山就任临时大总统举行盛大典礼，卡尔·克劳不请自到，早早地就已在城内守候。会后，克劳又约好独家专访孙中山。会见约定在那天清晨6点，惯常晚睡晚起的克劳，硬逼着自己改变作息习惯，早早起床，草草漱洗后就急忙向孙中山住地、前清朝总督衙门奔去。孙中山准时会见了他，向他和盘托出新政府的施政纲领，以及国民政府改造南京、重建首都的计划，包括建造林荫大道、公园、游泳池和体育设施等等。1月4日，《大陆报》就以整个头版，独家刊登了孙中山以临时大总统名义发布的第一个公告；1月6日，《大陆报》又独家刊登了由临时大总统孙中山和外交部长伍廷芳联合签署、宣告中华民国成立的正式宣言。报纸由此引起的轰动和招来的嫉妒，自然都不言而喻。

在1911年这个中国的多事之秋，《大陆报》不时会爆出一些独家新闻，而采写者则多半是主笔卡尔·克劳。这年夏季，长江爆发了一场特大洪水，使沿岸10万人死亡，380万人无家可归。外文报纸大多漠视中国的本地新闻，不屑派人去现场采访，卡尔·克劳成了洪灾现场罕有的外国记者。他专程乘船到达汉口，第一次看到如此骇人听闻的灾情，也前所未有地感到了震惊和痛心："在那儿，我们周围全是洪水，江上到处都是船舶残骸，城市本身的地势较低部分已被水淹没。漂浮的尸体可怕地频频出现，证明了生命损失巨大的事实。"这一场景的描述，出现在他以后成为畅销书的著作中，那份震惊、痛心仍使他难以平息。

许多外文报纸上，长江洪灾的报道，只是报屁股下豆腐干似的一块，《大陆报》却超常规地以大块篇幅，刊出了来自现场、如临其境的系列目击报道，引起的轰动不亚于辛亥革命的爆炸性新闻。

靠版式和内容的革新，靠重大独家新闻的轰动效应，《大陆报》在新闻竞争中打赢一次次大仗，报纸发行量出现了火箭式上升之势。最兴盛时，日发行量达到 45000 份，比称霸上海滩近半个世纪、堪称天下无敌的《字林西报》超出 1 万份之多。《大陆报》的崛起惹怒了昔日霸头，《字林西报》开始发起反击。死磕硬斗四五年，《字林西报》终究打败密勒这个报界老江湖，让《大陆报》落入了别人之手。但这场恶斗已超然于卡尔·克劳的经历之外，因为在 1912 年年末，他就已飘然离开了上海。

这年 12 月 27 日，他在上海踏入了婚姻殿堂。新娘是他在《大陆报》的同事米尔德丽德·帕瓦斯，一场办公室恋情结出了这颗甜果。办完婚礼，两人就转道马尼拉前往纽约度蜜月。这一走，直至 5 年后他才重回上海滩，开始一段脱离报界的另一种生活。

卡尔·克劳又回来了。1917 年四、五月间，他出现在爱多亚路 113 号，以另一副面目回到了这座城市。

这里离《大陆报》所在的四川路不远，但这份他曾一手引产、费尽心血的报纸已经物是人非。怫然离去的密勒，又在心高气傲地新办一份《密勒氏评论报》，改换门庭的《大陆报》早已不见了往日风味。他出现的新楼址，也已不再是哪家报社，门口的标牌上显示这是美国公共信息委员会上海办事处，一个直通华盛顿的半官方机构。他不当记者而成了一名准官员。

置身时代的大潮下，人生的选择，已然很难是自己的本意。

回到美国后的克劳夫妇，曾进行过一次悠闲的环球蜜月旅行，旅行归来，他就窝在繁华的纽约，一门心思为一些杂志如《世界工作》、《评论的评论》、《展望》等当撰稿人。后来，一位密苏里大学校友、也是《大陆报》初创时的经理联系上他，那位校友在日本创办《日本广告报》，就将他拉去当他的业务经理，还让他当过几个月的代理主编。只干了一年多时间，他又回到了美国。回国后他把家安在加利福尼亚州，在圣克拉拉谷地买下一个小果园，营造了一个足可惬意栖息的自家小天地。在这里生下女儿贝蒂，也"生"下许多从他笔杆下走出的子嗣，一家三口心满意足地过着田园悠闲生活。

可好日子总难长久。战争打乱了他的安逸生活。这场后来被命名为"第一次世界大战"的战争，本来只是欧洲的"内战"，大洋彼岸从 1914 年 7 月起一直兵连祸结，炮火震天。而"保持中立"的美国却远离战争，依然一片平和气象。战争进入第四个年头，眼看着战争红利的果实已随手可摘，美国便不失时机宣布向德国宣战。德国的一次次悍然挑衅，也激怒了原本厌战、反战的美国人，民众的求战情绪急剧高涨。颇有国家观念的卡尔·克劳早已按捺不住，独自开着一辆福特车，赶到旧金山的征兵站要求报名入伍。本来一只脚几乎已经踏进了兵营门内，却忽然节外生枝，被征兵站发现了他的一个政治"污点"——在上海时，他认识的一个持英国护照的加拿大姑娘，原来竟是活跃在中国沿海地区的德国间谍。他被视为敌对国德国的"同情者"，他的忠诚度、可靠性都受到怀疑，最终，自然被征兵站堵在了门外。

但他并不泄气，他有足够的自信，能证明自己的清白和忠诚。机会很快降临。向德国发出宣战令后不久，威尔逊总统为统一国内舆论、争取更多中立国，同时也为了发动针对敌国的信息战，又下令成立统一的战时宣传组织——公共信息委员会。得到消息的克劳，急忙给委员会主席、也是记者出身的乔治·克里尔写信表白心迹——他熟悉大洋彼岸的中国，乐意作为美国宣传活动的代理人去中国工作。他提供的有关中国的情况，深深打动了克里尔：在中国有四百多种中文报纸，但威尔逊总统的许多演说，竟然没有出现在任何一份中文报纸上，中国民众对美国的战争意图普遍一无所知。他提议说，向这些报纸提供译成中文的美国新闻，将是影响中国广大民众的最有效方式。

克里尔被说动，迅速下达了任命书，让卡尔·克劳担当公共信息委员会驻远东代表。也同意克劳把办事处设在上海，即是他所说的"中国一个真正中立的城市"。

克劳卖掉圣克拉拉谷地的果园，与家人一起重返上海。他雇用了两名助手、两名翻译以及几个工作人员，在爱多亚路租房设立办事处，开始走马上任。5 年前他在上海时，爱多亚路还是一条撒满垃圾、臭气四溢的小河，人称洋泾浜，这两年刚将洋泾浜填埋，变成了眼前的这条路。克劳感叹于人世间的变迁——人类生活，会如此彻底改变一条河浜的自然属性；而战争，改变的不仅是自然界，更将是人类本身。他也身不由己地走进了战争。

重回上海是他所期盼的，但几年后归来，卡尔·克劳已不再是昔日的"无冕之王"，而是一名被政府任命的官员。他一脚踩进他并不熟悉的官场，别别扭扭地开始了一次非其所想的转型。

官场里的人，是有级别归属的，他也不例外。但他不明了自己是什么级别。在上海，他，以至他周围的人，对级别之类都很淡漠，只知道做他应该做的事便是了。但一次他到北京参加美国公使召集的会议时，他的不明事理，却让他遇到了麻烦。行前他仓促地为自己印制了一些官方名片，因为他的头衔很长，再加上办公地址、电报挂号等等，就使名片的尺寸变得很大。到公使馆报到时，一位公使馆秘书拿着他名片一角的尖端，像触碰一件他害怕触摸的肮脏之物，讥笑着朝克劳说："好大的名片啊，尺寸比公使的名片都大，兴许是全北京尺寸最大的名片了吧！"克劳懵呆在那里，不知如何应答。他不知道官场的讲究，哪怕小小一张名片，尺寸的大小也要与官场的职位高低相照应、匹配。你一个小小的办事处头儿，怎么能将名片印制得如此大呢？大得超过了公使，超过了任何人，这还怎么了得？

他再不敢分发他的名片。回上海后，赶紧向与他级别相同的一个三等秘书讨来名片，拿着作为样品，重新印制了自己的名片。心里却一直在嘀咕着：这讨厌的官场，怎么会这般复杂难缠？

不谙官场世态、显得如低能儿一般的克劳，在信息委员会干活办事，却显出了一个大能人的无穷能量，活儿干得漂亮之极。因为他不单足智多谋，办事又专心，手中的活也几乎就是办报、当记者编辑的翻版，自然驾轻就熟。上任后，他的第一件事，就筹建了一个中美通讯社。他指挥着这个通讯社，每天不停地从美国海军无线电台接收美国新闻，然后将新闻译成中文，再多半无偿地提供给三百多种中文报纸刊登。掌控了报纸，也就掌控了公众舆论。但他还不满足，又想让上层名流要员尽入其彀中，因为这都是些能左右社会舆论的关键人物。他为之想出了一个巧计，苦心收集了 2.5 万名中国各地知名人士的名字，包括省议会议员、商会头面人物、地方高官和著名学者等等，为他们专门编撰了一本通讯录，然后一个不漏，一次次地给他们邮寄张扬美国价值观的宣传资料。这些宣传品翻成的中文，有白话文也有文言文的，以此来照应不同口味的读者，效果出奇的好。

战时美国爱恨情仇的表白，都囊括在总统威尔逊的演讲报告中。他也很清楚，威尔逊就是美利坚合众国的头号代言人，战时宣传就应该围着他转。他与美国驻华公使芮恩施商计后，开始忙碌于一项浩大的出版工程——请来学贯中西的大学者，将威尔逊的所有演讲和声明都译成中文，然后以中英文对照的形式合成一册，交商务印书馆出版。这本威尔逊总统的演讲集一在书店出现，就成为引起轰动的畅销书，以后一再重印，也依然脱销抢手。克劳还设法与读者进行互动，在演讲集的序言中特意增添一笔，要求中国读者将读后的评论直接寄给他。他的轻轻一笔，立时点燃起一片回应的熊熊大火。读者的来信很快如潮水般涌来。他喜孜孜地清点着来信的数量，嚯，总数竟超过了 1 万封呐！不由喜得笑翻了天。

在这样的热火劲上，他又火上浇油地想出一计——发送威尔逊总统的大幅画像，在华夏大地营造出一种"英雄崇拜"的氛围。他向华盛顿发去电报，要求获得 2 万张威尔逊的画像；还兴奋异常地说，事实上，在这里发放 10 万张总统画像都没有问题。他已摸透中国人由来已久的英雄情结，因而在电报中满有把握地预言，"这些画像中的至少三分之二将成为中国家庭永久的装饰特色"。

卡尔·克劳不断升级的宣传攻势，俨然变成了一场造神运动。他不否认自己有"造神"的蓄谋，坦率地承认说，经过他的一番鼓捣，"威尔逊总统已开始成为中国人的偶像之一"。威尔逊的种种言论，像电流一般地得到飞快传扬，也被人们像关心物价、留意天气一样地受到关注。他的许多名言警句，诸如民族应当自决、弱小国家相对于强国应拥有自己的权利等等，一在中国传开，使多少年饱受欺凌、挨打的中国人像寒冬见日、久旱逢雨，都空前地兴奋和激动。连中国最边远地区的平民百姓，也都知道有个美国总统威尔逊，是中国人的头号朋友。北京的一些大学生上街游行，经过美国公使馆时，竟然情不自禁地高呼出"威尔逊总统万岁"的口号。即便是左翼领袖陈独秀，也对威尔逊怀有极度的好感，不惜夸张地称他是"现在世界上第一个好人"。在北京的芮恩施公使按抑不住兴奋，写信向总统报告喜讯说："对中国人民来说，您已成为他们的最美好的希望和期待的化身。"自然，公使也没有忘记克劳的功劳，不由向他投去了满意的一瞥。

一切是那么顺遂、圆满。这个三等秘书级别的小官员，却干出了一件让一个几亿人国家热浪翻天的大事。这样的成就感绝非一般人都有缘领受的，纵然远比他有更高的级别、更大的官衔。

然而，他无法想象，随后却使他陷入了一场前所未有的信任危机，面对着无地自容的尴尬。他压根不会想到他原来的功绩，后来竟至于变成了他的"罪孽"。

那是在大战结束之后发生的惊天逆转。协约国战胜了同盟国，战后的巴黎和会上，胜利者将分享胜利果实。中国也是胜利者阵营中的一员，中国人满怀期望，憧憬着威尔逊总统将兑现有关民族自决、弱国权利的诺言，被德国侵占的山东将重回中国怀抱，日本强加于中国人民的"二十一条"会得到废除。中国，将站在一个夺回主权、重振国威的新起点上。

但所有的期望，全都落空了。巴黎和会，将中国人推入了万丈深渊：德国已交出山东的一切权益，结果并没回到中国人手里，却莫名其妙落入了日本人的魔掌；列强们对废除臭名昭著的"二十一条"的提案置之不理，闭着双眼仍让它继续横行；那位被万众拥戴的"第一大好人"，那个曾信誓旦旦主张"民族自决"的美利坚总统，这时已完全背弃了他的金口诺言，在气势汹汹的日本人面前佯装没事一样，听任日本人蛮横地扑向中国……

久蓄于地下的岩浆，这一天终于轰然喷发。中国人被震怒，在滴血。北京，排山倒海的人流涌向街头、广场，五四运动爆发了。威尔逊的这尊偶像，也像腐朽的泥塑木雕，在抗议的巨潮狂流中轰然倒地。

事后，有人在卡尔·克劳与五四运动之间找到了因果联系，发出并不牵强的断言说，引发五四运动，卡尔·克劳是起了关键作用的关键人物。

克劳却万万没有想到，事情最终会出现这样的结局。

他匆然关上了信息委员会办事处的大门。一个从官场走出的落寞的身影，汕汕地转过身去，走进了人声嘈杂的商业场。他开始了又一次的角色转换。

一条短而狭小的仁记路，被包裹在南京路与四川路、外滩之间，低调地掩藏着它的辉煌。仁记路即是今天的滇池路，当初取此街名，就因为有家仁记洋行在这条路上。"仁记"早在上海开埠的 1843 年，就已在这里落地生根，是与怡和、宝顺、义和一起随巴富尔最早进入上海的英国洋行。它的商业成就和社会名望，为它赢得了一条路的命名，这条街路的商业含金量也就显而易见。

仁记路，也成为了卡尔·克劳新的事业基地和人生重镇。

他已经习惯氤氲于上海的特有氛围，哪怕有怪异的面孔、烧热的花生油气味。离开了官场的克劳，已经不愿再离开上海。他不想再当官，也不愿重拾记者的老本行。在上海当记者，薪酬远低于美国国内水平，他不想耗尽心血，却只能过紧巴巴的贫寒生活。他最终选择了既非做官也非从文的第三条路——加入商界，当一个拓展新事业的广告商。

公司的营寨，就选在了外滩仁记路上。在他抽身官场不久，在仁记路811号、一幢新古典主义风格的大楼三楼里，以他名字命名的卡尔·克劳公司揭牌开张了。似乎每每出手不凡，转入商界的他竟也别有一功，他的公司竟而就是中国第一家、也是最大的一家西方式广告公司。

美国人的西部拓荒精神，会四散漫溢到他的所到之处。卡尔·克劳投身广告业，也就成为这片旷远空疏原野上的一头拓荒牛，成就了他许多首创的"第一个"。

中国触目可见的美女广告，最早诞生于上海滩，始作俑者却就是卡尔·克劳公司。那是在1920年，旁氏雪花膏初入上海，靠它的独特的促销广告而轰动了全城。因为这在上海滩是道前所未有的风景——广告上伴随商品一起出现的，竟是一个个身穿旗袍、梳着西式短发、美轮美奂的妙龄女郎。广告一下夺取了千万人的眼球，也一下轰动了。

卡尔·克劳公司首创了这种新潮广告，它的创意正来自这位大记者对人性的娴熟把控。爱美之心人皆有之，异性相吸则是普遍的真谛，他深知美女正是无论中外、无论古今最夺人眼球的聚焦点。将美女形象引入广告，使他果然一炮打响。跨出这一步之后，他又开始致力于美女形象的可持续性，苦心搜求人才，下血本成立了一个商业艺术工作室。一批知名画家，

曾风靡于上海滩的美女广告，最早却是由卡尔·克劳公司发明的。

笔尖上的四条汉子

如叶浅予、谢慕连、谢之光等都被他重金聘来，成为了他门下的创作主力。

因为克劳的成功，使美女广告的仿效者铺天盖地而来，以后从香皂、护肤霜到香烟、汽车的广告，都出现了时髦性感、能迷倒一大片人的少女形象。"第一个"的后面，引来无数个 0，犹如浪潮奔腾千里滚滚不息。而这些画家，后来也都成了中国画坛上的名家高手。

他的雪花膏广告的影响，也漫延到内地的许多中小城市。内地的一些小报趋时跟风，都抢着免费刊登这些广告。那情景反馈到卡尔·克劳那里，使他特别注意到一个现象：对美女广告，吸引男人们的是广告女郎的万般风情，而女人们的眼光，却都聚焦在美女的一身穿戴上。这都是上海流行的最新时装，漂亮、新颖更兼时髦，让内地姑娘们看得心里痒痒的，眼睛都瞪大放光了。机灵一点的姑娘，就去找裁缝铺师傅，拿着报纸要求按图片上的式样赶制新装。

意想不到，美女广告引发了另一种女性的骚动。

雪花膏的广告变成了时装广告，意外之外，却触发了克劳的灵感：既是这样，那就汇集各种款式的时装，专门出一本时装样本书吧。这年春季，他们编绘了一册时装样本，在对印花布的需求出现之前推向市场，果真轰动一时，刚摆上柜台就被一抢而空。还不仅在中国，这些书当流传到华侨聚居的爪哇、暹罗一带时，也一样热销抢手，以至克劳公司又专门印刷了额外的版本。以后很多年里，卡尔·克劳公司每年都出版时装样本，也一直保持着热销的势头。

时装书，也被克劳抢夺了第一。

第一个美女广告、第一本时装书，之后，又有第一本扑克手册、第一本中文版汽车术语词典……克劳公司在中国，俨然成了分娩"第一"的"产房"。其实他并不蓄意去追求"第一"。许多"第一"的诞生，都是因为社会出现了刚性需求，才触发他们去顺势而行。中国这片从远古睡梦中醒来的土地，那时还刚被纳入西方人主宰的现代世界体系内，有许多领域都还是一片空白，只需行动了，你自然就是第一。

譬如舶来品汽车，1901 年首次在上海出现后，很快向全国蔓延，成为了一座现代城市的名片。但做汽车广告，却使克劳的设计团队感到了棘手：汽车上有那么多术语，怎么用中文来表述？汽车术语在中国从没有被统一过，各说各的，五花八门。如汽油，有的城市称为"蒸汽油"，而到了天津，却被唤作"电油"；轮胎在上海被称为"橡胶管子"，而在北京却叫做"橡胶带子"。像汽化器、变速杆和差速齿轮这些复杂的部件，不同地方的称呼更没有一点相似，谁也不懂得谁，能用哪个好？

被时势所催逼，克劳他们就去先做一件事：编一本既完整又标准的汽车术语词典，将这些术语统一起来。这是一项浩繁的工程：收集各地使用的所有汽车术语，然后爬梳、剔减、挑选、认定，昏天黑地地忙了好一阵。中文版汽车术语词典出版后，他们又获得一家中立的汽车经销商行业协会的认证，为这些术语的流行打开了权威通道。它很快得到公认，也就成为了标准。以后在中国这片土地上，汽车技术、汽车部件的术语就一统于这本词典的词目上，一直延续了很久。

光彩照人的"第一"，给卡尔·克劳带来的名望、声誉，远胜过他当记者和官员时。他的广告公司也越做越大。代理的洋商遍布于世界各地，包括从英国、美国、德国、法国、荷兰、比利时、澳大利亚、加拿大、日本、西班牙到卢森堡大公国的许多国家，它为他们出售"从纺织机械到香料的一切东西"。报纸广告之外，他们又扩展做室外广告，在江浙沪一带的路口和重要路段，几乎都赫然竖立着克劳公司制作的巨型广告牌。

做广告，去找卡尔·克劳——这似乎已成为洋商们不成文的信条。

但唯有一点，却使洋商们很不爽：克劳这家西方化公司，除他之外，员工却都是清一色的中国人。他们极不理解，为何克劳会独钟情于这个"劣等民族"？

其实这正是他的聪明之处。

对中国这样的巨无霸市场，他与洋商们怀有一样的金色幻想：一个拥有四万万人口的国家就有四万万顾客，抓住他们，将能实现多大的销量！克劳称这是让洋商们神魂颠倒的"白日梦"，他也同样做着这样的梦。但他比洋商们清醒的是，作为老资格的"中国通"，他能看到在中国出售商品具有的复杂性。他能知道，四万万顾客只是个理论数据，它的复杂性却不是以算术级数、而是以几何级数衡量的。

因而，就要用中国人的智慧和力量，来撬开中国人的市场。

但即便认识了这一点，一路走来，仍使他磕磕碰碰的，并不如想像的那般顺利。

最初为公司搭建班底招兵买马时，就遇到了阻绊。克劳很满意前来应聘的一位年轻人——从美国留学归来，在美国名牌大学学过广告课程，又在纽约一家广告公司工作过，这正是克劳公司急需的熟练人才。但煮熟的鸭子，最终却又被飞走了。那个年轻人沮丧地倾诉说，他很想进克劳公司，但他的父母却死活不同意。只因为一个理由：搞广告没脸见人。搞广告的是些什么人？还不就是成帮结队的一帮苦力；做广告生意，不就是一帮人提着浆糊桶、往空白墙壁上贴贴治疗性病一类的招贴？我们是有头有脸的人家，绝不能干这些"下三滥"营生！这家父母的一顿数落，活现了那时上海广告业的现状——广告领域还原始得很，几乎没有一家规范的公司。在公众眼里，广告这一行还不如摆摊的小贩、路边的修鞋匠，地位之低下可以想象。

这个年轻人的遭遇，让克劳看到了他该从哪里起步——首先要做的，是改变广告业的声望。正如他自己所说："我最早的努力之一，是使广告代理业获得面子……"

当广告进入正题、与市场浑然对接时，克劳也看到了市场的隐晦与诡秘。一次为一种黏性发蜡做广告，让他尴尬地发现，有时营销的成功也会带来烦恼。他们动足脑筋把市场炒得火热，发蜡成了紧俏品，却不出几周，许多店铺里已摆满同样品牌的仿冒品。冒牌货几乎每个月都会冒出一两种，总数竟高达 21 种，让他不由惊呆了。

等到看得多了，他才知道，这市场的水原有多深、多混浊。

就说他的"近邻"、与广告商唇齿相依的出版商，也绝非清水一潭。如一些报纸将发行量严重夸大，都被他看得麻木了。让他惊跳抓狂的是，一份印刷精美的女性月刊，竟做出了更荒唐的事。号称拥有 3 万女读者、每次厚厚一本的这份杂志，似乎显得人气很旺，克劳公司就说动客户，向这份杂志连续投放了 3 个月整版广告。他一直以为，3 个月的广告轰炸，促销效果一定空前的好，最终才知竟是一场大大的骗局。

事情是无意间被揭穿的。克劳他们习惯在广告上附有赠券，让读者剪下寄回公司，就可得到雪花膏、香皂、钢笔尖一类的样品。这类赠券通常都会很热门，却唯独在这家杂志，3万读者、3个月里竟丝毫没一点动静，似乎谁都瞧不上这点赠品。克劳派人去一番深查，不由惊得目瞪口呆——这杂志的发行量竟是零，每月印刷的只有几本，是"特供"广告客户、专用来搪塞他们的。杂志的文字部分，就照搬旧报纸上的专栏文章，而且每期都一成不变，变化的只是出版日期和封面颜色。知道外国人不懂中文，因而更聪明地只向外国人招徕广告。从惊愕中回过神来的克劳，只能用一声"天下之大，无奇不有"而为自己解嘲。

但他不会像一些洋商、洋人，因为有一两个中国人的劣迹，就无限夸大，变成对全体中国人的道德"判决"。克劳也有惊诧、愤慨、懊丧，但决不会这般浅薄、弱智。冷静下来，他反倒更看清了从西洋来到东土的异邦人的致命短板。他明白了，哪怕是"老资格的中国通"，在这个幅员如此辽阔、情况如此复杂的国家，对她的了解其实依然如此之少。撬开四万万顾客的市场，还得深入更多的未知领域，像探险家一样去了解、探索。

于是他又焕发了一个新闻记者的活力。如当记者时那样，依然保持着对中国和中国人的好奇，也同样乐此不疲地走街串巷、东探西问，去体察、细究普通中国人的生活。

仅仅为了满足客户的要求，寻找一种便宜的附赠用品，他曾经花去好几个下午，冒着炎热逛遍中国人的百货店，去寻找线索。到过杭州，西湖的景致只在眼前一晃而过，吸引他的是一家中国年代最久远的化妆品零售店。在那里，他探知到一个古老的"新闻"：远在哥伦布发现新大陆而终止前往中国的旅程时，一些胭脂品牌就已经在杭州畅销了。不由感叹一些洋人以为中国人不懂得化妆品的孤陋寡闻。

在钱塘江边，他与卖鱼的渔夫讨价还价，领教了一个普通中国人的生意眼。在一个寺院内借宿过夜，成为这寺院500年历史上第一个在此过夜的外国人，自豪之余的他，更大的收获却是知道了，在中国，佛教影响是如此之久远而深广。

常去赴中国人的宴席。许多中式菜都不合西方人的口味。如皮蛋，无论形状和味道都让他们觉得怪异而不自在，但克劳每次都吃得津津有味。因为他知道，如果他不把筷子伸进桌上的所有碗盏，就会被看作对主人的冒犯。要了解中国人，就须和中国人打成一片，而酒桌正为他打开了一条便捷的通道。

一次去山东解救被土匪劫持的洋人，他也会不顾四周的险象环生，借着在土匪活动区域等候的几个星期，忙着调查当地人吃穿用之类日用品的开销情况。因为他很明白日常用品在商品大家族中的地位，对它的调查，对于广告商应是必修的一课。

甚至，在下乡漫步穿过一个村庄时，他也会饶有兴趣地做一次"田野调查"，研究为什么当外国人出现时，群犬的狂吠声会更加密集、高亢？农村的水牛能驯顺地让一个小男孩牵着下田、去河边吃草，却会瞪着大大的牛眼，或喷出粗浊的鼻息表明对白人的厌恶？……

这片广袤的土地，似乎掩藏着无穷的秘辛和珍宝，吸引着他去开掘、探究。对这里的一切，似乎总怀着深深的好奇，怀有浓得化不开的兴趣。他并不知道每一次探究的收获，是否都能成为广告业的养料，但他的豁然明悟已使他执着地坚信：广告业，它所包含的远不仅是单纯的广告。广告人必须对一切与中国有关的事情进行研究。他曾直言表白说，在广告商的角色形象中，有人类学家的影子，它研究的范围应当与人类学家的研究范围一样广泛。广告人因此也会享受到"探险家的激动"。

时光在激动中流逝。站在1937年岁月的门槛边回眺，克劳惊奇于光阴如箭如梭般的流速。一晃，在上海已驻留25年了。这25年里，从办报当记者、客串官员到闯荡广告界，他的人生三部曲都与这座城市的喧嚣声交响、混合在一起，是这座城市给了他一切。丰硕的收获中，使他最满意的是他的广告业绩。因为广告上的成功，他开始鹤立于上海的外国人社区，成为了既富裕又备受尊敬的显要；在1924年建成、矗立在福州路上的美国总会大楼里，因他的声名、成就耀眼出众，又被众星拱月般地推上美国总会会长的高座，一连安坐了多年。甚至因为他的人类学家的兴趣，还使他收获了一份厚重的副产品——在上海写就他一生中最著名的著作：《四万万顾客——一个美国人在中国的喜忧参半的经历以及这些经历教会了他什么》。1937年3月，《四万万顾客》由纽约哈珀兄弟公司出版后，立即成为畅销书，引来好评如潮，被称为"我们历来听说的有关中国人的生活的最令人信服和栩栩如生的描述之一"。他因此也就多了一个头衔——畅销书作家。

对于克劳公司，这一年预示着是继 1935、1936 年后的又一个好年景。已经过去的上半年，广告经营的形势十分喜人，而时局的稳定，更使他欣叹于 1937 年春天的"和平与繁荣"，雄心勃勃地已在勾画下一年的广告和推销运动的轮廓。

然而，天旋地转地被改变一切，却仅在瞬息之间。8 月 14 日，并无异常征兆的一天，一个一如往常的周末，上午，卡尔·克劳比平日提早半小时进了公司的办公室。因为时间紧迫，他必须在中午邮局收摊前，写好几封寄往美国、至关重要的商业函件。一切都没有料到，也不会让他料到，他刚写完一封发给纽黑文大客户的信件，还没有封上，一颗巨大炸弹的爆炸声骤然响起，顿时，办公室的窗户被震得咯咯作响，窗玻璃都被炸裂震飞了。这个该诅咒的"黑色星期六"，这场不宣而战、伤天害地的罪恶战争，打碎了他的所有抱负、计划和甜美的梦想。

日本政府的黑名单上，早有他的大名，因为在历来对日本侵略野心发出谴责、批评的人群中，他总是十分显目的一个。显然，在日军铁蹄下的上海，已不再有他的安顿立足之地。别无选择的他，只有赶快逃离这座城市，逃脱鬼子的追捕。于是，他与妻子收拾了少量细软，忧伤地搭乘美国"胡佛总统"号客轮从上海撤离，转道马尼拉，向美国西雅图驶去。

就此终结了，这长达四分之一世纪的上海岁月。此后，他也再没有回到上海，回到这座给他留下了最美好记忆的城市。

1945 年年初，61 岁的卡尔·克劳被病魔夺走了生命。但他与上海似乎情缘未尽，几个月后，当日本战败、美国的军队开进上海时，几乎在每个美国大兵的行囊中都塞有一册克劳的《四万万顾客》。他的同胞入乡问俗，还需要它的指拨。

人虽已死，他的魂魄似乎又回到了上海。

阿班：奔腾在动荡岁月

　　阿班与上海之间，隐埋着一条起伏蜿蜒的感情曲线。对上海，他的几十年的爱恋，却是从恶感开始的。

　　1926年年初，想去神秘的远东只身闯荡一番的美国报人哈雷特·阿班，乘船从日本来到中国，靠岸泊碇，第一站就是上海港。"我觉得，在我到过的城市里，上海是最脏的。""上海天色晦暝，更兼阴雨连绵，彻底勾销了我游玩度假的兴致。"多年后他这样描述他初见上海的印象。那次他只勾留了一天，就乘船去香港、广州了。

　　可是，依然使他失望。在他看来，香港比上海还要糟，广州的春夏两季则湿热如蒸，没有一样东西是干得透的。于是收拾起潮湿发霉的衣服，于7月头上又到了上海。他下榻在福州路上的花旗总会，又在《上海泰晤士报》接下一份记者兼编辑的活。上班一个月后，他才知道自己懵懵懂懂地走错了门——这家名义上的英资报纸，实际却被躲在幕后的日本人控制着。这个崇尚独立、自由的美国西部汉子，岂甘为某个正穷兵黩武的国家充当政治工具，于是愤而离开了这家报纸。而这一刻，也正是转机到来的时刻——他接到了来自千里之外北京的橄榄枝。在他42岁生日那天，他离开呆了两个半月的上海而欣然北上，在北京《英文导报》安下了他的一张办公桌。好事会连着好事，在北京时一个偶然的机缘，让他顶替一位急着要回国的《纽约时报》驻华记者，又一脚跨进了这家美国的头号大报。作为《纽约时报》的华北及满洲事务记者，他在北京长驻了两年，而后，命运却又把他推到了上海。

　　重回黄浦江畔这座城市，是在1929年的盛夏。还没有安顿好自己，他就已风风火火地赶赴东北的满洲里、哈尔滨，采访在那里突然发生的一次国际冲突。回上海

哈雷特·阿班

安顿下来，就住进了外滩英国领事馆后面、圆明园路上的一幢公寓楼。他很满意这个新住处，身居在 6 楼，登高前望，景观开阔，尽可把外滩和黄浦江的风光一揽眼底。到 1935 年，在苏州河北岸、外白渡桥堍西侧，那幢古铜色调、风格凝重的百老汇大厦刚开业启用，他又成为首批住户搬进了这座楼里。楼层比之前更高了，总高有 22 层，在上海当年还很罕见。他的办公室和住所都安在 16 楼，能高居于上海喧闹的街道之上，几可鸟瞰到整个上海市区。在这幢豪华公寓里与阿班为伍的，有大美晚报、字林西报的高级编辑、记者，也有汇丰银行、怡和洋行、英美烟草公司的高级雇员等，一色上海滩的上流人士。外人走过，无不投去艳羡的目光。

三进上海滩，这时的阿班，已不再像当初那样，只是个栖生一家小报纸、懵懵懂懂打下手的人了。从北京移居上海，可不是简单的"调防"，而是一次人生际遇的大飞跃。因为《纽约时报》的上海记者站已经升格，易名上海分社，成为报社驻中国的大本营；他也已荣升为驻华首席记者，将统管《纽约时报》驻中国各地包括香港的记者站，从财政、人事到报道业务，几乎所有权力都已抓捏在他手中。

在"无冕之王"如过江之鲫的上海，阿班开始跃上"王中之王"的高位，是驻沪外国记者中阵仗最大最牛的一个。生活、工作条件上的优渥，自不必说了。有人就不无欣羡地形容他，居住有豪华公寓之外，"行则车夫驾新款轿车伺候，玩则江湾高尔夫球场，饮则英国总会、花旗总会。手下记者、助理无数，仆役成群，保镖随行。豪宴酒会里，他时而主人，时而座上宾。亚洲各地，只要认为必要，便可随时豪华出行。"似乎纽约时报的金库为他安上了龙头，但凡他有需要，只管拧开便是了。尽管对他的这番描述带有夸张和水分，与真实的情形却也不离八九。而他交际面的广泛和层次之高，也许更是无人可以比拟。与蒋介石长谈过，而从此过往甚密，和"第一夫人"宋美龄则常在一起喝茶聊天。与大军阀张作霖、张宗昌，民国头面人物宋子文、孔祥熙、李宗仁、张学良，外方人士中的鲍罗廷、司徒雷登和美国公使、美国亚洲舰队几任司令等都打过交道，有的还不止一两次。魔鬼阵营中的日本高官，如外相松冈洋右、驻华公使重光葵、驻华舰队司令盐泽、上海派遣军司令官松井石根等等，文官武将、各派各系，也都巴不得他能大驾光临。有这样高而密扎的人脉关系，也就不奇怪他总能得到超级独家

笔尖上的四条汉子

新闻，而让同行们望尘莫及。

从那时起，他就落脚在上海，成了她的新市民。这座曾使他兴致全消的城市，竟成为他的久居之地，一呆就有十二年——要不是日本人将刀把已架在他的脖子上，兴许还会呆得更长久些。

上海的十二年奄忽而过，一切的声名利禄都已成了过眼云烟。对于他而言，最大的意义，是十二年风云变幻的动荡时势，将他造就成了社会中坚，一个中国外媒圈里屈指可数能影响时政大局的大记者、名记者。

在上海时他单身一人，以后也终生未娶。也许时间都给了风尘碌碌的记者生涯，再没有闲功夫去谈情说爱；更或许，因为他已找到了他心中的最爱和终生相拥的伴侣——新闻事业，全部的感情都悉数给了她。心中，已再也盛放不下别的了。

上海对于大记者阿班，是据点和宿营地，也是"官邸"和指挥部的所在，他满可以轻松潇洒地坐镇于此，靠遥控指挥一切。但天生为新闻而活、生性争强好胜的他，却将首席记者的席位总移放至新闻的第一线。于是，总见他一次次从上海出发，向中国的四方八面出击，满身烟熏火燎地总奔闪在路上。

因为，他要追寻"中国故事"。

在广州的时候，他就已认定"中国故事"与自己的缘分，他称这将是他产下的一只蛋。

1926 年的广州，正处在一个血腥、怒火、枪声、抗议声混杂一团的年代。中国人反帝、反白人特权的激昂情绪已达至高点。一直憧憬着紧张、刺激、鲜活生活的阿班，在这里觅获了心灵的和声。内心的激越，随之也在他的笔下跳动着："透过这一切，是活生生的生活，是激动人心的意图，是生命力，是进取心。一个人口众多而古老的民族正在崛起，满是怨愤与狂热。不管是好是坏，一场惊心动魄的事件正在成形，它是压制不了的。"

他也坚定了自己的抉择："我已经找到我生命中最大的新闻故事"——"中国故事"。他在回香港退了跨太平洋的回程船票时，心中只回荡着一个声音："我已铁了心，要安坐在这只鸡蛋上，直到小鸡破壳而出。"

到了北京后，他说"我愈发坚定了决心"——"要留守中国，有始有终地看完整出戏。"

几个月、一年过去，数不尽的故事走进了他的视野，然而，却一点不轻松浪漫。当他从北京将要调往上海时，连他自己的记者饭碗都出现了危机：南京政府突然亮起红灯，声言要将他驱逐出中国。这阵势就像高天滚雷，霹雳电闪，那措词严厉的驱逐令，竟是外交部长王正廷亲手发给美国公使的。正满怀热望倾心于"中国故事"的阿班，看到中国政府的突然翻脸，一下子懵了，怎么也不明白是怎么发生的。

他当然不会离开中国。美国公使也决不会让他离开，《纽约时报》更是强硬地告诉南京，阿班已获得报社的无条件支持及信任。于是驱逐令成了一纸空文。但对付一个小小外国记者，南京政府可有的是办法。一声令下，所有中国人控制的电报局顷刻一片红灯，全都拒绝拍发他的电报，截断了他的发稿通道。同时南京还下令，从中央到各省政府的所有官员，都不许接待阿班，政府雇员也不得向他提供新闻，而且，任何政府有关人员都不得进入阿班的办公室或住地，也不得邀请他参加任何集会活动。一道道禁令的下达，只为了一个目的：赶不走他，就断绝他的任何新闻来源，将他彻底孤立和封杀。

带着驱逐令起因的不解之谜，阿班移居上海，这时他才得到密报，原来，在北京的两次发稿把南京惹火了。一篇报道中，他援引北京报纸一篇社论中的话写道："……在北平，即便是在集市里，大家在抱怨一通之后，总是说：'美龄沉长江，中国少遭殃。'这几乎成了格言了。"从南京看来，竟如此恶意攻击总司令夫人，是何等歹毒！另一篇长篇电讯稿中，在报道反南京政府的冯（玉祥）阎（锡山）之乱时，他写到张学良也发函给阎大帅抨击过南京政府。事实全无差错，激起官愤，只是因为南京政府忌讳这样的真相被公开。

其实还不止这些。"一贯充满偏见、不公、恶意及不真实"——他的新闻稿被攻击得如此不堪，其深层的真实原因，是因为他的报道打乱了南京政府的算盘。新政府升帐未久，正在刻意为自己佩戴光环，一心想营造出新政府领导下，一个光彩夺目的"团结和平进步"的时代已开始来临。而阿班的报道，却还在揭示光彩背后的黑暗：地方军阀的动乱，人民生活的痛楚，内战的不可避免甚至将长期存在。一个西方记者对事实的尊重，无法被南京政府的"东方思维"所理解，他们看到的只是一个恶棍记者的嚣张跋扈，自然怎么会容忍他"胡来"。

有南京政府的打压也就罢了，让他更可气的是他的同类。在上海的西方人中，包括与他一样的美国记者、生意圈中人和为数众多的传教士，竟然也把"和平昌明"的高调唱得震天响。因为他们的自身利益，与南京政府已经捆绑在一起，于是心甘情愿地都尾随着南京政府，用同一个调门、同样的节拍欢歌狂舞。而阿班的真实报道，便被他们斥之为恶意唱反调，是图谋不轨、故意拆台。阿班这人，也就成了他们眼中的异端和另类，不受欢迎的同胞。

更让他吃惊的是，这群人中，居然还有一位权势熏天的大人物——海军上将、美国亚洲舰队总司令马克·布里斯托尔。阿班听过这位海军上将的高谈阔论，发现他对中国局势的预测乐观得有些荒谬，居然以为，用不了多久时间，四亿五千万中国人民就将迅速摒除异见，一个有序而强大国家的崛起已指日可待。这位大人物自然读过阿班的"荒唐"报道，也早已将他打入另册——不承认他这番高论的人，不是恶棍就是蠢货。

是赳赳武夫，对动手的兴趣似乎更浓于动嘴。他要教训一下这个"蠢货"，而且很快说出手就出手。那时阿班正赶赴汉口，去采访一起反南京的军事骚乱，不巧，那里的所有电报线都已中断，发稿成了问题。好在按照规定，遇到这类紧急情况，美国海军舰艇应担起责任，用他们的无线电报帮助记者发稿。阿班找到停泊在汉口的一艘炮艇，那艇长二话没说，就将他和其他美国记者的新闻稿，一起发到上海的美国海军旗舰，由旗舰再辗转发往纽约。大功告成后的阿班，一阵轻松，兴冲冲地回到了上海。不料却发现，他的稿件全被旗舰截留了，竟一篇都没有发出去，10天的采访成果全都付之东流。

消息很快传入他的耳朵，是海军上将亲手扣下了他的所有新闻稿。他写信去责问上将，信很快被退回，信底跳出了一行红笔批复："你是自作自受。"落款：布里斯托尔。

阿班几乎不敢相信，军方的堂堂大人物，竟会如此蛮横不讲理。被气得全身发抖的他，立即告状到美国驻沪总领事、驻华公使和《纽约时报》总部。华盛顿十分光火，就将布里斯托尔狠狠训斥了一通。但海军上将的报复也毫不含糊。在上海各种洋人俱乐部活动和晚餐会上，他每次到场，抓住机会便逢人宣称：阿班这人是个确凿无疑的流氓、恶棍；雇用这个家伙当记者，时报老板真瞎了眼了，早晚会后悔莫及的；美国政府不该手软，就应该毫不客气将这个流氓记者逐出中国。尖声怪调，喋喋不休，一个海军上将变得就像个街头泼妇。

阿班无话可说，就连原本的愤怒，也被一阵苦笑冲散了。他只是感到庆幸，上将的权力幸亏还不是大到无边无际，否则他还有什么活路可言。

一种使他特别感到诡异的现象，在他痛受南京政府、西方同类左右夹击的同时也在发生——有另外一些人，对他的热情却如滚烫一般，以至都像众星拱月似地捧着他。向他抛媚眼示好最早的，是一帮日本人，他在中国的辖地发电报处处碰壁，不由使他们一阵狂喜，迫不及待将一副热脸孔贴上，主动为他效力，用他们的线路帮他发电报。日本的官员也异乎寻常地大开方便之门，有新闻发生，不管大小都会想尽法子让他知道，不少还是很难得的独家新闻呢。

另一帮西方人也热呼狂唤地向他涌来，差不多要为他开庆祝会、发英雄勋章。这帮人都担忧中国新政府刚上台，会废止不平等条约、取消治外法权，终结他们已坐拥八十多年的好日子，于是结成狐群狗党，铁了心要与南京政府死磕到底。这阿班一次次被新政府驱逐、封杀，无疑在他们眼里成了反华斗士、同道中人，于是都想拉他入伙。"上海总会"是这帮人的铁甲堡垒，对新加入总会的人他们一向苛刻到极点，却让阿班很轻易地成了正式会员。吸收他入会投票成功那天，全场一下响起了一片欢呼声。有人还在现场狂呼："阿班太棒了，搞到南京想把他踢出中国，好样的，完全够格成为上海总会的一员！"

听得阿班心惊肉跳，全身冰凉。

阿班早已看透这帮"死硬分子"、"顽冥不化的一群"，才不会与他们同流为伍呢。日本人也一样，他知道他们压根就不安什么好心。其实，他们都在一相情愿地误读着他。虽然南京政府横下心要驱逐、封杀他，但他却并没因此而意气用事，去狂热地反华或成为铁杆亲日分子。因为他有他的立场和原则。

南京政府也对他误会了。在内心深处，其实他一直深深地同情着这个多灾多难的国家，也敬重这个正在崛起的古老民族，爱戴这片正昭示着激动人心意图的土地。他让一些人产生"反华"、"反南京政府"的误会，只是因为他太恪守新闻记者的道德信条，一直坚守着新闻真实客观性的底线，就如《纽约时报》所昭明的"力求真实，无畏无惧，不偏不倚"那样。他没有做错什么，是怀有一己私利、戴着有色眼镜的人错了。

事态的发展，都在证明他的论断、预见是正确的。中国的内战不仅没有停息，反而愈演愈烈，无休无止，看不到何时才能终结。蒋介石与冯玉祥、阎锡山之间的战争，一路血淋淋地延续到1930年的夏末，战场上双方都死伤无数，蒋介石的军队和政府甚至一度变得岌岌可危。最终，以无数尸骨、血肉的代价，终于打败收服了冯玉祥、阎锡山，蒋总司令却又开始举兵围剿中共红色根据地，动荡的中国，又陷入了旷日持久的内战泥淖中。能蒙着双眼、罔顾事实，说这时的中国已进入了"团结和平昌明"新时代吗？在阿班笔下跳动着流吐着的，都是铁石铮铮般的事实，那些骂他的、捧他的人只是不想正视或心谋不轨罢了。

事实的力量是最大的，在事实面前，南京政府中的开明人士也渐渐有所开窍，反悟到打压阿班的荒谬。甚至也已意识到，将阿班拒之于门外，他将永远听不到政府的声音，得到的新闻都是来自于政府之外的，这对南京政府又有何好处？一向亲美的财政部长宋子文首先破冰，一天约阿班到办公室会面，当下两人便达成了私下谅解。以后，蒋介石、宋美龄也邀他去南京作非正式拜访，握手言欢，相谈甚久。真应了中国的老话"不打不成交"，一番剑拔弩张过后，阿班成了国民政府的座上宾，与许多高官政客都建立了私交，连最初的"死对头"外交部长王正廷也成了他的好友。王以后被任命为驻美大使，在上海登船赴任前，阿班还设盛宴为他饯行，请来了美国和中国的一大帮显赫人物，上了一道又一道山珍海味，喝了从鸡尾酒、雪梨酒、红酒、香槟一直到陈年白兰地的种种美酒，觥筹交错间，一切仇怨嫉恨都顷刻一消而尽。

这真是一个意外的收获，一番博弈，竟使原来围歼他的一众高官名流，转身都成了他的耳目、他的新闻"供货商"。在政府系统，一张新闻源的网络就此次第铺开，他的消息如此之灵通，还有哪个同行能与他匹敌较劲。

许多重大的独家新闻，就是从这条通道上得来的。尤其是"西安事变"的新闻。

这是1936年12月的某晚。入夜未久，苏州河旁的百老汇大厦已一片静寂。在16楼阿班的书房里，他一人独坐于灯光下，闲着无事，突然涌起了一阵空落落的感觉。已经一连几个月，时局变得异常的平静，让一直过着快节奏生活的阿班感到沉闷、无聊，也觉得很奇怪，新闻都到哪儿去了？

在脑海里搜索了半天，也找不到一条可发往纽约、能作报纸头条的消息。无意中翻开书桌上的一沓便条，发现有一份关于中国预算案中海关税收的备忘录，心想，这里边是否能捞到一点新闻呢？他一看时间才8点半，不算太晚，就想找财政部长宋子文聊聊。拨通电话，对方回话的是宋子文的秘书，他告诉阿班，部长不在家，他刚接到一个电话，就去孔祥熙家了。

还能找谁呢？阿班想到了端纳，这个澳大利亚同行。这几天端纳正在上海，他先后当过张学良和蒋介石的幕僚、顾问，消息可灵通得很。于是拨通端纳住地国际饭店的电话。真不凑巧，端纳也不在，他秘书说他接到一个电话，已去孔祥熙家了，才走开二十来分钟。又说他走得很匆忙，好像有什么急事。

端纳不在，他又想到两天前与他一起喝过茶的宋美龄。一个电话打到她在法租界的家里，回话说，蒋夫人也不在家。秘书说，她去孔博士家了，刚走不久，看上去很急，紧张得要命。

偏在这时，怎么一个个都离家出门了，又怎么全都去了孔祥熙家，而且都匆忙而去？阿班突然意识到，一定出什么大事了！于是急忙拨打孔祥熙家的电话，不停地拨，却一直都是呜呜的忙音。好半天才将电话接通，把端纳叫来听话，端纳却支吾了半天："很抱歉，我不能对你透露什么，半句都不行。"但经不住阿班的连声催逼，他只得将话筒递给宋子文。宋子文没有隐瞒，直截了当地告诉阿班，蒋介石在西安被劫持了。

这是真的？有这样的事？阿班几乎不敢相信。于是穷追不舍，蹦出一串连珠炮似的发问，宋子文都如实照答。问清了西安那边，西北军扣押蒋介石的整个经过，阿班几乎兴奋得跳起来。这可是震惊世界的特大新闻啊！而且，上海的记者同行都还毫无所知，对阿班来说，这又是一条可让全世界都惊呆的独家新闻。

上海晚上9点，正好是纽约的上午9点，《纽约时报》这时已上街出售，消息已赶不上这天报纸。幸亏在纽约的时报广场，全天都能播映霓虹灯字幕，可即时发布突发性新闻。于是阿班火速奔到打字机前，一头埋入键盘的敲击中紧张地忙碌开，每打十行字，就组成一段快讯，让车夫飞速送往电报局。紧张度过的一

笔尖上的四条汉子

个小时中，车夫从百老汇大厦到电报局，来来去去不知穿梭了多少回。

将新闻写完发完，阿班点起一支烟深深地吸了一口，顿时，一阵透体的舒泰惬意。幸亏打了这几次电话，也幸亏遇到的都是熟人，对他毫无保留，一个特大新闻，不然岂不擦肩而过了？回头看这惊心动魄的一个多小时，他不禁隐隐地有几分后怕。

阿班一直在执着地采集、撰写着"中国故事"。他的身旁，笔下，如有一条大河在轰轰地流过，无论流速的时急时缓、浪声的忽高忽低，都昭示着这是中国人在弄潮逐流。先是北伐军猛斗北洋军阀，军阀一个个败北、消亡：张宗昌躲进了一座旧庙，吴佩孚去三峡归隐林泉，孙传芳早已不知所踪。接着，又是蒋介石与国民党左派、与共产党人的冲突、争斗、恶拼，无休无止。阴谋、野心、背叛、屠戮似乎成了日常生活的一部分。那些外来势力——英国人、美国人、日本人、苏联人等等，虽然不时也会介入各方的明争暗斗，但多半只扮演着隔岸观火的角色。

但渐渐地，这条河流的东洋色彩加浓了，"中国故事"，也不再只是中国人的故事。

似人不像人的东洋鬼子硬是闯进这个故事中，横冲直撞、死皮乞脸地要当故事的主角儿。为了证明它是主角，就不断地制造骇人听闻的事变：九·一八事变；一·二八事变；七·七事变；八·一三事变……变，变，把人间变成地狱，把江河变成血海。

消息灵通、神经敏感的阿班，一直紧盯着鬼子的行踪，任你怎么变，也逃不过他的眼睛。

在似狼似虎的日本人中间，也早已布有他的眼线。1931 年，一个沉闷单调的夏天刚过去，8 月 3 日他接到一个日本线人的电话，约他这天见面。两人一起走到街道的拐角处，那人朝他轻轻的一阵耳语："你想要好新闻的话，马上去满洲。"问他原因，那人踟蹰了片刻才哑声说道："雪季前，我们就会拿下满洲的。"说完，头也不回地匆匆走了。

消息如雷轰顶，让阿班一下回不过神来。他漫无目标地走到苏州河边，步入外白渡桥中央，倚着栏杆沉思了半天。终于打定主意，第二天上午，就与助手罗伯逊乘船去大连。来到东北境内，扑面而来的都是大战前的忙乱景象：南满铁路沿线，大批物资正源源不断涌入铁路区。东北各处散布的日军，总数已有 4 万人左右。从旅顺关东军总部到沈阳、长春、哈尔滨、大连、安东的日军驻地，军官们都像打了鸡血针一般的亢奋，狂喊着要将张学良的军队赶出满洲。在日本占领的朝鲜境内，铁路两侧也已连绵不断地停满军用列车，平板车上齐列蒙着帆布炮衣的野战炮，其他车厢，则满满地装载着军粮、弹药和供军马食用的麦秸，连红十字列车也已准备停当了。

在满洲和朝鲜停留了近一个月，完全证实，野心勃勃的日本人就将进攻满洲。

但对阿班的预言，许多人都投来怀疑的目光。离开满洲，他和罗伯逊来到北平，去拜访美国公使纳尔逊·詹森，公使对他沿途见闻的一番汇报，竟丝毫提不起兴趣。数月后他向阿班承认，当时还只当他"不动脑子就瞎说"呢。就连《纽约时报》，也怀疑他胡乱猜测、小题大做，他发去的报道竟一篇都没上头版头条，几篇最重要的稿子，不是被塞在报纸不引人注目的后页，就是干脆不予刊用。

预言却终究成了事实。9 月 18 日晚上，日军的枪炮声划破宁静的夜空，"九一八事变"在预期的日子里发生了。阿班准备返回满洲，对事变现场作目击报道。但时报却发来指令，要他去南京报道驾飞机到中国救灾的林白夫妇。

报社的当政者，还是不当一回事！

阿班却已预感到，日本人的胃口还远不限于满洲。这只是一块跳板，它整个的野心是由此先征服整个东北，进而征服黄河流域、长江流域，最终将整个中国和东亚纳入其囊中。

但有谁能相信他的预见？

1932 年 1 月，他又出现在东北。许多外国记者也都已涌入东北，因为他们都已意识到，待在北方才能抓到新闻。但第六感觉却告诉阿班：往南方去，新闻将在南方。他感觉有一股难以抗拒的强力在将他拉向上海，他相信自己的预感，1 月 23 日中午，就从大连出发向上海归返。

上海，黄浦江上，挂着太阳旗的军舰，以远远多于往日的数量密布于江面，其主力是清一色漆成铁灰的驱逐舰。军舰在江上一字排开，每隔约四分之一英里就停有一艘。甲板上，大炮已卸去炮衣，黑洞洞的炮口都已对准岸上。江边布满了铁丝网，到处机枪林立，已摆出了一副随时出战的架势。当小客轮从长江转入黄浦江时，阿班观察着眼前这番情景，已完全明白上海正面临的局势。

这已是1月25日下午。黄浦江畔暗云低垂，急风怒号，似是对不祥前景的一种预兆。阿班的心里也一片灰暗。

27日上午，他去日本武官办公室去打探虚实，却一无所获。到28日上午，传来消息，日方措词粗暴的最后通牒，已被中国政府无条件接受，他很失望日方的图谋竟能如此轻易得逞。

下午5时，他按照前一天的约定来到日本海军旗舰，与日本舰队司令盐泽上将会面。日本人一直想拉拢他，对他，是一直将大门敞开的。在盐泽的舱房里，上将与阿班和他的助手罗伯逊一起饮鸡尾酒、吃鱼子酱，一边大谈上海的军事形势，突然，在谈笑间的盐泽扔出了一颗信息巨弹：闸北60万中国人都是强烈反日的，为保护我们的同胞、维持秩序，今晚11点，我会派海军陆战队进入闸北。

嘴边的鸡尾酒，再无半点滋味。一条头等重要、也是独家拥有的新闻就在眼前飘荡，他必须牢牢抓在手中。匆匆离开舰艇，他和罗伯逊急速返回住处，立即向时报发出一条三百字的电讯稿，期待让巨弹在最近一期报纸上爆响。

转身，他也给上海的美国总领事克宁翰打去电话，报告他从盐泽处得到的消息。但他再一次失望了。电话中传来克宁翰很生气的声音："你错了，肯定错了。"还警告他千万别将这篇"毫无必要的添乱消息"发到美国去。总领事说，日本总领事半小时前就来过这里，他已一口保证，在中国接受日本书面要求后，整个危机就算结束了。你可不能轻信盐泽的话！

阿班无言以对。对日本人的欺骗、谎言，为什么一次次总是轻信、上当，为什么还依然执迷不悟？他无法给总领事更多解释，只能让事实来证明一切。"11点15分，我们再通电话交换意见见吧！"说罢便扔下了电话。

晚10点50分许，阿班和罗伯逊在圆明园路6楼的住处静候着，一边探身望着细雨蒙蒙的窗外，一边竖耳辨听远处的动静。海关钟声敲过了十一下，仍没有半点声息，城市似死去一般的沉寂。11点零5分，远处突然响起两枪，瞬息间，便像放鞭炮似地响开机关枪连梭发射的哒哒声。战争揭幕了。这就是"一·二八事变"。从这一刻起它被永远载入了历史。

枪声响起，阿班和助手罗伯逊便飞奔下楼，扑进他们包租的一辆出租车，飞一般地向四川北路驶去。

　　从那晚开始，两人在整整4天里未沾过床，轮流让一人在"前线"瞭望，一人回"后方"写稿发报，两个小时换一次班。这时休班的那个，才能喘一口气，靠在沙发上打个盹。也不知有吃饭的时候，饿了就吃点三明治和炒蛋充饥，偶尔还来杯碎冰苦艾酒犒劳一下自己。

　　上海不是满洲，十九路军的顽强抵抗，使日军的进攻一次次被打退，死伤惨重，盐泽这才明白遇到了劲敌。恼羞成怒的日军，于是使出了最狠毒的一招，派飞机对中国人的聚居地闸北狂轰滥炸。顿时大地颤动，火海冲天，闸北一带不知有多少房屋被毁，多少平民丧身，阿班愤怒地在笔下吼叫着："对日本轰炸闸北一事，整个文明世界都无比震撼。……日人从空中轰炸手无寸铁之平民，乃是最残忍的屠杀行为，激怒了整个人类。"

　　消息传到纽约，一直以"不偏不倚"自居的《纽约时报》发行人，这时才终于理解了阿班。忍无可忍的时报发行人，一下变成了强烈反日的斗士，《纽约时报》，从此再也没有停息过揭批日本侵略政策的铿锵之声。

　　阿班无法说动这班公使、领事老爷，改变他们惯于自欺的鸵鸟心态，却让时报的当政者与他站到了一起。

　　"一·二八"过后，在不少人眼里，以为有过十分平静的5年。但阿班却很清醒，5年间用他的报道一再发出警告，在表面的平静下，日本正步步迈向它侵吞整个中国的"定数"，野心丝毫没有减弱。但华盛顿的高官、驻华的公使和领事、在华的一些西方人，直至中国的南京政府，却都沉淹在一片自欺的幻想中：盼望日本的自由开明派上台，企望吃饱了的老虎会减退食欲，从此天下无事。

　　1937年6月，日本改组后的内阁，由近卫文磨亲王接任首相，一班西方人都窃喜迎来了他们翘盼的一天：日本的自由派，终于登上了权力舞台，宽心之日可从今朝始。阿班看着却直感到一阵阵寒心。他早已识透近卫是个军国主义和扩张主义狂，因而他预言，近卫的上台其实正是个信号，日本发动全面侵华战争，预料为期不远了。

　　如"九·一八事变"前那次一样，阿班又乘船去大连，从朝鲜到哈尔滨再到沈阳，继而沿沈阳至北平的铁路进入华北。一路巡访，看到日本陆军已整装待发，部队之调动直指南方、直指长城，山海关以北不远，军用列车也已大量集结，此情此景，与日军吞并满洲前的动作何其相似。

也和前次一样，他又前去北平拜见美国驻华公使詹森，如实禀报他的一路所见，提醒他日本又要动手了，锋芒所指显然就是华北地区。詹森却不再像前次那样温和地敷衍他，而直斥他"一派胡言"。"你绝对错了，而且错得非常离谱。日本要华北有什么用？开发和殖民满洲就够他们忙半个世纪了。……"一番高论滔滔，让阿班连嘴都插不上。

离谱的恰是那位公使先生。在他的滔滔高论声中，卢沟桥"七·七事变"爆发了。

事实，又一次证实了阿班的预言。

此后转辗在华北各地，依然尽他的记者职责。7月底，他又想到要回上海，因为他已看清日军从黄河流域再到长江流域的侵略路径，预感战火还会向南延烧。但战争使北方陷入一片混乱，交通全线瘫痪，到上海原来乘船只需两天的行程，却走了整整18天。8月13日，第二次淞沪之战爆发，而他却还被困在四百英里之外，在一个他早有预料的重大历史时刻，却无奈地成了缺席者。

"作为一个报纸记者，我此次经历了一生中最大的挫败和绝望。"他连声感叹着，可惜一切都已无法挽回。

回到上海，已是8月18日的下午。战争造成的震荡依旧挥之不去。阿班沿街一路走着，满目所见尽是坑坑洼洼已被彻底"毁容"的路面，以及留在人行道上已被凝结、一片粘滑的残血，无数的尸体和断肢残骸，和满街弥漫着的腐尸的恶臭。此时战争还没有结束，大炮的隆隆声依然不绝于耳，空中，日本飞机仍在狂轰滥炸，滚烫的弹片满街横飞。

百老汇大厦的办公室和住所，他已回不去了，因为苏州河以北，这时都已被日本人控制。阿班只好在美国领事馆的斜对面，找到一家酒店，暂时给自己安顿下来。稍稍落定，就有消息传来，上海之战打响后的第三天，百老汇大厦曾闯入二十多个日本兵，将他的寓所翻了个底朝天。据说，搜查长达整整5个小时，什么都没有搜到，日本兵就往兜里塞进几件牙雕和玉雕扬长而去。

阿班的敏感早就让他察觉，《纽约时报》的幡然转向，他接连发出的预言日军动向、揭露日军暴行的报道，都已激怒了日本人，使他们恨意难消。将思考的触角伸向更深处，他又感觉到，这不单单是冲着他一个人来的。将他，一个美国大报记者的寓所翻得底朝天，如此明目张胆、毫无顾忌，显然表明了一种微妙的变化：日本势力在空前膨胀，可以放弃柔软的身段，以强硬之态来应对美国和西方了。

事实都在证实着他的推测。

对美国、对其他西方国家，日本人暂时的忍让，其实一直难掩其骨子里的仇恨。阿班回想起 1935 年初，那个后来制造南京大屠杀惨案的大魔头松井石根，初次接受采访，就毫不掩饰地宣称：白人文化乃是异端，无法适应东方，因此日本强烈反对欧美在远东区的影响有任何增加；日本的"神圣使命"，就是要在东亚组成由它领头的大联邦，因之必须挫败白人的亚洲政策，必要时就动用武力。

这年——1937 年 12 月 12 日，日本果然按捺不住，开始出手教训一下神气的美国。在南京沦陷前一天，一艘运载美国难民的美国炮艇——"帕奈"号，刚行驶到离南京约 25 英里外的江面上，就遭到日军的突然轰击，船被击沉，船上死伤无数。而事后的日本人，却完全像一个无赖，既骚扰你一下，又故伎重现地放出谎言，说"此次攻击，并非蓄意为之"；还倒打一耙，说是"帕奈号先向岸上的日本陆军开火"，才有日军的还击。而华盛顿方面却不以为意，"大度"地耸耸肩、笑一笑就算了事。

此后，又不断有叫嚣声在阿班耳边响起。1940 年 3 月，接受采访的日本驻香港总领事冈崎就告诉阿班："我们会对你们国家施加更大的压力，以此作报复。我国受过教育的人，个个都心怀仇恨，胸中有一团火在烧着，因为美国正阻挡我们在亚洲的所有行动。"这年 4 月，刚从日本飞抵上海的海军少将藤田，也对阿班直言不讳地说："我们的东京政府知道，要实现我们在亚洲大陆最雄心勃勃的梦想，唯一的障碍便是美国。"

这不是在吹牛充好汉，而是活脱脱的内心独白。——阿班得出了这个结论。

已对时局发展了然于胸的阿班，于是语气肯定地告诉《纽约时报》发行人，日本一定还会进攻英属香港和新加坡、美属菲律宾及荷属东印度群岛，而且会以

笔尖上的四条汉子

武力拿下上海的租界。甚至他已经看到更远的前景，早在 1938 年，他就已预言日本迟早会与美国翻脸，而首轮重击所针对的，必是美国的战略要津。他推断说，首当其冲的有珍珠港及巴拿马运河；而就与日本的距离而言，珍珠港比巴拿马近了数千公里，所以日本人向美国的当头一击，必然对准珍珠港。

都被他不幸而言中。似乎历史的草稿，早就被他提前拟好了。

一直倾心于"中国故事"的他，这时也已明白，这不是孤立的一个国家的故事，它已经与世界不可分割地连成了一体。

而使他叫苦不迭的是，他的真知灼见却难觅知音。从 1932 年"一·二八"事变到数年后的横扫天津附近，到 1937 年 7 月的卢沟桥事变，再到这年 12 月在长江击沉美国"帕奈"号炮艇，日本的铁蹄每在中国踏进一步，都会以一套空洞的借口和无耻的谎言来掩盖、搪塞。危机一再出现，谎言也不断重复，却每一次都被华盛顿及伦敦的大人物们所轻信、接受，他不禁愤慨地称之为"白痴般的轻信"。

从华盛顿到在华的公使馆和领事馆，一班大人物都还在睡梦中久久不醒，他却已开始接受冰冷的现实。

鸭子在水里，比起岸上的物种，自然更早知道水的冷暖。

1938 年 10 月的一天，就有两个穿便衣的日本宪兵闯进了办公室。一来，便气势汹汹地逼问他：你从上海发出过什么新闻？你是如何发出这些新闻的？又是谁、通过什么渠道给你提供这些信息的？阿班火冒三丈，当场拨通日本领事馆的电话，才将他们赶出了门外。为了不让这一幕在以后重现，阿班又提请日本领事馆，迫使那两个宪兵作出正式道歉。但"这是一场误会"、"对不起"的道歉声刚过，针对他的一场阴谋就已悄然布下。幸亏他的耳目也多，有人得知消息后就悄悄向他密报，那两个宪兵已设下圈套来陷害他。其做法就是用 500 美元来收买阿班的车夫，借用车夫之手，往阿班的车里偷偷藏进一个包裹。那报信人说，包裹里事先已放进了几把左轮手枪和一些鸦片，一等车子驶过外白渡桥时，就让日本哨兵进行搜查，自然当场"人赃俱获"。这样，就可将阿班押往日本陆军司令部，然后向新闻界宣布，美国记者阿班因偷运武器和毒品而被日方抓捕。让你百口难辩，只好认栽。

好歹毒可怕的诡计啊！阿班一查究，事情果真如此。再深入追查，更让他不由地惊出一身冷汗：他身边的 6 个仆人，原来也都受到了诱逼——那两个宪兵拿出一厚叠美钞作诱饵，要他们从阿班那里窃取情报，或帮他们对阿班进行捣乱。

怒不可遏的阿班，当即向日本陆军的新闻联络处提出严正抗议，才使阴谋遭到破灭。

时间在向前推移，针对他的风声也已越来越紧。《国际新闻报》记者詹姆士·杨格曾在日本莫名被捕，在东京监狱被关押了很长时间，获释后，他到上海游览，一见阿班便赶紧告诉他：你得当心啊，我在东京每次受审，几乎都被追问到你的情况。杨格说，日本陆军和宪兵队的一些人已公开扬言，要非"扳倒"阿班不可。东京警视厅兼宪兵队督察在审讯他时，还曾杀气腾腾地说："那个阿班是给《纽约时报》干活的，那是所有美国报纸中最反日的报纸。我们早就想搞掉他了。"

1940 年 9 月，阿班正为一次新闻的大收获而感到狂喜：他抓到一条全球独家新闻，日本将与德国、意大利正式结成军事同盟。新闻在时报头版登出后，华盛顿一片哗然，美国驻东京大使馆急忙"辟谣"声明，称整件事"纯属子虚乌有"，阿班"是在信口雌黄"。但 4 天后，东京、柏林、罗马各自发出的公告，完全证实了这一消息的准确无误。阿班发出这条新闻，比其他媒体足足早了 4 天，足以让他好好高兴一阵。

但兴奋的劲头还未过去，危机却已经接踵而至。

一天午夜，刚过 12 点，阿班还在百老汇大厦的住所里审读稿件，突然听到家里的狗一阵狂叫，随之又是一阵咚咚的敲门声。门一打开，冲进了两个穿便装的日本人，一高一矮，都戴着草帽，用手巾蒙着脸，手里都拿着左轮手枪。一进门，一个用力扯下墙上电话线，一个便抬腿对着阿班家里的狗一阵猛踢。阿班冷静辨认，知道又是日本宪兵。

这两个蒙面人逼着阿班交出"正在写作的反日书籍"，边说边用枪管戳着阿班，要他带路去他的办公室。进了办公室，那矮个子用枪指着阿班负责"看管"，高个子便在书桌和文件柜里到处乱翻。找到一叠阿班已快写完的《华尔传》手稿，翻了半天，发现书稿里有对日本不敬的字眼，那高个子便狂喊这是"侮辱日本皇军"，说着便朝他的左脸挥拳猛击，"哐当"一声，将他的眼镜都打落到了地上。还不解恨，又一把将阿班的左臂提到背后，用力一摁，压迫他跪到地上，随即对着他的腹部和腰部一阵猛踢，还用一连串的日语破口大骂。发泄了一通，又继续搜查，将他的物品丢得四处都是。搜不到什么"罪证"，两个日本兵就将阿班的几篇小说稿和《华尔传》作为战利品，卷了就走。等到阿班到大厦管理处报警，两个蒙面人早已不见踪影。

受到袭击之夜，也是阿班在百老汇大厦的最后一夜。苏州河北边，在这片日本人的地盘上，再也没有他的容身之地，第二天天刚亮，他就将住所和办公室搬到了苏州河南的四川路上。为他的安全考虑，公共租界警方在他的新居门口设立了武装岗哨，每八小时一班，日夜不断；还敦促他赶快雇请贴身保镖，并且要他一定得穿上防弹背心。这以后，上门袭击的事没再发生，但几乎每天他都会接到威胁电话，威胁他的信件更是连连掷来，足有几十封之多。

不仅是百老汇大厦，就是在苏州河以南，他也不能呆了。

让那班大人物们继续做梦吧！他看清这西方人的乐园——公共租界已危在旦夕，随时会沦陷于日寇的铁掌。他不想沦为东洋鬼子的俘虏和奴隶，他得走了。

1942 年 12 月 9 日，日军进入租界，占领整个上海。

10 月 14 日，他搭乘一艘美国班轮"加菲尔德总统"号，从上海出发南行，取道马尼拉返回他来时的美国。他有惜别时的依恋，更有无法弥补的遗憾，因为他一直在追寻"中国故事"，曾经下决心要"有始有终地看完整出戏"，如今，只能食言了。

一年后的 12 月 6 日，一个周末之夜，他在华盛顿参加一个高官、议员云集的大型鸡尾酒会。高官们都在打赌：美国与日本会不会在圣诞前开战？有人高声说："那帮罗圈腿的小杂种是不敢打我们的，全是在虚张声势。"阿班在一旁冷笑着，暗暗地想，他们竟然还在睡梦中，还醒不过来。

翌日，12 月 7 日，珍珠港事件爆发了。——这正是阿班在上海时就已料到的一幕。

文 学 场 ： 三 个 女 人 三 台 戏

赛珍珠肖像。

1914年10月,史沫特莱在圣迭戈师
范学校读书时的留影。

1921年,高中时代的艾米莉。

赛珍珠：洋场都市的乡愁

昆山路，悄然隐伏在苏州河北岸、虹口界内，是一条冷僻不起眼的街路。路虽然狭小，沿街却有一所名闻遐迩的学堂——朱厄尔女校，人称"亚洲最好的英语学校"。女校建于 1896 年，是几个英国传教士出资兴办的，学生也都是传教士子弟，担任校长的是一位出资人夫人的妹妹朱厄尔小姐，连校名都采用了她的名字。

这位朱厄尔小姐，据说是个清高的怪人。高傲、自衿，爱特立独行地行事，别人的任何指令、约束似乎都不在她眼里，一心只想着办学成功。而她果然心想事成，一所女校被她办成了"亚洲最好"的，一时风光旖旎得很。

1909 年初秋的一天，女校来了一个瘦弱的美国女孩。女孩约十六七岁年纪，由她母亲陪着来报名入学。走进用坚固的灰砖砌成的大楼里，她忽然感到像走进了一座被废弃的古堡，被一种阴森森的气息包围着。母女俩步入一楼客厅，等待与校长见面。闲着无事的女孩，悄悄打量起这个色调灰暗的客厅，发现窗户的一半低于外边的街道路基，上边密密麻麻地安着防盗钢筋，既显得压抑，也带来莫名的恐惧感。还有惨白的墙壁，墙上黑橡木做的框子，墙角乱糟糟堆放的旧家具，这一切使女孩突然想起了狄更斯小说《尼古拉斯·尼克尔贝》，仿佛小说中渲染的沉闷气氛，正像浓雾般笼罩着包围着她。

女孩满怀疑惑：这真是亚洲最好的英语学校？母亲也顿时拉下了脸。

走进客厅的朱厄尔小姐，并没有想象中的风光。这是一个肥胖矮小的女人，白发，黑眼，一脸冰霜，虽称为小姐，却已经半老不轻。她身穿拖着地板的黑旗袍，脚上穿一双软底的布鞋，悄无声息地走进来，显出一副神秘兮兮、难以捉摸的样子。她用低幽的声音问候了这对母女，轻轻地与她们握了握手，女孩发现那是一只冷冰冰的手，没有一丝儿暖意，也显得软弱而无力。

已经褪色的朱厄尔女校已辉煌不再。雄心勃勃的女校长，这时也已一副疲态，打不起精神了。

文学场：三个女人三台戏

一阵恐惧感向女孩袭来。与母亲吻别的一刻，女孩悄悄地提醒母亲，别忘了早先给她的承诺：如果不喜欢这所学校，就可以离开这里。

战战兢兢的她，跟着黑袍披挂的朱厄尔小姐，一步一回头地走上了光线幽暗的楼梯。

没有人会想到，多少年后，这个瘦瘦的女孩会成为一朝世界名人。

她就是名重一时的赛珍珠，1938年的诺贝尔文学奖得主。那一时刻，"赛珍珠"的名字便开始朝日般地辉耀于国际文坛。

虽然是个美国人，却有半生的中国履历、萦绕一世的中国梦。这就是赛珍珠的生命底色，就连她的名字"赛珍珠"，也是一个地道十足的中国名。当传教士的父母带她到中国时，她刚出世三四个月，以后十几个年头里，赛珍珠一直生活在使她一生都不能忘怀的"我的中国故乡"——扬子江边的古城镇江。镇江也有英租界，自成一个高墙环绕的西方世界，居住着当地的英、美人和其他外国人；唯独例外的是，赛珍珠一家却没有住进去。赛珍珠后来在回忆录中说道："我没去过租界内那种舒适的范围狭小的生活，而是和中国人混在一起，在讲英语之前我先学会了讲汉语，所交的第一批朋友也都是中国人。"她也坦诚地说，"汉语是我的母语"，而英语只是她的第二语言。

童年的她，生活在中国人中间，也像中国人一样地生活。新年吃米粉糕，春天吃用芦叶包的粽子和切成片的咸鸭蛋，夏天温酒吃螃蟹，一年四季都能吃到精美的食物芝麻糖。门前的山坡是她和伙伴们玩乐的天堂，今天在这里打仗，明天又在这儿"过家家"，累了就吃些橘子和花生，偶尔也到山上野餐或沿着山间小路追逐货郎担。村中打谷场上听说书，村头看江湖戏班演戏。春天，用糨糊、红纸和芦苇秆扎成风筝满天飞。元宵节玩兔子灯。还喜欢逗弄笼中的鸟儿，倾听夜莺唱歌。到了入学的年龄，一位北京来的、梳着一根黑亮辫子的老秀才孔先生给她当家庭教师，教她写中国字、读圣贤书、知天下事。课堂上她读孔夫子的书，课堂外也和一些叛逆期的中国小孩一样，偷偷地读着《水浒传》、《西游记》一类的"闲书"、"禁书"。她还能写一手秀美的行楷书，甚至能动手篆刻印章。

"美国只在梦中才有。我的现实世界是亚洲，更确切地说是中国。"成年后的赛珍珠这样说道。少年时留下的文化烙印是最深刻的。一个百分之百西方血统的女孩，在中国南方乡野经过了旷日持久的熏陶，从生活到思维、从语言到举止，已经都越来越中国化了。而上海这座中国土地上的城市，却被西方人调教得越来越西方化。上海对于年少的赛珍珠是陌生而疏远的。

更小的时候，她就已到过上海，不是欢笑着去玩乐、游逛，而是一次亡命出逃——1900年的义和拳起事，在那座宁静的古城也席卷起怒涛骇浪，逼使"洋鬼子"们纷纷夺命逃窜。上海，这座已被洋人深深扎根的城市，一旦有什么风吹草动，就成为各地洋人最后的庇护所。6月，赛珍珠一家匆匆搭乘一艘英国火轮向上海驶去。安顿好妻女们后，父亲赛兆祥又只身返回镇江，去继续传教布道，母亲凯丽和赛珍珠、赛珍珠的妹妹格蕾丝、保姆王妈一起，在静安寺涌泉路一带的一条幽巷内，租了一个有三间房、包膳食的公寓住下。逃难时的惊恐万状，瞬息消散于喧阗的都市生活。在临时住地，赛珍珠平生第一次看见装在墙上的水龙头，水从龙头里汩汩地流出来，觉得真是奇事，就像是变魔术一样。夏日炎热，她和格蕾丝就会在一个放满冷水的大澡盆里玩耍，快活有趣得很。为了避暑，全家人有时还到黄浦江边的公园去玩，在树阴下散着步，在假山上爬上爬下，到江边看着帆船、舢板和大轮船在江面行驶。之前从未见过警察的她，还在上海的街头，第一次看到头上包着红色头巾、脸色黝黑的印度巡捕，觉着特别好奇，闹不清那头巾是怎么缠上去的；在法租界，她又会目不转睛地看着身穿整齐制服的安南巡捕走过。她浑然不知这些人是干什么的，又为何要站在大街上奇怪地向行人挥舞着棍棒。

赛珍珠在上海住了近一年，那年她才8岁。一个8岁儿童眼里的上海，除了"好奇"就是"好玩"。但轻松悠闲的生活中也有沉重的遭遇。那一年遇到的一件事，直到晚年时还让她念念不休。那天她和母亲凯丽上街，大街上人挤着人，总走不前去，偏偏一个粗胖的中国男人还踱着方步，慢悠悠地走在她们身前。那人身穿蓝色绸袍和黑色马褂，一条长辫子像马尾巴一样地在后脑勺晃来晃去，辫梢上还由黑丝带打了个大结。赛珍珠嫌那人走得太慢，轻轻拉了一下那辫梢上的大结，像遇到触电似的，只见那人猛地转过身，怒目圆睁地瞪着她，凶狠得似要一口把她吞掉。

小珍珠并不害怕，只是感到惊异和困惑。

母亲凯丽却一团惊慌，一个劲儿地向那人道歉、乞求原谅。说完，拉着赛珍珠就拐进了另一条街，回头厉声呵斥着女儿："再不要这样做了，很危险的！"

从未见过母亲这样的严厉，脸上的表情那么可怕，赛珍珠感到茫然不解。"为什么怕一个中国人？她以前是从来不怕的。"她并不知道这座城市的复杂性——一座西方人主宰的中国城市里，一直弥漫着不同人间的紧张气氛。一个8岁的女孩，又怎么会懂得如此复杂、深奥的世事。

走进了朱厄尔女校的那座阴暗大楼，等着她的，却是更多的惊讶和疑惑。

她被安顿在一个阁楼里。与她同住的还有露丝和弗洛伦斯，与她一样的美国女孩，也都是传教士的女儿。可赛珍珠与她们怎么也说不到一块，在一起形同陌路。来自传教士正统家庭、一直在森严的教会大院里生活的这两个女孩，根本看不起这位老学究孔先生的门徒、"混"在中国人圈里的野孩子。从冷脸相对开始，终于在床头爆发了一场"激战"。

"战火"是从一天晚上睡觉前，姑娘们一起谈论佛教时燃起的。赛珍珠虽然是基督徒的后代，却对佛教也知道得很多，因为她父亲是宗教界学者，不仅研究基督教义，也曾多年潜心研究过佛教和亚洲的其他宗教。她父亲告诉过她，佛教和基督教有相似之处是历史的必然，因为两千年之前，所有的宗教都有手足之情。"在亚洲，人类文明很早之前就已在哲学思想和宗教方面登峰造极。"——父亲的这番见解，女儿完全能接受，那两个女孩却听了又惊又怕，霎时脸色一片刷白。

西方的基督徒，怎么可为东方的佛教唱"赞美诗"？这不是异端邪说是什么？第二天一进教室，两个女孩就向朱厄尔小姐告发了赛珍珠，称她是个危险的"异教徒"。朱厄尔小姐也觉得事态严重，便把她赶出小阁楼，搬到另外一个小屋去独自居住。女校长可不愿让她传染、毒害了其他孩子。

成了"问题少年"的赛珍珠，更是朱厄尔小姐的一块心病。为了"挽救"这个离经叛道的女孩，女校长制定了对赛珍珠的重塑宗教信仰计划，三日两头带她去参加祈祷。祈祷地是一些教友的私人住宅，因为校长工作忙，通常去得很晚，赛珍珠的生活也就像被黑暗所吞没，不断重现着梦魇似的一幕：她跟随在校长身后，由一个中国男仆带领着，经过光线昏暗的大厅来到祈祷室。屋里光线太暗，每次总要跌跌撞撞地从人腿上、从俯卧的人身边走过，才能找到地方下跪。不一会儿，在黑暗的屋子里如鬼哭狼嚎似的，伴着痛苦的叫声和叹息声，不时传出乞求上帝显灵、哀求上帝宽恕的声音。赛珍珠听了，觉得这简直是来自魔鬼而不是天使的声音，太丑陋太恐怖了。

她在镇江的家里也进行宗教活动，可那是多么美妙温馨。每天，随时可以用优雅的嗓子演唱赞美诗，也可以演唱世俗歌曲和高尚的教堂音乐。这完全是由音乐伴奏的一种信仰和现实的结合。而在这里——女校长带去的地方，为什么要以下跪、匍匐来表现虔诚？祈祷时的动作为什么又会如此奇形怪状、不堪入目？

恐惧的同时，她也感到了惶惑。

她把这一切告诉了父母，几百里外的镇江也引起一片震惊。于是他们给女校长写信，请求她除了星期天到区教堂作礼拜之外，不要再带他们的女儿去参加祈祷。女校长只好作出让步。但她决不放弃对赛珍珠的管束，之后就让赛珍珠帮她一起做慈善工作，试图另开一条路来使她"皈依"。

学校附近，有一个被称为"希望门"的避难所，收留了一些饱受女主人虐待、创伤累累的女仆。赛珍珠被派到这里来帮忙，一个星期去一次，负责教她们缝衣、编织和绣花。这些女孩家里都很穷，大多随家人从北方逃荒来到南方，也有被人贩子卖到上海来的，小小年纪就被卖给富人家当家奴。富人并非都是恶人，而这些苦命的女孩却注定命苦，都遇到了一个恶魔般的女主人。他们已经逃出"魔窟"，还算是幸运的，听女孩们说，那些逃出来又被抓回去的女仆，就会遭受女主人残酷的鞭打，或用点着火的烟斗或香烟来烧灼、折磨她们，有的还被男主人或家中的少爷、男仆强奸，那才叫真正苦呢！

"希望门"的这些女孩都喜欢这个外国小姐，愿意倒豆子般地向她倾倒苦水，说到动情处，都不禁泪流满面、泣不成声。赛珍珠听着，眼泪也不禁簌簌直流。

朱厄尔小姐的计划中，还有另一个"教育基地"，是一家白人女子济贫院。这些女子来自英、法、德、美和比利时等国家，赛珍珠很乐意同她们——那么多西方同胞一起相处。但到了济贫院，让她吃惊地发现，原来这是一帮白人妓女，有的年岁已老，有的被病魔缠身，有的尽管还年轻，却也已经被折磨得只剩下了一副枯骨。打量着这个特殊的人群，她感到一阵恶心，不明白她们怎么会走上这条绝路，为什么连自己的灵魂都愿出卖。

在济贫院里，她负责教她们下棋、读书和缝纫，但每次走近她们，便迎来一片死一般的沉寂。她与她们之间，似乎一直被一座无形的高墙阻隔着，犹如咫尺天涯，根本无法让她与她们沟通。难道，是因为自己习惯于同中国人打交道，而与本族人愈来愈疏远的缘故？揣想自问，不禁浮起了几分歉意。

回到朱厄尔女校的小屋里，不知有多少个夜晚，她都会从睡梦中醒来。白天的情景在脑海里一幕幕闪过，使她想得很多，边想边流着眼泪。正是在"希望门"，她看到了罪恶带来的可怕后果，看到了真正的人生。从那时起，她似乎知道了她应该怎么去做。"我下决心要从精神上以恶治恶了。每当我看到邪恶和残酷的事情发生时，我就要全力打抱不平，帮助弱者。这成了我终生的行为准则"——晚年时她这样回忆说。而白人妓女们的遭遇，则使她慎重地思考起一个更深刻的问题：如何来拯救沉沦的灵魂？

朱厄尔女校为赛珍珠打开了一个奇谲的人性各异的隐秘世界，果然她有了很大长进，但不知那女校长会为之高兴呢还是失望——这，果真是她所期待的吗？

女校的天地实在太狭小。从阴郁的教会学校透过窗口窥望上海，只能摄取几许模糊、零乱的碎片。晚年赛珍珠回忆起这段生活，记得的只是夜晚睡床边听到的街上各种声音的交响：人力车吱嘎吱嘎的转动声，行路人匆匆来去的脚步声，人们的喊叫声、说笑声。有时深夜一觉醒来，还听到布鞋走在便道上发出的沙沙声，睡意惺忪中便陡然升起疑问：这些人要走向何方？为何总不回家，只是在外面走啊，走啊……

校门锁不住一颗青春驿动的心，有时她也走出学校，和同窗女友一起上街散步，或是坐着叮当作响的有轨电车去公园玩。这时她才有机会好好探索这个城市。她对大马路似乎兴味寡淡，而喜欢去逛那些狭窄的街道，喜欢去看到处张挂的横幅和五颜六色的灯笼，看卖鱼的铺子、水果摊和一推车一推车的货物。更吸引她眼球的是人——鱼铺和水果摊前的买主，街道上走过的所有人，她好奇地揣测他们是些什么人，有过什么样的人生故事，他们从哪里来又将到哪里去。这芸芸众生、攘攘世态，在她眼里皆是活泼泼的生活。

　　似乎，一种文学意识正在朦胧中升起。不知不觉中，面对着自己生活的这个世界，她已经能用文学的眼光和头脑去观望、思索。这对于朱厄尔女校，也不啻是一种讽刺：在这座教规森严的教会学校里，一个上帝的女儿却投进了缪斯的怀抱。

　　在朱厄尔女校，看到数学就头疼的赛珍珠，对文学的兴趣却越来越浓。她庆幸自己被驱逐到那间独居的小屋里，可以像躲进洞穴一样一个人静静地读书，天马行空地想象、思索，不受任何人的干扰。在这间小屋里她也开始学着写诗、写小说。那年《上海信使》杂志上，就发表过她的一首很长的诗，《信使》每月举行儿童写作竞赛，她也几乎每次都能获胜。每当星期五学校文学俱乐部活动，她总会满带着感情，大声地朗读她写的小说。她的习作就像水浒、三国一样，也是那种章回体小说，也总会深深打动着一旁倾听的同学和老师。她感到这远甚于对上帝的情感体验。

　　那时，她看到的上海，也就是落入一个文学青年眼帘的都市，结论更多来自于想象。

　　几个月之后，亦即第二年的 2 月，她回镇江家中过春节，一去就再也没有回过这座阴森的大楼。随后她远去美国弗吉尼亚的林奇堡读大学。1916 年夏天，读完大学稍稍逗留两年后，赛珍珠又回到了中国，然后在中国经历了结婚、生子、当教师谋生的庸常生活。除了常居的镇江，也到过庐山的牯岭、淮河边的宿县和紫金山脚下的南京城，为了给病中的孩子找医生，又回过美国。总是在迁徙、飘泊，却几乎很少与上海交集。

　　但上海毕竟留在了她心里。

　　与上海难以割舍的关联，早从赛珍珠的父母就开始了。赛兆祥和凯丽，一对怀着拯救众生灵魂使命的传教士夫妇，踏上开往东方的轮船来到中国，第一站就是上海。1880 年秋天，夫妇俩一到上海就加入了基督教南长老会，在通商口岸及其附近地区开辟传教点传播福音。7 年之后，他们才转辗至上海北部约三百英里外的清江浦，去开辟新的传教点。后来又到了镇江。

　　在上海，一个用围墙圈起的小公墓里，掩埋着赛珍珠出生前父母生下的三个孩子——她的两个姐姐莫德和伊迪丝，一个哥哥阿瑟，他们在 6 年内一个个死于痢疾、霍乱和疟疾，也从此永留于这块土地。1892 年 10 月，出生才 4 个月的赛珍珠由父母怀抱着，从美国老家西弗吉尼亚西斯波罗镇回到中国，在上海码头上岸，上海也就成为她踏上中国的第一个驿站。上海，也是她妹妹格蕾丝后来读寄宿学校的地方。在林奇堡读大学时，她意外地发现，这里唯一的一位中国学生竟是上海人，使她不禁又想起了这座此刻已经很遥远的城市。

去美国读大学，又从美国回中国，出发与归途的临界点都在上海码头。上海是通往太平洋的门户，她之前之后每次出入中国，和所有西方人一样都绕不开这个必经之地。

但都是来去匆匆。让她真正深潜这座城市的腹地，已经是在 1927 年的秋天。那一年，她无法不加入纷纷攘攘涌向上海的人流。

那时赛珍珠和丈夫洛辛·布克都在南京当大学教师，也在南京开始了她真正的写作生涯。在一个阁楼的三角墙下，她拥有一个单独用于写作的房间，有一整个冬天都在那里埋头写小说。但 1927 年的春天，却已经变成了一个风雨飘摇的季节，南京城内已放不下一张平静的书桌。3 月，北伐军打到南京，全城都陷落在战火之中。蜂拥而至的国民军不仅攻打守城的北方军阀兵，也在四处搜捕"洋鬼子"。在大炮的轰鸣、激烈的枪声和逃难民众的哭喊声中，异类的白人只能选择逃亡。蓬头垢面、筋疲力尽的赛珍珠一家，与一群患难同胞一起躲进长江上的美国军舰，栖栖惶惶地逃到了上海——这个在华西方人的大后方。

在上海，那次只是过路人，在一个难民所里惊慌地度过了十多天。随后，一家人又飘洋过海来到日本九州岛上的长崎，在大山和树林里度过了一段宁静的生活。

重回上海，已经是这年秋风萧瑟的时节。来到上海后，赛珍珠一家，加上她妹妹格蕾丝一家和另一个美国人家庭，在法租界霞飞路合租了一栋楼房，她喜称这是"一座相当舒适的小楼"。赛珍珠家在三楼占用一小套房间。屋子里都是人，她一面埋怨"已经受够了那个拥挤的房子"，一面却还是闹中取静，找了个地方开始沉下心来写作。

丈夫洛辛·布克呆了没多久，已急不可待地赶回南京，去继续他的农学研究；他已经是一位很有名望的农学专家。但赛珍珠却选择了继续留在上海。望着丈夫归心如箭、匆忙离去的背影，她的心里顿时五味杂陈，乱纷纷的理不出一个头绪。

结婚十年后的今天，让赛珍珠越来越怀疑，这是否是一场错误的婚姻。布克完全沉浸在自己的兴趣和事业上，他发表文章、做演讲、参加会议，并利用假期考察中国各处的偏远地区，除了农业研究对什么都不感兴趣。他上司的夫人评价他，"专注于自己的工作，那就是他整个的生命"。赛珍珠对丈夫的事业，当然从来都是支持的。新婚之初，她就跟随布克来到"平坦、肮脏、狭小……简直就是一个泥洞"的淮北农村，走进田头地角、纵横阡陌，一起作土地考察，跑遍各个村庄、敲开一扇扇农家大门去收集农业资料。正是有她的支持，布克采集的两个重要调查数据，成为20世纪初期中国土地基础结构第一个也是唯一的正确记录，使他登上了事业的巅峰。但她受不了他对家庭、对妻女的冷漠无视。他完全醉心于自己的事业，几乎抽不出时间陪伴妻女，更别说关注家中的琐碎杂务。赛珍珠提出要投身写作，也遭到了他的反对。他想当然地认为，作为女主人的赛珍珠就应当安于职守——做一个教授夫人、一个不计酬的翻译和助理研究员、一个称职的母亲，而不要作别的胡思乱想。

还在结婚没多久的一天，她就向自己的女友吐露，她和布克之间出现了矛盾；而十年婚姻之后，她发现这已经是一道不可逾越的鸿沟。她留在上海而没有夫唱妇随、跟布克一起去南京，也许正是下意识的反应——与丈夫愿意少一点接触，离得远一点。甚至当丈夫匆匆离去时，她感到了是一种释放和自由。忽然惊醒时，不由让她猛觉一阵害怕。

还有使她更害怕的事。几年前她在美国刚生下女儿卡罗尔，就有一个坏消息向她袭来：她的子宫里长有一块肿瘤。诊断结果好在是良性的，医院为她顺利地摘除了肿瘤，对健康无碍，但她从此将失去再次生育的能力。而恰巧在宣判她不能再次怀孕时，一个更大的打击又骤然而至——她那时还不知道，女儿刚生下来就患有严重的湿疹，没有人知道这就是智障的前奏。等到发觉一切都已晚了，卡罗尔成了智障儿，成为了一个永远长不大的孩子。

"天呐！我该怎么办呢？"赛珍珠一遍遍叩问自己，好像跌入了万丈深谷。

而布克却依旧沉醉于他的农学研究，忘却了他还是一个丈夫和父亲。只想着沃野千里的丰收，却让自己的家园荒芜了。

为了给精神的失落一点填补，在美国时，赛珍珠又从孤儿院收养了一个女婴，卡罗尔有了个妹妹詹妮丝。小女儿长着一双褐色大眼睛和一头金色卷发，聪明、漂亮，稍稍给她带来了点安慰，使她重建起作为一位母亲的自信。在上海，两个女儿一直环绕在她身边，天伦之乐和难言的伤痛让她一并照收。她把母亲的关爱更多倾注在大女儿身上。美国医院的医生曾告诉她："除非你放弃希望并面对现实，否则你会操劳一生。""这孩子会成为你一生的负担"。但她对卡罗尔并没有放弃。在上海的一年里，赛珍珠着手开发女儿的智力，陪着她一起玩耍，一遍遍唱歌给她听，也教她唱歌、说话、辨别颜色，哄她识字，甚至还教她写作。虽然赛似对牛弹琴，她却仍不断重复着这样去做，每天都得花上十几个小时。她在绝望中仍怀着一丝微弱的希望，冀期奇迹会在女儿身上出现。

奇迹不会出现，只有难言的苦楚，如影随形般地却一直缠绕着她。卡罗尔对许多事都一脸木讷、毫无反应，却懂得母亲要写作了就会夺走陪她的时间，本能地会把碗里的粥或从花盆中铲起的泥土扔向打字机的键盘，不让母亲写作。晚上更是让赛珍珠不得安宁。几乎所有人都已上床睡觉，卡罗尔却还在楼上哇哇地叫喊，或者笨拙地不停走动，赛珍珠只得一晚上三番五次地起床，去哄她安静下来。

还要提防外界对智障女儿的伤害。上海的白人社区也很势利，畸形的残障儿总要受到许多人的歧视。邻居对卡罗尔不太友善，其他小孩子会嘲笑或者欺负她，就是在大街上走过，一些陌生的白人太太也会指指点点，说些难听的话，让赛珍珠如坐针毡般地难受。一次她带着女儿去公园里玩，几个洋太太走过她们身边，竟然夸张地后退几步，似乎怕沾染上晦气似的直喊着"小疯子，小疯子"，气得赛珍珠浑身一阵阵发抖。

这就是赛珍珠在上海那一年的生活际遇：婚姻之树上已落叶飘垂，天伦之乐中掺杂着丝丝苦痛，更多的是无奈，憋屈，苦闷，是内心的挣扎和哀叹。只有写作能创造出一个不同的世界，使她的心灵得到释放。写作也才是唯一能治愈她内心伤痛的良药，给她的生活带来乐趣。于是，她把自己关在霞飞路的那栋三层楼上，开始更勤块地写作。

而且，给女儿治病需要大笔的钱，也只有靠她用写作去挣来。

这次在上海，她写了一篇短篇小说，寄给她的美国代理人，在美国卖掉了。另一篇小说也在其他地方卖掉了。还收到了一笔稿费，让她偷偷地乐了一阵。

她指望能拓展她的写作事业。一天路过一家凯勒和沃尔什书店，在一堆书中看到一本脏污的小书《作家指南》，发现了纽约的两个文学代理人的名字。她给他们都写了信，开始频繁地与他们商讨她的出版计划。

然而一当离开书桌，又感到自己像是无根的浮萍，茫然无绪。这年的圣诞节她是在上海度过的，后来她称这个圣诞节是她一生经历的最苦闷、最沮丧的圣诞节。圣诞夜，同住的三位母亲草草做了一顿晚餐，只用一支冬青和几个小玩具衬托节日的气氛。她比以往更渴望有人给她送圣诞礼物，却偏偏一件都没收到，原本的不愉快更增添了一层伤感。第二天她忽然动了怪念头，一个人悄悄跑到街上，买了一本书、一块六英尺长的蓝色中国丝绸和一个饰有几枝梅花的白色陶瓷碗，作为圣诞礼物送给了自己。收到的那笔稿费，便被她一日间全都花光了。

除了女儿和写作，除了霞飞路的那座小楼，她的视野里还耸立着她正置身其间的一座城市——上海。她并没有疏离对这座城市的观察与思考，确切地说，是冷观和忧思。

1927 年 11 月到达后，赛珍珠在上海居住了 8 个月，一直到 1928 年 6 月才离去。不同于 8 岁那一年，也不同于在朱厄尔女校的几个月，这一年是一个 35 岁的成熟女性与一座城市的相遇、交合，她已不再有孩童的幼稚和少女的浪漫。

她到过中国的许多地方。她也赞美过中国的许多乡村和城市。最让她萦怀难忘的，永远是她的"第一故乡"镇江。在从小居住的镇江，她总有一种如鱼得水的感觉，生活得舒坦、快乐、趣味盎然。在后来的回忆中，镇江的田园，山丘，池塘，碧绿的河谷，宁静的村宅，那些淳朴好客的男男女女，一切似乎都是美好的。

后来到了南京。在这个古老的城市里，坚如磐石的城墙、直刺苍穹的紫金山，以及古瓷砖宝塔遗址的琉璃瓦片，三姑庙深沉悦耳的钟声，玄武湖的轻舟，莲湖的荷香，也都让她觉得美不可言。1927年逃出南京时，她顿时惊慌地感到，"我的生命之根被突然拔掉了"。南京生活也让她在情感上更加接近中国，她把它称为"第二故乡"，并一生眷念着这座城市的一草一木。

但上海却没有这么幸运。谈到上海时，她的笔下并无赞美之声和欣羡的目光，却有的是冷峻的审视、森严的责问。

因为这不是一座纯粹的中国城市。

因为从小置身于底层劳苦大众中，与他们常年"厮混"在一起，早已使她培养起一种"穷人情怀"。她已经习惯用一个中国底层百姓的尺度，去衡量和判别这个动荡、混杂的世界。

而上海，是最让穷人愤世嫉俗的地方。因为是中国最富有的城市，穷富差别之大也就更加触目惊心。这一年她在上海，特别耿耿于怀于这种天差地别——军阀和富翁们带着家眷住在外国租界里，过着奢侈无度的生活。脸色灰暗的白俄，为他们开着私人大轿车，供他们显贵摆阔、招摇过市；当他们从车里钻出来，走进豪华的英国和法国商店时，总有身着制服的高个子白俄青年在身边跟随护卫。而另一边，街头到处都是各式各样逃难的人群，大街上，乞丐和为生计而挣扎的人们忙忙碌碌，四处奔波。"上海那年比任何时候都更令人厌恶。"许多年之后，在她的回忆录里还这样愤愤不平地写道。

在上海的8个月，她也经常与自己的同类、一些中国文人相聚，却使她感到失望甚至厌恶。她知道他们都有煊赫的学业背景——从巴黎拉丁区归来的艺术家，从剑桥和牛津毕业的研究生，在约翰·霍普金斯学院受过培训的外科医生，哥伦比亚大学毕业的哲学博士，以及哈佛和耶鲁大学的镀金归来者。可他们在自己的国家都干些什么？把双手保养得雪白细嫩，整日泡在文学沙龙中吟诗作赋，消磨时光，或远离问题成堆的社会现实，在客厅里高谈阔论。什么艰苦的事情都不愿干，却目中无人，好像普通中国人根本就不存在。她称他们是"颓废"的和"飘泊无根"的人。当看到一些美国商业大亨的主妇在阔气的家中款待这群"乌合之众"时，她不禁嘲笑说：她们以为这就是见到了"新的中国"，其实这不过是一群对自己祖国知之甚少的被放逐者。

从上海看中国的整个局势，更使她感到忧愤和焦虑。1927年12月26日，过完圣诞的第二天，她在霞飞路的小楼里给纽约的一位朋友写信，语气更为激愤："……在上海，中国的豪富们生活奢靡挥霍，对现实漠不关心，对此我感到惊恐。我觉得自己好像是生活在法国大革命爆发前夕的路易时代的法国首都。街道上挤满忧心忡忡、饿得半死的人群，就在这些人群中，有钱的中国人乘坐着轿子、大轿车招摇过市，香车裘马，吃喝玩乐，一掷千金，对其他人视而不见。这决不能永远继续下去。……""如果这种局面再不改变，我们则赞同来一场真正的革命。……现在人们已是怒火中烧，骚动不安了……"

不安同样在她的身上骚动。因为在上海这座遍地洋人的城市里，开始凸现她的白人身份，使她越发感到纠结。在镇江时，有无数普通中国人成为她的朋友、伙伴、邻里，建立起的友情像醇酒一样醉人。她可以完全融入中国人中间，以中国人自居。而在上海，她几乎没有一个中国朋友，只能蜗居在白人的狭小世界里，走进街头、置身中国人的人流中，她不能不时时提醒着自己——别忘了你只是个美国人，中国大地上的一个异邦客而已，没人能认同你的一颗中国心。

她担忧的正是她的白人身份。

上海已经很繁荣了。1927年，正是这座城市走向30年代"黄金岁月"的前夜，这里的高楼大厦、十里洋场，这里的豪华大型商场、高级旅馆，洋人独占的公园、奢华的洋人俱乐部，以及各国巨富华丽的私人寓所等等，都仿佛在诉说着一个黄金都市的神奇传说。但这一切却让她兴味索然，她也懒得去打量、光顾。

因为这只是洋人堆砌的"海市蜃楼"。当他们还在笙歌、美酒中乐不思蜀时，赛珍珠却已在估测洋人末日来临的时间表。

她所看到的严酷现实，恰是洋人们看不到或不愿看到的——上海的华人区既拥挤又肮脏，相比外国租界判若两个世界，而表面富丽堂皇的租界，其实却是各国罪犯的庇护所；公园门口挂着"华人与狗不得入内"，完全无视中国人的尊严；镇守在长江口和黄浦江上的外国炮舰，耀武扬威、不可一世，已经武断地剥夺了中国人的领土主权。从赛珍珠看来，这一切正在为慢慢燃烧的革命提供了一个口实。而那些"洋鬼子"坐在火山上却还浑然不觉。

看到"华人与狗"的牌子，她感到脸上阵阵发烫。而江面上的这些英美军舰，尽管不久前曾将她从炮火中营救出来，她却依然从内心默默地抗拒着："我一直是真心希望它们不在那儿，我总觉得，那些外国炮艇不应该在中国的内河出现。"

父母多年前发出的预示和警告，也从记忆的沉海里倏然回到了耳边。那年回美国一起横渡大西洋时，父亲赛兆祥就严肃地告诉过她："我们一定不能忘记，在中国的传教士是不邀而至的，中国并不欠我们什么。我们从不平等条约中捞到不少好处，我想，当算账的日子到来时，我们肯定逃脱不了的。"不同的场合，母亲凯丽也以同样的语调告诉她："总有一天，中国人会夺回一切的。"

同样是白人，因为其他白种人的胡作非为，我们都将不得不受到连累和惩罚——想到这些，心里就像被什么压迫着似的，使她感到沉重、窒息，也无比的委屈。

这些日子里，自然也有让她开怀一笑的事，那就是她家里的女佣李嫂子的"风流韵事"。

1927年12月1日，蒋介石与宋美龄在大华饭店正举行"世纪婚礼"，轰动着整个上海滩。蒋总司令如何抛掉三个如夫人，向宋家的三小姐求婚、捧得美人归，正成为坊间茶余饭后的话题，被添油加酱、津津乐道地传扬着。差不多同一个时刻，赛珍珠的寓所里，一段厨房罗曼剧也正在进行。时间：某一天早晨；幕布拉开，李嫂子的地下室里正传出一阵喧嚷声，一个男人在大声吵闹。原来，李嫂子爱上了邻居家的男佣，前年冬天两人就已海誓山盟，不料事情生变，一天那男人突然失踪了。李嫂子这天去菜市场买菜，偶然又遇见他，便将他带回她的房间锁了起来。

那男人还有一个相好，失踪的几个月，他就躲在另一个女人那里。赛珍珠问那男人究竟爱谁，他说两人都不错。说着说着，又答应愿与李嫂子结婚，赛珍珠还为他俩办了婚宴。然而在婚后不久，因为受不了李嫂子压制式的爱情，那男人越加怀念另一个女人的温情，又提出想离开。于是李嫂子只得又将他锁起来。第二天一清早，赛珍珠就被他又叫喊又砸门的声音吵醒了。

赛珍珠把新娘找来询问，获知一个新的动向：那男人想要两个女人都当他老婆。在中国，一个男人讨几个老婆并不鲜见，赛珍珠知道这样的"国情"，但李嫂子却回答得很坚决："那不行，革命以后就不能这样了。他不过是个普通人，他又不是蒋介石。"

几经赛珍珠的劝导，李嫂子才答应放走这男人，为此哭了好几天。剧终却有个人团圆式的结局：那男人后来又回到了李嫂子身边，他什么也没有解释，却从此成了一个殷勤顾家的丈夫。

这出厨房罗曼剧，怎么看也像是一场婚姻闹局，但对于赛珍珠，一个习惯"中式思维"、看惯中国旧式婚姻的白人女子，却像发现新大陆似的感到兴奋：婚姻的自由度越来越大，女人对婚姻的发言权越来越多，现代文明不正在融化这块千年古土，旧中国不正在渐渐地消蚀、瓦解吗？在污浊、纷乱的上海，也终于让她看到了一抹亮色。

1933 年秋天，再度回到上海的赛珍珠，已经完全改换了一副心情。她一直担忧着的洋人的末日，并没有像她预测的那样如期到来，而她自己却像一轮辉煌的朝日，已在文坛上耀眼升起。这时的她，不再是那个躲在霞飞路小楼里用功的业余写手，也不再只是在教会出版物和美国末流杂志上发表了几篇文章的无名作者，她已经捧出一部足以证明她的实力的作品——"构思了好几年并修改了很多次"、倾尽心血写成的长篇巨著《大地》。1928 年从上海回南京后，她就一直埋头在《大地》上耕耘。1931 年书在美国出版，迅疾刮起了一股源自东方世界的旋风。书出奇地畅销。好评如潮。1932 年，凭借这部小说的成功，她又荣获美国普利策奖；将小说的电影改编权卖给米高梅公司后，还得到了 5 万美元的巨额稿酬——为女儿卡罗尔治病，可以不用担忧了。

"原以为只是下了一个普通的鸡蛋，却孵出了金凤凰。"在收获这一切的时候，无比兴奋的她也感到无比意外。从美国满载盛誉返回中国，在上海的码头上走下轮船时，她更意外地发现，上海正向她展示出过去她所不曾看到的一面。

她是 10 月 2 日抵达上海的。走下轮船之前，就有几张陌生的面孔涌入她的眼底——不知是杂志编辑还是报馆的记者，一上船便喋喋不休地问个不停，她只得稍稍招架一阵。之后，她又走进《中国评论》周刊为她接风洗尘的晚宴，第一次接受众星拱月般的盛情款待。她不喜欢张扬显摆，习性如此。这天也一样，在以她为中心的宴席上，她却只是静静地听着，很少发表意见。倒是陪席的那班文学界同行，一个个情绪高涨，口才也十分了得，在席间嬉笑怒骂、高谈阔论、妙语连珠，把中国人爱喧哗热闹的本性演露得淋漓尽致。

读过许多中国人写的当代作品，在赛珍珠眼里被引为知己、被崇仰的，总是一些敢直面社会黑暗，有血性、有真性情的作家，如陈独秀，如鲁迅，如郭沫若、丁玲等等。宴席上的那些文人同行，显然不属于这一类型，其间也可能就有被她喝斥过的颓废派诗人、西方化文人和精神贵族型作家。但微妙的变化正在出现，走近这类人，她才觉得他们身上也不乏可爱可喜的一面。

她尤其留意席间的一位男子，甚有才华的专栏作家林语堂。过去没有见过他，却读过他在《中国评论》上用中文和英语写的文章。第一次见面交谈，林语堂也似乎意犹未尽，宴会结束后便邀约赛珍珠翌日去他家作客。赛珍珠一口答应了。

第二天晚上，她如约来到林语堂家，意外地见到同是当晚宾客的胡适。她早就知道胡适，丈夫布克和胡适曾是康奈尔大学的同窗好友，她知道他俩曾在一个班级上农业课，后来胡适转学到哥伦比亚大学了才各奔东西。但对于胡适，她也说不上真正了解。在林语堂家的饭桌边，才忍俊不禁地使她看到了这位大文人的真性情。当晚，在品尝着林夫人准备的味道极好的晚餐、边吃边谈时，赛珍珠照例说话不多，胡林两人便成为桌上交谈的主角。闲谈嬉笑间，年长几岁的胡适总要揶揄、嘲讽林语堂几句，林也毫不买账，总会反唇相讥，交谈竟而变成了交锋。因为话不投机，饭还没有吃完，胡适便气呼呼地掉头先走了。两人老小孩似的一番斗嘴，却让赛珍珠听得很入迷。

饭吃完，赛珍珠与林语堂的深谈才刚刚开始。他们突然发现，异性、异国的两个人倒是有许多的共同点——父母都是长老会基督教徒，两人都在基督教和儒家双重文化、"一捆矛盾"的背景下长大，一样"两脚踏东西文化"，都能流畅自如地用中英文交谈、写作，也都有海外游历求学的经历。关于中国，更是两人滔滔不尽的一个共同话题。林语堂也如遇知己般吐露了他的一个"秘密"，告诉赛珍珠，他正在用英语写一本关于中国的书，让西方人从一团迷雾中能看到真实的中国。

赛珍珠顿时兴奋异常。她也想写关于中国的书，一本甚至几本书，三十九年的中国阅历使她有说不尽的见闻、感触要倾吐、表达。但经由这番客厅夜谈，使她看到林语堂诉说的中国，比之她眼里的有更多历史的追怀、文化的意蕴，直至睿智的灵光闪现，他写出的这本书一定更能动人心弦、传之久远。

1938 年的赛珍珠，其时她已获得诺贝尔文学奖。

她催促他，快把书写出来。很晚她才离开林家，一路上都颠簸在兴奋的激浪中。回到家里，马上就给纽约的约翰·戴出版公司写信，要他们尽量多关照这位中国作家和他将要写的书。后来，林语堂用了十个月时间将书写成，这就是以后驰名西方世界的畅销书《吾国与吾民》。书的序言作者就是赛珍珠，她称颂它是"迄今未止最真实、最深刻、最完备、最重要的一部关于中国的著作"。

1933 年 10 月的上海之行，短促而广远，匆忙而深重。到这时她才省悟，在上海这个异样的城市才能使她看到，中国不仅是一个乡土中国，也是时风日盛、都市渐起的中国；在上海看中国，因为有异质西方文化的参照，有中西文化的交集和碰撞，比在镇江乡野、南京古城看到的会更广远也会更深彻。

10 月 5 日，月圆花香的中秋节，上海文学界举办了专门的招待会欢迎赛珍珠。而就在此前的 2 月，1925 年诺贝尔文学奖得主、戏剧大师萧伯纳对上海进行的"闪电行"，也受到了同样方式的欢迎。不知是冥冥之中的巧合，还是他们似早有预感，这一刻，似乎正回响起未来——1938 年诺贝尔文学奖得主诞生的前奏……

史沫特莱：总有尘烟身后起

1928 年，当赛珍珠离开上海回南京后，不到一年时间，史沫特莱也到了上海。两人有太多的相似之处：恰巧同岁，都出生于 1892 年；两个纯粹的美国女人，却着了魔似地都深爱着中国这片古老土地；两人源源不绝的创作灵感，也都来自于她们共同的"第二祖国"——中国，而且都拥有一部写在"大地"上的成名作：赛珍珠的《大地》三部曲，史沫特莱的《大地的女儿》。

在上海，她们并未有过交集。直至 20 世纪 40 年代，当两人都已返回美国后她们才开始交往。1942 年，史沫特莱提着装有《中国的战歌》的手稿箱子从加利福尼亚来到了纽约，敞开大门接纳她的就有赛珍珠。两人一见面就十分投缘。在给友人的一封信中，史沫特莱谈到赛珍珠，称她是"美国产出的最优秀的人物——聪明、有理想、正直、心地单纯、态度诚恳；非常非常坦率……"；赛珍珠在给史沫特莱的一封短笺中则坦诚地说："我觉得我现在认识你了——我非常喜欢你。"

两人也许并不知道，旅居中国时，她们的另一个共同点竟是在不同时间，与同一个人有过一段闪电式恋情，这人就是上海的浪漫派诗人徐志摩。1924 年，赛珍珠在南京中央大学文学院当教师，徐志摩是她的同事，两人曾秘密相爱却一直不被人所知，直到三十多年后才在她的《北京书简》中袒露了这个秘密："就在这屋内，我们首次吐露真情，立下海誓山盟。……他说他只爱我一人，不论天长地久。"而在 1929 年，刚到上海不久的史沫特莱也在瞬间迷上了这位风流才子，两人的感情急剧升温，这年仲夏，便双双乘船从上海来到徐志摩的故乡浙江海宁，把臂同游，度过了情意绵绵的两个星期。

史沫特莱初到上海，是在 1929 年 5 月的头上，与风流诗人的短暂鸳梦，只是她以后 7 年"上海岁月"中的一支小插曲而已。未等夏日的热气消散殆尽，她就已经从梦中恍然醒来。来得突然也去得飞快。

因为这场"艳遇"、这支浪漫蒂克的小夜曲，太不合于她一路走来的人生节拍。

此前史沫特莱的人生，表明她不属于风花雪月、低吟浅唱，她生命的底色是疾风、暴雨、坚冰、坎途，一路的泥泞，也一路的奋勇豪迈。

美国西部、密苏里州的一个小镇——奥斯古德，是她的人生第一站。小镇上，在第一批白人拓荒者居住过的一块营地南约莫一英里外，一座山丘上的树林边缘处有两间迎风而筑的小屋，1892 年 2 月 23 日，小屋的女主人生下了她的第二个孩子——艾格尼丝·史沫特莱。小女孩一生下就置身于一个贫苦、潦倒的家庭，而且因为父亲家族的印第安血统，还不时被种族偏见的雾霾所笼罩。在她 12 岁时，一家人搬到了科罗拉多州特立尼达镇上的矿区，所谓的家，就是在炼狱河岸边支起的一个帐篷。父亲在矿区帮工队拉泥沙和砖头，母亲给人家当洗衣妇。常常喝得烂醉的酒鬼父亲，根本不顾也顾不了这个家，而母亲终日操劳、风吹日晒，却仍然养不活全家。可怜的 5 个孩子只能靠吃马铃薯和面糊糊充饥，冷了就靠沿铁轨拾煤块、从木料场拣些木头来取暖。史沫特莱小小年纪，就已当过别人家的女仆，去雪茄烟厂干过粗活，去饭馆洗盘子、剥土豆，也在母亲的洗衣盆边帮着洗过衣服……

她的人生之途，就遵循着一个劳苦大众后代的生活逻辑，向茫然的远处延伸。

一种无产者、穷苦人的理想——社会主义，那时已开始升出地平线，遥遥地向所有穷人招手。在圣迭戈师范学校担任教员的她，开始接受社会主义的观点。她渴望一个平等、公正的社会能够到来，也渴望让工人阶级从整体上改变命运。1916 年春，她加入了社会党，与一些热心政治的人经常在一间昏暗的小房间里聚会，讨论战争，研究各种各样的社会问题和社会主义思想。她越来越像个政治活动家和社会主义者。然而，这样的秘密活动未能长久，一次因为她丢失了一个手提包，被校长发现里面有一个粉红色的社会党党证，便即刻被解雇了。

1917 年史沫特莱来到纽约，一边在大学上夜校，一边加入了一个社会主义小组。对欧洲战争的关切，使她一次次出现在反对欧战的集会上和向工人们演说的讲坛上。也从此种下祸根，情报机构对她的盯梢、追踪一直贯穿着她的整个后半生。

很偶然地，一次与一群印度流亡者相遇，意外地使她改变了人生航向。

这是一群激进、奋发的印度民族主义者，他们正在为印度挣断殖民主义锁链、争取民族独立而奔走呼号。在哥伦比亚大学的一次演讲会上，一个印度独立运动领袖面对在场的美国人，激愤地叩问：当你们的制度、你们的文化建立在其他民族的血肉之躯被奴役的基础上的时候，你们能心安理得吗？这个弱肉强食的原则是你们的生活准则吗？听众席中的史沫特莱被深深震撼，开始思索平等所包含的另一层涵义——民族与民族之间的平等。视野被豁然打开，目光投向被奴役、被欺凌的东方。于是她加入了他们的队伍，把一腔热情捧献给这些印度流亡者，而自己却被投进了曼哈顿冷冰冰的监狱——一座名为"托姆斯"意即"坟墓"的监狱。1918 年 3 月 19 日的《纽约时报》上，竟然还刊登了她被捕的消息。

狱中，她接受了一次次粗暴的审讯。

"我躺在冰冷的铁条床上，闭上了眼睛，浑身颤抖……也许我的躯体能温暖钢铁。长夜难熬，冷得让人发抖——黎明还会来吗？明天会怎么样？"对狱中的情景，事后她作过这样凄然的描述。审讯中当审问者将与她交往的亚洲人称为"黄狗"时，激起了她的愤慨，也更拉近了她与东方的距离。6 个月的铁窗生活没有改变她什么，反而加深了她的"东方情结"，思想变得越发激进。出狱后的史沫特莱移居德国，但依然关注着印度。她参加了一个名叫"柏林印度革命委员会"的组织，还与一个印度流亡革命者结下了一段"政治姻缘"。一位知情者形容说："看来，除了为印度受压迫人民的事业而奋斗以外，她的生活中没有别的兴趣。"

其实，微妙的变化已经出现。在柏林她广交各国共产党人和国际主义者，使她意识到，在东方，不单只有一个印度值得她关注。走进柏林大学的课堂后，她选择"鸦片：历史学和经济学的研究"作为经济地理课的论文题目，在"大英帝国"这门课上，更把注意力集中到了中国。1927 年国际组织反帝大同盟诞生，一片更炽烈的火焰开始燃烧，她为行将到来的革命风暴而亢奋、激昂。

她在柏林大学发表演讲《亚洲的反抗》时表白说，她相信亚洲民族主义者与欧洲帝国主义之间摊牌的一天就要到了，而且更相信，中国将成为这场斗争的中心舞台。思绪的天平已然向中国倾斜。在柏林寄居的斗室里，她为自己预设了一条未来的行动路径：将民族主义和反殖民主义的火星从中国蔓延到印度去，她希望这两个亚洲巨人能携起手来，一起对抗可憎的大英帝国。

"去中国"，似乎是命运之神的启示，其实更是她内心的召唤。

去中国，第一个目的地就选择了上海。

1928 年 12 月末，一个风雪交加之日，史沫特莱越过苏联满洲边境进入中国。她以《法兰克福日报》特约记者的身份，一路探访了满洲、旅顺、大连、北京、南京等城市，翌年 5 月初才到达目的地。在上海一下火车，她就直奔法租界，在吕班路（今重庆南路）找到一幢公寓住下，而绕开了上海城区的腹地英美租界。她知道英美两国的谍报人员正如猎犬一般，形影相随地一直在监视着她的行踪，她自然不想自投罗网。她不知道的是，当她还在火车上而尚未抵达中苏边境时，在千里之外的印度小城米拉特，英国人正开庭审讯一批印共嫌疑分子，史沫特莱也莫名其妙被列为同案犯而受到了缺席审判。

经历能缔造一个人的个性。从疾风暴雨中一路踉跄走来的史沫特莱，与其说她是一个文人、作家，毋宁说更像一个激昂冲杀的战士。一度是她好朋友的美国作家艾米莉·哈恩，多年后曾这样形容她：

"艾格尼丝永远带来紧张空气。就算是风平浪静、平安无事的日子，她一走进门，你也会感到一股挟雷带电、雨雪飘飞之势。一天，我正平静地坐在书桌旁，我敢保证那是太平洋岸边一个和煦的春日傍晚，门砰地一下爆开，艾格尼丝冲进来了。她从肩上抖落雪花，我几乎能听到门外的马蹄声，闻到马鞍上的汗水味，寒气肃杀激战犹酣……"

这般紧张炽烈的空气，也被她带到了上海。

因为刚放下行囊的她，就已经不顾一切，一头扎进了她在上海的第一个行动：关注上海的印度锡克族侨民社会。一个严酷的事实使她震惊：一些印度锡克族的民族主义者，在英租界竟然遭到了逮捕和谋杀。她无法容忍这种暴行，窝着一肚子怒火，找到来上海后认识不久的美国密苏里同乡、《密勒氏评论报》主编鲍威尔，说动他一起舞文弄墨向英国报刊的歪曲报道开战，为印度人伸张正义。

原本想回避却终究无法回避，还是与身后尾随的监控者交上了火。这场笔战大大激怒了租界的主宰者英国人，对她的监视也就不断地升级、加码，甚至还试图对美、中当局施压，要将她押解出境、一脚踢出中国去。

她看惯了这些人的德行，依然我行我素，懒得搭理他们。既然是为中国而来，她自然更想结识身边的中国人。"我不会远离中国人而在中国生活。理解中国人和他们的国家的唯一途径就是加入他们的行列。"她这样自述说。刚到上海时，她不明就里地踏进了自由派文人的圈子，接触的都是些高雅的诗人、学者和作家。她出席过他们的宴会，也一起乘坐黄包车在月光下兜风，仿佛悠然行游在浪漫的温柔之乡。徐志摩就是在这时出现，而酿成了两人的一段恋情。但坐在黄包车上的史沫特莱，渐渐地感到忐忑不安了。面前的黄包车夫像一匹疲惫的老马一样奔跑着，号背心浸透了汗水，沉重的喘息不时被虚弱的咳嗽声打断，这神情和模样使她蓦然想起同样是苦力的父亲，这时，再也没有了"浪漫"的雅兴。经历短暂的晕眩醒来时，她才真正明白，她不是那些"精神贵族"朋友的同一路人。她应当属于底层的穷苦人，如当苦力的父亲，如马路上的黄包车夫这样的"同类"。

她一直感激着一个人——路易·艾黎，帮助她醒来的朋友中，他是第一个也是最热心的一个。31岁的路易·艾黎，新西兰人，比史沫特莱早两年到达上海。两人初次相识时，艾黎还是公共租界工部局的一名职员、工业科的工厂督察长，专门督察租界内工厂的安全事务。整天泡在工厂底层，他知道上海楼宇林立、车马喧阗背后的真相。一天，史沫特莱提出要去实地看一看上海的工厂，刚好路易·艾黎从几家工厂转了一圈回来，就照实向她揭开了这些血汗工厂的黑幕，讲述了工人们遭遇的苦难和悲剧。仿佛狄更斯笔下的那种"艰难时世"兀然展现在眼前，隔着桌子，史沫特莱瞪大了眼睛目不转睛地盯着路易·艾黎，显然被深深震撼了。

被震撼的她，也勾起了对一些事的联想。就在这个夏天，她在上海码头上目睹了一群工人被毒打的情景。她告诉艾黎，那天一群码头工人正顶着酷暑，用一辆手拉货车艰难地拖运着货物。这时走来一个满腮胡须的大个子印度巡捕，只为了替一辆载着外国官员的黑色轿车开路，便不由分说，操起木棍朝工人汗水淋漓的赤膊脊背上乱打一气，看得她心里一阵阵发颤。

印度人、中国人不都是被压迫民族吗？她一直在为印度的独立、解放而奔走呼号，眼前却看到这副情景，不由痛心到了极点：一个受压迫民族，怎么可以如此对待另一个受压迫民族？

毕竟早来了两年，艾黎知道这里更多骇人的秘闻。毒打算什么？艾黎告诉她，有一批人因为把缫丝工人组织起来，就被扣上共产党员的罪名，在无锡被残暴地枪杀了。他长叹一声说，他终于相信，要在旧制度下进行改革是不可能的，"唯一的道路就是实现根本的变革"。

史沫特莱半晌没有作声。她若有所悟地走到艾黎身边，抓住他的手腕不由颤声说：那么，就让我们一起来实现这种变革！

她不愿做居高临下或高谈阔论式的变革者，心里一直震荡着一个强烈的念头：沉进艾黎所说的血汗工厂，去亲身体验当工人的疾苦。由几位左翼作家朋友的介绍，她真的走进一家私营纱厂，去当了一回女工。从小就有在穷苦人中滚打摸爬的经历，使她很快与真正的女工们打成了一片。一位童工出身、已经40岁的女工许莲弟，与她同住一屋，特别跟她贴心，这位老大姐的几番痛心彻肺的"私房话"，使她知道了纱厂童工是如何在高强度劳动和奴隶式管理制度下经受折磨的，最终，他们能挣扎着活到成年的还不到三分之一，工厂对于大多数童工，就是他们的坟墓。含着泪说，含着泪听，两人的眼睛都红润了。

离开工厂时，史沫特莱将许莲娣领到百货公司，想送一件纪念品给她。许莲娣什么都不要，只看中一个肥头大耳、憨态可掬的无锡大阿福。史沫特莱坚持让她挑一件更贵重的东西，许莲娣却只是摇着头，说她家里很穷，从来没有买过玩具，一直盼望能有这样一个泥人。"托您的福，我盼了好多年，终于盼来了。"她感激地说。

史沫特莱的眼睛再一次湿润了。

走进她生活圈子的一个中国人，也告诉她，变革是必然会到来的。他是一位著名的社会学者，共产党人陈翰笙。这位德国柏林大学博士、中外多家大学的教授，曾用好几种文字写过十几部书，他是中国开创农村社会经济调查工作的先驱，也是共产国际远东情报局的一员。1929年秋，陈翰笙领着史沫特莱，一起到他的故乡、邻近上海的无锡滨湖地区作农村调查，呆了整整两个星期。在无锡，

文学场：三个女人三台戏

她第一次近距离目击中国农村的凄凉、破败，知道了地主是如何盘剥农民的，赤贫与巨富为何会如此水火难容。在那里，她也平生第一次眼睁睁地看着共产党人在大街上被砍掉脑袋。几乎每一天，她都处在血脉贲张的激愤之中。

需要变革的不仅有城市，也有农村。在无锡的田野里她扩展了对于变革理解的半径。

"我现在只为一种思想活着。……我变得越来越政治化……"在上海呆了快一年的时候，史沫特莱给远在美国的一位朋友写信，坦然诉说了她此时的心境。

她是一个勤勉的作家和记者，到上海后的这一年里，已经写下《徐美玲》、《缫丝女工》等好多篇特写类作品，也完成了《大地的女儿》一书的最后定稿。但她不屑于当一个躲在书斋或象牙塔里的文人。用笔、用打字机记录生活的同时，她更愿意像飞蛾扑火一般地去干预生活。在信中她告诉远方的朋友，她在这里每天工作 18 个小时，甚至在不工作时也不得休息。她不能停下她的头脑和双手，因为"亚洲的贫困……时时从四面八方形成压力"，这里"在巨大的财富之中，有贫困，有一张由间谍活动、谋杀、绑架、理想主义者的行动、各种各样罪行编织成的巨大的网"，她要冲破这块巨大的网，为穷人带来一点希望。即便是回到写字桌前，她最向往的也是——"在我死以前一定要写一本书"，"我要努力在这本书里揭露资本主义制度在其帝国主义发展阶段上对人类做了些什么——如何把人变成狼"。

信写在 1930 年 4 月 2 日，时势的飞流直下，正与她的信念十分投合。在这之前不久，一个神秘男人的到来，也已给她原本动荡的生活激起了更多波澜。

长着一头浓密的深栗色头发、身躯高岸的一个德国男子，这天叩响她寓所的门，突然出现在她眼前。他带来的不仅是豪放的男人气息，更是飓风将起的前兆。他叫佐尔格，苏联红军参谋总部的一名大牌特工，刚到上海就慕名前去拜访她。

佐尔格以一个德国记者的名义来到上海，一来就借住在外滩华懋饭店。正巧，因为要修改《大地的女儿》一书，史沫特莱这阵也住在这家饭店，而且与佐尔格同住在四楼。每天，在楼上咖啡厅里吃早点时他们总能相遇，从点头到交谈，渐渐地熟了。

几次见面后，佐尔格已不再掩饰自己的身份和来意。这天他登门告诉史沫特莱，他潜入上海，准备在十里洋场设立据点，他的主要任务就是搜集、刺探日本帝国的战略情报。他说在上海，他迫切想筹建一支红色谍报队伍，但在总部派出的一二个人之外，在茫茫大上海，去哪里找他需要而又可靠的人。他知道史沫特莱是个完全值得信赖的人，也知道她是个交游广泛的社会活动家，有丰富的人脉可为他解燃眉之急，所以他上门来求援了。

史沫特莱饶有兴致地听着，一下就被打动了。她是很容易被打动的。因为她不是一个谋而后动的人，喜欢或不喜欢什么，愿意干或不愿干什么，一向都出于内心的召唤，而不是复杂推理过程或某种意识形态的产物。似乎与生俱有的"阶级本能"，她对她和她的家庭在西部矿区市镇所遭受侮辱的愤懑，早已使她站到了共产党人一边。毫无悬念地，她向这个苏共特工伸出了她的援手。

东方豪都上海，是"红色谍王"佐尔格的事业始发地，而史沫特莱，也就成为了他最早的事业伙伴。史沫特莱的广泛人脉，果然大大帮了他的忙。

这一年暮春初夏，史沫特莱和佐尔格各自南下采访，6月，两人恰巧在广州相遇，佐尔格向她再次提起筹建谍报队伍的事。在广州，史沫特莱确有许多熟人，而且大多是激进的左翼青年，都经受过大革命风暴的考验，她估量，这些人中必有佐尔格需要的人。在佐尔格的一阵催促下，她灵机一动，在广州的几天便邀约这帮年轻人到她的住所叙旧闲聊，让佐尔格没事似地在一旁"面试"。就在这些人中间，佐尔格找到了他的第一个中国情报员。佐尔格刚回到上海一个星期，那人也风尘仆仆从广州赶到了上海。

回上海后，史沫特莱又献宝似地"献"出了她的一位日本朋友，《大阪朝日新闻》派驻上海的记者尾崎秀实。这是一个日本望族世家后裔、"皇国"的骄子，却又是马克思的忠实信徒，也一直铁了心站在中国左翼运动一边。两人果然一拍即合。尾崎秀实的加盟，成为佐尔格在上海的最大收获之一。几年之后，佐尔格辗转至日本东京，成立了"拉姆扎小组"，他的谍报生涯进入了巅峰岁月，而已回国的尾崎，也正是他最得力的助手，被他称为"非常了不起的人"。最终两人又一起血洒东洋岛国，为共同的信仰献出了一切。

史沫特莱也介绍佐尔格与她的中共朋友陈翰笙相识，在上海，使两国的地下红色势力连成了一片。

一个个年轻人走进了佐尔格的情报站，组织壮大了，又需要新的活动据点。这道难题的破解者，依然是史沫特莱。一天她叫住佐尔格，说带他去看一个地方，说着便一起到了法租界最繁华的霞飞路。史沫特莱领着佐尔格，沿着一条长长的未经修饰的花园路一直走去，然后拐一个弯，走上另一条花园路，眼前便出现一幢二层楼的小院。小楼完全被掩映在绿树红花之间，显得十分的幽静而又隐秘。这就是史沫特莱为情报站找到的新居。房主是个德国人，他妻子是德共党员、史沫特莱的好朋友，这时也已经是佐尔格谍报小组成员，自然人绝对可靠。望着这个大大超出预期的新据点，佐尔格说不出有多少惊喜。

像变戏法一样，史沫特莱带给佐尔格的惊喜，会一个接连一个。一天她又交给他一个卡片箱，佐尔格将它打开，发现里面竟收录了中国218个高级将领和地方军阀的详细资料，对每人的情况，细致到身高、体重、相貌特征，直至性格特点、身份背景及观点言论等等，几乎无所不包、应有尽有。在直系军阀张宗昌的资料中，甚至还收录了他有38个老婆和情人的家庭"隐私"。拿到这卡片箱，佐尔格如喜获宝贝一般，禁不住给史沫特莱一个深深的拥抱。这原本是她作为积累写作资料用的，作家收集的资料，在他——一个大特工的眼里，可都是珍贵无价的情报！

两人的拥抱，也不再只是偶然的冲动。抵挡不住佐尔格浑身散发的雄性魅力，史沫特莱又一次淹入了情海。从广州之行开始，一路奔波中两颗心已渐渐靠拢，很快融汇到了一起。两人同居后，史沫特莱还将"我结婚了"、"只是有点像结婚"的喜讯写信告诉好友，让她一起分享她的喜悦。这已经不再是与那位浪漫诗人那样的恋情，她称许这是"一种宏伟、广阔、全面的朋友情谊和同志关系"，两人共渡爱河的朝朝暮暮，已成为她"一生最美好的日子"。

可一直让人费解的是，一手参与缔造了佐尔格谍报组织的史沫特莱，却从头至尾都没有加入过这一组织。似乎，特立独行的她想告诉世人，她是一切正义行动的支持者、鼓吹者和参与者，但不愿受任何组织的约束，她要保留她作为一个作家、一个独立革命者的自由权利。

但她绝不做一个旁观者。1931 年 6 月，她又深度参与了一次由共产国际策动的惊天行动——由于叛徒出卖，共产国际派到上海的秘密特使、共产国际远东局负责人牛兰和他的夫人在租界被抓捕，又被国民党当局"引渡"后关押在南京某监狱，正命悬一线、危在旦夕。牛兰夫妇的被捕，是对共产国际的一大重创，失去牛兰夫妇，更将给共产国际在远东造成无可弥救的惨重损失。对牛兰夫妇的营救迫在眉睫。

佐尔格的秘密据点里，一片静穆，商讨营救牛兰夫妇的秘密会议，在一筹莫展中陷入了冷局。史沫特莱闻讯匆匆赶来，会场的气氛被她旋风般的"侵入"搅起了活力。每在这种场境，她总是一群人中最活跃的人，也数她的主意最多。她像写作时突发灵感一样，突然想出了一招：直接营救的方案缺乏可行性，只有将事态扩大，借助社会力量来营救。她提议，可以把有全球影响的著名人士如高尔基、罗曼·罗兰、宋庆龄、鲁迅等都动员起来，一起发表宣言、提出抗议，让"牛兰夫妇事件"闹成一个世界性事件。

提议得到了一致赞同。但要召集、说动分散各处的一大帮名人，却又何等地难。她从提议者又成了执行者，会后一肩挑起了抗议斗争的组织事务。经过她的四处奔走和多方撮合，7 月 11 日，由宋庆龄、杨杏佛、鲁迅、斯诺等 32 个著名人士组成的牛兰夫妇上海营救委员会宣告正式成立。营救委员会由宋庆龄担任主席，史沫特莱也担当了书记一职，奔前奔后地包揽了各种繁杂的粗工细活。最终如她预设的那样，营救牛兰夫妇，果然变成了一场怒潮汹涌般的世界性运动。

营救斗争还在进行中，不料却又意外爆出了一场风波。起因是为牛兰夫妇的儿子雅可布。4 岁的雅可布与父母一起被关在狱中，大家都希望先救出这个无辜的小孩，将他收养起来。但出狱后由谁来收养他，却又成了难题。史沫特莱奇怪众人的踌躇，这样一目了然的问题难道还用讨论？既然看准是道义上正确的事，就该不顾一切地去付诸实施。她找了自己的一个个朋友和熟人，去央请他们收下这孩子。熟人中，她抱有特别大希望的是她半年前认识的一位德国人，年轻的女共产党员露丝·库金斯基——是共产党员，就该不容分说地担负起应负的责任，不该有半点犹豫。

但佐尔格知道了这事，却极为恼火，连声斥之"太冒失、太危险了"。这位大牌特工深知由此引起的可怕后果——这样做会暴露库金斯基的共产党员身份，一步不慎，就可能给共产国际的地下运动带来灭顶之灾。他不由分说，向史沫特莱发出了禁令，也叮嘱库金斯基决不可插手这件事。

佐尔格这样做，显然是正确的，可史沫特莱被炙烧的热情却一直在窜升翻沸，满脑子只跳跃着一个念头：必须救出牛兰夫妇的孩子，照管好他，不这样做就大大错了。佐尔格和库金斯基的"胆怯"和"冷漠"，让她既失望又恼火，她转身就给库金斯基写信，发出一迭声的呵斥问罪，气冲冲地指责她"不是一个真正的革命者"。事态不断地蔓延、发酵，使这对红色情侣也由热恋而转向了冷战，盛怒之下的她，竟然一刀斩断情丝，终结了与佐尔格的一片浓情蜜意。

最终，还是由宋庆龄雪中送炭，让一个可靠的德国人收留了雅可布。

史沫特莱从来就是这样的人：是一个铲尽天下不平事、卫护人间正义的大侠女，也绝对是一个天真莽撞的革命者。她以好心做出了许多不计后果的事，从佐尔格一个老练的红色特工看来，这都是十分犯忌的。譬如她的穿着就过于招摇，似乎唯恐别人不知她是个"赤色分子"，平日上街或参加集会，总以一身红色穿戴炫人眼目——今天穿一件红色的羊毛衫，明日换一身红色运动衣，即便穿着深蓝衣服，也不忘在衣角边佩一朵红色康乃馨，还喜欢戴一顶有红帽檐的帽子，或在帽边上缀一只红色的鸟。一身红装的她，还常常手持一根包着牛皮、一头灌满了铅的棍子，风风火火地在上海的街头穿来穿去，仿若向谁示威似的。她称这是一根"打狗棍"，是她随身携带的自卫武器，专门用来对付盯梢、监视她的便衣特务。一天看到有两个特务探头探脑地在她住处门外晃荡，她撩起"打狗棍"就破门而出，叫嚷着要给他们一点颜色看看，吓得那两人转身就逃。瞧着他们抱头鼠窜的狼狈样，她一阵纵声大笑，很是得意过瘾。

胆大包天的她，甚至还敢于把枪支装在箱子里，随手提着大摇大摆地穿街走巷，去送到地下党手里。一次听说根据地红军缺医少药，她四处奔走，设法觅来一大罐外科用的麻醉剂，托一位红色特工带上飞机捎去，竟全然不知这是一种高爆炸性物质。全凭侥幸，不然便难逃一场机毁人亡的惨剧。

佐尔格只能耸耸肩膀，对她，他只是感到无奈。

口无遮拦、自行其是、锋芒逼人——史沫特莱的这样一副直性子，不仅使敌人对她恨入骨髓，也惹怒了不少她的熟人、朋友。即使在同一阵营内，她也从不是一个被众声称好的人。

但事情却又吊诡得很，恰是因为一览无遗地展示了她的心胸透明、她的毫无城府，也使许多人一眼看清了她内心的坦荡、人格的诚挚，因而会像飞蛾遇到亮光、铁物碰上磁石似地被她深深地吸引。她也像一团火，向她靠拢、在这团火旁驱寒取暖的人正越来越多。

因而她并不孤独，当一些人离她而去时，另一些人又会集结、围拥在她身边。这就是一群同样从西方国家来的年轻人。在她的拥趸和密友的名册上，就有德国共产党人汉斯·希伯，新西兰人路易·艾黎和他的妻子罗秋迪，美国医生马海德，奥地利女青年魏路丝，左翼时代精神书店荷兰籍经理艾琳·魏德迈尔等人。这些或为谋生、或为理想而来上海，干着各自不同职业的年轻人，原本是一地散落的珠子，却被史沫特莱的一根热线串在了一起。

他们是一个松散的群体，但经常有聚会，聚在一起就读书、讨论、争鸣——读《共产党宣言》，读《资本论》、《雇佣劳动与资本》，读一切能读到的马列著作；讨论有关剩余价值、土地所有制、社会发展史、亚洲社会革命道路等种种理论问题；争论封建主义或东方专制主义应该如何定义、混乱中的世界和中国会走向何处等等。他们明显已成为"赤党"的外围，聚会只能在秘密中进行，为了掩人耳目，也不断地改换聚会的地点。每次去史沫特莱在法租界伯尔尼公寓的家里聚会时，他们都知道四周是一片雷区，偷窥、监视的目光正在门外死死盯着，于是只能悄悄地从另一个隐秘的门口进去，先登上屋顶，然后再下楼梯进屋。每次都像是一场惊心动魄的历险。

史沫特莱对死啃理论、对漫无边际的清谈其实并无多大兴趣，要谈，也应该谈中国的现实问题。已无可救药地爱上中国的她，似乎一直在遵守着对爱的承诺，沉溺于爱河而痴迷不醒，按她自己的说词，就是"我常常忘记了我不是一个中国人"。她慨叹自己"很容易沉没在中国人的大海之中"，深晓关注中国就要"全心全意关注他们的问题"，"他们的问题也就是我的问题"。因而，在客厅里漫漶的高谈阔论、唇枪舌剑，常常使她不耐烦，总想把她的左翼伙伴们从半天云空中拉回到地上来，去直面多如乱麻的中国问题。

解决中国问题的钥匙在哪里？她深信就在江西的层峦叠嶂中，在陕北的遍地黄土上。原本在上海就已被她"赤化"的埃德加·斯诺，离沪去北平后，也不曾脱离她的那根红色线索的牵绊。1935 年年末，史沫特莱也来到北平，与斯诺夫妇一起为发动"一二九"运动浇油点火，随后又撺掇斯诺作一次西行历险，去探究深锁在漫天黄沙和连排窑洞中的奥秘，让世界窥知中国西北角的神奇。就连她的小伙伴、那个阿拉伯裔美国医生，原本只为寻求个人出路来上海的马海德，也被她说得眉扬心动，跟着斯诺一起踏上了漫漫西行路。最终，一个写出了旷世奇篇《红星照耀中国》，一个成为名驰陕北的红军医生，以至把他的一生都交给了中国。

依然坚守在上海的她，也不会拢手闲着。被洋人和中国当局控制的上海，在她的字典里就是万恶不赦的"白区"，她认定，中国问题的根瘤就在当局身上，因而需要她倾心竭力付出的就是向当局开战。被她拉上同一辆战车的，就有与她相交不久的伙伴伊罗生。这个从纽约来到上海的青年记者，最初在一家国民党控制的英文报纸工作，与史沫特莱的交往，使他恍如经历了一次皈依宗教的过程，思想急速"向左转"。在史沫特莱的"策反"、鼓动下，他背弃原先的东家而"自立门户"，创办了一份与当局专唱反调、观点上与共产党人几无差别的英文周刊《中国论坛》。当"四·一二"大屠杀五周年到来时，《论坛》竟出版了 24 页篇幅的专号，来揭露蒋介石的恐怖政策。随后，史沫特莱也端"枪"上阵，与他一起合作撰写了一篇长文、接近于一本书篇幅的《国民党反动的五年》，犹如发布了一份详尽的国民党统治控诉状。国民党阵营连带上海的外国官场，如遭受雷劈电击，顿时一阵惊慌错乱，却让史沫特莱像打了鸡血针一般的兴奋不住。

激战犹酣的史沫特莱，也愈来愈显出一身霸气。她用对红色中国的态度作为试金石来判别一切，说一声"不"字的人，都在她的扫荡之列，哪怕是曾经的闺蜜、挚友。埃玛·戈德曼，她的一位多年至交、也是她从前的偶像，竟然收到了她声言"从此不想再见她"的绝交信，一个简单的原因，就因为戈德曼这个无政府主义者，从无政府立场对她的革命"狂热"浇泼过冷水。不革命就不是朋友，自然耻于继续交往。给这个朋友的最后一封信中，她措辞坚决地说：共产党人是值得支持的，因为"只有他们能给农民带来希望"。你不认同这样的真谛，只能与你分道扬镳。

不想再见你，是因为"我不愿意怀着怨恨想到你"。——她的信中，似乎依然留有弦外之音，依稀还能让人觉察，怨恨中仍有着一份难以割舍的情分。

闯荡四海、百无禁忌，似乎什么都不怕、都敢惹的史沫特莱，内心其实是强大和柔弱共存的混合体。她也渴望身后有依傍和支撑，身前能有人举着熊熊火把和昭然若揭的路标为她指路。

遇到了宋庆龄和鲁迅，她为自己庆幸。这两个身躯远比她单薄、矮小的人，却是她眼中真正的高人、巨子。

1928 年 11 月，在奔往中国的途中，她在莫斯科短暂逗留，意外地遇见了也在苏联的宋庆龄。这是他们的第一次见面。也没有时间深谈，但她却已经感受到了，自己一颗布满冰霜、寒气肃杀的心似被煦风拂过，开始泛起缕缕暖意。次年她在上海将刚出版的《大地的女儿》赠送给宋庆龄，在扉页上写下了她内心真切的跃动："送给孙逸仙夫人，我无保留地尊敬和热爱的一位忠贞不渝的革命家。"几年后，当她介绍路易·艾黎认识宋庆龄时，她更是充满敬意地告诉艾黎，孙夫人就像一棵参天的大树，在白色的中国巍然屹立，她是一位大智大勇的中国女性。

第一次见到鲁迅，是在她刚到上海几个月之后。那天阳光很好，她走进公共租界一条弄堂里的一幢欧式楼房，轻轻叩开了鲁迅家的门。在二楼书房，阳光透过窗帘斜照着室内，鲁迅坐在靠窗的藤椅上与史沫特莱亲切交谈起来——因为都懂得德语，语言的相通使两人减却了沟通的障碍，也使她不费时日便融进了上海的左翼文化阵营。

她从鲁迅身上，得到的是一种强有力的人格和文化的启示。1930 年 9 月的一天，在参加完祝贺鲁迅五十寿辰聚会后，她思绪汹涌地写下了她仰望一个文化巨人的感受：

"……他矮小而羸弱，穿一身米黄色丝绸长衫，一双中国软底布鞋。他没有戴帽子，剪得短短的黑头发像一把刷子，面孔的轮廓是最常见的中国人的模样，然而在我的记忆中，却是我一生仅见的表情最为丰富的面孔，不断流溢着智慧和机警的生动光辉。他的风度、谈吐和每一举手投足，都辐射出一种完美人格的魅力。我突然觉得自己像个傻瓜似地笨拙而粗鲁。"

对于她，鲁迅更是一位导师和"精神上的父亲"。她毫不掩饰地表白说，"激励着我的精神力量的鲁迅，已成为我人生的路标……将铭刻在我心中直至永远"。

同在一个城市的宋庆龄和鲁迅，也同是左翼阵营的领袖，是上海政治天幕上的一对双子星宿，在四围的云障雾罩下却光芒璀璨依旧，成为一道无法被吞淹、遮没的天象奇观。然而在 1931 年之前，他们两人却从未见过面，只是神交意会而已。史沫特莱一片热诚地追随着他们，无意间也为他们架设了一座桥梁。

那都是在"牛兰夫妇事件"发生之后。

因为母亲病逝，1931 年 7 月，宋庆龄从德国柏林匆匆赶回上海家里。8 月 13 日到达上海时，牛兰夫妇就在前一天已被解赴南京，情况十分危急。没过几天，一封英文信件寄到宋府，读罢，宋庆龄笑着告诉她的助手，这信写得有水平，虽然仅有短短几行文字，语言和用词却都很美。这信，正是史沫特莱写来的。

信中史沫特莱请求孙夫人，在百忙中给她 5 分钟的谈话时间。几天后，史沫特莱便走进莫利哀路 29 号（今香山路 7 号）宋庆龄的寓所，请孙夫人牵头成立牛兰夫妇国际营救委员会。宋庆龄爽快地答应了，谈话也远远超出了 5 分钟时间。

史沫特莱也踏进鲁迅家里，游说他加入营救委员会。鲁迅也慨然答应了。

几个月后，牛兰夫妇营救委员会由宋庆龄出面召集会议，宣告成立，32 名委员中就有鲁迅、史沫特莱和蔡元培、杨杏佛、斯诺、伊罗生等人。宋庆龄与鲁迅，就有了神交许久后的第一次会面。从此，两人便肝胆相照，一直并肩合力地奋战在一起。

而他们身边，也总形影不离地站立着一个高岸的洋女子——史沫特莱。

营救牛兰夫妇的浪潮还未平息，新的抗争与战斗的浪潮又在一波波兴起。前面站着两位左翼领袖——宋庆龄和鲁迅，身后，总紧随着他们麾下的热血战士史沫特莱：她是民权保障同盟主席宋庆龄的得力助手，几乎参加了同盟的全部活动；她与宋庆龄、鲁迅一起，也是接待大文豪、世界反帝大同盟名誉主席萧伯纳的主要成员之一，那张流传后世的 7 人合影中，就闪腾着她的女汉子的高大身影；她紧随着宋庆龄和鲁迅，也金刚怒目般地出现在黄浦路 9 号德国领事馆，严正抗议法西斯压迫民权、摧残文化的暴行。宋庆龄和鲁迅的周围，渐渐又集结起一群来自各国的左派青年——路易·艾黎、马海德、斯诺、伊罗生等等，他们都是经史沫特莱的游说、鼓动而投奔而来的。她企望世界的左翼人士都能集合在一起，形成冲击旧世界的更巨大的力量。

随之也扩大了"家"的含义。得天独厚的她开始拥有三个家——自己的寓所、宋府和鲁迅的家。她逐渐由莫利哀路的常客而变成了宋府的一员——没有多久，她担任了宋庆龄的英文秘书，忙碌不息地为她处理与外国人士的来往信件，撰写英文演讲稿，陪伴孙夫人从宋府启程辗转于各个社会活动场合。在鲁迅家里，也从一个访客而变成了长久落驻的房客。从 1934 年至 1935 年，几乎有一年时间她都住在山阴路大陆新邨的鲁迅家。为了她的到来，许广平特地腾出二楼原是儿子海婴住的房间，改为她的卧室兼书房。这一年时间，她帮助翻译鲁迅的作品，鲁迅也翻译她的作品，两人后来还合作编辑了一本德国女版画家凯绥·珂勒惠支表现工人阶级疾苦和人民斗争的版画选。这是成果颇丰的一年。

鲁迅家是个雷区，而她恰恰是一颗火种，在鲁家居住的日子里，她时时得提防瞬息引爆的危险。每次出门归来，她总要在弄堂口环视四周，警惕地张望一番，确信后边没有人跟踪、盯梢，才飞快地拐进弄堂，闪身进入鲁家。她不愿因自己的疏忽，而给自己的导师带来麻烦。

白色恐怖笼罩，如《申报》一篇评论所说："整个世界是疯狂了，……文明破产了，野蛮复活了，白茫茫的雾弥漫了整个世界。"盯梢、暗杀、绑架、囚禁，那都是随时随地的事，史沫特莱时时担忧着两个左翼领袖的安危，又当起了他们的红色卫士。

初秋时分，一天史沫特莱陪伴宋庆龄参加完一个聚会，正乘坐出租车回家。半路上突然窜出两个衣衫破烂的男子，在马路中央厮打成一团，一边相互拉扯着一边却朝车前猛扑过来。史沫特莱一看来者不善，便推门跳下车，双手叉腰严严地堵住车门，不让那两人靠近一步。

那两个男子一边冲着她直喊，一边又分左右两边向汽车扑去，分明冲着孙夫人而来。史沫特莱急忙挡住那两人的去路，又向司机大喊"快开车"。车刚开走，两个男子气急败坏地挥拳扑向史沫特莱，另几个同伙也一齐包围了上来。史沫特莱一边招架，一边机警地摸出身边的一只哨子一阵猛吹，惊动法国巡捕骑马赶来，才吓跑了这伙歹徒。

史沫特莱知道孙夫人正身处险境，因为营救革命志士，她一次次奔走、呼号，仗义执言，早已被蒋介石列入了暗杀黑名单。这次半路遭受围攻，显然是有人早有预谋。她为孙夫人悄悄地捏着一把汗。

她一样也担忧鲁迅的安全，因为在蒋介石的黑名单上，同样也有鲁迅的名字。

1930 年 9 月 7 日，鲁迅五十岁生日，左联发起百人聚会为他祝寿。地点选在吕班路法国公园附近、一家荷兰人开的印尼餐馆里。餐馆是史沫特莱出面租下的，她一手操办了这次聚会，事先还从商店挑了一幅白绸子衣料，作为生日礼物送给鲁迅。那时风声已很紧，左联被当局视为洪水猛兽，举行秘密集会须时刻绷紧神经、小心提防。会前，史沫特莱带着几个人充当暗哨，守卫着餐馆的花园门口，对来宾必经的那条长街观察了许久，生怕这座城市弥漫着的肃杀寒气会将餐馆吞没。餐会结束客人陆续离去，她又抢先站到了大门口，警惕地向四周瞭望，直到所有的客人都走完，才和几位朋友一起护送鲁迅回家。

更像恶梦一样折磨她的，是 1932 年"一二八事变"那几个月。日本飞机的狂轰滥炸，鬼子兵的逐屋征逐，使全城陷入了一片战乱之中。一天传来消息，日军的炸弹也投到了鲁迅居住的那片区域，使史沫特莱心里好一阵紧张。她顾不得有被逮捕的危险，让一个美国同行觅来一张军事通行证，乘着同行的采访车、手举通行证闯过日军的重重防线，赶往鲁迅家。"我一边猛力敲门，一边用英语和德语喊叫，但是没有人应声。许多被困在家里的中国人，拒绝回答任何人的询问，有些，已经饿死，当时无法开门。……"几年后出版的《中国的战歌》一书中，她写下了当时的情景，那一刻她别说有多么惊恐，担忧。直到"一二八事变"停战之后，才知道鲁迅一家已逃过了劫难，原来是被日本朋友救出去藏了起来。

追随鲁迅，使她迅速融入了左翼文学阵营。左联的名册上没有她的名字，但她几乎参加了左联的所有活动，已然是个不在册的左翼作家联盟一员。左翼作家大多是年轻人，在鲁迅生日晚会上，她见到了也细细观察过他们：一群人衣着寒酸，显得面有饥色，这是一个新成立的艺术剧团的代表；一个颀长、瘦削的年轻人急匆匆地走来，不时回头张望，他是共产党地下报纸的编辑；又来了一个人，穿了一身尽是皱褶的西装，满头长发蓬乱，他是一个赤色组织的代表，刚从监狱里放出来；一个矮胖、短发，显得既严肃又可爱的年轻女子，她记住了她的名字——冯铿，正是她，在会上吁请鲁迅担当起左翼作家联盟的保护人和"导师"。与上海洋场那些高雅的"精神贵族"式的文人相比，他们不免太寒酸、太落拓了，但史沫特莱从他们身上却看到了中国希望的曙色。当满头乱发的青年讲述他的狱中遭遇，地下党报编辑报告"秋收起义"的经历时，她听得十分入神，眼前似看到了起义的农民成群结队地走入红军营帐，如无数细流正汇入不断壮大的江河，顿时，她内心的江潮也在奔腾起伏。

可是，他们中间的一些人，很快就成了敌人屠刀下的亡灵。

因身心疲累，史沫特莱去菲律宾休息了几个月。1931年3月一回到上海，就晴天霹雳似地听到一个消息：一个月前，左联的五个青年作家已在龙华惨遭杀害！他们中间，就有她在鲁迅生日晚会上见到的那个胖胖而又可爱的冯铿；还有她熟悉的柔石，她去菲律宾离开上海前夕，柔石还和鲁迅几人一起来探望过她。转瞬间，天人永隔，再也见不到他们了。

她满怀悲愤地赶到鲁迅家里。老人家出现在她面前，面色灰暗，头发散乱，两颊深陷，几天都已没刮胡须，已全然没有几个月前那样的奕然神采。变化得那么厉害，使她感到震惊。

鲁迅把已经写好的一篇文章递给她："帮我翻译成英文，拿到国外去发表。"那声音里充满着愤怒和仇恨，灼热的火花也在他的眼中闪耀着。

这是一篇如匕首如投枪、无情声讨国民党当局的文章：《写于深夜里》。史沫特莱读着，顿时被无边的悲愤所淹没，也被跳动于纸上的激愤之声所震撼。但想到文章发表会引来的后果，她不禁担忧地提醒鲁迅："这样刊印出来，你的生命会有危险的！"

"有关系吗？"他愤怒地回答。"总要有人出来说话啊！"

鲁迅的回答，给她传递着一种力量和气概，她不再犹豫、退缩。这一天，她与鲁迅一起又起草了一封呼吁国际援助的公开信。史沫特莱将宣言和鲁迅的文章译成英文，投寄到美国《新群众》杂志上发表，也带往柏林、莫斯科和其他地方。世界进步作家和思想家的抗议怒潮很快澎湃而起，五十多位美国进步作家和来自世界各国作家、艺术家的抗议函电铺天盖地涌入了国民党机关。

她周身的热血，不禁又一次沸腾起来。

上海的夜气和雾霾愈来愈浓重。被茫茫夜霭包围中的史沫特莱，日子也越来越艰危。还在"一二八事变"之前，《法兰克福日报》的一纸解聘令隔空飞来，使她不仅丢掉了饭碗，也丢掉了她得以发出声音、揭开铁幕背后真实中国的通道。她知道解聘令背后的真相：随着纳粹上台，德国国内的政治气候已遽然有变；也因为几个国民党文人为出气解恨，向德国大使馆告了她一通黑状。但她连一点申诉、辩解的机会都没有，只能一个人暗暗生闷气。不久上海陷落在"一·二八"的战火中，已失去记者名分的她，依旧履行一个记者的职责，冒着硝烟炮火驱车穿行于战地与战地之间，写下好多篇目击上海"淞沪抗战"战况的报道。《法兰克福报》已不再供给她任何一角版面，写好的稿子只好迂回辗转到印度、美国几家报刊去发表。没有版面的保证，一个记者就被剥夺了生存的权利，但她却依然生存了下来。

生存自然很艰难。这样一个激进的搅局者、反对派，早就不见容于上海的统治者，她开始受到国民党和外国巡捕房的双重监视。很快，日本人也盯上了她，行动愈显困难。在她唯一可以容身的法租界里，也处处有陷阱，不能不隔三岔五地更换住地。有好多天，伊罗生等几个朋友担忧她会遇到不测，还轮番上门，在她的寓所前厅或阳台上打地铺、睡沙发，一步不离地守护着她，以防歹徒、特务来捣乱。

亏得有一张洋人的虎皮，中国当局者拿她没办法，只能靠炮制流言蜚语来抹黑搞臭她。不知是否是一次合谋行动，有几天里，日文报纸和国民党的中英文报刊，几乎同时发起了对她的围攻。日文报纸"揭露"她是苏俄特工组织"格别乌"成员，形容她是个能歌善舞的妖艳女人，专门靠陪军方人士睡觉来获取情报。一份英文报纸，连续几天在连载一个德国人写的所谓日记，"实录"所谓参加江西苏维埃代表大会的见闻。那日记里竟绘声绘色地"报道"说，史沫特莱和一群中国学生一起去参加苏维埃大会，随身还带去一箱威士忌酒，在苏维埃首都，她每晚都和这些学生们花天酒地地一起鬼混。还说开会那天，史沫特莱竟脱得一丝不挂、只戴着一顶红色帽子登上主席台，给穷棒子们大唱《国际歌》等等。说得竟有鼻子有眼似的，气得史沫特莱连声痛斥"无耻"。

已经有很久时间，她一直想去访问毛泽东、朱德领导的江西苏区。刚来中国的时候，她就已知道在一片茫茫荒山野岭中，有一支穷人的队伍、一群信仰坚定的共产党人在顽强地生存着、战斗着。她早已公开宣示："我只有一种忠诚，一个信仰，那就是忠于贫穷的被压迫者的解放。"这一信念使她与这支队伍似早有心灵感应，驱使她早就想与他们在"井冈会师"。可惜山高路远、沿途险恶的江西苏区，想去却一直未能去成，使她一直为之深深遗憾。这倒好，国民党的报刊神通广大，竟然就这么轻巧地帮她变成了"现实"。

事实是，她从未去过江西苏区，以后也没有去成，但处身这喧嚣繁杂的都市里，她却一直能遥遥地谛听到那边战士的声音。因为有一条地下秘密通道，将宋庆龄、鲁迅与江西红军贯通在一起，自然也通向了史沫特莱。1932年起，江西苏区潜入上海的人一批一批地到来，使她与红军"会师"的愿望变成了现实。她掩护他们住下，帮助他们藏匿文件，给他们请医生、找药品，她的住所几乎成了江西苏区来人的联络点和接待站。她的付出不求任何酬报，只有一个小小心愿，让远道而来的神秘客成为她的采访对象。

神秘客中，她紧盯不放的是几个红军名将。在鄂豫皖苏区反"围剿"战斗中，被一颗子弹打中右腿膝盖、伤势严重的红军师长陈赓，来上海治伤时几度走进鲁迅家，给他讲述红军的战斗经历，史沫特莱也趁势将他逮住，几次密室长谈，收获了满满几大笔记本的苏区实况和红军故事。另一个红军将领、早期红十军军长周建屏也为治伤来上海，她索性将他接到她自己的寓所，护理和供奉他整整两个月。时间富余，使采访也更从容，她就像海绵吸水一样尽情地汲取，使笔记本上留下了汪洋恣肆的记录。渐渐地，在周建屏庞杂浩繁的口述经历中，凸显出了一个红军领袖——红十军政委、赣东北红色根据地创始人方志敏的高岸身影。

"方在普通中国人中有着魔法般的影响力，因为他的一言一行都是他们所感兴趣的。他建立了小学和医院，组织了农业展览来提高农作物的产量，建立了红军训练学校，举办夜校来消灭成人文盲，建立了两个大型兵工厂，以及一个地雷制造局来替代数不清的农民家庭作坊式的兵工厂。"

"他在1933年的死刑给我留下了深刻的印象。……方被放入一个关动物的笼子里，在南昌的大街小巷游街示众。人们嘲笑他是'国王'，因为他骄傲而自尊地坐在笼子里。当经过密集的人群时，他号召人们起来为解放而战；而当被拖出来被行刑时，他甚至鼓动行刑人加入革命。"

她听到的这一切，络绎不绝地开始出现在她的笔下。先是一篇篇单篇报道，让西方世界隐约、零星地窥见中国工农红军的身影。但单篇的文稿只能收纳涓滴、细流，却无法容下一个波澜壮阔的世界。她决意写一本有足够分量的书，完整地勾勒出共产党红色苏区的全貌。但写书需要有充沛精力和安静的环境，在上海，这一切她都并不具备。一边过着提心吊胆、东躲西藏的生活，一边又有病魔袭来——1933年的一场重病，使她卧床不起，根本提不起笔来写作。

庆幸的是，莫斯科一家出版社向她发出邀约，请她到苏联去写作，并答应预付这本书的稿费。她欣然启程了。这是在1933年5月，在她刚出版第一本关于中国的书——《中国人的命运》之后。到了苏联后，她先是在高加索的基斯洛沃德斯克疗养院住了一个夏天，然后又到了莫斯科和列宁格勒，一边治病一边伏案写作。

交替出现在病榻上和书桌前的她，断断续续地耗去10个月时间，完成了她的第二部关于中国的书——《中国红军在前进》。这也是世界上第一部介绍中华苏维埃共和国的著作。

怀着一个"产妇"分娩后的喜悦，史沫特莱又回到了上海。这已是1934年10月。一回到上海的她却又跌入了百丈冰窟，原先的喜悦、欢愉一下消散无影。坏消息一个接着一个：日本兵占领了东北满洲，又悍然逼近北京城，整个华北沦陷的恶梦已近在眼前；她所关切、惦念的江西苏区和红军，正处在国民党军队第五次围剿的重兵铁阵中，前景也岌岌可危。她不明白老蒋脑瓜里是怎么想的，恶魔怪兽就在家门口，不去打鬼、杀狼，却还一个劲地残杀自家人，中国这样还会有希望吗？

很快消息传来，红军第五次反"围剿"遭受失败，红色苏区已经沦陷、破碎。她感到悲愤而又沮丧不止。有一阵子，再也听不到红军的消息，这支神勇的军队似乎突然从地球上消失了，她忧心如焚，情绪一下跌落到了冰点。

其实这时红军已突围北上，开始了穿越雪山草地的万里长征。直到 1935 年深秋，她脸上才重又出现久违了的笑容——红军长征胜利到达陕北的消息传来，使她欣喜若狂。她急忙赶到鲁迅家里，向老人家报告这个特大喜讯。当鲁迅准备拍一份贺电给中共中央时，史沫特莱又辗转通过共产国际的地下通道，将电报从法国顺利转发到了延安。

1936 年春，又一次将她推向兴奋的顶点。既是作家、又是红军干部的冯雪峰从延安秘密潜入上海，一个夜晚，在鲁迅大陆新邨春意融融的家里，史沫特莱见到了这个从长征路上走来的传奇人物。"他完成了富有史诗色彩的长征，经历了那次由整整一支大军跋涉一万二千英里平原、河流、山岭的艰苦旅程。有几个星期，我每天晚上都和他们坐在一起，记录他的谈话，尽管是平铺直叙的事实罗列，却充满了一幅幅难以置信的艰苦卓绝、坚忍不拔的生动画面……"她在她后来的书中这样写道。在鲁迅家三楼几次谈话的记录，很快就变成新闻稿而出现在西方的报刊上。她感到很有成就感，因为正是她，在国际上第一个披露了中国工农红军长征胜利的消息。

但值得她兴奋的事，也就仅此而已。1934 年回到上海后，兴奋、喜悦之类的心情对于她已是一种稀罕物。更多的是孤独、落寞和莫名的忧惧。

身边的朋友已越来越少。佐尔格、尾崎秀实和陈翰笙都已离开上海而去了日本，埃德迦·斯诺已在北京安家。曾经是正义力量堡垒的民权保障同盟，自杨杏佛惨遭暗杀后已告解体，内部纷争不休的左翼作家联盟，到 1936 年 6 月后也已经解散。她曾经的好朋友伊罗生，因为已急剧转向托派立场而使她大为恼火，不得不展开了一场公开的交锋。而另一位好朋友、《密勒氏评论报》主编鲍威尔一向站在右翼立场，这时幸灾乐祸地站在一旁看热闹，还借机将都是左翼阵营的史沫特莱和伊罗生大大奚落了一番。他们之间的友谊纽带，也瞬间崩裂了。

鲁迅一直在病中，而且病得不轻。一位她请来的美国医生悄悄告诉她，除非找一个干冷的地方让他长期休养，否则结核病会夺去他的生命。于是她一再敦促鲁迅去苏联疗养，甚至高尔基也已向他发出邀请，但都被鲁迅拒绝了。"不是每一个人都能一走了之的！总得有人坚持战斗！"左翼阵营里不断地有人失踪、有人被杀害，使鲁迅内心的愤慨一直在升涨而难以平息，他带着质问的口气说："当其他人在战斗和牺牲的时候，你能让我躺下来休息一年？"史沫特莱听着直想掉眼泪。不仅因为感动，也因为深深地为他担忧。

更让她心情沉重、如遭大山压顶的是，她与孙夫人的关系竟也亮起了红灯。还在莫斯科写书、养病时，《中国论坛》杂志因为主编伊罗生转向托派立场而告瓦解，需要另外创办一份红色英文刊物，孙夫人要她到纽约去筹集资金、物色编辑人员。她果然取道欧洲去了纽约。1935 年下半年，宋庆龄将筹集到的刊物开办费陆续交给了史沫特莱，第二年，由美共总书记白劳德派出的编辑人员也到了上海。但刊物迟迟不见开办，因为开办费有一大半已被史沫特莱"挪用"了——用在了资助左翼阵营逃亡者、出版革命书籍上。她认为这是正确的、该做的事，就义无反顾地去做了。她不觉得自己有什么错，却气坏了孙夫人，从此再也不愿搭理她。

两人之间的裂痕已无法愈合。直到 40 年代，这次破裂还在深深地折磨着史沫特莱。

朋友一个个离去，常有交往的只剩下了路易·艾黎。艾黎也是她的邻居，那时两人都住在霞飞路伯尔尼公寓大楼内。他们一样都渴望能与过去的朋友重聚，只是也都知道这已是一种奢望。

但生活却总会有意外的惊喜。果真有老朋友上门了。一天史沫特莱寓所的门被轻轻叩响，开门一看，不由让她惊叫起来——门口正站着已久无消息的陈翰笙。陈在日本一直与佐尔格在一起，这次负有一项秘密使命潜回上海，不料发现接头人几天前已经被捕，便掉头就走，匆匆赶来想在史沫特莱这里躲藏几天。

放心住下吧，保你平安无事——史沫特莱高兴地将他安顿下来。这里确实是个安全地带，伯尔尼公寓大楼横跨一整个六角形的街区，有20个以上的出入通道，要藏匿个人，实在是再理想不过了。

在史沫特莱的套房单元内躲藏了几天，陈翰笙又被转移到了艾黎的住处。几天后，陈的妻子也从东京赶来上海，和一对德国夫妇住在一起。几个星期后，史沫特莱又忙着掩护陈翰笙夫妇逃离虎口。她为他们定好了一艘驶往海参崴的苏联货轮的船票，动身那天，艾黎和史沫特莱装作一对外国夫妇，陈翰笙戴一顶软木盔形帽，抱着一束唐菖蒲，像个富有的中国人模样，佯作到码头来给他们送行。陈翰笙的妻子则装成来送那对德国夫妇。开船前几分钟，史沫特莱把陈翰笙夫妇领进船长室的厕所里，让他们在上了锁的厕所里一直呆到船远离港口、驶出黄浦江。

老朋友来了又走了，望着江流远去，她不禁感到怅然若失。

这些日子里，她的心情一直像阴霾天那样郁郁不欢，身体也愈来愈差，而写作几乎已处于停顿状态。只有在和艾黎一起掩护被当局者通缉、追捕的"共匪"、"赤党"时，她才感到自己的血液还在沸腾，灰暗的脸上才重又泛起光泽。

她掩护过的人中，有她熟识的老朋友，也有她以前从未见过面的"共党分子"。1935年岁末，她开门收留了从福建苏区来的一位红军干部刘鼎。她并不认识他，在路易·艾黎家里第一次见到这个年轻人，才知道福建苏区已遭到国民党的血洗浩劫，不知有多少人已倒在血泊中，他是冲破重重围剿后才侥幸逃脱的。已经用不着更多解释，刘鼎的这番经历还未叙完，就已让她有了同根同命的亲切感。几天后，刘鼎就从艾黎的住处转移到史沫特莱那里，一连藏匿了好几个星期。

生活的转折点，常常就在不经意间萌发了。当她向刘鼎打开大门的时候，她没有料到，生活的大门也将向她霎然打开。

几个月后，她突然收到一封从西安发来的信，写信的人正是她掩护过的刘鼎。这时刘鼎已奉命赶赴西安，担任中共与东北军张学良将军之间的联络人。历史将在这座千年古城挥写扭转乾坤、雷惊电掣的一章，这一切，都在刘鼎的预见之中。他写信给史沫特莱请她到西安去，就想当这场历史大剧帷幕拉开之日，让她能成为一个历史现场的见证者和记录者。

一个浩大、广袤的世界在向她展开，她高兴极了。1936 年 9 月，她匆匆告别曾长住过 7 年的上海，如飞出笼子的小鸟一般，欢跃地奔向西安。生命之舟，开始驶入一条新的航道。随后不久，她就亲历西安事变，第一个用英语广播向世界展现了整个事变的进程，以后又乘着卡车经过三个星期的颠簸，到达她所向往的"红都"延安。她一生最辉煌的篇章，就从这一刻开始了。

离开西安那天，年轻的新西兰人杰姆士·贝特兰看着她离去，一直忘不掉那一刻的情景："第二天一大早她就离开了招待所，她神情严肃，穿一条厚厚的马裤和人们熟悉的一件红色运动衫。她总是穿着它，像把它当做一面旗帜。"就像在上海一样，她依旧执拗地毫无悔意地张扬着她对红色的眷恋和崇拜。可以扔掉上海留下的不愉快的一切，但一身红装依旧，意味着另一面的上海岁月仍在她的生命中延续。

因而也会勾起一些人的好奇：红色，是否就是她内心的颜色，她的生命的本色？

1937 年，史沫特莱在延安。

项美丽：一个独属上海的名字

1940 年 8 月，史沫特莱搭乘一架运送邮件的夜航机飞往香港，机上她是唯一的一位乘客。翌日凌晨在香港一下飞机，等待着她的是几个英国移民官员和一纸拘捕令，罪名是危害大英帝国。她一直未逃脱过英国情报人员的视线，来到英国人的远东势力中心香港，就等于自投罗网。

她是为治病而去香港的。自从离开上海以后，她又从西安、延安、汉口到新四军抗日前线和重庆大后方，一路辗转奔波，硬生生地累出了一身毛病。在香港被拘押后，虽然后来靠朋友担保被释放了，病也顺利得到了医治，但这些日子她的心情一直都很郁闷。布满阴云的心空中，如果说还能有几缕阳光和几丝淡淡的温暖，那就是在翌年暮春时节，结交了一位新朋友——艾米莉·哈恩之后。

艾米莉是与她一样的美国作家，那时正在香港写她后来的成名作《宋氏三姐妹》。在埋首写作的同时，心情也正烦恼得很。一边，与一位中国诗人在上海结下的一段私情急需了结，一边，在香港，与一位英国情报官员发生了婚外情，已有孕在身，还不知该怎么办才好。同样处在烦恼之中，而且同是从美国中西部密苏里州走来的女作家，两人便有更多心灵的呼应。之前在上海和重庆，两人虽然有过几次照面、也算是熟人了，但正是在香港这三个星期的朝暮相处，才使两人成了无话不谈的闺蜜。1941 年 5 月，史沫特莱回到美国后，第二年还专程到芝加哥探望艾米莉·哈恩的家人，将艾米莉那个非婚生婴儿的照片交给了她的母亲。

可是在 1943 年底艾米莉也回到美国后，两人的关系却急转直下，出现了 180 度的逆转。饶有意味的是，在这段时间里，史沫特莱与赛珍珠却越来越情深意切。而艾米莉与赛珍珠，也似乎一直心存芥蒂。

一条相似的人生曲线，将这三位本不相干的美国女作家撮合在了一起：她们都曾在上海留下过或深或浅的足迹，也都因撰写关于中国的书而一举成名。艾米莉·哈恩是尾随着赛珍珠、史沫特莱的足迹来到上海的。她和她姐姐海伦登上去上海的轮船，是在 1935 年 3 月初，这一年，正巧是史沫特莱 7 年"上海岁月"

的最后一年，而前一年春天，赛珍珠已经离开了中国。

也许连她自己也说不清，这天为什么会登上去上海的轮船。浮在表面的理由，按她的说法，只不过是为了"出来散散心"、"找个地方逛逛"，但在她多年后写的一部书里，还是留下了她深层思想的蛛丝马迹："上海是个创造奇迹的城市。无论如何，我在那里看到的不会是四年来我看到的同一套东西，事情必须有变化，而上海一直都在变化。"

她去上海，显然是受到了一种欲望的驱使：寻求新奇而变幻多彩的生活。

她以往的行径，似乎都证明了这一点。从小到大她几乎都在渴求变化和刺激，因而总会做出种种超乎习俗、反叛庸常生活的举动，变得很不安分。十五岁那年，她一次突然出走、一夜未归，害得她母亲担心了一整个晚上。17 岁读大学，选择了从未招收过女生的采矿工程系，成了这个工程系的第一个女学士。19岁那年又做出一个惊人的举动：一个人开着一辆福特 T 型汽车，进行横穿美国的旅行。从大学一毕业，她就在家乡圣路易斯的一家矿冶公司找到了工作，却因为不愿意过朝九晚五的刻板生活，又断然辞职，以后就像走马灯似地改换工作：从导游、广告代理、教师到公关节目演员，似乎永远没有一个定数。她也学会了抽烟、喝酒、跳舞，派对一场接着一场，男朋友交了一个又一个。

一路走去，离生活的常态越来越远，以致后来索性跟随一位人类学家远去非洲，进行了一次长达 20 个月的冒险之旅。当发现那位同行者原来有虐待狂倾向后，她才愤而离去。当她怏怏地回到纽约后，又结识了剧作家迈耶——一个大她十多岁的有妇之夫，于是生平第一次陷入了情网，也从此陷入了无尽的烦恼。去上海旅行，便是她与剧作家闹翻后才升起的念头。

有人将她与史沫特莱相比，看出了两人之间明显的差异：一个是相对比较单一的、单色调的人，是执着于自己的信念而百折不弯的人；一个却是色彩斑驳、多色调的人，是一个不受任何信条或规则的束缚，独往独来、自由无羁的人。繁杂、多面的艾米莉·哈恩，与"万花筒"般的上海却正可以一拍即合。

上海，这座对于艾米莉既陌生又诱人的城市，这时正处在它烈火烹油般的"摩登时代"、"浮华岁月"。上海的繁荣，已像神话般传遍了西方世界。在艾米莉到达上海的前几个月，美国《财富》杂志正以《上海繁荣》为题，用超常规的大块篇幅、洋洋洒洒的漂亮文字介绍上海的仪态万方，把上海形容为"世界第五大城市，亚洲大陆的特大城市，古代巴格达、战前君士坦丁堡、19 世纪的伦敦和20 世纪的曼哈顿的后继者"。

被上海吸引、对上海向往的，除了西方各国的名流、豪客、冒险家和征服者，也有西方的普通人。去上海前，艾米莉到理发店去做头发，知道她要去上海，竟让那位理发师喋喋不休地发表了一通高论："上海是一个可爱的地方，在那儿啊，你一定会遇到一些上层人物，与你在这儿的上流社会遇到的人们一样。就是说，都是些有头有脸的人物。"说着说着，还发出了动情的咏叹："啊，你将度过一段非常非常美好的时光……"

事情果真被理发师说中了，在上海一上岸，哈恩姐妹便一下卷进了五光十色、像看巨型万花筒般应接不暇的所谓上流社会生活。

黄浦江边，喧闹的码头上，一位满身珠光宝气的弗里茨夫人正翘首等待着她们。她是她们二姐罗丝的老朋友，一个失意的离婚女子，后来嫁给一个富有的美国股票经纪人后，成了上海外侨社交界的中心人物。走进上海的美国来访者，几乎都手持着给这位弗里茨夫人的信，前去寻求她的帮助。作为文艺沙龙的女主人，她每星期晚上都开派对，搞舞会，还经常举办业余戏剧演出和音乐会。接到米奇、海伦之后，当天晚上，她就邀请姐妹俩出席她举办的周末派对。

米奇是艾米莉的小名，弗里茨夫人爱这样称呼她。

这其实就是一个中式晚餐会，几个人围坐在一张大桌子旁吃中餐。自由随性的艾米莉不习惯如此"隆重其事"：为了这顿晚餐，女主人与那位店老板讨论了又讨论，好半天才定下一份菜单。她觉得很好笑：又不搞什么庆典，不就是吃一顿便饭吗？何止于如此这般讲究。

艾米莉初来乍到，还真不领上海的"行情"。在这个洋人遍地的上海，别说已跻身上流社会的弗里茨夫人，即便原来极普通的西方人，也都习惯了这样"摆谱"。一些人在本国日子过得很拮据，来到上海后，却像一跤跌入青云里，都过上了挥霍无度、尽情享乐的生活。正如爱狄·密勒在《上海——冒险家的乐园》中所写的："上海的生活就是这样的。一个宴会之后又来一个宴会。茶会、酒会、餐会、赛马、赌钱，从两个人的会起，一直到几百几千个人的会止，没有一个会没有特殊的滋味……"而且在被称为"东亚病夫"的华人面前，自诩"优等人种"的西方人，怎么也要让自己显得高贵、阔绰一点。

在艾米莉为第一顿复杂的晚餐感到好笑的时候，她不会想到，这样的好日子也正恭候着她。虽然她来自纽约，已经在著名的《纽约客》杂志上发表过许多文章，但作为作家，她仍然是个无名之辈，作为女人，则又在感情上伤痕累累，前路茫然。然而一到了上海，弗里茨夫人把她引入这个夜夜笙歌的洋人名利场，凭藉着自己的年轻漂亮、头脑聪慧，没过多久便已成了众星捧月下的红人。让她尤其惊喜不已的是，上海的物价竟如此低廉，只需花 1 美元就能买一件女士西服衣料、吃一顿上等夜总会的晚餐。从美国带来的不多一点美元，居然让她可以"每天定做一件新衣"，过上了在美国做梦才能盼到的优渥生活。

原来的计划，一下被打乱了。本来，她只想在上海度一次两周的长假。姐姐海伦已买好 6 月 12 日回纽约的船票，到时就一个人独自走了，艾米莉却留了下来。上海仿佛是一个巨大无比的磁场，已经把她深深地吸引住了。

在认识维克多·沙逊爵士之后，更使她打消了"走"的念头。

原本是印度首富的维克多·沙逊爵士，已将全部资产转移到上海，自然是上海最阔气、最有势力的大班，即便在整个大英帝国，他也是屈指可数的大富豪之一。这个商界巨子也同样是堪称一等的玩家，不仅是拳击、游泳高手，网球和高尔夫球也打得很好，还喜欢跳舞、戏剧和赛马；他更是社交派对上的中心人物，在自己的领地——外滩的华懋饭店、虹桥的伊甸园别墅经常大摆宴席外，也常去别的社交场合凑热闹。在弗里茨夫人的一次戏剧之夜业余演出会上，艾米莉和沙逊爵士都是被邀的嘉宾，那晚，她第一次见到维克多爵士，第一眼就感觉很不错，觉得他"非同一般的反应敏捷，富于机智"——凭他的财富和个人魅力，原本就有无人可及的"女人缘"。

人称"猎艳高手"的沙逊爵士，也一眼看上了这个美国小妞——艾米莉。不仅因为她聪明迷人，更因为在上海，艾米莉是不多见的美国单身女人，交上她，这个钻石王老五的自尊心会得到更多满足。

最初的交往，是从摄影开始的。大玩家沙逊爵士特别爱好摄影，尤爱人像摄影，确切地说，是酷爱为漂亮女人拍裸体照。据说在 30 年代上海社交界，有

1935 年哈恩姐妹在上海。图为维克多·沙逊为她们拍的合影，左为姐姐海伦，右为艾米莉。

许多中国美女子都当过他镜头前的模特儿，为他留下了千姿百态的数不清的裸照。一天，维克多爵士邀请哈恩姐妹参观他的私人摄影室，有意无意拿出一本很大的照相簿，给她们观赏照片上那些赤身裸体的漂亮女人。随之，提出了一个让艾米莉又惊又喜的建议：让她也来当他的模特儿。米奇喜出望外地同意了。更让她得意的是，维克多爵士只邀请了她，而拒绝了她姐姐海伦也想走进他的镜头的请求。

艾米莉留下了，几乎就留在沙逊爵士的身边，成为了他最倾心最亲密的玩伴。渐渐地，摄影不再是他们交往内容的重心，更多时候，艾米莉光彩照人地出现在华懋饭店顶楼或沙逊爵士家中的豪华派对上，或者与维克多爵士一起，坐在他的赛马总会包厢内观看赛马，在维克多爵士的私人游艇"维拉"号上度过周末。有时，她与维克多爵士或者弗里茨夫人共进午餐，如果爵士忙别的事，她就在华懋饭店休息室里叫来她的女友，一起喝上几杯，间或与正在用午餐的西方男人调调情，或一起喝酒吃饭。

她也不再只是沙逊的伴侣，而逐渐融入了整个洋场社交界。她喜欢穿着飘逸的长裙、戴着大大的时装帽出现在花园聚会上。她的乌黑的大眼睛，甜美的微笑，沙哑的声音，鲍勃式的时髦短发和假小子似的爽朗性格，成为一道新颖奇观，难以抗拒地征服了各国外侨们。肩上扛着她的宠物、那只穿一身漂亮花纹织物的长臂猿米尔斯出入沙龙、晚会，在家里敢赤身裸体地开门迎接客人，更成为这个"上海宝贝"烙在外侨们心中的一道奇异风景。一个犹太女人就曾见识过这道风景。她在霞飞路开了一爿儿童服装店，一天艾米莉扛着长臂猿米尔斯，来店里为它定做衣服。犹太女人后来去上门交货，开门迎接她的艾米莉却全身一丝不挂，让她忍不住大笑起来。哈恩小姐解释说，对她来说，裸体就意味着完全的自由。她觉得这用不着大惊小怪的。

为了玩得更尽兴，有时艾米莉又陪着维克多爵士和他的叔叔纽基去香港游玩，住最豪华的香港大酒店，一起跳舞赌马，逛街购物，快乐无比。她在给母亲的一封信中，不禁大加赞叹维克多爵士的慷慨大方："维克多爵士是世界上最好的男人，他送我礼物总是找各种理由，以让我受之无愧，他对接受他礼物的人都这样，因为他是世界上最阔的人。……维克多先生似乎喜欢如此这般大洒金钱。"

慷慨的沙逊，肯定送过不少礼物给艾米莉。有一件礼物曾被她屡屡说起，便是一辆锃亮的蓝色雪佛兰牌新车。据艾米莉在《我在中国》一书中自述，沙逊确定要送汽车给她后，让她自己来选择买什么车。为究竟选什么类型的车好，她还与朋友争论了很久，最后才选了一辆"雪维"（雪佛兰汽车的别名），"因为它可以坐更多人，而且长途旅行时较舒服"。以后周末旅行，因为有这辆车，就更逍遥快活了。

然而，所谓"世界最好男人"只是艾米莉眼中的一种幻觉，在外侨社交圈里，沙逊留下的恶名却远多于美名，有许多人都对他嗤之以鼻。他在社交场合做出的一些惊世骇俗的举动，也常常令人瞠目。一次派对上，他居然把一瓶薄荷味奶酪倒在一个英国客人光鲜的衣服上，使全场一片哗然。另一次他在举办化装舞会时搞了一个盛大的入场式，让客人们穿得像马戏团的动物，而他自己则穿着马戏团领班的服装，像驯兽师一样领着那些"动物"们招摇过市。在一片前仰后翻的喧笑声中，似乎也让人们领教了一番他的权势。

艾米莉似乎也觉察到了一点什么，在给她的母亲的信中说："大多数年轻人不是非常喜欢他，当他在酒吧出现时，他们就会反复地喊道：'滚回巴格达去！滚回巴格达去！'"甚至在给母亲的信中还小心翼翼地表示："我告诫自己不要养成靠他帮忙的习惯，这样比较安全。"

她究竟要告诉母亲什么，可以让人们去意会、想象。但不管如何，他们之间的友谊却一直保持了很久，对沙逊的好印象也一直驻留在她的脑海里。

决定留下来之后，艾米莉就在江西路宁波路口的上海商业储蓄银行楼上，为自己租下一套公寓，安了一个窝。谋生也可以不愁，因为素有写作天赋的她，在英语报刊多如牛毛的上海，总能找到个地方让她干活糊口。凭着这点本钱，她在上海除了继续为《纽约客》杂志撰稿，又先后在《字林西报》和《大美晚报》找到了工作，负责撰写专题新闻故事，并对上海各色各样的社会人群进行采访。另外凭她的西方人的语言优势，也当过上海海关学校的英文教师。

她不愿一直依附于沙逊。虽然对于她，这位大富豪依然是生活的"必需品"，两人仍继续着玩伴的游戏，但她的生活圈子在扩大，玩伴也在渐渐增多。她不可能只吊在一棵树上。

有一个时期，在一个单身男人的圈子里出现了她的身影。那圈子里足有半打单身西方男子，包括外国领事馆和公使馆人员、律师，甚至有英国情报员。新朋友给她的生活充入了新的佐料，带来了新鲜感和新的刺激。而这正是她一直所向往所追求的。

不经意间，发生了一件更新鲜、刺激的事：与一个中国男子的一次偶然相遇，竟开始了一段刻骨铭心的恋情。

这是一位"有着希腊式高鼻子"、有一张"近乎完美的椭圆形面孔"的中国美男子。与结识沙逊爵士那次一样，弗里茨夫人又无意间做了一回"媒婆"。在弗里茨夫人作董的一次晚宴上，艾米莉第一次见到了这张面孔，一瞬间，便像遭到电击似地被震撼、打动了。他们开始交谈，都有相见恨晚的感叹。当晚，两人便一起离开剧场，进入了他们的两人世界，浓情蜜意骤然而起。

交往而使相互知道得更多。那中国男子不仅脸长得俊，连英文水平也超出她这个美国人，居然还能用英文写诗。他是诗人、出版家、热心的文学活动家。他也是富家子弟、名人后代。而且，他也是有妇之夫，有一个出身高贵的贤妻，5个可爱的孩子——似乎总逃脱不了一种宿命，爱神之矢总是射中她和有妇之夫，

艾米莉（项美丽）在上海时，与中国诗人邵洵美有过一段情缘。

过去、以后都是如此。

她爱上的中国男子叫邵洵美。

从堕入爱河的一天开始，艾米莉就有了一个中文名字——项美丽。这是邵洵美给她取的，"美丽"脱胎于她的英文名字"爱米莉"，而"哈恩"则与沪语中"项"的读音相近。

爱米莉开始了"项美丽时代"。她从西方人的沙龙一下跳进了中国人的圈子里。

租界内的上海尽管华洋杂处，但却是一片天空下的两个世界，彼此被一道天然的坚壁阻隔着，很难相通。恰恰是赛珍珠、史沫特莱和艾米莉，这三个来自大洋彼岸的女作家，却都成功地走进了中国人的生活深海。赛珍珠是因为从小生活在中国人中间，融洽的关系是自然形成的；史沫特莱通过政治参与，在并肩战斗中与中国人打成了一片；爱米莉则像她的另类个性一样，与赛珍珠和史沫特莱都不同，用炙热的爱情之火将自己融化在中国人中间。

爱米莉在江西路租住的公寓，是银行大楼的底层房子，窗户一开就是熙攘喧嚣的大街。她在自己的书中描述说："我这个大房间的墙和天花板却漆成了绿色。三面墙上饰有金属架，状似竹林，如果从某一角度看，还银光闪闪……那只折叠床白天我用来坐，晚上用来睡，被放在一个不显眼的角落，好像隐没在美丽的竹林里。"在她成为项美丽之后，那间她所称的"丑丑的小屋"，便成了她与邵洵美频繁幽会的香巢。

项美丽自述：那时她的一切活动，几乎"都与我的中国朋友洵美有关……洵美是写不尽的，他无所不在……我几乎每天都看到他，早也好晚也好，大多是晚上"。她也去邵洵美地处杨树浦的家里，似乎毫不忌讳什么。

第一次上门，就让她得到了一次新鲜体验，一种她从未有过的生活经历——学会了抽鸦片。

中国的富贵之家，十之七八都有抽大烟的门风。邵家是名门世家，邵洵美的祖父邵友濂当过清朝上海的最高行政长官——上海道台，还是李鸿章的儿女亲家，自然权势煊赫得很。靠近斜桥路口（今南京西路吴江路一带）的邵家，就有所谓"上海第一家"之称，以"斜桥邵家"而名扬上海滩。但到他父亲这一代，却开始家道衰落了，因为大多沉溺于吃喝玩乐，抽大烟更成为家常便饭。他父亲邵恒便经常一榻横陈，抽得日夜不分，是一支远近闻名的"老枪"。就连邵洵美这个正经八拜的文人，也难脱洋场小开和阔公子的习气，逐渐染上了鸦片瘾。

项美丽到邵家那天，邵洵美正和几个朋友一起，躺在楼上的烟榻上吞云吐雾，如痴如醉。她看到一道蓝烟从他嘴里袅袅而出，空气里还弥漫着一股异样的气味，使她猛然意识到：与她一起共涉爱河的人，正在抽鸦片呢。她感到惊奇，但并不排拒眼前撞见的一幕。一向爱追求刺激的她，相反被眼前这副从未见过的奇情怪象所撩拨着，激起了亲身一试的兴趣。当邵洵美问她"要不要试一试"时，她爽然回应："哦，好吧。"

这一试便上了瘾，一身陷入情海与毒海而久久不能自拔。不仅在邵洵美的家里抽，她那个绿银色"丑丑的小屋"里，也开始飘逸着鸦片烟氤氲的香气，两人幽会时的第一道程序，便不再是接吻、拥抱之类的亲热，而是急切地一起斜躺在卧榻上美美地抽上几口，在昏昏欲睡中寻求如入仙境般的享受。而当远离烟榻时，她会不断地打喷嚏、流鼻水、淌眼泪，人们一眼看出，她的烟瘾又犯了。

幸亏，后来两人都把鸦片戒了，她是请一位德国医生用催眠法戒掉的。

她原本属于那个西方人的圈子，如今成为项美丽的她，却整天与那个中国诗人厮混在一起，与他们反而一天天疏远，那帮西方同伴便对她越来越不满。弗里茨夫人几次给她打电话发出警告：现在城内到处都在议论你，不要再与这个中国人混在一起了。有人甚至匿名给她投寄一张用过了的卫生纸，以表达对她的"愤慨"。那个维克多爵士看她与邵洵美那样亲密，也醋意大发，不免要数落她几句。

一向我行我素的项美丽，总爱从挑战习俗中获得无边的快乐，永远要过她自己想要过的生活。洋同伴的非议、警告，唯一的结果是使她走得更远。她愤怒地回击说："别对我说什么，因为我是不会接受也不会改变的"。

在洋同伴的反作用下，她与中国人走得更近了。她开始更深更宽地去认识中国。一度她与邵洵美到达谈婚论嫁的地步，邵甚至向她提出，走完这一辈子后，你可以埋在邵家在余姚的祖坟，为此她跟着邵洵美真的去了一次余姚，以确认那块祖坟的存在，也让她了解了中国的传统习俗。她也跟着邵洵美和他的朋友们一次次出外旅行，到过北京、芜湖、扬州、苏州等地。一次去游黄山，有十几个人同行，一起泡温泉，拜庙宇，走访云雾山中的村落，更不知疲倦地跑遍黄山的大小山峰，乐而忘返地度过了快乐的十天。后来她在书中这样回忆说："我们整天爬山，每天都爬。追踪着数之不尽的神话传说，我们沿着那些修建于明代的石阶上上下下。"然后他们又去了"人间天堂"杭州，在西湖上悠然泛舟，吟诗作对，俨然延续了中国古代文人骚客的遗风。

一天一群人围坐在邵家书房听收音机玩，听完一曲女声苏北民歌《四季相思》，大家都赞不绝口。席间一位王先生自告奋勇，也用扬州方言唱了起来，唱一支不够尽兴，又唱了一首同样是苏北民歌的《孟姜女》。这一群人中就有项美丽。她不懂中文，却丝毫不影响她对中国民歌的欣赏，当邵洵美将歌词内容给她一通翻译，更使她受到了深深感染，一定要王先生教她唱《孟姜女》。项美丽苦苦学了几天，居然让她真的学会了唱苏北民歌。

因为邵洵美的缘故，项美丽结交的中国人大多是文人——学者，教授，作家，诗人，编辑，翻译家等等。在她那所绿银色小屋里，曾闪动着当时一批中国文坛名士的身影：邵洵美之外，有全增嘏、温源宁、叶秋源、郁达夫、林语堂……小屋也是一帮穷文人的乐土，他们常来找项美丽，聚在这片"竹林"里，坐在沙发上喝着她的红酒谈诗，谈文学，谈天下大事，常常乐而忘返。后来，就在这间小屋里，也就是这些人一起创办了一份英文杂志《天下》，项美丽自述她"很喜欢为《天下》写稿"，一直是它的专栏作者。《天下》从1935年创刊，一直延续到1941年太平洋战事爆发，曾经是那几年身在亚洲的西方人了解中国的一个窗口。

日本"皇军"的猖狂入侵，使上海从天堂变成了地狱。

"……这个城市的好多地方在燃烧，那真是又美丽又恐怖。飞机到处狂轰滥炸，火上加油。街上挤满了拖儿带女的中国人，他们总是挤成一堆仰望着天空……"

"八一三事件"后不久，项美丽在给海伦的信中这样写道。

这时她刚从江西路搬到愚园路，因为这里有个国际住宅区，她以为这里总比别处安全些。但战火一天天逼近市区中心，日本人的炸弹也扔到了她的新居附近，临近有几所房子都被炸成了一堆废墟。惊惶中她急忙奔出门去，在离愚园路几英里远的霞飞路上，找到一所老式小平房，把自己安顿了下来。

在上海，西方人的美梦被日本人彻底搅乱，好日子已走到尽头。维克多爵士匆匆把生意撤回到孟买，自己悄悄溜到了英国。弗里茨夫人也已拔腿逃回美国。飞机场、轮船码头上，乱哄哄的都挤满了逃难的西方人。

"快逃吧"——西方人中，正响起一支战乱中的大合唱。

在沪的朋友，美国的家人，都在催促项美丽快回美国的老家去。但她终究没有走，她给海伦的信中说："在上海你不可能过上安定的生活，但我仍然热爱中国。我没有前往别处的任何愿望……我无论如何不可能前往别处。"

她不走，但她感到愤怒，也感到疑惑：日本人怎么会这样凶暴？

本来她对日本的印象不错。她和海伦来上海，登上的那条轮船开动时，突然宣布不去上海，而改去日本横滨了。于是，姐妹俩就在横滨呆了三个星期。几年后她在《我的中国》一书中这样写到她当时的心情："正好，这倒是个好玩的地方——日本，我从书上对它有一知半解。这下倒可以把我从那个野蛮、喧嚣的中国城市拉开……大家都不了解中国人，提到优雅的东方，大家知道的只有日本。"

在横滨，她们遇到的每个人，几乎都是那样友好而热情。离开时，她们竟然有点留恋不舍。

可是，优雅的日本，如今哪里去了？

随着这一声追问，就使项美丽——这个一向远离政治的女人卷入了政治

项美丽与邵洵美合办的中文刊物《自由谭》。

旋涡。她确实不懂政治,也从不顾问政治。在一些自由派知识分子看来,她是彻底的"自由派"。据说在她二十多岁时,连美国出现股市大崩盘、经济大萧条这样的大事,她竟然都浑然不知也不顾,照样过她逍遥自在的日子。因为不问政治,她的朋友中也很少政治人物。但人既然是这个浩繁的社会大系统的一员,就无法不与政治相遇。面对严酷的现实、当必须作出非此即彼的抉择时,"自由派"也就无自由可言。

愤怒开始变为行动。由此也掀开了她卷入政治狂潮的一页。

那时邵洵美一家也已搬到了霞飞路,就住在项美丽租住的那幢洋房的后弄堂里,离项美丽的住所只差二十几号。比邻而居,两人可以走动得更勤,交往也更密切。战乱中的爱情,在炮火纷飞下会酿造出别一样的滋味。由共同的爱与恨交织着,他们决意去干一件同样愿意干的事——创办一份抗日刊物。1938 年 9 月,中文版《自由谭》月刊和它的姐妹刊物、一样开本的英文版《公正评论》(Candid Comment) 同时问世。刊物由项美丽以美国人的名义向当局登记,办刊物的钱,也由项美丽向她的好友——大美晚报馆老板和一个保险公司董事长处筹措来的。《自由谭》的"编辑人"、"发行人",都印的是项美丽的名字,而刊物实际的操刀手则自然是邵洵美。

只需看一眼《自由谭》创刊号的封面,就可知这本刊物的基调是什么。封面是一幅充满感染力的木刻画,画面远处,日本飞机在轰炸,城市建筑在燃烧,站立画面正中的一个中国农民,双手托着一个已被炸死、头上滴着血的孩子,正愤怒而又悲怆地望着前方。身边还站着另一个掩面而泣的小孩,身后,农民生存的本钱——一条牛也被炸死了。无声的控诉却有如雷霆万钧,直指日本侵略者,让每一个读到看到的人都会热血沸腾。

《自由谭》刊载了许多抗日文章,为了加强直观的感染力,还刊载大量抗日的图画和照片:有木刻《反抗吧!农民》、《大地的怒潮》、《不情愿做奴隶的人们起来保卫华南》,漫画《我们要替死难的同胞复仇》、《现在是我们开枪的时候》,还有抗日救亡招贴画《把敌人赶出去》、《拿生命保障国家民族》等等。摄影画面上展现的是:"街头老百姓正仰望在空中肆虐的日机";"武汉被占前的大火";"上海国际救济会给予难民儿童的协助";"被炮火毁损后的几所上海教堂的惨状"；以及有关侵华日军种种暴行的摄影报道。

"孤岛"上海成为一片抗日怒海，《自由谭》便是其中的一股怒潮，呼啸而去……

同样由项美丽担任"编辑人"和"发行人"的英文版《公正评论》，与《自由谭》同声呼应着，一样为抗击日寇而发出了一声声怒吼。

几乎在同时，《自由谭》和《公正评论》上令人意外地都出现了中共领袖毛泽东的名字。在抗战前途未卜、国家民族危亡系于一线之际，毛泽东的《论持久战》如石破天惊，震撼着河山破碎的中国，鼓舞着抗日浪潮的汹涌向前。《自由谭》专门刊文推荐这本书，并且热情地赞颂说："这本《论持久战》的小册子，洋洋数万言讨论的范围不能说不广，研究的技术不能说不精，含蓄的意识不能说不高，但是写得浅近，人人能了解，人人能欣赏。万人传颂，中外称赞，绝不是偶然事也。"《公正评论》则连续从第 3 期到第 6 期分次刊载了《论持久战》的译文，正文前还以一段编者按语作出热烈推崇："近十年来在中国的出版物中，没有别的书比这一本更能吸引大众的注意了。……它不仅预示战争在威胁我们，并且这个预示，乃至种种情节都惊人地得到了证实。"并且预告，《论持久战》的英文全文即将以小册子的形式出版。

诞生于延安窑洞里的《论持久战》，在上海却奇迹般地走进了英语世界。这一切，原来都源出于霞飞路项美丽居住的那幢小楼。

项美丽租住的房子比较宽敞，她也想增加一点收入，就学着做一回"二房东"，把多余的房间租了出去。房客中一个二十来岁的中国姑娘、《大公报》驻美记者杨刚，与她最合得来，项美丽也早就知道她是中共地下党员。杨刚毕业于燕京大学英文系，中英文的功底都很深厚。她租住项美丽那幢小洋房楼上靠西边的一个房间，既当卧室又当工作室，正是在这里她完成了将《论持久战》翻译成英文的工作。那时她常常受胃病折磨，身体很虚弱，便一边服药一边埋头翻译，在翻译中，杨刚也不时与邵洵美一起对译文的字句斟酌一番，让项美丽提一些语法上的修改意见。

译文先在《公正评论》上连载，然后再以单行本的形式发行。远在延安的毛泽东为英译本《论持久战》的发行，特地写下一千字的序言表达他的心声："……伟大的中国抗战，不但是中国的事，东方的事，也是世界的事。……我希望此书能在英语各国间唤起若干的同情，为了中国利益，也为了世界利益。"

《论持久战》英译本历时两个月才印出。那天，500册书就装在项美丽的自备轿车里，由邵洵美亲自驾车运出印刷厂，送到项美丽那幢洋房里秘藏起来。然后分三路将书散发出去。一路由杨刚通过中共地下渠道发行；一路由项美丽托人发送，她看中一位家里的常客、在德国驻上海领事馆当见习领事的小伙子华尔夫，知道他人机灵又可靠，便托他担任义务发行员；另一路则由邵洵美等开着汽车，趁夜深无人时，将书塞入外国人住宅的信箱里。

项美丽也许不会想到，时势的发展如此奇妙，竟使她不由自主成了一向与她有深深隔膜、关系疏远的共产党人的"同党"，而且甘愿冒着风险，为出版发行共产党领袖的一本书而操心、奔波。只能解释为，表面放浪形骸的她，在正义与邪恶面前，毕竟是懂得分辨和选择的。在正义的召唤面前，她只服膺于正义而不抱任何成见。

危险却是随时会出现。已经将租界重重包围的日军，岂能容忍《自由谭》有发表抗日言论的自由。一个名叫肯的日本人，自称是某报纸代理人，一天诡秘地把她约到"大都会"餐厅吃午饭，同时还带去了一个秃顶的日本男子。他们分明带着扼杀"自由"的使命而来，却还兜着圈子，声言愿意为《自由谭》拉广告，每月可拉到五百美元。七拉八扯间，肯故作不经意地问，你看不懂中文，一定还有一个好编辑吧，他是谁？知道他不怀好意，项美丽便编了一通话搪塞说："我没有编辑，稿子都是寄来的，如果我办公室正好来个中国人，我就请他翻译了读给我听，要是他说喜欢，我就把那篇文章排进去，我特别信任我所敬重的中国人作出的判断。"

肯明知这并非真话，也不动怒，但圆滑的话音里已暗布机关："那你就无辜地被人利用了，你或许没意识到，你们有些文章是反日的，可以说，相当激烈的反日。"

他希望项美丽改变办刊方针，要对日本抱持"友善"的态度。项美丽的回答却一点不"友善"："我有理由不跟你们友好，我觉得你们日本对我们外国人不友好。你们不是想把所有外国人都踢出亚洲吗？"

肯的游说，虽然被她的义正词严挫败了，但她也已经无力保住杂志。迫于日本人的压力，租界当局下令取缔《自由谭》和它的英文姐妹刊物《公正评论》。1938 年末创刊的《自由谭》，到 1939 年 3 月出完第六期后，便不得不与《公正评论》一起宣布停刊。

杂志停刊了，但她并未走出政治的漩流。人生的路怎么走，常常并不决定于自己的意愿，而总会被时势裹挟着逐流而去。此时的她同样没有想到，先前还与共产党人在同一条战壕里战斗的她，转眼又将走进国民党人的帐前麾下。

事情起源于 1938 年春天，一位不速之客——约翰·根室的到来。根室是项美丽的旧相识，当年曾热烈追求过她和她的姐姐海伦。十年不见，眼前的根室已是很有名气的作家，一部《欧洲内幕》的书为他带来了一片盛誉。这次，为他的下一部书《亚洲内幕》搜集资料，专程来到了上海。

听说项美丽正在写一部小说，是关于一个美国女人和一个中国绅士之间的爱情故事，根室便连连摇头。他告诉项美丽，在战争年代，美国人不会关心发生在中国的男女情爱故事，而会对政治人物感兴趣。为什么不去写宋氏三姐妹？她们的故事，美国人肯定会很关注。

根室回美国后，就在纽约的出版商中间"广而告之"，说正在上海的作家艾米莉·哈恩打算写一本宋氏姐妹的书。消息传出，这一年的秋天，便有美国和英国的几家出版公司纷纷向项美丽约稿，美国公司甚至还寄来出版合约和一张五百美元的预付稿酬支票。项美丽被将了一军，原本举棋不定的她，这下便被逼着狠下决心，去闯入这个对于她还很陌生的题材领域。

《自由谭》和《公正评论》停刊后三个月——1939 年 6 月，她就和邵洵美一起踏上采访宋氏三姐妹的第一站——香港。

项美丽对宋氏三姐妹的了解，仅止于见过一面而已。见过宋美龄，只是远远地一望；见过宋蔼龄，那是孔家在上海的家中举行招待会时，她由弗里茨夫人带着同去，与孔祥熙和宋蔼龄握了握手，就再无任何交往；也见过一次宋庆龄，是由热心的史沫特莱介绍认识的。但要为她们三人写传记，就没那么容易。当她给三姐妹写信提出采访请求后，宋庆龄一直没有回信；宋美龄隔了一段时间才从重庆回信，说她实在太忙，没时间接受采访；只有宋蔼龄似乎被她的信打动了，约她到香港去见她。

宋蔼龄的回信，带来了一线希望。邵洵美告诉她，按中国人的习俗，一家人由老大说了算，三姐妹中宋蔼龄是大姐，攻下她这一关是最重要的。而且，邵洵美的手中还有一个砝码：他的五姨妈与宋蔼龄是老相识，一向关系不错，近来五姨妈也一直去香港孔府作客。请她帮忙，采访一定会多几分成功的把握。

到香港一个多月后，终于见到了宋蔼龄。宋蔼龄很欣赏这位年轻的美国女作家，好多次在晚间与她和邵洵美会面，接受采访，还提供了不少家庭生活的资料和照片。这位孔夫人也表示，愿意说服两个妹妹与她合作。

在香港呆了两个多月后，项美丽又回到了上海，设法联系宋家的两个妹妹。宋庆龄就在上海，给她去信后却一直没有正面回应，项美丽只在一些公众场合见过她几次。宋美龄的态度却全变了，不久就派人跟项美丽联络，让她绕道香港飞到重庆去见她。

这次，项美丽一人独自上路，去重庆一呆就有三个多月。一边采访，一边抱着打字机钻进防空洞，利用敌机空袭的间隙在油灯下写作。三个月后，因宋氏三姐妹在香港会合，她又回到香港，随后三姐妹又同去重庆活动，她也再次回到重庆。在宋氏三姐妹共聚重庆的一个月中，她一直追随着她们的行踪，几乎形影不离，也就在这时，她才近距离接触到了宋庆龄。

第一次香港之行回上海后，她还做了一件对她来说很重要的事：戒掉鸦片的毒瘾。重庆的国民政府正在严禁鸦片，不允许她再吸食鸦片，她自然也不能以一个烟鬼的身份，去采访宋家姐妹。在一位德国医生的帮助下，竟然出现了奇迹，她以很短的时间就戒掉了毒瘾。

在跳出毒海的时候，她也已经想到该跳出情网了。在那种"非妻非妾"生活的长久折磨下，她对爱的热情已经逐渐消退，就像她后来所写的："时光带着我们流逝，但中国人却喜欢让每件都停顿在刹那间，留住那一刻，就像电影中段的一个定格。这不是我的错。"

与邵洵美一起从香港回上海的轮船上，甚至第一次让她惊奇地发现：被她深爱了许久、一直是她心目中最完美男人的邵洵美，两条腿竟然显得那么短，穿着西装的样子也有点滑稽可笑。旧日美男子的光彩，正在她眼前渐渐消退。她预感到，她的上海岁月快走到尽头了。1939 年 11 月，她应宋美龄之邀转道香港去重庆时，也许还没有下最后斩断情丝的决心，但以后，在奔波于香港、重庆之间的碌碌风尘中，在山城油灯下挥笔写作的激情起伏里，她钟情过的那个中国男人、曾使她意乱神迷的那段情史，却已经渐渐地开始被淡忘了。

终究，这一次离开后，她再也没有回上海。

项美丽是上海的产物。离开了上海的项美丽就不再是项美丽，又成为了艾米莉·哈恩。

离开上海的她，便一直追随着宋家姐妹足迹，奔走于香港和重庆之间。在重庆，代表两个不同阵营的宋氏三姐妹，亲密无间地出现在公众的视野里：一起对外广播，向国际社会寻求援助；一起去医院慰问伤兵；一起到国民革命军遗族学校参观……似乎姐妹之间的不同政见，都已消融在这片浓浓的亲情里了。但在一旁观察记录着这一切的艾米莉，却能够隐隐感觉到，亲情归亲情，她们之间政治上的分野是很难磨平的。

她记得在香港的时候，当宋蔼龄说出她们"姐妹都要去重庆，孙夫人也去"的这"一个秘密"时，她曾感到惊奇而又不解："你们与共产党已真正和解了？"宋蔼龄回答说："据我所知，这是一次个人参观活动，孙夫人不会住在蒋家，她将住在我家。"

她自然听懂了宋家大姐的言外之音，姐妹之情，并不能掩盖她们之间的政治分歧。而宋庆龄对项美丽撰写《宋氏三姐妹》，之所以一直不作回应，也有她的政治上的考量。宋庆龄其实一直信不过她，据说还警告过她的秘书：要小心，别跟项美丽来往。甚至，宋庆龄还怀疑过她是中情局的特务。

不问政治的艾米莉，还是被卷入了政治的旋涡。她又一次必须作出抉择。自然，她站到了宋蔼龄和宋美龄一边，她的性格、经历和思想信仰，都决定了会出现这样的结果。

答案也就很清楚，为什么她和史沫特莱最终会导致决裂。当她们回到美国的时候，一场对华政策大辩论正在美国的政界和舆论界蜂然而起：在中国，究竟应该支持谁？是蒋介石的国民党还是毛泽东的中共？艾米莉选择了前者，而史沫特莱则义无返顾地为支持中共而奔走呼号。代表不同阵营、不同立场的昔日好友，友谊之链出现了断裂，那是必然的。

1940年5月，艾米莉在重庆采访宋氏三姐妹，右三为艾米莉。

走 近 神 秘 人 部 落

汉布尔格在霞飞路上的住宅，一度成为佐尔格和他的战友们秘密聚会的据点。

佐尔格："大隐"，就在市声喧阗处

　　从法国马赛起航的一艘日本客轮，穿越茫茫大海，沿苏伊士运河—科伦坡—香港的航线向上海驶去。1930 年 1 月 10 日，轮船在熙熙攘攘的外滩码头泊定，下客了，人流便如潮水般地拥下舷梯。人群中，两个德国男子挨肩而行、轻声说笑着，显然是同行的伙伴。其中那位年长的约 35 岁，长得高大魁梧，鹤立鸡群似的特别显眼——狭长的脸孔，高而宽的前额，长着一头卷曲而生、浓密的深栗色头发，眼睛呈深蓝色，明亮而又深沉，两道宽眉则微微上翘着，不由让人联想起古代神勇的武士。只是在走路时，微微显出是个跛脚。那人一上岸，望着眼前这座高楼林立、车来人往、纷涌喧腾的大都市，脸上闪过了一丝笑意，仿佛隐示着此刻他对踏上这块陌生土地的自信与执着。

　　他们毫不觉察，当两人一上岸，就有几双诡秘的眼睛在盯着他们。这是上海巡捕房的探子，像灵敏的猎犬一样，暗中正窥探着他们的一举一动。很快，两个德国佬就被打入了另册，巡捕房怀疑这两人兴许就是赤色苏俄派来的特工。

　　不知是早已得到了风声，还是探子的眼光过于毒辣，猜测竟与事实高度地吻合。那高个子的德国人名叫理查德·佐尔格，果真是苏联特工——苏联红军总参谋部四局的远东情报员；另一位名叫魏加顿，是随他一起打入上海、准备长期潜伏的无线电技术员。不过，巡捕房探子还是疏漏了一点，没有察觉，与他们同行的还有个第三者。他是这个谍报小组的负责人，波兰公民、别名"亚历克"，而真实姓名却一直不被人所知。

　　"亚历克"注定是个过渡性人物，他奉命潜入上海，是要接收红军四局先前派出的雷曼小组，然后恢复与苏俄已经中断的无线电联系。收编的事办完没多久，他就悄然消遁于上海滩，而让高个宽眉的佐尔格独撑大局，登上了这个东方大都会的谍报

佐尔格

舞台。

这正是苏联军方早就布下的一步棋。

这不是一步孤立的棋，背后机关重重，都牵系着苏共当局的一盘"东方大棋局"。原来，苏联早先为实施红色扩张，想在西方各国点燃革命之火却屡屡受挫，点起的火都被一次次扑灭了。于是改变策略，把"输出革命"的雄心和希望寄托于远东，重心就是中国。但中国也是险恶之地，1927 年一场腥风血雨，使希望又一次遭受破灭，在中国的苏联谍报小组也几乎瓦解殆尽。而另一头，日本磨刀霍霍、图谋将太阳旗遮掩中国的野心已越显分明。乱云飞渡中的远东，形势霎时变得诡谲难辨。从这番乱象迷局中理清头绪，是莫斯科以备主动掌控局势而必走的一步。

而这一切，都必须建筑于准确而又及时的情报。

麇集着形形色色中外各种政治势力的上海，也是外国人在远东的活动中心，拥有海量的信息，自 30 年代起，就是世界情报战的兵家必争之地。从地域上说，上海也就是掌控远东和中国的基点。

但对于初入上海的佐尔格，两眼摸黑、双手空空是也，一切几乎都得从零的起点开始。身边，最先只有与他同来的魏加顿，后来又来了报务员马克斯·克劳森，建立电台、收发情报总算有了着落。这个来自汉堡的原海员克劳森，早于佐尔格他们到达上海，是先与雷曼小组接头的。他告诉佐尔格，那天他来到外滩的汇中饭店，按照事先约定左手拿一份《字林西报》、右手握一只烟斗，与来人对上暗语，才完成接头的程序。很巧，魏加顿与他曾是四局无线电学校的同事，以前在汉堡时也同属一个党支部，佐尔格就让这两个老熟人搭档，组成了一个技术小组，设法与距离最近的苏联城市海参崴打通无线电联系。

来了，首要的是安身立足。佐尔格让克劳森先去找个地方住下。克劳森四下打探寻觅，在虹口僻静地段租下了一幢二层楼底层一间屋子。但底层不能安装室外天线，没办法收发报，给克劳森出了难题。打听到楼上住的是一个单身芬兰女人安娜，他就跑去商量，想与她对换楼上楼下的房子。可安娜却死活不肯，几次都被她一口拒绝，闹得两人如冤家对头一般。佐尔格只得亲自出场，打听到那女人一个人既做裁缝、又兼非整日制的护士，日子过得很清苦，就答应房子调换后给她补贴两间房租的差额，让她多得一点收益。安娜一下就被打动，一口答应了下来。

山回路转后的结局，更带有戏剧性：为换房引起的吵吵闹闹，反而使两颗心一天天地贴近，情意渐浓，以至到了已分不开的地步。佐尔格趁势一阵撮合，使克劳森和安娜终于走到了一起。楼上楼下就被打通成了一家子。

用家庭做掩护，就更不易被人起疑，增加了安全系数。佐尔格为有这样的结果而暗暗高兴。

这当然必须是这样的："非正常人"的特工，却需要有一副正常人的假面和伪装。掩护自己除家庭之外，还需有正当的职业。克劳森和魏加顿为了掩人耳目，初来时都曾经佯装成推销员，为一家德国自动炊具公司推销产品。搬到虹口居住后，克劳森在附近又开了一个带车库的摩托车行，为自己打掩护。情报小组另外的成员以后也陆续而来，像克劳森一样也各有"归宿"：精明能干的波兰人约翰，在北四川路开了一家照相器材商店，而店堂后面却是翻拍文件的工作室，在这里把情报资料复制成微型胶卷，这商店同时也成了秘密交通员的歇脚点。化名"保尔"的爱沙尼亚人卡尔·里姆，最初的身份是兽医，后来又在约翰照相器材商店附近开设了一家西餐馆，每天门庭若市，生意很红火。外人做梦都不会想到，这小老板竟会是苏联特工。

沙粒一样躲入沙堆，水滴一样藏身大海，这就是多数特工的生存法则。愈是让自己行迹隐蔽、面目模糊，他们就愈为安全。

但这样的法则却不适用于佐尔格。一个肩负着刺探、搜集战略情报重任的大特工，需要有在天空海阔中如鸟飞鱼跃的自由度，更要有适合出头露面的体面身份，唯其这样，才能混迹于上流社会，结交到高官富商名流，来觅取源于高层的情报。对于他，更必须的是找到这样一个身份。

他早已殚心积虑地谋划过了。

他是一个德裔俄国人，曾在德国度过了青少年时代，要变身德国人，可以做得天衣无缝。来上海前，他就先到了德国，在柏林取得德国政府颁发的合法护照。公开的身份，对于他最易得来也最合身的是学者和记者。在德国时他曾取得过社会学博士学位，本来就是个造诣很深的学者，于是当他来到他原先当过助教的法兰克福大学，几乎不费吹灰之力，就与学校的《社会学杂志》签订了供稿合约，成为了他们的派遣人员。转身又来到《德意志粮食报》，取得了该报特派记者的头衔，让记者的身份也敲实落定。粮食报内，一位热心的编辑还锦上添花，帮他搞到了德国外交部新闻司给上海德国总领事的一份介绍信，言辞凿凿地为他证明："理查德·佐尔格博士，家住柏林，现前往上海研究中国的金融和农业问题。敬请协助佐尔格博士收集相关资料。"意外的收获，又给他涂上了厚厚的一层保护色。

一到上海的佐尔格，就在热闹的外滩找到栖身之地，在一家与自己身份相匹配的豪华旅馆——沙逊大厦内的华懋饭店住下。披着德国国籍、学者头衔、记者身份的"三件套"外衣，使他到哪里都是个受欢迎的人。在上海刚安顿好，一周后，他首先来到德国总领事馆，总领事科伦贝格男爵一看那封来自外交部的介绍信，就对他信任有加，像遇到老朋友般地热烈拥抱了他。男爵心情大好，又当即签发了一大摞公函，将佐尔格郑重推荐给上海的德商和其他国家的外交官。意犹未尽的男爵还告诉他，南京那边另有一大帮德国同胞，都在担任蒋介石的军事顾问。男爵总领事为大记者热心地当起了参谋，说这一帮家伙在中国可都是通天的，到哪里都能畅行无阻，你要打探消息、挖新闻，去找他们准没有错。

他谢过了总领事，也决不辜负他的一番美意。几天后，他果然去了南京。在市中心一幢带花园的西洋式小楼里，一声"先生们，柏林向你们致敬！"的问候，一个标准的德国军礼，就使他与这些军官们一见就熟，一下打得火热。他这个一战德国老兵，还遇到了当年同一战场兄弟部队的"战友"，异地故旧相逢，更像铁哥儿们般的无话不谈。轻松谈笑中，他借机摸清了德国人在中国研制新式武器、扩军备战的秘情。毫不设防的德国军官们，还兴冲冲地领着他去汉口郊区参观一次武器试验，让他摸透了新式德制远程大炮的性能、威力；又一同赶往开封和西安，"视察"了正要去围剿红军根据地的蒋介石嫡系部队。在南京时，一个德国军官想证明他的手眼通天，又领着他去叩开委员长的办公室，见到了那个在中国权势最显赫的大人物。坐在大写字台前的蒋介石，以为眼前的他是那些德国军官的同类，当成贵客一样热情地招呼着他，还像与德国军事顾问商谈作战计划一样，与他口无遮拦地大谈凭借德国的飞机、大炮和军事策略，如何去消灭中共红色军队的计划。

点头。微笑。连连地应声赞同。俨然是蒋氏的同道人，在贴耳聆听着委员长的高谈阔论。最高机密的军事情报，就让这个最高统帅侃侃说来，无形无迹地变成了佐尔格的囊中之物。

5月初夏，佐尔格又动身去南方城市广州。还是先叩开德国领事馆的大门。广州的总领事也一样热心，为这位来自本国的"无冕之王"大开一切方便之门。有这样的贵人相助，佐尔格轻而易举就融入了当地的德国侨民圈，也一路无碍地进行了一次"华南考察"。半年时间，他几乎摸透了这座南国之城和她的周边省份，得到了他想得到的一切——英国在香港的动态和英国的对华政策；华南各省军阀的实力情况和他们与南京政府的关系；还物色到了他需要的谍报人员。

以上海为基点，逐渐地向中国各地辐射。广州之外，他又在北京、天津、东北三省和内蒙古留下匆促又踏实的足印。行程中左右开弓，一边摸情况，一边也为自己的情报站安下了钉子。他的"采访"行程每到一地，都被他标示在办公室墙上挂着的一幅中国地图上，到年底结算，不由让他惊喜地看到，半年间的总行程，绵绵邈邈的已有约10000公里了。

一个记者勤勉敬业的碌碌身影，也印象深刻地落入人们眼中，赢得的是赞叹和敬佩。拥有合适的身份、站在能左右逢源的恰当位子上，使他惊心动魄的赤色特工行动被安全洗白了。

新闻是公开的情报，情报则是秘密的新闻，记者和特工原本就有相近的血缘。情报高手佐尔格也确是一位称职的好记者，一路采访，写下多篇有关农业问题的报道，几乎篇篇都称得上是精彩之作。无论在中国还是在德国，这些出手不凡的新闻稿，都为他赢得了著名记者的好名声。

佐尔格最大的幸运，是与一位美国女记者、女作家的相遇与相识。

初到上海，他在外滩华懋饭店这座豪华宾馆的四楼，租用了一间寓所。同在四楼，还住着一个美国女作家，名叫艾格妮丝·史沫特莱，现下是德国《法兰克福报》驻上海记者。这是一个与生俱有红色基因的激进派文人，而且具有惊人的活动能力、无人可及的交际面。佐尔格最需要这样的人来挥臂相助。

本来两人并不相识，但早在德国时，佐尔格就已听闻她的种种传奇般故事，也读过她写的饱含激情与辛酸的书和文章。她的人格和能量都使他深信不疑。在华懋饭店与她意外相遇，使佐尔格恍如眼前闪过了一道亮光，看到了解开一道难题的希望。

他的"潜伏"大戏，这时正处在挑选、安配各种角色的阶段，眼前遇到的最大难题是：他已不缺发报的技术人员，却独缺第一线的情报员；既然在中国搞情报，自然更需要中国人走进他的谍报小组。然而人海茫茫，一个初来上海的外国人，去何处寻觅他需要的人？

史沫特莱，仿佛就是上帝给他派来的"救星"。他坦诚地向她公开了自己的真实身份，恳求能得到她的帮助。这个早已被"革命"填满自己心胸的女汉子，凭着她由敏锐的直觉所练就的判断力，几乎未假思索，便爽快地答应了一切。

5月，佐尔格去广州进行"华南考察"，一个月后，意外地见到了也在广州的史沫特莱。就在广州，史沫特莱把一个中国小伙子推到了佐尔格面前。

他叫方文，自我介绍他在广州东山美国教会女子中学当老师、教汉语。因为初次见面，佐尔格不便公开身份，史沫特莱就识趣地只亮出他的化名：来自德国的亚历山大·约翰逊博士，是专门研究中国农村经济的。

将在广州呆几个月的佐尔格和史沫特莱，都需要一个临时落脚点，方文一口答应包在他身上。没过几天，方文就在东山市区大街的拐角处，为他们租下一座小楼，给两人各自安顿了一个配有全套家具的寓所。

小楼成了热闹的聚会点，方文更成了小楼的常客。频繁不断的接触和深入探底，已经让佐尔格打定了主意：谍报小组吸收中国人，他就是第一个。佐尔格也向方文稍稍透了一点风，坦承自己的信仰是马克思主义而非上帝。心领神会的方文也亮出自己的底牌，燕京大学毕业的他，真名叫张放，早已是中共党员。只是因为与组织失去了联系，暂时成了一只单飞独栖的孤雁。

佐尔格离开广州回到了上海，方文不久也尾随而去。佐尔格这时已不再掩饰自己，但为了方便从各国人中招募情报员，他只能自报是共产国际远东局而非苏联军方的代表——在情报组织内部，他也一直这样宣称自己。

中共也是共产国际的一员，太好了！——方文激动地说，作为中共党员，我愿意在共产国际旗下当一名忠诚的隐蔽战士。但他并不放弃他的"寻根"计划——继续寻找中共党的组织。不枉一番奔走、苦寻，在上海，孤雁终于如愿归巢。彷徨、踌躇了两年的他，就将积压已久的热能都挥洒在了党领导的社会活动上。

佐尔格却把他叫去，一脸严肃地警告说：必须停止与组织联系，停止参加党组织的各种活动，也要停止参与各种进步团体的社会活动。这是铁的纪律，必须严格遵守！——佐尔格不容分说斩截地说。

极度亢奋中的方文，一下如掉入了冰窟雪地。接上关系后，党组织正在设法恢复他的组织关系，让他一下脱离组织、脱离组织安排的工作，他的党员资格还怎么能被认定？他的政治生命不是被当成了儿戏？

处在矛盾漩涡中的他，挣扎着，却怎么也跳不出去。

虽然理解他内心的痛苦，但佐尔格更明了他必须跨过的一关。他告诉方文，共产国际与中共的目标是一致的，但既然从事隐蔽斗争，就要遵循隐蔽工作的规律和特性，违背了就会铸成大错。那样，带来的就不只是你一个人的生命之危，更是革命大局的严重损失。生死攸关的事，一点都不能马虎！

方文心中的块垒似乎被打消了，咬咬牙答应说，他会告诉党的组织，叫他们不要找他了，因为他已经参加共产国际的情报工作，不能再与党组织发生联系。佐尔格听罢不由一脸苦笑，无奈地摇着头。他原谅了一个情报新手的幼稚和大意，但还是严肃地提醒他，你这样说，不就暴露了你的特工身份吗？多余的话一句都不必说。你只需告诉他们，你的组织问题已经解决，以后不要来找你就行了。

与党组织刚接上的线，就被方文用自己的手，戛然掐断了。但他已不再是孤雁，而只是加入了另一支行迹更诡秘的雁群中。

这不是方文一个人经历过的煎熬。继他之后，中共组织又遣派了好多党员去加盟佐尔格的谍报小组，无一例外地，他们都从中共的名册上被抹去了自己的名字。

中共中央机关，那时还在上海临危苦守，佐尔格与她建立起地下秘密通道，就有了一棵背靠的大树，能索取更多他所需要的情报人员。他们中间，有几个是他先发现后，向中共点将"讨"来的。他最满意的成果之一，便是发掘了张文秋——一个坚定而能干的女布尔什维克。

最初发现张文秋的还是史沫特莱。一天，在中共中央机关工作的张文秋来到另一个中共党员、翻译家董秋斯家里，去看望在董家寄养的女儿思齐。一进门，看到一个高高个子、麻利的外国女人已先她而在，一通报姓名，才知道她是她早就听说过的著名美国记者、作家史沫特莱。这次相识，成为了她们长久友谊的开端。张文秋极富传奇色彩的故事，还被史沫特莱写成报告文学送往国外发表。

以后的一天，史沫特莱又把张文秋约到董家见面。跨进门去，张文秋迎面瞥见一张陌生的面孔，是一个外国中年男子，正用微笑对她作出友好的示意。没有人介绍他是谁，她也不便张口多问。她和史沫特莱在谈话，那人在一边仔细倾听着，一双深蓝色的眼睛总在紧瞅着她，透示出他对谈话的盎然兴趣和别样的关切。张文秋不由感到好一阵不自在。

这是谁呀？干吗老这样瞧着？直至离开了董家，她的心里依然存着一个谜。

她不知道这就是佐尔格。史沫特莱好多次说起张文秋的传奇故事、磨难经历，让佐尔格不由激发了兴趣，一心想把她吸收进自己小组。这天在董家的会面，正是他俩特意设计的一出戏，由佐尔格亲自"面试"这个未来的情报员。

"面试"成功后，佐尔格又特意去会见中共领导人周恩来，向他当面点将"讨"人。一星期后，在法租界吕班路志和里的一幢三层小洋楼里，周恩来亲自带着张文秋来见佐尔格。一张似曾相识的洋面孔，那天见到的不就是他吗？一阵突兀和惊异之后，张文秋很快醒悟过来，疑云，一阵风似地被驱散了。

走进了佐尔格的新营地后，张文秋奉命和一位德共华人结成假夫妻，租下法租界福开森路和吕班路的两栋洋楼，每天埋头披览上海、南京、北平各大城市的十几种报刊，去搜索各类情报。以后她又受命担任南方站站长，一度沉寂的南方情报网被她迅速唤醒，重新活跃起来。在她一次去香港递送机密文件时，她与狭路相逢的一个叛徒斗智斗勇、巧设迷阵，冲破关隘重重而送出情报的一段惊险经历，让佐尔格更是赞叹不绝。他看准了这位中共女将的机智和胆略，一直想送她去国外，对她重点栽培。但不久他接到命令将撤出中国，计划便永远只是一缕心念。

他也不会再知道，张文秋，他手下的这员女将，后来竟成为新中国开国领袖毛泽东的"双重儿女亲家"。最终，她走完了一个革命老人99岁高龄的壮阔一生。

德共党员汉布尔格，是佐尔格在上海时的秘密交通员。

张文秋、方文，以及更多的革命者，由史沫特莱的传送而进入了佐尔格的营垒。但难免也有被他打回票的，哪怕有史沫特莱的保荐。一个年轻的德共女党员，就遭遇过这样的尴尬。

这位女党员名叫乌尔苏拉·汉布尔格，几年前跟随丈夫罗尔夫到了上海。当建筑师的丈夫，很快在市政局谋得了一份收入丰厚的工作，而她则成了无事可做的全职太太。家里有仆人、厨师和苦力，什么都不用她去操心，每天就在花园的躺椅上悠闲地躺着，喝茶、喝苏打威士忌，吃水果冰淇淋，与客人们谈论桥牌和麻将，有时就去看赛狗、看打曲棍球，或是去听音乐会，看美国有声电影。让不知多少人垂涎的这种上等人生活，却使汉布尔格感到无聊极了。"这是一个陌生的世界，我厌恶这样的世界"——她的内心在吼叫着。与党组织失散以后，她一直在焦炙地等待着党的消息，一周又一周、一月复一月。

后来结识了史沫特莱，迷茫中的她才找回了自己。史沫特莱知道她正焦渴着什么，一天便悄悄地向她透露说，有一个绝对可靠的同志，你们可以见一见。汉布尔格听了霍然打起了精神。

然而听过史沫特莱的介绍，佐尔格却迟疑了许久。生活过得这样惬意舒适，又有好几个月的身孕，再说她丈夫的政治面目也模糊不清，这样一个女子，还能适应出生入死的谍报斗争？他想把初次见面变成也是最后的一次见面，就刻意放大、渲染特工生涯的严酷和危险，让汉布尔格冷静想一想后再作出选择。"现在拒绝还来得及，我们谁都不会责怪你的。"佐尔格说。

显然，他希望她能知难而退。

好强的汉布尔格被刺痛了心，挑衅似地回答说，没问题，她一切都能经受得住。因为感到委屈，语气也变得分外生硬。沉默了片刻，佐尔格笑着向她开启了绿灯，因为他已看到了她内心的强大，而这正是一个特工所特别需要的素质。

这年11月，汉布尔格走进了佐尔格的谍报小组。那时汉布尔格夫妇还借住在朋友家里，佐尔格就借用她的房间，与一些中国同志接头、谈工作。几个月后，汉布尔格租下法租界的霞飞路1464号（没多久已改为1676号），营建了属于自己的家。这整个住宅如同坐落在一座小花园里，幽静而又隐蔽；住宅的全部四个房间望外都能看见绿地，房子又有两个出口，整个绿地毗邻着两三条不同的街道，既方便监测周围的动静，一有风吹草动也容易脱身。佐尔格向四周环视了一遍，笑着说，这也是情报站的家了。

每个星期，佐尔格都在这里与小组同伴们聚会一个下午。他们在二楼开会，汉布尔格就在楼下负责警戒。她从来不参加他们的谈话。除了警戒，偶尔佐尔格还拿一份新闻稿让她抄写，以作为他上这儿来的借口。也许更重要的工作，是让她保管情报站的两只箱子——一种巨大的旅行箱包，平时箱子就存放在她家壁橱里，放在夏天存放防虫蛀衣物的樟木箱后面。她只知道，其中的一只箱子里装满了印刷品和手写的情报资料，每次小组开会时，都会打开它使用，而对另一只箱子，她却一直不知装着什么。直到有一天她送茶水到楼上房间，突然看到他们每人手里都拿着一支手枪，地毯上的箱子里也装满了武器，才让她揭开了秘密。这时才知道，这箱子是如此的不寻常。

几个月后，由佐尔格嘱咐，汉布尔格又准备了第三只箱子。佐尔格告诉她，情况随时会有变化，因而要作好随时转移的准备。于是，她就把自己和儿子的随身用品收拾停当，都装进了那只新买的旅行箱里。从那时起她就养成了一个习惯，在家里永远准备着一个箱子，也永远作出一副箭在弦上的架势。

秘密行动成了她的第二天性。而所有这一切，都瞒过了她的建筑师丈夫罗尔夫。他全然不知在这个他一直以为温馨平静的家里，却一直潜伏着刀光剑影和惊涛骇浪。

但女人的情绪，天性是容易波动的。在丈夫面前不动声色的汉布尔格，当稍有情绪流露，却都躲不过佐尔格的眼睛。组织活动中，总是只担负着看门警戒、端茶倒水的工作，对咫尺之外发生的一切却几乎毫无所知，不免使她感到满腹委屈。她从未向佐尔格明说过,佐尔格却已隐隐地觉察到了。

楼上的会议已散去,佐尔格却没有离开,看着心神不定的汉布尔格问道,你也许有什么要跟我谈谈吧。汉布尔格拘谨地低着头,一声未语,只是催促他:"时间到了,你该走了。"

地下工作的限制,对不该说的话就决不多说。但既有心结,就总要帮她解开,纵然她把自己包裹得再怎么紧。

一向严肃、沉静的佐尔格,一天却一脸轻松地告诉汉布尔格说,我可是个摩托车迷,你还不知道吧! 又突然提议说,走吧,跟我一起骑摩托车去兜兜风。久守在家中、早已感到沉闷难耐的汉布尔格一口同意了。那天,两人就在离霞飞路不远的城市边缘准时会合。佐尔格让汉布尔格双脚蹬在踏板上、在后面坐稳,随着一声马达轰鸣,佐尔格带着汉布尔格一个猛冲,便飞驰在郊外的泥路上,让第一次骑摩托车的汉布尔格开心、激动得宛若换了一个人。她在后面不停地喊着"加油! 加油!"一路大笑着,欢舞着,嘴里喋喋不休地唠叨着,从未有过这样的兴奋、忘情,心中的积郁、不快也全都抛到了九霄云外。

兜风回来,一身轻松的汉布尔格不再有任何委屈、怨艾,与佐尔格交谈也不再有那么拘谨。一直到佐尔格撤离上海,近三年时间她一直是佐尔格麾下的一名忠实战士,默默地勤勉地工作着,无怨无悔。

没有人天生就是特工。在佐尔格年少的时候,梦中出现过无数他向往的未来归宿,可就是从没有梦见过特工。他从小敏感而又胆怯,最害怕不见光亮的黑夜,整晚上都要让卧室里点着灯才肯去入眠。这样的"胆小鬼",有谁能想象到会是日后出生入死、一身孤胆的大特工?

他出生在俄国,母亲,一个地道的俄国人,却嫁给了德国工程师。三岁时,他就已远离出生地——高加索巴库油田附近的一个小镇,随着父母迁往德国,定居在柏林郊区的一个大宅院里。从小胆怯的他,却又是一个极易被激情撩弄、点燃的人。第一次世界大战打响,19岁的佐尔格就热血沸腾地走进征兵站,成为德军野战炮兵团里的一名学生兵,高唱着爱国歌曲冲上前线战壕。从一战的西线到东线,在与法军和俄国人的战斗中他勇敢作战,两次都受了伤:一次右腿被弹片

　　　　　　　　　　走近神秘人部落

击伤，一次两条腿都被弹片打折，从此落下了一生瘸拐的残疾。

胸挂二级铁十字勋章、从前线载誉归来的佐尔格军士，却从此性情变得焦灼而又狂躁。他常常受噩梦的惊扰，一觉醒来，便有无数疑问向他袭来：为什么会有这场战争？我们是在为何而战、又为谁而战？我们究竟是在做什么？多年后他还在回忆说，那时，"我陷入了极度的思想混乱中"。正是一缕思想光辉的照射而来，才澄清了他的心绪。他接触了马克思主义，使迷茫的灵魂找到了皈依的圣土。

他与马克思主义其实早有渊源，他的家族中，就有过一位共产主义运动的先驱、他的叔祖父弗莱德里奇·阿伯特·佐尔格。老佐尔格是马克思、恩格斯的亲密战友，早年担任过第一国际书记，1870 年他把与马克思、恩格斯频繁往来的书信汇编成册，为第一国际留下了一笔珍贵的历史遗产。这本书信集正式出版后，曾被列宁称道为"我们先进的马克思主义文献不可缺少的增补部分"。

如水流千里终归大海，具有红色血统的佐尔格，也投入了曾经由马克思开创的事业。先是加入德国共产党，1924 年 10 月来到莫斯科后，又成为了联共（布）的一员。在莫斯科，他被吸收进红军四局共产国际情报处，整天忙碌于收集有关各国工人运动、政治经济问题方面的资料，处理、联系各国共产党的党务问题，以后几年又频频穿梭于柏林、哥本哈根、斯德哥尔摩、斯堪的纳维亚、伦敦和莫斯科之间。出色的工作，使他博得了红军四局局长别尔津的青睐。别尔津认定这年轻人，关键时刻就将是四局出手的重磅"秘密武器"。

佐尔格秘密潜往上海的命令，正是出于这位苏军总参四局的头儿别尔津之手。

以往的行动只是预热，他真正的谍报生涯的第一站，却是在上海。以后当二次大战飓风已息、尘埃落定时，他无可非议地以他的胆识和智慧，以他创下的无人可及的奇迹般业绩而博得了无数耀眼的称号——"红色谍王"、"谍海巨星"、"最有胆识的间谍"、"二十世纪最大的间谍"等等。而造就这一切的铺垫，就是在远东和中国的魔都上海。

"谍王"炫目的光环，并不来自某一次的轰然迸发，而只能出自一点一滴的行动积累。

上海的佐尔格小组，当人已集拢、网已撒开，就开始伺机出击。在电台被安顿好、情报系统正式运行后，报务员克劳森每天的作业之一，就是通过短波频率监听上海和周围上空布满的无线电信号。克劳森告诉佐尔格，他能监听到的许多东西，可能会成为有用的情报。说来随意，却一下拨动了佐尔格的特工神经。"我们要想办法从空中截取情报！"佐尔格果断作出了决定。

但那些绝密情报，都是先译成密码后才会发出的，所以首先要搞到密码。国民党军队那时正重兵围剿中共红色根据地，佐尔格就筹划先刺探国民党军队的情报，为红军解围。

来到南京，去德国军事顾问团"串门"时，佐尔格打听到国军情报部已启用新的密码，而它的操盘手就是德国工程师、无线电通讯军官施特尔茨纳。听说施特尔茨纳住在杭州，佐尔格循迹而去，使尽手段却都一无所获。这头"老狐狸"把他的住宅守护得严丝密缝，窗户都钉上了铁条，四周布满牵着狼狗巡逻的士兵，平日又一概拒绝陌生人的来访，向他下手真比登天摘月还难。

情报小组的中国情报员章文胆大、机灵，有人提议让他去先闯一次关。佐尔格沉思了片刻，断然作出了否定。他解释说，贸然去闯关不仅太冒险，而且即便将密码捞到手，如果让对方起疑会很快更改密码，一切就又将变成了徒劳。

没有去闯关的章文，却带来了一个让人振奋的消息。章文向佐尔格报告说，他探听到施特尔茨纳有个中国太太，是位富商的女儿，在他戒备森严的家里，施太太是他唯一信任、放心的人，也是唯一被允许可以进所有房间的人。这个富家女没一点政治头脑，却又是个贪欲心极重的人，可以用金钱把她收买过来。佐尔格一听这主意好，立即拍板从这里给"老狐狸"下套。

施太太果真上钩了。她一口答应去偷拍丈夫办公室里的文件。因为她不会使用微型照相机，就由情报技术员约翰拿出自己的一架莱卡照相机，动手进行一番改装，并固定好所需的光圈和曝光时间，测定好与拍摄物的最佳距离，用不到十分钟时间教会了她使用。第一次交来的胶卷，几乎都是不合格的废品，冲洗后发现照片不是被弄破、就是被照歪，拍下的东西也杂乱无章，让佐尔格和克劳森他们费了老半天才理出头绪。但几次"作案"后的施太太，已变得驾轻就熟，拍摄的文件也越来越有价值。悄无声息之间，国民党南京总司令部及其下属各师、旅部进行无线电通话的密码，德国军事顾问与国民党进行联络的公务电话号码和私人电话号码，都悉数落入了情报组张开的囊中。

凭借这些密战战利品，佐尔格列出了一张在中国的德国军事顾问名单和职务表，并给每个顾问都标明所在兵种分类及所在军队的工作使命。远在莫斯科的情报总部，从此千里之外就能透视到国民党军队的"心脏"结构。

三个月后，施特尔茨纳调防去武汉，施太太也随他而去，才结束了她的"内线"使命。施特尔茨纳对自己身边发生的一切，始终一无所知，狡猾的"狐狸"终是栽在了老猎手的手中。

在送上门的情报之外，更多的情报还要靠出门去觅取。佐尔格从没有停息过他的记者和学者的脚步。他还常去南京，与德军顾问的"哥儿们"混在一起，使他每次总会有收获。一次与德国军官们闲聊，轻松谈笑中使他得知了一个惊人消息：德国军队将用首批生产、杀伤力极高的48门新型山炮装备国民党两个炮团，这几天，中国炮手正在南京附近的汤山接受培训，不久就将开拔江西围剿红军根据地。佐尔格为红军急出了一身冷汗。消息被迅速捅给江西根据地，山炮在运输途中遭到了红军的伏击，一个运输队霎时就被打垮了过半。剩下的十几门炮，还未等拼装好，红军的主力早已撤到了火力范围之外。一个苦心经营的"大炮计划"，就在瞬间灰飞烟灭了。

红色苏区的警报几乎从未停息过。1931年7月，蒋介石又亲自披挂上阵，率兵30万发起对中央苏区的第三次"围剿"，刚喘过一口气的红军又紧急奔进了战壕。红军虽然士气高昂、能攻善战，但一支约65000人的主力部队，手中却只有不到4万的枪支，显出了红军战斗力的致命"短板"。江西苏区通过中央特科，紧急向佐尔格小组发出了"帮助搞到武器"的求援信号。

上海，正是军火集散地，每天的吞吐量至少达上万枪械。探听情况的人回来报告说，这些枪械大多来自德国，由国民党军队和德国驻南京兵器检查员共同接收，负责的是一名国军上校陈少堂和德国人冯·霍恩哈特上尉。他们还探明，这两人都是贪得无厌的家伙，靠私售武器都已捞足了油水。一番细细掂量后，佐尔格就点将派手下的情报员、俄国人米申去收服他们。

曾在白俄军队中服役过的米申，当过街头艺人，很有一套"演戏"的招数。

他将自己乔装打扮成流窜东北的沙俄白卫军分子，佯装这次来上海，专为白卫军收购枪支，果然被他顺利打进了检查站。随后，他趁势抛出巨额佣金的诱饵，打动了这个德国上尉。霍恩哈特便向他透露说，有几艘德国军火船就要驶来上海，将运来10万支步枪，要搞枪，就可以从这里下手。

将买卖敲定后，米申一边将陈少堂送进一家欧洲人开的妓院，让他到温柔乡中去风流快活，一边拿着霍恩哈特开的证明，大摇大摆地踏上了船台。他找到港口警卫部队，声称德国专家要检验武器，派他来提枪。警卫部队信以为真，让他从船上提走了2万支步枪和上千箱子弹，转身就被送上一艘预先准备好的德国货轮。驶离上海码头的货轮，一路都有佐尔格派出的人接应，被畅行无阻地运送到了江西苏区。备足武器的红军果然打出了神威，一仗打下来歼敌三万，很少有仗能打得这样痛快。

红军胜利者的炮火，也是对佐尔格他们庆功的焰火和礼花。目光盯紧国军的动向，为中共红军伸出援手，几乎很长时间就是佐尔格情报组的工作常态。但形势突变，常态也会被骤然打破。1931年9月18日深夜，佐尔格突然接到一位路透社同行打来的电话，告诉他一个惊骇的消息："刚刚收到东京发来的电报，满洲已经陷入混乱，日本人开始占领东北！"

搁下了电话，一个警号突然闪过脑际。情报战的剑芒要换个方向了，他想，现在就需重重地刺向东洋刀。

路透社同行传来的消息，并不使他感到突兀，因为早先的观察，从种种的迹象中，他已经预见到事态的发展终会走到这一步，只不过是时间问题。之前，他已经得手日本军部武装入侵中国和对苏作战的两份计划书。"九·一八事变"的突然爆发表明，第一份计划已开始实施；而"九·一八事变"的发生地中国东北，与苏联仅一界之隔，他不禁担忧是否也会接着实施第二份计划，日军的炮口会不会调头对准苏联？

显然，这是莫斯科此刻最关心的问题。对于佐尔格，没有什么事比这更重要，他必须在第一时间找到它的答案。

到这年年底，答案终于浮出水面：日军下一步的目标仍然是中国，而不是苏联。接到佐尔格送去情报的莫斯科高层，这才松下了一口气。

神通广大的佐尔格，就神在他的一张情报网络如天罗地网般无人可及。他的情报组成员，几乎囊括了各个国别的人，在一大批中国人之外，也有波兰人、爱沙尼亚人、德国人、俄国人、日本人、美国人等等；情报组之外，还利用德国商人、领事馆官员、南京的军事顾问小组和欧洲记者给他提供情报。以上海为中心之外，在南京、北平、大连、哈尔滨、华南、武汉又设立6个情报站，在太原、重庆、海丰、杭州、汉口、河南等地也设有情报员，在中国组成了"一幅天衣无缝的情报图画"。凭借这样的网络，他可以毫不夸张地实现他定下的信条："不撬保险柜，但文件却主动送上门来；不持枪闯入密室，但门却自动为他打开。"

　　日军在东北动向的情报，就是由情报组外围的一个日本人提供的。他是《朝日新闻》驻上海的记者尾崎秀实，一样也由史沫特莱介绍而与佐尔格结识，结识后就结下了割不断的关系。同样是马克思信徒的尾崎，比佐尔格早两年来到上海。两人结识后，很长时间他并不知道佐尔格的真实姓名、真实身份甚至是哪国人，只知道他叫约翰逊，是个有左翼倾向的记者同行。每次两人会面时，几乎都由佐尔格驾驶着摩托车来到虹口的外白渡桥边，尾崎上车后坐在后座上，然后就一起在马路上兜风，一边由尾崎讲述他所探访到的新闻。有时，也去一家中式饭馆一起用餐，而更喜欢去的场所，自然是史沫特莱那间舒适的寓所。

　　"九·一八事变"爆发后，尾崎秀实一直在追踪日军的动向。两三个月后即1932年的新年前夕，尾崎秀实终于探明事情真相，告诉佐尔格，日军占领东北后，近期战略将是加强对中国其他地区的扩张与渗透，下一个进攻的目标很可能就是上海。并且已得知，日军的有关作战计划已经制定。将尾崎秀实和从其他途径得来的情报进行综合梳理，佐尔格完全明白了小日本想干的是什么。不再有疑问，日本现在要做的，就是迫使其他大国和中国政府满足日本的野心，允许满洲和内蒙实现自治，从事实上承认日本对该地区的控制。除此之外，日本也将通过进攻上海准备夺取中国的商业动脉，打垮南京政权，因为日本需要一个首先维护日本利益的南京政府。

　　1932年1月，日军南下向上海发起了进攻，"一·二八"淞沪之战随之打响。事态的发展走到这一步，已完全验证了佐尔格的判断。

1932 年的年末，一天，汉布尔格在霞飞路的家里突然接到电话，通知她下午去一个地方，说是佐尔格要在那里与她见面。接过电话后，因为中间发生了一点误会，她没有赶去赴约。晚上，她家的电话铃又响了，拿起听筒汉布尔格听清是佐尔格的声音，才知道下午的会面真有其事。

佐尔格告诉她，他就要离开上海。原想上门来与她告别，现在已来不及了，就在电话里说声"再见"吧。"你要继续保持坚强，你必须答应我！"直至把听筒已搁下了很久，她的耳畔还回响着佐尔格最后留下的话。

事情来得很突然。原来佐尔格小组有暴露的危险。因为当佐尔格把日本军事动向的情报刚发回总部，又面对着一个棘手的任务。共产国际中国联络站的牛兰夫妇被叛徒出卖，几个月前在上海被捕，共产国际已准备发动全世界范围的抗议运动。一向隐而不露的佐尔格小组，也奉命为之冒险一搏。1932 年元旦刚过，佐尔格率领他的情报组全力投入营救斗争，把近乎已濒临绝境的局势扭转了过来，救下了牛兰夫妇的生命。但因为加入过深，情报小组也因此"走光"，已暴露在国民党"中统"的视线之内。得到消息的别尔津迅速在电报上发出批示："尽快撤离……"

佐尔格突然就走了。没有见到他一面，使汉布尔格懊悔不迭。这一天的懊悔也延续了她的一生，因为她未曾料到的是，这竟然是一次永久的告别。

不久汉布尔格也奉命从上海撤离，去接受新的任务。以后一直没有佐尔格行踪的消息。直到好多年后她才知道，佐尔格于 1933 年 9 月到了日本东京，与尾崎秀实、克劳森等人组成"拉扎姆"情报小组，一直在虎穴狼窝中刺探日本的军事情报。"二战"中最经典的谍报案例之一、几乎挽救了整个苏联命运的情报就出自佐尔格之手，他因之被誉为"谱写了二战史上最出色的情报乐章"。

登上事业巅峰的佐尔格，也同时走向了生命尽头。1941 年 10 月，佐尔格和"拉姆扎"的三十多人都落入了敌人虎口。1944 年 11 月 7 日，东京巢鸭监狱，向狱中战友低低地说声"再见了，朋友"之后，佐尔格便坦然平静地走上了绞刑架。与他一起笑赴刑场的，还有他的"主要搭档"尾崎秀实。

尾崎秀实：龙种，天骄，也是掘墓人

现代东方，"智者乐水"的古风依然，思想者一样是水的天然盟友。思者的绵绵思绪就像水流潺潺而去，或澄澈、或深邃、或波翻浪涌地呈现着多面的行状。

尾崎秀实就是个对水别有深情的人。他第一次从海上航行进入长江口、溯入黄浦江时的心境，在 16 年后仍镌印在他的脑海里。这年他已经身陷囹圄，正濒临生命的尽头，在给妻女的信中却还深情地写道：第一次看见长江大浪滔滔、水天相连的情景，"一种不知所由的感动突然涌上心头，不觉感极而泣"；这是"我有生以来最大的感动之一"。一直挂怀着长江——扬子江的他，当独生女儿出生时，也毫不犹豫给她取了与大江同样的名字——"扬子"。

回到 16 年之前，这正是 1928 年的 11 月底，尾崎秀实带着他的新婚妻子从神户出发，航行三日两晚后到达了上海。与多数日本人一样，尾崎夫妇选择在日本人的聚居地、苏州河北边的虹口一带落脚，他们的新居就安在紧靠北四川路的昆山路义丰里 210 号、一家"丸屋"旧衣店的二楼。住地的不远处，就是苏州河边，他喜欢散步，喜欢观水流的波光浪影，于是河边常留下他踽踽独行的身影。

尾崎秀实

一次他随意地漫步走去，忽然惊喜地发现，在河边竟开设着一家德国人的书店——左翼"时代精神"书店。爱逛书店的他，于是成了店里的常客。常来常往，他认识了书店的荷兰籍经理伊莲·魏德迈尔女士，也渐渐知道了这书店的不同寻常——原来这是共产国际出版辛迪加的地方前哨，也是共产国际组织在上海的一个秘密机构。卖书之外的魏女士，也在这里履行着她的革命义务：与她的同志接头联络，为组织传递秘密文件，提供安全掩护地点……

尾崎的闲心独步，竟收获了一个知音和同类人。心照不宣的这两人，无需多久的磨合就成了惺惺相惜的朋友。

魏女士的红色背景，注定在她一个人的身后，会隐掩着许多她的同道者。相交一年后，魏德迈尔掀开了她身后的铁幕，兴冲冲地告诉尾崎，她想介绍一个"你的同行"与他认识。她说，这是一位"非常不同寻常"的女记者，不过——她半带戏谑地引逗说，你得有心理准备，如果听说她是个女记者，就对她充满兴趣或幻想的话，你可是要失望的哟！

这个"非常不同寻常"的人，就是左翼阵营的女斗士史沫特莱。

初次的相见，是在外滩南京路头上，与华懋饭店隔街相对的汇中饭店大厅里。一步之外就是黄浦江面，似乎他要做什么，每每总与水有缘。这天的情景，以后一直深印于他的记忆深处，多年后还如言昨日事一般描述说："当我们在上海的位于外滩和南京路街角的汇中饭店的大堂内等候时，飞快地走出来一个穿着红色休闲服的女士。才刚刚坐下，本想说些初次见面的客套辞，可她全然不顾这些，精神十足地跟我说起了话，不时地从雪茄烟盒里拿出香烟抽了起来，还不时地递给我们。……"

"我们"，自然包括他和牵线人魏德迈尔女士。

魏德迈尔说得没错，她的那张脸，果然与美丽相去甚远。但人学法则却一再提示，人并非因美丽才可爱，而是因可爱才美丽的。以后常常见面，对人的认识从脸相深入内心，尾崎的眼光也完全变了。"觉得她是长得漂亮的，她的笑容非常的纯真"，尾崎不由感叹说。那天会面，两个记者兼革命者显出了他们的共同志趣：都对国民党制造的白色恐怖、日本在中国的军事动向等特别感兴趣，交谈始终没离开过这些政治味十足的话题。尾崎非常钦佩史沫特莱——特立独行的性格、观察问题的敏锐性，也知道她不是普通的记者那么简单；史沫特莱看重的，则是这位日本同行革命信念的坚定和对中国问题的深刻洞察。汇中饭店的大厅里，以后就常留下两人一起会面的身影。每次会面，像旱土被雨水打湿过一般，尾崎都有几分精神上获得的满足；又仿佛宗教信徒走进礼拜的殿堂，一种灵魂升腾的快感也骤然而起。

他渴望在这座世界主义的城市里，能交往更多这样的同道者。但交往一变繁杂，也就有真伪难辨的困惑。又过一年之后，一位不速之客的到来，使他不由用问号来应对。那也是个日本人，闯进他的办公室自称纪滕银一，说他从美国出发、途经印度支那而来到了上海。说话间，有意无意地流露出他是美国共产党日本支部的人，也是共产国际的特工。几天后再次闯来时，又说要让尾崎见一位名叫"约翰逊"的"干练的新闻记者"，还保证说这绝对是个"好人"，可以完全信赖。

毫无铺垫地直入"主题"，使尾崎不知如何应答才好，也不由起了疑心。来得太突兀、又来路不明的这个人，会不会是日本警察局派来的暗探？所谓面见"约翰逊"，不会是个预设的圈套？！他一下警惕起来，便含含糊糊地敷衍了过去。

与史沫特莱会面时，他说起这件诡秘的事，也让史沫特莱大吃了一惊。她忙追问尾崎，这事是否跟旁人说起过。听尾崎回答说"没有"，史沫特莱这才松下一口气。她告诉尾崎，她听说过纪滕银一这个人，但现在的情况很复杂，你不要轻易答应他，这件事也切勿对任何人提起。

"约翰逊"就是苏联特工佐尔格的化名。最早知道这个秘密的，在上海就数史沫特莱了；不但知道，她与他也早就结下了神圣同盟，还正在为他的谍报小组四处"招兵买马"呢。也许担心旁生枝节，她断然帮尾崎掐断了纪滕银一这条线索，而由她自己来充当牵线人。她也明白尾崎对于佐尔格，肯定是他最需要的那种人。几天后她向尾崎挑明真相：果然有"约翰逊"这个人，而且确是个"好人"。再过几天，就在南京路上的一家中式饭馆里，史沫特莱把两人撮合到了一起。

两个男人一见如故。佐尔格很高兴见到一个中国问题的专家，一个对中国解放事业既有深刻理解又有坚定信仰的知音。而尾崎初一见"约翰逊"，就被他的人格魅力、他的渊博知识和过人的政治洞察力所吸引了。面见佐尔格，使他进入了另一番境界。从魏德迈尔到史沫特莱再到佐尔格，就像踏上一个阶梯又一个阶梯，使他不断地向上攀升、放阔眼界，内心也翻腾起更大的波涛。

在上海以后的这些年里，尾崎都称佐尔格为约翰逊，他并不知道他的真名实姓，是哪国人，也不能确知他属于哪个组织。但凭着他的敏锐的感知力，一眼已明了"约翰逊"是什么阵营的人，知道他的信仰和行动目的是什么。他毫不犹豫，答应给佐尔格提供他所掌握的所有情报，特别是国民党统治下的中国政情分析和日本对中国各政治集团采取的政策。而这正是莫斯科交给佐尔格的主要任务。

尾崎经历中的故事，几乎都映衬着波光水色的背景。他和佐尔格以后经常碰头会面，会合点大多选择在黄浦江畔、苏州河口的外白渡桥上。佐尔格驾驶着摩托车隆隆而来，早已在桥边等候的尾崎便上车跨坐在后座上，车一声启动，在江边马路上一溜烟地闪驶直前，车后的尾崎便如倒豆子似地一路倾倒着他的囊中所有——南京政府有什么最新动向；中国各派阀拥有怎样的军事力量；南京政府对日本、苏联的外交政策是什么；美国、英国、日本对南京政府和各派阀会采取什么政策；各国在中国的军事力量又是什么状况……

滔滔不绝地说来，不是特工的他，却已经胜似特工。

钢梁巍巍耸起的外白渡桥，这个上海骄人的城市地标，也成了尾崎人生历程中的一座碑石。它仿佛是一座连接来世今生的时光隧道，给思想者以思想的触媒，也给行动者以行动的支点。从外白渡桥上的倏然而过，似乎已帮他完成了从一个思想者到行动者的跨越。

他是记者，职业的流动性和自由度，给了他更多行动的便利。他的活动半径也在不断地扩大。有段时间，长居上海东北角的他，忽然现身上海的西南角，不时盘桓于徐家汇虹桥路一带的东亚同文书院。这个同文书院，实际是日本人的一所间谍学校，是为日本实施侵华"大陆政策"而开设的。但吃情报饭的校方却完全失察，而不知这里会潜伏着中共地下党。一些被"赤化"的日本学生，也早已成为帝国的掘墓人，有好几个都还加入了中共组织。尾崎正是为同样的信仰而来与他们会合。

那些日子，潜伏在这个黑色染缸里的红色势力，一直在暗潮涌动。他们的核心是中共地下党员、教授王学文。由王教授的策划、授意，前期学员西里龙夫等首创的"中国问题研究会"已悄然而起。几个月后，中西功、安斋库治、西里龙夫、白井行幸、水野成等一批日本学员又将"研究"推向"实战"，与中国同胞联手组建了一个秘密革命组织——日支斗争同盟。同盟的成员不限于书院师生，一些日本左翼记者和日本"游客"闻讯而来，也都成了"斗争同盟"风云帐下的一员。

箭已脱弦而出，尾崎秀实毫不迟疑，也加入了这阵为正义而战的箭雨中。他与这帮日本愤青打成了一片，因他们的牵线，又认识了同盟内的中共党员。他与出生台湾的杨柳青、一位年轻的中共党员特别谈得来，因为他在幼少年直至青年时，都曾在台湾度过。由"乡情"牵线，两人从陌路成为了熟人，后来杨柳青就领着他去见中共的王学文教授。早已风闻王的大名，知道他的非凡出众，去前，尾崎不由惴惴地怀着几分拘谨。但一见了面，却如遇知己似的谈得分外投机。曾经留学日本的王学文，毕业于京都帝国大学经济学部，大学时的导师，就是著名马克思主义经济学家河上肇；而一样出自京都帝国大学的尾崎秀实，他最初接受的马克思主义启蒙，也来自河上肇薪火相传的著作。心灵的相通，使两人成了真正的知己。以后时常相约于市区的小饭馆，相互交换情报、交流看法——从日本的形势、中国的现实到战争与革命，几乎无所不包。

尾崎几乎零距离地走近了中共组织，加入了他们的阵营。他的身影紧随着中共推动的斗争洪流而跃动着——花许多时间，为中共和她的外围组织奔走，走马灯似地去参与反帝团一类组织的政治活动，站台、出主意还进行募捐；时常出现在中共活动分子举行的会议上，向这些对国际事务不甚了了的小组成员作国际形势报告，为他们打开视野；有时，也以观察员的身份，来到上海的公园参加中共组织的"飞行集会"，与他们一起演讲、呼口号、撒传单，当租界警察吹着哨子冲过来时，就"像风一般地速集速散"，感受到斗争前沿的风急浪险。每月他还通过杨柳青，给中共组织提供一笔可观的活动经费，囊中羞涩的中共地下组织，无疑很感激这一次次的雪中送炭。

穿梭于反战同盟、中共组织和佐尔格小组之间的他，像魏德迈尔、史沫特莱当初一样，也当起了红色牵线人。日支反战同盟的几个干将，如川合贞吉、杨柳青等等，都被他推入佐尔格旗下，使佐尔格谍报小组又壮大了力量。而这对佐尔格正是雪中送炭，他的谍报小组，正急需日本人来加盟。因为他已经敏锐嗅觉到，时局在发生变化，谍报的触角必须逐渐地转向日本军方。

意料中的突变，意外地发生了——1931年9月18日夜，东北沈阳，日本关东军用炸药点爆柳条湖、用大炮猛轰北大营的惨烈巨响震裂长空，也震动了藏匿于上海一隅的佐尔格。随着炮声的轰鸣，更多的问号也纷纷而来——"九·一八事变"究竟是如何发生的？是一次偶然的军事冲突，还是日军进攻华北各省、进而吞占整个中国的前奏？远东形势是否因此出现转折性的变化？更进一步而言，日军下一步是否会向苏联开战？在远离东北三省的上海，这一切都成了一团迷雾。佐尔格心急如焚地找来尾崎秀实、史沫特莱他们，翻前覆后地分析、揣摩、讨论，却依然找不出头绪。

目光蓦然落到了尾崎身上。探听日军的情报，没有比日本人更合适了。佐尔格就把这项当务之急的任务交给了尾崎。尾崎回头找来杨柳青和川合贞吉，一起合计商量对策。困坐屋子拍着脑袋，当然不会有任何结果，尾崎提议，还是应该到实地去探明真相。这几个人中，川合是最合适的人选，因为他既是日本人，又没有固定职业、行动自由，而且特别能吃苦耐劳。接下任务，川合便先后两次赶往东北，用近两个月时间探清了事变的整个过程，也查明了关东军在东北的兵力和今后的动向。

1932年新年前夕，在游人悠然漫步的极司非而公园，尾崎领着川合贞吉向佐尔格"报到"，和盘托出了东大营炮声背后的全部真情：日军的下一步目标是继续蚕食、侵吞中国的国土，因而可以排除向苏联进攻的可能性。佐尔格为有这样的结果，不由舒了一口气，但转即又一脸堆满了乌云。因为尾崎在综合分析各方情报后得出结论：日军下一步很可能就要进攻上海。在上海的佐尔格小组，又将面对着严峻的挑战。

不出所料，1932年的新年刚过，炮声四起，"一·二八"淞沪之战惨烈地打响了。

自1928年11月末至1932年2月，在3年3个月的"上海岁月"里，尾崎秀实风风火火地度过了每一天。叠合在一起，这些日子留下的，正是一个革命信仰者一千多天的行动日记。

别人既不会想到，他自己也感到诧异，他这个常人眼里温情的人道主义者和绅士式记者，在风云急进、险恶遍布的泥泞路上，何至于会走得这么远。

温文的外表下，其实早就奔涌着火海热浪。这一切，只因为都被沉思遐想的烟霭掩藏着，因而不易被人察觉罢了。

知道他身世的人，也会更奇怪他后来作出的选择。

他是在日本东京出生的，1901 年，生下仅 6 个月、还包裹在襁褓之中时，就由母亲抱着到了台湾。台湾早已落入虎口，乌云翻滚似地被膏药旗所遮没着。这里的主人也早就换作了日本人，主人中，就有尾崎的父亲尾崎秀太郎。老尾崎是个汉学功底极深、富有才学的报人、学者，由于深得台湾日本头面人物的赏识，被特意从日本召去，担任了《台湾日日新报》的记者、主笔，随之又就任台湾总督府史料编纂官。在台湾从牙牙学语开始，尾崎就已注定了他"天之骄子"的高贵身份：他的家，最初就安在首任台湾总督儿玉源太郎的别墅里；生活的四周，几乎都是高官贵胄、学者名流一类的上等人；路上遇见了台湾总督府的民政长官，幼年尾崎竟会没大没小地直呼其名，那长官也丝毫不恼怒，反而将他抱在膝盖上开心地逗着他玩。从总督府国语学校附小起步，五年小学、五年中学的良好教育，也造就了一个考试成绩几乎不曾跌落第一名之外的优等生。无人怀疑他如花如锦的前程：一个未来的帝国精英，正像那面日本旗上的旭日一样在冉冉而升。

但帝国失算了。着意栽培的龙种却变成了蒺藜；笑面迎来的后辈，竟是帝国的叛逆者和掘墓人。

因为惯于沉思、缅想，他已渐渐开窍。他选择了走他自己的路。

他喜欢凡事问个"为什么"。从小如此，连他的父亲都被他严肃"拷问"过。那次他父亲乘坐着东洋车，由一个台湾车夫拉着从报馆回来。回到家门口，父亲付了车钱刚要走开，车夫却咕咕哝哝地跟在他身后，还在乞求多加几个钱。感到不耐烦的老报人，就戳弄着手杖，不由分说地将车夫赶走了。在门口迎候父亲的尾崎，一眼瞥见这情景，不由得一脸狐疑：一向待人温和的父亲，为何变得如此粗暴、冷酷？在大门口，少年尾崎气愤地就与父亲顶撞起来。

他知道，父亲算是个"温厚的君子"，是个开明人士；父亲这样的人面对中国人，仍不免流露出"高人一等"的优越感，大和民族中的势利小人、狂傲之辈，就更不知会走得多远。"旧时代在殖民地的日本人大都比较飞扬跋扈，对待台湾人相当的趾高气扬。我从孩童的同情心和人道主义出发，对这些现象觉得很反感。"很多年以后，他仍未淡忘当年的内心感受。

他一直抱着疑问：国家与国家、民族与民族直至人与人之间，为什么就不能平等相待？

还没有找到答案，却又有更多的疑问在泛滥。1922年3月，他考入东京帝国大学法学部，第二年就目击了更为严酷的现实：刚成立的日本共产党遭到镇压，几个早稻田出身的日共活动家都被镣铐锁上镣铐，扔进了黑牢死狱；一个著名的工会干部、社会主义者大杉荣，连同他的爱人、他的6岁的外甥，都一起遭到了宪兵队的虐杀；他也亲眼目睹隔壁家的农民运动社在半夜突然遭到军警袭击、邻居全家被强行带走……

他感到震惊、惶惑，更感到苦恼，后来他回忆说，他就以这一年为转机，开始了"对社会问题的认真研究"。研究是从沉入书海开始的，那时他读到了一些前所未见的奇书——德文版《共产党宣言》，马克思的《资本论》，列宁的《国家与革命》、《帝国主义论》，布哈林的《历史唯物论》等等。从书海中他发现了思想的新大陆，正如他在自述中所说，1923年对他而言，"是人生发生了重大转折的一年"。以后到1925年，他的思想就已经"从人道主义转到了共产主义上来"，"我开始信奉共产主义"。

1926年，从当记者起步开始了他的职业生涯，先后进入了东京和大阪的《朝日新闻》社。在大阪时，他与昔日的校友、一位日共党员一起，参加《马克思恩格斯全集》的翻译，更坚实了他信仰的基石。但思想的跨越要变为行动，却需要更多的胆略和勇气。在旁人眼里，那时，他似乎还缺乏这份勇气。他的校友、那位日共党员就在背后嘀咕着：说是信仰共产主义，让他加入日共组织却被他拒绝了，这能算真正有信仰吗？

始终不知他为什么不愿加入日共。但可以断定的是，这并不表明他的懦弱胆小。他的大胆、激进，其实有时会超乎人们的想象。1927年转入《大阪朝日新闻》后，他就有过一个惊世骇俗的举动。这一年，他与广濑英子步入了婚姻殿堂，而广濑却是他曾经的兄嫂。大哥与嫂子早就不和，而他与嫂子却由相互好感而一起坠入了爱河。因为是一份悖逆世俗的爱，就注定不被人所容，从家庭到街坊直至他的职业场所，顿时响起了一片"乱伦之恋"、"伤风败俗"的讨伐声。他却一直气壮理直地捍卫着、坚守着这份爱——让真心相爱的人成为终生眷侣，这不是天经地义的事？是不是他原来的嫂子，这又有何相干？

还没有说出口的，是他抱有的更深一层的考虑。他已经选择了"革命"的人生道路，他希望自己的终身伴侣，也能是"革命"的知音。他知道英子才是真正能理解他、支持他的爱人。后来他在自述中说道："我一直都在暗暗观察时代如何前进，把自己的命运系在那上面，来决定如何行动。"与英子决定结合时，两人的山盟海誓中就不仅只有常情中的"爱"，而已将爱情与革命完全胶合在了一起。他说："我在当时已开始着全新的人生，心知自己的前途苦难甚多，誓言中也有要把一无所知的英子当作苦难中伴侣的意思。"

英子知道了他的一切，仍然无怨无悔地愿一路相随。他深知这份爱深厚、绵长的价值，也给了他超然物外的底气。

爱的憧憬照彻了他的心扉：他原来不是害怕行动，而是在行动前一直在观察、在准备，以备郑重地"来决定如何行动"。

婚后不久，朝日新闻社派他去上海当特派记者，又触动了他心底的另一根神经。接到调令，激动得他一晚上都辗转难眠。这不单因为一去上海，婚姻惹出的纠葛、纷扰就可离他远去，更因为一个多年夙愿的变现就将指日可待。从小到大的他听惯父亲讲的中国古代故事，结识过无计其数的中国人，读中学时又到香港、广东旅行过，中国，这既熟悉又神秘、既古老又新鲜的国度如一片浩瀚天际，触发着他去当一个"天文"探秘者。他向往去探究、洞明在中国发生的一切。

船在海上漂泊，远远地已隐约可见上海——这个中国最大都会的灰影。站在船头遥望着岸边，忽然使他想起了一个人，一个名叫宫崎滔天的前辈"中国通"。这个宫崎老前辈，曾用大半生为支持清末中国的革命而奔走，也直言要改变世界命运，转折点"实系于中国的兴亡盛衰"。他因而受到了中国人的爱戴，被孙中山喻为"识见高远，抱负不凡"的"今之侠客"。而在尾崎的心中，因为都热爱着中国的缘故，宫崎就成了他从未谋面却心意相通的百年知己。

宫崎滔天在 6 年前就已离世了，但作为偶像，却一直在尾崎心中盘桓不去。

宫崎用热血写下的自传《三十三年之梦》，也就成了他最爱读的书。在宫崎的书中曾深情地写到 1891 年，22 岁的他第一次进入上海时的情景：

"航行两日，望见了吴淞的一角。水天相连，云陆相接，陆地仿佛浮在水上一般，这就是支那大陆！也就是我在梦寐中憧憬已久的第二故乡。轮船愈向港口前行，大陆风光愈益鲜明，我的感慨也愈深愈切。我站在船头，瞻望低回，不知何故，竟然流下了眼泪。"

书中的话音，飘飘洒洒地似在耳边回响，尾崎觉得，这仿佛就是眼前的情景，也恍若是从他心底发出的声音。

一边将信仰从思想变为行动，一边在中国深探中国的奥秘。踏入上海的尾崎，就在两根车道上齐头并行着。

《朝日新闻》派驻上海的记者，开始只有尾崎一个人，第二年 9 月，才扩大设立了上海支局，派来一位叫太田的来当支局长。报社就设在离北四川路不远的赫司克而路（今中州路）52 号，是一幢半新旧的二层楼房。通晓德语和英语、擅长社交的尾崎，被太田指定去负责与外国媒体和各界交往的事务。他很乐意这一安排，因为这给了他广泛结交中国各色人士的便利，深探中国的钻头，就可以在这人来人往、谈天说地的"旷野"、"群山"中去一点点开凿。

深探，首先需要的是广览博知。没有机会走遍中国的遥阔大地，他就在案头去神游——每天都会耗上好几个小时，去用心翻阅上海发行的各类报纸，从"历史的草稿"中去了解历史，从"现实的镜子"里去窥望现实。更使他得意的是，他还拓开了一个新的门径——从文学的一角去窥取中国社会的全貌。他知道文学是社会的晴雨表，是现实的一面聚光镜，有时它比起肉眼所见的现实来，甚至更真实也更有深度。

自然也因为，在他的咫尺之外，就有一片文学的潮浪在拍岸喧响。

文学界的革命种子也在萌发生长。上海文学界的左翼运动，早已蓬蓬勃勃地兴起，在《朝日新闻》上海支局的几步之外，就有中国左翼文艺组织创造社的办公地。创造社的楼下，是出售左翼书籍和杂志的书店，二楼还设有供读者休闲的咖啡馆，一班左翼文化人士时常在这里聚首相会。《朝日新闻》一搬到赫司克而路，这里就已深深吸引了他。

走近神秘人部落

尾崎并不知道，创造社的降生是在日本东京，而且就在他就读的帝国大学里。1921年6月的一天，几个留日学生——郭沫若、郁达夫、成仿吾等，在东京帝国大学郁达夫的寓所里，悄悄竖起"浪漫主义"、"艺术至上"的旗帜，宣告了中国文坛一支"摆脱一切旧势力"、"一无所忌地自由发表思想"的新军横空出世。第二年3月，尾崎才考入帝国大学法学部，显然不知身边已经出现的这番风景。而正是这一月，创造社的喉舌《创造》文学季刊已在上海问世，郭沫若、郁达夫们都已集合在黄浦江畔，开始了他们狂飙突进式的"创造"事业。

像在苏州河边漫步的收获一样，初来乍到、在街头徜徉的尾崎，也信步走进创造社楼下的书店，一下为满眼书的绿野而欢呼起来。踏进二楼咖啡馆，又意外地见到了聚集在这里的创造社一班文胆——彭康、冯乃超、郑伯坚、郁达夫、田汉、成仿吾等。这已是后期经历"转向"、蜕变的创造社，高扬的旗幡上，"浪漫主义"已被改换成"无产阶级革命文学"。正为"革命"而着魔的尾崎，又一次找到了知音。他不再只是个观潮者，而不请自来地加入了这股革命狂潮。一有空，他就像被磁铁吸引般地往创造社跑，出席过创造社杂志《大众文艺》举办的座谈会，也为杂志写过稿——用白川次郎或欧佐起的笔名，写了《日本的劳动运动》、《日本左翼文坛之一瞥》、《英国的左翼文艺运动为什么落后》等评论文章，挥笔之间，油然而生出赶海弄潮的喜悦。

"革命"，自然不容于视革命为洪水猛兽的中国当局。1929年2月，创造社遭受国民党政府查封，让尾崎看到了现实的严酷性，深叹进步力量在这片国土上生存之艰难。但很快惊喜涌来，冲走了一时的沮丧，因为国民党当局的暴政高压，却让左翼文艺界空前地团结起来。翌年3月，各个不同派别的左翼作家同聚一堂，成立了中国左翼作家联盟，尾崎面前也被打开一片广袤的原野，能接触更多的左翼作家了。

也在这时，他结识了鲁迅，这个左翼文学阵营的主将和旗手。他被鲁迅的人格魅力所深深吸引，继而又将鲁迅的著作找来一本本地细读深研。他渴求从鲁迅纵横捭阖的笔下，去认识一个真实而又被深层开掘过的中国。鲁迅也对他别怀青眼，常在人前赞扬他"德语很不错，知识广博，为人也踏实肯干"。1930年9月17日，左翼阵营在吕班路附近的餐馆里为鲁迅举行50寿辰庆祝会，会场内唯有的两个外国人，史沫特莱之外就还有他一个。

与左联交会后，就一直萌生着想为她做点什么。这一年6月底，左联要开成立后的第二次代表会，需要一个能容纳四五十人的会场，为找不到会场，正犯愁着。尾崎知道他们有难处，想到虹口乍浦路上有他常去的日本记者俱乐部，就向左联负责人报喜说，他正巧这个月轮到为俱乐部当值班主管，难题可以解决了。他告诉左联负责人，除周六、周日之外，俱乐部都是空关的，我只要支开管会场的侍者，你们就可以放心地进去开会。说罢他交出了会场的钥匙，还细心地叮嘱说，开会时不要大声说话，散会后将会场收拾干净，不要留下痕迹。尾崎的雪中送炭，保证了那天会议的顺利举行，会上传达的苏维埃区域代表大会精神浇热了现场每一颗心。会场外的尾崎，也一样兴奋不已。

在创造社的一次集会上，他与一位日本同行——新闻联合社记者山上正义不期而遇，又为他"干点什么"拓开了思路。山上早年在日本就已参加左翼活动，还被警察厅拘捕进过牢房。他也一样崇仰鲁迅。1927年他去南方采访，在广州中山大学认识了鲁迅，这年开始，他就动手翻译鲁迅的代表作《阿Q正传》。尾崎与他相识后，两个东洋文青竟不谋而合，都激涌起由记者"转行"翻译的冲动——将鲁迅的名作和其他左翼作家的作品翻译成日文出版。山上的《阿Q正传》日文译稿，几经"熬煮"，这时已基本成型，尾崎又进行了一番精心打磨。他们找到鲁迅，将译稿交给他本人审阅，老人家抱着能出一种日文定本的期待，又对译稿细心地作了85处的订正。他们一番心血的结晶《支那小说集阿Q正传》，1931年10月作为"国际无产阶级丛书"的一种，就由东京四六书院正式出版；同样作为"国际无产阶级丛书"的一种，由尾崎等人译的左翼作家作品合集《蜂起》，也在东京出版了。他们顿时感到，似乎这才了却了一笔欠负于中国革命的"债务"。

那本日译本《支那小说集》收录的，其实不只是一部《阿Q正传》。同一本书里，还收有尾崎他们翻译的其他左翼作家的作品——胡也频的《黑骨头》、柔石的《一个伟大的印象》、冯铿的《女同志马英的日记》等；尾崎以白川次郎为笔名，还为小说集撰写了序文《中国左翼文艺战线的现状》和关于胡也频、柔石的两篇小传。独独选译胡也频、柔石的作品并为他们作传，这不是尾崎的一种随

走近神秘人部落

机选择，确切地说，这是他作为邻国左翼阵营的一员，在中国黑暗时局中的一次拍案惊起。

因为他震怒了。

就在1931年的2月，令人震惊的消息传来：在龙华监狱，国民党上海警备司令部将24位革命青年残酷枪杀了，其中就有胡也频、柔石、殷夫、冯铿等五名左联成员。已经迁居至施高塔路（今山阴路）210弄花园里的尾崎，正在寓所为《支那小说集》撰写序文，顿时笔下风雨骤至，无法遏制的悲愤在字行间冲泻而出：

"他们先被迫挖好自己的墓穴，然后一些士兵被命令将他们活埋，有五名革命青年就这样被活埋了，这种方法连行刑的士兵看了也觉得惨不忍睹。……这二十四人是7日夜半前被押解出去的，当士兵来到时，男女同志都唱起了《国际歌》，歌声不断从牢房墙壁的对面传来，接着就响起了枪声，随着歌声稍停，又响起了六个人的歌声，这悲壮的歌声断断续续，消逝在最后的六声枪响中。"

本当娓娓道来的序文，骤然变成了一纸檄文。用笔一向舒缓平实的他，这时再也无法平抑笔尖上的怒火而怒斥道："随着中国苏维埃政权的扩展，南京的蒋介石政府的弹压政策，自1930年春以来，就显得越加的凶暴。中国无产阶级文艺运动不断遭受的迫害，是中国四千年的封建专制历史中未曾见到过的。焚书坑儒并不是秦始皇时代的陈年故事，而是在当今的中国每天发生着的事实。"

声讨伴随着声援，愤怒交集着感动，对那些无论死去的还是活着的中国左翼同道，他更无法掩饰地送去一片敬意："在这些跳梁的反动风暴中，……作为左翼的作家团体而组织起来的左翼作家联盟，无情地剔除了那些动摇分子，作为一个坚定的斗争的革命团体，在各种苦难中执行着革命的任务。""在中国当前这样的形势下，我们觉得首先应该对在人类文化战线的第一线上倒下来的作家表示我们的敬意。"怀着这份敬意，在序言中他还专门引录了殷夫的一首诗：《让死的死去吧》。整篇序文都被战斗的激情鼓荡着，让人感受到每个字都像烧红的铁一般地滚烫、炽热。

关于中国，他原只想当一个冷静的观察者和探究者。他所向往的，是像社会学者或历史学者一样，用平实的笔调、理性冷静的思维来阐述这个国家的历史与现状。但暴风雨来了，他还怎么能像老学究一样地踱着方步、长吟短叹？他选择了抗争和战斗。读懂他内心世界的人，也知道他是必会这样做的。

在他脚下伸出的两条车道，这时，已经并合在一起了。

1932年初，"一·二八"的炮火改变了上海寻常生活的轨道。在响作一片的枪声、炮声和冲天燃烧的火海中，佐尔格带领着他的小组成员撒网一般赶往各处，去打探战争的进程和变化情况，收集各种动态：日本人在虹口区的状况，中国老百姓的遭遇、欧洲人的态度、十九路军的士气等等。

非佐尔格小组正式成员的尾崎，也加入了他们的战斗方阵。他的侦探重点自然是日本军队的作战方略和布防情况。他还把自己、一个日本大报记者的名片交给佐尔格的部下，让他们深入虹口日本人的控制区，像握有官方通行证一样，畅行无阻地去四下打探敌情。

满脑子都是炮声、战火、硝烟。上海的局势、战争的走向和中国的安危，正牵动着他的心。这时，却像经受急刹车一样，尾崎突然接到了速返日本的召唤。朝日新闻社明白通知他，要他回去向社会各界介绍上海战场上的实况。他怔怔地呆了很久，一时没了主意。"约翰逊"那里，有许多事还等着他去办；上海的左翼文化阵营也有他许多未尽的义务；上海，三年厮守，已情深意厚，他还真舍不得离开呢。能在这时一走了之吗？

但东家的指令不能不听。万般无奈下，他牵手妻子广濑英子和在上海出生的女儿扬子，告别已度过三个春秋的上海，快快地踏上了跨海的归程。

还是这条航线，还是这派汪洋巨海，也是同样的这个人，但三年的历练，却足以造就一个人不一样的心怀。

回到日本的尾崎，把握人生航向的舵已更沉稳也更执着。与上海已别离，从上海开始的两根车道却依然在延伸——

探究中国，显露了他更敏锐的观察力和犀利的分析力。从1937年至1940年的三四年间，他一气呵成，撰写、出版了关于中国社会政治经济的6本专著——《处于暴风雨中的支那——转换期支那的外交、政治、经济》、《现代支那批判》、《从国际关系中看到的支那》、《现代支那论》、《最近日支关系史》、《支那社会经济论》，以及无数相关的论文。在日本，这些专著和论文无不引起了轰动，也使他无可置疑地从一个"中国通"而一跃成为被公认的中国问题专家。而被举国公认到达的顶峰，是日本政府最高层的认可——被任命为首相近卫文麿的顾问兼私人秘书，成为首相的身边人之一，可以自由地出入首相官邸，参加首相的智囊团会议。作为首相智囊，他想尽可能影响最高层的决策，让战争的狂人能减少疯狂和失智；而作为红色"深喉"，则为他创造了便利，能为红色阵营刺探到敌营的最高机密。

为信仰而战斗的阵地，在回归日本之后，也愈加开阔了。就在他回国一年多后，佐尔格也奉命潜入了日本。经过短暂的分手后，两人又重聚在一起，这时，尾崎才完全了然佐尔格的全部秘情。佐尔格在东京拉起"拉姆扎"谍报组织，他是最积极的介入者和推动者，毫不犹豫地担当起佐尔格的"主要搭档"、"最重要的助手"，一起跃身于惊心动魄的东瀛情报战。与莫斯科暗通之外，他还以另一条热线继续与上海连接，也数度潜入上海，与日籍中共党员中西功接头交会。有关来自日军统帅部、日本天皇御前会议的战略决策、作战部署以至军用作战地图等情报，都由他交给上海的中西功，然后最迅捷地发往延安。有人因此戏言，中共高层都成了日本最高决策会议的旁听者。在中共高层眼里，尾崎秀实也因此就有了"国宝"的尊称。

最后的悲壮一幕，他早有预料、也早有准备。1941年10月，"拉姆扎"组织暴露，他与佐尔格和"拉姆扎"的其他成员三十多人都落入了敌人虎口。1944年11月7日，是他一生最后的日子，他与同狱的战友们说声"再见了"，便从容地喝过一杯日本茶，一如平日缓步慢行地走上了绞首台。

在他远逝的背后，是人们永久的怀念。

"他常笑着对我说'我们是堂吉诃德'。……他对世界形势分析的正确，他的人道主义，他的浪漫主义，还有他的现实主义，处处都吸引了我。

"但他最吸引我的，是他对同志的诚实和他丰富的人情味。他爱美酒，他爱珍味佳肴，他有人的爱憎，他爱女人。他……大胆豪放，乐观通达，充满理想，同时也非常现实主义、无欲无求"。

与尾崎和佐尔格一起入狱、侥幸逃过一死的川合贞吉，出狱后叨念起尾崎秀实，总会这样喃喃地说着，似乎总也说不尽、道不完。

中西功：魔宫的红人是天使

　　黄浦江码头外，刚踏上轮船的中西功，与一帮人回头频频地挥着手，向岸上的送行者依依惜别。这些远走的和送别的人，都是东亚同文书院的日本学生，登上船的，就要回大海对面的日本了。

　　刚在船舱落定，中西功忽然听到，有人在呼唤着他，抬头一看，兴奋得高喊起来："尾崎君，是你呀！你也回国了？"

　　尾崎秀实，朝日新闻社的特派记者，也在这条船上。他与中西功相熟赛如知己，也早已是同一战壕里的人。眼前的不期而遇，使两人都感到喜出望外，这下，海上几个白天、黑夜的漂泊不会寂寞无聊了。他们有好多话题要谈，要深论细究，这样的机会，平日里也是很少有的。

　　这是 1932 年的早春，"一·二八事变"爆发后没几天，他们的回国都因之而起：尾崎是被朝日新闻社召回，将回去报告"一·二八事变"的经过情形；中西功则是不愿当日本海军陆战队的战争帮凶，与一些同学用回国来进行抵制，几番角力才争得了这样的结果。

　　一声汽笛划破江面，船缓缓地离开了码头。望着岸上渐渐变得模糊的城市轮廓，中西功的心情忽然变得一阵低落：一晃竟有三四年了，他的人生的改变，正是从这儿开始的。此时一别，何时再能回到这儿？

　　吵着嚷着要离开战火四起的上海，真要离开，忽然又感到了依恋、难舍。

　　倚身在船舷的栏杆边，望着渐渐远去的上海，思绪不由被拉到了之前的日子。

　　三年前，也即 1929 年的夏天，18 岁的中西功第一次来到上海。之前他是个"井底之蛙"，几乎从没有离开过自己的家乡——三重县多气郡。他是个农家子弟，

中西功

家里很穷，似乎生来就只配烂泥、枯草似的命。乡下的孩子，胆子也小，别说碰到那些有钱有权势的人，就是连北海道那边来的同龄人，他见了都感到害怕。于是，能被他揽为己有的，也就只有在夜晚、在床头漫无边际的胡思乱想。

弱者的心灵梦境，总会被强者巨阔的身影所占有。年少中西功的梦中，影影绰绰出现最多的总是古代的"忍者"。三重县、他的家乡就是日本"忍者"的发源地，上野公园里，各种"忍者"的古老遗迹一直保存得好好的，总在触发着少年中西功的绵远联想。在惯用隐身术和遁术去潜入敌方、获取情报、引发骚乱的"忍者"故事中，他常常会恍然看到自己的身影，为之兴奋得晚上常睡不着觉。继而进入梦中的，又有身穿和服、腰挂日本佩刀而四处流浪的"大陆浪人"。"浪人"由古代的落魄武士演变而来，他们的冒险经历和所谓的"豪侠"之气，常常会拨动青少年的心，撩起他们的浪漫幻想。中西功也向往当一个"浪人"，去自由驰骋、建功立业，而并不知道，"浪人"的结局，多半只是充当军国主义的走卒、爪牙而已。

自然他并不只有空想。为了改变自己的命运，他埋头苦读，甘于比别人付出更多努力。终于博得了一次变身跃起的机会——获得官费留学资格，前往魔都上海的东亚同文书院去就读深造。

这所同文书院地处公共租界的西端，靠近法租界的徐家汇虹桥路，与徐家汇天主教堂和交通大学比邻而居。从 1900 年 8 月以来，东亚同文书院几经迁址，多年前就已在这里落脚。跨入校门的中西功，满心只想着用心攻读，学好知识本领，将来为自己的岛国效力，却不知道一脚竟踏进了虎穴狼窝。

这东亚同文书院深藏不露，实际却是日本针对中国而建的一个间谍"孵化"基地。这条间谍流水线上，一年年批量下线的"产品"——"天皇的忠诚战士"，以后就像水浸染一般地漫淹中国，为实现帝国的侵略野心而效力。就在就读期间，校方也以"大旅行"的名义，将学生撒网般撒向中国的四面八方，开始几个月"卷地毯式"调查，进行搜集情报的实战。中西功到来的这几年，正由后来三任日本首相、发动全面侵华战争的近卫文麿担任校长，"皇国"当局对它寄寓怎样的厚望，就是傻瓜也都明白几分了。

渐渐地，中西功也有点明白了，但他并不怀疑这条"流水线"、这些"产品"

的合法性。他已经有很强的国家观念，办这所"书院"、出这些"产品"，他认定对自己国家有利，也就足够了。当他将"忍者"、"浪人"与"书院"串联起来时，心里更是激起一阵阵的兴奋——梦想，终于打开了迈向现实的通道。

但兴奋的日子并不持久。身在上海，使他渐渐地感到浑身不舒服，因为周围的中国人向他投来的目光，总是怪怪的，那么冷漠、轻蔑以至充满了敌意。在他们眼中，他仿佛成了蟊贼、歹徒，或起码也是不怀好意的人。他不理解支那人何以如此无礼，一个堂堂东洋人，会饱受那样的窝囊气？

既心生怨愤，也害怕见中国人。来上海很久了，连上街他都已怯怯地不敢去。

也有被他尊敬的中国人，他称他"王教授"。王教授走近他的身边，一眼就已读懂他眼神中的怨艾。你要懂得"历史是因、现实是果"的道理，回头去看看历史，就什么都会明白的！——王教授淡淡地回答他的疑问。

也是王教授，带着他一起穿越时光隧道，回到了多年以前——甲午海战，马关条约，"二十一条"；被日本夺走的台湾岛、澎湖列岛；裹挟在太阳旗下的旅顺港、大连港……你看看，看看，这么多年日本在中国都做了些什么？你要是中国人你会怎么想、怎么去做？

曾在东京同文书院、京都帝国大学负笈就学的王教授，有过十几年在日本岛国生活的经历。他说我了解你们日本人，一直痴心梦想吞没中国的，其实只是那些无良政客和强横的军阀。善良的日本穷人、日本老百姓对中国是友好的，而且天下穷人都一样，他们也同样深受这些国家机器掌控者的压迫、欺凌。只是，当好人、穷人都沉默的时候，让中国人怎么分清不一样的日本人？

似乎一下被触到了痛处。一声"穷人"传入耳边，更是让他如芒刺背，隐隐地痛在心上。他也是穷人的后代，穷人人穷志不穷，难道就甘愿被绑在"皇国"的战车上吗？

他陷入了冥思苦虑。他也第一次开始了对母国从历史到现实的审视。

渐渐地，他也知道了这位王教授的真貌、他的不同凡响。这位他所敬重的教授名叫王学文，江苏徐州人，明里是"书院"的经济学教授，实质却是中共秘密党员，一个炽热如火、坚似岩石的共产主义者。同时他又豁然发现，同文书院，这所被日本外务省、日本国会严密控制的间谍学校，也并非铁板一块，被王教授唤醒而抱团集结在他身边的日本学生，除他之外还有许多人——安斋库治、西里龙夫、白井行幸、水野成、尾崎庄太郎、手岛博俊等等，加起来总有二三十人，一个个都怀有热血抱负，想着为正义而战。"书院"的秽泥毒土上，既有一片"恶之花"在摇曳疯长，也有一股红色势力在悄然勃兴。

有王学文的暗中授意、策动，西里龙夫等发起组织的"中国问题研究会"成立了，安斋库治领头组建的中国共产主义青年团支部启行了。继而，由校内左派学生联络社会上的左翼青年，在1930年7月又组建了一个秘密革命组织——"日支斗争同盟"，从坐而论道一变为起而行动。这每一个组织内，也都有中西功闪动的身影，在共青团内他还担任支部组织委员，由一个随波逐流者而逐渐成了领头人。

"同盟"成立，"斗争"也随之扬幡启幕。1930年底，一支日本海军士官生队突然登陆上海滩，触发了一场不动刀枪的"激战"。因为"斗争同盟"已摸清情况，日军正蓄谋在上海挑起战事，蜂拥而至的士官生们名为"参观"，实际却是为熟悉战场而来。"同盟"没有制止战争的回天之力，但可以奋起揭穿日军的阴谋。行动敏捷的中西功，迅速拟写、赶印了一批反战传单，那天，有一百四十多个士官生忽然涌进东亚同文书院参观，他急忙叫来水野成等几个左派同学，悄悄揭开了一场暗战——将传单塞入火柴盒中、放进士官生的饭碗里，用无声的语言向士官生们喊话："日军士兵弟兄们，你的长官在骗你们。你在外国打仗丢了命，家乡父老就没了依靠……"随后，他们又到上海大街上去张贴、散发反战传单。从校内到街头，如一枚枚炸弹在轰轰地连环爆炸，大大震慑了日本的战争狂人们。

后院起火的日军当局，在慌乱中开始猖狂反扑。因为被校内的特务学生告密，中西功和水野成他们被疯狂赶来的日本特高课警察抓捕，被关押了9天后才出狱。终究是日籍学生又兼帝国培养的高材生，特高科拿他们没办法，只能这般草草了事。但"书院"却不愿轻易放过这帮"顽劣"学生，又勒令将他们停学一年。

9天的牢狱之灾，将一颗反逆的心推得更远；停学，也不会使他停下斗争。

翌年"九·一八事变"在东北爆发，校园之外，中西功他们组建的"对支那不干涉同盟"又打起了反战旗帜。几个月后，战火延烧到上海，发动"一·二八事变"的日本海军陆战队为扩充兵力，想打同文书院的主意，强令学生们参战当炮灰。校园内顿时涌起一片躁动。已经回校的中西功，也带回了校外的反战气浪，他在学生中间喊出"不参加战斗，要求回国，撤出侵沪战争"的口号，一下令响应者风起云涌，逼使校方和领事馆只得开栏松缰放行。

终于，一声汽笛长鸣下，中西功和一大帮同学踏上了归途。

归去又来，已是两年多以后。中西功没有重回上海，而是到了远离上海千里外的北方大连。大连，曾经的甲午海战主战场之一，"九·一八"以后随着整个东北沦陷，这里几乎就是日本国的境外飞地，太阳旗已插遍每一个角落。简称"满铁"、位高权重的南满铁道株式会社，其总部就设在大连，从表面看"满铁"只是家老牌公司，经营一些铁路和重工业的产业而已，其实却十足是一个日本间谍情报机关。重返中国的中西功摇身一变，在满铁调查部稳稳占有了一把交椅，可自由出没于它的暗房密室。这差使，不就是当日本特工吗？知情的人为之心领神会。

一个从间谍学校走出的学生，合乎逻辑地扮演了他本当扮演的角色。没有人会起疑意，想到在严丝密缝的日本特务密室内，会暗藏着这样一个红色卧底。

营造这出秘局的，正是与中西功一起回日本的尾崎秀实。

回到日本的中西功，与尾崎见面的机会多了。尾崎不仅已是名噪岛国的报人，也已经成为近卫首相身边的红人，是首相的私人秘书、高级智囊。暗中，他更是红色国际特工组织"拉姆扎"小组的一员，是佐尔格的最亲密助手。中西功没有加入佐尔格小组，回国以后，与西里龙夫一样秘密参加了日本共产主义青年同盟。因为参加反战运动，他又一次被警视厅打入牢狱，关押了四十多天。平日与尾崎在一起时，就向他讨教情报工作经验，或帮他牵线联络其他的红色特工，某种意义上，他已成了尾崎的好帮手。

在日本，佐尔格小组已成功地打开了魔宫的铁锁。但小组的全部人马都聚集在日本，与中国的情报网却几乎失联断线了。而中国才是反战前线，需要有人去重建一条热线来连通中国。摸准了佐尔格和尾崎的心思，中西功主动请缨说，就让他重回中国去。尾崎支持他的行动，临行前又给了他一个惊喜：经过尾崎的一番张罗活动，借重他接近日本政治中枢、直达天听沾得的一点虎威，为将中西功安插进"满铁"大连总部已铺平了道路。

到中国不久，中西功就顺利打进了大连的日本特工"要塞"。

1934 年潜回中国的中西功，在中国境内，只是个孤身一人的独行侠。他渴望能建起一个情报网络，因而一回中国，就急着想找回当年上海的那几个"老伙计"。

"老伙计"们都去哪儿了？几番打探，有消息陆续传来，他们大多还在中国。同一年返回上海的西里龙夫，正在日本新闻联合通讯社上海总局当记者，这一年他已加入了中共；在北平的尾崎庄太郎已混迹于日军北支派遣军司令部，在敌营中也占有一席要职；白井行幸在太原当"商人"，一边行商，一边在蛰伏中等待重起的时机。撒落的珠子，因中西功的到来被逐渐串连了起来。

但依然各自为战，仍是个松散的同盟。1937 年"七·七事变"、"八·一三事变"的接连爆发，使局势变得极度严峻，中西功和"老伙计"们都感到，再不能零打碎敲地干了。松散的力量，必须紧密地集结起来。

英雄聚会已呼之欲出。1937 年年末，他们在大连南端依山傍海的老虎滩上会合了。

"老虎滩"名字的来历，使他们饶有兴味。当地的民间传说，远古时代有个青年猎手，曾一箭射中横行海边的一头大黑虎，救下了东海龙宫小龙女，以后，又用镇妖神剑杀死了恶虎。在大海滩头应声倒地的老虎化作山石，"老虎滩"的名字由此就被叫开。这帮"老伙计"都不由会心地笑着：恶虎还在横行，咱们也当一回杀虎除害的猎手！

日本军方的猖狂不可一世，加剧了他们对故国前途的担忧。玩刀者必自毙于刀下，为非作歹者能嚣张跋扈一时，最终却将吞下长久的苦果。为整个日本国、全体日本人的前途计，就决不能听任那帮战争疯子胡来！他们都认定，翦除这头来自故国的恶虎，不仅是为了保护中国，也是为拯救日本。随之，一项出自中西功的提议，迅速获得了会上所有人的共鸣——必须出手制止这场不义之战；时势所逼，散布在中国各地的同文书院左翼学生必须抱成一团，形成一张秘密网络、一股反战力量。

一个在华日籍人士的秘密反战组织，在老虎滩悄然升起了义旗。中西功被一致推举为组织的领头人，同时由尾崎庄太郎、白井行幸、西里龙夫分任东北、华北、华中几大地区的联络人，分头向各地扩展阵容、开展斗争。

组织起来的同文书院学生，充其数，也只是区区一支小股力量。明白了独木难支、滴水易涸的道理，中西功决意带领"老伙计"们去投奔中共。老虎滩聚会后，他们就像一滴水、一棵树一样汇入了大海、跻身于丛林，跟着中共去抗战到底。

1938 年 5 月，中西功手捧着调令踏进了"满铁"上海事务所。上海，注定将高悬于他的生命星空中，留下终生难灭的记忆。

被"满铁"调遣南下，正中他下怀。他也正要转移阵地至上海。因为他需要到上海与中共尽快接上关系；日本已将侵华的策划重心转移到了上海，他们的反战剑芒，也必须紧追而去。

一到上海，又一次见到了王学文，这位昔日的老师兼老领导。他急切地向老领导提议："时机已经成熟，应当尽快在日本人中间建立中共秘密情报组织。"王学文十分赏识他的建议，答应马上向上级报告此事。

没有多久，他被批准成为中共正式党员；他们的反战组织也已被中共所接纳，成为中共上海情报科旗下的日本人情报小组，向"红色小开"潘汉年负责。

而在与王学文重逢前，另一个"同文"校友早已找上门来。他叫岩井英一，同文书院 1918 年级的学生，这时已出任日本驻沪副总领事。他同时也是老牌特工，一手建立了直属外务省的特务机关——特别调查班，人称"岩井公馆"，手下刚招来一批东亚同文书院的毕业生。那天他专为中西功设宴接风，酒酣耳热之间，便吐露要这位"忘年交"到"满铁"后与领事馆互通情报的意愿。中西功自然不拂好意，连声回应"好说好说"。

中西功看得很清楚，在"皇国"、"皇军"大开狮口想吞噬中国之际，被豢养的同文书院门生都已成了香饽饽。

正如他所料，同文书院一些人最风光的时候到了。在魔窟中被驯养、栽培、熬炼的经历，使他们都得到了提拔重用，从日军军营、日谍机构到日本政客狼奔豕突的魅影旁，几乎都有这班"同文"门生的憧憧身影。但对于中西功，这倒也是好事，他和他那帮"老伙计"也由此沾光走运了。他们都成了魔宫里的红人。西里龙夫已被日本"华中派遣军"情报部调往沦陷后的南京，一身扛下了多重要职：派遣军高级顾问、日本同盟社南京支社首席记者，以及伪中央社和中华联合通讯社的指导官，烫手吃香得很。趁此他又靠一番巧妙运作，将一名中共特工招进"中联社"，当了首席记者。与西里龙夫的际遇一样，北平的尾崎庄太郎，这时已提升为日军北支派遣军司令部情报课长；在太原的白井行幸，也已在华中派遣军司令部任职；手岛博俊则已跻身于日本驻华使馆武官室。托同文书院的福，一张遍布四野的红色情报网已借势悄然张开。

中西功更鹤立于特工群里，成了炙手可热的要员、显贵。一到上海，就被戴上一顶"满铁"事务所调查室主任的官帽。在事务所所址、虹口乍浦路和平大楼里，他不仅独揽调查室大权，也是说话很顶用的一方权威。名声传开，日本占领军也趋之若鹜，奉其为至宝，加封他为日本支那派遣军特别嘱托（顾问），又"挖"他到司令部特务部当出谋划策的"军师爷"。他毫不含糊，果然显露了一个大牌特工的能耐。按照军部命令、由他撰写的一本《三民主义基本问题》，成了日方提交汪派汉奸重建"国民党"的理论指南；在汪伪"维新学院"的课堂里，他亲执教鞭为汉奸学员们授课，一口流利的中国话伴同眉飞色舞的讲解，听得那班小鬼、喽啰们两眼发光、耳朵直竖，军部也满意得连翘大拇指。鬼子们怎么也不会想到，被他们叫好、热捧的这本"指南"书，却是在中共的"审阅"、"指导"下编撰、定稿的。司令部里见不得人的那些秘密、"功绩"——内阁与军部内部的种种臭事、恶事，上海日军如何网罗汉奸充当鹰犬，如何进行经济掠夺，进行了哪些暗杀、破坏的策划等等，被这位"顾问"先生一阵摆渡，变戏法似地，早已变作中共情报部桌上的美食佳肴。

"满铁"事务所又催着要他回去了。因为"满铁"没法少他这个台柱子。回去后不久，便交给他一项通天的任务，组建直通东京高层的"中国抗战力量调查委员会"，专门去搜集重庆、延安方面和租界上层活动的情报。委员会由他掌管大小实权；委员会之下，由他一手招兵买马，按照上峰旨意又搭建起一个"特别调查班"。于是，手上又多了一个砝码。

搭建"特别调查班"，给了他前所未有的好机会。因为调查班人员都将由他审核、定夺，他说可靠自然就可靠，谁都不会生疑。于是，他巧用三十六计的"偷梁换柱"术，让中共的红色特工排着队大摇大摆进入了调查班：程和生担任了班长，倪志璞当主任助手，程维达等人都是调查班的组员，十几个红色特工，摇身一变都堂而皇之地成了日本间谍。堂堂日特机构——"特别调查班"，几乎就是隶属于中共上海情报科的一个分支机构。

新成立的调查班，不在"满铁"事务所办公，就可以逃脱"满铁"的眼线。最初的办公地，设立在西华德路的大利庄公寓内，以后日本宪兵队占领了外滩交通银行，中西功打通关节，又迁营至交通银行二楼，耀武扬威地挂起了"特别调查班"的招牌。"皇国"特工的身份，使他们享有种种特殊的"待遇"——调查班总要刺探各地情报，巡游、出没各处是必须的，而且手持特工通行证，也总能自由自在地出入日占区。这班红色特工顿如鸢飞鱼跃，海阔天空，可以经浙赣线直入西南，可以沿津浦线安抵西安，借敌方赐予的便利编织起一个纵横交错的秘密交通线。

中西功自然更自由超脱。照理该坐镇"满铁"调查室的他，却很少在办公室能见到他人影。调查室的头，又是"满铁"屈指可数的谍报专家，使他享有更特殊的待遇——可以不用坐班，避开嘈杂的办公室，去自己选择安静的环境去思考研究问题。在"满铁"办事处，也唯有他才享有这样的自由。

不去办公室，就一头躲进了留青小筑28号自己的家里。这是施高塔路上的一座不起眼的三层小楼，第二次来上海，他就带着妻子方子、妹妹惠子在这里落脚。与北四川路尽头相连的施高塔路，是一条长仅500米、宽不过10米的窄窄的小街，但幽静、雅致，尤为中西功所钟爱。这条街路上，从大陆新村、东照里一直到恒丰里，曾住过鲁迅、瞿秋白、罗亦农、陈延年等等红色先烈，这也似乎赋予了他——这位日本籍中共战士的一个特殊使命：去追随先驱者的足迹，走下去永不停步。

同一条街上的花园里2号，也住过他的同胞挚友尾崎秀实。恍若有挚友贴身相伴，行走于这条路上的他，也就断不会寂寞孤单的。

虽然一切看来都十分平静。对静水深流的景象，常人是难以察觉的。看似宁谧的留青小筑，其实恰如一座随时爆发的火药库，正积储着意欲摧毁帝国魔宫的万钧雷霆。深居简出的中西功，正是一颗颗高能量炸弹的制造者；他的留青小筑既是吸储敌方情报的蓄水池，也是水流千里的发源地。来自各路的敌情报告正如暗渠中的水流，在汹涌湍急地奔流着，从留青小筑起始，沿着光华眼科医院—齐鲁小学—山东会馆等路线，一步步流至上一层组织，最终汇集于中共大本营延安。就连日本御前会议记录、日本大本营扫荡作战计划，这样一字千金的重磅机密，也都是从这里发出而到达中共高层手中的。

这一切都瞒过了魔鬼的耳目。派遣军军部、"满铁"的头儿如若知道了这一切，还不气得喷血昏死过去。

有时，他也让珍贵的情报流向大海那一边。他与东京的尾崎一直暗通着热线。

这样的暗通，常常能催熟情报之树上肥硕果实的落地。

1941 年 7 月，注定有一次采摘硕果的大收获。那天从延安传来一道密令，要他打探在满洲举行的"关东军特别大演习"的情报，摸清这是否是日军将进攻苏联的前奏？事关反法西斯阵营的战略布局，弄清这件事显得至关迫切。

中西功苦苦思索该从何处下手，正茫然无绪时，忽然接到"满铁"的通知，要派他到东京参加"支那抗战力量调查委员会"的一个会议，让他一下愁眉舒展了。一抵达东京，就去找尾崎秀实。尾崎也在严密注视着日军的"关特演"，而且已经作过探询。他和盘托出他的初步探询成果，告诉中西功，这次日军大兵北调，"演习"只是幌子，对苏联的威胁肯定是存在的。但他探听到御前会议的内容，日方已定的方针是，在北方对苏积极备战的同时，准备南进作战。

尾崎进一步分析说，日本的野心是实现"大东亚共荣圈"，因为太平洋诸岛和东南亚是欧美的殖民地，要实现他们的野心，就必须冲破美、英、荷兰的障碍。另外，日军内部"北进"派与"南进"派两方斗得很激烈，"北进"派目前正在受挫，因为"北进"不可能短期结束战争，拖到寒冬一来，军队只能在冰天雪地里冻饿待毙，海军就根本不愿这么干。"关特演"正是在"南进"派占上风的形势下举行的，这也就能看出日军动向的端倪。

他又建议中西功，回上海时到满洲实地观察一下，也许能看出点什么。

听罢尾崎的话，中西功对事态有了八九分的把握，返回上海时，果真又顺道去了大连。几天逗留，在大连尽见日军的大兵，连街头公园、学校、工厂都挤满了兵。在大连海边，一面看到的是车辆、马匹、坦克、被服、弹药、汽油，各种战备物资如洪水般正涌向口岸，一面却见士兵们正进行着海上登陆演习。这显然很不正常，如果"北进"攻打苏联，用得着搞海上登陆演习吗？那里可全是平原、森林、山丘和沼泽地带呀。

他把他在大连的所见所闻，写信告诉尾崎秀实，两人得出了同样的结论。

一回到上海，他兴冲冲地告诉中共上海情报科，可以明确回答延安：所谓"关东军特别大演习"，是为掩护"南进"和为"南进"而作的一次预演；日军是否会北攻苏联，还需依苏德战场的形势而定。

事态后来的发展，果然证实了他们的判断。

上海日清码头，匆匆奔来的中西功，又登上了驶往日本的轮船。这是1941年的10月底，他将去日本作一次身怀重命的探秘。

从6月22日德国向苏联突然发起全线攻击起，这年下半年，战争形势变得越发诡秘莫测。深藏留青小筑的中西功，也就变成了匆匆行者，风尘碌碌地一直在路上。

这也是逆风而上的一场历险。原本，他应该向相反的方向进发。

因为，他的安全已亮起了红灯。十几天前，广播电台纷传日本近卫内阁突然倒台的消息，被解职的原首相近卫文麿已住进医院、被变相软禁，新首相东条英机也已经登台。可是，出现这么重大的变故，尾崎却一点没透过风，这位首相的大红人是否受牵连，也毫无所知。种种疑问和不祥的预兆纷涌于心头，使他怎么也挥之不去。

佐尔格、尾崎秀实和"拉姆扎"小组的大多数成员，其实这时都已经落入日本警视厅的虎口，但消息被封锁得丝纹不透，中西功毫不知情。

一封电报的出现，更加剧了他的忧虑。电报是从东京发来的，电文内容只有

走近神秘人部落

三个字："向西去"，发报人为"白川次郎"。他完全明白"向西去"的含义是什么，这是在警告他情势已十分危急，要他火速撤离上海，到延安或到其他解放区去。他猜测，"白川次郎"也许就是尾崎秀实。

电报，显然是在他被捕前发出的。

捏着手里的电报纸，中西功在留青小筑一遍遍地兜着圈子，陷入了苦苦的思索。他必须作出决断：是按照尾崎的忠告"向西去"，还是继续在上海坚守？

他终于想明白了。

那天，"特别调查班"班长、中共联络员程和生来找他，他掏出那张电报纸递了过去。程和生一下明白了事态的危急，便催促他说，那你就赶快走啊！

中西功回答说，他已考虑好了，他还不能走。他说，我走了，"特别调查班"里的同志们都要撤离，南京的西里龙夫、北平的尾崎庄太郎、太原的白井行幸会因为与我的关系而暴露，也都要撤离。这样，"满铁"的情报点就将全都报废，会造成多大的损失！现在正处在苏德战争的关键时刻，情况瞬息有变，日本换成东条英机的新内阁，将出现怎样的战略转变也还暗昧不明，都需要迅速探明摸清，我怎么能在这时一走了之？

所以他说，他决定选择坚守。

当晚中西功又乘夜班火车赶往南京，去与西里龙夫碰面。望着暮色苍茫的窗外，中西功一路思绪澎湃，想到纵深处，忽然又改变了原先的计划。

他是为通报眼前出现的意外情况而去南京的。两人都预感到，日本那边肯定出了大事。与西里龙夫一起商议间，中西功亮明了他的临时动议：我不仅不能"向西去"，还要"向东去"——去一趟东京，实地侦查一下情况。他说，尾崎那边的情况，只有到了东京才能搞清楚。而更重要的是，新上台的东条比近卫更急于发动战争，这时候必须尽快掌握这个战争恶魔的脉搏。对于反法西斯阵营，没有比这事更重要、更紧迫的了！

西里龙夫听了很感动，但又深深担忧起他的安全。中西功笑笑说，有危险也要去，因为没有人能替代我做这件事。

中西功的思绪，与时局的大势不谋而合。在暗潮汹涌的国际间谍战前线上海，那半年来，各路间谍、特工都在热议着三大情报的话题，即"远东慕尼黑阴谋"、"德国东线战略"和"日本前进战略"。如今"三大"已去二,因为"远东慕尼黑阴谋"已被揭穿而破产,"德国东线战略"也已大白于天下。唯有"日本前进战略"还处在若明若暗中,无法洞穿最终的谜底——"南进"基本能肯定,却又不排除可能出现的变卦;如果是"南进",还不知确切的时间,也急待去刨根究底。

中共高层和苏联的斯大林,这时也正为此心急如焚。德国大军正猖狂东进,莫斯科和斯大林格勒大有被攻破陷落的危险,眼前却只为提防日本北进,60万苏军只能被拖死在西伯利亚,使斯大林如坐针毡般地左右为难。在中国西部的延安窑洞里,毛泽东把他的爱将、情报高手潘汉年找去密谈,也和盘托出了他对时局的焦虑:如果日本北进,英美有可能和日本妥协,果真出现这样的局面,共产主义大本营和全世界、全人类都要进入一个黑暗时期。他要求潘汉年迅速摸清日军南进的准确情报。

中西功与反法西斯阵营的领袖,果真是心意相通的。

从延安回到上海后,潘汉年就把任务交给了上海情报科。在情报科内,除中西功外,能完成这个艰难任务、变不可能为可能的实无第二人,任务如他所愿地交到了他的手里。前来传话的联络员程和生,想到那份"向西去"的电报纸,不由一脸忧色。中西功看在眼里,宽慰他说,这不仅是领导的决定,更是他内心已经作出的决断。不管领导交不交任务,他都已作出了"向东去"的决定。

程和生在这一刻,说不清自己是一种怎样的心情:是惊?是喜?还是忧?

"向东去"了。临走的那天,程和生一直送他到日清码头,眉目间依然忧色重重。中西功又一次劝慰说,我可是日本人啊,去东京还怕没人掩护我?可以尽管放心,我会很安全的。

然而一待回到东京,他也失去了自信。在东京的一个小旅馆里刚住下,他就赶紧给尾崎秀实打电话,拨了老半天,一直都没有人接。又打给同文书院时的战友水野成和浜津良胜,却都由别人接的电话,使他一下警觉起来。脑海里霎时冒出那份"向西去"的电报,越来越感觉到事态的严重。

一阵紧迫感直逼心头。他意识到自己随时有被发现的危险,必须与敌人来一

走近神秘人部落

次赛跑。准备好自己被捕，但在这之前，无论怎么也要将情报搞到手。

线索都已中断，四顾茫然间，使他忽然想起了一个人——军方报道部的记者佐藤癸二。中西功与他有过一面之交，找他，也许能打探到一点消息。第二天跑去一问，佐藤却不在，说是已去了台湾。办公室里，一些记者、编辑正闲着无事，在不着边际地谈天闲聊，他趁此与他们套近乎，当起他们闲谈的旁听者。说者无心，听者却有意，旁听闲谈的他，知道了在中国南方的日军正在向台湾集结，佐藤癸二正是随军去的台湾，这不表明，在台湾的部队将有作战行动？听他们又谈到，7 月调到满洲参加"关东军特别大演习"的那支部队，正在海运南下，集结于小笠原群岛之外，有的已一直开往东印度，使他猛地意识到，"南进"已开始行动了。

在军方报道部听到的闲言碎语，还不足于让中西功作出确切的判断。愁眉不展的他，茫然踯躅于东京街头，忽然看到迎面匆匆走来一个人，却正是佐藤癸二。佐藤刚从台湾回到东京，脸晒得黑黑的、胡子拉碴，还是一副未经修整的模样。中西功将他拉进路边的小酒馆，一番寒暄后，就转弯抹角地向他打听南进的动向。他本来就是皇国的老牌特工，佐藤对他也并不生疑，几杯酒下肚，谈兴也越来越浓。他告诉中西功，这几天，在美国的野村特使还在与美方谈判，谈判的最后日期限在这月月底。快了，到 30 日就能见分晓了。

那就是说，打不打还没定喽！——中西功淡淡地说。

基本已定了——佐藤爽快地答道。唯恐在大特工面前显得自己无能，他又赶紧抖出猛料，告诉中西功说，内部已传出消息，谈判根本不会有成功的希望，这几天海军已经在濑户内海集结完毕。"我本来就想跟着去的，但没批准，今天还得回台湾。"

底牌终于翻开了。中西功差点失声笑起来。11 月 30 日，就是最重要的时间节点。余下要做的，就是去找到更多的旁证来证实它。

以后的几天，在东京街头，他发现了一个异常的迹象：虽然已时近冬季，国内的驻军却在配发夏装，而且还发了短裤。回中国时，他又顺道转到大连，从大连"满铁"的同事那里打听到，军方从日本开往大连的轮船都是空船，返回日本时，船上却装满了关东军的士兵。还听说，关东军最近又在大连举行了大规模军事演习，演习的课目是抢滩夺岛……

回到上海，又收到西里龙夫从南京发来的密写件。他告诉中西功，他在参加欢迎关东军参观团招待会时，据参观团团长酒后密告，关东军留 20 万防苏，其余都已南调；海军集结在"择捉岛单冠湾"海域，正在待机作战；11 月下旬舰艇将启动向东南进发。

这不是已摆出就要开打的架势？

目标已越来越接近，水烧开到 99 度，差一点就将到沸点了。

沸点，就藏在"满铁"办事处的资料研究室里。回到上海后，他一头扎进"满铁"资料室，调出近期新到的各种"编内参考"、"情报交流"、"调查通报"、"军部通报"、"军密"、"绝密"、"机要"等资料，一遍遍地翻阅、搜觅、过滤。终于在 1941 年 11 月 6 日的《编内参考》上，他看到了"对美国谈判要领"内容："……与美国谈判，详细申明日本对美谈判条件之最后让步，坚决要求按甲案迅速达成协议。对美方徒尚空谈的非现实态度，要促使其对日本可能接受限度的认识，谈判以 11 月 30 日为限，不再拖延……"

在《帝国陆军作战纲要》密件里，他又看到这样写着：一、以驻满洲、朝鲜的 16 个师团对苏戒备；二、按既定方针对中国作战；三、对南方，以 11 月底为限，加强对美英的战争准备……《纲要》中，在"皇军大东亚战争南方部署"的条目下，日军南进的兵力部署也已一目了然，他拿过纸笔匆匆地抄录下来：坂田中将，三个师团，泰国；今村中将，三个师团，马来亚；本间中将，四个师团，菲律宾；寺内大将，二个师团，香港……

中西功点燃起一支香烟，重重地吐出了几口烟。谜团终于解开，东条的南进作战，已经从口头争论、图上和沙盘上的演习落实到陆地和海洋。谈判时限一过，日本就要实行对美国的攻击，同时向泰国、马来亚、菲律宾、香港展开全面的东南亚战争。11 月底、12 月初，战争的爆发已不可避免。他仰靠着座椅，缓缓地吸着烟，继续他的思索、推断——开打又会在哪一天呢？

西方时间 12 月 7 日，也就是东方的 12 月 8 日。日本若对美国攻击，必然是在这一天。

他急忙找到情报科负责人老吴，汇报他的探秘结果，明确说出了战争将在哪一天爆发。看着老吴满脸似信非信的神色，他有理有据地分析说，11月30日谈判一结束，日本必然会立即发起进攻，因为要么不战，要战就不会再往后拖了。你看，日本海军每天要消耗4万吨石油，陆军每天也要消耗1万2千吨，拖一天，将是多大的消耗！所以，进攻必定选在12月的第一个星期。而12月7日正是西半球美国的星期日，在美国人眼里，这可是上帝规定的休息日。这一天，政府人员不上班，工厂工人轮流休息，军队官兵也照例会放假，从发动战争的一方考虑，这是个应该选择的最佳日子。德国进攻苏联就是选择在星期日，日本也不会放过这个日子。

中共信服这个无懈可击的推断，通过各种秘密关系，很快将情报转到了国民党军统上海站，再由军统直报重庆，由重庆方面再分别通报给美、英、荷兰等国大使。每一步都衔接得不留缝隙。

任务完成了，回到留青小筑寓所的中西功，却一点不感到轻松惬意。打从12月1日起，他闭门不出，每天从一清早起，一声不吭地守在收音机旁，竖起耳朵收听东京广播电台的新闻。时间一天天过去，他越来越变得焦躁不安。烟缸里的烟蒂，一天比一天增多。妻子和妹妹在屋里稍微闹出点声响，他都会大发脾气。屋子里，空气似乎都已凝固了。

他渴望着12月8日一到，能听到战争如期爆发的消息，这将宣告他的情报是绝对准确的。对他出生入死行动的最好回报，自然莫过于此。但他也害怕那一天真的到来，因为日本，这个被魔鬼劫持的国家，毕竟是他深爱着的故国，与强大的西方世界的这一战一朝打响，日本就再也没有回头路了。整个日本国这条舰船，终将沉入深海，推向毁灭，万劫不复。他实在不愿看到这一幕的发生！

连日的焦躁不安，正是由这矛盾心态伸延的乱藤蔓草。

这一天到来，几乎丝毫无误地证实了他的预见——

1941年西方的12月7日，星期日，亦即东方的12月8日、星期一，日本出动大量海空军偷袭美国在太平洋的主要海军基地——夏威夷瓦胡岛珍珠港。同日起，日军也先后开始对泰国、马来亚、香港、菲律宾、东印度发动进攻，太平洋战争，亦即东条内阁所说的"大东亚圣战"全面爆发。

但他没想到的是，美军居然毫无半点招架的准备，珍珠港的美国8艘战列舰和十余艘大型船只、二十余艘中小型舰艇被炸沉或炸伤，一百八十多架飞机被炸毁，美军官兵死伤三千五百多人，在港内停泊的美太平洋舰队主力几乎全军覆没。

日本海军偷袭珍珠港，竟然"取得辉煌大胜"。

战争也波及上海，开战当天清晨，停泊在黄浦江上的美、英军舰受到日舰的炮击，英舰"彼得烈尔号"被击沉，美舰"威基号"宣告投降。法租界、英租界迅即都成了东洋兵的天下。

他出生入死用生命换来的情报，如石沉大海般毫不起作用。

在美国当政者手里，这个事关世界人类命运的重要战略情报，居然变成了一张废纸。中西功后来听说，美方根本不相信这份来自中国的情报，因而根本不加理睬。

悲剧，本来可以制止在它发生前的，却毫无必要地发生了。"愚蠢的美国人，蠢到了极点！"留青小筑 28 号，发出他的一声长叹。他愤懑到极点，也被刀绞似地痛心极了。

而他，却要为他的探秘行动付出沉重的代价。一张擒捕他的大网，这时已经向他张开，危机在一步步逼近。东京的秘密之行，终究留下了他行踪的蛛丝马迹，飘散着一个赤色分子的异常气息。半年后的一天，正在杭州的他接到家里

中西功与妻儿的合影。

电话，便匆匆赶回留青小筑 28 号，去面见东京来的朋友。他兴冲冲地跨进家门，身后却突然响起重重的关门声，眼前走来两个面色阴沉的陌生人——东京警视厅已循着他的足印、嗅着他的气息找上门来，当场将他逮捕。

这一天，已是 1942 年 6 月 12 日。

很快，他被关进东京都内的巢鸭拘留所，开始经受漫长的审讯。敌人再也无法容忍他在这个世界上的继续存在，1945 年的 8 月和 9 月，法庭连续两次宣判他死刑。正要被执行枪决的危急关头，命运却出现了奇迹般的急转——日本战败投降，美国占领军从监狱中将他和一批狱友解救了出来。他重见天日，也几乎神话般地实现了他在刚进监狱被审讯时的预言："再过三年，日本将败。然后我会大模大样地（从监狱）走出去。"

而且，他又幸运地看到，当他走出巢鸭监狱的没多久，东条英机、板垣征四郎之类的战争恶魔被押进这同一座监狱，走上了绞刑架。正义终于战胜了邪恶。

中西功后来一直活到 1973 年。弥留之际，他还无法忘怀曾经的上海岁月，喃喃地说着："我真想去看看！……看看那些街道，那些胜利的人们……"

在 太 极 旗 下 宣 誓

在"虹口公园爆炸案"行动前，尹奉吉胸前佩带宣誓文、手持炸弹的留影。

行动前尹奉吉与爱国团团长金九合影。

尹奉吉：在毁灭中永生

　　虹口公园，洋人昔日的靶子场，这天却成了炸弹狂飞的准战场。炸弹"轰隆"一声爆炸，响彻云霄，天崩地裂。一些人如听到了胜利的号炮，一些人却如临末日般的一片惊恐。

　　这是一颗重磅炸弹，它从人丛中凌然飞出，坠落在虹口公园的大草坪北端。起爆点是在一座检阅台上。这座貌如威严的日军检阅台，随着爆炸声轰然响起，"哗啦"一声便倒塌在冲天火光和四处弥漫的烟雾中。检阅台前霎时大乱，遍地都是哭喊声、奔逃声、嚎叫声……

　　被炸塌的检阅台上，这时，几个日本军政界大鳄都已血肉横飞。中"头彩"的日本上海派遣军司令白川义则，身上被击中24块弹片，鲜血淋漓中变成了一团血肉模糊，以后不出一个月便一命呜呼了。两个将军——日军第九师团长植田谦吉和日本海军第三舰队司令官野村吉三郎，侥幸保住了性命，却一个被炸掉左腿，一个被炸瞎了左眼。被炸得腾起半空中的日本公使重光葵，落地后血流如注，身下只剩下了一条腿；驻沪总领事村井仓松也被炸伤，侥幸留下了一命。一边的日本居留民团头领河端贞次却被炸得更惨，腹部破裂，肠子都流出了体外，很快就见了阎王爷。

　　这天是1932年4月29日，时钟的指针定格在这一时刻：上午11点35分。

　　历史会记下这一刻。

　　因为它与一部历史的巨剧血肉相连，因而也成为了剧中意外延续的一幕。巨剧就是1932年的"一·二八"淞沪之战。

　　蓄意制造一个借口，然后悍然挑起战争，这是小日本惯用的一个伎俩。这次借一个日本和尚被杀，再次不宣而战。1月28日23时30分，借着夜色掩护，日本海军上海陆战队以二十余辆装甲车作前导，在炮兵支援下，向闸北一带的中国守军阵地突然发起了进攻。狂轰滥炸，一波接着一波，将闸北一带炸成了一片火海。

偷袭行动的总指挥、日本海军第一舰队司令官盐泽幸一阵前夸下海口："4 小时占领上海"。但他万没料到，他的对手中国第 19 路军竟如此神勇，交战了 8 天都不能拿下阵地，反而一次次遭受重创，再也无力组织攻击。灰溜溜的盐泽，只好落得被撤职回国的下场。

继盐泽幸一之后的指挥官，一个比一个骄横，却也败得一个比一个更惨。

接替盐泽的是第三舰队司令官野村吉三郎，他自恃手下有陆军王牌军第 9 师团的一个旅，兵力比盐泽强得多，攻下上海，以为还不是手到擒来。驻沪领事村井也将第 9 师团吹到了天上去，进攻前还特地召见西方记者，狂称"日军在吴淞踏平华军壕沟之日，为时不远，请诸君拭目相视"。

但野村、村井等辈都低估了自己的对手。尚有几分清醒的倒还是日本媒体。日本时事新闻的报道称："……蔡廷锴军为中国之铁军，其兵之强可知。故我军战况，丝毫不能进展。"大阪朝日新闻的报道也怀着敬畏之心，称"蔡之军队，在南方为最可怕之常胜军，其必胜日本军之心甚强"，"有此奇特之勇敢军队，能与我军顽强对抗，而不畏我军之猛烈轰击者，实所罕闻"。

仗打了一个星期，19 路军愈战愈勇，野村指挥的日军却像泄了气的皮球已无力再战。日军陆战队的一个军官对战地记者描述说："华兵之抵抗力非常强硬，猛烈之炮火，加于彼等，彼等屹立不动。当其阵线为炮火所毁时，彼等即持来福枪兵士伏于决口，抵抗日兵之进攻，故日兵终不得前进云。"

野村也无法逃脱兵败淞沪的命运，被撤了职。

2 月 14 日，日军孤注一掷，将精锐之师第 9 师团的全部兵力调往上海。同样狂傲的师团司令官植田谦吉，一到上海便放出豪言：5 日之内拿下第 19 路军。然而连续 4 日大战，号称日本王牌军的第 9 师团就已被打得伤亡过半、溃不成军。这一仗之后，丢尽本钱的第 9 师团，就从日军的建制中被一笔勾销了。

惨败后的植田已没有脸面向国内求援，就将球踢给前司令官野村，让他向日军统帅部发去"迅速增援重兵"的急电。又惊又气的日本陆军中央部，便集结两个师团组成一支上海派遣军，由前陆相白川义则大将统率下，火速驰援上海日军，企图以速战速决"解决上海事件"。

加上上海原有的日军部队，白川手下的上海日军包括 3 个师团含 7 个混成旅、1 个独立山炮团、2 个重炮营，总兵力已达 10 万人，同时拥有 160 架陆军飞机、150 架海军飞机和海军第 1、第 3 两个舰队，其阵容足以让白川睥睨一切。

相形见绌的中国第 19 路军加上第 5 军，总兵力只有 4 万余人，面对的却将是几倍于自己的敌军，而且兵员、武器都已折损无数。而国军最高统帅蒋介石仍死抱住"不抵抗主义"不放，只想等待国际联盟来"调停"，依然不给第 19 路军一兵一卒。这一战的最终结局，在这一刻便已经给出了答案。

从 3 月 1 日凌晨开始，一场血战一直坚持到 3 月 3 日，援绝兵尽、补给不济的中国守军只得饮恨撤出战场。3 月 5 日，撤出上海、前往苏州休整的 19 路军，受到沿途数不尽的民众的夹道欢迎，一如迎接英雄凯旋。在上海采访的美国记者埃德加·斯诺评论说："对于中国人来说，这次军事失利却是一次惊人的精神上的胜利。"

攻入上海的日军，虽然最后一战得手了，却依然掩盖不了他们屡遭惨败、死伤无数的伤痛。淞沪一战打破了所谓"日军不败"的神话，大日本皇军没什么好神气的了！

不再神气，也要打肿脸来装一回胖子。

4 月 29 日，是日本一年一度为天皇祝寿的"天长节"。这天，驻沪日军在虹口公园举行万人"淞沪战争祝捷大会"，还想炫耀一番军威。上午 8 时左右，公园内已挤满黑压压一片、数以万计的日本人。等了很久，直至将近 11 点时，身着大将军服、胸前佩满勋章的派遣军总司令白川才姗姗来迟，在六辆车的护卫下踌躇满志地开进会场。保护得像铁桶一般的严密，也威风得让人胆颤。

绕场检阅日军一周后，白川才缓步登台。这时，山炮、重炮、坦克车、装甲车、铁甲车一齐出动，空气里都能闻得出一片杀气。

18 架战斗机在空中飞行，21 响礼炮隆隆响起，"祝捷会"进入了高潮。台上的白川露出了一丝狞笑。他很得意。他决计想不到死亡之神正向他走来。

同样得意洋洋的植田、野村、村井等等，也压根没想到，身后就将是等待他们的一场血光之灾。

一声震耳欲聋、山崩地裂的巨响，就在这时，"轰"然响起了。

虹口公园引爆炸弹的，竟是一个朝鲜流亡者——尹奉吉。

尹奉吉走进虹口公园时，随身携带了两个炸弹，一个状似饭盒，一个极像水壶——因为这是一个马拉松式会议，场内的日本人，几乎每人都携带这样的饭盒和水壶。尹奉吉将"水壶"掷向检阅台，而把"饭盒"留给了自己，准备用来结束自己的生命。但还来不及引爆"饭盒"，疯狂扑来的日本兵就将他抓住了。同时被抓走的有七八个朝鲜人，数名苏联人和中国人。

东江湾路，日本宪兵的黑牢内，被囚禁的尹奉吉还沉浸在杀敌成功的激奋中。但看着许多无辜的人蒙受牵连，他又愤怒地发出了抗议。炸弹是我扔的，与别人无关。我就是要炸死白川，为国报仇——他毫无惧色地呼喊着。一遍遍严刑毒打，一次次昏死过去，醒来还是一句话：这都是我一个人干的。为让朝鲜成为朝鲜人的朝鲜而报仇雪恨，还需要别人指使吗？

这样桀骜不驯、这样钢牙铁齿地怒对杀人狂的枪口，岂不死路一条？

他原本就不怕死，奈何以死惧之？

尹奉吉早就作好为国一死的准备。在走进虹口公园前，他已经与自己的同伴作出"再面于地下"的永诀。在扔出"水壶"炸弹之后，他就已准备用"饭盒"来结束自己的生命。

如果时光能倒流，还会重现两年前的情景：决意要到中国去的尹奉吉，在悄悄留给妻子的纸条上就已掷下誓言："丈夫出家生不还"。为了重整故园破碎的河山，他早就选择了死。他知道，他的人生追求必须以生命为代价。

仇恨之火，早就伴随他的出生而一起滋长。

他是高丽王朝一个将军的后裔。将军早已远去，到他的后代几辈的子孙时，家道渐已中落，从尹奉吉的爷爷的爷爷起，几代人都已是清一色的乡野贫民。但纵然贫寒，他们还有作为朝鲜人的自尊。到尹奉吉出生时，却已经没有这样的幸运。在忠清南道礼山郡德山面柿梁里的一间草屋子里，一个小生命在呱呱坠地、降临人世，而朝鲜的三千里江山却已经风雨飘摇。1910 年，他还不满 3 岁、正在蹒跚学步，脚下的土地已开始沦亡。日本在这年 8 月逼迫朝鲜李氏王朝签署《日韩合并条约》，蛮横地吞并了这个国家，不谙世事的尹奉吉，也就成了亡国贱民中的一员。

11 岁时，在伯父那里学过几年《千字文》、《童蒙先习》的尹奉吉，进入乡里的新式学校——德山普通学校读书。国已不国的年代，文化也已变色变味，所有传授汉学的学堂都已被取缔，新主人为"同化"朝鲜民众，强令学生只能学日语、不许学汉学，及至苛酷到连平日都不许用韩语交谈说话。反感，抵触，愤懑。对这一切，尹奉吉已越来越无法忍受。

一次尹奉吉在山上放牛时，听几个大人在讲安重根刺杀日本侵朝元凶伊藤博文的故事，听得入神，一不留神让牛跑丢了。当他忐忑不安地跑回家，却发现牛早已回到了牛棚里。他不禁一声感慨：连家畜都知道回家，而我们却像无家可归的乞丐一样，究竟是为什么？

从漫长的冬眠中苏醒，朝鲜人知道该干些什么了。1919 年 3 月 1 日，万人攒动的汉城塔洞公园里，久违的太极旗又在空中漫卷，"独立万岁"的口号声响彻云霄，一份份独立宣言书宛若漫天飞雪般飘撒全城。由数百万民众参与的"三·一"独立斗争从汉城发源，迅速漫延、席卷至整个朝鲜半岛。

太极旗、独立宣言书象征着民族的觉醒，也出现在偏远乡野的柿梁里。尹奉吉兴奋地赶往附近集市，挤到几个京城来的年轻人身边，听他们宣讲 3 月 1 日京城大示威的盛况。小小尹奉吉，也跟着他们高喊起"独立万岁"的口号，小脸蛋泛起了一片红晕。集市的空地上，这时人已越聚越多，情绪也越来越高涨，突然，像恶狼一般扑来一帮当地的日本警察，挥着军刀，往人群里一阵乱砍，见人就抓。惨烈的现场，一个京城来的年轻人被活活打死，另一个被五花大绑押走而投进了牢狱。

第一次直面残酷的现实，尹奉吉的心被揪成了一团，也愤怒到了极点。这个早春季节，他觉得比任何一个严冬还要寒冷。那时他已经与沦为奴化教育工场的德山学校决裂，转投到一家汉学私塾学习。一年后又转入乌崎书塾，拜在远近闻名的学者成周禄先生门下，继续研修汉学。沉浸在汉字、汉学和儒家先贤学说的温泉暖流里，一颗被冻馁的心才开始被灌注绵绵的活力。

在乌崎书塾，先生为他在本名、别名之外又取了个号——"梅轩"，寓意像窗外的蜡梅一样品格高洁、风骨傲然。先生寄予的希望，也成为了他的人生航标。

在太极旗下宣誓

"梅轩"两字颇有中国古诗的意境，而这正暗合了尹奉吉内心的萌动。他早就喜欢用汉字写诗，乌峙书塾书香飘溢的氛围，更激发了他用汉诗来抒怀、言志的热情。乌峙书塾在每年春秋时节都举行诗会，几乎每次，尹奉吉都夺得了状元的桂冠。16岁那年的中秋诗会上，他朗读的一首诗，更为他赢得了一片赞誉声：

> 不朽声名士气明，士气明明万古晴。
>
> 万古晴心都在学，都在学行不朽声。

一首连环小诗，隐约透露出了他对一种理想社会的向往。人们看到了他的才情和抱负，也使他博得了"神童"的美名。然而，现实的黑暗，却使他一直为之苦闷和纠结，也一直强烈渴盼着冲决茫茫黑夜的笼罩。他的诗风，也渐渐从清新而变得刚峻、深沉。

他在诗中吟咏自己的信念——

> 鸟虫随节声相投，天地为秋气不消。
>
> 国里苍官持本色，雪风寒岁未膺凋。

他在诗中呼唤着自由，包括个人的与大众的——

> 人生寻求自由，
>
> 人应有自己的自由，
>
> 我们寻找自由的世界，
>
> 信念是宝贵的，
>
> 对自己的信念、对民众的信念，
>
> 个人的自由从民众中自由中来。

他成为一个民间诗人，让诗影形不离地伴随着他，直至以后的生命终点。短促的一生中他勤勉地写下了五百多首诗，并编成《鸣椎》、《玉唾》、《壬椎》、《濂洛》等几本诗集。手持炸弹、披肝沥胆地走向虹口公园敌军阵营的斗士，原来，却是如此的风雅。

人们也渐渐发现，在书塾读书的他，却在偏离书塾的轨道。他不再只醉心于儒学典籍，而常常会捧着《东亚日报》、《朝鲜日报》、《开辟》之类的时政报刊，一个人埋着头看得津津有味。身居书塾小屋的他，目光却投向了更广远的世界。

更让人惊异的是，尹奉吉原来是一向厌恶日语的，不知从哪天起，却又重新捧起日语书，一个人在苦苦地自学，一年后，竟然已能流畅地用日语通话。在周围人疑惑不解的目光下，他终于袒露了深藏于内心的"秘密"。他声称这是为了"知己知彼"——不懂得日语，我们又何以能了解敌手，并最后战胜他们？

似乎在冥冥之中，他正等待着某一天的到来，而这时他所做的一切，都是在积蓄和准备。

不久他告别乌崎书塾，回到了老家柿梁里。他渴望将埋在书本里的一颗心，能融进民众，去真正触摸现实。或许，他认为这是更广意义上的准备。

柿梁里的现实太让他心酸：乡亲们依然一盘散沙，依然缺衣少食地贫困，也依然是文化上的盲人——柿梁里59家农户的181个人中，竟有一百五十多个文盲。在贫瘠萧瑟的旷野上，于是响起了他和一拨年轻人的呼唤："倡导团结！""战胜贫困！""打破无识！"他腾出家里的一间屋子，办起一家"沐溪夜学"，从扫盲识字开始他的千里之行。走进夜学的人渐渐膨胀起来，一间屋子太小，已经挤不下这么多人，他就想出开办"轮读会"的主意。在每个村子里找一户人家，晚上将本村的学员汇拢到那里去读书，由他今天这个村、明天那个屯，走马灯似地去轮流当教员。夜学后来又搬到了一个大间的空房子里，名称也改为"复兴院"——不用解释，明眼人都能看出他改名的用意。

国家要复兴，就让它的细胞先复活起来。读书识字之外，在柿梁里他又办起"秀岩体育会"，拔河、摔跤、打球、扳手腕，将山脚下的一片空地变成强身健体的运动场；办起"学艺会"，带领乡民们踩高跷、扭秧歌、玩杂耍，观看自编自演的戏，用欢乐来驱散黑暗；还组织失去土地的乡亲们开辟荒地，开山植林，养猪养蚕，开展共生殖产运动，靠集体抱团来抗御殖民者造成的经济萧条。

一个久蓄在心底的念头，这时也浮出了水面。1929年4月的一天，他叫来几个最贴心的年轻伙伴，悄悄地密谋成立地下抗日组织。这个组织被命名为"月进会"，由尹奉吉担任会长。组织是绝对秘密的，他们要做的是通过地下宣传活动，将抗日复国的思想传播到广大民众中去。为月进会的成立，他又赶写了一首豪气万丈的会歌——

> 造化神功伽乡山精气，绝胜景概修德山精气。
> 锦绣江山三千里槿园，永垂光辉分柿梁里吾乡。
> 伽乡山分我等之背境，温泉分我等之舞台。
> 卷双臂赤足分，实现自作自给。
> 暗黑东天路明星出分，打到弱肉强食之残妒忍。
> 培养我相助相爱之精诚，团结分，团结分，柿梁里吾乡。

发轫于月进会的歌声，从夜学唱到田间地头，传遍了整个柿梁里。

然而，也惊动了礼山郡的警察局。

鼻子像猎犬一样灵敏的日本警察，早就嗅出柿梁里的异样气味，这一刻，终于下手了。警察们不由分说，将尹奉吉抓进警察局拘留所，扣上"向无知学生散布反动思想"的罪名，关押了三个星期。

走出牢笼的尹奉吉，依然被困扼在一张无形的罗网中，失去了行动自由的空间。寻找自由，只有到罗网之外去，他不由想起了几年前听说的一个消息：许多朝鲜志士都集结在中国上海，为祖国的独立而战，还成立了大韩民国临时政府。去上海，是唯一的选择了。

循着内心的呼唤，他决然行动起来。临行前，他没有向妻儿告别，只是在书桌的抽屉里留下了一张纸和一句留言——"丈夫出家生不还"，便悄然登上了驶往鸭绿江畔的列车。

上海太大了。茫茫人海间，到哪里去找大韩民国的临时政府？

尹奉吉是在潜渡鸭绿江之后，取道中国东北、青岛来到上海的。抵达上海，已是 1931 年的 8 月。在法租界和合坊，他先为自己找到一个栖身之地，随后便上街漫无目标地游荡，四处寻找"大韩民国临时政府"的招牌——他并不知道，由于日本人的死命打压，租界当局早就摘掉了临时政府的招牌，把它赶入了地下，哪还有临时政府招牌的影子？找不到招牌，就去找自己的同胞，透过他们探听临时政府的下落。然而，一连几天的奔波，全无收获。

囊空如洗的他，急需找个能糊口的活。在法租界东摸西撞，找到了一家做马鬃帽子的工厂。那工厂的韩侨老板看他人挺精神，身体又健壮，干脏活累活一定行，就收下了他，每月给十来元工资。这点钱自然不多，而且踏进车间，一股浓重的马鬃气味便扑鼻而来、污浊难闻，但好歹能有口饭吃，他也就满足了。可呆了一阵他才得知，这老板却不是个好鸟，随意克扣工资，动辄对人吹胡子瞪眼，一点不把工人当人看。实在气愤难消，一怒之下的他，没有多久便离开了工厂。

为了生计，他又出现在苏州河北岸的虹口一带。他在菜市场里设个菜摊子，还常常穿着一身破衣烂衫、挑着一副菜担子穿街走巷，去沿路叫卖。一边卖菜，一边东盼西望地继续探听临时政府的下落。

不知什么缘由，尹奉吉会把新的落脚点改在虹口。虹口一带原本是美租界，后来又成为英美"公共租界"的一部分，但这时却已经成了日本人的领地。沿街望去，到处可见穿着和服的妇人，触目的太阳旗，标着内田、町井、村上字样的店招，以及血红的樱花、高高的木屐，让人恍惚以为到了日本国。虹口已经成为实际上的"日租界"，或者说是日本海外的一块飞地。一心想着复仇的尹奉吉闯入日本人的巢穴，是否证明他来到虹口，原就抱有深入虎穴的预谋？自然无人能探悉他的心思。但挑着菜担子徘徊叫卖于虹口一带，却使他几乎摸透了虹口的每一条街巷。仿佛他已经预见到，在虹口，将有大事发生，而他所做的这一切，似乎正是为此打下的伏笔。

日子一天天过去，过得沉闷而又平静。直至1932年1月8日这天，忽如一声惊雷，许多报纸都以大字标题刊出一条消息：韩人李奉昌狙击日皇不中。在东京皇宫樱田门附近，当天皇的马车过来时，李奉昌奋力扔出了炸弹，可惜炸弹扔偏没击中目标，他为之付出了生命的代价。为同胞杀寇失手，尹奉吉不由地一声叹息，但想到这将是一场大风暴到来的征兆，又不禁一阵振奋。内心的波涛汹涌，已无法平静下来。他更急切地想找到临时政府。

挑着菜担子的他，往街头巷尾跑得更勤快。不枉一番奔走，通过上海大韩侨民会，终于让他找到了临时政府的几个首脑。一见面。使他激动得快要掉下眼泪。

大韩民国临时政府是由朝鲜的"三·一"运动催生而起的。"三·一"运动失败后，一大批朝鲜爱国志士纷纷涌往上海，共同撑起复国独立的旗帜，建立了临时政府。然而，临时政府机构中党派林立，总理、总长之类，走马灯似地不知换了多少，结果什么事都办不成。直到 1930 年由实干派领袖金九主政后，情势才大有好转。为了打破独立运动的沉闷空气，金九发起成立了韩人爱国团，抱着"一寸血肉始能光复一寸疆土"的信念，组织对敌人的暗杀、袭击活动。东京婴田门事件，就是他一手策划、指挥的铁血行动之一。虽然行动失败了，但民族士气却为之大振，美洲、夏威夷、墨西哥、古巴的朝鲜同胞都寄来雪片似的信件声援他们。金九受到鼓舞，开始筹划下一个行动。

李奉昌行刺天皇事件刚过 20 天，上海爆发了"一·二八"战争。尹奉吉与金九第一次会面，已经是 4 月中旬，离开淞沪之战打响已有 2 个多月，这时在国联的所谓"调停"之下，中日双方已宣布停战，只等 5 月初正式签署停战协定。在法租界马浪路的四海茶馆，尹奉吉一见到金九，便懊丧自己来迟了。他表白说，为复国独立自己甘愿一死，但现在淞沪之战也已结束了，还有什么机会？求一死之地竟也如此之难！说罢又问道：你们还有没有像东京事件这样的计划，如果有的话，千万别忘了给我一个机会啊！

听着这话，金九不由被深深打动了。

"有志者事竟成，你放心吧！"金九回答他说，"我们正需要你这样的人，我正为找寻像你这样的人而苦闷呢！"

金九不是客套，他的苦闷是真实的。他的爱国团下面，有个"敢死队"组织"太洛太"，专门负责针对敌人的暗杀、袭击行动，队员们都是甘愿为国捐躯的现代荆轲。这样的勇士可不好找。他的身边，原本有几个"太洛太"队员，这时都已分散各处：有的潜入汉城完成暗杀任务后已自杀身亡；有的在天津被日寇捕获处死；有的正受命潜回国内，谋划暗杀朝鲜总督；另外有两人为谋刺日本关东军司令，已被派往东北。这时他已得知敌方的动向，4 月 29 日驻沪日军将在虹口公园举行"淞沪战争祝捷大会",他正策划向会场投掷炸弹的"虹口行动",来打击日军的嚣张气焰。可掐指算去,帐下已经无将可点,正让他为此而犯愁。

尹奉吉的出现,解开了金九的一道难题。细细掂量,觉得这位新来的年轻人,正是最合适的人选。他通晓日语,扮作日本人潜入会场,不会让人生疑;他在虹口穿街走巷卖菜,熟悉虹口的道路交通状况,行动起来也方便;他到上海的时间不长,与金九又是单线联系,不大可能引起日特和韩奸的注意;更重要的是,尹奉吉深明大义,杀敌心切,他立志干一番惊天动地的大事,早就将生死置之度外。金九认定,到虹口公园向日寇扔响炸弹的,就该是他了!

听说有这样的任务交给他,尹奉吉满脸涨得通红:"那就赶快准备吧!我现在就下定决心了,一切听从你的吩咐。"

4月26日,由金九见证,让尹奉吉加入了韩人爱国团。太极旗下,尹奉吉庄严地宣誓:"吾以赤诚恢复祖国之独立自由,为韩人爱国团之一员图刺此次侵略中国之敌方将校,特此盟誓!"当宣誓完毕,他将写有誓词的白纸贴在胸前,一手握紧手枪、一手举起炸弹,抬头正视前方,走进了摄影师的镜头前。胶片上,留下了这一庄严神圣的时刻。

时间已十分紧迫,必须尽快进行该做的准备。最先要准备的,自然是杀敌的武器炸弹。按照报上披露,驻沪日军规定,凡参加虹口"祝捷大会"的人都要携带一个午餐饭盒和一个水壶,金九就秘密联络上海兵工厂的同胞,设计了两种不同形状的炸弹:一种状似军用水壶,可以抛掷,也可以利用上面的背带扔到较远的地方;另一种则像日本人常用的饭盒。两颗炸弹里面装的都是 TNT 烈性炸药。炸弹制成后,经过二十几次试验,待确保万无一失了,才让金九松下一口气。

尹奉吉也在做准备。4月27日一早,他将店里的最后一点剩货贱卖一空,便走进理发店,理了个西式的二分头。又去估衣店买了一套灰色的日本西装和一根泥土黄的领带,穿上一看,还真像个地道的日本侨民了。下午,又潜入虹口公园,实地察看会场的地形、方位。公园的草坪上,这时已搭起一个又高又大的检阅台,他混入三三两两看热闹的日本侨民中,在检阅台边晃来晃去,显得很是悠闲,实际却正暗暗地进行着目测和步量,以确定后天在何处动手最好。权衡再三,他最后选中了检阅台后方 10 米处的中心地段——台后的这个位置容易成为人们的盲点，在这里投弹，他断定最有成功的把握。

从公园出来，尹奉吉又到日本人开的书店，买了一张侵华日军司令、陆军大将白川义则的画像，在一旁的商店里买了一面日本太阳旗。白川是入侵上海的元凶、这次行动的头号目标，他必须将他盯得死死的，决不放过他。

夜深人静，想到很快就将为报国家之仇、民族之恨而慷慨赴死，他一定思接万载，心潮起伏，想得很多。谁都不知他究竟想了些什么。只知道在27日当晚，他分别给父母、妻子和两个儿子写了遗书。

"如果，你们周身的血液和骨髓依然存在的话，将来也必定成为一个为祖国而效命的勇士吧！

国家独立之时，把太极国旗高悬在空中，来到我的墓前，酌一杯酹酒，以慰九泉之下我的灵魂吧！

因为我将离开你们而去，你们不必过于悲哀，你们还有慈爱温柔的母亲，会给你们慈爱哩！我希望你们，在你们慈母的教导之下，将来也成为一个伟大的人物。……"

这是他在遥远的中国给两个儿子写下的遗言。在生离死别之际，他没有悲哀，而只有希望——祖国的希望和儿辈们的希望。

勇士兼诗人的他，在暗夜的斗室里，还激情澎湃地给祖国的青年同胞们写下一首诗：

"……
热血沸腾的青年们，你们还在睡吗？
东方的曙光渐渐来临，
宁静的早晨仿佛要起狂风，
热血青年们，准备吧，
穿上军服，扛着枪，举着刀，
随军号声向前进！"

尹奉吉一生写下过五百多首诗，这该是最后的绝唱了。在走向生命尽头的他，看到的却是曙光，是晨曦，是热血，听到的是庄重激越的风涛声与军号声。

这就是尹奉吉，一个视死如归的人。

翌日晚上，他按照约定来到龙华路元昌里13号，与金九碰面。金九从身边取出一只"水壶"和一个"饭盒"，告诉他："这两个都是杀伤力极强的烈性炸弹，你只要拧开这个引爆栓，用力拉直引线，过4秒钟它就爆炸。"又叮嘱说，我们的目标是日本侵略军的首领，投弹时千万要留意，不要伤害了外国使者和日本平民，尤其是妇女和儿童。

29日凌晨，在韩人同胞金海山家里，爱国团团长金九以一顿早餐为出征前的尹奉吉饯行。尹奉吉拿出前晚写的遗书、诗稿，托金九转交给他的亲人。这该是一个多么不寻常的早晨。事后，金九在他的回忆录中写道：

"我在金海山家中与尹奉吉共进了最后的一餐。我静静地观察尹君的神色，他像农夫准备下地干活似的，神情泰然自若。

"吃完饭时钟敲7下，尹君解下自己的手表给我说：'这块表是那天宣誓后，照着先生的话花6块钱买来的，而先生的表只值2块钱，我们换换吧！再一个小时，这块表对我也没用了！'

"为了留作纪念，于是就互换了……此时汽车发动了，我喉咙一哽，说道：'日后黄泉之下再见吧！'

"尹君把头伸出车外向我点头告别……"

他义无反顾地走了。

约7时3刻光景，尹奉吉已经出现在虹口公园门前。公园内外，早就布下三步一岗、五步一哨，戒备森严。一身西装革履、俨然日人富家子弟模样的尹奉吉，肩挎水壶、手提饭盒，旁若无人地走进了会场。一进门，眼前已是黑压压的一片人山人海，沉浸在战争狂热中的数万日本军人和侨民，已提前为庆贺"胜利"而狂欢乱舞着。

尹奉吉挤入人流，迅速进入预定的位置——检阅台后面十多米处，开始静静地等待。这肯定是焦急难熬的几个小时。一直到10点过后，日本军政要员才陆续走上阅兵台，将近11点时，待派遣军总司令白川踌躇满志地走进会场，大会才宣布开始。台上，所有的目标都已出现了，但台上也有外国使者和官员，使尹

在太极旗下宣誓

奉吉一直无法下手。他只能继续等待。

老天有眼，这时忽然下起了小雨。外国使者、官员们纷纷从主席台一侧的外国来宾席奔下台去避雨，台上留下了清一色的日军要员。

"祝捷会"这时已进入了高潮，台上台下在齐唱日本国歌，21 响礼炮也开始朝天轰鸣。全场的目光都注视着台上和天空中，正是最好下手的机会！借着雨伞的遮掩，尹奉吉一步步地移近主席台，也一步步走近他舍身一搏的瞬间。

猛然之间，他掀开了"水壶"的壶盖，飞快拉动导火索，扬手将"水壶"抛向了检阅台。如惊天霹雳，一声巨响"轰"然而起，台上的群酋纷纷倒地。终于，成就了他至高无上的神圣使命。

他没有乘乱逃走，而坦然地面对着日军的大搜捕。

之后，他又以胜利者的姿态走进牢房，走上审判台，直至这年的 12 月 19 日，走向日本西海岸金泽郊外、数九严寒来临前的刑场。

这年，他刚满 24 岁。

在淞沪之战中，被打得溃不成军的日军第 9 师团，是一支全由金泽人组成的部队，又称金泽师团。日本人此刻的这一选择，算是一种恼羞成怒的报复吗？

但一切都已徒劳。第 9 师团早已灰飞烟灭了。而壮士尹奉吉，却将永远定格于 24 岁的青葱年华。

尹奉吉被捕时大义凛然，大声疾呼是自己投的炸弹。

金九：破碎的"复国梦"

汽车载着尹奉吉，在清晨的曙色寒意里渐渐远去。送别勇士出征、百感交集的金九，此时仍在路口伫立着不想离去。心，仿佛也已随他而去……

醒过神来，忽然想起，还有赶紧要办的事：通知临时政府的头儿们迅速转移。于是一路小跑着，去一家家叩开他们的家门。

每次的秘密行动，这一步是必走无疑的。也只能是这样。因为按照爱国团铁的纪律，它的一切行动都由团长金九单线联系、全权指挥，事先对任何人都需要保密。只有到行动开始的前一刻，才由金九去分头通报。这次他走完一圈，最后的一站，到了"临政"另一位负责人李东宁的家里。李家相对比较安全，他就在那里落脚下来，忐忑不安地等候着虹口公园的消息。

时间仿佛被拉长了，变慢了。心神不宁地吃完午饭，依然没有一点消息传来。金九在屋子里不停地转悠着，变得异常的焦躁不安。

难道，是又一次失败的纪录？

不知已经多少次，曾经这样焦急地等待，这样经受煎熬，而又要承受行动失败的打击。

最致命的一次打击，是李奉昌东京行动的失利。

一年多前，即1931年年初，一个中年男子、韩国同胞李奉昌闯进马浪路普庆里4号，吵着嚷着要找临时政府，说要参加复国独立运动。贸然而来，无人知悉他的底细，说话时韩语夹着日语，让金九不由起了疑心。怕他是日本人派来的奸细，只得先把他晾在一边。后来听他一席披肝沥胆的深谈，才知冤枉他了，他真是一位赤胆义士。

李奉昌曾经流落到日本，当过7年劳工，身在狼窝虎穴的他，心却一直牵挂着祖国的光复独立。那天

金九

他向金九交心说："我现在已 31 岁了，再活 31 年，也不会过上比现在更有意义的生活，因为已经老了！如果说人生的目的是享乐，那么过去的 31 年里，相信多少已尝到了人生的快乐滋味。现在是为了追求永远的快乐，想献身于独立事业，所以才到上海来的。"

一次，几个同胞在普庆里一起喝酒，喝得酒意酣浓时，李奉昌突然问道："我们搞独立运动，为什么不去把日本天皇杀掉？"同席的人一阵愕然，都以为他酒喝多了。杀一个普通小鬼子都难，谈什么去杀天皇？李奉昌摆摆手，说怎么不可能呢？"我去年在东京时，碰到天皇去扫墓，他走过时，行人全都跪伏在地上。当时我伏在路边就想，身边这时有一颗炸弹多好，一定就能把他炸死！"

正巧从门外走过的金九，听得不由一阵心动。能谋杀天皇，比杀死普通的日本鬼子，都不知要强过千倍万倍！有李奉昌这样的血性男儿，那就拼死也要干一次。他答应给他机会，不过告诉他，需要耐心等待，因为做准备总得一年半载时间。

李奉昌在上海安顿了下来。懂得铁工技术、能讲一口流利日语的他，就在一家日本人开的铁工厂找到一份营生，拿到 80 元的月薪，无异成了同胞中的"富人"。临时政府那时没有经济来源，穷得叮当响。金九这样的临时政府首脑、爱国团团长，却几乎比谁都穷酸：交不起房租，经常就在办公室里打地铺；一身破衣烂衫穿了又穿，不知已穿了多久；没米下锅，只好轮流到有钱花的同胞那里讨口饭吃。金九自嘲是个"乞丐中的高级乞丐"。拿着 80 元月薪的李奉昌，倒是常常买了酒肉、米面，来接济他们。

这年 12 月，穿着一身破烂衣衫的"老乞丐"金九，却怀揣着一千多元的巨款来找李奉昌。这一千多元是美国、夏威夷、墨西哥、古巴等地的朝鲜同胞寄来的，为筹集这笔钱，金九不知花去多少天、写过多少封信。他告诉李奉昌，钱和炸弹已准备就绪，可以干那件大事了。李奉昌接过那笔巨款，不由眼泪唰唰直流。他掏心掏肺地诉说道："你们这里连饭都吃不上，几天前还是我掏钱买面条给大家吃的。先生现在却这样信任我，给我这么多钱。倘若我将钱私吞了，您又一步不能离开法租界，怎么能找到我呢？"说到最后，更是感心彻腑："先生，您到底是有英雄度量啊！"

两天后，在法租界一位同胞家里，李奉昌宣誓加入爱国团，随后金九又陪他一起到照相馆去拍照留念。想到眼前的他，这位热血沸滚的青年就将慷慨赴死，一去而永不复返，金九不出露出了凄楚不忍的神色。李奉昌看在眼里，笑着安慰说："我正要赴永远快乐之路，先生该高兴才是啊。让我们高高兴兴地拍照吧！"

"非以肉体无以致独立，非以赤血无以救民族"——金九何尝不懂这样的道理。

李奉昌走后，开始了难熬的等待。金九几乎没安稳地睡过一次觉，总是在牵挂着、担忧着，也忐忑地期盼着。

斩首行动在如约进行。1932年1月8日，日本东京，樱田门前。李奉昌混入路边跪伏的人群中，等待乘车回宫的天皇从这里经过。车队在卫队簇拥下愈走愈近，见时机已到，李奉昌猛地从人群中跃起，将手榴弹向天皇的车队猛力掷去。"轰"的一声巨响，瞬时震天撼地。

可惜了，挨炸的竟是天皇的随从而不是天皇。李奉昌又紧急投出第二颗手榴弹，不偏不倚，手榴弹正滚落在天皇的汽车底下。可是，始终没听到爆炸声响起。

原来这竟是一颗哑弹。

李奉昌功亏一篑，壮志未酬。他用生命换来了一声长叹。

第二天，"韩人李奉昌狙击日皇不中"的消息，已赫然出现在上海的各家报纸上。金九紧攥着手中的报纸，瞬时如被刀绞一般的痛不欲生。

三个月之后，1月8日的隐痛还未平复，这天，他又在经受着同样的等待和煎熬。

从尹奉吉早晨7点多离开，已过去了好几个小时，竟然仍毫无动静。吃完午饭后，几乎每过去一刻，便增加了一分担忧，一颗心都快被提到喉咙口了。

直至下午2点多，报纸的号外到处飘飞，才知道尹奉吉的炸弹已成功地投向敌酋。金九顿时一阵狂喜。暗杀终于成功了！几年来，还从未获得过这样的成功！但一阵悲戚也遽然掠过，他默默地念叨着"尹奉吉"的名字，心又被搅乱了。

在同一时间，日军已开始疯狂反扑，金九、爱国团、临时政府都陷入了日军

在太极旗下宣誓

大搜捕的险境中。虹口公园会场四周 3 里之内，已被包围得如铁桶一般，日军当即逮捕了 8 个朝鲜人、数名苏联人和中国人，同时又出动大批军警闯入法租界进行大肆搜捕。有消息传来，临时政府元老、韩国独立党领袖安昌浩去一位同胞家的途中，不幸已被逮捕。次日凌晨，日军又分乘 12 辆卡车冲入法租界，再度大肆搜捕，先后逮捕了 17 人之多。危急关头，幸亏有美国传教士费吴生夫妇伸出援手，金九和另两位同胞躲进他们家里，才逃过了一劫。

危险仍随时会降临，但金九已不能隐声不响。他不忍让许多无辜同胞被继续株连牵累。几天后的上海报纸上，出现了他的公开声明，公布"虹口公园炸弹案之真相"，宣布将由他和"韩人爱国团"对"虹口事件"负全责，别人均与此无关。他坦然"招供"说："日本用武力吞并韩国，嗣又强占满洲，复无故侵入上海，破坏东亚和平与世界和平。故余决定向世界和平之敌与人道公理之破坏者复仇，初次余派代表李奉昌赴东京，渠已于 1 月 8 日狙击日皇。嗣余派尹奉吉于 4 月 29 日至虹口公园，杀日本军事领袖。"文告最后，又表白了他至死不变的决心："余之武器为几杆手枪与几枚炸弹，余继续奋斗，并在余国未恢复前决不终止。"

一纸文告缓解了同胞承受的压力，却将自己推入了生死绝境。敌人的火力已全都集中在他身上，风声越来越紧。日本当局铁下心要捉拿金九。他的一颗头颅的"时价"也在不断看涨——第一次日军悬赏 20 万元捉拿他，第二次由日本外务省、朝鲜总督府、上海驻军司令部联合发布悬赏令，赏钱一下又涨到了 60 万元。在白色恐怖笼罩的上海，金九已再无容身之地。

这时，一位出任过浙江省长的中国名士伸出援手，为他提供了避难之地——浙江的嘉兴和海盐。金九在那里，一直隐居了半年多。

以后，金九又辗转南京、杭州、长沙、广州、重庆等地，颠沛流离地去各处流亡。这些日子，金九和他领导的韩国临时政府一直想为抗日出力，却一直没能干出惊天动地的业绩。一位史家评论说：整天过着东躲西藏、朝不保夕的日子，你还能叫他们干什么！

年轻时，金九就是个传奇人物。多舛的命运，似乎注定他会与国运捆绑在一起。

他出生的 1876 年，朝鲜也进入了历史被改写、被颠覆的一年。这年年初，一支日本舰队蛮横地停泊在仁川港外，恰如之前逼迫中国的西洋人一样，逼迫朝鲜签下了不平等的《江华条约》——给日本开放更多城市、港口，让日本人享有为所欲为的领事裁判权。朝鲜从这年起就被掳走了一半的主权；在炮舰威胁下签订的条约，也冲决了抵御日本最终吞并朝鲜的第一道防线。

在金九生命的开始，仇恨，似乎就已埋下了种子。

家境贫寒的他，从小已尝尽生活的艰难。父亲已半身不遂，家里常常揭不开锅，只能靠亲友接济，靠母亲帮人纺纱织布换来一点钱，给他买纸墨供他读书。但凭着他的聪明好学，居然成了村里人都羡慕的才子。他的眼前，正展现着一条金榜题名、花团锦簇的科举之路。可 18 岁那年的一场变故，却彻底改变了他的人生。那时，李氏王朝统治下的朝鲜，一片凋敝、破败，到处民怨沸腾。昔日的"东学道"农民起义，又在 90 年代初卷土重来。不满科场腐败成风的金九，这年就在家乡黄海道响应起义，高举"打到贪官污吏和日本鬼子"的义旗，带领着农夫猎户们去攻打黄海道的首府海州城。

起义失败了。翌年传出消息，日本人已将李朝的皇后闵妃杀害了。心情复杂的金九作出了理性的选择：反朝廷的他，当朝廷将被外敌颠覆时，毫不犹豫地将仇恨之剑刺向了外敌。闵妃在他理性的天平上已赋有新的地位——皇后就是国母，是国家的某种象征。外族杀国母就是挑战一个国家的尊严。他决不容忍这种民族大耻，立誓要报仇雪恨。

机会竟不请自来。一次他搭乘渡船去安岳邸河浦，当晚投宿在船东开的旅店里。在住店的旅客中，他发现一个身穿韩服的人行迹很可疑，留意观察，听那人的口音，看他的举止和衣底下露出的军刀刀鞘，断定是个可恶的倭寇。赤手空拳的金九便挺身迎上去，与敌寇进行了一场肉搏死斗，最后被他夺过军刀、一阵痛击，砍杀了这个不知名的日本军官。

当他翻寻这个日本人的行囊，才知刀下的死鬼是个日本陆军大尉，名叫土田壤亮。一看这名字他顿时大喜，原来，这正是那个暗杀闵妃的凶手。

终于一雪奇耻，为皇后、为国家报了仇。

在太极旗下宣誓

而他自己却陷入了灭顶之灾：被日本警局打入大牢，被判了死刑。但临刑前却奇迹般地被他越狱成功，逃之夭夭。一度他又落发麻谷寺，成为"圆宗"和尚，在青灯黄卷的寺庙里隐匿了起来。

平静的日子过去没几年，警察又找上门来，将他押走了。

这是 1909 年的 10 月。那时，日本吞并朝鲜的阴谋已图穷匕见，人民将反抗的烈火也点燃得愈加炽烈。一天当朝鲜的"太上皇"伊藤博文在中国哈尔滨车站刚走下车，站台上的接连三声枪响，就将这个一脸傲气的前朝鲜统监送上了西天。

行刺伊藤博文的人名叫安重根，一位 31 岁的年轻抗日志士，是金九的海州同乡。1905 年，安重根曾来到他向往的"自由之都"上海，找人策划过反日义举。1909 年初，他与 12 名义士结成断指血盟，筹组反日义兵部队，誓志抗日救国，一片血光便凝成了哈尔滨车站的脆亮枪声。站台上，他连呼三声"大韩独立万岁"，从容地走向了敌人的刺刀。

哈尔滨车站枪声响起时，金九正在老家一所学校当教师。他那时组织了一个海西教育总会，以学监身份巡回黄海道各地，到处发表反日演说。哈尔滨的枪声与黄海道的演说，被日本警局认定是内外呼应的合谋，还追查到金九曾是安重根父亲安泰勋的幕下，更觉得金九可疑，就将他抓起来又一次投入监狱。但实在找不出所谓"谋反"的证据，最终，又不得不将他释放。

1910 年 8 月，是朝鲜最黑暗的日子，这一月一纸"韩日合并条约"的签订，宣告朝鲜"完全永久"被日本所吞并，彻底亡国了。爱国志士的抗争又奋然而起。安重根的堂弟安明根，在暗中策划，准备暗杀日本派往朝鲜的新总督寺内正毅；金九也与从美国回来的志士安昌浩等一起，在汉城秘密集会，准备举行光复战争。但安明根的暗杀行动遭到了失败，受到牵连的金九被再次投入监狱。最后被扣上种种罪名，判了 17 年徒刑。

1914 年，被假释出狱的金九重归校园教书。蛰伏几年后，1919 年"三一运动"的怒潮激荡朝鲜半岛，又激起他重上反日阵前的豪情。但"三一运动"一如往日的抗争，又一次遭到了失败。

朝鲜的血性男儿是永不屈服的。一片荆棘之地的国土已无法容身，就到国土

1919年9月，大韩民国临时政府议政院议员在上海合影，第二排右一为金九。

担任临时政府警务局长时的金九。

在太极旗下宣誓

之外，去开辟反抗、战斗的阵地。

于是，都选择了去中国上海。

这年 3 月，金九与十几个同胞一起，搭乘着一艘英国轮船抵达上海。

在同一时间，从朝鲜，从日本、美洲、俄国，和从中国各地赶来的几百名朝鲜志士都汇集于上海，一起孕育、构建他们的共同政治堡垒——大韩民国临时政府。4 月初组织临时议政院，宣布临时政府成立，4 月 11 日公布宪法。反日复国斗争的各支细流，在这一刻汇成了一股巨潮。

临时政府成立，金九将被安顿于什么位子？论他的资历，与临时议政院议长李东宁、内务总长安昌浩都出自一个反日组织，一起在国内战斗过；论他在反日复国中的功绩，其九死一生的经历，也很少有人能与他相比。在临时政府内，他完全可以谋得一席高位。但高官显位他并不稀罕。他找到内务总长安昌浩倾吐说，他只有一个小小的愿望，想当"临政"的看门人，终生为自家的政府清扫房屋、擦拭玻璃窗。他说，他在坐牢时，就已经萌生了这个念头。

不知坐过多少次牢，最后的一次，因为受安明根的牵连，被关进了西大门监狱。监狱就是鬼门关，好几次他都被剥去上衣、捆绑了手脚，吊在天花板上遭受毒打，一次次地被打得死去活来。但他挺住了。醒来便怒喊着："我的生命你们可以剥夺，但无法夺取我的精神！"对祖国终将光复独立的信念，就是他的精神的柱石。在狱中当劳役时，每次打扫院子、擦洗玻璃，就一个人不禁默默地畅想着：有朝一日，当祖国大地光复时，就让我给自己的政府当个扫地工、看门人，继续去扫院子、擦玻璃吧。他觉得，那就是他最幸福的时候。

已经 43 岁的金九，阎王殿都已闯过几回了，他还计较什么官爵、地位。对于身外之物，他已看得很淡泊，他说，他只想为祖国的光复大业干点实事，而别无他求。

安昌浩默默地点着头，笑着，似乎默许了。几天后通知他，就让你当"看门人"，专管"清扫"和"擦拭"。不过，这是意义已高出百倍千倍的"看门"——当临时政府的警务局长，专门负责肃奸、策反、刑罚等政务。对临时政府和复国独立运动，这都是生死攸关的要紧事。

"临政"最初设在法租界的霞飞路上。一栋中等规模的建筑物，屋内挂着太极旗，门口有雇来的印度人守卫，一块"大韩民国临时政府"的牌子挺醒目地挂在大门边上，让路人肃然起敬。但光鲜的日子并不长久，因为有日本人的抗议，法租界公董局只好让临时政府关门走人。"临政"从霞飞路撤出后，曾迁往白尔路（今重庆中路）的一处普通民宅，由公开转入了地下。以后又东躲西藏、四处搬迁，几年内竟搬了十几次。直至1926年才在马浪路普庆里找到长久的安顿处。以后，一直呆到"虹口爆炸案"发生的1932年。

　　被金九无限向往的临时政府，在他身历其境后才发现，这原是一个处于无政府状态的政府。组成"临政"的党派几乎多如牛毛，一个党派占一个山头、竖一面旗帜，各个党派之间常常意见不合，互相拆台，争吵不休。内阁几乎一年换一届，总理、总长、次长之类屁股还没坐热就要交割换人，走马灯似地不知换了多少。忙于内斗又穷得揭不开锅的政府，还能做什么事？成立几年，政绩簿上的记录寥寥可数。

　　实干家金九，却像个农夫一样，喜欢默默地勤奋耕耘。临时政府的涣散、混乱，曾引来他的几声叹息，但也更使他发誓守好"临政"的"门"。"临政"有再多不是，总是代表着三千万同胞的意志和希望，誓死捍卫她就是他的职责。

　　警务局长一次次伸出了正义之剑。他的行动日志上的记录，倒是一直填得满满的。

　　一个古稀老人的举动，轰动了韩国和上海的韩人社会。这位名叫金嘉镇的老人，当过旧韩末期农商工部大臣、被册封过男爵，绝对是名满韩国的大人物。老人宁愿抛舍高位和丰裕的生活而逃出虎口，来投奔刚成立半年的临时政府，不由深深鼓舞了他的同胞。从外滩码头一下船，老人就已淹没在同胞欢迎的人潮中。而嫉恨在心的日本人，自然不甘心他们的失败，早有预见的金九，也早已刺探到一个情报：老人儿媳妇的堂兄被日本人收买，也已跟踪到了上海，正企图诱劝金嘉镇归返韩国。金九雷霆出手、速战速决，将这人秘密逮捕送上了断头台，终究挫灭了敌寇的阴谋。

　　金九嗅觉灵敏，一点蛛丝马迹都逃不过他的法眼。一次有几个莽撞的韩国青年结伙成帮，平白无故地袭击了"临政"的办公地。金九觉得事有蹊跷，派人去追查，一下挖出了事件背后的黑手——来自海州的同胞黄鹤善。这人平日装得很爱国，博得了同胞们的信任，其实早就暗通日本领事馆已当了内奸。被他散布的谣言所迷惑，这几个韩国青年才糊里糊涂干出了蠢事。再深入一查，竟爆出了一个更惊人的阴谋：这个黄鹤善已蒙骗一个医专毕业的学生，唆使他租下一幢三层洋房，挂上医院招牌，正企图引诱"临政"的高层去看病时将他们杀害。真相揭开，"临政"的人都不由惊出了一身冷汗。

一次有人来找金九，是一个姓朴的韩国青年。他的一番痛诉，让金九更是心惊肉跳。

朴某拿出一支手枪、一本记事簿交给金九，流着泪坦白说，他是日本领事馆派来暗杀金九的。原来他从日本到上海来找活谋生，被日本人看中，收买他作杀手去暗杀金九。在金钱的诱惑和死亡、牢狱的威胁面前，他不得不屈服了。

朴某说：我拿了武器进入法租界，早就远远地看到了你。但我犹豫了。金先生你为了国家独立而奋斗，我也是大韩民国的国民啊，我怎么能狠得下心来下此毒手？说罢，悔恨的泪水夺眶而出。

金九这才知晓，因为一次次挫败了日本当局的阴谋，他已成为日本人的心腹之患。敌人已经死死盯上他了。

金九从惊愕中回过神来，不禁又冷冷一笑，这点小伎俩还能吓倒他？能给敌人有这样的震慑力，他看作这是给他警务工作的一份嘉奖和殊荣。他一定要更加努力才是。

经历过多少生死考验，金九早就炼就了摧不垮、压不倒的不败之身。然而，再强的男儿也有流泪时，这就是当他与患难与共的爱妻永别的一刻。

金九的妻儿，在他流落上海后仍一直在国内留守，直至1922年，一家人才在上海团聚。一直在生死线上度日的金九，很珍惜这份天伦之乐、这个家的温暖。然而好景难久，1924年新年的第一天，他的爱妻崔遵礼却溘然离世了。

她是因生肺病而离世的。在上海生下第二个儿子金信后，她的身体一直没能恢复好。一次年迈的婆婆为她下楼倒洗脸水，她放心不下，便追下楼去，不小心从楼梯上摔下受了重伤。继而又得了脑膜炎，并且引发了肺病。家里一贫如洗，没钱去看病，热心的邻居、同胞就送她去虹口一家教会医院治病，在那里可得到免费医疗。可在日本人控制的虹口，日本人的死敌金九无法进入，也就无法去看望妻子。弥留之际，有人向她提议喊金九过来，却被她拒绝了。她不愿让丈夫自投虎口，冒这个风险。在以前金九入狱的漫长日子里，一直默默地支持着丈夫、奉养年迈婆婆的崔遵礼，在生命最后的关头，又一次、也最后一次支持了丈夫和丈夫的事业。

在霞飞路的八仙桥公墓，同胞们为金夫人举行了隆重的葬礼。

墓前一片痛哭声。硬汉金九，也禁不住泪如雨下。

普庆里4号里，依然争吵不休，临时政府内部的裂痕越来越大。"临政"首任总统李承晚只得被叨扰，从美国千里迢迢赶至上海，来排解、平息政府内的纷争。

一直人在美国的李承晚，曾就读于普林斯顿大学，得过哲学博士学位，临时政府成立时被选为首任总统。那时他的威信挺高，因为他是朝鲜独立运动的先驱者之一，为独立斗争曾进过监狱；也因为美国已成为世界强国，一个"美国通"被推上总统宝座，肯定有利于"临政"与大国交往。以后李承晚一直坐镇美国，靠遥控来领导"临政"。这次他是首度来上海。为了安全，他靠躲入一口棺材，瞒天过海，秘密登上了驶往上海的海轮。

在上海，李承晚受到欢迎的热烈程度，超出了他的想象。各派都在欢迎他，因为都以为他的到来，必定会让混乱的临时政府被整饬一新。但在期盼中过去了半年，总统先生仅凭他的权力撤换了一个总理、两个总长，此外什么事也没干成。

于是都失望了。李承晚也灰头土脸，自觉没颜面再呆下去，半年后找个借口，搭乘"格兰尼特"号海轮又回了美国。他从此再也没到过上海。在临时政府里，李承晚曾当过五届挂名总统，到1925年的总统选举时，对他的不满，就如海啸、地震般地开始爆发。这年3月11日，大韩民国议会组成"临时大总统李承晚审判委员会"，下达审判书，以擅离职守、制造谣言、损害政府威信、妨碍政府行政等等罪名，将他一举赶下了台。随后总统制被改为国务领制。但国务领换了一个又一个，都成了来去匆匆的过客。临时政府依然混乱如一盘散沙。

一次次纷争像海潮一样喧嚣过后，人们才渐渐发现，一个如山一样沉稳的金九就在身边，却一直被忽视了。已近乎瘫痪的临时政府，需要一个能稳住大局、又敏于行动的人来统驭，大家都想到了金九。议政院议长李东宁于是转达大家的愿望，请金九出山来当"临政"的头。

但金九却拂逆大家的好意，一口弹了回去。李东宁早有这样的预料，他知道，金九在顾虑着什么。政府的前几任首脑中，不是知识界名流，就是都有显赫的身世和背景，而金九出身底层草野，与他们相比他自感太寒碜、也太卑微了。金九说，像我这样的人当政府首脑，恐怕会有损国家和民族的体面，就让我干点实事算了。而且他也担忧，由他来组阁，这么多自视甚高的上流人物能听他的吗？

最终峰回路转，得到了他愿意一试的回音。毕竟，在困难时刻需要他担当时，他没有理由去当甩手掌柜。

出山后的金九，一直在苦苦寻思，沉闷、停滞了多年的独立运动，靠什么去唤醒它？临时政府刚成立时，曾将目光盯着复国的外交努力。但寄托着他们一片厚望的国际会议，从巴黎和会到华盛顿会议，一次次都避开韩国独立的议题，将他们的请求、呼吁当成耳边风一概不理。外交努力落空后，早期"临政"总理李东辉就想走武装抗日的路，只身前往东北三省，去整合、集结中俄边境上的各股韩国抗日武装队伍，组建了"大韩民国独立总军政府"。雁过留声，东北的山川平原上，也曾喧腾过这支韩人武装的刀光和枪鸣声。但1928年李东辉牺牲后，这支队伍就风流云散，已消匿于无声无息中。

从20年代后期到30年代初，接连受挫的独立运动进入了"冰封期"。"临政"上空，愁云苦雨密布。消沉、颓丧中也孵化出不在少数的动摇者和变节者，身居"临政"高位的军务次长、独立新闻社主笔、议政院副议长等一个个都投进了日敌营垒。接手"临政"后的金九清点独立队伍，才发现"本来有千余名的独立运动者，现在连几十名都不到"，不禁打着一阵寒颤。

分明接下了一个烫手山芋。路一条条已被堵死。新领导金九只能从刀尖上去走一步险棋——用暗杀、行刺的霹雳手段、雷霆行动来打击敌人，振奋士气。

他知道有过这样的先例，20年代初，在上海新关码头，两位韩国爱国者就曾行刺过镇压韩国"三一运动"的元凶、日本陆军大将田中义一。刚下码头的田中连遭几声枪击，只因子弹打偏才让他逃过了一劫。轰动上海滩的这件奇闻，如果再度复制或写出一个个续篇，一定会引起惊天动地的轰动，借此，独立运动不就将走入公众的视野，甚至为全世界所关注，同样，不也能一扫同胞的低落萎靡之气。

就这样干吧，已经别无选择了！——金九满怀激愤地说。

一个打起"武力拯救祖国"旗号的"韩人爱国团"，由他当团长，在1931年初便悄然成立了。在他身边，集结着一群赤胆报国、甘愿舍身一死的铁血志士，组成了爱国团内的核心秘密组织"太洛太"，专门负责执行暗杀行动。

初试锋芒，是派遣李奉昌去东京谋刺日本天皇。一个哑弹断送了暗杀的成功，首战失利，使金九感到极度地沮丧。但东京事件的消息一传开，散居在北美、夏威夷、墨西哥、古巴的韩国同胞却都大为振奋，支持、激励"临政"爱国行动的书信越过太平洋，像雪片似地飞来。在上海，一些原本因期待落空、感到失望而反对临时政府的同胞，也一下改变态度，成了"临政"的铁杆拥戴者和支持者。

"不用难过，炸弹没能炸死天皇，我们在精神上已杀死了天皇！"一些同胞竟而回头来安慰金九。

金九感到意外而又兴奋，他懂得了行动的重要。3个月之后，又开启一个策划更精心、准备更周密的行动。虹口公园的一声巨响，不仅震惊了上海、中国，也震惊了世界，它的"爆发力"更远远超出了金九的预期。

被爆炸声震惊的西方国家，出于帝国利益的需要，忙不迭地向日本当局或驰电或上门慰问。西方各国的通讯社，似乎特别关注白川的死讯，围绕着他的死与未死连加报道。《申报》的记者不禁感叹："故平常此等消息而鲜有人注意，即在报纸中，亦未必能占有位置，今则轰动世界焉。"

西方人的势利依然，但也不能再无视桀骜不驯的高丽人的存在。在西方社会，稍有一点头脑的人也都能看出，这一声爆炸的导火索正是日本的侵略暴行。连一向亲日的《伦敦日报》，在这之后也开始叱责日本的侵略行径。英国工党机关报《每日呼声报》的评论，更是一语点中要害："日本军人一日不撤退，远东一日无和平希望"。

虹口公园的爆炸声，在中国人听来，更像是节日的礼炮。最先行动的总是报纸，接连五、六天，上海的各大报刊——《申报》、《时报》、《大晚报》、《大陆报》等都以号外、特刊形式，事无巨细、接连不断地报道这一爆炸性新闻。《申报》、《时报》等报纸还顶着压力刊发金九的公开信，公布虹口公园炸弹案的真相，也宣扬尹奉吉的事迹，表达中国人对抗日烈士的"哀悼与钦仰"。

普通老百姓，最敬佩的是韩国志士的血性浩气，都想表达对他们的一份支持和情意。上海街头的一些饭店，将韩国人热情地迎进门，甚至连饭钱都不收了。日本人滥捕韩侨的暴行一传开，激起上海20多个民间团体拍案而起，联名发出了抗议。上海律师公会发表宣言，中国东方问题研究院通电全世界……声势浩大的声援浪潮显示了威力，遭到拘捕的韩侨，陆陆续续地被释放了。

虹口事件的主谋者金九，这一刻也遭遇了"冰火两重天"：一面是日本当局眼中的死敌，遭到悬榜通缉、死死追杀，一面却在中国人中间声名大振，"朝鲜革命领袖"的声望如日中天。狂风恶浪没有将他吹倒、吞没，因为有中国人的掩护，他终于逃出虎口，安然无恙。到过海盐、嘉兴，以后又将临时政府迁移到了杭州。这时，中国政府也伸出了强有力的援手，每月拨给临时政府5000元补助费，同时许诺在河南洛阳设立训练基地，为临时政府培训军事人才。

十多年里，一直不被外国政府承认、如孤鸿野鹤的临时政府，第一次，在一个国家受到了政府层面的尊重。

金九更没有想到，李承晚，这个与临时政府几乎已义断恩绝的前总统，也从遥远的美利坚伸出了橄榄枝。他不仅公开宣称接受临时政府的领导，放下身段，以"临政"外交官身份进行反日活动，而且，还将被他截留在美国、原是旅美韩人给临时政府的"献金"，也拿出了一部分来与临时政府分享。

远在美国的李承晚，一直使"临政"的人觉得捉摸不透。他有太重的"美国情结"，当"临政"总统时，他在美国遥控，被"临政"赶下台后更寸步不离美国。对"临政"的武力抗日、搞暗杀活动，他一向感到不屑，但又从没拿出别的好办法来。挂名当总统的时候，甚至发出告示，禁止同胞对日寇有"野蛮的举动"。被罢免总统职位后，对临时政府他更是耿耿于怀。

虹口公园的爆炸案，却使他恍若变了一个人。这一声爆炸，似乎把他完全唤醒了。为之感到高兴的金九，没有也不会想得更多、更复杂。

他不会想到，一个他无法想象的强大敌手已站在他的面前。

上海虹桥机场，缓缓降落下两架中国空军的 DC 运输机，机上走下从重庆飞来的金九和他的"临政"伙伴们。这已是 1945 年的 11 月 5 日，抗战胜利了，金九一行人将转道上海，准备返回已经光复的祖国。

上海，我又回来了！阔别 13 年，当金九走下飞机、踏上上海的土地时，不禁百感交集。曾经留下惊心动魄记忆的虹口公园，这时已成为爱国韩人心扉中的一块圣地。6 千同胞从早上 6 点起，就开始在此等候，选择在这里举行盛大集会，欢迎金九他们。在上海的那些年，他一直被日本人敌视、追杀，因而从未踏进过日本的势力领地虹口公园，这天他是第一次来到这里。如梦如幻中的他，不禁想起了尹奉吉义士，想起了那一声巨烈的爆炸，想起了那个已很遥远又如近在咫尺的血火爱恨交织的岁月。70 岁的老人，顿时又一次被唤起了当年的豪情胜概。

在同胞们的欢呼簇拥下，他登上一个一丈多高的讲台，向同胞们感谢致礼。有人悄悄地告诉他，这个讲台的位置，就是当年尹奉吉投弹击中的地方。老人又一次被沉浸于汹涌潮水般的感情漩流中。

因为等待转飞机，金九一行在上海停留了十几天。这十几天里，他们又一起去寻觅昔日的踪迹，一路忆旧，一路感叹。在马浪路普庆里四号临时政府旧址，这位当年的屋主更是激动得热泪横流，久久不忍离去。

"上海，实为韩国独立运动的发祥地啊！"一声长叹，胜却千言万语。

"临政"的上海岁月，也有足足 13 个年头。普庆里四号，这幢普通的石库门房子，便成为两个 13 年之间颇不寻常的交汇点。

撤离上海后经历的 13 年里，金九和"临政"的命运依然一路坎坷。"临政"内部仍旧纷争不断，一度，金九一派曾愤然退出临时政府。一次几个党派举行的联席会议上，几方又争得不可开交，有人拔出手枪当众乱射，竟打死了金九的一位亲信，也将金九击倒在地、命悬一线。

在不断的纷争、挫折中，金九依旧高举着抗日独立的旗帜，终究又赢得了同

在太极旗下宣誓

胞们的拥戴。

1940 年 10 月，韩国临时议政院确立了国家集权制。被选为国务委员会主席的金九，集党政军大权于一身，开始真正拥有牢固的领导地位。

更让金九底气十足的是，他和"临政"的身后，已有了政治和经济的靠山——有中国国民政府的支持，可以放大步子与格局，不再只停留于暗杀、行刺行动。1940 年，临时政府的武装力量——韩国光复军也在重庆创建成立。人少力薄、无力挑起大梁的光复军，只能当配角、助手，去抗日前线干他一切能干的事——审问俘虏、破译敌方密码、制作传单、对敌广播，一直到组织武工队、感化策反日敌等等。配角终究也是角色，他们已尽力了，也就可以无愧于心。

但一直压迫着金九的一块"心病"，却始终难以消除：已经存在二十多年的临时政府，却从未被一个国家承认过。使他不由纠结、苦恼着，为之寝食难安。

以为有过一个好机会。太平洋战争爆发、美国对日宣战后，临时政府急忙发函给美国国务院，请求承认独立。但遭来的却是冷冷的拒绝。美方甚至回话申明，日美虽然在交战，但在日本侵占朝鲜一事上，美、日两国还需保持相同的立场。

1942 年，朝鲜"三一运动"23 周年纪念日，临时政府又致电中、美、英、苏等国元首，请求能承认临时政府。他们还提出，由"临政"为代表的大韩民国，可以作为对日作战的第 27 个参战国。但电文仿佛在空中飘散消匿了，根本没有人给他们一点回音，无论英、美还是苏联等一众大国。

翌年开罗会议召开，当中、美、英三国元首聚首时，蒋介石替临时政府向罗斯福总统传话，提出朝鲜的独立问题。罗斯福笑而不答，推脱待以后再说，但也就再也没有下文。

又迎来 1945 年春的一个好日子：联合国将在旧金山举行成立大会。为争取这个在世界舞台亮相的机会，临时政府一口气给英、美、中、苏等国家都发了信件，请求以观察员的身份列席会议。中方自然表示支持。美方却毫无声息，她的驻华大使高思则一口拒绝给"临政"去美国的签证。去路，被硬生生地封死了。

始终是一个谜。让金九始终不明白，大国们为何会如此偏执、决绝。

答案，是在翻开最后一张牌底时。

1945年11月5日，金九与临时政府成员取道上海回国。图为到达上海虹桥机场时的情景。

喜讯突降，1945年8月，日本战败投降了。这使金九他们既狂喜又措手不及。胜利来得太快，他们还没来得及作迎接胜利的准备。但他们终是明白，为争取独立奋斗了几十年，临时政府已到登台执政的时候。

匆忙之间，金九迅速作出了派遣先遣队返国的决策。又立即发表《告国内外同胞书》，亮出韩国临时政府处理战后韩国政局的全面构想。向世界发出了明确的信号：战后韩国将立即宣布独立，并将由临时政府代表韩国人民来执政掌权。

这时，华盛顿在召开中、美、英、苏四国外长会议，金九给每一家都发去公函，再一次要求同意朝鲜战后立即独立，并承认临时政府。

一直是坚定后援的中国政府，也再一次伸出援手，向他们赠送1亿元法币和20万元美金，支持他们回国成立正式政府。同时答应，中方将请美国驻华空军总队拨出专机，护送金九一行回国。

似乎一切都很顺利。但忽然风云突变，又打消了原本触手可及的美愿——中方拨专机的请求，被美国弹了回来。美军统帅麦克阿瑟声色俱厉作出的回应，更

　　　　　　　　　　　　　　　　　　　　　在太极旗下宣誓

像是一纸最后通牒——

美国拒绝与临时政府发生任何交涉。对临时政府不是承认不承认的问题，而是必须解散。

临时政府人员回国可以，但只能以个人名义回国，否则将不为临时政府成员提供飞机、接运回国，并将拒绝他们进入韩国境内。

如巨雷轰顶，金九一下被震懵了，老半天没有回过神来。

谜底终于被揭开。

原来，大国间纵横捭阖的一次次博弈，已经决定了朝鲜的命运。早先的雅尔塔会议上，美、苏两国已秘密达成协定，以北纬38度（即所谓"三八线"）为界，由美、苏两国分别军事占领朝鲜半岛的南北部。半岛南部、金九他们的故地，已经划为美国的势力范围，美、苏战后的"冷战"格局也已一锤定音。

这时金九也才得知，一直混在美国的李承晚，早就在美国政府的卵翼下自成一统，早已抛弃了临时政府。作为美国控制朝鲜半壁江山的代理人，此时的他，已经堂而皇之地代表着美国势力入主朝鲜南部，登上了南韩总统的宝座。

而金九，却一直还蒙在鼓里。

大势已去，无奈的金九只得同意解散临时政府，以个人名义搭乘美军飞机。他与临时政府的一行人重返上海，呆了十几天之后又从上海启程，乘着美军飞机回到了汉城。

金九一行回到国内，受到了万众同胞的拥戴和欢迎。但在韩国政坛上，因为他反对战后南北分裂的格局、力主成立全朝鲜统一的国家，从此就一直饱受执政者的嫉恨。他已经变成了一个闲人，虽然挂着一串这个副会长、那个副议长、副总裁等官名，但无非都是些可有可无的副职、虚职，早已被流放在权力中心之外。即便是这样，李承晚集团仍然容不得他。1949年6月的一天，李承晚的手下、宪兵军官安斗熙少尉，突然闯进汉城京桥庄金九的私邸，将罪恶的子弹射向了这位74岁的老人。

为民族独立奋斗了一辈子的金九，最后竟成了同胞枪筒下的冤魂。

金九出殡的那一天，汉城10万市民含泪伫立街头，目送他远去的最后一程。终究，人民是热爱他的。

客 影 匆 匆 ， 萦 系 文 化 港 湾

衔着烟斗的罗素。

爱因斯坦在驶往上海的轮船上与夫人一起留影。

泰戈尔在上海时的留影。

萧伯纳（前右一）与洪深（前左一）在一起。

罗素：激荡于思想激荡的土地

哲学的边界，是人类追寻的里程。在浩茫天地间，总要发出既是最原始、也是终极的追问：我——是谁？从哪里来？又往哪里去？

已届中年的大哲学家伯特兰·罗素，为追问"往哪里去"的一时无解，正处在迷惘之中。不过，他的追问并非为他自己，却是为他身后让他亦爱亦恨的故国——大不列颠英帝国。

4 岁就失去了双亲。由祖母一手抚养长大的罗素，一直铭记着祖母的话："不可随众行恶"。1914 年一战在欧洲爆发，他看到战争之"恶"已经泛滥于英伦三岛和欧洲大陆，就想用一声"不可"来给予回击。于是抛开一个大学教师、一个学者的斯文与矜持，走出书斋、校园，加入了激进的反战阵营。这个辉格党贵族世家的后代，为此被打入另册，吃尽了苦头：因为为不肯当兵上前线的人辩护，丢掉了剑桥大学三一学院的教席；因为撰写反战文章，又被扣上"叛国"的罪名，坐了 6 个月的班房。出狱后，他更看清这个大英帝国已病得不轻，资本主义也已走进了死胡同，断言"欧战停止后，若不能另开新局面，人类断无好结果"。

不由让人惊叹罗素的奇妙莫测。他是个"高精尖"理论的研究者，在深邃繁复的哲学丛林里曾独树一帜，开辟了被杜威所称的"数学的哲学"——数理逻辑实证主义。他的理论之深奥，连大哲学家杜威也不能不承认，世界上真能够懂得"数学的哲学"的人不超过二十人，而他杜威"既不是二十人之一"，"也不能懂得"。但站在哲学高妙云端里的罗素，却又无时不注目着凡尘今世。一边在由数学符号、抽象概念布织的哲学迷宫里上下求索、勘探，一边却又不时地探出头去，往宫外眺望社会政治风云，吮吸人间烟火。

所以，他不单是个哲学家。他对政治、对社会的关注，兴趣之浓不亚于对他的哲学研究。

因而他会以对社会极强的洞察力，剥落资本制度金玉其外的豪装，而撕扯开它内里的败絮。"资本制度因为靠着托拉斯以及和国家联合的方法，几乎把人民

客影匆匆，萦系文化港湾

的自由毁灭净尽；因为能支配教育和报纸，所以使民主主义成为骗局；因为使各民族互相竞逐，所以弄得世界永无平和的日子。这三种弱点，是我们希望资本主义破灭的理由。"对资本制度痛下一番断语之后，他又眼光独到地发出预言："资本制度若不消灭，大战之后一定还有大战，而且第二次大战，应用科学更精，破坏也一定更大。这个道理是和中午一样明白的。"

是"破"的大师，也是"立"的巨匠。他自告奋勇地为救治社会开出他的药方："欲改造欧美社会，必须将个人所占有之权力财力，交还给公众，社会才有新的希望。"

思想在急速地向左转。他自信地宣称，这副药方就是"社会主义"。

第一个"社"字号国家苏俄的诞生，正中他下怀，使他看到了就在并不遥远的那边，一片希望的曙光在升起。1920 年 5、6 月份，他作为战后西方世界的寻路者，踏上了这片苏维埃共和国的土地。一心想为西方取得"社会主义"真经的他，满怀热望，东奔西走地认真考察了一个月。如一位学者笔下描述的那样："罗素从苏俄首都到村野、从最高领袖到最底层的民众、从布尔什维克主义的理论到它的实践、从华美的诺言到现实的生活进行了一番细心的观察。"但一路走来的他，看到的却并非是他所想象、所向往的社会主义。他感慨人民的生活依旧贫穷；他也不喜欢个性受到限制的体制；一路负责护卫他的俄罗斯士兵，一个农民的儿子，没事时总爱哼唱带着忧伤情调的歌曲，使他隐隐感觉到空气中弥漫着的压抑感。于是感到疑惑、失望，被深深的幻灭感所折磨着，痛苦着。

访苏前的 2 月，在伦敦演讲时他曾宣称："我是因为战争结果从自由主义改变到社会主义的一人。"当他口说社会主义的时候，他说的是他所信奉的基尔特社会主义，主张改良而不是革命；这与从革命风暴中诞生、以革命理想立国的苏维埃社会主义，自然相去甚远。

因而他断言，苏俄没有实现真正的"社会主义"。访苏收获的只是失望与痛苦，也就成为无法改变的现实。

但很快，心中又溅起了希望的火花。

7 月，刚从苏联回国的罗素，突然接到来自遥远中国的电报，热情邀请他去北京大学讲学。一片灰暗的心幕上，瞬时被打上一束亮光，沉陷在死气中的罗素一下又泛活了。博学的他，早就读过中国的唐代古诗和老庄之书，一直称道中国古诗的美为西方所未有。他刚出版的那本论述社会改造的书——《到自由之路》，卷头就题有老子的名句："生而不有，为而不恃，长而不宰"。而《庄子》书中隐约闪现的中国古代无政府主义思想，与他的社会改造理想尤其合拍，更是被他赞赏不已。中国，一个多美好的国家，他毫不迟疑地接受了邀请——去中国，到那里去寻找西方文明新的希望。

8月，他就启程了。由他的情人多拉·勃拉克陪伴，乘着"波多"号法国客轮，踏上了去中国的茫茫海路。

去中国的内陆都城北京，靠岸第一站，却是襟江带海的上海滩。

"波多"号穿过英吉利海峡，到法国停留了三个星期，然后就直驶上海。船在风涛海浪中的航行，一路都很顺利，但船舱内却突然掀起了一场风波。导火索竟然是因为苏联。

一个多月漫长的海上漂泊，枯燥、乏味，在无聊地打发时光中，谁都想寻找一点刺激。同船有一群罗素的英国同胞，知道他去过赤色苏俄，便都好奇地催他说说那儿的见闻和印象。他也闲着无事，乐意当一回义务报告员。但他的报告却曲意掺了水分。因为他已摸清这帮同胞中有当橡胶种植园主的、有当商人的，都是资本制度的宠儿，他可不想在他们面前丢"社会主义"的丑。因而对苏俄的社会主义尽拣好话说，而隐去了对她的失望和不满。

正说在兴头上，船舱里却泛起了一阵骚动，话未讲完，对他的不满、指斥却已劈头盖脑地向他袭来。因为富人们立场鲜明，都无法容忍他的"亲俄"、"通共"表现，更不满他的"布尔什维克宣传"。报告被打断，报告员成了过街老鼠、瓮中之鳖。船到达上海时，有一帮人还情绪激愤地向船长提出，不许这个"反英分子"登陆上岸。差一点就像捉小偷一样，将他扭送到警察局去。

这帮富人的疯狂表现，让罗素感到好没趣。他和勃拉克突出包围圈，径自登陆上岸，等待中方接应他们的人。让阔佬们跳吧、骂吧，我可没功夫奉陪你们了！他暗暗地调侃着这帮同胞。

可他太低估了这帮英国富人。当他站在上海码头上时，其实身后已有更大的风浪、更险恶的算计在等着他。那帮富人同胞并不甘罢休，已偷偷给北京的英国总领事发去电报，告发了他的种种"罪行"。事情一下被升级、闹大了。驻京英方人员立即给伦敦的外交部和国防部通报情况，回音传来，国防部认定依照《战时条例》，对有颠覆行为的罗素应立即拘留或遣返回国。但一查《战时条例》，到这一月却已经过期失效，奈何他不得，伦敦方面也就只好放他一马。但发出明令，对此人要进行严密的"内控"监视。

风浪止息。让他侥幸地逃过了一劫。但他对身后的这场风波，却毫无所知，也早已将这帮疯狂的同胞抛之于脑后。这时让他烦心的却是中国的东道主。在码头边已等了很久，却一直不见来接客的人影。难道这是"中国人的幽默"？难道来自这个遥远国度的邀请只是一场玩笑？在茫无头绪的上海，真的被撂在码头边，下一步还不知怎么办。他渐渐地显得焦躁不安了。

原来这却是一场误会。这天是 10 月 12 日，原定 15 日抵沪的"波多"号却早到了三天，接待方还蒙在鼓里。隔了很长时间，得到消息的接待方才派人匆匆赶来，将他们接走。

码头边的不快，很快消散得无影无踪。见到第一个中国人的那一刻，他就已感受到中国人热情如火的秉性。因为在这之前，他的名字、他的学术地位都已被在华讲学的美国哲学家杜威广为传播，在中国学界，几乎人人知晓他是"现代三大哲学家"之一，是当世的时代精神的代表，早已引颈翘盼他的到来。离开码头，他就被带到西藏路汉口路那所著名的大旅馆——一品香旅馆，刚安顿下来，就有中国学者络绎不绝地上门来拜访、求教，使他又深叹中国人的好学。落定未久，他又收到一封寄自霞飞路渔阳里，落款为"袁琼生"、一个他毫无所知的中国人的信："我们非常高兴，您这位世界上最伟大的社会哲学家来华抵达本埠，来救治中国学生的历史性的思想病。"读着这封火热滚烫的信，他的心也几乎被熔化了。

第二天晚上，在南京路大东旅社欢迎他的宴会上，他第一次用筷子吃饭，觉得十分新鲜、有趣。喝着一杯杯难以形容如何醇美的米酒，吃着满桌品味俱佳、多得数不清的菜肴，真有点飘飘欲仙的感觉。已有几分醉意的他，像中国人一样从这张桌子走到那张桌子，不停地劝酒，不停地干杯，世界似乎只剩下了一张酒

1920 年 10 月 13 日，上海 7 个社团为罗素举行欢迎会，图中坐在中间的即是罗素与勃拉克小姐。

桌。除了兴奋，还是兴奋。"美好的中国……"心里除了飘荡着这句话，也似乎已容不下别的。

使他从醉意中惊醒的，是眼前中国人完全出乎他想象的举止。他第一次接触这么多的中国人，让他吃惊不小的是，许多中国人竟然能用流畅娴熟、妙趣横生的英语和他交谈。说的是英式英语，行的是英式社交礼仪，不时还表现出在这种社交场合所应该具有的恰如其分的诙谐。他压根没有料到，在贫穷、落后的中国，竟然会有这么多富有教养的文明人。"这是我们第一次对中国人有亲身的感受……此前我一直不晓得，一个有教养的中国人是世界上最有教养的人。"很久以后，他在他的自传中还念念叨叨地这样写道。

下榻在一品香旅馆，总是川流不息地有人来拜访。来的人多了，却又不能冷落了哪一个，他和勃拉克就将他们安顿在不同的桌子上，两人从这张桌子到那张桌子来回地挪动，穿梭着应对。来的除了中国人，也有欧洲人、美国人、日本人和朝鲜人等等，国籍不同，境遇也有不同，在不少社会名流、莘莘学子之外，也有外籍的流亡者和落魄者，似乎都想从大学者那里得到一点什么。他也不由感觉到，上海真是个世界主义的城市，什么国家的人都有。

但他对西方人不感兴趣，不知怎么的，他接触的这些欧洲同胞，似乎都给他留下了凶巴巴的、讨人厌的印象。他对已经完全西化的那部分上海，也十分地不待见，很久以后，他在回忆录中还这样写道："上海大部分是颇为欧化的，更几乎是美式的；街道的名字、布告和广告都是英文的(和中文的)。高楼大厦都是大公司、官厅、银行之所在；一切都是富丽堂皇。"也就如此而已。他看到"那些僻街小巷仍然完全是中国式的"，而他的兴趣所在，恰恰就是这些"中国式"的地方。

一直在追随罗素行踪的报社记者们，早已看透他的这般心思，在报上披露说："罗素先生之意，甚欲得知中国社会之实况，故欣然游上海，而不愿注意租界内情形。"到上海的第二天——10月13日一早，提出要看"中国式"上海风景的罗素，就由主人陪同，驱车游览了沪南、闸北等一带。在老城厢江边码头附近的半淞园，竟足足勾留了两个多小时。

半淞园一带，最初是一片近百亩的桃园，到1909年桃园易主，被改造成私人花园。1918年，一位当地士绅在花园北部租下60亩土地，改建成一座近一半是水面的公园，水自黄浦江中引入，园内以水为景，故取杜甫名句"剪取吴淞半江水"的诗意而得名"半淞园"。古时，黄浦江也曾称做吴淞江。

进入半淞园，一路迤逦，曲径通幽处尽见听潮楼、留月台、鉴影亭、迎帆阁、江上草堂、群芳圃、水风亭等古色古香的亭阁，与一汪盈盈水色相映生辉，美不可言。罗素惊叹中国竟有如此美妙的奇景，目不暇接地观赏着，只恨少长了几副眼睛。走过曲折环水、爬满紫藤的长廊，他看到遍嵌四壁的玻璃板上印有字迹遒劲的《快雪堂书帖》，而亭阁又处处有对联匾额、书画题跋，不知是何玩意儿，就让陪同的主人给他讲解。听罢不由连连叹曰：中国土地上，真是随处有文学思想。还有那些亭阁之上装饰的十字架，让他既赞赏又疑惑，中国的景观中，怎么会冒出西方宗教的标志？一问，才知这里的原园主是个天主教徒。呵呵，中西合璧，不同的文明，也是能相通的啊！好得很，好得很！不由又一番赞叹。

想到他早先读过的中国唐诗和老庄之书，那朦胧飘浮于想象中的诗境、古意，当下一下都活泼泼地拢入了眼帘，他一定醺醺然地被陶醉了。

黄浦江畔，这几天尽是赞叹与赞叹的回音。当他在盛赞中国的悠久文明时，也收获了中国人给他——这位西方学界泰斗的一声声赞许。

去一品香采访他的一位《申报》记者，见面以后，对他钦佩得简直五体投地。"罗素博士出而握手，盎然有学者风。一手持烟斗，坐安乐椅上，与记者谈话，烟斗中之烟缕缕而上。罗博士之思潮，亦如涌而至，所发之议论，均细微精切，为常人所未曾道所不敢道。"记者笔下还特别写到，罗素以一个大哲学家之身，却不时地为他倒茶递烟，不拘礼节，殷勤和蔼，使他深深感动，感喟他"毫无种族之见，阶级之分"，一言一行"均含大同之精义"，真乃"非常人所能及也"。

28 岁的清华教授赵元任，这几天专程从北京赶来随伴罗素，为他当翻译。罗素刚到的那天，他在日记中记下对罗素的第一印象，说他看过罗素的照片和别人对他的文字描述，现在亲谒其面，觉得远超乎他的想象。不由在笔下饱蘸着激情形容说，他比想象中的他"更强壮、更高、仪态更优雅"。

13 日晚上的欢迎宴会上，中方东道主也热情有加。主持人称道他的到来，当为文化之光；预言他的学说将传遍海内，为中国的前途造幸福；特别谈到在素有崇拜哲学家传统的中国，历来最崇拜两千年前的孔子，而随时势变迁，今天的罗素先生就是新孔子，是"孔子第二"。这番称誉以中国人的尺度衡量，无疑已被推上至高无上的地位。

罗素讲学的主讲坛是在北京，上海只是一场预热。但在上海，总不至于只是冶游赏玩、吃吃喝喝，人们的期待、他的来意，都需要回报一席思想与精神的美餐。他已准备好到北京去尽一个哲学教授的职责，将举行五大哲学演讲——讲《哲学问题》、《心之分析》、《物的分析》、《社会结构学》和《数理逻辑》；而在上海，他有更多的现实感触要倾吐，所以就以一个现实关怀者而不是哲学家的身份进行讲演。话锋所至，也就处处触及现实的痛痒。

人们正渴求、期待着他扮演这样的角色。而对于他，这却是在迎风险而前行。因为一当触及现实，也就不经意间会踩入社会的雷区，招来的就不尽是赞美之声。

第一次发声是在 13 日的欢迎晚宴上。是夜，在南京路大东旅社宴会厅里，欢迎他的有一百多位各界学者名流。晚宴主办者有江苏省教育会、中华职业教育社、新教育共进会、基督教救国会、中国公学及时事新报等六个团体。酒酣耳热之际，依然沉浸在白天半淞园诗情古意的游兴中，脑海里仍填满唐诗、老庄之学而挥之不去的罗素，嘴边的闸门开启，几乎声声不离中华几千年的灿烂文化。他称颂中国为"极完全文学美术之国"，有此美德，"即为改造一切之本能"。称颂实是铺垫，他演讲的要旨是想放声疾呼：对这样的文化，中国人千万要珍重保存它。因为他已隐隐发现，有些中国人一心做西方化的梦，已经远离甚至背弃了自己的老祖宗。于是，他以一个西方人几十年的阅历告诉在座的人：晚近欧洲之思想，多激烈破坏及纷乱之状态，妒忌以之而起，战争以之而生。今日之欧洲社会中，凡自私、贪婪、侵坑、强暴之恶根，依然存在，中国人千万不能"不加以检择，一块罗而致之"。

他告诫在座说，凡中国人之一举一动、一事一物，未受欧化之影响者，均有至可羡爱之处。此皆中国固有之国粹也，不宜弃之。他知道、也理解中国人有迫切改造社会的愿望，他的建言是，欧洲经验有可取之处，或可移植至中国，但欧洲错误之经验，中国则不必效法。他开出的药方，依然是他信奉的基尔特社会主义，认为在今日之中国，社会改造固然是急务，但不可操之过急。他举俄罗斯的例子，认为因过于激进，反而不能达本来之目的。慢慢来，谨慎从事，则前途殊有希望。而教育则是各种改造方法中的"第一义"，是社会改造的一大捷径。

14 日午后，他又来到江海交汇处的吴淞炮台湾，给中国公学师生作演讲。被烟水苍茫、天风浩荡包容下的中国公学，这一年，校园内正澎湃激荡着各种新旧思潮。3 月梁启超来过，一如既往地大谈他的改良主义；4 月陈独秀也来过，以"五四运动"旗手身份阐发了五四运动的精神内涵。眼下罗素的到来，作以《社会改造原理》为题的演讲，正迎合了莘莘学子的报国情怀。他开明宗义，就揭了欧洲的"老底"，声称欧洲自近百年以来，"各种潮流，经试验之结果，竟全失败"，现今不得不"要求另外一种原理做基础以图改造"。他认为，求之古人，中国的老子所谓"生而不有，为而不恃，长而不宰"最有价值。希望中国实业的发展，不要趋步欧美后尘，再蹈欧美的种种谬误；因发达产业，而使固有之审美和精神上有价值的事事物物逐渐丧失，实觉可惜。如果从审美的精神的文明方面努力做去，自然有发达的一日。而社会改造最激烈的俄罗斯，他说他考察之后，觉得"目前情形"已"渐失革命本意"。

这番演说，在期望满满的师生看来，大概依然唇干舌燥而丝毫不解渴。甚或因之而起疑云：中国的改造，难道就是回到老子的混沌世界去吗？

16 日下午 4 点半，在老城厢西门外方斜路上的江苏省教育会会场，他又作了"教育之效用"的演说。论教育他是行家里手，谈及教育时，每每有真知灼见的火花迸溅而出，而引来台下教育界人士的连声喝彩。但救治破败、混乱的中国，当下头等重要、首先要做的，真的就是教育吗？一定有不少人，边听边在怀疑着。

每当纵论西方社会大势时，罗素俨然是个料事如神、洞明一切的预言家。15 日在一品香旅社，他与那位《申报》记者的一席谈话，就有许多精辟之至的论断。譬如他说：一次大战后，英、美两国已控制世界大势，欧洲如发生革命，英、美两国只要控制粮食来源，就可致革命各国于死地，欧洲想革命也革命不起来——事实证明正是如此；又说，美国将成为全世界最强大之国，未来百年间，美国必将控制世界均势，执全世界之牛耳——以后的百年世界史，就是它的最好注脚；还说，德国虽为战败国，但因其国物产丰富，英才辈出，人民肯耐劳忍苦，政府能高效运转，大约二十年内，必然恢复其固有之地位——以后二次大战爆发、德国横扫欧洲，也就是在他预测的这个时间跨度内，几乎完全被他说中。

因为对他生于斯、长于斯的西方世界，他知道太多、看得太透了。

但对于中国这块陌生的土地，他能知道的有限的一点，还大多来自以往涉猎的唐诗和老庄之书。说了解，也只是了解她的前世；对她的今生如何，只能凭道听途说，零敲碎打地得到一点表象皮毛、细枝末节。他不知道中国美好河山背后，久存有远超乎他想象的残酷现实；他更不知道一年前爆发"五四运动"前后，中国思想界众声喧哗，已呈一片乱象。保守的愈加保守，激进的却愈加激进。激进阵营又出现了分化：有的趋于平稳，想慢慢地、平和地改造社会，像他秉持的基尔特社会主义那样；有的却已没有这份耐心，相信只有通过俄罗斯急风暴雨式的革命，中国才有阳光灿烂之明日。

而渐渐成为主流的，正是在轩然涌动的要砸烂旧世界、改换新天地，要将国家整个儿翻个身的革命浪潮。

罗素不合时宜的演讲，自然会碰钉子。

他不发声，人们会尊其为学界泰斗、西方先哲，到处一片赞誉声。他一当对现实发声，就显出了他的立场、他的好恶，就会忤逆、触痛一些人。

于是，密集的掌声，开始变得稀落了；赞誉的排浪中，开始夹杂着责难、不满之声。

风波的缘起，是13日晚他在大东旅社发表的讲话。《申报》第二天的报道中，他的演说被冠以一个醒目的标题："罗博士言中国宜保存固有国粹"。"保存国粹"——这弹眼落睛的四个字，一下触动了许多人的神经，霎时引来一片哗然。中国思想界正进行着一场中西文化论战，这番话对于反西化的保守派，自然很是受用，但却并未吭声。发难的第一声来自北京，发难者是"五四"风暴中一度也是风云人物的周作人。他以"仲密"为笔名、在10月17日《晨报》上刊发的《罗素与国粹》一文中，劈头就说："罗素来华了，他第一场演说，是劝中国人要保重国粹，这必然很为中国的人上自遗老下至学生所欢迎的……但我却不能赞成。"在狠批一通所谓"国粹"之后，他又直言告诫罗素，你不大明白中国的内情，不久你就会知道，"中国的坏处多于好处，中国人有自大的性质，是称赞不得的"。

责难不是来自一个人，而是来自一派势力。有人责难，也会有人辩护。"五四"运动主要干将之一、北大教师张申府，被誉为"中国罗素研究第一人"，"罗素"两字的中文翻译定名就出自他之手。10月间张申府来到上海，一边下榻于渔阳里陈独秀的家里，共谋筹建共产党组织，一边也追星似地跟着罗素。13日的晚宴，他也在场，他认为因罗素讲话引起的风波，是因为《申报》曲解了罗素的意思。他给上海《时事新报》投去一封信，以见证人的身份辩解说，罗素演说的主旨在于希望中国人在欧洲道路之外另开一条新路，要我们勿瞎眼地、不管好坏地抄袭人家；也提出中国文化上很有些好的地方，希望中国不要把它丢掉。这怎么可以称之"保存国粹"呢？《申报》的译文"未免太违了原意"，把"保存国粹"四字加在最看重创造精神的罗素身上，"很恐不但诬了罗素，并要误尽苍生"。

这时罗素已离开上海一个月，正在北京讲学，他风闻上海由他引起的一场争论，不得不投书《申报》，作了自我辩护。不知是出于真心抑或因为无奈，文中他已经改变调门，声言旧的东西即使很好，如果不抛弃就难以图进取，工业、民主、科学、新的教育就都不会产生。还特别鼓励中国最活跃的改革者奋步前进，面对必然不可避免的"美术上损失"，可以"不予以过分之珍惜也"。

在上海呆了 5 天，以后罗素辗转去过杭州、南京、长沙，最后落定于北京。上海的一场风波似乎是一个转捩点：改变了最初一边倒尽是赞叹、褒扬的气场，责难、置疑声开始渐渐多起来。陈独秀也是 13 日欢迎晚宴的出席者，听过那次演说，他并没有吭声，也许对罗素的政治倾向还在观察中。但罗素后来到了长沙、到了北京，传出罗素的几次关于社会发展的演说，使这位渔阳里的革命家越听越觉得不对劲。终于按捺不住，写信问罗素：都说你主张中国第一宜讲教育，第二宜讲开发实业，不必提倡"社会主义"，这话真是你讲的，还是别人弄错了？话到最后，便"摊牌"说：这件事关系中国改造之方针，很重要，倘是别人弄错了，你最好声明一下，免得贻误中国人，也免得进步的中国人对你失望。

当时三十出头的张东荪，正身任上海《时事新报》和《改造》杂志主编，又兼上海中国公学大学部主任。他是罗素基尔特社会主义的知音，自称对罗素"佩服到一百二十分"。罗素去长沙，他一路鞍前马后地跟着，回上海就在他的《时事新报》上登文章，详述他随罗素访问长沙时的见闻、感想。激进派原本就反感罗素式的"社会主义"，只碍于他是远来的客人，不便冲撞他；张的文章一出，岂不是送上门来的活靶子？对他，就不会有任何顾忌。左派们就以《新青年》杂志为阵地一齐出动，借着讨伐张东荪，重炮猛轰了一通基尔特社会主义。

这边讨伐，那边反击，热闹异常。"五四"时期一场"社会主义大论战"，就这样轰然而起，紧锣密鼓地开演了。

罗素访华的演讲，正是这场论战的直接导火索。

罗素在长沙演讲时，还有过意味深长的一幕：挤满人头的台下，坐着一个名叫毛泽东的文弱青年，几个月前也到过罗素刚离开的那座城市——上海。他来上海，是为欢送几个湖南青年去法国勤工俭学。暮春初夏，斜风细雨中的十二同学少年，像后来的罗素一样游遍水色帆影相映的半淞园，留下了风云际会的历历身影。这个夏天，后来就被毛泽东认定是他"变成马克思主义者"的真正起点。这天长沙演讲会上，他是会议的秘书，罗素在滔滔演讲，说到他肯定俄国的社会主义经济模式，却反对仿效苏俄"劳农专政"的政治体制时，润之先生脸色凝重，显然没引起他的共鸣。会后他给遥在法国勤工俭学的新民学会友人写信说：罗素的主张"理论上说得通，事实上做不到"，而我们要做的是，"共产党人非取政权"不可。

没有人——罗素还是台下所有人，能预料到人群中的这个文弱青年，在未来中国，将是真正执掌"社会主义"大旗、领拔一个大时代的巨人。

而那位张东荪却不改初衷，仍铁了心一般地拥戴罗素的改良"社会主义"。但渐渐地，他也感到了意外和失落。因为在中国的时间越久，罗素如脱缰之马，变得越发激进，他与罗素也拉开了越来越大的距离。1921年7月6日，罗素在中国作最后告别演说时，张东荪几乎怀疑自己的耳朵：怎么回事？老先生怎么变得与激进派一个调门了？竟然为中国开出仿效苏俄的"药方"，要中国走俄国共产党专政和"国家社会主义"的道路，甚至还称这是中国"惟一的道路"。

这还是他崇拜到"一百二十分"的偶像吗？你是堂堂大哲学家，总该坚守自己的学说、信念，怎么说改变就改变呢？顿时，萌生出一种仿佛受骗、被出卖的感觉。罗素离华半个月后，气愤难消的他终于勃然而起，狠狠地抱怨、奚落了他一通："自己的思想还未确定，如何能指导我们呢？"你这不是说"梦话"是什么？

他竟不知道，在这片思想激荡的土地上，大哲学家也在被激荡着。

上海的几日，走到哪里，罗素都能感到脚下这片土地的躁动。他的演讲会招来争议；他的一招一式都能成为新闻；连他的私生活也不再有私密性。他感到他的隐私都已变成植物园里的奇葩，被众人围观、窥探，引来了飞短流长，波澜迭起。

都是她，身边这位妙龄女郎惹的祸。那勃拉克小姐与他同船而来，影形相随，却谁都不知她的真实身份。在罗素，也许是疏忽了，也许真的不便明说，闷着头竟一直没捅明她是何许人、何等角色。于是凭常理推断，这样亲昵有加、且同宿同眠的一对男女，自然是夫妻无疑了。

在中国人的眼里，向来只有妻妾的概念，这回罗素却让国人大开了眼界。他带来了一样新东西、西方世界的"特产"——"情人"。勃拉克，原来是他的情人而不是妻子。他本是有妻室的，是长他5岁、出身于费城望族的美国女人爱丽丝·史密斯，但结婚27年，婚姻大半时间都处在风雨飘摇中，多年分居后，到这一年都已快走到了尽头。婚姻之外，其实他更热衷英国贵族圈风行的婚外恋、敞开式婚姻之类。他这位贵族世家的后裔，与他的同类一样，在情场玩得风生水起，分居前后都一直没有闲着。到上海之前，他身边都还有三四个情人，勃拉克只是其中之一。

第一次婚姻触礁，完全应归咎于他的移情别恋。

不必讳言，在西方世界，早已众所周知他的情史、性史之混乱。但他一直辩称这是蔑视世俗陈规，是"恋爱自由"，还高调声称这种"对爱情的渴望"，是支配着他一生的"三种纯洁但无比强烈的激情"之一。若干年后，他写了一篇《婚姻与道德》，更露骨地宣称，"爱情应该是轻松无拘束的，强求性爱只在婚姻内发生简直不人道"，"婚外情可视为一种无害的涉猎"云云。一直在为自己的放荡镀上道义的油彩。

外界也一直没停息过对他的非议。但对勃拉克，他的用情深久和认真，却也是有目共睹的。这年5、6月间的苏联之行，与他结伴同去的，就有这位年轻可人、干练而极有才气的勃拉克。那时，他已有一旦与爱丽丝离婚，就与勃拉克结婚的念头。勃拉克，这位从"剑桥"走出的女作家兼女权主义者，其实思想远比罗素激进得多。两人同游苏俄时，罗素因受不了布尔什维克的暴烈、过激，虎着脸就要提前回国，勃拉克却如鱼跃人海间，一头沉浸在苏维埃的红色激浪中，意气奔发，还不想回去。大哲学家只好孑然一身地快快而归。8月份接到北京的邀请、准备去中国讲学时，他依然想到让勃拉克与他结伴同行，于是就写信召唤她赶快回来，陪他一起去中国。信中，还带着几分矫情地说，你要不陪我去，那我也不去了。勃拉克读懂了信中发来的爱情信号，不由一阵狂喜，也就匆匆地赶回了英国。没过几天，两人就已相拥在驶往上海的轮船上了。

罗素对两人关系的沉默，必然引来外界的误读。他们一到上海，出现在第二天报上的勃拉克，几乎都被恭敬地称呼为"罗素夫人"。等到弄清，这原来是罗素的"剑桥弟子"而不是夫人时，众家报馆都不由一阵着慌。错得如此邪门、闹出这么大笑话还怎么有颜面面对大哲学家？于是急忙登报更正、致函道歉，不迭声地陪着不是，生怕气坏了这位远道来的贵客。

其实不过是一场虚惊。罗素才不管这些呢。在这位西洋情圣的眼里，一定觉得中国人太少见多怪、且太不懂风情。只要双双有情，何需计较于夫人不夫人的名号？接到《申报》的道歉信后，他大度地回信说，这是一件"无足轻重"的事，根本就用不着深究、道歉。他也隐隐地撕开了他隐私的一角，转弯抹角地暗示说，其实他俩的关系，除了需法律上的认可外，与夫妻也没多大差别了。

记者们从重负中解放出来，回头探视，才发现这不就是婚外的男女私通，一出风流韵事吗？谈笑中作着中国式的注解，也暗笑自己的太实诚、刻板。还用道歉什么？大哲学家或许正偷偷地乐着、求之不得呢！放松了神经的这班秀才，忽然又都猛醒过来，发现眼前就是活生生的一个爆炸性新闻话题。现实正需要这类话题。从封建王朝到民国才没有多少年，"包办婚姻"如无形的绳索，将青春如花、情窦初开的青年男女们仍捆缚得紧紧的，多少旷男怨女，都还沉陷在痛苦的深渊中。就如胡适，这样开学术一代风气的大学者，婚恋问题却也只能听从"父母之命"，在于心不甘中默默忍受。现在罗素来了，情场的勇士满怀"对爱情的渴望"，来得真是时候。借洋人大学者之酒杯，浇中国人的块垒，开时代之新风，趁此机会，让报刊也增加点发行量和阅读率，将是多好的一件事！

上海的报章杂志，顿时热闹起来。《民国日报》、《妇女杂志》等等报纸、杂志，争先恐后推出了"离婚问题号"、"罗素婚姻研究号"，借"罗素式婚姻"做话题进行了一番大讨论，将罗素、勃拉克式的"自由恋爱精神"大大鼓吹了一通。

一场"自由恋爱"的豪雨，竟起始于对罗素的一次误会。经过连番的新闻渲染，罗素与勃拉克的身影已被深深植入一颗颗渴望恋爱自由的年轻的心里。他不会料到会有这样的结果。但内心一定清楚，一样称做"自由恋爱"，这却是大相径庭的两码事啊！

爱因斯坦：流星撒下恒久的光

匆匆地一次经过，如流星闪掠，却迎来了永世的荣耀。当他一踏上上海码头，在轮船靠岸的江边，刹那间，就被一个确凿无误的消息带进了狂喜的漩流。他获得诺贝尔奖了。

爱因斯坦不会想到，这座耸踞东方的都市——上海，竟然是他的真正的幸运之星。

从法国的马赛启航，"北野丸"号载着他和她的夫人爱尔莎，已一路驶过科伦坡、新加坡、香港，最后才到了上海。在客轮从新加坡驶往香港的海面上，从无线电的广播中，他其实已经收听到了这个消息。但他并不当真，因为近十几年里，这样的消息几乎每年都会在新闻媒介中被爆炒一番，最终却又消失得无影无踪。每次，都只是一道虚幻的彩虹而已。难道这次会是真的？

消息会有虚幻，他的自信却如岩石般的坚实。他一直坚信，这一天的到来终是迟早的事。

1905年，世称"爱因斯坦的奇迹年"，这个26岁的伯尔尼专利局的鉴定员，在这一年以6篇论文、在物理学的4个未知领域宣告了划时代的突破，其间就包括他后来因之获得诺贝尔物理学奖的光电效应定律，他终身成就的标志之一——狭义相对论。1915年，他的广义相对论也宣告诞生。4年后，英国天文学家爱丁顿进行日全食观测，第一次证实了爱因斯坦广义相对论的预言，顿时如石破天惊般地轰动了世界。英国皇家学会主席当即宣布："这是自牛顿时代以来与引力理论有关的最重要的成果……这一成果是人类思想的最高成就之一。"一夜之间，爱因斯坦成为了西方世界的英雄人物。

这一刻就预示着，他离诺贝尔奖也就不远了。

爱因斯坦的前妻米列娃·马里奇，也和他一样，深信会有这样的最终结果。这个热情的塞尔维亚姑娘、爱因斯坦的大学同班同学，当年在爱因斯坦的疯狂追求下投入了他的怀抱。但婚后的两地分居，使两人的感情渐渐变得淡漠，而爱因斯坦身边，也已出现了另一个他所心爱的人——他的表姐爱尔莎。双方的关系终于破裂。在决定是否分手前的一刻，爱因斯坦提出和她做一笔"交易"——他有朝一日会得诺贝尔奖，如果她同意离婚，他就把奖金全部交给她。想了一个星期，米列娃最终同意了。米列娃并不贪这一点钱，但是她相信，这一承诺是绝不会落空的。

此前的一切预设，这一会，已变成了真正的现实。在上海的汇山码头，当他从甲板踏上陆地的一刻，就陷入了一片海潮般的欢呼声中。欢迎的人群中有德国驻上海总领事，有他的犹太同胞，有接待方日本改造社的代表、中国学者和中外记者，也有同济大学、圣约翰大学的学生，使人稍感意外的是，不知怎么，瑞典驻上海的总领事也来了？他们不知道他是这一刻最应该出现、也是最至关重要的人物。他扮演着信使的角色，拨开人流迎上前去，兴奋异常地代表瑞典皇家科学院宣布：向发现光电效应定理的阿尔波特·爱因斯坦，授予1921年度诺贝尔物理学奖……

话音刚落，欢呼庆贺声便纷然四起。在滔滔黄浦江岸边，在那喧腾的码头上。

在诺贝尔奖的得主中，爱因斯坦是一个罕见的异数：时已1922年年底，向他宣布获得的却是1921年度的奖；他以狭义和广义相对论而登临科学成就的巅峰，获奖却缘于早年论文中提出的"光电效应"。撇开这些无解的疑问不论，更让他难以想象的是，在西方进行科学的发现、论证直至获得西方科学界的最高奖，却在万里之外东方的一座城市，使十几年的向往、期盼、等待在一瞬间变为了铁铸一般的事实。

这就是上海，似梦一般走进他心灵的城市。

但上海不是他的目的地。这次他携夫人远涉重洋来到亚洲，主要是为了去日本讲学。同时，他也已答应北大校长蔡元培，从日本返回时将专程访问北京，并且去北大讲学。而上海在他的亚洲之旅中，只是一个插曲和一次小憩而已。但突然而来的天大的喜讯，却改变了他内心天平既有的平衡，这座城市变得重要了，不仅地位在骤然上升，分量变得分外的厚重，也使他投去的目光中饱含着温润的感念之情。在他身之后，一江阔水在潺湲流过，数不尽的船帆正穿梭不息，与汇聚于岸边的车马声、人潮声组合成一曲喧腾的交响，显示出多么蓬勃活泛的气息。而且，看那天空又是多么湛蓝，空气是那么清新，江边的风徐徐拂来，也是那么惬意宜人。真是好极了，上海！

爱屋及乌，不仅是中国人的生活感悟；喜事发生的地方，被视为乐土和福地，也不单单是普通人的偏爱。沉浸在喜悦中的爱因斯坦，在上海看什么都觉得美好无比，证实了大科学家的情愫其实也无异于常人。上海之美好，已深印在他的脑海里了，其全部的情怀，最后都付之于他结束上海之行时的临别感言中："余第一次至东方，极为喜欢，有许多惊异之见闻。此间理想之气候，澄清之空气，南方天空灿烂之星斗，皆使余之头脑得一难以消灭之印象。此种印象，余将永不忘之。"

自然，他不会忘怀的，应当还有这一时间的定格：1922 年，11 月 13 日，上午 10 时许。

这是一个人与一座城市的对视。交集的目光中，满是彼此的激赏与倾慕。

并非过于神化，爱因斯坦对于这个世界的意义，怎么说其实也不会过分。正如一位科学家这样形容：因为爱因斯坦在小小的地球上生活过，这颗蓝色的星球就比宇宙其他的部分有特色，有智慧，有人的道德。1922 年 11 月，因为这位科学巨子的到来，上海也沉浸在同样的感怀中——一种无与伦比的荣耀突然降临，一片科学思想的强光灿然而至，同时，这座城市深处潜藏着的科学智慧的细胞因子，也在纷纷地被激活、唤醒。

对于科学智慧，上海似乎与生俱有不一般的热情和感应力。

早就风传，这位雄踞 20 世纪人类智慧高峰的科学泰斗，将要去北京讲学。消息从北方传开，却在这座南方的都市激起了最响亮回音。1921 年 3 月 2 日，上海人饶有兴致地从当地流行一时的《时事新报》上，读到了一篇国外"特约通讯"——《德国科学界的大论战》，知道远在欧洲大陆的德国，一些反犹主义者正在围攻大科学家爱因斯坦和他的相对论。透过这篇通讯，人们也知道了"安斯坦"（爱因斯坦当时的译名）的生平事迹，和他将往中国和美国旅游讲学的意愿。没过几天，这篇报道又被上海的《东方杂志》——当时最受欢迎的杂志之一所转载，使消息传播得更为广远。一个月后，又是在上海，著名的《改造》杂志在"爱因斯坦热"刚起微温的时候，快速地出版了一期"相对论号"专辑。爱因斯坦第一次被深度开掘，使学术界透过《相对论浅释》、《相对律上之物质观与自然律》、《相对律》等论述，鸟瞰了他的学术全貌；也通过诗人徐志摩的文章《安斯坦相对主义》，使"非自然科学家"们也能隐约地读懂爱因斯坦。说来这也是一个有趣的插曲，浪漫诗人徐志摩被这位大科学家的伟大发现所感召，竟然莽莽撞撞地闯进这个"隔行如隔山"的陌生领域，跨界客串了一把。据称，他为之使出了"吃奶的力气"，因为通篇使用比喻，不免与原意走样而又遭到内行的诟病，他却仍乐呵呵地表示，"这一篇烂话"能"引起大家的兴趣"，他也就心满意足了。因为他得出的结论是："我们只有跟着科学走，总错不到哪里去"。

这一年8月，上海又拉近了与爱因斯坦之间的距离。一个叫做魏嗣銮的上海同济大学学生，也是"少年中国学会"的成员，这一月25日，他竟不知轻重地写信给爱因斯坦，代表"少年中国"向他索讨他的照片。他只想"试试看"而并不抱多大希望，但10天后，爱因斯坦却果真给他回了信，也寄来了他摄于书桌旁、神情沉静自若的一帧照片。1922年1月的《少年中国》杂志，继《改造》杂志后也出刊了一期"相对论号"，就同时刊出了这帧爱因斯坦亲授的照片。中国的读者，也就第一次有幸一睹这个"二十世纪之牛顿"的风采。

20世纪20年代，中国有3家杂志出版过有关爱因斯坦及相对论的专号，在《改造》、《少年中国》之后，紧随而起的另一家就是《东方杂志》，而这已是1922年的12月，爱因斯坦在上海留下巨人旋风之后。一如过往的情形，这本杂志的出版地也是在上海。

其实爱因斯坦被上海传诵，还可以推前到更早的时候。1919年，爱因斯坦的科学预见被爱丁顿的观测所证实，才过去几个月，消息就已经在上海被传开。这是由一篇学术文章《W.光线能被重力吸引之新说》所引起的"新闻效应"。文章刊登在1920年2月的《东方杂志》上，消息被遮掩在重重的学术帷帐里，却依然像射出一束皓光似的不胫而走，惊动了无数人，也留下了又一个"中国第一次"的纪录。

那时，也有许多留洋的上海年轻学子，像报春燕子般充当起爱因斯坦和他学说的追随者、传播者。最幸运的一位，是从上海南洋公学走向国外的学子夏元瑮，他在 1919 年游历欧洲时，有过亲聆爱因斯坦教诲的经历——不仅在柏林大学听过爱因斯坦的演讲，还常到爱因斯坦家去串门，与大科学家一起进行学术探讨。后来他回忆说，当他有疑问请教时，爱因斯坦"常为予释疑，娓娓不倦"。作为爱因斯坦的忠实信徒，回国后他自然就成了为科学布道的"传教士"，1921年 4 月，他将爱因斯坦的名著《相对论浅释》译成中文，先在杂志上发表，1922年又由上海的商务印书馆出版了单行本。他为之自豪的是，这也是中国出版的关于相对论的第一本专著。

上海，积淀着肥厚的科学土壤。如果作更遥远的回望，可以追溯到明代从乔家路上的"九间屋"走向朝堂、又登入科学殿堂的徐光启，追溯到在中国出版第一批科学类著作、清末傲踞于山东路上的墨海书馆，追溯到于 1868 年设立、翻译了数百种科学专著的江南制造局翻译馆。如果说这还不是一片汪洋，也足可称为一股悄然奔湍的潜流。20 世纪 20 年代，当爱因斯坦搅起一派科学巨潮、为之惊涛拍岸时，上海的这股科学潜流也就找到了它的必然的归宿——与巨潮交融、汇合在一起。

这也就不再存有疑问：北京传出爱因斯坦将去讲学的消息，为何竟在上海激起如此的波翻浪涌？

自然，上海也不甘仅在千里之外遥听爱因斯坦的声音。几乎在北京发出邀请的同时，两位外籍"上海人"也发出了邀请信。同济医工学校讲师斐司德博士和他的美国朋友、中华基督教青年会秘书罗勃生，分头写信给爱因斯坦，向他发出了同样的呼唤："我们是多么衷心地欢迎您的到来。"罗勃生甚至给爱因斯坦献计说，到了上海，爱因斯坦可以"在可容纳数千人的市府礼堂内"做一次演讲。他说，在上海，对您的相对论抱有兴趣的人可多了去了，您一定要来好好地讲一讲。

爱因斯坦果然来了。

来了，就有那么多的人，围观、追逐，争着想一瞻伟人的丰采。

但走近了，才发现眼前与想象中、与照片上的落差。一个稀松平常的外国

客影匆匆，萦系文化港湾

佬，真有那么伟大？看他的一身穿戴，黑色礼服、黑白相间的领带，上海滩哪里看不到这番行头？一头灰色的头发，很短也很浓密，就像是纸做的一顶王冠，有几处还显出被压扁的样子。倒是那双棕色的眼睛，看上去还挺精神，说起话来也柔柔的温软得很，不像有些操德语的人，一张口那语调就让你刺耳。

变化就在瞬息间，感觉的异样，忽然就变成了好感。正如第二天的《大陆报》上，记者在发自现场的报道中动情地写道：爱因斯坦"是一个相貌和蔼的绅士，看起来更像乡村牧师，而不像是发展了颠覆世界的理论而且从世界上最伟大的科学家手中得到诺贝尔奖的人"。

一个到港口迎接爱因斯坦的犹太妇女，则从他的眼睛里洞穿了一个伟人的心扉，说他虽然"有些不修边幅，头发还在风中乱飞"，但"他的眼睛却吸引了我的注意力：它们是如此温柔、如此亲切、如此文雅、如此聪慧"。

而这一回来到上海，他也只是想当一回普通的游客，所以婉言谢辞了讲学的请求。他只想在上海的行色匆匆间，进行一次精神放松的观光和游览。而东道主让他领略中国"烹调、戏剧与园林之胜"的一番安排，也很合他的口味。

大师，也许是科学殿堂的神祇，但也总归是生活中的平凡人。平素爱因斯坦总不吝展示他的另一面。在他的上海之行九十多年后，一些专家在研读他在1879年至1923年间的五千余封书信和笔记后，就得出了一致的结论：爱因斯坦不仅头脑聪颖，而且也很享受生活。

从汇山码头上岸、在德国总领事馆稍作休息后，已是正午时分，生活的享受就从美食开始。午餐，就安排在西藏路汉口路的"一品香"餐馆。"一品香"，那时与远东饭店、东亚旅馆和大东旅社并称"三东一品"，是上海最上等的餐馆之一，不仅菜肴精美、色香味俱佳，而且可以中餐西吃，很受那班外国吃客的青睐。面对着一桌子别有中国风味的丰盛菜肴，爱因斯坦胃口大开，吃得津津有味，一边还不住地赞叹说："具有古老文明的地方，其烹调也必然发达"。他说中国就是这样，而历史短浅的国家，如美国就不行了，"只是像往炉子里添煤似的，只考虑给胃里增加多少卡热量"。他不无嘲讽地说笑着，胃口也更好了。

同桌的人惊奇地发现，他使用起筷子来竟然也很熟练。夫人爱尔莎不敢造次，他在旁边就一再地劝她试试——吃中国菜，用筷子才有意思呐！

音乐，在爱因斯坦的生活中也如水、如空气一般须臾不离。他是个娴熟的小提琴手，也弹得一手好钢琴，一生中都是巴赫、莫扎特的忠实拥趸。美妙的旋律使他触摸到宇宙的"神经"，深入到广漠无限之中，因而他总爱把他的科学成就说成是"思想领域中最高的音乐神韵"。主人探过底，早知道他有这般喜好，结束用餐，一行人便驱车开往老城厢福佑路上的"小世界"，让他领赏一番中国的戏曲、音乐。"小世界"是仿效"大世界"而建起的游乐场，里面与"大世界"一样百戏纷陈，日夜营业，热闹非凡。一进门，与西方音乐大不一样的东方的丝竹和歌韵就委婉而来，使爱因斯坦顿时一阵兴奋。二楼剧场，这时正演出一出昆曲，这个中国最古老的剧种，以委婉动听的唱腔、典雅的曲调、飘逸的舞姿营造出妙曼空灵的意境，总能让人沉浸于惆怅、缠绵的情绪中。爱因斯坦走进剧场，坐着聆听、观赏了一会。他自然听不懂台上唱些什么，但不妨碍他用一颗澄澈的心去感受那东方的神韵妙谛，沉醉于另一番意境之中而超然物外。

从心灵的天堂又回到了尘世。从"小世界"出来，往南步行片刻，就到了城隍庙市场，眼前是又一番人间烟火的繁景。一行人穿行在人流如梭、吆喝声四起的庙市里，但见从百货店、照相馆、画像馆、点心铺、象牙店、书画店、玩具店到玉石铺、笺扇铺、镌刻店、鸟店、文具店、皮件铺比比皆是，从玻璃制品、搪瓷器皿、笔砚、玉器、珍珠翡翠到小儿衫裤、香烛元宝、皮草、钮扣、画片玩具、花草盆景琳琅满目，真个是五光十色、无所不有。大师夫妇俩只觉得眼花缭乱，为这里物产之丰盛而惊叹不已。爱尔莎围着她特别喜欢的陶瓷、绢丝、象牙雕刻，更是看了又看，满眼放光，尽是欣羡之色。

但天堂与地狱，也许仅有一步之遥。从城隍庙出来，爱因斯坦说要"细细地看看人民的生活"，一行人就驱车去老城厢逛几条主要街路。铺满石子的街路十分狭窄，汽车开不过去，便只得下车步行。这种路上海人称做"弹街路"，路面是用卵石子、石块铺筑成的。石子铺筑的路面高低不平，空气中还弥散着臭熏熏的气味，使陪伴的人觉得挺不好意思。爱因斯坦却挺不以为然："没有关系，我去意大利的时候，那里街道上也铺有这样的石头呢。"但心情显然已有几分黯然。沿途他看到尽是破败不堪的旧屋、肮脏杂乱的街面，顿时觉得很不是滋味。这与高楼大厦林立、市容光鲜整洁的租界相比，不成了有天壤之别的两个世界？

在弯弯曲曲、坎坷的路边，这时正有许多弹街工席地而坐，挥动榔头在不停地敲打着石块。他们中多数是男工，但也有好多女人和小孩，一个个破衣烂衫、面黄肌瘦，因为长时间机械而重复地挥着榔头敲打，都已经显得很疲乏。看着这恍如奴隶工场的情景，爱因斯坦的脸色不由变得凝重了。他问同行的人，他们这么辛苦，一天能挣多少钱呀？回答说，折合美元，大约就5美分吧。爱因斯坦一脸惊愕，那神情分明是在说：从早到晚，这么辛苦劳作，怎么才拿这一点钱？靠一天5美分的工钱，他们还怎么活下去？

但其实他什么都没有说。沉默，比说什么都更显得沉重。

回到租界，又去逛南京路，仿佛又回到了天堂。一些大学生认出这个新科诺贝尔奖得主，纷纷呼唤着他的名字，热情地向他祝贺、致敬。这使他阴郁的心空又变成了一片晴好。但不多一会，一个使他不堪一顾的情景又落入眼帘：繁华南京路上，一个衣衫褴褛、佝偻着身子的中国老人，正费劲地拉着一辆黄包车，车上却坐着一个年轻魁梧的欧洲人，一副舒坦惬意、心安理得的模样，好能享受啊。那黄包车夫的年岁，也许比这欧洲小伙的老爷子都还老呐！看着眼前的这一幕，爱因斯坦的眉头紧蹙着，好半晌都没有吭一声。

好心情，瞬息又被打破了。

爱因斯坦是个爱享受生活的人，但正如他所说，他同时希望"在全世界各处看到社会幸福、经济公平、国际和平与阶级和平"。这是他贯之于一生的信条，也即是说，他所向往的是遍天下人都能享受生活，而不仅仅是少数人。

但现实与理想相隔的遥远，何止于十万八千里。他只能无语了。

表面的沉默掩不住内心的沸腾。外间知道他的内心所思，已是在时隔好多年、读过他这一时间的旅行日记之后。他在那天的日记里，就袒胸开怀、声情激愤地写道：

"中国人受人注意的是他们的勤劳，是他们对生活方式和儿童福利的要求的低微。他们要比印度人更乐观，也更天真。但他们大多数是负担沉重的——男男女女为每日五分钱的工资在天天敲石子……实在是一幅悲惨的图像。"

"这个城市表明欧洲人同中国人的社会地位的差别，这种差别使得近年来的革命事件部分地可以理解了。在上海，欧洲人形成一个统治阶级，而中国人则是

海上洋人

他们的奴仆。……他们是淳朴的劳动者，……在劳动着，在呻吟着，并且是顽强的民族，……这是地球上最贫困的民族，他们被残酷地虐待着，他们所受的待遇比牛马还不如"。

思绪汹涌，却被封藏在内心的密罐内，根本无法被东道主所觉察。他们还只是一头沉浸在最后的盘算中——怎样办好当晚的盛宴，给一天的行程营造一个最后的高潮，画上圆满的句号。

晚宴设在乔家路113号，王一亭的宅邸梓园。王一亭，名满沪上的书画金石名家，也长袖善舞于实业界，是屈指可数的海上闻人之一。他的宅邸因园中栽有百年古梓，故取名"梓园"。梓是一种落叶乔木，在中国人的字典里，"梓里"、"桑梓"历来是自己故乡的代称，可见它在华夏子孙心中的地位。让爱因斯坦领略园林之胜，去梓园正是个不赖的选择。

而且，徐光启的老宅"九间屋"也同在乔家路上，离梓园相距不远。这位翻译过欧几里得《几何原本》的中国学者，可算是爱因斯坦的科学界前辈。在此设宴，也许正有主人的别一番用意——让来到上海的西方大科学家，从其久远的历史中嗅到点科学气息。

晚宴的宾客都是各界名流。傍晚6时半，爱因斯坦一行驱车到梓园，早有许多人已在门口迎候。爱因斯坦熟悉的几位，都是外籍人士：德国驻上海总领事、德籍同济大学校长夫妇和几个日本接待方代表；中方除王一亭之外，有大公报经理曹谷冰、总编辑张季鸾，上海大学校长于右任，曾留学英国和瑞士的理学博士、前北京大学教授张君谋，还有专程从杭州赶来的浙江法政学校教务长应时夫妇。爱因斯坦与他们一一见过，无非一番礼节性的寒暄。这时，一个小女孩笑盈盈地走近他们身边，灵巧地献上鲜花，还用一口正宗流利的德语向他俩问好，却一下把爱因斯坦惊住了。也一下提起了他的兴致。

那小女孩名叫应蕙德，是杭州来的应时先生的女儿。聪颖玲珑、活泼可爱的小女孩，谁见了都会疼爱有加。让爱因斯坦更吃惊的是，这个才11岁的姑娘，却不仅德语说得好，还能用德文和法文作诗呢，真是个小小语言天才！

一行人簇拥着夫妇俩走进了梓园。先是去各室参观，欣赏王一亭珍藏的金石书画古玩等文物，出来后，又一起到立德堂前合影留念。爱因斯坦把小女孩蕙德

爱因斯坦（前排右四）出席梓园的欢迎晚宴。图为晚宴前在立德堂前合影留念，他身边的小女孩即为来自杭州的应蕙德。

拽到自己身边，让她紧挨着自己，科学大师与一个中国小女孩的友谊，就这样定格在梓园的留影中。

晚宴就设在宽敞的立德堂内，14个人分两桌围坐。不免先有一番主客间的相互致辞。代表主人方的是那位上海大学校长、民国元老于右任，一番高调颂扬，却也恳切真诚。爱因斯坦的答辞虽然寥寥数语，却让人特别记住了"推之中国青年，敢信将来对于科学界，定有伟大贡献"的这句话，传扬开去，让上海一班年轻人都激动了好一阵。

但晚宴中最光彩斐然的，还是那位小天使蕙德，她竟然一人包下了宴会的助兴演出。起始用德语朗诵了歌德的长诗《一个古老的故事》，继而又换成用法语朗诵诗歌《拉娇小春燕》，朗诵时语音之纯正、韵律之分明，都让爱因斯坦赞叹不已。当小天使唱起德国歌曲《创立》时，那一副清丽婉转的歌喉，令人疑为天籁，博得一阵惊叹、满堂喝彩，一下把宴会的气氛引向了高潮。爱因斯坦也动情地拍着手，笑着，赞叹着，仿佛也变成了小孩儿一样。

晚宴菜肴之丰盛，自然不容多说。八大碟八小碟前菜、八热炒四大件主菜、16件甜咸点心兼两道汤品，流水似地涌上花梨木云母石圆桌上，多得来不及上筷。围着一大桌美味佳肴的主人与宾客，顿时觥筹交错，笑语连翩，真乃其乐融融也。

但爱因斯坦晚间的兴致，却远不如在"一品香"吃那顿午宴时，尽管晚宴的菜肴，可比中午丰盛、精致得多了。

这是无法绕开的心灵暗礁。因为有白天不堪一顾的沉重经历，纵然是再美的菜肴，他也已吃不出滋味。席间大家都起哄着要他讲讲相对论，他没有兴致，就借口"长途跋涉，绝未休息，不能作长篇演讲"而婉言推却了。晚宴当时，从表面看，无人能觉察出他内心的微妙变化。但事后他终究按捺不住，在回忆起这顿晚宴时便直言评骘说："在那没完没了的宴席上，尽是连欧洲人也难以想象的悖德的美味佳肴。"夫人爱尔莎也附和着说："光是这些粮食，就足够我吃上一年的。"大师夫妇俩心照不宣，竟然都不太待见这顿佳肴。

宴会进行到晚上9时结束，尽欢而散。从梓园出来，临上车时，爱因斯坦还特别关切那位他喜爱有加的天才小女孩蕙德，与她重重地握过手，然后依依挥手道别而去。

翌日凌晨，夫妇俩便辞别上海，乘着来时的"北野丸"号驶往日本神户，去开始他的讲学历程。

轮船又在江边靠岸。汇山码头一如往常地开栏迎客，却让人异乎往日地欣然发现，从登陆上岸的滚滚人流中，又见到了那个洋人物理学大师——依然一头灰色浓密的短发，依然像乡村牧师、像和蔼的绅士。

这天是1922年的最后一天——12月30日。上午11时，爱因斯坦夫妇又出现在黄浦江畔，陷落在令他"应接不暇"的欢迎他的人流中。在日本讲学完毕，他们又回到了上海。

原本离开日本后去北大讲学的计划，由于沟通不畅、出现"因误解而发生的延误"，已无奈地被取消。这使爱因斯坦深深地为之抱憾。但事已无法挽回，因为他很快就将动身，前往耶路撒冷视察那里的犹太大学。这位犹太子孙的时间，已全盘交给了他的犹太民族，再腾不出身来办其他的事。

北京因此留下了遗憾，却给上海带来了幸运。意外的一次错失，使上海成了爱因斯坦唯一到过且两次到达的中国城市，留下了不灭的文化记忆。但对于整个中国而言，爱因斯坦取消讲学总归是一件憾事。爱因斯坦第二次抵沪，也有意想弥补一下已经造成的缺憾：无论如何，也都要讲一讲他的相对论。

上次来观光游览的那一天——11月13日，在上海，他其实已撩开过相对论的神秘面纱。当中外记者蜂拥而来将他包围时，他谈到了在澳洲西海岸进行的测试。1922年9月21日那天，能够看到日全食的澳洲圣诞岛和澳洲西部各地，吸引了各国天文学家，都希望在1915年爱丁顿的观测之后，再一次验证爱因斯坦广义相对论中的预言。爱因斯坦坦率地说，他来中国时，观测的计算核实还未完成，因此对观测的结果他还"不能臆断"。

一位外国记者，好像是爱因斯坦的老熟人，提问时说他曾5次采访爱因斯坦，但迄今仍弄不懂相对论的深奥涵义。他提起两年前，一次采访时，爱因斯坦在解释这个理论时举例说过：如果你在铁道旁边的路堤上竖起一根高尔夫球杆，而在火车的地板上平放另一根相同长度的高尔夫球杆，当奔腾的火车从竖起的球杆旁经过时，从路堤上看去，车厢内的球杆要比竖起的球杆短一些。"事实果真这样吗？"他好奇地问道。爱因斯坦听罢微笑着说："相对来说，是这样的。"

那又是为什么呢？记者们纷纷追问说。显然，这不是在匆匆间用一言半语能说清的。爱因斯坦拿过一个记者手里的记录本，写下相对论中的一个 β 因子，然后欣然签上了他的名字。他告诉记者们，这个 β 因子对于理解相对论十分重要，这是"全部理论的肇始，是揭示深邃秘密的通关密语"。

自然，记者们依然如悬浮在云里雾里，不知所云。高深的科学理论，对于没有科学知识准备的寻常人，也就只能是这样的结果。

这次来上海，他就想敞怀地讲一讲相对论。

第二天，也即 1923 年的元旦，下午三时许，福州路 17 号公共租界工部局礼堂·下涌进了三四百人，兴致盎然地都来聆听爱因斯坦的演讲。演讲会由犹太青年会和当地西方人的学术研究会举办，因而听众几乎全是外国人，听讲的中国人，稀稀落落地只来了四五个。

爱因斯坦用德语进行演讲，驾轻就熟地娓娓道来，一旁，由工部局的一名工程师进行英文翻译。演讲的主题就是相对论。面对非专业人士的听众，他努力将高深的理论讲得深入浅出，但谁能保证听众会听懂多少。"听众处于一种莫名的兴奋状态中，他们不在乎听懂了多少，只愿感到自己与奇迹靠近了一点。"——1921 年他在奥地利维也纳演讲时，当地报道中描绘的情景，几乎毫不走样地被搬到了上海的会场里。

爱因斯坦应该有思想准备，因为，他一定不止一次曾重复着这样的经历。

演讲完毕，如通常一样，由他——主讲人回答听众的提问。不出所料，要他回答的都是些凌乱庞杂的问题，很少真正涉及相对论理论。一位中国学者，就是曾在王一亭家宴中出现的前北大教授张君谋，这天也在会场，冷不防提出了一个与相对论相对无关的问题：英国的物理学家洛奇和克鲁克斯创导心灵学研究，你是如何看待的？爱因斯坦听罢，只用浅浅一语回答说："这是不值一提的事。"而不再深谈下去。因为这已超出他研究的物理世界的范围，与演讲会也离题太远了。

"一出充满愚蠢问题的滑稽戏"——这天的日记中，爱因斯坦留下了对演讲会直言不讳的恶评。听众的表现，太让他感到失望。

宝贵的时间被白白耗费，换来的只是对牛弹琴的效果，爱因斯坦自然难掩心中的不快。但他并不知道，这时中国正在发生着什么；也不知道，这次集会在这座城市引起了怎样强烈的震撼。否则，他脸上一定会爬满喜色而不是怨意。

此时的中国刚迎来睿智的"赛先生"，积满蒙昧灰尘的大地，正泛起科学开蒙的初潮。所谓知识分子，这时就该多谈谈科学才是。但就有一班趣味怪异的学者，偏要把神秘"心灵学"推上学术高台，痴迷于耳朵识字、人鬼交往的另类实验，有意无意地与科学唱着反调。张君谋的提问正是由此而起，显然有他的用意，但也显然选错了场合。而让爱因斯坦并不知情的是，正是他那浅浅的一声"不值一提"，会后已发酵成了一场轩然大波。上海的许多报纸借报道此事，纷纷发出对心灵学者的责问："不审吾国人研究灵学者，对于恩氏又作何感想？"唯灵论思潮受到了一次沉重的敲打，而科学精神，也就在搏击中正渐滋暗长。

这就是爱因斯坦演讲所起的效应——不必计较有多少人已听懂相对论原理，重要的是，科学的精神已经被播撒、传扬。

大师，也可以不用生气了。

其实还可告慰大师的是，热心阐解、传播相对论理论的人，在上海会有很多。爱因斯坦在工部局礼堂演讲的那一天，《申报》就已刊出商务印书馆《欢迎爱因斯坦》的广告，彰明该馆已出版《爱因斯坦和相对论原理》、《从牛顿到爱因斯坦》，并即将出版《相对论之概念及其由来》、《相对论与宇宙》等书刊。几乎同一时间，《东方杂志》收有12篇相对论解读文章的《爱因斯坦专号》也已面世。一股"相对论热"正在上海，以至整个中国盎然兴起。

1月2日，爱因斯坦夫妇离开上海，去巴勒斯坦访问。大师走了，留下的是永久闪耀的科学之光。

泰戈尔：迷茫在云空与泥淖之间

1913 年登上诺贝尔文学奖的领奖台，使泰戈尔瞬息成了"世界名人"。"印度的泰戈尔"成为"世界的泰戈尔"，他的伟岸的身影也就不再只属于印度大地。如云游僧一般，他开始云游世界各国——曾负笈求学过的英国，新大陆的美国，欧洲的法国、荷兰、瑞士、德国，和同在亚洲的日本，穿梭般地到了一个又一个国家，一路播撒他的东方精神的种子。1920 年 11 月，他在美国纽约访问，一天来自中国的青年学者冯友兰叩门求访，又触发了他久蓄于心底的"中国情愫"。

"中国是几千年的文明国家，为我素所敬爱。"他见着这位年轻的中国学者如遇千年知己，喃喃地说，没有到中国，他至今深为遗憾，"我终究必要到中国去一次"。

老诗人绝非客套。1923 年春天，派他的英国人助手专程到中国打前站，果然要践行他的诺言：去一次故国邻邦，那同是几千年文明古国的中国。

启程之日，是在 1924 年的 3 月 21 日。那天，63 岁的罗宾德拉纳特·泰戈尔从他的故乡、恒河岸边的加尔各答告别乡亲，乘船出航，开始驶向他年轻时曾临风揣想过的"富丽的天朝"、"我的梦乡"——中国。他在中国驻留了四十多天。如果说，这是他用自己的心绪、足迹和声音谱写的诗篇，这首诗的开篇和结尾，却都留在了黄浦江畔的上海。

4 月 12 日清晨，"热田丸"号——他乘坐的客轮一靠近上海汇山码头，岸边霎时如海潮翻腾，一片鼎沸欢跃。跨上中国的土地，他将第一个足迹就留在了黄浦江边。随后，汽车载着他和一行人驶入下榻地——静安寺路上的沧州别墅。翌日下午 4 时许，慕尔鸣路 37 号的张君劢宅邸，上海文化界在这里举行茶话会欢迎他的到来，这一刻，也就成为他"中国之行"的真正的开篇。

从上岸起，就一直影形不离跟随着他的徐志摩，称这是"暮春天气最豪爽的一个下午"。午后淡淡的阳光下，张家草坪上一片翠绿绵延，青嫩的桃柳树枝点缀着栏杆，如屏障一样环绕的高大的盆花中，山桃与杜鹃正恣意绽放，满园处处

泰戈尔抵达上海时，在"热田丸"甲板上留影。

沪上各团体为泰戈尔（前排右三）举行欢迎会前，在商务印书馆俱乐部前合影。

是春色、春意。一声鸣笛响起，车上走下身穿褐色布氅、头戴棕色布帽、银须飘垂的老诗人，瞬时一片鼓掌声便淹没了这片旷地。

一百多位中外人士早已守候了多时。泰戈尔合掌向众人致谢，满脸春风荡漾，笑意盈然。

抑制不住的喜悦，更流溢在他通篇的即席演说中。他的开场第一声，就说"今天是我的欢喜的日子"，说他从遥远的印度被请到中国来，"真是我难得的福气"。友谊，也就成为他演说的主题，一直追溯到千年以前："我记得千年前那一天印度献给你们它的情爱，契结了不朽的友谊……在这千年内我们往来的道上也许长满了蔓草，但我们却不难发现往来的踪迹。"今天，他说就应当"祛除我们胸膈间壅积着的杂欲，再来沟通这名贵的情感的交流"。

诗人的诗性勃发，演说时的语声沉着而饱含诗意，恳切而又热烈：

——春光来了，诗人也有了他的感召。

——诗人的用途，只在生命苏醒的俄顷，他来朗声的布告，虽则人们还不会觉察，河里的坚冰已经渐次地苏解，严敛的肃杀的冷酷的寒冬已经无形地消隐。……紧闭的门户快开放了，现在春天已经来到。

——诗人们的使命是在钩探空中无声的音乐，启示梦境似的微妙的色彩，鼓舞理想的信仰与努力，像春风似的，带来消息，私语怀疑的人间，不久便有绚烂的花朝。

——今天我竟然到了你们的中间……这是遭逢新纪元的春光的敬意。

在场的听众，显然都被感染了，这种听讲时似被触电、似饮甘露的感觉，全被《小说月报》的记者浸淹在他此后的报道中："……他的热切的同情的表白，他的带着魔力的语声，把我们紧紧的压迫着，使我们见到自己的'小'，感受到一种莫可言状的感动。"

两个多小时的茶话会，恍然只在一瞬间，在斜阳夕照下散场时，大家似乎仍感到意犹未尽而不舍离去。老诗人也依然一脸欢色，满怀的喜意似从未消减。

时光匆匆而去。40天过后，又是在上海，他给他的"中国之行"写下了最后一笔。这四十多天里，他从上海出发到过杭州的西子湖畔、南京的钟山脚下，往北一直到达泉城济南、古都北京，以及返程时停留的山西太原、江城汉口。5月

28 日上午，又回到了上海。

29 日，从中午的这刻起，他就赶场似地到过徐家汇的日本同文书院，到过九江路、汉口路和百老汇路的三家印度人教会，排得满满的日程，使他几乎没一刻空歇。直到傍晚，他才赶去与中国朋友们会面。6 时许，又是在慕尔鸣路 37 号的张宅，对着几乎都是欢迎会上曾出现过的老面孔，泰戈尔进行他最后的告别演说，然而那语调、那神色却已经不复先前时的欢悦。

演说已经变调，从直抒胸臆而变得曲里拐弯。一开场他就说，他仅仅只是一个诗人，与到过上海的欧美大哲学家、大科学家相比，他很惭愧自己的渺小。他说："如果你们仍然打算欢迎我，对我倾洒你们已经讲过的那些热情洋溢的话语的雨霖，我乐意任其浇湿。……当我离开时，我将记住这个傍晚我的逗留，像一轮华贵的落日，慷慨地献出富丽的色彩。"听众席中，有人似乎已听出话外之音：这话是何意呢，难道有人不欢迎他吗？

老诗人也不再让众人猜谜，话锋继而一转，揭开了有人果然不欢迎他的事实。他说："我的厄运随我从印度来到中国。我并未时时沐浴于同情的阳光中，从天际某个角落，不时传来愤怒的乌云的轰鸣。"对着那些不欢迎者，他直率地隔空放言说："你们中间的某些爱国者担心，我从印度带来的精神传染病，也许会削弱你们对金钱和物质主义的旺盛的信任。我向那些情绪紧张的人保证，总的来说，我对他们是无害的。我无力阻拦他们进步的步伐；他们奔向市场出卖他们不信的灵魂，我无力把他们挡回去。我还要让他们放心……"

40 天的间隔，已从风和日丽的暮春 4 月翻过一页，5 月之末，正接近潮湿而阴晦的梅雨季节。这是"将近梅雨期云低气滞的一个黄昏"——事后谈起这次演讲，徐志摩的语调不免暗淡而低沉。

老诗人的心情，也像这已经变化了的天气。一路为泰戈尔当翻译、随从的徐志摩，从旁观察，看出了老诗人的伤感和失落，他因不被理解而无法释怀的郁闷："他的声调我记得和缓中带踌躇，仿佛是他不能畅快地倾吐他的积愫，但他又不能不婉转地烘托出他的不完全愉快的款曲与感念；他的笑容，除非我是神经过敏，不仅有勉强的痕迹，有时看来真是眼泪的替身。"老诗人的一些话，徐志摩认为"是称过分量说出来的"，"不说分明，不说尽，这里面便含着无限的酸楚，无限的悱恻"。这位中国诗坛的浪漫之王，也不再浪漫地叹息着说："我当时真觉得替他难受。"

听众席里，许多人在琢磨、揣测着他的话意，心中疑云重重。不知，诗人的北行之旅，究竟发生了什么。

梅雨期的阴晦低滞，其实就发轫于煦暖的暮春4月，他初临上海之时。

4月12日清晨，"热田丸"号客轮一到汇山码头，就有中国新闻社、东方通讯社的记者一齐涌上甲板，去采访远来的诗哲。这是老诗人踏入异国的第一次开腔，也是一声预告：中国之行，他究竟为何而来。

他说，亚洲的一些年轻人，现在都盲目追随着欧美文化，这其实是一种谬误。自第一次世界大战以来，欧洲文明已濒临破产了，要拯救人类，就必须复活东方文明。在这面旗帜下，我们要把中国、日本、印度团结起来。

他毫不遮掩地说，他来中国讲演，就是为了复兴亚洲文化。

船头匆匆的答记者问，毕竟来不及深谈。深入的阐述，要等数天后的演讲会上。

4月13日，在慕尔鸣路张君劢家开完欢迎茶话会，第二天他一早就启程去杭州游玩。回上海后，在18日下午3时，上海近30家教育、文化、新闻单位代表和印度、西方人士约一千二百多人，齐聚宝山路商务印书馆新落成的图书馆会议厅，为他举行盛大的欢迎会。乐队奏响优雅的弦乐声，鲜花、松柏、彩条、彩球将会场装扮得五彩缤纷。身穿黑色长袍、戴着红色布帽的泰戈尔来了，上台演讲的他却显得仪态庄重，音容肃穆，这神情正贴合他的演讲题目——《东方文明的危机》。

危机，是因为物质主义的侵入。工业主义、物质主义仿佛一块大石，在碧柔的草上播滚，所向无不压伤。换来的是什么？无生态的系统、方法、组织、公司等等，只有一种好的外貌，而实在的价值几等于零。这些工厂的势力扑灭了我们的生命，代价是给予了私人和资本家的利益，牺牲了自然的美并一国的文化……

船头未及深谈的话，这一刻都被他痛快淋漓地道来。他说，他来中国，"好像一种进香人，来对中国的古文化行敬礼"，但中国的现状却使他很痛心，因为西方物质主义的横行，中国的文化园地正在受野草滋蔓，活的生命已经萎伤。人在上海的他，却毫不留情地表达了对上海的失望："不幸我第一处便来上海这地方，使我颇生出不很愉快的感想，因为竟看不出一点点的中华文化的精神。将无价的精神，都渐渐化成贱价的物质的死的现象了，这是非常可为悲痛的。"

他对上海的十里洋场没什么兴趣，到上海后的一举一动，都隐示着他对中华文化的致敬。12日在下榻地落定后，傍晚时分，他就不顾旅途劳累，让徐志摩陪着他兴冲冲地去游览古刹龙华寺。他为膜拜那心仪的千年古刹、古塔，沐浴中华古风而来，却让他失望地看到，古寺已被一帮军曹武夫所占据，且都已颓败衰落，不堪一观，使他直感到一阵锥心似的疼痛。

在他走过的上海每个角落，他仍在捕捉着中华文化残存的光芒。18日下午演讲完毕，当晚他乘车至上海四马路，就被一家古意洋溢的"有正书局"吸引住了。走进店堂，他便埋下头，细细披览这里的国画精品，边翻看边大加赞赏。临走，还买下了十几件他最满意的作品：恽正叔的花卉、金冬心的人物、费晓楼的仕女、八大山人画册、陈师曾遗墨等等，装在书局赠送的一只画篓里，如获至宝地离去。这天晚上，他又来到北京路上的功德林素菜馆，参加徐志摩、郑振铎、戈公振、刘海粟、梅兰芳等海上名流为他举行的晚宴，席间一边品尝中国传统菜肴，一边听人拉琴奏曲、高唱京剧，散席后又去上海第一台观看京剧，为畅饮一席中华文化的琼浆，竟使他忘却了奔波一天的疲劳。

但他对东方文化衰落的忧患，却丝毫没有减弱。他在那天会议厅里回响的声音，会后也一直在缭绕不息："不忍看着中国文化的日趋于危险之境，所以要真诚地警告你们。要晓得幸福便是灵魂的势力的伸张，要晓得把一切精神的美牺牲了去换得所谓物质文明，是万万犯不着的！……从迷幻中觉醒过来，破除精神物质的畸形……"

这苍郁悲愤的声音，就为他一路北行的演讲定下了基调。同时，也埋下了日后引发"地雷阵"的火星和弹药。

这天在上海第一台看完京剧，已是晚上9点半时分。当晚12时许，他就赶赴招商码头，乘着凌晨2点的轮船踏上北行之旅。南京，济南，北京，路在脚下往苍茫的北地延伸，每到一地，诗人留下的话语、声音，也浑然是上海演说的延续和伸展。

西方文化，始终是他抨击的靶子——障害文化的恶魔势力如猛兽者甚多。西方文明驱人类入于歧途。机械专制引来的堕落和灾难，已征服了这个世界，机器的联合力量将要重创我们，吞噬我们。人们的心灵被催眠了，他们的膝盖跪拜在金钱和权利的偶像前。

他把西方和西方化的城市——上海、天津、纽约、伦敦、加尔各答、新加坡、香港统统称作"奇丑的鬼怪"，说"只要他们的手一碰着，有生命的就变死，柔润的就变僵，上帝的慈恩就变成了魔鬼的拨弄。"

所以，他每到一地都在呼唤：要远离物质主义的毒害。千万不要理会那恶俗的力量的引诱，那无意识、无目的的营利的诱惑。要以道德势力、精神势力去排除它，靠着一种活的精神力量，靠着有机力量的积累来获得拯救。等着一个伟大的圆满和纯美的灵魂的到来吧。……

掌声。掌声。如风卷如雨倾般的掌声，每每随着话音的坠落而轰然响起。这是对他每次演说的标准式的公众回应。但也时有不和谐的杂音出现，只是常常因掌声的太强烈而被淹没了。

杂音，其实一路都如影随形地相伴着他。起而很微弱，渐渐地，便汇成了可与掌声抗衡的轰然巨声。

杂音的最早出现，其实就是在上海。4 月 13 日这天，他在张君劢家即席演说时，会场外就有人在散发传单，爆出一阵对他来访的反对声。离开上海后，4 月20 日来到南京的东南大学演讲，快结束时，楼下忽然一阵骚动，原来也有人散发反对泰戈尔的传单。但大海浩茫无际，偶然泛起的几朵浪花水沫，并不使泰戈尔十分介意。来到济南，他在省议会厅演说时提起上海发传单的事，也只是淡淡地回应了一声：这些人不知道物质主义已造成极悲惨的后果，不懂得，只有人道主义和爱，才能给人间带来幸福。

4 月 23 日，泰戈尔乘坐专车抵达他北行的目的地北京。京城果然气势不凡，在车站欢迎的阵容黑压压一片，足有四五百个人，"欢迎声像春雷似的爆起来"。一下火车，就有警车开道，沿东长安街飞驰而去，直奔京城最豪阔的北京饭店。北京是中华文化的集大成者，是东方文明的策源地之一，老诗人直呼这才是"理想之中国",感到如"回到故乡一样",还朗声赞美说,他爱古城淳朴的风俗、悠久的历史,爱她的建筑文物、热心朋友,留恋这里远胜于伦敦、巴黎、华盛顿所见的桧柏松柳,婆娑树影。

"我爱北京……"——他的一片心声,因简淡素朴而更为动听。

但北京的杂音更多,甚至杂音已成为挥之不去的常态,却使他深深感到了意外。在北京先农坛演讲时,还未开讲,就出现了异常情况。有人在会场里四处散发传单,斥责泰戈尔过份赞美东方文明、反对以暴力驱逐暴力,便是在宣扬投降主义。几天后,在真光影戏院,他将首次对北京青年公开讲演,可人还未踏进会场,场内已有人在散发"我们为什么反对泰戈尔"的传单,直言泰戈尔的到来,对中国革命是一服消极的催化剂。同是在真光影戏院,5 月 10 日的第二次公共讲演还未收幕,场中又出现了散发传单的骚扰,不客气地说要"激颜厉色"地"送泰戈尔走"。一时间,有人斥责散发传单者,有人把撕碎的传单扔向散发者,也有人大声抨击着泰戈尔,顿时会场上乱作一团。

可以想象泰戈尔的尴尬和沮丧。他不明白好端端的演讲怎么会变得这样的。满怀救世理想而来到动荡不安的中国,传播人道主义、爱、和平,弘扬道德的圆满、灵魂的升华,让世界、让人间布满生命的灿烂霞光,这有什么错呢?为什么就得不到理解,会遭受这样的呛声和恶搞?

传单一次次撒落于会场,被抨击的老诗人,也不知他是否曾拿来细读过。就在 5 月 10 日公共演讲之后,一份传单却已在广为流传,传单上列出的一份声情激越的"指控清单",让许多人陷入了复杂纷乱的心绪,而不知说什么好。

传单上说:我们受够了古代的中国文明,它压榨人民而使国王富裕,委屈女性而拔高男性……我们再也不要这些东西了!但泰戈尔先生却想把我们带回那些过去的年代。/ 我们的农业,很难喂饱我们的农民,我们的工业是严格意义上的家庭工业,我们的马车和轮船一天仅能航行数里……我们像厕所一样的街道,以及我们悲惨的肮脏的厨房,已经让我们在世界范围内丢掉了声誉。而泰戈尔先生却要责备我们过度的物质文明!/ 杂乱而不间歇的战争,劫掠和抢夺……可耻的娼妓,毁灭人民的贪婪的满清官吏……以裹脚为美的女人——瞧,这就是泰戈尔先生称作精神性的,希望我们回归的古代中国文明!/ 我们当下的疾病在很大程度上是由我们数量巨大的同胞在公共事务上的冷漠造成的。正是这种漠不关心，使军阀和国外的力量无所畏惧且无所不为。而现在泰戈尔先生却发现担心这些事务使我们的灵魂受到了太多的折磨……/ 泰戈尔先生盛赞梵天的隐忍并要求我们使自己的灵魂回归那里以寻求解放……宣传这套学说就是宣传无为、被动……

一边，他在张扬高远雄美的理想，一边面对的，却是污浊而严酷的现实，让听过演讲、看过传单的人恍若置身十字路口，只能茫然四顾，而难言是非曲直。

夹在理想与现实的峡谷之间的泰戈尔，也一样感到迷茫怅惘。

心爱的古都北京，已经成了伤心之地。5 月 12 日，他勉强作完在北京的最后一次演讲，而本已定好的另外三次演讲，都被他一一取消了。原说好要去天津，南开大学等当地团体的欢迎会都已准备就绪，也被他最终谢绝了。然后去西山静静地休养了几天。5 月 20 日，他离开北京，经太原、汉口又回到上海，住进了极司菲尔路的意大利诗人倍纳夫人家中。5 月 29 日，在慕尔鸣路张宅作完告别演说，已无心久留的他当晚就驱车直抵汇山码头，在梅雨期的阴湿闷倦中，踏上了次日将驶往日本的"上海丸"。

福煦路 613 号，一幢三层高的新式石库门屋里，忽然飘荡起一阵阵欢声笑语。这里是诗人徐志摩和陆小曼夫妇的寓所，笑语声的骤起，缘于一位贵客的远道而来。

贵客就是泰戈尔。

这已是 1929 年的 3 月 19 日。间隔 5 年之后，大诗人泰戈尔又来到了上海。

惯于在台前抛头露面、爱作高论的泰戈尔，这次却远远地躲到了幕后。也许他已经学乖了，不愿在一个是非之地卷入是非之争，他只想在上海静静地呆几天，过一番庸常的市民生活。所以他推辞了旅沪印侨安排的高厅大厦，而执意要住到徐志摩的家里去；也不想惊动许多人，而只愿与徐氏夫妇和少数知交朋友一起谈谈家常，"亲亲热热的像一家人"，"愈随便愈好"。

褪去头上的光环，遁入凡尘俗世，以往只能远眺或仰视他的人，才看到了一个与常人无异、一如街坊老翁般的泰戈尔。

最初时，陆小曼难免还有点紧张慌乱。对泰戈尔，她素来很崇拜，5 年前她在北京时，当地学界为来访的泰戈尔祝寿，专场演出泰戈尔的英语版剧作《齐德拉》，她那时就在礼堂门口发售说明书。不巧却遇上了一个难缠的观众，一场争吵，气得她扔下说明书掉头就走，就与近在咫尺的大诗人失之交臂，事后不由懊悔不及。但大诗人就将住进自己家里，却又使她一阵手忙脚乱，不知该如何是好。她与徐志摩来到公和祥码头，见一班穿得五颜六色的印度人，早已在等候泰戈尔的到来。平日逛马路，她最不想看见满街头挥拳跺脚的"红头阿三"，那副凶巴巴的模样直让人害怕。就是现在，身边这些等候泰戈尔的印侨，用阴沉沉的眼珠子盯着她看，也使她浑身不自在，躲在徐志摩的身边动也不敢动。从大诗人的同胞推想到大诗人，她隐隐地感到些许不安，尽管徐志摩一直向她鼓捣、将他说得如何如何的好。

船靠码头了。夫妇俩登上船头，走进一间小小的房间，看到一个宽袍布帽、银须飘垂的老人正在与人握手言欢。她一下被触电似地在心中惊呼：泰戈尔！真是泰戈尔！留心上下地细看了一番，心底忽然涌起了一种奇特感觉：那可不像印度人啊！一点不带有普通印度人那种凶凶的目光，脸色也不像印度人那样黑黑的，听他说话的声音，低低的好似出谷的黄莺鸟在那儿婉转娇啼，听着真舒服极了。而且，也一点看不出大诗人的派头、排场。泰戈尔回头笑眯眯地看着她，她却像失掉了知觉一般，两眼直视着泰戈尔，如同置身在白日的梦境里，想好的话一句都说不出口。老人理解她的失态，微笑着与她握手，低声细语地说着什么。随后在船里交谈，很快就如遇故友知交一般，使陆小曼又回到了一如往日的家常生活中。

泰戈尔的亲切、和善，也打动了另一位知识女性——诗人、出版家邵洵美的夫人盛佩玉。接来泰戈尔后的次日，徐志摩邀请邵、盛夫妇来家做客，介绍他们与泰戈尔认识。盛佩玉细细端详着这位印度老爹：高高的个子，胸前披散着一把灰白的大胡子；身穿灰色长袍，头戴黑色平顶圆帽，态度严肃慈祥；说话轻声慢语，用起中国的筷子来很熟练自然——她忽然闪过一个念头：这不就像大寺院里那个慈眉善目的老方丈吗？

泰戈尔要住进徐志摩家，夫妇俩早已动了一番脑筋。他们的住房不算寒酸，但也不怎么宽裕。才新婚没多久，这幢三层楼石库门屋子依然保留着新婚时的布局：二楼厢房被设为新房，二楼的客堂间当会客室，三楼则成为徐志摩的书房。而老诗人要来，为了让他住得舒服些，他们就特意将三楼书房改成一个印度式房间：在地板上铺上厚厚的地毯，床上放了大垫子作靠枕，还购置了熏香炉和青色炭盆，放了木炭给他取暖所用，在墙头还挂上了壁毯。让老人一来，就能像回到印度的家里一样。

在船上时，陆小曼怕老人看不上这个"破家"，就一叠声地打着招呼，说那屋子实在小得不能见人，可不要见怪。老诗人笑着说，屋子小好啊，屋子越小我越喜欢。不然我何必不住同胞安排的高厅大厦，来住你们家呢？

将泰戈尔迎进家里，老人对屋子上上下下巡视了一遍，连连称赞着说"不错"、"不错"。但他却不想住三楼的印度式房间。他说，他喜欢二楼他们的那间卧室，古色古香的多有东方风味。那张挂有红帐子的床，更是被他称叹不已。"就让我住这一间吧，我喜欢它的异乡风味。"

生活可以不讲究，但要过得别有风味，而且一如5年前，他依然在孜孜地捕捉、发掘着中华文化的异彩。这就是老诗翁不变的文化情怀，那怕在平凡寡淡的寻常日子里。

这几天的生活，也只可用"平淡"两字来形容。他几乎整天窝在徐志摩的家里，过着极普通的家居生活。他每天睡得很晚，但一早5点钟就已起床。他不喜欢到热闹的地方去，只是喜欢坐着与人闲谈。他把徐志摩夫妇看作就像自己的儿女，很享受赛似一家两代人乐融融的生活。他称徐志摩叫"索思玛"，在印度语中即为"月亮宝石"，徐志摩则管他叫"老戈爹"。两个不同国籍的诗人在一起，却总有说不尽的共同话题——诗歌，有时一谈就是几个小时。他也喜欢把自己写的诗朗诵给他们听，用低低的声音，似在喃喃地吟唱着，满屋便流淌着一片柔柔的诗意。

隐身幕后，其实只是为了休整，目光却依然萦系着万众围拥的前台。这几天泰戈尔来到上海，只是在他去加拿大、日本讲学途中的一次短暂停息。他不会沉溺于琐屑、松弛、恬淡的安乐窝生活，内心仍沸腾着要奔波世界去"传经布道"，宣讲他的东方文化精神，他的博爱、宽恕、和平思想。他是执着甚至是顽固的，几年前在中国、在印度国内的受挫，并没有动摇、改变了他什么。就在徐志摩家

客影匆匆，萦系文化港湾

里，他用孟加拉文写了一首小诗送给他们夫妇："路上耽搁樱花谢了／好景白白过了／但你不要感到不快……"写完就用孟加拉语朗诵了一遍，话音刚停下，眼角就已溢出泪水。在徐志摩家的一本纪念册上，还留下了他手握毛笔、当场画的一幅水墨自画像，画中的他，近观是一个老人的大半身坐像，远看又似一座沉稳的小山。画像右上角，是他用钢笔题写的一句英文诗：山峰盼望他能变成一只小鸟，放下他那沉默的重担。

浅淡的语言，无尽的感慨。这诗句正是他内心的宣示：沉默是暂时的，鸟儿总要去飞翔。而飞翔只是想证明："天空虽不曾留下痕迹，但我已经飞过。"

似乎，他早已预感到了什么。

几天后，徐志摩送走了去加国的"老戈爹"，之后，就一直挂念着他。走了快满三个月时老诗人来信，字行间却爆跳着前所未见的愤怒，就如捎来一团乱云、一阵狂风，使"索思玛"如坐针毡似地不安。

老诗人原来这一路一直饱受坎坷，使他气愤难平。在加拿大，他到维多利亚和温哥华两座城市的大学作演讲，可台下的反应已少了往日的热情。随后，顺道想去美国演讲，准备从温哥华启程前往西雅图，却发现身边的护照丢掉了。在美国移民局，他被冷落在一边，老半天都没人理睬；轮到办理他入境时，却又受到粗鲁无礼的"待遇"，强要他按手印，甚至诘问他——这位1913年诺贝尔文学奖得主是否识字。他感到受到了侮辱，气得当场就想取消计划，不去美国了。几天后在洛杉矶作完演讲，他就断然中止了这次旅行。

随后去了日本，在那里，他以为一颗受伤的心能得到一点慰藉。可似乎世道到处都变了，这个一直被他视为"精神绿洲"的国度，这时已受到帝国野心的毒化，到处张扬着歇斯底里的狂热气焰，使他失望而又痛心。在日本的公开演讲中，他不得不拿出勇气，发出了警惕"魔鬼"的呼声。

6月11日，返回印度途中他又将来上海。一直在焦虑中的徐志摩接到电报，不由喜出望外，当日下午就早早赶往杨树浦大赉轮船公司码头，去迎接他"回家"。路上正巧与作家郁达夫邂逅，便拉着他一同前往。赶到码头，船还未到港，两人就立在码头的寒风中静静地等待。望着落日残阳下的江面，徐志摩忽然触景生情，用低沉的声音对身边的郁达夫说："诗人已老去，又遭到了新时代的摈斥，会是何等样的心境？他老人家的悲哀，也正是孔子的悲哀啊！"

在徐志摩家中，老诗人又默默地住了两天。临别那天，他手捧着自己穿的一件紫红色丝织印度长袍，声音颤抖地对"索思玛"夫妇说："我老了，恐怕不会再来中国了，也许再也见不到你们了。这点小礼物，就作个永久纪念吧！"说完，眼里已盈满了泪水。

泰戈尔第二次到上海时，在中国朋友蒋百里家中参加午宴，饭后与蒋的女儿们合影。

客影匆匆，萦系文化港湾

萧伯纳：鲜花与蒺藜间的游走

　　1933年2月16日，下午。"不列颠皇后"号自香港北上驶近上海，停泊在吴淞口外。因为船太大，在黄浦江码头无法靠岸，只能从市区派小火轮来接驳乘客上岸。船上的旅游团一众游客，已一批批地被接走，同是旅游团一员的萧伯纳夫妇，却依然滞留在船上，没有一点要下船的动静。

　　77岁的萧老头儿，也许不愿受上船下船的折腾；也或许，他对游览上海原本就兴味索然——后来下船后他回答记者的询问，就直截了当地表白说："上海也像香港一样，讨人厌的——是gangs（狐群狗党）所造成的都会。"他丝毫不给上海面子，只因为他觉得上海太西方化了。他向往在中国游览有中国风味的景点，离开英国前他就已说过，到了中国，他要和夫人"搭飞机去游万里长城"。

　　再也许，他也怕像看猴子戏似地被人围观，成为小市民们的观赏物。

　　所以，他无心登岸。

　　但他不知道，因为他的到来，黄浦江畔如地动山摇一般，早已一派沸反盈天。

　　中国民权保障同盟机关，是沸腾的中心。一个月前，民权保障同盟刚由宋庆龄、蔡元培、杨杏佛等在上海发起成立，这时从香港发来电报，说萧伯纳要在上海与宋庆龄见一面，使同盟的同人们顿时振奋异常。与宋庆龄一样，萧也是世界反帝大联盟名誉主席。他的到来，使同盟增加了一个超级政治伙伴，也得到一个登台亮相、声名远播的机会，自然要倾巢而出、使尽气力来款待这远来的贵客。

　　最兴奋雀跃的还数戏剧家们。这个国际戏剧大师的光临，自然是戏剧界的盛大节日。戏剧家洪深一下午就去轮船公司打听了四次，询问小火轮何时开出、几时回来，碰了一鼻子灰还死不罢休。这天的《申报》上，电影界戏剧界还登出广告，声言明日将由他们举行欢迎会，欢迎"伟大的萧伯纳先生"，请"这位愈老精神愈壮的大文豪"演讲。且一厢情愿地敲实了时间、地点：17日下午七时，在八仙桥青年会。

国际笔会，这个世界性作家组织的中国分会就设在上海，麾下一班文坛名宿不容分说地认定：萧伯纳就是我们的人，他来上海是我们的荣耀。因为1921年国际笔会在伦敦成立时，萧就是它的顶梁人物，一个锅里吃饭的人，还有比这更亲密的吗？一向走"幽默"路线的作家林语堂，为这位幽默大师的来临更是兴奋异常，当天已经挥笔不停，大谈萧伯纳的人生路、萧伯纳的宗教观，还想一篇一篇地接着写下去。

报刊上也密集地响起一派激进者的声音，他们为"社会主义者"萧伯纳的到来而热血汹涌，希望萧伯纳"再一次扭住帝国主义的大鼻"，轰起"劳苦大众反帝的高潮"，希望他以"和平老翁"的身份，能遏止日本的军事行动。为他的到来，一些人也正在书写标语、横幅准备欢迎他——"欢迎革命艺术家萧伯纳！""欢迎和平之神萧伯纳！""欢迎同情中国土地完整的萧！""欢迎同情中国独立解放的萧！""欢迎反帝国主义的萧！"……

有热也必有冷。在热浪翻涌的另一端，一些人在翻着白眼，瞪着怒目，甚或摆出了一副决斗的架势。因为这个可恶的爱尔兰老头，竟然为红色苏俄唱赞歌，竟然满世界地发宣言、反对日本皇军的"九·一八"行动，竟然怂恿、鼓动青年"做赤色革命家"，他来上海，不是又要兴风作浪、拆一摊死人烂污吗？

外面山呼海啸，船上的萧伯纳却一无所知。他不知道，在许多人拿的镜子里，他的形状、面目已经严重地变形走样，恐怕他自己都不认得是谁了。他也不知道，他是许多人心中的救世英雄，万千重任已压在他肩上；他也是一些人眼里的混世魔王，无数恶名正等着他领受。

77岁的老人看到这一切，一定会感到眼前晕眩、内心发笑吧！

但萧伯纳就是萧伯纳，他只想做他自己，而不是谁要求做的人。

傍晚，宋庆龄等几人上船来接他去市里，他又推辞不受："我就是想来看看你们，现在已经见到你们了，干吗还要上岸？"

但经不住孙夫人的一番劝说，终究答应第二天"登岸一行"。"你的口才真好！"这位大演说家笑着对宋庆龄说。

翌日——2月17日，清晨5时许，宋庆龄和杨杏佛等乘着"镜涵"号小汽轮驶往吴淞口，去迎接萧伯纳。6时三刻，他们登上"皇后"号，与萧伯纳一起用过早餐，就一起返回市区。小汽轮开得慢，近两个小时的水上漂泊，倒也成就了宾主间的一席深谈。

萧伯纳不是象牙塔中人，他的主业——戏剧创作，就几乎都着力于"揭下绅士的假面"、"揭穿社会的内幕"，将大人先生圣贤豪杰"都剥掉了衣装，赤裸裸的搬上舞台"。笔触锋芒所指，几乎从不移离英国的社会时弊。这会在"皇后"轮早餐室里开始的交谈，自然就从中国的时局入港。因为风雨飘摇中的中国时局，使客主双方都忧心如捣。日本挑起的"一·二八事变"刚过去一年，在上海，空气之中似乎还残留着战争的火药味。

萧直入正题，关切地问宋庆龄，日本要侵略你们，你们中国有哪些准备呀？差不多没有——宋庆龄回答道。随即又气愤地说，北方的军队仅有一些陈旧的军械和军火，而最好的军队、最好的军械军火，都被南京政府拿来去打工农红军，却不用来抵抗日本军队。

这是为什么呀？萧伯纳有些吃惊，也使他深为不解：南京政府，就不能与红军组成联合阵线，一起来抵抗日军吗？宋庆龄回答说，红军倒是有这样想法的，他们的中部苏维埃政府就曾发表宣言，说只要南京政府停止"围剿"，他们愿与政府军结成同盟，一起抵抗日本侵略……话未说完，萧老头就兴奋地接茬说，这好啊！这不是一个很公平的提议吗？"你说很公平，南京政府可不接受这个提议。"宋庆龄说，他们还在继续向红色苏区发动进攻呢。

萧伯纳耸耸肩膀，一脸的失望。他越听越感到迷糊。而唯一清楚的是，他对苏维埃红军已越来越有好感，因此兴趣甚浓地又一个劲儿打听，苏维埃政府在什么地方，它的区域有多大面积，又是如何生存的，等等。像记者采访新闻似地问个不休。

日本对中国威胁的警报，一直都还没有解除，谈话就总离不开战争的话题。如何对待战争呢？同样反战的萧与宋，话一出口，就显出了明显的观点差异。用战争来制止战争断不能解决问题——萧伯纳说，要制止战争，各国只有真下生存于和平的决心才行。听着他这番貌似理直气壮的话，孙夫人一定偷偷地感到好笑。善良的愿望，怎么能对抗残酷的现实？对侵略成性的战争恶魔，它会听你的

"和平"说教吗？但她没有反驳他，只是软软地说出她的"硬道理"：真能消灭战争的唯一方法，唯有消灭造成战争的制度——资本制度。

"社会主义者"萧伯纳，一下又回到了资本主义的原地，吃惊地问宋庆龄："但是我们不都是资本家吗？我自认有好几分是……难道你不是吗？"

"不！"宋庆龄回答说："完全不是。"

萧老头一直自诩是姓"社"阵营的一员，但此"社"却不同于那"社"。他信奉的费边社的社会主义，主张用和平手段而非暴力革命、缓慢渐进而非激进地进入社会主义，与马克思、列宁走的不是同一条道。

话题就转到了列宁创建、领导的苏俄。这是1931年他访问过的世界第一个姓"社"的国家。那年访问时，他见过斯大林、高尔基和列宁夫人，在苏联，还度过了他的75岁生日。虽然他不赞同"暴力"、"激进"，但看过苏联取得的建设成就，对这个由暴力革命战火催生的社会主义国家却骤生敬意，回国后到处演讲、游说，为苏联唱赞歌，惹得英国政府立即发出了黄牌警告。这时船头晨谈，一说起苏联，他又像站在演说台上那样滔滔不绝——谈他在莫斯科独自闯进警察所"亲见的一幕"，谈他的西方同行者在苏联专找"坏处"、"忧患"，要人家"承认错误与不乐"而大失所望的情景，谈他对"美男子"斯大林"很美"、"很谦逊"的印象，还称颂列宁夫人克鲁普斯卡娅是"一个极可爱的温和的老妇"，是他"生年所见最有意义的妇人之一"。"听说斯大林曾告诉克鲁普斯卡娅，假如她继续与政府麻烦，他可以取消她的列宁夫人的头衔。"他忽然说起这个已传遍全欧洲的笑话、他眼里的谎言，说罢便一阵大笑，颌下的胡须都抖动得厉害。

"告诉我，"他似乎突然触发了某种联想，转身问宋庆龄："南京政府也打算取消你的孙中山夫人头衔吗？"

"尚未——"孙夫人笑着回答："但是他们很愿意。"

面对一个大文豪、大剧作家，总还要说说写作的事。宋庆龄一提起这个话题，引来了他的一阵牢骚，他说，社会主义的报纸常常要顾虑到被人封禁。"我记得一位编者删去我投稿的一大部分——自然是最精彩的部分。我问他什么理由，而他回答：你是不是以为我们的报是要宣传社会主义？"

宋庆龄颇有同感地说，中国的情形就更糟了。于是说起她自己的遭遇：国民党的报纸说她是国民党中央委员，当她否认时，却命令报纸不许登载。"他们自然一定是这样做的。"萧伯纳眯起的眼睛，变成了两条讥讽的细线。他说，比方现在报上说，萧伯纳杀死他的岳母，这便是新闻好材料；如果我否认，说他们撒谎，我正在安然地同岳母吃早饭呢，他们就认为这不是新闻的好材料，就不会刊登……

若有所思的萧老头，忽然问起一个他似乎很关切的问题："请告诉我，孙夫人，你在国民党的地位如何？"

"一点没有关系了。自从1927年革命的统一战线在汉口破裂以后，我就脱离国民党出了国。嗣后我跟他们一点没关系……"

萧伯纳恢复了他惯有的幽默感："你真是个令人生畏、说话天真的小孩！"

说是谈文学、谈写作，却一下又扯上了政治问题。

因为他谈政治，也内行得很，尽管时常会露出破绽。也因为，这时的对话者，她可是中国最著名的政治人物之一。

400多人围拥在外滩新关码头，一清早就已举着旗帜、标语，站在残冬的寒风中等待萧伯纳的到来。

剧作家洪深像昨天一样，依然死不罢休要见到萧大师。戏剧协会的应云卫、国际笔会的邵洵美、电影界的名角金焰和青年作曲家聂耳等等都来了。还有二三十个中外记者，一大帮学生剧社的年轻人。林语堂一早与宋庆龄、杨杏佛一起到了新关码头，宋、杨乘船去接萧伯纳，他就留下来在码头等候。他在，就是一个标志：萧伯纳一定会是从这里上岸的。

几百双眼睛，齐齐地眺望着江面，搜索、辨认着从北边驶来的船只，却一次次地失望。

就是不见"镜涵"号归来的影子。

其实，等多久也已是白等。约摸10时30分钟时，"镜涵"号已提前停靠在杨树浦兰路码头，萧伯纳他们早已悄悄地上了岸。

这主意正是出自萧老头，他不愿当大庭广众前的展览品，只想静悄悄地潜入这座城市。至于那里等候的人怎么抱怨、不满，他并不知道也压根不想知道——

聂耳在当天日记里记下了这些人的失望："从上午9时站到下午1时，还望不见萧伯纳的影子"。"这些抱着热望要见萧老头的接客都失望地离开了码头"，有的"还站在那儿老等，两眼眺望黄浦江，但有的却在失望的归来途中不断地咒骂着"。

可骂也是白骂。这就是萧伯纳，他就只想做他愿意做的事。当上岸后，他们临时雇来出租汽车、直赴莫利爱路宋庆龄宅邸时，车子正巧从外白渡桥旁的礼查饭店驶过，萧老头却突然喊着要"停车"。原来与他同船的旅游团一帮游客，就下榻在这家饭店，他不忘要去与"一条船上的人"照面、问候一番。

爱说什么、爱做什么都率性随意的萧伯纳，自然让规矩多多的中国人很不适应。但汇聚在宋庆龄家的一拨人，却都很欣赏他的率真，他的放任不羁。这几个人，除了宋庆龄、杨杏佛之外，在外滩寒风中站了两个小时的林语堂，很快也到了；蔡元培是他们接回萧伯纳的途中，萧去蔡府拜访后，他就乘自备车尾随而来的。一会，又来了美国记者伊罗生和史沫特莱。最后到的是鲁迅，因为他家没有电话，是蔡元培匆匆写就一短简、派车将他接来的。这拨人聚在一起为萧伯纳接风洗尘，也俨然是民权保障同盟执委会的一次密会，因为除萧伯纳之外，他们几个全都是中国民权保障同盟的核心成员。

因为人还未到齐，就聚在客厅里，一起围着萧伯纳闲聊。话一向很多的林语堂，成了陪聊的主力队员。边聊着，他也边细细打量着这个到哪儿都会引来惊天动地的怪老头。日后的一篇随笔中，他描述当日的情景说："萧翁正坐在靠炉大椅上，眼光时看炉上的火，态度极舒闲，精神也矍铄。大凡英国人坐在炉边时，就会如在家居的闲适，这就是萧翁此时的神态。他一对浅蓝的目光，反映着那高颡中所隐藏怪诞神奇的思想。"

他也为萧讲话时的神态而着迷："……浅蓝的眼睛时时闪烁，宛如怕太阳一样，使人觉得他是神经锐敏的人，有时或有怕羞的可能。最特别的就是他若有所思时，额头一皱，双眉倒竖起来，有一种特别超逸的神气。"

暗中的观察，引来了他的恍悟：怪老头其实一点也不怪。"常人每以为萧氏的幽默，出于怪诞炫奇，却不知这滑稽只是不肯放诞，不肯盲从，而在于揭穿空想，接近人情，撇开俗套，说老实话而已。"

萧伯纳与宋庆龄合影。

萧伯纳与鲁迅（左一）和蔡元培
在宋庆龄家合影。

到了用餐时间，宋庆龄一阵招呼，大家便一起移步至隔壁的一间小屋。因为萧伯纳是个素食者，圆桌上摆的都是各式素菜。宋府厨师烹制的菜肴，虽然及不上功德林素餐馆，色香味却也都很了得。吃得津津有味的萧伯纳，谈性随之高涨起来，又像往常老不正经似地大侃他的素食理论："动物是我的朋友，我不会吃我的朋友的。"他说，有人问他为什么这样年轻，其实不是的。"不是我看起来年轻，是我的相貌与年岁相仿，只是其他人看起来比他们的实际年龄苍老罢了。"他笑着说，吃动物尸体的人便是这样，你还指望他们怎样呢？

同样奉行素食的蔡元培，与萧伯纳一唱一和，一通素食经说得满桌人都大笑不止。

鲁迅匆匆赶来了。午宴这时已吃了一半，大家忙招呼他赶快入席。鲁迅进门来，一眼就注意到坐在圆桌首席的萧伯纳，看着他"雪白的须发、健康的血色、和气的面貌"，感觉这正是一幅出色的肖像画。

两个大文豪碰在一起，似乎给满屋灌足了热量和生气。

萧伯纳抵达上海前夕，作家郁达夫撰文"欢迎那位长脸预言家"，意味深长地发出过一声感慨："在我们中国，幸喜还有一位鲁迅先生——可以和萧伯纳对对。"正被郁达夫一语言中，这会，就有一段两人言简意赅的对话——

萧："他们称你为中国的高尔基，但是你比高尔基漂亮。"

鲁："我更老时，将来还会更漂亮。"

一年多前访苏时，萧伯纳曾见过高尔基，事后称他是"一个高瘦的老者，一个著作家"。听了鲁迅的回答，显然感觉这中国文坛老将更风趣老到，略作沉思后，萧伯纳不禁笑着说："鲁迅的答复真是有意思的笑话。"

但两人的对话也仅此而已。后面的情形正如鲁迅自述："我对于萧，什么都没有问；萧对于我，也什么都没有问。"因为桌上有英语娴熟又谈锋甚健的林语堂，几乎谁都已插不上嘴。萧伯纳也同样健谈，素食之外又大谈中国的家庭制度、一次大战，大谈英国大学的教授戏剧、中国茶及博士登茶等等，这番在饭桌上有啥说啥的"随便扯谈"，被林语堂形容为"顺当自在，诙谐俳谑"，如"看天女散花"般让人"目不暇顾"。

不再多言的鲁迅，倒有了静观的空暇。别人都在细听萧老头的"扯谈"，他却注意着萧学用筷子的一个细节："到中途，他用起筷子来了，很不顺手，总是夹不住。然而令人佩服的是他竟逐渐巧妙，终于紧紧地夹住了一块什么东西，于是得意的遍看着大家的脸，可是谁也没有看见这成功。"这个细节后来被写进他的杂文中，很能博人会心一笑。

惯用曲笔的鲁迅却直言说："我是喜欢萧的。"也许他所喜欢的，除了萧老头往往能"撕掉绅士们的假面"之外，也包括他毫不雕琢的率性自在吧！

萧老头带来的笑声，时不时地在宋府回荡着，一直延续到饭后众人走进花园散步时。几天来一直灰蒙蒙、阴沉沉的天空中，这天竟出奇的晴朗。午后淡淡的阳光，正洒向花园的一草一木，也照在这位萧大文豪的脸上，使白色的须发更白、浅绿的眼睛更绿了。有人一时高兴、也想让萧伯纳高兴，讨好地说："萧先生，你真是好福气，在多雨的上海能见到太阳。"

"不，这是太阳的福气，能够在上海看见萧伯纳。"老头说着，很有几分得意，惹得众人前仰后合地一阵欢笑。

谈笑间，在花园的草地上，在相机镜头前，萧伯纳就和宋庆龄、蔡元培、鲁迅等人留下了永恒的影像。

惯于任性的萧伯纳，也已经身不由己。一道道防线已被冲破，他只能任由摆布，随主人的安排去见他并不想见的人，说他其实并不想说的话。

下午 2 时 30 分左右，他先去见国际笔会的一班人。刚走出宋府，门口就有许多记者围拢过来。突出重围的萧老头急忙钻进汽车，沿霞飞路一路疾驶，开向福开森路上的世界学院。学院的一间小厅里，早有笔会麾下的四五十个人已经就座。蔡元培因为是笔会的会长，也已经到场。鲁迅答应日本改造社的约稿，乘着摩托车也赶到了会场，冷眼旁观"为文艺的文艺家，民族主义文学家，交际明星，伶界大王"们"像翻检《大英百科全书》似的"向萧伯纳问这问那。与萧伯纳两次失之交臂的洪深，这回捞到了一个临时翻译的差事，还兼作现场情景设置"导演"，一直在不停地忙里忙外。被众人围拥着的萧伯纳，连大衣也没有脱下，像一尊石像般地一直兀立着，与来宾们一一握手致礼，好不容易才被洪深硬按到座位上。等到大家要他演讲时，他又霍地从皮椅上站了起来，滑稽地说了一声

"小姐和君子们请了……"

摆出一副要演说的架势，一张口，却说了一通不想演说的理由。他说，诸君也是文士，演说这玩意儿，你们是全部都知道的，所以，还有什么可说的呢？他笑着称自己来到这里，就是动物园中的一件陈列品，"你们既已经都看到了，我想也不须再多说了"。顿时引来一阵哄笑。

萧老头虽已老迈却并不糊涂，他很明白，眼前无非是一群"看客"，看到了就已达成目的，故无须多说什么。他不作演说，别人就向他提问，提的问题也都是可问可不问的，更证实了他的洞见。

有人冷不丁地问他：先生为什么理由不吃肉？他不假思索地回答说："我不喜欢吃，就不吃，没有理由，也没有什么主义。"

心里一定在暗笑，这算什么问题？没话找话吗？

"笔会"组织的欢迎会上，真正出彩的却是一位非笔会成员，特邀而来的京剧名旦、大家梅兰芳。萧氏点名要见梅大师，是因为1930年梅访美演出十分轰动，激起了他的好奇。一见面，这个编戏的高手便向那个做戏的能人道一声知己："我们都是同样的人物啊！"不等梅兰芳说出更多客套话，萧老头便问他：台上演戏，台下的观众就需要静听，可为什么中国的剧场里总是敲着大锣大鼓，很吵闹。难道中国的观众喜欢在热闹中听戏吗？

梅兰芳作了一番解释：京剧来自民间，以往在乡间旷野演出时，总要先敲一阵锣鼓来招引观众，这个传统就被一直延续了下来。他又说，中国的戏也有讲求静的，譬如昆曲，就从头到尾都不用锣鼓的。

萧伯纳满意地点着头，对他而言，这倒是个意外的收获。当梅兰芳说到他已从艺30年时，老头不禁一阵吃惊，将他细细地打量一番，感叹说："你真是驻颜有术啊！"随之又将梅兰芳幽默了一把。梅说他素知爱尔兰人重友情，愿与萧伯纳交个朋友，萧老头狡黠地瞧了他一眼，警告说：当心爱尔兰人，他们说话是不能算数的。一边嘿嘿地笑出了声。

见面会只有半个多小时，结尾依然带有浓浓的戏曲情调。那位在新关码头白等了几个小时的邵洵美，这会感叹"我也总算见过他了"。作为"看客"之一，他瞧着"皮色红到发嫩，胡须白到透明"的萧老头，暗叹"他简直是个圣诞老人"。末了，他代表笔会，恭恭敬敬地给老头捧上一套礼品——用一只大玻璃框子装着的十几个北平出产的泥制京剧优伶脸谱，和一件古绣衣。那脸谱中有红面孔的关云长、白面孔的曹操、长胡子的老生、包扎头的花旦，五颜六色的煞是好看，萧老头欢喜得合不拢嘴。接过礼品，老先生终于说了一句正经话：

"戏中有战士，老生，小生，花旦，恶魔的不同，都在面貌上鉴别得出来。可是我们人类的面目，虽则大多是相同的，内心却未必相似啊！"

匆匆告辞出来，又忙着去赶另一个场子。下午3时左右，一回到宋家宅邸，早已在门外守候的四五十个记者便涌起一阵骚动。最初放进了6个公推的代表，继而又放进一半人，终了萧老头为不让一些人失望，在主人同意下放进了所有记者。萧老头一下就陷入了中外记者们的包围圈。

早就赶回宋府、一直在冷眼旁观的鲁迅，以鲁式笔调记下了这时的情景："在后园的草地上，记者们排成半圆阵，替代着世界的周游，开了记者的嘴脸展览会。萧又遇到了各色各样的质问，好像翻检《大英百科全书》似的。"

阅尽人间沧桑的萧老头，自然会淡然面对。一个循踪而来的作家走进宋府后园，就见这雪白胡须的老头儿，这时正站立在鸽棚前，想去抚摸那儿的一只小白鸽，不料那小东西却扑的一声飞走了。老头愣了一下，莞尔一笑。他内心的恬淡，可见一斑。

萧伯纳在宋庆龄家接受记者采访。

没有新闻发言人的字斟句酌，没有戏剧台词般的精心设计，也不用半点外交辞令，唯有一无遮掩地"说老实话"——如林语堂评价他时所说的。对付这群难缠的无冕之王，这也许是他唯一的武器。

要他谈对中国革命的看法，他回答说："被压迫民族应当自己解决自己的问题，中国也应当这样干。中国的民众应该自己组织起来，并且，他们所要挑选的自己的统治者不是什么戏子或者封建王公。"

"社会主义"的话题无法避开。虽然他的社会主义打有费边主义的改良印记，但终是他的信仰。他坚守他的信仰："社会主义，早晚必然要普遍实行于世界各国，虽然革命的手段和步骤，在各个国家里所采取的方式也许互相不同，但是'殊途同归'，到最后的终点，始终还是要走上同一条道路，而达到同一个水平。"

那就谈谈苏联吧，这个已经实现了社会主义的国家。他毫不遮掩地带着对苏联的好感说："苏联最近内部的现象，无论精神上物质上，都有良好的充分的表现。而这种有规模的进步，不但苏联自己能够得到极好的利益，达到美满的成功，就在其他各国也可以'借镜'，采取他的长处而实行模仿它。"

不料话音刚落，突然冲出一个俄文报的记者，朝萧伯纳大声嚷着："我离开俄国的时候，俄国境内的情形紊乱得不堪，哪有你称赞的那么好！"萧老头淡淡地看他一眼，回答却丝毫不松软："你说的，还是你离开俄国的时候——1922年所看见的情形，不是现在苏联的状况。如果你现在回国去观察一下——"稍作停顿，话中带刺地说："假定你回国之后还能够逃得出来——那你一定知道现在的情形是很好的了。"

那俄文报记者一脸的尴尬，不再吭声。他还哪有胆量再回苏联去？

你从英国来，那英国的对华政策又如何呢？有记者问。老头笑着说："英国人士可谓无一人认识中国，故尔根本谈不上什么政策。"话锋一转，又说道："今日英国本身的问题，急待解决的甚多，所以，根本没空闲再来过问中国的事！"

绕了一圈，又要他谈谈是如何看待中国的。变得不耐烦的萧老头，回答不免显得有几分生硬："问我这句话有什么用——到处有人问我对于中国的印象，对于寺塔的印象。我刚刚到中国，还谈不上什么印象。老实说，我有什么意见与你们也都不相干——你们不会听我的指挥的。假如我是个武夫，杀死过10万条人

客影匆匆，萦系文化港湾

命，那样你们才会尊重我的意见吧！"

一个半小时的访谈，萧老头已一脸疲乏，一身老迈之躯的他，也早已不是当武夫的料。但他知道身边这城市一年前就经历过"武夫"的洗劫，而且仍置身在"武夫"的虎视眈眈下。疲乏、老迈不影响他继续活动筋骨，做一件真正他要做的事。下午4时30分，他在宋庆龄、杨杏佛等人陪同下，从宋府出门又驱车来到"一·二八"淞沪抗战遗址，去垂吊抗战英雄，也见证"武夫"们的杀人"豪举"。战争废墟的断壁残垣前，他接过了一位抗战名将托人送来的一本"血书"——英文版《淞沪血战回忆录》，一向嬉笑随我的萧老头，这时却一脸严肃，似乎接过了一种信念，一种嘱托。

晚6时许，萧老头的上海一日闪电行，就在他乘着汽轮往吴淞口外的"皇后"号驶去、渐行渐远时打上了句号。当晚11时即启程北上，继续他的中国之行。

大师远去。人还在海上漂行，身后他刚离去的陆地，却已淹没在一片狂潮怒涛中。翻滚的浪头比海上的还大、还凶猛。

萧老头的上海一日，已经翻了过去，却还远没有结束。

老头也许意想不到，他的实话实说或随口一说，却已开罪了许多人。如乌云从各处涌来、迅疾密聚，一个国际联合阵线已经组成，借助报界舆论、手法无奇不有的一场"呸萧"大合唱也已开始。

在上海英国半官报《字林西报》上，他的贵同胞独创了一个新名字——"呸萧"先生。新闻的真实性之类，太碍手碍脚，该报记者索性捏造一个人物，就可让他要说什么就说什么。于是就让呸萧先生说一番梦呓般的醉话，然后说他把布尔什维克的教义拉在自己身上，说他抢了鲍罗廷的饭碗。鲍罗廷是赤色苏俄曾派往中国的顾问，"呸萧"——亦即萧老头是何许样人，就不言自明了。

《大陆报》和《大晚报》，这两张穿一条连裆裤的中国上海当局半官报，则特别能变戏法。先由《大晚报》发一篇社论，大骂萧伯纳"不诚恳"、是"挂羊头卖狗肉"，然后就在《大陆报》上刊发弹眼落睛的报道——"中国报界怀疑萧的思想／'英国作家的不诚恳'是各报社论的基调"。一家晚报馆变成"中国报界"，一篇社论变成多数社论，且还是一切社论的基调，如有业内人士评论："这个戏法变得有些离奇"。

《大陆报》还"创造"出若干"萧先生说的话"，诸如"一个好的统治者在民众之中永久不会有好名声的"，因为"他不知道怎么去取悦于他的民众"等等。由此推理，就可以得一结论：南京政府在民众之中没有好名声，因此南京政府是一个很好的统治者；它永久没有好名声，就证明它永久是好的。

日文报纸《每日新闻》不按常理出牌，独辟蹊径地大做"怕老婆"的文章，说他"对着老婆，是抬不起头的"。17日萧伯纳从"皇后"号上被宋庆龄接走后，得知他太太因不愿抛头露面、没有随行，《每》报的日本记者就偷偷登上"皇后"号，在翌日登出一篇绘声绘色的《太太的"娇羞"出诊记》。说"他俩的船，实实在在是海上的浮城。……走进船里面去，只是两个字：'豪奢'！"然后出现面目可憎的萧老太太："是从头发到脸，皮肤，从衣服到袜，鞋，全部都是褐色的老婆子。脸是圆的，眼睛下面的肌肉，松掉了，在银脚的，没边的圆眼镜后面画着脸谱。鼻子圆圆，是和萧翁的鹰嘴鼻取着调和的"。识货的上海读者，于是给该大记者送上了四字评语："卑污无能"。

日文《上海日报》也制造了许多"萧伯纳名言"：如说"亚美利加是压制者的国家，没有什么国民的自由之类，简直和奴隶没有两样"；如说"在中国的共产主义这东西，好像弄错了似的，掠夺东西，压迫国民的所谓共产军，那简直是土匪"。借萧老头之口浇心中之块垒，让伯纳·萧充当日本皇军的代言人，真是东洋人的好算计！

不甘落后的俄文报《上海霞报》，更不忘萧伯纳嘲讽俄文报记者的"一箭之仇"，于是让一个所谓俄国"女作家"语无伦次地披挂上阵，大谈"上海人"对萧如何冷淡，称他是个"山羊式胡子"的老头儿，说"上海人"都知道，萧的那些好剧本都"不是他自己写的，而是他的当差写的"，等等。同日刊出的一篇"文艺评论"，更有丰富想象力，竟然能隔空看到17日在宋府的那顿"奢侈的午饭"："那次午饭，当然布置得非常之好，桌子旁边有数不清的仆人侍候着。"

如果靠胡言乱语就能当记者、作家，那份俄文报将能造就多少就业职位。

又何止于仅是那份俄文报。还有英文的、日文的、中文的，似乎都在给上海的失业者传输着福音。

　　一直冷眼旁观着这场闹剧的鲁迅，声言"被我自己所讨厌的人们所讨厌的人"，觉得"他就是好人物"。显然，他是站在萧氏一边的。面对着这些小丑般既拙劣又发噱的表演，他都感到不屑于"横眉冷对"。但他觉得让这场闹剧很快烟飘云散，则是太可惜。因为这是"一面大镜子"，"将文人，政客，军阀，流氓，叭儿的各色各样的相貌，都在一个平面镜里映出来了"。受到当局通缉、正躲藏在鲁迅家的"赤色分子"瞿秋白，与他有一样同感，于是两人决定一起动手，收集当天报刊的捧与骂、冷与热，把各方态度的文章剪辑下来出成一书。鲁夫人许广平上街去收罗了一大叠当天的各种报纸，拿回家来，就由鲁迅、瞿秋白圈定需要的材料，由许广平和瞿的爱人杨之华两人负责剪贴，然后，瞿秋白边编边写按语，鲁迅急赶出序言，很快编成了一本《萧伯纳在上海》。3月，书出版，上海的报界、文坛又热闹了一番。

　　但远去的萧伯纳，也许什么都没有听到。在北平，他只是淡淡地告诉人们，他的中国之行是"休假旅行"，"是属于游历的性质，并无任务"。而鲁迅其实早就点明："他本是来玩玩的。"就是这么简单。

参考书目

《上海通史》 熊月之主编 上海人民出版社 1999 年版

《晚清上海史》〔葡〕裘昔司著 孙川华译 上海社会科学院出版社 2012 年版

《上海史：走向现代之路》〔法〕白吉尔著 王菊 赵念国译 上海社会科学院出版社 2005 年版

《上海法租界史》〔法〕梅朋 傅立德著 倪静兰译 上海社会科学院出版社 2007 年版

《上海的外国人（1842—1949）》 熊月之 马学强 晏可佳选编 上海古籍出版社 2003 年版

《出卖上海滩》〔美〕霍塞著 越裔译 上海书店出版社 2000 年版

《上海——冒险家的乐园》 爱狄·密勒著 包玉珂编著 上海文化出版社 1982 年版

《飞地》 唐继无 于醒民著 上海远东出版社 2003 年版

《开埠 中国南京路 150 年》 程童一主著 昆仑出版社 1996 年版

《上海传奇 文明嬗变的侧影》 罗苏文著 上海人民出版社 2004 年版

《巴夏礼在中国》〔英〕斯坦利·莱恩-普尔 弗雷德里克·维克多·狄更斯著 金莹译 中西书局 2011 年版

《19 世纪的中国常胜军：外国雇佣军与清帝国官员》〔美〕R.J. 史密斯著 汝企和译 中国社会科学出版社 2003 年版

《上海旧事之哈同夫妇》 夏伯铭著 上海远东出版社 2008 年版

《上海旧事之跷脚沙逊》 夏伯铭著 上海远东出版社 2008 年版

《我的中国世界》〔美〕赛珍珠著 尚营林等译 湖南文艺出版社 1991 年版

《赛珍珠在中国》〔英〕希拉里·斯波林著 张秀旭等译 重庆出版社 2011 年版

《史沫特莱传》[美]简·麦金农　斯·麦金农著　江枫等译　辽宁人民出版社 1991 年版

《项美丽在上海》王璞著　人民文学出版社 2005 年版

《中国抗日战争与韩国独立运动》大韩民国临时政府旧址管理处编　眼光一声出版社 2005 年版

《白凡逸志》[韩]金九著　宣德五　张明惠译　重庆出版社 2006 年版

《回归天堂　虹口炸案揭秘》夏辇生著　文汇出版社 2002 年版

《洋人旧事》张功臣著　新华出版社 2008 年版

《镜里看中国》[英]保罗·法兰奇著　张强译　中国友谊出版公司 2011 年版

《光荣与梦想：一代新闻人的历史终结》张威著　清华大学出版社 2012 年版

《鲍威尔对华回忆录》[美]鲍威尔著　邢建榕等译　知识出版社（上海）1994 年版

《记者之王　埃德加·斯诺在中国》丁晓平著　新世界出版社 2005 年版

《埃德加·斯诺传》[美]约翰·汉密尔顿著　柯为民　萧耀先译　辽宁大学出版社 1990 年版

《四万万顾客》[美]卡尔·克劳著　夏伯铭译　复旦大学出版社 2011 年版

《洋鬼子在中国》[美]卡尔·克劳著　夏伯铭译　复旦大学出版社 2011 年版

《民国采访战》[美]哈雷特·阿班著　杨植峰译　广西师范大学出版社 2008 年版

《外国文化名人在上海》邢建榕著　文汇出版社 2009 年版

《国际名流与近代上海》上海图书馆编　上海科学技术文献出版社 2011 年版

《永远的异乡客》[美]瑞娜·克拉斯诺著　王一凡译　上海三联书店 2007 年版

《佐尔格案件》[美]F.W. 狄金　G.R. 斯多利著　聂崇厚译　群众出版社

1983 年版

《红色国际特工》 张晓宏 许文龙著 哈尔滨出版社 2006 年版

《谍海忆旧》〔德〕鲁特·维尔纳著 张黎译 解放军文艺出版社 2000 年版

《太平洋战争的警号》 方知达著 东方出版社 1996 年版

《尾崎秀实与上海》 徐静波著 《外国问题研究》2012 年第 2 期

《通往自由之路——罗素在中国》 曹元勇编 江西高校出版社 2009 年版

《哲学盛宴——罗素在华十大讲演》 姜继为编 安徽教育出版社 2007 年版

《爱因斯坦在中国》〔美〕胡大年著 上海科技教育出版社 2005 年版

《萧伯纳与中国》 倪平编著 河北人民出版社 2012 年版

《萧伯纳：我的幽默》 康桥主编 上海辞书出版社 2014 年版

《诗人的精神——泰戈尔在中国》 孙宜学编 江西高校出版社 2009 年版

《泰戈尔与中国》 孙宜学著 广西师范大学出版社 2005 年版

《霓虹灯外》 卢汉超著 段炼等译 上海古籍出版社 2004 年版

《帝国造就了我 一个英国人在旧上海的往事》〔英〕罗伯特·毕可思著
金建译 浙江大学出版社 2012 年版

《另眼相看——晚清德语文献中的上海》 王维江 吕澍辑译 上海辞书出版
社 2009 年版

图书在版编目(CIP)数据

海上洋人：百年时光里的碎影/徐茂昌著.—上海：上海书店出版社,2017.3

ISBN 978 - 7 - 5458 - 1399 - 9

Ⅰ.①海… Ⅱ.①徐… Ⅲ.①上海-地方史-史料-近现代 Ⅳ.①K295.1

中国版本图书馆 CIP 数据核字(2017)第 019435 号

海上洋人：百年时光里的碎影

著　　者　　徐茂昌

责任编辑　　杨柏伟　邢　侠

装帧设计　　王震坤

技术编辑　　丁　多

出　　版　　上海世纪出版股份有限公司上海书店出版社

发　　行　　上海世纪出版股份有限公司发行中心

地　　址　　200001　上海福建中路 193 号

　　　　　　www.ewen.co　　www.shsd.com.cn

印　　刷　　上海叶大印务发展有限公司

开　　本　　710×1000　1/16

印　　张　　32.25

版　　次　　2017 年 3 月第一版

印　　次　　2017 年 3 月第一次印刷

书　　号　　ISBN 978 - 7 - 5458 - 1399 - 9/K.268

定　　价　　75.00 元